Lothar Baus

Olaf Tryggvisson
König der Wikinger

Lothar Baus

Olaf Tryggvisson
König der Wikinger

Roman

Casimir Katz Verlag

Meinem Sohn
Marcus Matthias Sven Baus
gewidmet

Herzlich bedanken möchte ich mich bei Herrn Dipl. Bibliothekar Eberhard Hieronymus von der Stadtbibliothek Homburg/Saar. Herr Hieronymus verhalf mir zu einem Großteil des antiquarischen Quellenmaterials, das ich sonst aus zeitlichen und finanziellen Gründen nicht hätte einsehen können. Ohne seine Unterstützung wäre ein wesentlicher Aspekt dieses Romans, echte Historie hineinzuweben, unerfüllbar geblieben.

Satz: Casimir Katz Verlag, Gernsbach
Druck: Clausen & Bosse, Leck
Umschlaggestaltung: Zembsch' Werkstatt, München
ISBN: 3-925825-21-5

INHALT

Einführung

Historischer Hintergrund

Harald Schönhaar, geboren um 860 n. Chr. und gestorben 933, war der erste Alleinherrscher Norwegens. Vor ihm war das Land unter vielen Jarlen und Gauhäuptlingen zersplittert gewesen, die keinen Herrscher über sich duldeten.

Harald zeugte während seines langen Lebens viele Söhne. Jeden seiner Söhne setzte er als Jarl über einen Gau ein. Seinen Lieblingssohn Erik ernannte er im Jahre 930 zum Thronfolger. Damit waren aber die meisten anderen Söhne Harald Schönhaars nicht einverstanden. Noch zu Lebzeiten des alten Königs kam es zur offenen Feindschaft zwischen den Brüdern.

Als erster wurde Jarl Rögnvald von König Erik ermordet. Dann verlangte Erik von Björn, der ein reicher Kauffahrer geworden war, daß er ihm die Königssteuer aushändige. Als sich Björn weigerte, ließ der König ihn ebenfalls töten. Halfdan, ein weiterer Sohn Haralds, starb während eines Gelages bei seinem Bruder Erik, und das Volk redete, daß der König ihn mit Gift beseitigt habe. Erik erhielt für seine Brudermorde bald den Spitznamen „Blutaxt".

Zwei weitere Söhne König Harald Schönhaars, Olaf und Sigröd, wurden mit ihren Gefolgsmännern von Erik in einer großen Schlacht besiegt und getötet. Der Sohn Olafs, mit Namen Tryggvi, und der Sohn Björns des Kauffahrers, namens Gudröd, flüchteten gemeinsam in die Berge.

Hakon, der jüngste Sohn Harald Schönhaars, wuchs am angelsächsischen Königshof bei König Äthelstan auf. Als er zum Manne gereift war, machte er sich mit Unterstützung des englischen Königs auf, um seinen Bruder Erik Blutaxt für dessen Greueltaten zu bestrafen.

Die Bauern des Tröndelags[1] fielen von König Erik ab und wählten Hakon zu ihrem Herrscher. In vielen Schlachten eroberte Hakon einen Gau nach dem anderen. Auch in

Ahnentafel von König Olaf Tryggvisson

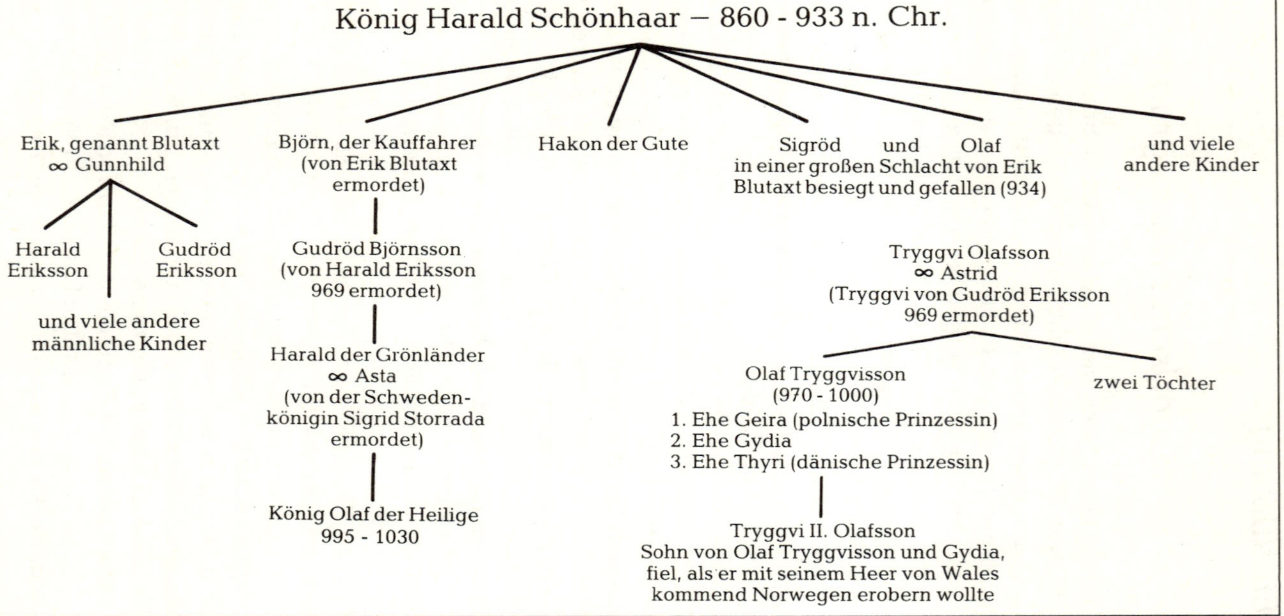

Südostnorwegen verlor Erik seine Königsmacht. König Hakon setzte Tryggvi und Gudröd zu Herrschern über die Gaue ein, die früher ihre Väter besaßen. Hakon erlaubte ihnen sogar, den Königstitel zu tragen, da sie von königlicher Abkunft waren. König Tryggvi erhielt die Gaue Vingulmark und Ranrike bis zur Götaelf[2] zum erblichen Lehen. König Gudröd Björnsson erhielt Vestfold bis zum Kap Lindesnäs. Die Kleinkönige durften die Hälfte der Abgaben der Bauern, Händler und Handwerker behalten, dafür mußten sie Schiffe und Krieger samt Ausrüstung für den Kriegsfall stellen, die andere Hälfte der Steuern gehörte König Hakon.

König Erik Blutaxt hatte alle Macht in Norwegen verloren. Er segelte mit seiner Frau Gunnhild, seinen Kindern und mit der verbliebenen Gefolgschaft von Norwegen fort. Er wurde getötet, als er an der Südküste Englands Strandraub trieb.

König Hakon, später genannt der Gute, besaß zum zweiten Mal in der Geschichte die Alleinherrschaft über Norwegen. Hakon war in England im christlichen Glauben erzogen worden. Während seiner Herrschaft durften erstmals die christlichen Missionare in Norwegen predigen und Kirchen errichten.

Nachdem die Söhne Eriks und Gunnhilds herangewachsen waren, versuchten sie in mehreren Schlachten, ihrem Onkel, König Hakon, die Herrschaft zu entreißen.

Erst mit Unterstützung des Dänenkönigs Harald Blauzahn gelang es Harald Eriksson, einem der Söhne Eriks, König Hakon in einer großen Schlacht zu besiegen. Hakon der Gute erlag seinen schweren Verwundungen. Harald hatte mit diesem Sieg aber keineswegs die Herrschaft über ganz Norwegen erkämpft. Da er in Wirklichkeit ein Vasall des Dänenkönigs war, verweigerten ihm viele norwegische Jarle die Gefolgschaft, darunter auch die Kleinkönige Tryggvi und Gudröd.

Die Kleinkönige Tryggvi und Gudröd verteidigten ihre Herrschaft erfolgreich gegen Harald Eriksson. Das Volk mußte zwar häufig die Einfälle fremder Kriegerscharen erdulden, aber im Großen und Ganzen hielt es treu zu seinen alten Herrschern.

Im Herbst des Jahres 968 n. Chr. trafen sich die unabhängigen Kleinkönige an einem geheimen Ort im Gebirge, um über ein gemeinsames Vorgehen gegen Harald und dessen Brüder zu beraten. Nach ihrer allseitigen Übereinstimmung mußte der Bürgerkrieg möglichst rasch ein Ende finden. Wegen der häufigen Kriegszüge und Verwüstungen war in ganz Norwegen eine große Hungersnot und Teuerung ausgebrochen.

Harald und seine Mutter Gunnhild erfuhren von dieser Zusammenkunft. Sie wußten, daß es mit ihrer Herrschaft ein rasches Ende nehmen würde, wenn es den Kleinkönigen im nächsten Sommer gelänge, ihre Heere und Kriegsschiffe zu vereinigen. Einen Winter lang hatten sie noch Zeit, Gegenmaßnahmen zu ergreifen.

Im Frühsommer des Jahres 969 kehrte Gudröd Eriksson[3], einer der Brüder Haralds, mit einer großen Kriegsflotte aus dem Danelag in England nach Norwegen zurück. Gudröd war ein mächtiger Wiking mit großem Gefolge. Er kam auf Bitten seines Bruders Harald, um diesen im Kampf um die Alleinherrschaft in Norwegen zu unterstützen.

Jedoch beim Abschiedsbier, so wurde das Festgelage vor einem Kriegszug genannt, brach ein Streit unter den Brüdern aus. Und der begann so: Während des Gelages war es Brauch, über die tapferen Taten der jeweiligen Gefolgsmänner zu sprechen. Man nannte dies den Männervergleich. Jeder Heerführer war naturgemäß bestrebt, die besten und tapfersten Krieger in seiner Gefolgschaft zu wissen. Dieser Männervergleich war ein eher belustigendes als ernstzunehmendes Wortgefecht zwischen den verbündeten Heeren, um den Ehrgeiz unter den Kriegern zu schüren und sie wechselseitig zu noch mehr Tapferkeit anzuspornen.

Spät am Abend, der Met hatte die Köpfe aller bereits sehr erhitzt, kam es infolge eines ränkesüchtigen Zurufers auch zu einem Vergleich zwischen den beiden Heerführern Harald und Gudröd. Die Kriegstaten der beiden wurden gegenseitig aufgezählt und abgewogen. Als schließlich ein Mißerfolg Gudröds zur Sprache kam und der ganze Saal darüber lachte, geriet dieser wegen der Schmach in höchste Wut. Ein beleidigendes Wort ergab das andere zwischen den Brüdern, bis Gudröd plötzlich sein Schwert zog und im Metrausch ausrief, daß er sich auf der Stelle mit seinem Bruder im Zweikampf messen wolle. Die Besonnenen unter den Gefolgsmännern trennten die Brüder. Aber alle Versöhnungsversuche schlugen fehl. Auch die Königemutter Gunnhild vermochte nicht, ihre Söhne zum Frieden zu stimmen. Das Unglück war da. An eine Vereinigung der beiden Gefolgschaften war nicht mehr zu denken. König Harald und Gudröd Eriksson fuhren am Morgen mit ihren Schiffen getrennt los. König Harald erklärte, er wolle nach Dänemark segeln und Unterstützung von König Harald Blauzahn erbitten. Tatsächlich nahmen seine Schiffe Kurs nach Süden auf die hohe See hinaus. Gudröd segelte Richtung Osten.

Bei jenem unglückseligen Abschiedsgelage waren auch einige Händler und Kauffahrer anwesend, die sich das Spektakel des Männervergleichs natürlich nicht entgehen lassen wollten. Diese brachten die Nachricht vom Streit der Gunnhildssöhne auch in die Herrschaftssitze der Könige Tryggvi und Gudröd, wo sie mit nicht geringer Schadenfreude vernommen wurde.

Gudröd Eriksson fuhr mit seiner Flotte geradewegs zur Götaelf, dem südlichen Grenzfluß von König Tryggvis Reich. Durch einen Boten ließ er Tryggvi mitteilen, daß er sich für alle Zeit mit seinem Bruder Harald zerstritten habe. Er wünsche eine geheime Unterredung, denn er gedenke, Rache für die erlittene Kränkung zu nehmen.

Politische Lage Norwegens im Jahre 969 n. Chr.

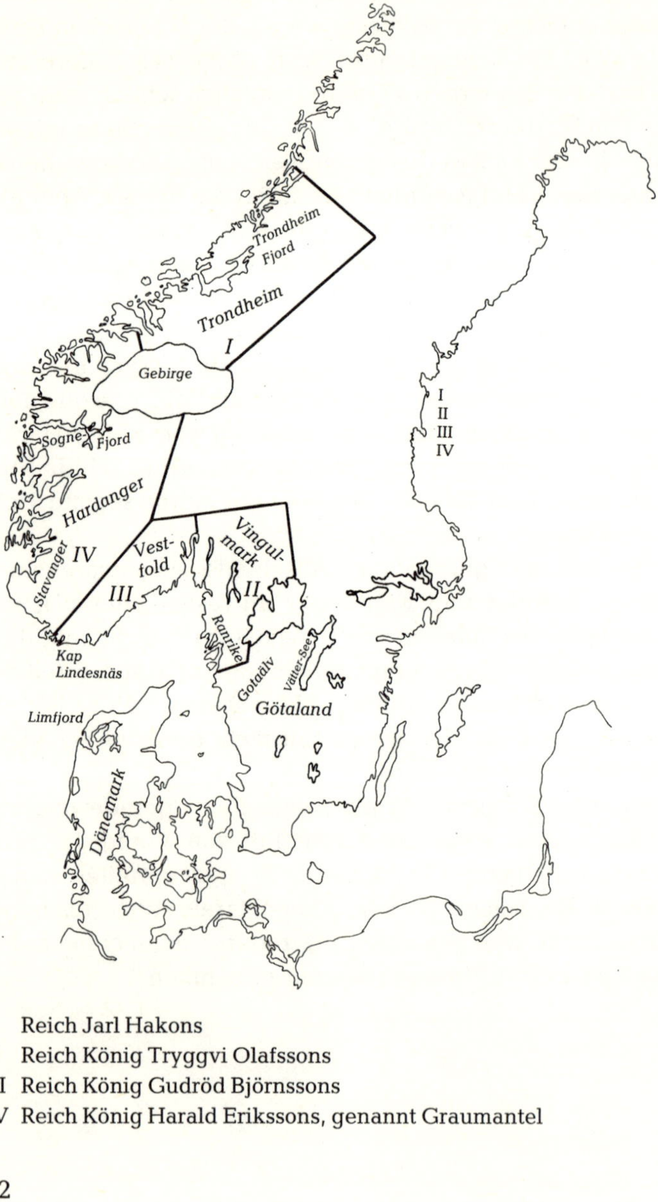

I Reich Jarl Hakons
II Reich König Tryggvi Olafssons
III Reich König Gudröd Björnssons
IV Reich König Harald Erikssons, genannt Graumantel

I. Buch

Olafs Jugendzeit

Olafs Sippe

König Tryggvi schickte Boten aus, um seine Stadtältesten und Kriegsgefährten zu einer abendlichen Ratsversammlung zu rufen. Besonders seinen Freund und Steuermann Björn wünschte er an diesem Abend bei sich zu wissen.

Jeder von ihnen hatte einen Beruf, der ihm erst am Abend erlaubte, beim König zu sitzen. Es waren Kauffahrer, ortsansässige Händler, Zimmerer, Wagner und Schmiede, auch Fischer, aber die meisten besaßen einen Bauernhof in der Umgebung von Sotenäset. Die Bauern beeilten sich, die Saat in die Erde zu bringen. Sie wußten, König Tryggvi wollte mit seinen Verbündeten in diesem Sommer die Entscheidung im Kampf gegen den Dänenvasall Harald Eriksson suchen.

Erst nach völligem Einbruch der Dunkelheit wurde die Arbeit eingestellt. Mit Fackeln kam einer nach dem anderen bei der großen Gästehalle König Tryggvis an. Als letzter trat Björn, der Steuermann des Königsschiffes, in die Halle. Er mußte den weitesten Weg zurücklegen und wegen der Dunkelheit einen gefährlichen Ritt auf sich nehmen. Darum vermutete Björn mit Recht, daß der König ihnen etwas sehr Wichtiges mitzuteilen habe.

Für das Abendessen kam in solchen Fällen immer der König auf, damit sie keine unnötige Zeit zur Beratung verlören. Als Björn sich setzte, waren die anderen bereits mit dem Essen fertig. Alle Anwesenden antworteten auf Björns Gruß freundlich, ja herzlich. Er war schließlich ihr Steuermann und mehr als zehn Gründe sprachen dafür, sich gut mit ihm zu stellen. Bei wichtigen Entscheidungen hörte der König einzig auf Björns Meinung, und einzig Björn durfte es wagen, Kritik an den Anordnungen des Königs zu üben.

„Björn! Ich freue mich, daß du gekommen bist!" rief König Tryggvi in heiterster Laune aus, obwohl er genau wußte, daß Björn ihn noch nie ohne wichtigen Grund versetzte. – „Setz dich und iß! Dieses Stück habe ich für dich aufgehoben!" Tryggvi legte ihm eigenhändig ein Stück

Rindsbraten auf den silbernen Teller, das so groß war, daß zwei Männer sich davon hätten sattessen können.

Björn strahlte übers ganze Gesicht. Er wußte die Ehre zu schätzen, die ein anderer vielleicht schon als selbstverständlich vorausgesetzt hätte. Aber darin unterschied sich Björn von anderen. Er tat immer so, als wenn ihm die Ehre zum ersten Mal widerführe. Dies schien König Tryggvi ein untrüglicher Beweis zu sein, daß Björn ihm in herzlicher Freundschaft zugeneigt war.

„Met!" rief König Tryggvi.

Eine Magd eilte herbei und füllte die gold- und silberverzierten Methörner nach.

Björn zog genießerisch den Duft des süßen Honigmets in die Nase, der mit schmackhaften Kräutern gewürzt war. Kein alltäglicher Trank heute, nein, sondern das Beste vom Besten ließ ihnen der König zugute kommen. Der Steuermann vermutete, daß der König eine gute Nachricht für sie habe.

König Tryggvi hob mit strahlender Miene sein randvoll gefülltes Methorn mit geübter Hand und ohne einen Tropfen zu verschütten. – „Trinken wir auf den Sieg über das Verräterpack! Diese dänischen Vasallen! Die Götter stehen auf unserer Seite! Sie haben beschlossen, unsere Feinde zu vernichten! Ich habe untrügliche Beweise! Heil, Odin!" rief König Tryggvi den Lenker der Schlachten an und trank sein Methorn in einem Zug leer.

„Heil, Odin!" riefen die Krieger. Auch sie tranken ihre Methörner leer, aber langsamer und genüßlicher, wegen des köstlichen Getränks. Mit jedem Schluck steigerte sich ihre Stimmung.

Als König Tryggvi in die Runde blickte, sah er nur noch strahlende Gesichter. „Odin hat Zwietracht unter unsere Feinde gesät! Die Erikssöhne Harald und Gudröd haben sich verfeindet! – Gudröds Flotte liegt jetzt in der Nähe der Götaelf vor Anker", platzte der König mit seiner Neuigkeit heraus.

Einige der metseligen Gesichter verwandelten sich schlagartig in besorgte Mienen.

Der Steuermann schluckte einen Fetzen Fleisch unzerkaut. – „Von wem stammt die Kunde, daß die Erikssöhne sich verfeindet hätten?" fragte Björn neugierig, da alles von der Vertrauenswürdigkeit des Nachrichtenüberbringers abhing.

„Iß, Björn!" wies der König seinen Steuermann zurecht. „Der Händler Akis soll hereinkommen!" rief Tryggvi der Wache zu.

Ein Krieger führte den Genannten herein. Der Händler verbeugte sich vor dem König und erzählte bereitwillig, was er beim Abschiedsgelage der Erikssöhne hörte und sah. Harald und Gudröd hätten sich vor ihrem beiderseitigen Gefolge wie die Marktweiber gestritten und sich wechselseitig immer größerer Schwächen und Schandtaten bezichtigt. Schließlich habe Gudröd das Schwert gezogen und seinen Bruder zum Zweikampf herausgefordert. Wenn sich nicht einige Besonnene zwischen die Brüder gestellt hätten, wäre es wohl zu einem Brudermord gekommen. Sogar die frühere Königin Gunnhild, die Mutter der beiden, habe nicht vermocht, die heillos zerstrittenen Brüder zu versöhnen. Harald sei am nächsten Morgen mit seinen Kriegsschiffen auf das offene Meer hinausgesegelt, um nach Dänemark zu fahren, während Gudröd Eriksson mit seinem Gefolge Richtung Osten segelte.

Der König winkte ihm zu, sich an die gedeckte Tafel zu setzen. „Der Händler Einar soll eintreten!" befahl Tryggvi.

Einar war allen wohlbekannt. Er war einer von ihnen. Er stammte aus Ranrike. Vor vier Sommern büßte er durch den Dänenkönig seine zwei Handelsschiffe mitsamt der kostbaren Ladung ein. Einar fuhr daraufhin drei Sommer mit König Tryggvi auf Wiking aus und erbeutete ein beträchtliches Vermögen, von dem er sich erneut ein Handelsschiff kaufen konnte. Er fuhr damit nach Süden und blieb den Winter über im Sachsenland in einem Wikingerlager vor der großen Stadt Hammaburg.[1] In diesem Frühjahr machte er sich zeitig mit seiner Ware nach Norwegen auf, um sie dort mit Gewinn zu verkaufen. Zufällig weilte er beim Abschiedsgelage König Haralds. Nicht zuletzt aus dem Grund, um König Tryggvi wertvolle Nachrichten von seinem ärgsten Feind bringen zu können. Einar erzählte genau die gleiche Geschichte, wie vor ihm der Händler Akis. Kein Zweifel, Einar war König Tryggvi treu ergeben.

„Beide Händler kamen nacheinander in Sotenäset an. Zuerst Einar und gestern Akis. Keiner konnte mit dem anderen sprechen, dafür sorgte ich", erklärte König Tryggvi augenzwinkernd.

„Ach, darum hat der König mich zwei Tage in seiner Gästehalle festgehalten!" rief Einar erleichtert aus.

„Ich hoffe, daß dir meine Bewirtung gut bekommen ist, Einar! Nimm dies als deines Königs Dank für deine Klugheit und Tapferkeit! Es war gewiß eine lebensgefährliche Sache, sich in die Höhle des Bären zu wagen!" König Tryggvi reichte Einar eine silberne Gewandfibel.

„Heil unserem König!" rief Einar erfreut aus.

„Setz dich zu uns, und laß dir den Met schmecken", forderte Tryggvi den Händler auf.

Die Männer sprachen mit heftigem Gebärdenspiel über die Auswirkungen des Streites zwischen den Erikssöhnen.

Björn, der Steuermann, war endlich fertig mit essen. Er spülte noch ein volles Horn Met nach, anschließend mußte er laut rülpsen. Mit einem spitzen Knochenstück begann er, seine Zähne von den Fleischfasern zu reinigen. Als er währenddessen König Tryggvi in die Augen sah, grinste dieser ihn in Hochstimmung an. Björn nickte zustimmend: allerbeste Nachrichten, kein Zweifel, die Götter hatten den Untergang ihrer Feinde beschlossen.

„Wo hält sich Gudröd Eriksson jetzt auf?" fragte Björn den König, nachdem er mit dem Reinigen der Zähne fertig war.

Das Geplapper der anderen verstummte.

„Gudröd liegt mit nur einem Schiff nicht weit von Sotenäset auf dem Strand. Er nimmt die Gastfreundschaft eines Bauern namens Gandalf in Anspruch. Dessen Sohn hat er als Boten zu mir geschickt, mit der Bitte um eine geheime

Unterredung. Ich meinerseits lege keinen Wert auf Geheimhaltung! Ihr wißt warum!" König Tryggvi lachte schadenfroh.

Die Männer verstanden. Harald Eriksson konnte allemal erfahren, daß sein Bruder sich mit seinen ärgsten Feinden verbünden wollte. Dies würde den Haß unter den Brüdern ins Unendliche steigern und Gudröd eine Rückbesinnung unmöglich werden lassen.

„Der Sohn Gandalfs soll hereinkommen!" befahl König Tryggvi.

Ein junger Bursche trat vor den Hochsitz des Königs. Tryggvi musterte ihn mit strengem Blick. Irgendetwas gefiel ihm an dem Jüngling nicht. Aus seinem Gesicht konnte man Verlegenheit und Beklommenheit lesen. Gewiß war er noch nie in solch einer wichtigen Angelegenheit ausgeschickt worden.

„Wiederhole, was Gudröd Eriksson dir als Botschaft auftrug", forderte König Tryggvi den Jüngling freundlich auf.

Die Nervenanspannung des jungen Bauern schien nachzulassen. „Gudröd bittet den König von Ranrike und Vingulmark zu einer geheimen Unterredung zum Hofe meines Vaters Gandalf bei Vaggä. Weiter soll ich dem edlen König mitteilen, daß Gudröd nur mit einem Schiff und nur mit vierzig Gefolgsmännern nach Vaggä kam. Seine Flotte liegt eine Tagesfahrt entfernt südlich der Götaelf."

„Gudröd Eriksson kam tatsächlich nur mit einem Schiff bei deinem Vater an?" fragte Björn verwundert.

„Ja, das schwöre ich bei Odin", antwortete der junge Bauer.

„Geh ins Gesindehaus, und erwarte morgen früh meine Befehle", wies der König den Burschen an.

„Ich kenne Gandalf von Vaggä!" rief ein Händler namens Erik. „Er steht auf unserer Seite!"

„Das denke ich auch!" rief ein anderer aus der Ratsversammlung, der Gandalf kannte.

„Ich traf Gandalf im vorigen Sommer in Hammaburg. Er

und sein Sohn trugen das Zeichen der Heuchler[2] um den Hals", sprach Einar nachdenklich.

„Das hat nichts zu bedeuten!" rief der Kauffahrer Erik aus. „Alle Nordmänner, die in Hammaburg Handel treiben wollen, müssen sich taufen lassen, bevor sie die Stadt betreten dürfen!"

„Vielleicht befand er sich gerade auf dem Weg zu einem friesischen Händler und wollte mit dem Kreuz die Gunst und das Vertrauen des Handelsfreundes gewinnen", meinte ein anderer Kauffahrer lachend.

König Tryggvi war das Gesetz der Friesen bekannt, und er wußte, daß dies bei den Nordleuten kaum Einfluß auf ihren Glauben hatte. Sie ließen sich zwar taufen, um ihrem Broterwerb nachgehen zu können, glaubten aber weiterhin an die alten Götter ihrer Väter. Es wäre ihm gewiß zu Ohren gekommen, wenn Gandalf ein überzeugter Heuchler[3] geworden wäre. So etwas hätte er unmöglich vor seinen Landsleuten verheimlichen können.

Königin Astrid vernahm mit großer innerlicher Freude, wie diese Männer ihren Gemahl in aufrichtiger Freundschaft bei seiner Regierungsverantwortung unterstützten.

Die Königin atmete gern die Luft der Ratsversammlung mit ihren vielfältigen Gerüchen. Der Schmied Gunnar roch nach Eisen und Feuer, der Zimmerer Askold nach frischen Sägespänen, die Fischer nach Fisch und Salzwasser und die Bauern nach Mist und Erde. Aber diesmal war noch ein neuer Geruch vorhanden. Der Händler Erik roch nach dem süßlichen Duftwasser, das er seiner Frau aus Hammaburg mitbrachte. Eriks Frau roch schon drei Schritte gegen den Wind nach dem ekelhaften Zeug, womit sich die ausländischen Weiber einschmieren. Der Duft übertrug sich auf Erik, weswegen er oft von seinen Gefährten geneckt wurde. Die Königin sah, daß auch diesmal Eriks Tischnachbar nicht wenig von dem weibischen Geruch irritiert war.

„Ich bin fest entschlossen, Gudröd Eriksson aufzusuchen", hörte Astrid ihren Gemahl mit Bestimmtheit ausrufen. „Ich werde morgen meinen Schnellsegler aus dem

Bootshaus ziehen lassen! In zwei Tagen segeln wir los!"

Die Bauern unter seinen Gefolgsmännern machten verdrießliche Gesichter. Endlich wagte einer zu sagen, was sie bedrückte. „Mein König, wir Bauern sind eben mit der Aussaat beschäftigt. Wir können die Arbeit unmöglich unterbrechen."

„Das sollt ihr auch nicht", entgegnete König Tryggvi gutgelaunt. „Die Bauern sind von dieser Fahrt befreit. Ich habe genug Männer aus anderen Berufen, um damit mein Königsschiff voll besetzen zu können."

„Aber es ist sehr gefährlich, mit nur einem Schiff zu Gudröd Eriksson zu fahren! – Bedenke, daß Gudröd früher unser ärgster Feind war! – Und seine Flotte liegt kaum mehr als eine Tagesfahrt von Sotenäset entfernt! – Was wäre, wenn es zu keiner Einigung zwischen dir und Gudröd käme?" riefen die Bauern besorgt aus, weil der König auf ihre Unterstützung verzichten wollte.

Der Steuermann Björn wagte ebenfalls seine Bedenken auszusprechen. „Mein König", begann er untertänig. „Warum sollen wir zu Gudröd fahren? Soll er doch zu uns kommen! Wir schwören ihm freien Abzug, was hätte er zu fürchten?"

„Ja, Gudröd soll gefälligst zu uns kommen!" riefen die anderen einstimmig.

Königin Astrid sah mit warmherzigem Blick auf Björn, der ihr gegenüber saß. Auch ihr gefiel dieser Plan hundertmal besser. Björn war ein wirklicher Freund ihres Mannes. Astrid nahm sich vor, ihm beim Abschied eine Einladung an seine Frau Ingigerd aufzutragen.

König Tryggvi schwieg und sah geraume Zeit finster in sein Methorn. – „Und was wäre, wenn Gudröd es sich doch noch anders überlegt? Vielleicht hat er seinen Entschluß, zu uns überzulaufen, bereits bereut! Wie einfach wäre es für ihn, weiter nach Schweden zu segeln und in die Dienste König Eriks zu treten! Dann hätten wir das Nachsehen! Begreift doch endlich, was für ein Glück es für uns wäre, wenn Gudröd Schulter an Schulter mit uns gegen seinen

Bruder kämpfen würde! Wir könnten noch in diesem Sommer alle Dänenvasallen aus Norwegen verjagen!" rief König Tryggvi in die Ratsversammlung.

Keiner wagte, auf die Gründe des Königs ein Wort zu entgegnen. Alle Augen blickten auf den Steuermann, der diesen dummen Einfall hatte.

Björn wußte, daß er seinen König deswegen versöhnlich stimmen mußte. Er hob sein volles Methorn. – „Ich bin dabei, wenn wir zu Gudröd Eriksson fahren! Heil, König Tryggvi! Dem rechtmäßigen Herrscher über Rankrike und Vingulmark! Auf eine lange Herrschaft unseres edelmütigen und gerechten Königs!" rief Björn in die Runde.

„Heil, König Tryggvi!" riefen die Männer und erhoben ihre Trinkhörner, um auf das Wohl ihres Herrschers zu trinken.

Beim Trinken sah Björn seinem Gebieter in die Augen. Tryggvi strahlte wieder übers ganze Gesicht, er war bereits versöhnt. Björn schob alle dunklen Gedanken weit weg. Die Götter hatten den Untergang ihrer Feinde beschlossen. Das deutete der König, der zugleich ihr oberster Priester war, richtig. Und was konnte ihnen von einem einzigen feindlichen Schiff schon große Gefahr drohen? Aber wieso feindlich? Gudröd wollte ja zu ihnen überlaufen. Ja, das Heil der Erikssöhne befand sich im Sinken.

Anschließend wurden die Methörner zu Ehren der Götter Njörd und Freyr geleert für ein fruchtbares Jahr und Wachstum. Zuletzt noch einige Erinnerungshörner, zu Ehren ihrer gefallenen Gefährten und Gesippen. Nun war die Ratsversammlung beendet.

Björn erhob sich als erster, um nach Hause zu reiten. Königin Astrid stand bereits hinter ihm. Deutlich war jetzt zu erkennen, daß sie schwanger war. Jeder wußte, wie sehr sich König Tryggvi endlich einen männlichen Erben, einen Thronfolger, wünschte. Astrid schenkte bereits zwei Mädchen das Leben.

„Wie geht es deiner Frau Ingigerd? Hat sie die Geburt eures Sohnes gut überstanden?" erkundigte sich die Königin freundlich.

„Ja, Ingigerd arbeitet bereits auf dem Feld mit, obwohl ich es ihr abgeraten habe", antwortete Björn stolz.

„Ingigerd ist eine tüchtige Frau und deiner würdig, Björn", schmeichelte ihm die Königin. „Richte ihr herzliche Grüße von mir aus, und sie möge mich bald wieder einmal besuchen!"

„Ingigerd wird sich sehr freuen. – Jetzt muß ich mich leider auf den Rückweg machen, denn ich habe noch einen weiten Weg vor mir."

Auch die anderen erhoben sich von den Bänken.

Anderntags wurde das Königsschiff aus dem Bootshaus gezogen. Unter des Königs Aufsicht, der selbst mit Hand anlegte, wurde es neu geteert und mit Werg abgedichtet.

König Tryggvi schickte berittene Späher bis nach Vaggä aus, die von den höchsten Bergrücken das Meer nach feindlichen Kriegsschiffen absuchen sollten. Am Morgen, kurz vor der Abreise, kamen sie erst zurück und meldeten, daß ihnen nichts Verdächtiges aufgefallen sei.

Der Abschied war diesmal kurz und nicht wehmütig, wie bei einer langdauernden Wikingfahrt. Der Meeresgott Ägir hatte ihnen günstigen Segelwind geschickt, und die Männer legten sich noch zusätzlich in die Ruder, denn der König wollte um die Mittagszeit beim Gehöft Gandalfs ankommen. Dessen Sohn befand sich ebenfalls auf König Tryggvis Langschiff.

Am frühen Nachmittag zeigte der Bauernsohn zur Küste, wo ein Schiff auf dem Strand lag. Sie waren am Ziel.

Mit der Hälfte seiner Krieger betrat König Tryggvi die Hofburg Gandalfs. Die anderen blieben als Wächter des Schiffes zurück. König Tryggvi warf einen prüfenden Blick in die Runde und auf die Wirtschaftsgebäude des Hofes. „Durchsucht alle Häuser!" befahl er.

Zehn Krieger durchsuchten jeden Winkel der Hofburg. Es waren keine Krieger darin versteckt.

Vor dem Eingang zu Gandalfs Wohnhaus standen fremde

Männer. Sie trugen kaum Waffen. Das war ein Friedenszeichen. Ein gutgekleideter Krieger trat auf König Tryggvi zu. Es war Gudröd Eriksson.

„Heil, König Tryggvi!" rief Gudröd in heiterster Laune. „Ich freue mich, einen tapferen und berühmten König als Freund begrüßen zu können! Deine Vorsicht ist überflüssig! Ich bin dein Freund, König Tryggvi!" Gudröd lachte aus vollem Hals. „Kommt ins Haus! Ihr seid sicher durstig und hungrig von der Fahrt!" Es schien, als wenn Gudröd bereits einige Becher Met geleert hätte.

Gudröd wollte König Tryggvi freundschaftlich um die Schulter greifen, doch Björn trat mit vorgehaltenem Schild dazwischen. „Halt, Gudröd Eriksson! Zuerst deine Unterwerfung!" befahl der Steuermann.

„Unterwerfung?" lachte Gudröd schallend. – „Ich bin ein freier Wiking und Seekönig und unterwerfe mich niemandem! Doch ich bin bereit, mich selber und meine Flotte unter den Oberbefehl König Tryggvis zu stellen, falls wir uns einigen sollten! Zum Beispiel, was den Anteil an der Beute betrifft", stellte Gudröd sogleich klar.

Björn sah seinen König fragend an.

„Laß es gut sein, Björn. Ich bin sicher, daß wir uns mit Gudröd Eriksson einigen können", sprach König Tryggvi trotzdem freundlich. – „Wer ist der Besitzer des Hofes?" fragte der König.

„Ich bin es, Herr", sprach Gandalf und trat mit gebeugtem Haupt einen Schritt vor.

„Du schwörst bei Odin, daß wir keinen Hinterhalt und Verrat in deinem Gehöft zu erwarten haben?"

„Ich schwöre es bei Odin, mein König!" rief der Bauer mit erhobener Schwurhand.

„Gehen wir ins Haus", nickte der König. Durch diesen Schwur war er völlig beruhigt.

Vor dem Eingang legten König Tryggvi und seine Krieger ihre Gere und Schilde ab. So war es Sitte. Zwei Mann blieben als Wächter zurück.

Jarl Gudröd besaß etwa zwanzig Gefolgsmänner um

sich. Nur die Familie des Bauern war außerdem noch im Haus. Die Knechte und Mägde arbeiteten anscheinend alle auf dem Feld.

„Sei willkommen, König Tryggvi!" rief Gudröd erneut in bester Metlaune. Er nahm zwei gefüllte Methörner vom Tisch und reichte eins dem König. „Trinken wir auf die Freundschaft zwischen unseren beiden Sippen!"

Auf die Freundschaft ihrer beider Sippen? Gudröd hatte sich gewiß falsch ausgedrückt. Tryggvi schüttelte den Kopf. „Du hast dich versprochen, Gudröd. Zwischen unseren Sippen kann es niemals Freundschaft geben. Aber ich könnte dir deine früheren Vergehen verzeihen, falls du bereit bist, deine Flotte unter meinen Oberbefehl zu stellen."

Gudröd lachte schallend. – „Nein, Tryggvi!" rief Gudröd respektlos. „Ich meine es wirklich so, wie ich es sagte! Mein Bruder, König Harald Eriksson, bietet dir vielmehr Frieden und Freundschaft, falls du bereit bist, dich ihm als dem alleinigen König von Norwegen zu unterwerfen! Du bleibst Herrscher über deine Ländereien, aber die Königsabgaben mußt du meinem Bruder Harald abliefern!"

„War das der wahre Grund, warum du eine Unterredung mit mir gewünscht hast?" fragte König Tryggvi sichtlich wütend.

„Ja und nein, Tryggvi. Es kommt auf dich an", sprach Gudröd doppeldeutig.

Ein Gefolgsmann König Tryggvis stürzte ins Wohnhaus. „Fremde Krieger! Sie kamen aus dem nahen Wald! Sie greifen die Wachen am Tor an!"

„Wieviele sind es!" fragte Björn, der Steuermann.

„Mehr als hundert!"

„Was bedeutet das, Gudröd Erikksson?" fragte König Tryggvi finster.

„Du sitzt in der Falle, Tryggvi! Wie die Maus im Sack!" Gudröd lachte höhnisch.

„Und Gandalfs Schwur?" fragte der König maßlos erstaunt.

„Gandalf ist ein Heuchler geworden. Er glaubt nicht

mehr an die gleichen Götter wie du. Hast du das nicht gewußt?" lachte Gudröd erneut.

Von draußen waren Todesschreie zu hören. Dann wurden die Türen des Langhauses aufgerissen, und Schwerbewaffnete in Kettenhemden und Helmen traten ein, dichtgedrängt. König Tryggvi und seine Männer besaßen keinen Körperschutz und waren nur leicht bewaffnet.

„Tötet den Verräter!" befahl König Tryggvi.

Björn zog blitzschnell seine Streitaxt und schlug sie Gandalf mitten ins Haupt. Mit einem gräßlichen Todesschrei fiel dieser zu Boden.

„Genug, Tryggvi!" rief Gudröd, den das Schicksal des Heuchlers und Verräters wenig rührte. „Ich warte noch immer auf deine Antwort! Bist du gewillt, dich König Harald Eriksson zu unterwerfen?"

König Tryggvi schwieg geraume Zeit und blickte sich im Kreise um. Ihre Lage war aussichtlos. Ein Heuchler verriet sie. Es war ein doppelter Verrat. Erstens an ihm, dem König, und zweitens an den Göttern, deren oberster Priester er war.

Gudröd bekam von einem Gefolgsmann Kopfhelm, Schild und Schwert gereicht.

„Es ist die Art von Feiglingen und Schurken, ihre Feinde heimtückisch in eine Falle zu führen!" rief König Tryggvi mit grenzenloser Verachtung aus. „Ich werde mein Volk niemals der Knechtschaft eines Dänenvasallen ausliefern! Die Nornen haben unseren Tod bestimmt! Wir werden wie Krieger zu sterben wissen!"

„Deine Beleidigungen sollst du mit dem Leben bezahlen, Tryggvi! Allen anderen verspreche ich: wer sich mir kampflos ergibt, soll in meine Gefolgschaft ehrenvoll aufgenommen werden!"

Zorniges Gemurmel war unter Tryggvis Kriegern zu vernehmen. Kein einziger machte von Gudröds Angebot Gebrauch.

„Jetzt hast du unsere Antwort!" rief König Tryggvi stolz.

„Dann sollt ihr auf der Stelle sterben!" befahl Gudröd

wütend. Eilends ging er hinter seinen Kriegern in Dekkung. Keinen Augenblick zu früh, denn zwei Streitäxte flogen nahe an seinem Kopf vorbei.

Sogleich stürzten sich Schwerbewaffnete auf König Tryggvi und seine Männer. Ihre Gegenwehr war kurz, und der Tod kam für alle rasch. Keiner von Tryggvis Getreuen wollte diesen Tag überleben. Sie alle glaubten fest an die alten Sagen ihrer Väter. Noch heute würden sie zusammen mit ihrem König in Odins Methallen einkehren. Von den Walküren würden sie den Becher des Vergessens zu trinken bekommen, der ihnen die schmerzliche Erinnerung an das Schicksal ihrer Hinterbliebenen und an die Schönheiten dieser Welt nahm.

Die anderen, die beim Königsschiff zurückgeblieben waren, wußten, daß sie ihrem König angesichts der mehrfachen Übermacht keine Hilfe zu geben vermochten. In ohnmächtiger Wut mußten sie den Kampflärm und die Todesschreie ihrer Gefährten mitanhören. Bald schon war alles verstummt. Die Männer schoben zur Sicherheit das Königsschiff zu Wasser. Doch sie blieben nahe am Ufer, um Fliehenden schnell zu Hilfe eilen zu können. Aber keiner von denen, die mit König Tryggvi zum Gehöft Gandalfs gegangen waren, kehrte daraus zurück.

Stattdessen kamen Gudröds Krieger zum Strand. Aus dem Ufergebüsch zogen sie vier Langschiffe, die sie gut getarnt darin versteckt hatten, und schoben sie ins Wasser. Daraufhin segelten Tryggvis Männer mit dem Wind aufs offene Meer hinaus, da sie der Überzahl unterliegen mußten. Nach einer kurzen Verfolgungsjagd auf dem Meer brach die Dunkelheit herein und machte eine weitere Verfolgung unmöglich.

Tryggvis Gefolgsmänner ruderten zur Küste zurück. Sie zogen ihr Schiff weit auf das Ufer und tarnten es gut. Einen Tag verbargen sie sich, dann segelten sie zum Gehöft Gandalfs zurück. Die Feinde waren abgezogen. Von dem Gehöft sahen sie nur noch rauchende Aschenhaufen.

Darunter fanden sie die halbverkohlten Gebeine ihrer Gefährten. Rasch deckten sie eine Sandschicht darüber und eine Reihe Steine. Später würden sie wiederkommen und König Tryggvi zu Ehren einen großen Hügel errichten. Zuerst galt es jetzt, Familie und Besitz vor den einfallenden Kriegerscharen König Harald Erikssons zu schützen.

Knaben, die am Meer spielten, sahen als erste die Heimkehrenden. Sie erkannten das Königsschiff am Muster seines Segels. In Kürze riefen sie die ganze Ortschaft zusammen. Alle eilten zum Strand, darunter auch die Königin und ihr ehemaliger Erzieher Thorolf.

Die Männer auf dem Königsschiff ruderten nicht fröhlich singend heimwärts, wie sie es sonst zu tun pflegten. Diesmal kamen sie schweigend und sogar langsamer.

„Wo steht Tryggvi? Ich kann ihn nirgends sehen?" fragte die Königin ihren alten Lehrer und Hausgenossen. „Sonst steht er doch immer am Vordersteven. – Bei allen Göttern! Es sind ja gar nicht alle Ruder in Tätigkeit! Es hat gewiß ein Kampf stattgefunden!" ahnte die Königin. – „Kann von euch jemand den König erkennen?" fragte Astrid die Umstehenden. Aber jeder hielt nur nach seinen eigenen Gesippen und Freunden Ausschau.

Das Langschiff kam näher, und die Königin erschrak noch mehr. „Es fehlt ja die Hälfte der Mannschaft, die auszog! Ich kann Tryggvi nirgends sehen! Und Björn auch nicht!"

Das Königsschiff legte am Landungssteg an. Die Krieger erhoben sich schweigend von ihren Ruderkisten, als Zeichen ihrer Trauer. Die Leute am Ufer schrien und fragten alle durcheinander. Die einen wollten wissen, wo ihr Angehöriger geblieben sei, die anderen jubelten vor Freude, als sie ihren Sohn, Bruder, Vater oder Ehegatten unversehrt sahen.

„Wo ist König Tryggvi, mein Gemahl?" rief die Königin zitternd vor Angst.

„Diejenigen, die nicht auf dem Schiff sind, leben alle nicht mehr!" rief der Wortführer. „Auch König Tryggvi wurde getötet, als er zum Treffen mit Gudröd Eriksson in Gandalfs Haus ging. – In Wahrheit war es eine heimtückische Falle gewesen."

„Tryggvi!" schrie Königin Astrid in höchster Verzweiflung. „Was wird jetzt aus den beiden Mädchen und dem Ungeborenen in meinem Leib?"

Thorolf Lausebart wollte Astrid tröstend umarmen, doch sie riß sich von ihm los.

„Tryggvi Olafsson!" schrie sie vorwurfsvoll auf das Meer hinaus, als wenn ihr Gatte es hören könnte. „Weißt du, was du deinen Kindern und mir damit angetan hast!" Astrid sank laut weinend zu Boden.

Die Leute folgten der Schiffsbesatzung in die Stadt. Keiner kümmerte sich um die verwitwete Königin, jeder hatte an seinem Schicksal genug zu tragen.

Astrid saß den Rest des Tages auf einer Bank draußen vor der Königshalle, von wo aus man weit durch das Fjord bis zur offenen See blicken konnte.

Thorolf ließ die verwitwete Königin nicht aus den Augen.

„Wie kurz ist ein Menschenleben, und um wieviel kürzer war mein Lebensglück", sprach die Königin sinnend. – „Es ist vorbei. Von nun an herrscht Öde und Leere in meinem Herzen. – Vielleicht wäre es das Beste, mit dem verbliebenen Leben ein Ende zu machen? Viele Frauen folgten bereits ihrem verstorbenen Gemahl in Hels Reich. Ist meine Liebe denn kleiner, um nicht dasselbe zu tun?"

„Nein, Astrid", sprach Thorolf kopfschüttelnd, „das wäre eine große Sünde. Bei meinem Glauben heißt es, daß Gott uns das Leben geschenkt hat, und nur Gott allein darf es uns wieder nehmen, wir Menschen haben dazu kein Recht. Bedenke, daß du dadurch noch einen Menschen töten würdest, das Ungeborene in deinem Leib. Denk an deine Aufgabe als Mutter, deine und Tryggvis Kinder aufzuziehen. Wie oft tröstete Tryggvi die Frauen seiner gefallenen Krieger mit ähnlichen Worten."

„Jetzt weiß ich, wie wenig Worte trösten können", erwiderte Astrid.

„Wenn du meinen Glauben hättest, würdest du Trost und Hilfe darin finden", sprach Thorolf in leicht vorwurfsvollem Ton. „Auch mir hat der Glaube an den Herre Christ geholfen, als ich von Nordmännern versklavt wurde."

„Ich glaube nicht mehr an das Walten irgendeines Gottes! Weder an das deines Herre Christ noch an das der Götter meiner Väter!" rief Astrid verbittert aus.

Thorolf Lausebart sah ein, daß er Astrid heute nicht zu trösten vermochte. Seine Worte vergrößerten nur ihren Zorn über die Götter und ihren Schmerz über das Unglück, das ihr widerfuhr.

Thorolf war von Geburt ein Angelsachse. Bei einer Schiffsreise geriet er als junger Mann in die Gewalt von Wikingern. Er wurde in Sklavenketten gelegt und nach Norwegen verschleppt. Thorolf besaß ein größeres Allgemeinwissen als jeder Nordmann, da er eine Klosterschule besucht hatte. Auch die Heilkunst übte er mit viel Geschick aus. Dem Vater Astrids, Erich Bjodaskalli, fiel die Klugheit Thorolfs auf, und er vertraute ihm die Erziehung seiner Tochter an. Thorolf hatte einen Sohn von sechs Jahren, namens Thorgils. Doch seine Frau war bereits vor einigen Jahren gestorben.

Zwei Tage später kam ein Kriegsschiff aus Westfold. Die Männer berichteten, daß König Gudröd Björnsson[4] von Harald Eriksson überfallen und getötet worden sei. Sie wollten König Tryggvi warnen, doch sie kamen zu spät.

Der teuflische Plan der Gunnhildsöhne war gewesen, die Kleinkönige Tryggvi und Gudröd zur gleichen Zeit zu töten, damit keiner durch den Tod des anderen gewarnt sein würde. Mit Eidbruch und Verrat hatten sie ihre Herrschaft erhalten und sogar noch ausgeweitet. Ihr Bruderstreit war nur Täuschung gewesen.

Die Länder der ermordeten Könige befanden sich in Kriegsstimmung. Aber es fehlte den entrüsteten Einwohnern an überragenden Führern, wie Tryggvi und Gudröd. So kam es zu keinem geschlossenen Widerstand gegen die eindringenden Kriegerscharen. Die wenigen, die es wagten, gegen König Harald Eriksson das Schwert zu erheben, wurden blutig niedergeworfen. Schließlich kam die Kunde nach Sotenäset, daß die vereinigte Flotte König Haralds und Gudröd Erikssons nicht mehr weit von der Stadt entfernt wäre.

Thorolf Lausebart wußte, daß nun höchste Zeit zum Handeln war. Am Abend, es waren fünf Tage seit der Kunde von der Ermordung König Tryggvis vergangen, ging Thorolf zu Astrid. Er schickte alle Mägde aus dem Haus, um sich unbelauscht mit Astrid beraten zu können.

„Astrid, hör mich an. Wir müssen vor Harald Eriksson fliehen! Er wird dich und deine Kinder töten lassen, wenn ihr ihm in die Hände fällt!"

„Warum sollte er zwei Kinder und eine hilflose, schwangere Frau töten? Ich verstehe dich nicht, Thorolf", schüttelte Astrid ungläubig den Kopf.

„Weil die Kinder Tryggvis Töchter sind! Und dich töten sie, weil du schwanger bist! Vielleicht schenkst du einem Knaben das Leben, der eines Tages von König Harald oder dessen Söhnen sein Erbe fordert! Aufständische könnten sich um Tryggvis Sohn scharen und König Harald Eriksson den Thron streitig machen! Glaube mir, Astrid, dein Leben und das deiner Kinder ist in Sotenäset nicht mehr sicher! Vielleicht in ganz Norwegen nicht mehr! Wir müssen zu deinem Vater ins Oberland fliehen, dann werden wir weitersehen!" riet Astrids Pflegevater eindringlich.

„Ich soll meinen ganzen Besitz hier aufgeben? Weißt du, was du da von mir verlangst?" entgegnete Astrid empört.

„Ich verlange nur, was die Not uns gebietet! Denkst du, Harald Graumantel[5] läßt dir deinen königlichen Besitz? – Niemals! Er wird einen seiner Gefolgsmänner als Jarl über Tryggvis Ländereien einsetzen und sie ihm zum Lehen übergeben! Du kannst nichts als dein Leben retten und noch etwas Schmuck und Gold, das leicht zu tragen ist", sprach Thorolf Lausebart außergewöhnlich erregt, und nicht wie sonst in seiner ruhigen und sanften Art. Man sah ihm an, daß er sehr besorgt um Astrid und ihre Kinder war.

Astrid sah ihn erstaunt an. „Du bist wirklich überzeugt, daß mich Harald Graumantel ermorden lassen würde?"

„Felsenfest", bekräftigte Thorolf. „Wir müssen fliehen, und zwar noch heute nacht."

„Heute nacht schon?" rief Astrid erschrocken. Es blieb ihr nicht einmal Zeit, sich an den Gedanken zu gewöhnen.

„Wir dürfen keine Zeit verlieren! Wir werden uns als Bauern und Landstreicher verkleiden und uns zu Fuß nach Offrigstad aufmachen, um unterwegs nicht erkannt zu werden."

„Zu Fuß? Aber das ist ganz unmöglich! Du hast nicht bedacht, daß ich hochschwanger bin! Es dauert längstens noch einen Mond, bis ich mein drittes Kind zur Welt bringe!"

„Auch das habe ich nicht unüberlegt gelassen", sprach Thorolf ernst. „Du mußt dein Kind unterwegs gebären. Wir werden ein geeignetes Versteck finden, wo wir uns zwei bis drei Monde lang verbergen können, bis du und das Kind wieder bei Kräften sind. Dann setzen wir die Flucht fort."

„Glaubst du denn, daß ich diese Anstrengungen aushalten kann?" fragte Astrid zweifelnd.

„Ich bete zu dem Herre Christ, daß er uns in der größten Not zur Seite steht. – Wenn wir hierbleiben, haben wir den sicheren Tod zu erwarten. Wenn wir fliehen, besteht die Möglichkeit, daß wir uns zu deinem Vater ins Oberland retten können", sprach Thorolf mit Tränen in den Augen.

„Ach, Thorolf!" seufzte Astrid, und ihr rollten ebenfalls Tränen über die Wangen.

Thorolf Lausebart war auch dem Weinen nahe. Astrids Erzieher war ein gereifter, weiser Mann. Ihm war ein ähnliches Schicksal beschieden gewesen. Er wußte nur zu gut, was er von Astrid verlangte. Aber dies war die einzige Möglichkeit, ihr Leben und das ihrer Kinder zu retten. Thorolf löste sich sanft von Astrids Umarmung. „Ich werde einige treue Knechte und Mägde fragen, ob sie bereit sind, uns zu begleiten. Wir müssen uns um Mitternacht auf den Weg machen, wenn die Stadt im tiefen Schlaf liegt. Je später es alle erfahren, um so größer ist die Wahrscheinlichkeit, daß wir entkommen. Such' du inzwischen deine Kostbarkeiten zusammen. Aber nur kleinere Gegenstände, die leicht unter einem Mantel oder in einer Tasche zu verbergen sind."

Thorolf Lausebart kannte die Knechte und Mägde. Er wußte, welche der Königin treu ergeben waren. Drei Knechte und zwei Mägde konnte er überreden, mit der früheren Königin, ihren beiden Töchtern, ihm selber und seinem Sohn Thorgils die Flucht ins Oberland[6] zu wagen. Er versprach ihnen nicht zuletzt eine Belohnung, wenn sie mit Astrid und ihren Kindern nach Offrigstad[7] zu Erich Bjodaskalli kämen.

Flucht und weitere Schicksalsschläge

Um Mitternacht machten sich die Flüchtenden auf die lange, beschwerliche Wanderschaft. Astrid zog einfache, bäuerliche Kleidung an, so daß sie kaum von ihren Mägden zu unterscheiden war. Nur wenig Gold und Silber konnte sie mitnehmen. Astrid weinte sehr, weil sie ihren ganzen königlichen Hausrat in Sotenäset zurücklassen mußte. Die Knechte trugen Decken, einen Kochkessel, in Säcken vorgemahlene Gerste und Hafer, weiterhin Trockenfleisch, damit sie unterwegs nicht durch zeitraubende Jagd aufgehalten wurden. Aus Sicherheitsgründen durften sie keine Ortschaften oder Bauernhöfe aufsuchen, um sich Nahrung zu kaufen.

Die ersten Tage kamen sie ein gutes Stück des Wegs voran. Doch bald schon machten sich die Anstrengungen bei Astrid bemerkbar. In immer kürzeren Abständen mußte sie eine Rast einlegen. Als die Lebensmittel nach wenigen Tagen aufgezehrt waren, nagte der Hunger noch zusätzlich an ihren Kräften. Die Männer mußten auf die Jagd gehen; dies nahm viel kostbare Zeit in Anspruch.

Astrids Kräfte wurden immer weniger. Schließlich mußte sie sich auf zwei Begleiter stützen, um noch gehen zu können, denn jeder Schritt verursachte ihr Schmerzen. Eines Tages erreichten sie einen einsam gelegenen Bergsee mit einer bewaldeten Insel darin.

„Ich kann nicht mehr weiterlaufen", stöhnte Astrid. „Wie schön wäre es, wenn wir auf die einsame Insel gelangen könnten. Dort möchte ich mein Kind zur Welt bringen."

„Besser wäre es, wenn wir noch weiter fort von Sotenäset kämen", sprach Thorolf stirnrunzelnd. – „Aber wenn es dir hier gefällt, dann bleiben wir. Bauen wir ein Floß, und setzen wir damit auf die Insel über." Thorolf wußte immer einen Rat und einen Ausweg.

Während die Frauen im Gras lagen und sich ausruhten, fällten die Männer mit ihren Streitäxten Bäume und bauten ein Floß. Nachdem die Sonne untergegangen war, setzten zuerst zwei Knechte auf die Insel über, um sie zu erkunden. Um Mitternacht kam einer zurück. Die Insel war unbewohnt. Nacheinander wurden alle übergesetzt.

Mehrere Tage bauten sie an einem Holzhaus. Erst nachdem es fertig war, durften sie sich einen Ruhetag gönnen. Fast einen Mond waren sie nun von zu Hause fort. Astrids Niederkunft stand kurz bevor.

An Nahrung stellte ihnen die Natur im Sommer genügend Auswahl bereit. Die Männer fuhren mit dem Floß aufs Festland, um zu jagen. Damit sie nicht entdeckt werden würden, jagten sie nur kurz vor Sonnenuntergang oder am frühen Morgen. Viele Vogelarten lebten am Ufer des Sees. Die Frauen suchten zusätzlich die Eier aus den Nestern. Auch Fische konnten sie angeln; einen Angelhaken und Schnur hatte wohl jeder erwachsene Nordmann damals in der Tasche. Thorolf Lausebart vergaß nicht, einen Beutel mit Salz mitzunehmen, doch es fehlte ihnen an allen anderen Gewürzen.

Thorolfs Sohn Thorgils fand an dem Wikingerleben die meiste Freude. Sein Vater erzählte ihm und Astrids Töchtern von seinen Erlebnissen, als er Gefangener der Wikinger war. Dabei zeigte er ihnen, wie man mit wenigen Hilfsmitteln in der wilden Natur überleben kann.

Schließlich war der schwere Tag für Astrid gekommen. Die Wehen setzten ein. Die Mägde liefen eilfertig hin und her. Für die Ältere von ihnen war dies nicht die erste Geburt, bei der sie mithalf. Sie wußte, was zu tun war.

Als die Wehen in immer kürzeren Abständen kamen, schickte Thorolf seinen Sohn und Astrids Töchter mit einem Knecht an die entfernteste Stelle der Insel. Sie blieben so lange, bis eine Magd sie zurückrief.

Astrid schenkte einem Knaben das Leben. Das Kind war kräftig und gesund. Um seine Mutter stand es allerdings schlecht. Sie war nach der Geburt erschöpft eingeschlafen. Bald schon bekam sie Fieber und wälzte sich unruhig auf ihrem Lager hin und her. Thorolf wich nicht von Astrids

Krankenbett und hatte Augen und Ohren nur für sie. Die ganze Nacht hielt er Wache.

In aller Frühe weckte er die anderen. Eine Magd übernahm die Pflege. Thorolf ließ sich von einem Knecht aufs Festland übersetzen. Unter den erstaunten Blicken des Knechtes suchte er den halben Vormittag die Wiesen und Waldraine ab. Manchmal stach er mit dem Messer eine Pflanze samt Wurzeln aus. Die Wurzel schnitt er ab und barg sie in einem Leinensäckchen. Während der Rückfahrt wusch Thorolf die Wurzeln.

Zuerst sah er nach der kranken Astrid. Ihr Zustand hatte sich noch weiter verschlechtert. Ihr Kopf glühte förmlich vor Fieber. Essen konnte Astrid auch nichts. Die Mägde versuchten ihr Haferbrei einzuflößen, doch sie erbrach alles wieder.

Thorolf bereitete aus den Wurzeln einen Saft zu, indem er sie in Wasser kochen ließ. Dann siebte er den gewonnenen Saft mit Hilfe eines Tuches, so daß alle festen Bestandteile darin zurückblieben. Von dem Getränk flößte er Astrid einen kleinen Schluck ein.

Thorolf Lausebart focht einen zähen Kampf mit dem Tode aus. In zeitlichen Abständen gab er Astrid einen kleinen Schluck von dem Saft zu trinken. Auch die zweite Nacht saß er an ihrem Krankenlager. Thorolf sprach oft in der Nacht mit der Kranken, obwohl sie in hohem Fieber dalag. Wenn ihn die Erinnerung überkam, sang er ihr auch ein englisches Kinderlied vor, das er der kleinen Astrid vor fast zweimal zehn Sommern und Wintern vor dem Zubettgehen oft vorgesungen hatte. Thorolf wußte, daß sie ihn hörte, obwohl sie wie ohnmächtig schlief.

Am nächsten Morgen war Astrids Fieber wie durch ein Wunder leicht gesunken. Thorolfs Bemühungen waren nicht erfolglos geblieben. Aber noch befand sich Astrid nicht außer Lebensgefahr. Eine Magd übernahm nun die Pflege, während Thorolf etwas aß und sich dann schlafen legte.

Als er um die Mittagszeit erwachte, führte ihn sein erster Gang zu Astrid. Thorolf lächelte, als er sie ruhig schlafend fand; das Fieber war gesunken.

Die beiden Mägde sahen Thorolf fortan scheu, ja ängstlich an. Ihrer Ansicht nach war er ein Zauberer. Was er vollbrachte, überstieg ihre Vernunft. Sie sahen in den Nächten, wie er die Hände zum Gebet faltete und laut zu dem Herre Christ betete. Sie hielten es für Zaubersprüche. Obwohl Thorolf ihnen erklärte, er hätte die Heilkunst in England gelernt, glaubten sie es ihm nicht. Thorolf überließ sie schließlich ihrem heidnischen Hexenglauben, nachdem er ihnen mehrmals vergeblich zu erklären versuchte, daß es in seinem Glauben keiner bösen Mächte bedürfe, um einen Kranken zu heilen. Sondern daß die Pflanzen von Gott geschaffen worden seien, damit die Menschen sich ihrer zum Heilen von Krankheiten bedienen.

Am Abend erwachte Astrid aus ihrem Genesungsschlaf. Ihre erste Frage galt nach dem Kind. Es war gesund und wohlauf. Eine der beiden Mägde, die von Thorolf als Amme auserwählt war, stillte während Astrids Krankheit das Kind.

Thorolf reichte Astrid den Knaben. „Harald Graumantel wird keine Nacht mehr ruhig schlafen, wenn er erfährt, daß König Tryggvi einen Erben hinterließ", sprach er lächelnd.

In wenigen Tagen erholte sich Astrid von den Folgen der Geburt, dank ihres jungen und gesunden Körpers und der guten Nahrung aus Haferbrei und Marksuppe, die nur für sie allein zubereitet wurde.

Schließlich konnte sie an einem schönen warmen Sommernachmittag zum ersten Mal vor das Haus gehen. Sie setzte sich auf eine Bank, und die anderen nahmen um sie herum Platz.

Astrid sah stolz auf ihre Kinder. „Meine Eltern werden staunen, wenn ich mit drei Kindern bei ihnen ankomme." Sie lachte glücklich, zum ersten Mal seit König Tryggvis Tode. – „Wie werden sie sich jetzt wohl grämen, weil ich verschollen bin. Vielleicht sollten wir ihnen einen Boten senden, der ihnen mitteilt, daß wir auf dem Weg zu ihnen sind?"

„Das wäre zu gefährlich für uns", entgegnete Thorolf stirnrunzelnd. „Es würde wohl nicht lange geheim bleiben. Was einer weiß, das wissen bald zwei. Und was zwei wissen, das weiß morgen die ganze Welt. Harald Graumantel würde uns mit seinen Kriegern die Wege verstellen. Jetzt halten uns alle für verschollen, und keiner weiß, was wir vorhaben. Das ermöglicht uns, unser Ziel einigermaßen gefahrlos zu erreichen", erklärte Thorolf.

„Um so größer wird die Wiedersehensfreude sein", seufzte Astrid.

„Wir müssen deinem Sohn einen Namen geben", erinnerte Thorolf sie. „Wie soll er genannt werden?"

„Olaf, so hat es Tryggvi gewünscht, als wir einmal darüber sprachen. Olaf Tryggvis-Sohn. Olaf hieß der Vater meines Gemahls", sprach Astrid, und Tränen flossen ihr über die Wangen, weil sie daran dachte, daß ihr Söhnchen ohne Vater aufwachsen mußte.

Thorolf nahm den Säugling an König Tryggvis Stelle auf die Knie. Er benetzte ihn mit kristallklarem Wasser und sprach: „Ich taufe dich auf den Namen Olaf." Heimlich machte er ein Kreuzeszeichen auf die Stirn des Knaben, so daß Olaf getauft war, ohne daß er es später wußte.

Den ganzen Sommer blieben sie auf der Insel, damit der Säugling kräftiger werden konnte, um die Anstrengungen der weiteren Wanderschaft zu überleben. Dann begannen sich die Blätter zu färben, der Herbst kam ins Land. Nun war es an der Zeit, ihre Flucht fortzusetzen. Die Knechte gingen nun mehrmals am Tag auf die Jagd und brachten erlegtes Wild auf die Insel. Die Frauen schnitten das Fleisch in Streifen, hingen es tagsüber an die Luft und nachts über das Feuer, um Trockenfleisch herzustellen. Mit so viel Mundvorrat versehen, wie sie zu tragen vermochten, machten sie sich auf den Weg. Da Astrid nun nicht mehr behindert war, kamen sie bedeutend schneller voran als zu Beginn ihrer Flucht.

In der Nähe von Offrigstad angekommen, schickte Thorolf Lausebart einen Knecht zu Erich Bjodaskalli, um diesen heimlich von ihrer Ankunft zu benachrichtigen. Nach wenigen Tagen kehrte der Knecht mit Astrids Vater zurück. Weinend lagen sich Vater und Tochter in den Armen. Erich gab die Hoffnung bereits auf, daß er seine Tochter und seine Enkelkinder jemals wiedersehen würde. Stolz nahm er den kleinen Olaf in seine Arme. „Das soll einmal der Rächer seines Vaters werden! König Harald Graumantel wird zittern, wenn er erfährt, daß Astrid einem Knaben das Leben schenkte. Es muß so lange wie möglich geheim bleiben, daß König Tryggvi einen Erben hinterließ. Wie lange du bei mir in Sicherheit leben kannst, weiß ich nicht, Astrid. Doch bald fällt Schnee, und den Winter über seid ihr hier oben in den Bergen sicher. Bei Dunkelheit gehen wir nach Hause."

Hallgerda, Astrids Mutter, weinte vor Freude, als sie ihre Tochter und ihre Enkel wohlbehalten in die Arme schließen durfte. Hallgerda forderte sie auf, am gedeckten Tisch Platz zu nehmen.

Die Männer erhoben den ersten Becher Met dem Gotte Thor zum Dank für die Errettung Astrids und ihrer Kinder. Nachdem sie ausgiebig gegessen und getrunken hatten, erzählte Astrid ihren Eltern die Begebenheiten von der Ermordung ihres Gatten bis zu ihrer Ankunft. Erich Bjodaskalli klopfte dem alten Thorolf mehrmals dankbar auf die Schulter. Es war ganz allein sein Verdienst, daß Astrid mit ihren Kindern wohlbehalten in Offrigstad ankam. „Wie kann ich das nur je wieder gutmachen, alter Freund", sagte Erich noch oft an diesem Abend zu Thorolf. Doch dieser wollte von einer Belohnung nichts wissen. Er sagte, es gäbe für ihn keine größere Freude, als Astrid und ihre Kinder glücklich zu sehen.

Den Knechten und Mägden gab Erich jedem hundert Silberlinge und schenkte ihnen die Freiheit. Das war für damalige Zeiten eine fürstliche Belohnung.

Die Heimgekehrten konnten in Ruhe noch einige schöne Herbsttage verleben. Aber der Winter brach früh in den

Bergen herein. Das hatte den Vorteil, daß sie sicher vor den Nachstellungen König Harald Graumantels und dessen Mutter Gunnhild waren. Die Königemutter, wie Gunnhild genannt wurde, hatte von den Sotenäsetern erfahren, daß Astrid schwanger war. Sie und ihr Sohn fürchteten einen männlichen Erben König Tryggvis.

Olaf entwickelte sich zu einem kräftigen Knäblein. Zum Wintersonnenwendfest wurde er ein halbes Jahr alt. Auch Astrids Töchter, die ältere hieß Astrid, wie ihre Mutter, und die jüngere hieß Ingigerd, erholten sich rasch von den Folgen der Flucht.

Das Geheimnis von der Geburt Olafs konnte natürlich nicht lange gewahrt bleiben. Erich Bjodaskalli kam eines Tages mit sorgenvoller Miene heim. Er hörte zufällig im Vorbeigehen, wie Leute davon sprachen, daß das jüngste Kind der früheren Königin von Ranrike und Vingulmark ein Sohn von König Tryggvi sei. Lange würde dies auch nicht Gunnhild verborgen bleiben. Erich konnte nichts tun, als seine Freunde in der Nachbarschaft zu bitten, Augen und Ohren offenzuhalten und ihn rechtzeitig zu warnen, falls Krieger des Königs ins Oberland kämen.

Der Frühling zog ins Land. Astrid lebte im Hause ihrer Eltern wieder auf. Aber die schöne Zeit dauerte nicht lange. Eines Nachts kam ein Bote zu Erichs Gehöft und verlangte, unverzüglich den Herrn zu sprechen. Er wurde vor Erich geführt. In wenigen Sätzen berichtete der Knecht, daß berittene Königsmänner nicht mehr weit von Offrigstad entfernt wären. Spätestens morgen mittag würden sie hier ankommen. Erich gab dem Boten eine Belohnung. Sofort verständigte er seine Frau Hallgerda und ließ nach Thorolf Lausebart rufen.

Hallgerda erschrak furchtbar bei dieser Nachricht. Eilends weckte sie Astrid und deren Kinder. Astrid war der Verzweiflung nahe, als ihr Vater ihr erklärte, daß er für sie und den Knaben keinen anderen Ausweg sähe, als ins Ausland, nach Schweden, zu flüchten. Und zwar zu Hakon dem Alten, einem guten Freund Erichs. Dort würden sie

Schutz und Sicherheit vor den Nachstellungen Gunnhilds finden.

Weinend packte Astrid erneut die wenigen Habseligkeiten zusammen, die sie mitnehmen konnte. Sie zog ihrem Söhnchen warme Kleider an und wollte ihren Töchtern die Mäntel reichen, da hielt Hallgerda sie zurück. „Willst du nicht die Mädchen bei uns lassen? Ich glaube, sie haben nichts von Gunnhild und Harald Graumantel zu befürchten. Laß sie bei uns, sie würden uns ein wenig trösten", bat Astrids Mutter. Zuerst wollte Astrid sich nicht von ihren Kindern trennen. Schließlich sah sie ein, daß es besser für die Mädchen wäre, wenn sie in Norwegen bei ihren Gesippen blieben und auch besser für sie selber, da drei Kinder ihre Flucht sehr erschwert hätten. Astrid umarmte und küßte ihre beiden Töchter zum Abschied, dann wurden sie von einer Magd zu einem Nachbarhof gebracht, bis die Krieger König Haralds wieder abgezogen wären.

Ein zweites Mal galt es für Astrid, Abschied zu nehmen. Diesmal würde sie sogar in ein fremdes Land ziehen. Erich wählte zwei Knechte aus, die er für zuverlässig hielt, um Astrid als Führer und Beschützer nach Schweden zu begleiten.

Mit heißen Tränen verabschiedete sich Astrid von ihren Eltern. Es war sehr wahrscheinlich, daß sie sich niemals wiedersehen würden, denn ihre Eltern waren alt, und solange Harald Graumantel in Norwegen herrschte, war eine Rückkehr Astrids ausgeschlossen. Astrid konnte sich kaum von ihren Eltern trennen. Doch diese flehten sie an, schnell zu fliehen. Denn größer als der Schmerz der Trennung wäre für sie, wenn Astrid von den Häschern des Königs entehrt und ihr kleiner Sohn Olaf vor ihren Augen getötet werden würde. Mit Thorolfs Zuspruch war es möglich, Astrid zur Flucht zu überreden. Sie fügte sich in ihr Schicksal in der Gewißheit, ihrem Sohn Olaf damit das Leben zu retten.

Da der Feind bereits sehr nahe war, gab Erich ihnen Pferde zur Flucht, sonst hätte man sie rasch eingeholt. Die

Fliehenden verschwanden schnell in der Dunkelheit der Nacht.

Die Sonne stieg am Morgen strahlend auf, als wenn es weder Bosheit noch Schmerz und Tränen auf der Welt gäbe. Gegen Mittag kamen die Krieger König Haralds in Offrigstad an. Sie umstellen Erich Bjodaskallis Gehöft und durchsuchten jeden Winkel davon. Auch die Nachbarhöfe wurden abgesucht. Mehrere Frauen mit jungen, männlichen Kindern wurden eingefangen, doch es stelle sich jedesmal heraus, daß dies nicht die Gesuchten waren.

Der Anführer der Königsmannen ließ Erich an einen Zaun binden. Erich wurde so lange geschlagen, bis er gestand, daß er seine Tochter mit ihren Kindern in einer Berghütte versteckt habe. Sofort machten sich die Krieger auf den Weg; einen Knecht nahmen sie als Wegführer mit.

Hallgerda ließ ihren Mann vom Zaun binden und ins Haus tragen. Erichs Rücken war furchtbar zugerichtet. Er wußte, daß sein Ende nahe war. Spätestens wenn die Krieger des Königs erkannten, daß sie getäuscht worden waren, würden sie zurückkommen und ihn aus Rache umbringen.

Und so geschah es. Nach vier Tagen kamen die Gefolgsmänner Haralds zurück. Der Anführer trat vor Erich Bjodaskallis Siechlager und durchbohrte ihn im Beisein Hallgerdas mit dem Schwert. Odins Namen ausrufend, starb Erich.

Der Häuptling schadete durch diesen Mord der Sache seines Königs sehr. Die Bauern im Oberland murrten böse über König Harald Graumantel, weil er Krieger aussandte, um unschuldige Kinder und friedliche Männer zu ermorden.

Unter vielen Entbehrungen und Mühen kam Astrid mit ihren Begleitern in Schweden bei Hakon dem Alten am. Sie wurden gut aufgenommen.

Doch Gunnhild erfuhr von Händlern, daß sich die frühere Königin von Ranrike und Vingulmark in Schweden aufhalte. Sie schickte Boten an König Erik von Schweden. Diese brachten wertvolle Geschenke mit und baten den

König, Astrids Sohn Olaf mit nach Norwegen nehmen zu dürfen. Gunnhild wolle seine Pflegemutter sein und ihn so erziehen, wie es einem Königssohn angemessen sei. Der Schwedenkönig hatte gegen diese Bitten nichts einzuwenden und schickte sie zu Hakon dem Alten.

Die Norweger wurden von Hakon freundlich empfangen, da sie in friedlicher Absicht kamen und ihre Waffen am Eingang des Hauses ablegten. Sie baten Hakon, den kleinen Olaf mitnehmen zu dürfen. Hakon erklärte ihnen, daß dies seine Mutter entscheiden solle. Astrid lehnte empört ab. „Seit wann geht es einem Kind bei fremden Leuten besser als bei seiner Mutter! Ich weiß sehr genau, was Gunnhild mit meinem und König Tryggvis Sohn im Schilde führt! Niemals werde ich gestatten, daß mein Sohn nach Norwegen zurückkehrt, solange die Erikssöhne in Norwegen regieren!" Astrid nahm ihr Söhnchen auf den Arm und verließ die Gästehalle.

Die Boten versuchten Hakon einzureden, daß alle Befürchtungen Astrids grundlos wären. Doch Hakon der Alte entgegnete, daß es ganz allein von Astrid entschieden werde, bei wem ihr Sohn aufwüchse. Ihre Antwort hätten sie ja gehört.

Unverrichteter Dinge mußten die Norweger zum Schwedenkönig zurückkehren. Sie drangen so oft in König Erik, bis er unter dem Druck von weiteren Geschenken nachgab und sie wissen ließ, daß er beide Augen zudrücken würde, wenn sie den Knaben mit Gewalt mitnähmen.

Ein zweites Mal reisten die Norweger zu Hakon dem Alten. Doch dieser sorgte vor. Auf die Kunde von ihrem Nahen, rief Hakon viele Bewaffnete aus der Nachbarschaft zusammen, um der Kindesentführung nicht wehrlos zusehen zu müssen. Trotz der Gefahr, sich bei dem König von Schweden unbeliebt zu machen, widersetzte sich Hakon dem Verlangen der Norweger. Wütend sahen diese, daß sie an Zahl unterlegen waren. Ohne ihr Ziel erreicht zu haben, zogen sie nach Norwegen zurück. Dort hatte sich die politische Lage inzwischen grundlegend verändert.

Nachdem die Kleinkönige Tryggvi und Gudröd besiegt waren, vermochte sich auch Jarl Hakon, der Herrscher des Tröndelags, nicht mehr länger vor der Übermacht König Harald Erikssons zu behaupten. Er suchte mit seinen Getreuen in Dänemark bei König Harald Gormsson Schutz.

Am dänischen Königshof weilte im Winter des Jahres 969 auf das Jahr 970 n. Chr. auch ein Brudersohn des Dänenkönigs mit Namen Gold-Harald. Dieser strebte mit glühendem Verlangen nach einer Königskrone. In der Wahl seiner Mittel kannte er keine Skrupel. Da in Dänemark diesbezüglich keine Aussichten bestanden, König Harald Gormsson besaß männliche Erben genug, wußte Jarl Hakon den Ehrgeiz Gold-Haralds nach Norwegen zu lenken.

Als König Harald Eriksson im Frühsommer des Jahres 970 nach Dänemark fuhr, um angeblich vom Dänenkönig sein Lehen über die kürzlich eroberten Ländereien zu empfangen, wurde er von Gold-Harald im Limfjord mit Übermacht angegriffen und getötet.

Jarl Hakon weckte nun im Dänenkönig Harald Gormsson die Befürchtung, Gold-Harald wäre als Norwegerkönig so mächtig, daß er selbst seinem Onkel gefährlich werden könnte. Hakon erbot sich, Gold-Harald mit seiner Norwegerschar zu überfallen und zu töten. Sie einigten sich auf eine geringe Bußzahlung für die Erschlagung eines Gesippen des Dänenkönigs. Mit diesem Ränkespiel gelang es Hakon, zwei gefährliche Rivalen aus dem Weg zu schaffen.

Im Laufe des Sommers vertrieb Jarl Hakon mit Unterstützung eines dänischen Heeres die Erikssöhne aus Norwegen. Hakon wurde wieder Herrscher über den Trondheimgau. Harald der Grönlandfahrer, der Sohn König Gudröd Björnssons, wurde als Vasall des Dänenkönigs über das Reich seines Vaters und das König Tryggvis eingesetzt.

Obwohl die Erikssöhne mit ihrer Mutter Gunnhild Norwegen verlassen mußten, sie flohen ins Danelag[8] nach England, durfte Astrid mit ihrem Sohn Olaf nicht in die Heimat zurückkehren. Harald Gudrödsson, genannt der Grönlandfahrer, verteidigte seine Herrschaft nicht weniger eifersüchtig als jeder andere. Niemals hätte er das frühere Reich König Tryggvis oder nur die Hälfte davon an dessen Sohn Olaf abgetreten. Zudem war Harald nur ein Vasall des Dänenkönigs. Diesem gehörte die Oberherrschaft über Olafs Erbreich Ranrike und Vingulmark.[9]

Astrid lebte zwei Sommer und zwei Winter bei Hakon in Schweden. Aber hier konnte ihr Sohn Olaf tatsächlich keine Erziehung genießen, wie sie einem Königssohn angemessen wäre. Deshalb drängte Astrid im Frühsommer des Jahres 972 ihren väterlichen Freund Thorolf, mit ihr zusammen über die Ostsee nach Holmgard[10] zu segeln. Dort lebte ihr Bruder Sigurd, der ein angesehener und mächtiger Gefolgsmann des russischen Fürsten Wladimir war.

Thorolf Lausebart riet anfangs davon ab. Zu gefährlich schien ihm die Fahrt über das warägische Meer[11] wegen der vielen Seeräuber. Jedoch Astrid war von ihrem Entschluß nicht mehr abzubringen. Notfalls würde sie auch allein mit ihrem Sohn nach Holmgard reisen. Thorolf willigte schließlich ein.

Sie machten sich auf den Weg nach Birka, einer großen Handelsstadt im Mälarsee, wo sich leicht ein Handelsschiff finden würde, das nach Holmgard segelte.

Die Händler schlossen sich meist zu einem größeren Flottenverband zusammen, um der Gefahr zu entgehen, von estländischen oder warägischen Seeräubern ausgeplündert und versklavt zu werden. Dies hatte für einen Reisenden, der sicherheitshalber in solch einem Verband mitreiste, den Nachteil, daß er mit den Händlern von einer größeren Stadt zur anderen fahren mußte, wo sie oft noch viele Tage verweilten, um ihrem Gewerbe nachzugehen. Dadurch dauerte eine Fahrt von Birka nach Holmgard bis zu drei Monde und war noch dazu mit vielfältigen Ärgernissen und Beschwerlichkeiten verbunden, erst recht für eine Frau. Während die kürzeste Entfernung von einem gutgebauten Handelsschiff bei ununterbrochener Fahrt in neun bis zehn Tagen zurückgelegt wurde; von einem Kriegsschiff sogar in fünf Tagen.

Astrid war trotz der Warnungen Thorolfs nicht davon abzubringen, mit einem Handelsschiff zu reisen, das ohne Begleitschutz die Fahrt nach Holmgard wagte. Eine Reise von einem Vierteljahr erschien ihr nicht weniger gefährlich als eine von zehn Tagen.

Das Schiff des schwedischen Händlers, auf dem sich die frühere Königin Astrid, ihr Sohn Olaf, Thorolf und dessen Sohn Thorgils befanden, segelte bei schönstem Wetter von Birka ab. Vom Mälarsee gelangten sie durch eine schmale Wasserstraße in die Ostsee. Mit günstigem Wind fuhren sie auf die offene See hinaus, Kurs Osten.

Nach drei Tagen und Nächten auf See erreichten sie den finnischen Meerbusen. Am sechsten Reisetag erklärte der Steuermann, daß sie am Abend die Newa erreichen würden, ein Fluß, der zum Ladogasee führt. In den Ladogasee würde wiederum der Wolchow münden, den sie flußaufwärts rudern mußten, um nach Holmgard zu gelangen.

Am frühen Nachmittag des gleichen Tages sahen sie das Segel eines Schiffes backbords, das ihre Fahrtrichtung kreuzte. Als sie sich näher kamen, erkannte der schwedische Händler mit wachsender Angst, daß das fremde Schiff einen Drachenkopf auf dem Vordersteven besaß. Seeräuber liebten es, die Kiele ihrer Schiffe mit furchterregenden Tierköpfen zu schmücken. Der Händler ließ sofort den Kurs ändern. Zum Entsetzen aller änderte das andere Schiff ebenfalls den Kurs. Man verfolgte sie. Kein Zweifel bestand mehr, das konnten nur Seeräuber sein. Wegen der schlankeren Form und weil es nicht so schwer beladen war, wie das Handelsschiff, holte das Seeräuberschiff schnell auf. Schon oft rettete die einbrechende Nacht oder eine nahe Stadt dem Händler Schiff und Leben, doch diesmal war das Glück gegen ihn. Die Seeräuber holten ihn ein, bevor die Sonne im Meer versank.

Die estländischen Seeräuber versuchten, das Handelsschiff mittels Enterhaken mit dem ihrigen zu vertauen. Doch die Schweden konnten mehrmals die Taue durchtrennen. Viele der Mutigen büßten ihre tapfere Tat mit dem Leben, denn die Seeräuber beschossen sie mit Pfeilen und Geren. Schließlich sank der Steuermann, von einem Pfeil in die Brust getroffen, auf das Schiffsdeck. Bevor ein anderer das Steuer ergreifen konnte, hatten die Estländer die Gelegenheit wahrgenommen. Erneut warfen sie ihre Enterhaken auf das Handelsschiff. Dann änderten sie den Kurs, so daß die Segel schlaff einsanken. Die Schiffe schaukelten schließlich antriebslos auf dem Meer. Die Estländer sprangen mit furchtbarem Geschrei über die Schiffsreling. Wer nicht die Waffen fallenließ und sich ergab, wurde von den Streitäxten der Estländer erbarmungslos niedergehauen.

Die Seeräuber suchten nach ihrem Sieg das Handelsschiff nach Beute ab. Astrid, Olaf und Thorgils fanden während des Kampfes unter Deck im niedrigen Laderaum Schutz. Jetzt wurden sie nach oben gezerrt. Die Estländer schrien erfreut auf, als sie sahen, daß sich eine Frau an Bord befand. Der Anführer der Seeräuber erklärte sie zu seinem Besitz. Dann musterte er die übrigen Gefangenen. Die Männer legte man in Ketten, um sie auf dem nächstbesten Markt als Sklaven zu verkaufen. Aber Thorolf Lausebart war ein Greis. Niemand würde ihn kaufen. Darum befahl der Anführer, ihn zu töten, da ein unnützer Esser ihm nur Kosten verursachen würde. Zwei Estländer wollten Thorolf fortzerren, doch er bat darum, Abschied von seinen Angehörigen nehmen zu dürfen. Man gewährte ihm diese letzte Bitte.

Astrid umarmte weinend ihren Ziehvater. „Verzeih mir, Thorolf! Ich bin daran schuld, daß dich dieses Unglück getroffen hat!" rief sie verzweifelt aus.

Doch Thorolf schüttelte den Kopf. „Nein, Astrid. Du brauchst dir deswegen keine Vorwürfe zu machen, und du brauchst kein schlechtes Gewissen zu haben", sprach er mit sanfter Stimme. „Es ist einzig Gottes Wille, daß ich heute auf diesem Schiff sterben muß. Ich möchte dir noch so vieles sagen, doch ich habe keine Zeit mehr. Aber um eines will ich dich bitten: gib deinen heidnischen Aberglauben auf, und werde eine Christin. Dann wirst du die Kraft finden, das Sklavenlos zu ertragen. Vertraue fest auf die Allmacht des Herre Christ, dann wird er dich eines Tages aus der Sklaverei befreien. Gib niemals die Hoffnung auf, versprich es mir, Astrid."

Astrid versprach es Thorolf unter heißen Tränen der Verzweiflung. Thorolf legte Olaf zum Abschied die Hände segnend aufs Haupt. „Großer Gott, beschütze das Leben dieses Kindes, Amen", sprach er ein kurzes Gebet. Zuletzt umarmte er seinen Sohn Thorgils. „Lebe wohl, mein Sohn. Bleibe deinem Glauben treu, und tue deinem Nächsten kein Unrecht an, wie es diese Heiden tun. Wenn du ein rechtschaffener und ehrenhafter Mensch bleibst, dann wird dich Gott eines Tages aus der Sklaverei erlösen."

Thorgils versprach seinem Vater mit Tränen in den Augen, seine Ermahnungen und Lehren niemals zu vergessen.

Die Seeräuber rissen Thorolf von seinem Sohn weg und zerrten ihn zur Schiffsreling. Dort stachen sie ihn mit dem Schwert nieder. Die Leiche warfen sie in die Ostsee.

Astrid war nun allein und ohne Beistand. Vom strahlenden Glanz einer Königin war sie ins tiefste Elend einer Sklavin gestoßen worden. Und noch einmal holte das Schicksal zu einem harten Schlag aus.

Die Estländer segelten zur livländischen Küste. Am Unterlauf der Düna lag eine große Handelsstadt namens Daugmale. Hier boten sie die erbeuteten Waren und ihre Sklaven auf dem Markt an. Ein Bauer namens Reas kaufte die beiden Knaben Thorgils und Olaf. Von Astrid wollte er nichts wissen. All ihr Sträuben und Flehen halfen Astrid nichts, Olaf wurde ihr aus den Armen gerissen und dem Livländer gegeben. Astrid wurde wenig später an einen anderen Sklavenhalter verkauft.

Der Steuereinnehmer

Sieben Sommer und Winter, von 972 bis 979 n. Chr., lebten Olaf Tryggvisson und Thorgils bereits in der Sklaverei. Thorgils zählte jetzt sechzehn und Olaf zehn Jahre.

Thorgils genoß wegen seiner Ehrlichkeit und Geschicklichkeit eine besonders vertrauensvolle Stellung unter den Knechten. Er durfte mit den Erzeugnissen des Hofes auf den Markt der Stadt Daugmale fahren, um sie dort zu verkaufen. Oft begleitete ihn die Frau des Bauern, fast ebenso oft fuhr er auch allein mit dem Wagen zur Stadt. Reas brauchte sich nicht zu sorgen, daß Thorgils diese günstige Gelegenheit zur Flucht ausnützen würde, denn sein Freund Olaf blieb auf dem Hof zurück, und ohne ihn würde sich Thorgils ganz gewiß nie aus dem Staube machen. Doch wenn Reas gewußt hätte, wie tief in den beiden der Wunsch nach Flucht wurzelte, wäre er weit vorsichtiger gewesen.

Die abenteuerlichsten Fluchtpläne hatten sich Olaf und Thorgils bereits ausgedacht und wieder verworfen. Es war nicht einfach für Sklaven, ihr Los abzuschütteln und Freie zu werden. Wohin sie sich auch wenden würden, an ihren ärmlichen Kleidern und an ihren kurzgeschnittenen Haaren würde jeder sie als entlaufene Sklaven erkennen. Sie würden von einem anderen Sklavenhalter eingefangen werden und hätten nichts dabei gewonnen. Thorgils wußte das und dämpfte darum immer wieder Olafs Drängen nach Flucht. Thorgils dachte sich nach langer reiflicher Überlegung einen Plan aus, der mit großer Wahrscheinlichkeit gelingen würde.

Zuerst mußten sie sich Geld sparen, damit sie sich Waffen kaufen konnten, denn Waffen waren das sichtbare Zeichen von Freiheit. Aber wie konnten zwei Sklaven, die keinen Lohn für ihre Arbeit erhielten, zu Geld kommen? Stehlen wäre eine Möglichkeit gewesen. Die Strafe, wenn sie erwischt würden, war Thorgils jedoch zu hoch. Zwei abgehackte Finger, das war in der Tat ein zu hoher Preis. Thorgils wußte etwas viel Besseres. Er mußte oft auf den Markt von Daugmale, um die Erzeugnisse des Bauernhofes zu verkaufen. Beim Handel glückte es ihm ab und zu, einen Käufer um einen oder zwei Silberlinge zu übervorteilen. Auch bei der abendlichen Abrechnung mit Reas schwindelte er manchmal, was diesem nicht auffiel. Thorgils kaufte sich nicht irgendeine Kleinigkeit dafür, sondern er vergrub das Geld unterwegs zum Bauernhof in einem sicheren Versteck. Im Laufe der letzten drei Sommer sparte er eine ansehnliche Summe, aber das Geld reichte erst für die Waffenausrüstung eines Mannes. In zwei Sommern frühestens, rechnete Thorgils aus, hätte er genug Geld, damit ihnen die Flucht gelingen könnte.

Der Herbst des Jahres 979 war gekommen und damit auch die Zeit, in der die Steuer an den livländischen Gaufürsten entrichtet werden mußte. Die Erregung unter der Bevölkerung war bereits groß genug, da platzte auch noch die Nachricht in die Stadt, daß Fürst Wladimir von Nowgorod als Oberherrscher über die Stammesfürsten von Livland Anspruch auf eine sogenannte Schutzsteuer erhebe. Um dieser Forderung Nachdruck zu verleihen, ging eine Kriegsflotte von über zwanzig warägischen[12] Langschiffen mit ausgesuchter Besatzung im Hafen von Daugmale vor Anker.

Der Steuereinnehmer des Fürsten Wladimir verlangte sogar die Schutzsteuer für die letzten zwei Jahre auf einmal. Das Volk wußte den Grund dafür. Fürst Wladimir wurde im Jahre 977 von seinem Bruder Jaropolk, dem Großfürsten von Kiew, aus seinem Reich um Nowgorod vertrieben. In diesem Sommer kehrte Wladimir mit großer Heeresmacht von Schweden nach Rußland zurück. Es gelang ihm, sein früheres Reich zurückzuerobern. Um weiterhin Krieg gegen seinen Bruder führen zu können, benötigte Wladimir eine große Summe Geldes, damit er seine Krieger beköstigen, mit Waffen ausstatten und dazu noch beschenken könne; deshalb die hohen Steuern. Das Volk war sehr wütend über die unverschämt hohe Forderung, doch angesichts der Warägerflotte wagte es sich nicht offen zu empören. Der Anführer der Flotte hieß Sigurd und wurde mit Jarl angesprochen.

Thorgils sah den Jarl mit einem Teil seiner Gefolgschaft auf dem Marktplatz in der Ecke, wo Pferde zum Verkauf angeboten wurden. Der Steuereinnehmer kaufte für sich und seine Krieger Reittiere, um auch von den weit entfernten Dörfern und Höfen die Steuer einzutreiben. Wie sehr beneidete Thorgils die stattlichen Krieger, die sich sehr stolz benahmen. Jeder Bewohner der Stadt, selbst die reichen Händler, Handwerker und Bauern mußten vor ihnen auf der Straße ausweichen; ganz zu schweigen von den Sklaven, die kurzerhand einige Peitschenhiebe erhielten, wenn sie nicht schnell genug den Weg freigaben.

Auf dem Rückweg zum Gehöft Reas träumte Thorgils davon, auch einmal ein Krieger zu werden. Ein Jarl zu sein, daran wagte er erst gar nicht zu denken. Dieses Glück besaßen nur einige wenige. Jarl Sigurd hieß der Anführer der Waräger. Sigurd, das war ein ausländischer Name. Er kam gewiß aus Schweden, Dänemark oder Norwegen. Thorgils schoß es wie ein Blitz durch den Kopf: Norwegen – wenn dieser Jarl Sigurd ein Norweger wäre? Trug nicht der Bruder von Königin Astrid den gleichen Namen? Er war nach Holmgard gezogen und dort ein mächtiger Krieger geworden. Wenn dieser Jarl Sigurd nun der gleiche Sigurd wäre, zu dem vor vielen Sommern die verwitwete Königin Astrid sich schutzsuchend hinwenden wollte? Thorgils mußte sich beherrschen, um nicht vor freudiger Erregung einen Sprung in die Höhe zu machen, denn die Bäuerin befand sich hinter ihm auf dem Wagen. Hätte nicht all ihre Not ein Ende, wenn dieser Jarl ein Verwandter von Olaf wäre? – Aber wie könnten sie sich darüber Gewißheit verschaffen? Für einen Sklaven war es fast unmöglich, diesen hohen Herrn einfach nach seiner Herkunft zu befragen. Die Gefolgsmänner würden ihn niemals zu ihrem Anführer vorlassen. Und Reas würde erst recht nicht die Erlaubnis dazu geben, aus Furcht, er könnte zwei gut eingearbeitete Sklaven verlieren. Thorgils wollten die Tränen in die Augen schießen. Ihre Lage war hoffnungslos. Ob der Jarl nun ein Verwandter Olafs war oder nicht, sie würden es niemals erfahren können. Also noch zwei oder gar drei Sommer in der Sklaverei leben? Thorgils biß sich so fest auf die Lippen, daß er Blut schmeckte. Er beschloß, sich mit Olaf zu beraten, was sie tun sollten.

„Was ist, Thorgils!" rief die Bäuerin hinter ihm verärgert. „Träumst du? Na warte!" Sie schlug ihm mit der Pferdepeitsche zweimal auf den Rücken.

Der Grund dafür war: Thorgils, der das Pferd am Zügel lenkte, achtete in Gedanken versunken nicht auf den Weg und führte den Wagen durch mehrere tiefe Erdlöcher, so daß die Bäuerin sehr unsanft hin und her gerüttelt wurde.

Thorgils fand keine Gelegenheit, sich mit Olaf zu besprechen, bis kurz vor dem Einschlafen. Er schlich sich neben seinen brüderlichen Freund.

„Was gibt's, Thorgils?" flüsterte Olaf ängstlich. „Du weißt, der Aufseher schlägt uns, wenn er uns hört."

„Es ist sehr wichtig!" entgegnete Thorgils sichtlich aufgeregt.

„Was könnte für uns schon wichtig sein. Oder hast du einen neuen Fluchtplan ausgedacht?" fragte Olaf müde.

„Ja und nein. Ich habe dir doch schon oft erzählt, daß deine Mutter nach Rußland wollte zu ihrem Bruder, der dort ein mächtiger Krieger wurde. Auf dem Weg dorthin gerieten wir in die Sklaverei."

„Warum erinnerst du mich an diese traurige Geschichte?" Olaf war den Tränen nahe.

„Halte deine Tränen zurück, Olaf. Jetzt ist jeder Augenblick kostbar. Hör mir zu: in die Stadt Daugmale ist der Steuereinnehmer des Fürsten von Nowgorod gekommen. Er heißt Sigurd, und ich glaube, daß dein Onkel, der Bruder deiner Mutter, den gleichen Namen trug."

„Du glaubst es nur? Du bist also nicht sicher, daß er es ist?" fragte Olaf enttäuscht.

In diesem Augenblick räusperte sich der Aufseher. Er erhob sich mit dem Oberkörper von seinem Ruhelager. „Wenn ich euch noch einmal flüstern höre, setzt es Peitschenhiebe!" schrie er wütend.

Thorgils mußte warten, bis der Aufseher fest eingeschlafen war. Olaf schlief ebenfalls, als Thorgils sich wieder neben ihn schlich. Thorgils hielt ihm den Mund zu, dann weckte er ihn. „Ich muß mit dir reden, Olaf! Wir müssen einen Entschluß fassen!"

„Du hättest mich beinahe erwürgt", antwortete Olaf schnaufend.

„Also, wir haben keine Wahl. Wir müssen morgen diesen Jarl nach seiner Sippe befragen", flüsterte Thorgils mit aufgeregter Stimme.

„Und wie willst du dies anstellen? Wir sind Sklaven! Wir können nicht einfach gehen, wohin wir wollen, wie freie Menschen!"

„Wenn einer von uns morgen auf den Markt fährt, muß derjenige mit allen Mitteln versuchen, den Steuereinnehmer anzusprechen! Wir müssen herausfinden, ob er dein Onkel ist oder nicht!"

„Dann müßte man der Bäuerin davonlaufen, und die Waren wären ohne Aufsicht! Wenn nun etwas gestohlen werden würde durch unsere Schuld? Der Bauer würde denjenigen vor Wut halbtot prügeln. – Nein, die Gefahr ist zu groß. Warten wir lieber noch zwei oder drei Sommer, bis wir größer und stärker sind. Dann fliehen wir gemeinsam, suchen meine Mutter und kehren in unsere Heimat Norwegen zurück", meinte Olaf.

„Und wenn der Bauer in einem Sommer oder auch schon morgen einen von uns verkauft und wir getrennt werden? Es war sowieso ein großer Glücksfall, daß wir die ganze Zeit beieinander blieben. Einer von uns muß es morgen wagen!" entgegnete Thorgils.

„Und wenn sich dieser hohe Herr durch uns belästigt fühlt? Vielleicht erschlägt er denjenigen von uns in der Wut! Du weißt, mit einem Sklaven wird nicht lange Federlesen gemacht", flüsterte Olaf ängstlich.

„Aber bedenke doch, was es für ein Glück für uns wäre, wenn dieser Jarl tatsächlich dein Onkel ist!"

Olaf schüttelte ungläubig den Kopf. – „Bitte sei mir nicht böse, Thorgils, aber das halte ich für sehr unwahrscheinlich. Vielleicht ist mein Onkel inzwischen verstorben, wer weiß? Wir leben bereits im siebten Sommer in der Sklaverei. In dieser langen Zeit geschieht sehr viel. Ich setze mein Leben nicht wegen solch einer ungewissen Sache aufs Spiel. Ich warte lieber noch zwei oder drei Sommer und befreie mich aus eigener Kraft."

„Drei Sommer noch! Bedenke doch auch die Gefahr, daß man uns trennen kann! Bedeutet dir meine Freundschaft denn nichts?"

„Doch, Thorgils, sehr viel sogar! Ich verdanke dir mein Leben und nicht nur einmal! Aber ich habe keine Hoffnung, was diesen fremden Jarl betrifft."

Thorgils lag einige Zeit stumm neben seinem brüderlichen Freund. – „Ich wage es trotzdem!" rief er fest entschlossen aus. „Sorge nur dafür, daß du nicht morgen auf den Markt geschickt wirst! Sag, du hättest Bauchschmerzen und Durchfall", verlangte Thorgils eindringlich von Olaf.

„Sei bitte vorsichtig, Thorgils. Du bist mir so lieb, wie ein richtiger Bruder. Wenn ich einmal König von Norwegen bin, bekommst du den ersten Sitz neben mir von all meinen Gefolgsmännern", sprach Olaf seine kühnsten Träume freimütig aus, als wenn es ein Kinderspiel wäre, eine Königskrone zu erringen.

„Aber vergiß nicht, wenn du einmal König bist, was du mir versprochen hast", ermahnte Thorgils ihn.

„Dann soll mich Thor mit seinem Hammer töten", schwur Olaf.

Bei Sonnenaufgang wurden sie geweckt. Nachdem die Sklaven ihr karges Mahl eingenommen hatten, wurden sie zur Arbeit eingeteilt. Reas wollte diesmal Olaf mit seiner Frau in die Stadt auf den Markt schicken. Doch Olaf schnitt ein schmerzhaftes Gesicht und erwiderte, er hätte furchtbare Bauchschmerzen und dazu noch Durchfall. Daraufhin befahl Reas dem Thorgils, seine Frau zu begleiten.

Während der Arbeit sah sich Thorgils häufig nach allen Seiten um. Seine suchenden Blicke entgingen der Bäuerin nicht. Sie fragte ihn, nach wem er ständig Ausschau halte. Thorgils antwortete, daß er gestern ein hübsches Mädchen gesehen habe. Die Bäuerin schüttelte verärgert den Kopf.

Gegen Mittag wurde das Gedränge um die Marktstände größer. Thorgils war heute mit den Gedanken nicht bei der Arbeit. Die Bäuerin mußte oft schimpfen, wenn er die Waren schlecht abwog, was sie mit den Augen bereits erkennen konnte, wenn er ihr das Falsche reichte oder sogar ihre Anweisungen gedankenverloren überhörte. Sie drohte Thorgils, ihrem Mann zu berichten, wie schlecht er gearbeitet habe. Dann bekäme er Prügel und dazu zwei Tage nichts zu essen. Aber Thorgils kümmerte sich innerlich nicht um ihre Drohungen.

Endlich, die Essenszeit war fast schon vorüber, sah Thorgils eine Kriegerschar durch das Tor in die Stadt reiten. Die Leute auf dem Markt raunten sich zu, dies seien die Steuereintreiber, die Halsabschneider des Herrschers von Nowgorod, der seinen Untertanen das letzte Geld aus den Taschen raube.

Thorgils sah den Reitern nach, wohin sie sich wandten. Sie schlugen den Weg zum Gästesaal des Stadthersen[13] ein. Thorgils überlegte fieberhaft, ob er es wirklich wagen solle, der Bäuerin davonzulaufen und den Steuereinnehmer zu belästigen. Wenn dieser tatsächlich der Onkel seines brüderlichen Freundes wäre, was für ein herrliches Leben begänne für sie beide! – Aber wenn er es nicht ist? Unausdenkbar, was es für Folgen für ihn hätte! Vielleicht würde er zur Strafe sogar getötet werden? – Nein, die Gefahr war zu groß. Olaf hatte sicherlich recht. Also doch noch zwei oder gar drei Sommer ausharren. – Aber wie leicht konnte es geschehen, daß Reas einen von ihnen verkaufte, zum Beispiel nach einer schlechten Ernte, wenn es ihm an Bargeld mangelte? Möglicherweise würden sie sich nie mehr wiederfinden. Das war das Schlimmste, was er und Olaf sich vorstellen konnten, denn Olaf war ihm so lieb wie ein richtiger Bruder und umgekehrt. Jetzt getötet oder eines Tages getrennt zu werden, das kam für Thorgils fast auf das Gleiche heraus. Er mußte es wagen, um ihrer Freundschaft willen. Thorgils sah sich nach der Bäuerin um. Sie unterhielt sich lebhaft mit ihrer Nachbarin und achtete augenblicklich nicht auf ihn. Thorgils ließ alles stehen und liegen und rannte in die Richtung, wo die Gästehalle stand. Wenige Augenblicke später ertönten die schrillen Hilferufe der Bäuerin hinter ihm her.

„Hilfe! Mein Sklave flieht! Zu Hilfe! Drei Silberlinge Belohnung, wer mir meinen Sklaven zurückbringt! Fünf Silberlinge!"

Sogleich rannten mehrere Männer Thorgils nach. Er eilte durch einige enge Seitengassen und versteckte sich dann. Als Thorgils glaubte, die Verfolger hätten die Suche nach ihm aufgegeben, lief er langsam und möglichst unauffällig weiter zum Haus des Hersen. Kurz davor wurde er wieder erkannt. Thorgils rannte schnurgerade auf den Eingang des Langhauses. Zu spät bemerkte er, daß zwei Wachen vor der Tür standen.

„Halt! Zurück, Sklave! Oder ich mache dich einen Kopf kürzer!" rief einer der Wächter und zog sein Schwert.

„Ich muß den Steuereinnehmer sprechen! Bitte! Es ist sehr wichtig! Bitte laßt mich durch!" bat Thorgils flehentlich.

„Du? Ein Sklave?" entgegnete der Krieger höhnisch.

„Haltet ihn fest! Er ist entlaufen!" schrien die Verfolger bereits sehr nahe hinter Thorgils.

Thorgils kam ein rettender Einfall. – „Es ist wahr, ich bin entlaufen! Aber nur, weil ich dem Steuereinnehmer etwas Wichtiges sagen muß! Ich habe zufällig gehört, wie einige Männer davon sprachen, den Steuereinnehmer zu überfallen und ihm die Abgaben zu rauben!" log Thorgils.

„So?" staunte der Wächter nicht schlecht.

„Haben wir dich wieder!" schrien die Verfolger und packten Thorgils von allen Seiten.

„Laßt ihn los! Loslassen!" befahlen die beiden Krieger und rissen Thorgils aus den Händen der wütenden Meute.

„Er ist ein entlaufener Sklave! – Er ist seiner Besitzerin davongelaufen!" riefen die Leute.

„Ja, er ist mein Sklave! Er ist mein Eigentum! Gebt ihn mir sofort zurück!" schrie die Bäuerin. Sie sank auf die Knie und flehte mit erhobenen Händen. „Ich fordere Gerechtigkeit! Bitte gebt ihn mir wieder!"

„Du bekommst ihn wieder! Zuerst soll er uns sagen, was er weiß!" entschied einer der Wächter.

„Na los! Sag schon! Oder sollen wir es aus dir herausprügeln!" drohte der andere ungeduldig.

„Hier vor allen Leuten? Nein", wagte Thorgils zu entgegnen. „Ich sage es nur dem Jarl selber."

„Er hat recht, es wäre wirklich nicht klug, wenn die ganze Stadt davon erfährt", meinte einer der Krieger. „Geh' du mit ihm zu Jarl Sigurd. Aber warte, bis er mit essen fertig ist. Vielleicht lügt der Bursche, und dann haben wir den Schaden und das Gelächter noch dazu."

Der andere Krieger packte Thorgils am Arm und zog ihn ins Langhaus hinein.

Der Steuereinnehmer saß mit seinem ganzen Gefolge beim Mittagsmahl. Das Festessen, das der Stadtherse für sie gab, war noch nicht beendet. Es ging laut und lustig zu. Der Krieger blieb mit Thorgils im Hintergrund stehen und wartete. Diener des Hersen eilten geschäftig an ihnen vorbei.

Endlich kam ein Krieger, den der Wächter ansprach. „Gundolf, ich habe da einen Sklaven, der behauptet, daß ein Überfall auf uns geplant sei. Er will aber nur vor Jarl Sigurd selber sprechen. Kannst du ihn fragen, ob er einen Augenblick Zeit hat?"

„Gedulde dich nocht etwas, das Mahl ist gleich beendet", entgegnete dieser.

Es dauerte noch geraume Zeit, die Thorgils wie eine

Ewigkeit erschien. Schließlich wurde die Tafel aufgehoben, und ein prächtig gekleideter Mann trat auf Thorgils zu. Es war der Jarl. Seine Gefolgsmänner umringten ihn neugierig.

„Was gibt's", fragte er den Wächter kurz.

„Der Sklave behauptet, er wüßte von einem Überfall auf uns", erklärte der Krieger. „Rede!" raunte er Thorgils zu und gab ihm einen unsanften Stoß in die Rippen.

„Herr ... ich habe nicht gewußt ... ich wußte mir nicht anders zu helfen ..." stotterte Thorgils, und die Knie schlotterten ihm vor Angst. „... töte mich nicht, Herr, wenn ich gestehe, daß ich aus einem ganz anderen Grund mit dir sprechen muß. Es handelt sich um einen Gesippen von dir, Jarl Sigurd, den ich zu kennen glaube."

Lautes, empörtes Gemurmel war von den Umstehenden zu hören.

Der Krieger hinter Thorgils zog sein Schwert, Thorgils hörte es am Gerassel der Scheide. „Ich wußte nicht, daß er lügt. Soll ich ihn auf der Stelle umbringen?"

„Warte", entgegnete der Steuereinnehmer. „Was weißt du, ein Sklave, über meine Sippe?"

„Herr, wenn du der Jarl Sigurd bist, den ich meine, dann weiß ich sehr viel darüber", sprach Thorgils und zwang sich zu einem Lächeln, trotz seiner Todesangst. „Zuerst muß ich wissen, Herr, ob du von Geburt Norweger bist", wagte er zu fragen. Das Herz schlug ihm dabei wie ein Hammer in der Brust.

„Ich bin Norweger", nickte der stattliche Krieger.

„Kennst du einen Mann namens Thorolf Lausebart?" fragte Thorgils weiter.

„Thorolf Lausebart, Lausebart. – Wo habe ich den Namen nur gehört?" überlegte der Steuereinnehmer.

„Vielleicht auf dem Hofe Erich Bjodaskallis?" half Thorgils ihm.

„Du kennst meinen Vater?" rief Jarl Sigurd erstaunt aus.

Thorgils nickte und plötzlich flossen ihm Tränen die Wangen hinunter.

„Thorolf Lausebart war ein Freigelassener meines Vaters", fiel es Sigurd ins Gedächtnis zurück. „Und wer bist du? Du siehst Thorolf ähnlich. Bist du sein Sohn?" fragte der Jarl noch erstaunter.

„Ja, ich heiße Thorgils," nickte dieser überglücklich. Die Tränen wollten gar nicht mehr aufhören zu fließen. Er war es! Es war tatsächlich der richtige Sigurd! Vorbei war es nun mit der Sklaverei! – Langsam, dachte Thorgils, immer eins nach dem anderen. So schnell geht das nicht. Zu viele Dinge müssen vorher noch geklärt werden. Thorgils wischte sich die Tränen von den Wangen. Er spielte seine letzte Karte in diesem Spiel auf Leben und Tod aus. – „Aber das ist es nicht, was ich dir berichten wollte, Jarl Sigurd. Ich kenne einen Gesippen von dir, der seit langem als verschollen gilt."

„Etwa meine Schwester Astrid?" fragte Sigurd sichtlich erregt.

„Den Sohn deiner Schwester", berichtigte Thorgils.

„Rede schon! Was weißt du!" drängte Sigurd ungeduldig.

„Du hattest vielleicht Kunde, daß die frühere Königin Astrid mit ihrem Sohn Olaf über das warägische Meer zu dir nach Holmgard reisen wollte."

„Ja, aber sie kamen nie bei mir an! Kannst du mir Näheres über ihr Schicksal berichten!"

„Ja, nur jetzt das Wichtigste: der Sohn von Königin Astrid und König Tryggvi lebt!" rief Thorgils stolz aus.

„Er lebt? Wo lebt er?" fragte Jarl Sigurd sichtlich überrascht.

„Bei dem Bauer, bei dem ich Sklave bin. Er teilt das gleiche Schicksal mit mir."

„Mein Schwestersohn ist ein Sklave?" erschrak Sigurd.

„Ja, wir wurden auf dem Meer von Seeräubern überfallen. Meinen Vater töteten sie, weil er zu alt war, um ihn als Sklave verkaufen zu können. Auf dem Markt hier in dieser Stadt wurde Olaf von seiner Mutter getrennt. Wir beide kamen auf den Hof des Bauer Reas. Über das Schicksal Astrids weiß ich leider nichts", berichtete Thorgils.

„Meine arme Schwester. – Aber ihr Sohn Olaf lebt, behauptest du. Kannst du es beweisen?" fragte Jarl Sigurd mißtrauisch.

„Schau ihn dir an, Jarl Sigurd. Ich führe dich zu ihm", entgegnete Thorgils.

„Deine Geschichte ist so wunderlich, daß ich sie kaum zu glauben vermag. Andererseits halte ich auf dieser Welt nichts für unmöglich. Ich habe wenig Zeit wegen der dringenden Geschäfte für meinen Fürsten. – Doch komm! Für einen Gesippen habe ich immer Zeit!"

Thorgils wurde von dem Wächter erneut gepackt und mit nach draußen geführt. Als die Menge ihn sah, erhob sie ein wütendes Geschrei. Sie verlangte, daß der entlaufene Sklave seiner Besitzerin zurückgegeben werde. Der Herse versprach, persönlich dafür zu sorgen, daß alles nach Recht und Ordnung geregelt werde.

Jarl Sigurd ritt mit Thorgils und einem Teil seiner Gefolgsmänner zum Hof des Reas. Als die Mägde und Knechte den Reitertrupp sahen, flüchteten sie ängstlich ins Haus. Reas und mehrere Knechte erwarteten die Fremden mit Waffen in den Händen.

„Was wollt ihr! Ich habe meine Steuern bereits bezahlt, wenn ihr die Steuereinnehmer seid! – Das ist doch mein Sklave Thorgils! Hat er etwas ausgefressen? – Wo ist meine Frau? Ist ihr ein Leid geschehen?" fragte Reas mit wachsender Angst.

„Keine Sorge, Reas", rief Thorgils übermütig. „Ich bin nur deiner Frau davongelaufen!"

„Du wagst, mir das frech ins Gesicht zu sagen? Na warte, heute abend!" drohte der Bauer.

„Olaf! Wo steckst du! Olaf, komm heraus!" rief Thorgils, ohne sich um die Drohung zu kümmern.

„Was willst du von ihm!" schrie Reas wütend.

„Ruf ihn heraus!" forderte Thorgils den Bauer auf.

„Das werde ich einen Dreck tun! Was fällt dir ein, mir Befehle zu erteilen, du Grünschnabel!" schrie Reas schäumend vor Wut.

„Ich bin Jarl Sigurd, der Steuereinnehmer des Herrschers von Nowgorod. Rufe diesen Jungen heraus, den Thorgils meint, oder ich hole ihn mir mit Waffengewalt", drohte der Jarl.

„Zu Befehl, großmütiger Herr", sprach Reas eingeschüchtert. Er wandte sich zum Gesindehaus. „Olaf, komm heraus! – Wird's bald!"

Olaf trat aus der Tür. Ängstlich lief er auf die vielen fremden Krieger zu, nicht wissend, an welchen von den Reitern er sich wenden sollte.

Thorgils sprang vom Pferd und eilte zu Olaf. „Es ist der richtige Sigurd, dein Onkel! Jetzt denk' daran, was du mir früher geschworen hast!" raunte er Olaf ins Ohr.

Jarl Sigurd stieg vom Pferd und ging bis auf drei Schritte zu dem Jungen hin, um ihn aus der Nähe zu betrachten. Er schaute lange in das blasse, blutleere Gesicht des Knaben. An diesen hageren Wangen und ängstlich verzogenen Lippen sollte er die Gesichtszüge seiner Schwester Astrid und die von König Tryggvi wiedererkennen können? Der Jarl betrachtete sich den Jungen von der Seite, um den Verlauf von Stirn, Nase, Mund und Kinn zu erforschen. Langsam wurde Sigurd die Ähnlichkeit des Jungen mit Astrid und Tryggvi bewußt. Aber noch blieb ein Schimmer von Zweifel. Da fiel Sigurd das Muttermal ein. Zwei dunkle Flecke unter dem rechten Schulterblatt.

„Zeige mir dein rechtes Schulterblatt", forderte der Jarl den Jungen auf.

Olaf streifte sich den einfachen Wollumhang so weit herunter, bis das rechte Schulterblatt freilag. Da! Das Muttermal war vorhanden. Nun bestand kein Zweifel mehr. – „Du bist der Sohn von König Tryggvi und meiner Schwester", sprach Sigurd gerührt.

„Sigurd ... mein Onkel", stammelte Olaf und Tränen rollten ihm über die Wangen.

Sigurd umarmte seinen wiedergefundenen Neffen. „Mein Gesippe Olaf! Dies ist ein großer Tag, für den wir den Göttern viel zu danken haben! Komm, wir reiten sofort zurück in die Stadt!" Sigurd führte Olaf zu seinem Pferd.

„Einen Augenblick, das ist mein Sklave!" wagte Reas hinter Jarl Sigurds Rücken auszurufen.

Sigurd packte die Wut. Mit einem Ruck drehte er sich um und zog seine Bartaxt aus dem Gürtel. Er hatte bereits zum Hieb ausgeholt, doch er besann sich noch rechtzeitig. In seiner Lage als Steuereinnehmer war es nicht ratsam, einen Totschlag zu begehen. Wie leicht konnte das murrende Volk einen Aufstand wagen. Das wäre nicht zum Wohle seines Fürsten gehandelt. Er mußte eine andere Lösung finden.

„Nicht zuschlagen, Herr!" bat Reas in Todesangst. „Ich wollte doch nur sagen, daß ich den Jungen für viel Geld auf dem Markt gekauft habe", jammerte Reas mit bittend erhobenen Händen.

„Also schön, hier hast du Geld für einen neuen Sklaven!" Sigurd warf Reas einige Geldstücke vor die Füße, die dieser rasch aufhob.

„Vielen Dank, Herr! Jetzt habe ich nichts dagegen, daß du den Bengel mitnimmst!" Der Bauer lachte frech. Für ihn war es ein gutes Geschäft gewesen.

Sigurd wollte Olaf auf sein Pferd heben, doch dieser trat einen Schritt zurück.

„Wir haben Thorgils vergessen. Du mußt auch ihn freikaufen", sprach Olaf.

„Thorgils? – Nein, den kann ich nicht gebrauchen", entgegnete Jarl Sigurd kopfschüttelnd.

„Dann kann ich auch nicht mit dir gehen, Onkel Sigurd! Ich verlasse meinen Ziehbruder nicht!" rief Olaf sichtlich entschlossen aus.

„Du mußt das einsehen, Olaf. Thorgils ist von Geburt ein Knecht, wie sein Vater Thorolf Lausebart. Ich brauche jetzt keinen Knecht. Warum soll ich für etwas Geld ausgeben, das ich nicht gebrauchen kann?" entgegnete Sigurd.

„Ohne meinen Ziehbruder Thorgils will ich auch nicht frei sein! Du kannst mich zwar mit Gewalt von hier mitnehmen, Onkel Sigurd! Aber ich würde dir für meine Befreiung niemals danken, denn ich müßte meinen Schwur brechen! Thorgils und ich schwörten uns gegenseitig, daß wir nur gemeinsam frei sein wollten oder nie! Die Götter würden meinen Eidbruch sicher strafen", erklärte Olaf seine Gründe.

„Du hast geschworen", brummte Sigurd verärgert in seinen Bart.

„Ja, Onkel Sigurd! Bitte kaufe auch ihn frei! Ich werde dir später das Geld zurückgeben! – Bitte, Onkel Sigurd!" bettelte Olaf.

„Also schön." Sigurd wandte sich ein zweites Mal an Reas. „Hier, die Kaufsumme für Thorgils!"

Thorgils sprang jubelnd vor Freude um Reas und Jarl Sigurd. Dann besann er sich, küßte zuerst Jarl Sigurd die Hand und umarmte dann Olaf in herzlicher Dankbarkeit. „Das werde ich dir nie vergessen", raunte er Olaf ins Ohr.

Unterwegs zur Stadt bat Thorgils um einen kurzen Halt. Er nahm sein Gespartes aus dem Versteck und reichte die Summe Jarl Sigurd. „Das habe ich heimlich gespart für unsere Flucht."

Sigurd war zufrieden. Damit war die Summe, für die er Thorgils loskaufte, bereits fast zurückerstattet.

Nach dem Abendessen und nachdem alles für den morgigen Tag geregelt war, hatte Sigurd endlich etwas Zeit für seinen Neffen. Er setzte sich mit Olaf und Thorgils in eine ruhige Ecke der Gästehalle, um sich ungestört mit ihnen zu unterhalten.

Olaf erzählte seinem Onkel seine ganze Leidensgeschichte, so weit er sie in Erinnerung besaß. Thorgils ergänzte Olafs Bericht, da er älter war und sein Erinnerungsvermögen weiter zurückreichte. Vor dem Schlafengehen sagte Sigurd, daß er morgen bessere Kleider für Olaf kaufen müsse. In den Sklavenkleidern könne er unmöglich länger herumlaufen. Olaf sei nun ein Freier, ja er gehöre nach seiner Geburt zum Stand der Jarle und Könige. Olaf war überglücklich, aber mit einem Male schlug sein Gesichtsausdruck in Besorgnis um. „Was für Pläne hast du mit Thorgils?"

„Da ich genug Knechte habe, kann Thorgils dein Diener sein", antwortete Sigurd gleichmütig.

„Thorgils mein Diener?" rief Olaf entsetzt aus. „Nein, ich erkläre ihn für einen freien Mann, da er mich durch seine mutige Tat von der Sklaverei erlöste!"

„Ich kann dich nicht daran hindern, ihn für frei zu erklären. Nur bedenke, daß er dir als Knecht nützlicher sein kann", erwiderte Sigurd.

„Wir schwörten uns, daß wir eines Tages beide freie Männer sein würden! Meinen Schwur halte ich", antwortete Olaf stolz.

Am nächsten Tag schlenderten Jarl Sigurd, der Königssohn Olaf und der Freie namens Thorgils über den Markt der Stadt Daugmale. Sigurd kaufte ihnen bessere Kleider und auch Waffen. Für jeden einen Dolch und ein Schwert mitsamt der Scheide; dies waren die deutlichsten Abzeichen der Freiheit.

Während die beiden Jungen ihre frisch erlangte Freiheit genossen und in freudigem Übermut nicht mehr zu bändigen waren, mußte Jarl Sigurd die Geschäfte für den Fürsten von Nowgorod zu Ende führen.

Einige Tage später brach Jarl Sigurd mit seinen zwanzig vollbeladenen Kriegsschiffen auf, um auf dem Weg über das warägische Meer nach Nowgorod zurückzukehren.

In Rußland

Bei der Ankunft von Jarl Sigurds Flotte im Hafen von Nowgorod erhob sich ein großes Jubelgeschrei, da die Schiffe mit den Steuereinnahmen unversehrt und vollbeladen zurückkamen.

Jarl Sigurd begab sich mit seinen Gefolgsmännern sofort zur Fürstenburg. Beim Nahen Wladimirs verneigten sich die Krieger. Jarl Sigurd besaß die besondere Gunst, dem Herrscher die Hand küssen zu dürfen.

„Endlich bist du zurück, Sigurd! Ich warte schon seit Tagen auf deine Schiffe! Gab es irgendwo Schwierigkeiten?" erkundigte sich der Fürst argwöhnisch.

„Keine besonderen, mein Fürst, nur die üblichen", antwortete Sigurd stolz. Damit wollte er sagen, daß er sich aufs Eintreiben von Steuern bestens verstand.

„Hast du das gesteckte Maß an Einnahmen erreicht?" fragte der Herrscher eindringlich.

„Nicht nur erreicht, sondern weit überboten", antwortete Sigurd stolz.

„Ich wußte, du enttäuschst mich nicht, Sigurd." Wladimir klopfte seinem Steuereinnehmer freundschaftlich auf die Schulter. Dann wandte er sich an die Krieger. „Gab es irgendwelche Klagen über einen von euch, dann soll derjenige vortreten!"

Olaf und Thorgils spürten, wie ihnen das Herz in die Knie sank.

„Keine Klagen, gnädiger Fürst. Ich war mit allen zufrieden", sprach Sigurd für seine Männer.

„Schön", nickte Wladimir. „Teilt diesen Beutel mit Silberlingen untereinander! Jetzt geht in eure Unterkunft!"

Die Waren- und Naturalienabgaben wurden von Dienern in die Vorratsgebäude getragen. Zwei große Truhen, gefüllt mit Gold- und Silbermünzen, Schmuck und Gebrauchsgegenständen, ebenfalls mit Gold und Silber verziert, brachten sie in die Privatgemächer des Fürsten. Jarl

Sigurd überreichte seinem Gefolgsherrn die Schlüssel dazu.

„Schließ sie auf", befahl Fürst Wladimir.

Sigurd tat es.

Der Fürst lächelte grimmig, als er die Schätze sah. – „Du sollst nicht ohne Belohnung von mir gehen, wie immer, wenn ich mit dir zufrieden bin." Wahllos nahm Wladimir mit schnellen Griffen ein vergoldetes Trinkhorn, eine Halskette, zwei kunstvoll verzierte Armreife, eine Gewandfibel aus Silber und eine Handvoll Gold- und Silbermünzen aus den Truhen und warf alles Sigurd in den Schoß. Sigurd beeilte sich, die Geschenke in seinen Taschen verschwinden zu lassen.

„Mein Dank währt bis zu meinem Tode", sprach Jarl Sigurd hocherfreut.

„Schweig davon, wieviel ich dir gab. Es ist bedeutend mehr, als meine anderen Steuereinnehmer erhielten. Zum Dank für deine langwährenden treuen Dienste. Es stiftet nur Unfrieden unter meinen Jarlen, wenn jeder davon prahlt, was er bekam", ermahnte der Fürst ihn.

„Mein Mund und mein Herz ist vor jedem anderen verschlossen, außer vor meinem gnädigen Fürsten", erwiderte Sigurd ergebungsvoll.

„Du willst jetzt sicher nach Hause. Ich lasse nach dir schicken, wenn ich dich wieder benötige."

Unter Verbeugungen ging Jarl Sigurd rückwärts aus dem Gemach. Draußen rief er Olaf und Thorgils, mit denen er zu seinem Langhaus lief.

Unterwegs streckte Olaf ihm seine Hand hin. „Hier nimm, Onkel Sigurd! Das ist Thorgils und mein Anteil an der Belohnung. Sie gaben jedem von uns nur halb so viel, wie einem Erwachsenen."

Sigurd steckte es ein, ohne ein Wort zu entgegnen.

„Wieviel sind wir dir jetzt noch schuldig?" fragte Olaf.

„Einschließlich der Kleider und Waffen hast du ein Drittel von deiner Schuld abgezahlt." Sigurds Stimme klang anders als sonst. Olaf sah seinen Onkel verwundert an. Er wußte ja nicht, was bei Fürst Wladimir geschehen war, und er ahnte noch nicht, wie die Goldgier den Menschen zu verändern vermag.

Sigurd nahm seinen Schwestersohn und dessen Freund Thorgils in seinen Hausstand auf. Er heiratete vor zwei Sommern eine reiche warägische Händlerstochter. Da Sigurd seinen Dienst bei Fürst Wladimir gut belohnt bekam, waren beide wohlhabende, ja reiche Leute zu nennen. Sigurd besaß ein großes, prächtiges Langhaus. Die Inneneinrichtung war mit kostbaren Schnitzerein verziert. Man aß aus silbernem Tafelgeschirr, und Sigurds Frau, mit Namen Schwanhilde, trug kostbare Schmuckstücke zur Schau. Sie hatte mehrere Sklavinnen, die ihr alle Hausarbeit abnahmen.

Lange lebten Olaf und Thorgils aber nicht im Hause Sigurds. Eines Tages im Winter wurde der Jarl zu einer wichtigen Beratung gerufen. Es handelte sich um den Feldzug des nächsten Sommers gegen den Großfürsten Jaropolk von Kiew. Währenddessen schlenderten die beiden Jungen über den Marktplatz.

Thorgils blieb auf einmal an einem Stand stehen, an dem Sklaven zum Verkauf angeboten wurden.

„Sklaven zu verkaufen! Gesunde und starke Sklaven beiderlei Geschlechts! Vor kurzem erst auf der Ostsee gefangen!" pries der Händler seine Ware an. „Kräftige und gesunde Burschen! Und die Frauen erst! Seht euch diese an! Die kann arbeiten wie ein Pferd! Und abends ist sie noch so munter, daß man auch im Bett seine Freude an ihr hat! Sie ist den doppelten Preis einer gewöhnlichen Sklavin wert! Doch ich bin kein Wucherer! Für den eineinhalbfachen Preis gebe ich sie her! Wer würde da nicht gerne zugreifen! Wer möchte der glückliche Besitzer dieses Prachtstückes sein?" rief der Sklavenhändler.

Olaf stieß seinen Ziehbruder an. „Komm weiter! Ich kann das nicht hören!" Eine grenzenlose Traurigkeit überfiel ihn immer, wenn er beim Anblick der Unglücklichen an seine Mutter dachte.

„Warte", entgegnete Thorgils. Er starrte wie gebannt den Sklavenhändler an.

„Alles gesunde und kräftige Sklaven! Betrachtet euch die Muskeln dieses Burschen! Dabei ist er sanft, wie ein Lamm!" schrie der Händler weithin über den Marktplatz.

„Komm endlich! Was gefällt dir daran?" fragte Olaf seinen Freund vorwurfsvoll.

„Überhaupt nichts! Aber der Händler, schau ihn dir genau an, kommt er dir nicht bekannt vor?" erwiderte Thorgils mit sichtlicher Erregung.

Olaf betrachtete sich den Sklavenhändler genauer. – „Nein, nie gesehen."

„Du warst damals noch zu jung, deshalb! Ich glaube, ich bin sogar sicher, das ist der Sklavenhändler, der uns vor sieben Sommern auf der Ostsee überfiel und der meinen Vater töten ließ. Das Gesicht vergesse ich mein Lebtag nicht. Sein Bart und sein Kopfhaar sind grau geworden, aber er ist es!"

Olaf erschrak zutiefst. „Bei allen Göttern! Irrst du dich auch nicht?"

„Nein, das könnte ich beschwören! Dieses Gesicht habe ich noch oft im Traum gesehen! Er ist es, kein Zweifel", bekräftigte Thorgils.

„Wirst du dich rächen?" fragte Olaf zitternd vor Aufregung.

„Ich weiß nicht ... jetzt und hier ist es viel zu gefährlich. Er hat mehrere Beschützer um sich. – Zudem bin ich ein Christ. Ich darf keinen Totschlag begehen, nur in Notwehr."

„Du willst deinen Vater nicht rächen?" fragte Olaf bestürzt.

„Ich denke, das wäre nicht nach seiner Lehre", antwortete Thorgils gefaßt. „Gehen wir weiter, bevor wir uns verdächtig machen."

Sie kehrten zu Sigurds Haus zurück. Olaf ging diese Begegnung nicht aus dem Kopf. Auf einmal schoß es aus ihm heraus. „Glaubst du, daß die Händler ihre Sklavinnen vergewaltigen?" fragte er seinen Freund.

„Da die Sklavinnen ihr Besitz sind, können sie mit ihnen machen, was sie wollen", entgegnete Thorgils unbedachterweise.

„Dann hat dieser Schuft auch meine Mutter vergewaltigt!" stieß Olaf mit vor Wut bebenden Lippen aus.

Jetzt erkannte Thorgils seinen Fehler. – „Ach, Olaf! Warum verschwendest du deine Gedanken an diese alte Geschichte. Denk' lieber an die Zukunft, und laß das Vergangene vergangen sein."

„Ich habe dich etwas gefragt, Thorgils! Ich will eine ehrliche Antwort von dir!" beharrte Olaf.

„Kein Mensch kann es mit Sicherheit wissen, nur dieser Sklavenhändler selber", stellte Thorgils klar.

„Aber es ist sehr wahrscheinlich, daß er es tat, nicht wahr?"

„Wahrscheinlich ist es schon. Er könnte es aber auch nicht getan haben, das wäre auch möglich", gab er Olaf zu bedenken.

„Naja, dann wären alle die gerächt, an denen er sich verging und denen er die Freiheit raubte!" entgegnete Olaf haßerfüllt.

„Was soll das heißen, Olaf! Willst du etwa einen Mordanschlag gegen diesen Schurken wagen?" fragte Thorgils bestürzt.

„Ja!" antwortete Olaf mit sichtlicher Entschlossenheit.

„Das ist reiner Selbstmord, Olaf! An den kommst du nie heran! Du wirst beim geringsten Versuch von seinen Bewachern niedergestochen, bestenfalls noch nach dem Mordanschlag!" warnte Thorgils seinen Ziehbruder.

„Abwarten", antwortete Olaf kühl.

„Nein, ich warte nicht ab! Du wirst es nicht tun! Ich werde dich daran hindern! Ich lasse dich nicht aus den Augen, so lange der Sklavenhändler in der Stadt ist!" rief Thorgils aufgeregt aus.

„Willst du etwa den Mörder deines Vaters beschützen?" fragte Olaf spöttisch.

„Solch eine Beleidigung hätte ich dir nicht zugetraut, Olaf! – Doch ich verzeihe dir! Du bist sehr aufgeregt. Wenn du dich wieder beruhigt hast, wirst du dich bei mir entschuldigen, das weiß ich", sprach Thorgils beherrscht. Er sorgte sich ja nur um das Leben seines Ziehbruders. Thorgils nahm sich vor, am Abend mit Jarl Sigurd über diesen Sklavenhändler zu sprechen.

Es war die Zeit des Abendessens. Sigurd weilte noch immer in der Fürstenburg. Thorgils wich wirklich keinen Augenblick von Olafs Seite. Doch man kann einen Menschen, der nicht angebunden ist, nicht ständig im Auge behalten. Thorgils sprach, während sie aßen, einige Zeit mit seinem Tischnachbar. Als er sich schließlich nach Olaf umsah, war sein Platz leer. Thorgils sprang vom Tisch auf. „Hat jemand Olaf gesehen?" fragte er die anderen.

Er sei aus dem Haus gegangen, gab man ihm zur Antwort.

Er versucht also doch, seine Drohung in die Tat umzusetzen, schoß es Thorgils durch den Kopf. Was sollte er tun? Sofort ihm nacheilen und ihn mit Gewalt zurückholen? Aber was wäre, wenn er Olaf nicht rechtzeitig in der Menschenmenge finden würde? Wenn er den Mordanschlag versucht hätte und es ihm sogar gelungen wäre, den Sklavenhändler auf irgendeine hinterhältige Art umzubringen, dann wäre er allein zu schwach, um Olaf vor der wütenden Menge der anderen Händler zu beschützen. Da konnte nur noch Jarl Sigurd mit seinen Kriegern helfen. Thorgils rannte zur Fürstenhalle. Doch die Wachen vor dem Eingang verwehrten ihm das Weiterkommen.

„Zurück! Keiner darf in die Halle! Der Fürst hält eine geheime Beratung ab!" rief einer der Wächter ihm zu.

„Ich muß sehr dringend den Jarl sprechen! Bitte laßt mich durch", flehte Thorgils die Wachen an.

„Du mußt dringend den Jarl sprechen! Ausgerechnet du!" lachten die Männer belustigt.

„Es ist wirklich sehr dringend! Sein Gesippe Olaf ist in höchster Gefahr! Bitte, laßt mich durch!" bettelte Thorgils.

„In Gefahr?" Hier in der Stadt? Du spinnst ja", bekam er zur Antwort.

„Ihr wißt ja nicht, um was es sich handelt! Bitte laßt mich zu Jarl Sigurd!" bat Thorgils mit Tränen in den Augen. Jeden Augenblick, so war er überzeugt, konnte es für Olaf zu spät sein.

„Dann sag es uns doch!" forderte ein Wächter ihn auf.

„Olaf will einen Sklavenhändler umbringen, der ihn und seine Mutter vor einigen Sommern versklavte!"

„Dieser Grünschnabel? Mach dich nicht lächerlich! Das würde er niemals wagen! Ganz zu schweigen, daß es ihm gelingen würde!" entgegnete ein Wächter, der Olaf und auch Thorgils kannte.

„Ihr unterschätzt seinen Mut! Er wird es wagen! – Wenn ich nicht hinein darf, so überbringt Jarl Sigurd wenigstens die Nachricht, daß sein Gesippe in höchster Gefahr ist!"

„Denkst du, wir setzen wegen deiner Blödheit unser Leben aufs Spiel? Wir haben strengsten Befehl, keinen Unbefugten hineinzulassen und die Beratung nicht zu stören! Also gedulde dich. Es warten noch einige, die höher stehen als du. – Es kann sowieso nicht mehr lange dauern, das Essen ist bereits zubereitet."

Thorgils lief unruhig auf dem Hof hin und her. Manchmal lauschte er, ob etwas Verdächtiges aus der Stadt zu hören sei. Kein Lärm, nichts. Dann verwarf er seine ganze Angst um Olaf wieder. Vielleicht hat der Wächter recht. Olaf würde einsehen, daß der Sklavenhändler zu gut beschützt ist und würde seinen tollkühnen Plan aufgeben. Aber dann stieg die Angst erneut in ihm auf, daß Olaf doch versuchen könnte, seine Drohung in die Tat umzusetzen.

Endlich war die Beratung beendet. Die Jarle und Unterführer verließen die Fürstenhalle. Thorgils konnte wegen der Dunkelheit die Gesichter kaum erkennen. „Jarl Sigurd!

Jarl Sigurd! Wo bist du?" rief Thorgils in höchster Angst. „Jarl Sigurd! Olaf ist in Gefahr!"

Endlich hörte er die Stimme von Olafs Onkel. – „Thorgils, was soll der Unsinn!" rief Sigurd hörbar verärgert.

Thorgils eilte zu ihm, durch die Reihe der Jarle und Häuptlinge hindurch. – „Jarl Sigurd! Olaf ist in Gefahr! Er will einen Sklavenhändler töten!"

„Bist du betrunken, Thorgils?" entgegnete Sigurd wütend.

„Aber nein! Ich habe den Händler wiedererkannt, der uns vor sieben Sommern die Freiheit nahm! Jetzt will sich Olaf an ihm rächen! Du mußt sofort mit deinen Kriegern zum Marktplatz! Hoffentlich ist es nicht bereits zu spät!"

„Er will einen Händler während des Handelsfriedens töten? Verfluchte Scherereien! Bist du ganz sicher, daß er ihn zu töten beabsichtigt?"

„Er war nicht von dem Vorsatz abzubringen! Wir müssen ihn finden, bevor er ein Unheil angerichtet hat! Schnell, Jarl Sigurd!"

Sigurd handelte schnell. Er ließ seine Gefolgsmänner zu sich rufen. Dann eilten sie in die Unterstadt, wo sich das Händlerviertel befand. Um den Marktplatz herum standen die Zelte der Händler, in denen sie hausten. Lagerfeuer brannten jetzt davor.

Plötzlich ertönte, keine hundert Schritte von ihnen entfernt, ein gräßlicher Schrei. Ein weiterer Aufschrei folgte kurz danach. Bewegung entstand auf dem Marktplatz. Männer eilten in Richtung der Schreie.

Thorgils war zu Tode erschrocken.

Dann sahen sie eine jugendliche Gestalt zwischen den Zelten und Lagerfeuern rennen. Nur ein Schatten war zu erkennen.

„Dort rennt der Mörder! – Fangt ihn! – Da rennt er! – Dort!" schrien rauhe Männerkehlen. Mit gezogenen Schwertern und hoch erhobenen Äxten rannten sie der fliehenden Gestalt nach.

„Das ist Olaf!" rief Thorgils hocherfreut. „Olaf! Hierher! Hier sind wir!" schrie Thorgils, so laut er konnte.

Sigurd und seine Krieger rannten mit gezogenen Schwertern Olaf hinterher.

„Olaf! – Hierher! – Hier sind wir, Olaf!" riefen Thorgils und die Gefolgsmänner Jarl Sigurds.

Endlich hörte Olaf sie. Jetzt rannte er in die richtige Richtung, doch er mußte noch einigen Verfolgern ausweichen, die ihm den Weg abzuschneiden versuchten. Als Olaf bei seinem Onkel ankam, waren ihm die empörten Händler bereits dicht auf den Fersen. Die Rettung kam im letzten Augenblick.

Die Krieger Sigurds nahmen Olaf und Thorgils in die Mitte und schützten sie mit ihren Schilden. Schnell waren sie von einer wütenden Menschenmenge umringt.

„Gebt den Kerl heraus! – Er ist ein Meuchelmörder! – Wir machen kein langes Federlesen mit ihm! – Er wird gehängt! – Er hat den Handelsfrieden in der Stadt gebrochen! Darauf steht die Todesstrafe! – Er hat sein Leben verwirkt!" schrien die aufgebrachten Händler.

„Der Fürst wird das Urteil fällen! Laßt uns zurück zur Fürstenburg, Männer! Ich warne euch, legt euch nicht mit mir an! Das kann euch teuer zu stehen kommen!" rief Jarl Sigurd der wütenden Menge drohend zu, obwohl er genau wußte, daß sie sich in einer gefährlichen Lage befanden. Die Händler mit ihren Bewachern und Knechten waren in der Überzahl. Auch waren sie im Kampf nicht viel weniger erprobt als seine Krieger.

„Warum den Fürsten belästigen wegen solch eines Schurken! Wir hängen ihn gleich auf! – Jawohl, er soll hängen! – Die Geier und Raben sollen den Kadaver dieses Unruhestifters und Meuchelmörders fressen!"

Sigurd konnte nicht von der Stelle gelangen, ohne daß es zum Kampf gekommen wäre. Der Wortwechsel ging hin und her. Da nahte ihnen glücklicherweise Hilfe aus der Fürstenburg. Der wachhabende Jarl hatte Lärm in der

Stadt gehört und einen Reitertrupp zusammengestellt, um nach der Ursache zu sehen.

„Was ist hier los! Was soll der Aufruhr! – Du bist hier, Jarl Sigurd? Erzähle, was ist geschehen?"

Die Menge war einige Schritte zurückgetreten. Einige Händler verdrückten sich bereits, um nicht in einen Streit mit den Kriegern des Fürsten Wladimir verwickelt zu werden.

„Es handelt sich um meinen Gesippen Olaf. Er hat einen Händler getötet. Die Meute wollte ihn hängen. Ich stelle das Urteil dem Fürsten anheim, das heißt, ich bin bereit, volle Mannesbuße für den Erschlagenen zu zahlen."

„Dann ist ja alles in bester Ordnung", sprach der Jarl, der ein guter Freund Sigurds war. „Macht Platz! Geht zurück zu euren Zelten! Ihr habt es gehört, der Fürst wird das Urteil fällen!"

Unversehrt erreichten sie die Fürstenburg. Jarl Sigurd eilte sofort mit Olaf in die Privatgemächer Wladimirs, wohin er Zutritt hatte.

„Was gibt's, Jarl Sigurd. Weißt du, weshalb es Lärm gab in der Unterstadt?" fragte Fürst Wladimir sogleich.

„Ja, gnädiger Herr. Mein Gesippe Olaf war daran schuld. Er erschlug einen Sklavenhändler. Ich konnte ihn eben noch vor der wütenden Menge retten", sprach Sigurd wahrheitsgemäß.

„Der Junge hat einen Händler getötet? Gewiß in ehrlicher Notwehr," entgegnete der Fürst erstaunt.

„Nein, gnädiger Fürst. Es war keine Notwehr, sondern Blutrache."

„Dann hat er also den Handelsfrieden in meiner Stadt gebrochen, den ich allen Kaufleuten feierlich zusicherte! Du weißt, daß ich darauf die Todesstrafe verkündet habe. Nicht einmal die Zahlung einer Mannesbuße kann den Schuldigen vor dem Tode retten."

„Ich hoffe auf die unendliche Gnade des Fürsten von Nowgorod", sprach Sigurd flehentlich.

„Recht ist Recht, und Todesstrafe ist Todesstrafe, das

weißt du genau, Jarl Sigurd! Verlange nichts Unmögliches von mir!" rief Wladimir sichtlich verärgert aus.

„Darf ich die Gründe darlegen, warum mein Neffe diese Tat beging?" bat Sigurd.

„Zeitverschwendung, Sigurd", erwiderte der Fürst ungnädig.

„Ich möchte es gerne erfahren", war die Stimme der Fürstin Rogneta, der Gemahlin Wladimirs, zu hören. Sie war so leise in das Gemach getreten, daß Sigurd es nicht bemerkte. – „Aus welchem Grund hast du den Händler getötet?" fragte sie Olaf selber.

„Er war kein gewöhnlicher Händler, sondern ein Sklavenhändler. Er hat meine Mutter, die eine Königin war, versklavt und auch mich. Um die Ehre meiner Mutter wiederherzustellen, deshalb mußte ich den Sklavenhändler töten!" rief Olaf stolz aus.

„Das ist ja furchtbar!" rief die Fürstin erstaunt aus. „Dein Gesippe ist ein richtiger Königssohn?"

„Ja, das ist wahr", nickte Sigurd.

„Ich möchte, daß du morgen früh mit dem Jungen zu mir kommst. Ich will seine ganze Leidensgeschichte erfahren", sprach Fürstin Rogneta sichtlich gerührt.

„Wenn diese hohe Gunst nicht im Widerspruch zu den Befehlen des Fürsten steht?" entgegnete Jarl Sigurd vorsichtig.

„Aber wieso? Denkt mein Gemahl anders darüber? Man kann doch ein Kind nicht dafür bestrafen, weil es seine Mutter gerächt hat?"

Fürst Wladimir dachte einige Zeit nach. Plötzlich hellten sich seine Gesichtszüge auf. – „Das ist die Lösung! Du hast vollkommen recht, meine Liebe! Das Gesetz spricht nur von Erwachsenen, nicht von Kindern. Folglich kann man ein Kind nicht zum Tode verurteilen. – Sigurd, du wirst Buße für den Erschlagenen zahlen! Ich werde die Höhe durch einen Gerichtsspruch festlegen. Morgen kommt ihr zur Fürstin, wie sie es wünscht!" sprach Wladimir in alter Freundschaft zu Sigurd.

„Ich stehe wie immer tief in der Schuld meines Fürsten und meiner Fürstin", erwiderte Jarl Sigurd mit einer tiefen Verbeugung.

Auch Olaf verneigte sich. Sein Leben hing an einem sehr dünnen Faden.

Thorgils wartete am Eingang der Halle.

„Olaf! Du bist frei! Alle haben gesagt, daß du festgenommen und morgen geköpft werden würdest!" rief Thorgils über alle Maße erfreut aus, da er Olaf in Freiheit sah.

„Um ein Haar wäre es wohl so gekommen", entgegnete Olaf gleichmütig.

„Erzähle! Hat dich dein Onkel herausgepaukt?"

„Nein, auch er war machtlos. Glücklicherweise kam die Fürstin Rogneta hinzu. Sie meinte, ich sei noch ein Kind, und man könne mich deswegen nicht zum Tode verurteilen."

„Da hat sie recht."

„Das ist eine Beleidigung, Thorgils", wehrte sich Olaf gegen diese Behauptung. „Ein Kind hätte es niemals fertig gebracht, einen Sklavenhändler zu töten!"

„Wie hast du diese furchtbare Tat eigentlich ausgeführt?"

„Ganz einfach, ich wartete hinter seinem Zelt in einem Gebüsch, bis er einmal seine Notdurft verrichten mußte. Dabei ließ er seine Waffen zurück. Zuerst warf ich ihm meinen Ger in die Brust. Als er sich vor Schmerzen am Boden krümmte, schlug ich ihm meine Streitaxt in den Schädel", erzählte Olaf seine Mordtat.

„Olaf, Olaf, solch eine gräßliche Tat hätte ich dir niemals zugetraut", sprach Thorgils kopfschüttelnd.

„Ich mußte die Ehre meiner Mutter wiederherstellen. – Onkel Sigurd, du sagst kein Wort. Bist du mir böse?"

„Und ob! Aus mehreren Gründen!" verschaffte Jarl Sigurd seiner lang aufgestauten Wut endlich Luft. „Durch deine übereilte und vorschnelle Rache hättest du mich beinahe um die Gunst des Fürsten gebracht! Und weiter:

weißt du, wieviel ich für den Ermordeten an Mannesbuße zahlen muß? Dieser Sklavenhändler war sicher ein reicher und angesehener Mann! Es wird ein Vermögen kosten, dich freizukaufen!"

„Es tut mir leid, Onkel Sigurd. Ich werde dir später alles zurückzahlen", sprach Olaf innerlich enttäuscht über die Vorwürfe seines Onkels.

„Später! Immer später! Merke dir eins!" herrschte Sigurd Olaf wütend an. „Ich bin dein Sippenoberhaupt! Ich entscheide, wann und wo Rache genommen wird! Durch deine vorschnelle Tat hast du uns nur Schaden bereitet! Wir hätten dem Händler außerhalb der Stadt auflauern können! Wir hätten uns gerächt, und sein ganzer Reichtum wäre noch dazu unser gewesen! Und jetzt müssen wir für den Kerl auch noch Bußgeld zahlen! Weißt du jetzt, was für ein Schafskopf du bist?"

„Du hast recht, Onkel Sigurd. Ich habe mich benommen, wie der größte Dummkopf", sprach Olaf mit tränenerstickter Stimme.

„Was geschehen ist, ist geschehen", knurrte Sigurd. – „Reiß dich ja morgen zusammen, wenn wir bei der Fürstin sind!"

„Solch eine Geschichte, die dazu noch wahr ist, habe ich noch nie gehört!" rief Fürstin Rogneta erstaunt und zugleich tief gerührt aus, nachdem Olaf geendet hatte. Sogar einige Tränen des Mitleids flossen ihr über die Wangen.

Auch ihre Hofdamen flüsterten verwundert miteinander. Alle blickten Olaf voller Mitgefühl und Anteilnahme an.

„Komm zu mir, Olaf!" bat die Fürstin. „Komm näher, noch näher." Fürstin Rogneta streichelte Olaf mit beiden Händen über den blonden Schopf. Vor Mitleid überwältigt, gab sie ihm sogar einen Kuß auf die Stirn. – „Von nun an, Olaf, sollst du erzogen werden, wie es einem Königssohn geziemt. Wie alt bist du, Olaf?"

„Zehn Sommer", antwortete Olaf.

„Die nächsten zwei Sommer wirst du in meiner Druzina

als Page dienen. Du wirst lernen, wie man sich bei Hofe benimmt. Dann kommst du in die Gefolgschaft meines Gemahls und wirst zu einem Heerführer ausgebildet. Mein ältester Sohn Vyseslav ist fast so alt wie du. Ihr werdet gewiß gute Freunde. – Jarl Sigurd, du bist doch damit einverstanden, wenn ich deinen Gesippen hier am Fürstenhofe erziehen lasse?"

„Wer könnte sich dieser hohen Gunst widersetzen? Meine Sippe und ich werden niemals vergessen, mit welchen Ehren die Fürsten Nowgorods uns beschenkten", sprach Jarl Sigurd.

„Mutter Rogneta, darf ich es wagen, auch an meinen Ziehbruder Thorgils zu erinnern, der mir gestern abend zum weiß Thor wievielten Male das Leben gerettet hat?"

Sigurd schwitzte Blut und Wasser über die Kühnheit Olafs. Das ging entschieden zu weit.

„Du hast vollkommen recht, Olaf. Deinen Lebensretter haben wir ja völlig vergessen. Was könnten wir für ihn wohl tun? – Weißt du etwas, Olaf?" fragte die Fürstin lächelnd.

„Thorgils ist ein tapferer Jüngling. Ich würde vorschlagen, ihn in die Stadtwache des gnädigen Fürsten aufzunehmen, dann wäre er die meiste Zeit in meiner Nähe", meinte Olaf listig, der um alles in der Welt nicht von seinem brüderlichen Freund getrennt werden wollte.

„Deinen Vorschlag finde ich gut. Ich werde noch heute meinen Gatten darum bitten. – Du kannst dich noch von deiner Sippe verabschieden und kommst heute abend zur Fürstenburg zurück." Die Fürstin stand auf.

Gleichzeitig erhob sich ihre Druzina. Während die Fürstin mit ihren Hofdamen den Raum verließ, verbeugten sich alle.

Olaf und Thorgils verabschiedeten sich von der Sippe Jarl Sigurds. Alle beneideten Olaf um sein unvergleichliches Glück, bei Hofe leben zu dürfen und die beste Erziehung zu genießen. Für Olaf begannen nun zwei Jahre, die zu den schönsten seines Lebens zählten. Jeder Tag in der nahen

Umgebung der Fürstin Rogneta schien für ihn ein Festtag zu sein.

Im Frühjahr nach der Schneeschmelze, nachdem das Hochwasser der Flüsse zum Meer abgeflossen war, begann der Rachefeldzug des Fürsten Wladimir gegen seinen Bruder Jaropolk, dem Herrscher von Kiew. Alle waffenfähige Männer aus der weiten Umgebung Nowgorods, Russen und Waräger, scharte er mit verlockenden Geldgeschenken und mit noch größeren Versprechungen auf Beute um sich. Unzählige Schiffe zogen den Lowat aufwärts, Schuten und Knorren, zur Beförderung von Kriegsgerät und Verpflegung, und über hundert warägische Kriegsschiffe, Schnellsegler mit ausgesuchter Besatzung, waren ihr Begleitschutz. Viertausend Reiter und doppelt soviel Fußvolk zog am Ufer des Flusses entlang. Viele Wagen, von Zugochsen getrieben, führten sie mit sich.

Zwischen Lowat und Dnjepr mußten die Waräger mühsam ihre Schiffe über Land schleppen, wie das die warägischen Händler bereits seit fast dreihundert Jahren taten. Mit Jubelgeschrei stießen sie endlich die Kiele ihrer Schiffe in die Fluten des Dnjepr.

Großfürst Jaropolk hatte die Befestigungswerke von Kiew ausbessern lassen und erwartete den Angriff seines Bruders in der Verteidigung. Jaropolk glaubte, das kleine Heer seines Bruders ohne große Mühe zermürben und in die Flucht schlagen zu können. Doch er täuschte sich in der Tapferkeit und in der Zähigkeit seines Gegners.

Wladimir belagerte Kiew viele Tage und schnitt sie von aller Lebensmittelzufuhr ab, so daß große Hungersnot in der Stadt herrschte. Das Entsatzheer, das Großfürst Jaropolk rief, wurde in einer gewaltigen Schlacht von den Warägern in die Flucht geschlagen. Um sich aus der eisernen Umklammerung zu retten, machte Jaropolk eines Nachts einen Ausfall. Unter großen Verlusten gelang es ihm zu entkommen. Er flüchtete ihn die Stadt Rodnja.

Kiew öffnete nach seiner Flucht die Tore dem Fürsten Wladimir. Dieser zog in den Teremhof ein, der Fürstenburg seines Vaters Svjatoslaw, und ließ sich zum Großfürsten ausrufen über das Reich seines Bruders. Aber noch war dieser nicht vollständig besiegt.

Wladimir folgte seinem Bruder nach Rodnja und belagerte wiederum die Stadt. Auch hier war bald der Hunger so groß, daß Jaropolk sich zu Verhandlungen mit Wladimir gezwungen sah. Einer seiner Heerführer, mit Namen Blud, war ein Verräter. Blud gab Jaropolk den hinterlistigen Rat, sich zu seinem Bruder Wladimir nach Kiew zu begeben und diesen um Gnade zu bitten. Die meisten Heerführer warnten Jaropolk, daß es eine Falle sein könnte. Auf die Zusicherung Wladimirs, daß ihm freies Geleit gewährt würde, ritt Jaropolk nach Kiew. Als er mit wenigen Getreuen den Teremhof betrat, wurde er von einer Warägerschar umringt, die ihn und sein Gefolge niedermetzelten. Großfürst Wladimir war nun der einzige noch lebende Sohn Svjatoslaws und Nachfolger über dessen früheres Großreich.

Wladimir fiel nicht nur der gesamte Reichtum seines Bruders in die Hände, sondern auch dessen Gemahlin, die dieser in Kiew zurücklassen mußte. Sie war von Herkunft eine Griechin. Großfürst Svjatoslaw, Wladimirs und Jaropolks Vater, entführte sie einst aus einem Kloster und gab sie seinem Sohn zur Frau. Wladimir schändete die Witwe seines Bruders, und sie bekam ein Kind von ihm, das den Namen Svjatopolk erhielt. Es zeigte sich hier und auch später, daß Wladimir eine übergroße Begierde nach Frauen besaß.

Kiew war auch unter Großfürst Wladimir die Residenzstadt des russischen Reiches. Kiew war das, was man zu damaliger Zeit eine Weltstadt nennen konnte. Russen und Waräger bildeten den größten Teil der einheimischen Bevölkerung, daneben lebten viele Griechen, Araber, Bulgaren, Tschechen, Polen, Ungarn und Vertreter asiatischer Reiternomaden in der Stadt, die alle als Händler hierher kamen.

Nachdem Olaf zwei Jahre lang in der Druzina der Großfürstin Rogneta gedient hatte, der Hof war nach dem Sieg Wladimirs nach Kiew gezogen, trat er im Sommer des Jahres 981 in das russische Heer ein. Olaf war zwölf Jahre alt und nach damaliger Rechtsauffassung bereits volljährig. Er kam zu einer Schar von Fürsten- und Jarlssöhnen, die von den einfachen Kriegern gesondert ausgebildet und erzogen wurden. Sie erhielten die besten Lehrmeister in allen Waffenarten zu Lande und zu Wasser, um zu künftigen Häuptlingen und Heerführern ausgebildet zu werden. Da Olaf der Sohn eines norwegischen Kleinkönigs war, stand ihm diese höchste Laufbahn offen.

Während Olaf in allen Künsten des Kriegshandwerks ausgebildet wurde, vergrößerte und festigte Wladimir seine Herrschaft. In den folgenden Sommern unternahm er Kriegszüge gegen die Vjaticen, gegen den baltischen Stamm der Jatyjagen und gegen die Radimicen.

Christus gegen Odin

Im Jahre 987 nach Christi Geburt, sechs Sommer waren vergangen seit Olaf ins russische Heer eingetreten war, kam eine außerordentlich große und prachtvolle griechische Gesandtschaft mit dem Schiff bei Kiew an. Die Griechen bezogen die besten Quartiere in der Stadt und sparten nicht mit Gold, um sich Einfluß am Hofe Wladimirs zu verschaffen.

Nachdem die Ernte für diesen Sommer eingebracht und die Abgaben der Bauern an den Herrscher des Landes mit viel Wehgeschrei entrichtet worden war und dieser ganze ärgerliche Kram für Wladimir ein Ende gefunden hatte, da erst traten die Rhomäer[14] mit ihrem Anliegen vor den Herrscher des volkreichen russischen Reiches. Der Abgesandte des Kaisers begann mit einer langen Lobrede über die guten Handelsbeziehungen zwischen Russen und Oströmern, schließlich kam er auf die Politik zu sprechen. Er schilderte den furchtbaren Bürgerkrieg, der zur Zeit im oströmischen Reich tobte. Endlich kam er zu dem eigentlichen Grund seiner Reise nach Kiew. Der erhabene Kaiser der Rhomäer, Basileios II., bäte den Großfürsten um ein Söldnerheer, damit er seine Feinde schneller vernichten könne.

Wladimirs Miene wurde nach dieser Bitte noch eine Spur gleichgültiger als sie bereits war. – „Was kümmert mich, den Sohn Svjatoslaws, die Sorgen des Zaren Basileios? Hat nicht mein Vater sein Leben verloren, weil die Griechen ihn um Hilfe baten und diese ihr Wort brachen? Zum Dank dafür, daß mein Vater die Griechen aus einer großen Kriegsgefahr rettete, gönnten sie ihm nicht einmal die Länder der besiegten Bulgaren! Und, als wenn das noch nicht genügt hätte, hetzte der Zar auch noch die Petscheneggen gegen meinen Vater und sein restliches Heer auf, so daß er mit den meisten seiner Krieger an den Stromschnellen des Dnjepr den Schwerttod fand! – Nein!" rief Wladimir. „Am

Ende ergeht es mir ähnlich wie meinem Vater! Basileios soll sehen, wie er mit seinen Sorgen zu Wege kommt!"

Es kostete dem griechischen Abgesandten viel Mühe und Überredungskunst, um Wladimir den Standpunkt der Griechen begreiflich zu machen. Man hätte damals den russischen Großfürsten als Verbündeten gerufen, um die Bulgaren aus griechischem Land zu vertreiben, das sie besetzt hielten. Doch nachdem Svjatoslaw die Bulgaren besiegt hatte, hätte er sich an deren Stelle zum Herrscher über jenes Land ernannt. Es sei demnach für die Rhomäer alles so geblieben wie vorher, und der Kaiser hätte sich gezwungen gesehen, Großfürst Svjastoslaw als Feind zu behandeln. Doch im jetzigen Fall sei alles ganz anders. Der Kaiser brauche ein Söldnerheer gegen seine inneren Feinde. Der Großfürst könne in Kiew bleiben, während seine Krieger nach Zargrad[15] zögen.

Wladimir war zuerst ganz und gar abgeneigt. Doch die Bojaren, die Ältesten in der Ratsversammlung, sprachen dafür. Wegen der häufigen Kriege in den letzten Sommern seien viele, zu viele Waräger nach Kiew gezogen und in die Gefolgschaft Wladimirs eingetreten. Diese Nordleute aber wären trotzköpfig, eigensinnig, ja unberechenbar. Sie würden eine ständige Gefahr für seine Herrschaft darstellen, sprachen die Bojaren. Es sei vorteilhaft, sie bei dieser Gelegenheit außer Landes schicken zu können. Wladimir mußte seinen Bojaren recht geben. Nun galt es, einen möglichst hohen Preis für die Waffenhilfe auszuhandeln. Der Großfürst verhandelte lange und zäh. Er wußte, daß die Zeit gegen Basileios und für seine Schatztruhen arbeitete.

Zur selben Zeit weilte noch eine zweite griechische Gesandtschaft in Kiew, jedoch ausschließlich in friedlicher Mission. Es waren griechisch-orthodoxe Kirchenväter. Sie wollten den russischen Herrscher von den Vorteilen ihres orthodoxen Christentums überzeugen. Sie sprachen davon, welchen Nutzen es für ihn brächte, wenn griechische Mönche russischen Knaben das Lesen und Schreiben lehren würden. Das sei die Grundvoraussetzung für eine gute Verwaltung seines Riesenreiches. Weiter sei es von unschätzbarem Vorteil, wenn die Mönche die Bauern lehren würden, wie man die Erträge auf den Feldern erhöhen kann und die Viehzucht verbessert, wodurch der Nahrungsmangel endlich behoben werden könnte. Auch die griechische Heilkunst, die Baukunst und nicht zuletzt die Kunst der Musen würden die Mönche den unwissenden Russen lehren.

Großfürst Wladimir war nicht abgeneigt, die Mönche in seinem Reich wirken zu lassen, jedoch die strengen christlichen Sitten und Gesetze, denen er sich nach der Taufe unterwerfen müßte, gefielen ihm keineswegs.

Olaf und Thorgils waren nun beide vollwertige Krieger im Heere Wladimirs. Thorgils besaß den Rang eines Häuptlings. Der Schutz der Stadt Tschernigow, die an der Desna lag, einem Nebenfluß des Dnjepr, war ihm anvertraut. Olaf war Befehlshaber über drei Hundertschaften Waräger und nur noch dem obersten Heerführer, einem Jarl, Gehorsam schuldig, außer seinem Gefolgsherrn Wladimir natürlich. Da Olaf das besondere Vertrauen des Großfürsten genoß, weilte er meist in allernächster Umgebung des Herrschers von Kiew.

Die brüderlichen Freunde sahen sich in letzter Zeit seltener. Das lag daran, weil beiden verantwortungsvolle Aufgaben aufgetragen waren. Die lange Trennung ließ dafür die Wiedersehensfreude um so herzlicher ausfallen. Ihre brüderliche Liebe zueinander blieb ungetrübt.

Es war im Herbst des Jahres 987, als sich die beiden Ziehbrüder wieder einmal unverhofft nach fast halbjähriger Trennung in Kiew trafen. Zur selben Zeit, als die beiden griechischen Gesandtschaften in der Stadt weilten. Die wildesten Gerüchte verbreiteten sich bald im ganzen russischen Land. Die heidnischen Priester und Hexenmeister, bei den Warägern Goden genannt, fluchten und wetterten viel über die Griechen.

Nachdem sich Olaf und Thorgils alle Erlebnisse der letzten Zeit erzählt hatten, kam Thorgils auch auf die Gerüchte wegen der Glaubensänderung des Großfürsten zu sprechen.

„Die Kunde kam nach Tschernigow, daß Wladimir erwäge, sich zu dem einzig wahren und richtigen Glauben zu bekennen. Du weilst doch ganz in seiner Nähe, weißt du Genaueres zu berichten?" fragte Thorgils brennend vor Neugierde.

Olaf wußte, daß Thorgils ein heimlicher Christ war. Da er selber noch unbeirrt an die alten Heidengötter glaubte, gab er seinem Freund nur unwillig Antwort. „Wladimir hat kürzlich vor der Druzina verkündet, daß er jedem Untertan völlige Glaubensfreiheit zubilligt. Wie er selber zu dem neuen Glauben steht, weiß keiner."

„Wenn der Großfürst sich taufen ließe, dann kämen viele christliche Priester ins Land, die uns nützliche Dinge lehren würden. – Olaf, ich wäre so glücklich, wenn du auch erkennen würdest, daß der Glaube an den Herre Christ der einzig richtige Glaube ist."

„Hör' schon auf damit", entgegnete Olaf leicht verärgert. „Wie oft soll ich dir noch sagen, daß die alten Götter meiner Väter die einzig richtigen für mich sind. Sie haben mich seit meiner Geburt beschützt und mit Heil beschenkt, das mußt du zugeben, wenn du ehrlich bist."

„Ich bete zu dem Herre Christ, daß er deinen Geist zur Einsicht lenken möge", seufzte Thorgils. – „Ich habe dir noch eine ganz große Neuigkeit zu erzählen! Komm mit, wir gehen ans Ufer des Dnjepr, wo wir ungestört sind."

An einer einsamen Stelle des Flußufers legten sie sich ins Gras.

„Schwör mir bei deinen Göttern, daß du niemandem davon erzählst", bat Thorgils.

„Ich schwöre es bei Odin", sprach Olaf brennend vor Neugierde.

„In Tschernigow lebt ein christlicher Waräger, in dessen Haus ich als guter Freund ein- und ausgehen darf, wie es mir beliebt, eben weil ich auch ein Christ bin. Er hat eine Tochter namens Nana. Sie ist das wunderschönste Mädchen, das es gibt auf der Welt. Wenn ich sie ansehe, dann ist mir, als wenn ich in den Himmel, das Reich der Seligen, blicken würde. Ich bin bis über den Kopf in Nana verliebt. Und was das Unglaubliche ist, ich bin ihr auch nicht gleichgültig! – Ich hoffe es wenigstens. Ich habe nämlich noch nicht gewagt, Knut Ormsson um die Hand seiner Tochter zu bitten, weil ... weil ich nur ein besitzloser Häuptling bin. Nanas Vater ist dagegen der reichste Händler der Stadt. Er reist ein über den anderen Sommer mit mehreren Handelsschiffen nach Miklagard.[16] Vor vielen Sommern trat er dort zum Christentum über. In Miklagard wurde ihm bewußt, daß die Heidengötter nur leere Holzfiguren sind, Blendwerke des bösen Verderbers. Du müßtest ihn reden hören, Olaf, dann würdest du ihm bereits nach kurzer Zeit recht geben und deine Götterbilder verachten. – Komm bald einmal nach Tschernigow! Ich stelle dich Knut Ormsson vor und bitte ihn, daß er dir von dem wahren Gott Christus erzählt", sprach Thorgils schwärmerisch.

Olaf lachte herzlich. Er wußte ja, daß Thorgils ihm dies nur aus wahrer brüderlicher Liebe anbot. „Ich freue mich über dein Glück, Thorgils, und ich wünsche, daß deine Liebe in Erfüllung geht. Ich komme auch gerne zu deinem Hochzeitsgelage, aber verschone mich mit dem Vater des Mädchens!" wehrte Olaf mit beiden Händen ab.

Die beiden lachten herzlich, denn ihr verschiedenartiger Glaube konnte ihre Freundschaft nicht trüben.

Thorgils sprach noch viel über die Familie seiner Freundin Nana. Welch ein gastfreundliches Haus dies sei. Oft wären griechische Händler bei Knut Ormsson zu Gast, sogar ein christlicher Priester, Mönch genannt, wohne in dem großen Hausstand des Warägers. Nur gute Sitten und Gebräuche seien dort zu finden. Sogar die Bettler bekämen eine Mahlzeit pro Tag, und trotzdem wachse der Reichtum des Knut Ormsson ständig, da das Glück und das Heil des wahren Gottes ihm zur Seite stünden.

Einige Tage konnte Thorgils in Kiew bei seinem Ziehbruder weilen, dann mußte er zurück nach Tschernigow zu seiner Kriegerschar. Mit einem Schnellruderer fuhr er die Desna aufwärts, die in der Nähe von Kiew in den Dnjepr mündet. Olaf stand am Ufer des Flusses und sah seinem brüderlichen Freund nach, bis das Schiff seinen Augen entschwand.

Dieser Abschied sollte ein Abschied für immer sein.

Noch am gleichen Abend nach Thorgils Ankunft in Tschernigow, kehrte er im Haus des christlichen Warägers ein. Er sehnte sich nach dem Anblick der schönen Nana. Thorgils wußte viel von den griechischen Gesandtschaften zu berichten. Seine Nachricht, daß der Großfürst endlich allen seinen Untertanen Glaubensfreiheit zugesagt habe, erzeugte große Freude. Nun hatte ihrer Meinung nach alle Drangsal wegen ihres fremden Glaubens ein Ende.

Das Leben verlief wie gewohnt in Tschernigow. Thorgils Gemütszustand schwankte unverändert zwischen bangen und hoffen, da er bisher noch nicht wagte, Knut Ormsson um die Hand seiner Tochter Nana zu bitten.

Eines Tages schlenderte der christliche Waräger mit zwei griechischen Handelsfreunden durch die engen Gassen der Stadt. Die Griechen waren zu ihm gekommen, um kostbare Felle zu kaufen. In Konstantinopel bezahlte man sehr gut für diese begehrte Ware. Die Griechen verweilten einige Tage in Knut Ormssons gastfreundlichem Haus, um sich von den Anstrengungen der langen Reise zu erholen. Zufällig kamen sie an der Stelle vorbei, wo die Götzenfiguren der Heiden standen.

„Seht euch das an, Maniakes und Phokas!" sprach der christliche Waräger. „An diese halbverfaulten Holzfiguren glaubt das dumme Volk. Von diesen Statuen, die von Holzwürmern befallen sind, soll angeblich Heil ausgehen! Trugbilder des Teufels sind sie, sonst gar nichts! Ja, der Teufel hält diese armen Menschen noch fest in seinen Krallen!"

„Erzähle mir Näheres von den Göttern der Heiden", bat Phokas, der wißbegierig war und den Daheimgebliebenen gerne von seinen Reiseerlebnissen berichtete.

„Das Bildnis in der Mitte stellt ihren Hauptgötzen Odin dar, die Russen nennen ihn Perun. Er soll angeblich das Schlachtenglück gerecht lenken. Doch ich habe oft erlebt, daß er dem Hinterlistigen und Verschlagenen den Sieg gönnte. Zur Rechten sitzt Thor. Er ist der Gott der Bauern. Mit dem Hammer, der auf seinen Knien liegt, soll er die Schlechten bestrafen. Wenn es donnert und blitzt, dann rufen die Heiden ihn an und bitten um Vergebung für alles Böse, das sie getan haben. Zur Linken sitzt Freyr, der Gott der Fruchtbarkeit. Jeden Herbst zum Erntedankfest töten die Heiden ihm zu Ehren eine Jungfrau und einen Jüngling, die sie aus ihren Reihen auslosen, damit Freyr die Felder, die weiblichen Tiere und die Frauen fruchtbar erhalte. Die Erde um diese Götzen ist mit dem Blut vieler Unschuldiger getränkt."

Die Griechen bekreuzigten sich voller Entsetzen über diese grausigen Morde.

Ein alter, hagerer Mann mit langsträhnigen weißen Haaren trat aus einem Haus in der Nähe der Götterstatuen. Es war der Gode[17]. Mit erhobener Faust und wütender Grimasse trat er auf die Christen zu. „Was habt ihr hier zu suchen! Fort! Fort mit euch! Fluch über euch! Die Götter mögen euch verderben!" schimpfte der Gode.

Knut Ormsson und die beiden Griechen, die die russische Sprache verstanden, lachten lauthals über diese Flüche, die ihnen keine Angst einzuflößen vermochten.

„Ihr wagt es, über unsere Götter zu lachen!" schrie der Gode noch mehr erbost. Vor Wut färbte sich sein Gesicht hochrot. „Na wartet! Ich werde euch das Fürchten lernen! Zittern sollte ihr über Odin, Thor und Freyr!" Mit zum Himmel erhobenen Händen rief er: „Thor! Schleudere deinen Hammer auf diese frechen Spötter! Zerschmettere die, die über euch lachen!" Der Gode wartete einige Zeit, aber als kein Donner zu hören war und auch kein Blitz niederfuhr, drehte er sich kopfschüttelnd um und ging in seine Behausung zurück. Hinter ihm her erscholl das laute Lachen der Christen.

Der Gode beschloß in höchster Wut, furchtbare Rache an seiner Schmach und an der Beleidigung seiner Götter zu nehmen. Es waren ja nur noch wenige Tage bis zur ersten Vollmondnacht am Beginn des Winters, in der die Menschenopfer für Freyr gebracht werden mußten.

Durch Runenlose wurden ein Mädchen und ein Jüngling unter den Einwohnern von Tschernigow ausgewählt. Bei den früheren Opferfesten bestimmte der Gode nur rechtlose Sklaven als Opfergaben. Die Freien erkauften regelmäßig das Leben ihrer Söhne und Töchter bei ihm. Der Gode hatte einen teuflischen Einfall, um die Schmach an seinen Göttern zu rächen.

Am Abend vor der ersten Vollmondnacht versammelten sich alle Heiden um ein großes Lagerfeuer vor den Götterbildern, damit die Opfer bestimmt werden konnten. Dabei wurde viel getrunken. Am meisten trank der alte Gode, denn nach dem heidnischen Glauben war er im Rausch den Göttern am nächsten. Gegen Mitternacht warf der Gode die Todesrunen. Nur der Gode allein verstand die Runen zu lesen. Jedenfalls gab er an, daß er sie zu lesen verstünde. Das Gegenteil konnte ihm keiner beweisen. Dann wurde ein heiliges Pferd, ein Schimmel, dreimal um das Lagerfeuer geführt. Das Tier stampfte wahllos über die Runen, manche zerbrachen dabei. Wegen der Nähe des Feuers schnaufte das heilige Tier manchmal ängstlich. Der Gode tat, als wenn er sehr genau auf die Laute des Schimmels achten würde. Die Bewohner der Stadt starrten gebannt und in ängstlicher Erwartung auf den Spruch des Goden. Welche Jungfrau und welchen Jüngling würden in diesem Herbst die Todesrunen treffen? Die Freien, die dem Feuer am nächsten saßen, wiegten sich wegen ihrer Geschenke einigermaßen in Sicherheit. Mancher bereute es vielleicht in diesem Augenblick, daß seine Gabe an den Goden etwas knauserig ausgefallen war. Die Krieger hinter ihnen rafften all ihren Mut zusammen, um äußerlich furchtlos zu erscheinen, wenn ihnen auch ein kalter Schauer nach dem anderen den Rücken hinabfloß. Die Knechte und Mägde in den äußersten Reihen zitterten dagegen am ganzen Leibe, denn sie wußten, daß die Opfer meist aus ihrem Stand ausgewählt wurden, wenn nicht ein Übeltäter vorhanden war, der auf diese Art bestraft werden konnte. Warum dies so war, konnten sie sich nicht mit Sicherheit erklären. Manchem von ihnen war bereits ein schlimmer Verdacht aufgestiegen, doch was konnte man als Unfreier, als Sklave dagegen tun? Ihr Leben hing täglich von der guten Laune ihres Herrn und Besitzers ab.

„Hört! Hört! Die Götter sprechen zu mir", flüsterte plötzlich der Gode mit sichtlichem Entzücken.

Das Grausen und Entsetzen der Heiden erreichte den Höhepunkt.

„Der da und diese da!" rief der Gode aus und hob zwei Runenstäbe vom Boden auf. „Ich habe es gewußt! Die Götter würden die Beleidigungen rächen, die ihnen von den Heuchlern zugefügt wurden! Nana und Björn, die Kinder von Knut Ormsson, verlangt Freyr als Opfer! Morgen sehen sie die Sonne zum letzten Mal, dann umgibt sie für immer die Dunkelheit von Hels Reich!" Der Gode sank erschöpft oder vor Trunkenheit zu Boden. Ein böses Kichern konnte er nicht unterdrücken.

Thorgils, der sich mit seinen Kriegern unter der Menge der Heiden befand, saß vor Schreck wie gelähmt da. Als er aus dem ersten Entsetzen erwachte, mußte er sich mit Mühe zurückhalten, um den Goden nicht mit seinem Schwert zu erschlagen. Aber dies hätte sein eigener sofortiger Tod bedeutet.

Die Heiden flüsterten erstaunt untereinander über diesen unerwarteten Spruch ihres Priesters.

„Aber Knut Ormsson ist ein Heuchler!" wagte schließlich ein Waräger auszurufen.

„Er wird uns seine Kinder niemals freiwillig als Opfergaben überlassen, ich kenne ihn!" meinte ein anderer.

„Ich fürchte, dieser Spruch würde vielen von uns das Leben kosten! Ich schlage vor, der Gode wiederholt das Ganze noch einmal!" rief der Händler Askold, der das meiste Ansehen unter den Bewohnern der Stadt Tschernigow genoß.

„Was? Was höre ich? Ihr wagt es, den Götterspruch anzuzweifeln?" geiferte der Gode. „Eben weil Knut Ormsson den Glauben seiner Väter aufgab, bestrafen ihn die Götter! Ich frage euch! Wollt ihr den Fluch Odins, Thors und Freyrs auf euch laden? Wollt ihr, daß sie ihr Heil von euch wenden? Wollt ihr, daß sie euch mit Krieg, Hungersnot und eure Frauen und Töchter mit Unfruchtbarkeit heimsuchen? Ich sage euch, sie werden euch mit Tod und Verderben strafen, so wie sie jetzt Knut Ormsson gestraft haben!" rief der Gode schäumend vor Wut aus.

„Nein, das wollen wir nicht! – Die Götter mögen uns davor bewahren!" sprachen die Heiden vor Angst erschaudernd.

Der Gode hatte seine heidnische Gemeinde fest in der Hand.

„Dann schwört alle bei Odin, Thor und Freyr, daß wir morgen abend ihren Willen vollstrecken und ihnen zu Ehren die beiden Genannten opfern werden!" verlangte der Gode.

„Wir schwören es", riefen die Versammelten im Chor.

„Gehen wir zu Knut Ormsson, um ihm den Götterspruch zu verkünden!" sprach der Gode voller Rachedurst.

Die Bewohner von Tschernigow entzündeten Fackeln am Lagerfeuer und begaben sich in einem langen Zug zur Hofburg des christlichen Warägers. „Knut Ormsson, komm heraus!" schrie das Volk.

Bald darauf trat der Gerufene aus dem Tor seines Hofes. Bewaffnete begleiteten ihn. „Hier bin ich! Was wollt ihr von mir!" rief Knut Ormsson erstaunt.

Der alte Gode trat drei Schritte vor, weiter wagte er nicht

zu gehen. „Knut Ormsson, ich bedaure dich zutiefst. Die Götter haben dich schwer gestraft. Sie verlangen deine Kinder, Nana und Björn, als Opfer für Fruchtbarkeit und Wachstum. Morgen früh kommen wir sie holen", sprach der Gode in gespielt traurigem Ton.

Der christliche Waräger war zuerst sprachlos vor Verwunderung. Dann lachte er schallend auf. Plötzlich hielt er mit Lachen inne und zog sein Schwert. „Teufel! Wage es nicht, mir vor die Augen zu treten oder ich stoße dir mein Schwert in dein teuflisches Herz!" rief Knut Ormsson wütend.

Durch die Reihen der Heiden ging ein empörtes Murmeln.

Askold, der ein alter Rivale Knut Ormssons war, trat neben den Goden. „Wage es nicht, Hand an unseren Goden zu legen! Du hast den Götterspruch vernommen! Wenn du selber auch die Götter deiner Väter verachtest, so lebst du doch in unserer Stadt und hast dich unseren Gesetzen zu fügen! Du weißt ganz genau, ein Götterspruch ist für uns Gesetz! Morgen früh holen wir deine Kinder! Und wenn du sie uns nicht freiwillig gibst, holen wir sie notfalls mit Waffengewalt!"

„Ja, wenn er sie nicht freiwillig herausgibt, holen wir sie uns!" rief das verblendete Volk.

Ein Krieger trat auf Knut Ormsson zu.

„Thorgils", rief der christliche Waräger, als er ihn erkannte. „Du bist der Häuptling der Kriegerschar von Tschernigow. Auf welcher Seite stehst du?"

„Ich bin ein Christ", raunte Thorgils ihm zu.

„Gott sei's gedankt", atmete Knut Ormsson erleichtert auf. „Dann besteht kein Grund zur Sorge."

Thorgils wandte sich an die Einwohner der Stadt. „Hört mich an, Bewohner von Tschernigow! Als ich vor wenigen Tagen in Kiew weilte, hörte ich, daß unser Herrscher dem Glauben der Heuchler, wie ihr es nennt, nicht abgeneigt ist! Er verkündete bereits allen seinen Untertanen völlige Glaubensfreiheit! Wenn ihr also Opfer sucht für eure Götter, dann wählt sie gefälligst aus euren eigenen Reihen und nicht von Andersgläubigen! Ich dulde nicht, daß diesem Manne und seiner Familie ein Unrecht angetan wird!" sprach Thorgils mutig.

Das Volk schwankte, die einen gaben Thorgils recht, die anderen meinten, man müsse den Götterspruch auf jeden Fall erfüllen.

„Hört nicht auf diesen Verräter!" rief der Gode. „Ich habe ihn schon lange im Verdacht, daß er auch ein Heuchler ist, wie Knut Ormsson! Aus welchem Grund wäre er sonst so gut mit ihm befreundet? Nur aus Klugheit hielt er es bisher geheim, weil er das Gesetz des Großfürsten kennt, nämlich, daß keine Heuchler in seinem Heer dienen dürfen!"

„Ja, das stimmt! Ich habe ihn einmal zufällig im Hause des Händlers zu dem fremden Gott sprechen hören!" rief ein Krieger aus.

„Wenn Thorgils einer von uns wäre, wüßte er, daß ein Götterspruch unabänderlich ist! Freyr verlangt die beiden Kinder Knut Ormssons! Und wir haben bei Odin, Thor und Freyr geschworen, ihren Willen zu erfüllen!" ereiferte sich der Gode.

„Ja, wir haben geschworen! – Der Spruch ist unabänderlich! – Die Götter würden uns schwer strafen!" rief die Menge.

„Was ihr bei euren Holzfiguren schwört, ist mir gleich! Ich gebe euch noch keinen Sperling von meinem Dach, um ihn euren Teufelsbildern zu opfern! Von dem Verlangten ganz zu schweigen! Ich warne euch! Wer ohne meine Erlaubnis und mit Waffen meinen Hof zu betreten wagt, den töte ich mit meinem Schwert!" rief Knut Ormsson mit drohend erhobener Waffe aus. Er scherte sich nicht weiter um die Schimpfwörter des aufgebrachten Volks, sondern trat zurück in den Hof und schloß das Tor.

Thorgils blieb draußen, weil er einen Einfall hatte, wie er seine Freunde aus dieser ungeheuerlichen Gefahr retten konnte. Er tauchte unbemerkt in den dunklen Gassen unter. Thorgils machte sich auf den Weg zum Stadttor. Um von der wütenden Menge nicht gesehen zu werden, lief er einen Umweg.

Am Tor angekommen, gab er der Wachmannschaft den Befehl, sofort einen Schnellsegler klar zu machen und nach Kiew zu fahren. Dort sollten sie ungesäumt einen Häuptling namens Olaf Tryggvisson aufsuchen und ihm mitteilen, er möge ohne zu zögern mit mehreren Kriegsschiffen nach Tschernigow rudern, wenn ihm das Leben seines Ziehbruders lieb sei. Dem Steuermann des Schiffes waren zwar diese Worte schleierhaft, doch Thorgils war sein Vorgesetzter, und er gehorchte. Die Wachen erfuhren glücklicherweise noch nicht viel von den Ereignissen dieser Nacht; sie gehorchten darum willig.

Das Tor wurde geöffnet. Die Krieger trugen die Takelage zum Ufer der Desna, wo mehrere Schiffe kieloben lagen. Da kamen unglücklicherweise einige Leute, die sich auf dem Nachhauseweg befanden, am Tor vorbei. Sie erkannten Thorgils.

„Da ist der andere Heuchler! Da ist der Verräter!" riefen sie. Einige Männer packten Thorgils.

Viele Bewohner Tschernigows versammelten sich erneut am Tor. Auch der Gode wurde herbeigerufen.

„Hängt den Heuchler auf!" befahl der Gode voller Wut.

Thorgils sollte nun der Sündenbock für die Beleidigungen sein, die der christliche Waräger ihren Göttern zufügte.

Diejenigen Krieger, die mit dem Schiff nach Kiew fahren sollten, sahen ihren Häuptling in Gefahr und kehrten um. Sie rissen Thorgils aus den Händen der wütenden Meute.

„Seid ihr alle verrückt geworden? Thorgils ist unser Häuptling!" rief der Steuermann aus.

„Warum laßt ihr bei Nacht ein Schiff zu Wasser?" fragte der Händler Askold.

„Thorgils gab uns den Befehl, nach Kiew zu segeln", sprach der Steuermann wahrheitsgemäß.

„Thorgils ist ein Heuchler! Er hat euch keine Befehle mehr zu erteilen", entgegnete der Gode.

„Wenn das so ist", sprach der Steuermann achselzukkend. „Zieht das Schiff an Land zurück!" befahl er seinen Kriegern. Einem Heuchler waren sie keinen Gehorsam schuldig, laut einem früheren Befehl des Großfürsten. Den neueren kannten sie noch nicht.

Thorgils überlegte fieberhaft, wie er es anstellen könnte, zu seinen Glaubensgenossen zu gelangen. Er stand nahe am Wehrwall der Stadt. Eine Treppe führte nur wenige Schritte von ihm entfernt hinauf. Plötzlich zog Thorgils dem Nächststehenden das Schwert aus dem Gürtel. Er hieb mehrmals damit durch die Luft, daraufhin wichen alle erschrocken zurück. Mit einigen großen Sprüngen war Thorgils auf den Wehrwall gestiegen und rannte davon. Die wenigen Pfeile, die nach ihm geschossen wurden, flogen wegen der Dunkelheit ins Leere.

Unbemerkt ließ sich Thorgils den grasbewachsenen Wallhang hinunterrutschen. Durch mehrere dunkle Seitengassen eilte er zur Hofburg Knut Ormssons. Kurz davor wurde er von seinen Verfolgern erneut entdeckt. Thorgils pochte mit dem Schwertknauf fest gegen das Tor.

„Aufmachen! Thorgils steht draußen!" rief er den Torwachen zu. Dann mußte er sich mit dem Schwert gegen mehrere Angreifer wehren.

Bereits nach kurzer Zeit bewegte sich das Tor in den Angeln. Die Feinde ließen von Thorgils ab, da mehrere Bewaffnete neben ihn traten.

„Komm herein, Thorgils", sprach hinter ihm die vertraute Stimme Knut Ormssons. Die Männer schützten ihn mit ihren Schilden, bis das Tor wieder geschlossen war.

Als Thorgils ins Langhaus trat, erhellten sich sofort die besorgten Mienen von Knuts Familie und der griechischen Gäste. Nana freute sich sichtlich am meisten. Sie eilte zu Thorgils mit einem Krug Met, um ihn damit zu erfreuen. Erschrocken bemerkte sie, daß Thorgils am Arm blutete. „Thorgils ist verwundet! Heißes Wasser und saubere Tücher! Schnell!" rief Nana den Mägden zu.

Während Nana ihren Freund liebevoll pflegte, erzählte

dieser, was draußen vorgefallen war. – „Auf Hilfe, außer durch uns selber, können wir nicht hoffen", endete er besorgt.

Der kurze Rest der Nacht verging in bangem Warten. Keiner von Knuts Familie dachte an Schlaf, auch die Gäste und das Gesinde wachten.

Die meisten Bewohner von Tschernigow schliefen bis weit in den Tag hinein. In der Hälfte des Vormittags versammelten sie sich erneut vor Knut Ormssons Hofburg. Der Händler Askold rief nach Knut. Dieser trat furchtlos vor das Tor. Askold drohte, wenn Nana und Björn nicht bis zum Mittag bei dem Goden abgeliefert worden wären, sollten die Waffen sprechen. Der christliche Waräger lehnte schroff ab. Niemals würde er ihnen seine Kinder als Opfergaben ausliefern.

Im Langhaus wurde das Mittagsmahl zubereitet. Nach dem Essen wandte sich Knut Ormsson an seine Gäste. „Meine lieben Freunde. Ihr seid ohne Schuld in mein Unglück geraten. Es würde mich sehr schmerzen, wenn euch meinetwegen ein Leid geschähe. Ich bin deshalb keinem Gram, wenn er jetzt mein Haus verläßt, um in Frieden seines Wegs zu gehen."

Der Grieche Phokas stand langsam auf. – „Ich bin Ehegatte und Ernährer von vier Kindern. Ich muß an meine Familie denken", sprach er leicht beschämt.

„Du hast recht, Phokas. Ich hätte an deiner Stelle gewiß ebenso gedacht", sprach Knut freundlich.

„Ich lasse dir so viele von meinen Beschützern da, wie ich entbehren kann."

„Ich danke dir, Phokas. – Und du, Maniakes?" fragte Knut, da dieser stumm blieb.

„Ich bleibe da, wo es mir gefällt. Ich habe keine Familie. Wenn der Allmächtige mir bestimmt hat, daß ich heute sterbe, nun, dann war es eben Gottes Wille", sprach Maniakes ruhig.

Alle waren von den Worten Maniakes sehr beeindruckt.

Knut rollten einige Tränen über die Wangen. – „Ich danke auch dir, Maniakes. – Und wie steht es mit dir, Freund Thorgils?" fragte er seinen dritten Gast.

„An keinem Ort der Welt möchte ich lieber sein, als in der Nähe deiner Tochter Nana", sprach Thorgils offen.

„Und ich wüßte keinen lieberen Beschützer für meine Tochter als dich, Thorgils", erwiderte Knut Ormsson.

„Dann möchte ich, daß uns Pater Nikolaos noch in diesem Augenblick zu Mann und Frau traut", war die Stimme Nanas zu hören.

Knut nickte zustimmend dem Mönch zu.

„... und nun seid ihr vor Gott Mann und Frau", sprach der Priester am Schluß des Sakraments.

Jetzt war es für Phokas höchste Zeit, den Hof zu verlassen. Von draußen waren bereits die Schimpfwörter und Drohrufe der wütenden Menge zu hören, die sich Mut anschrie.

Phokas durfte mit seinen restlichen Begleitern und seiner gesamten Ware, die er sicherheitshalber in Knuts Hofburg gelagert hatte, die Stadt verlassen. Die Griechen besaßen den ausdrücklichen Schutz des Großfürsten Wladimir. Man ließ ihn nicht zuletzt deshalb unbehelligt ziehen, weil es zu spät war, um Hilfe für die Heuchler aus Kiew herbeirufen zu können. Phokas legte darum mit seinem Schiff am anderen Ufer der Desna an, um hier den weiteren Verlauf der Dinge abzuwarten.

Knut Ormsson ließ alle seine Waren und Schätze in das Wohnhaus schaffen. Falls die Heiden ihn angreifen würden, sollte alles in Flammen aufgehen, damit keine Beute für die Feinde übrig bliebe. Das Dach des kleineren Vorratshauses, in dem die Christen sich verschanzten, wurde abgedeckt, denn wenn die Feinde das Schilf des reedgedeckten Hauses in Brand setzten, kämen die Verteidiger in den Flammen um. Lebensmittel und Wasser trugen sie hinein, um einer längeren Belagerung standhalten zu können. Zuletzt wurden noch Schießscharten in die Wände geschlagen.

Am Nachmittag hatten die Männer von Tschernigow so viel Mut gefaßt, daß sie es wagten, über den Hofzaun zu klettern. Die Einwohner stellten Bänke, Stühle und andere Gegenstände am Zaun entlang auf, um dem Kampf zusehen zu können.

„Verlaßt meinen Hof, oder wir schießen!" warnte Knut Ormsson.

Als Antwort warfen die Heiden ihre Gere gegen die Holzwände des Vorratsgebäudes. Jetzt brach der offene Kampf aus.

Die Feinde schleppten Leitern heran, um damit über die Wände zu steigen und das Haus im Sturm zu nehmen.

Die Christen schossen und stachen durch die Schießscharten. Auf dem Dachboden stehend, stießen sie die Leitern um oder wehrten die Angreifer blutig ab. Die Verluste unter den Heiden war schrecklich, aber auch das Häuflein der Christen schmolz schnell dahin. Zweimal wichen die Angreifer zurück, doch von den Verteidigern war nur noch die Hälfte am Leben. Der Grieche Maniakes war auch bereits gefallen.

Während der letzten Kampfpause standen Thorgils und Nana an einer Schießscharte, durch die die letzten Sonnenstrahlen dieses Tages einfielen.

„Sieh doch, Thorgils", sprach Nana zitternd vor Angst. „Ich fürchte, es ist das letzte Mal, daß wir die gute Mutter Sonne sehen."

Thorgils umarmte seine geliebte Nana nur noch fester. Er schwieg, was sollte er ihr angesichts ihrer aussichtslosen Lage auch sagen?

„Es war der schönste Tag meines Lebens", sprach Nana lächelnd, trotz ihrer Todesangst.

„Meiner auch, meine geliebte Nana", antwortete Thorgils sanft.

„Einen Trost haben wir, Thorgils. Bald sind wir in einer besseren Welt. Ich glaube es ganz fest, du auch?"

„Ja", nickte Thorgils.

Wenig später schlugen Gere und Pfeile in die Hauswand. Der letzte Todeskampf begann.

Mit gräßlichem Geschrei stürmten die Heiden gegen das Vorratsgebäude. Die Leitern wurden erneut an den Wänden aufgerichtet, und die Feinde stiegen darauf hoch.

Knut, der das baldige Ende vor Augen sah, entzündete mehrere Brandpfeile an dem Lagerfeuer. Pfeil um Pfeil schoß er auf das Dach seines Wohnhauses, das schnell Feuer fing. Dann fuhr er wie ein Stier gegen seine Feinde. Die Übermacht war erdrückend. Der Feind konnte auf dem Dachboden Fuß fassen und alle Christen davon vertreiben.

Knut Ormsson wurde von einem Ger getroffen, als er einen kurzen Blick auf das Haus warf, wo sein gesamter Reichtum ein Raub der Flammen wurde. Hilde, seine Frau, schrie vor Entsetzen schrill auf und rannte zu dem Sterbenden hin. Wenige Augenblicke später war auch sie tödlich getroffen. Nana und Thorgils sahen es mit Grausen.

Nun kam für die wenigen noch lebenden Christen schnell das Ende. Die Feinde schlugen ungehindert mit ihren Äxten die Tür des Hauses ein und stürmten herein.

Thorgils schützte Nana mit dem Schild und hielt sich mit dem Schwert drei, vier seiner ehemaligen Krieger vom Leib. Plötzlich schrie Nana hinter ihm auf. Sie war von einem Pfeil getroffen. Thorgils sah sie zu Boden sinken. Die Sterbende streckte ihre Hand nach ihm aus. Da ließ Thorgils Schild und Schwert fallen und kniete neben der Geliebten nieder. Während er Nana umarmt hielt, traf ihn ein tödlicher Schwertstich.

Die Männer kämpften bis zum letzten Atemzug. Einige der christlichen Mägde gaben sich von eigener Hand den Tod. Die anderen wurden zu Ehren Freyrs vor seinem Götzenbild erstochen. Dies war das blutigste Erntedankfest, das die Heiden je in Tschernigow feierten. Es sollte das letzte gewesen sein.

Als der Lärm in der Stadt verstummt war, fragte der Grieche Phokas die Wachen am Tor, was mit den Christen geschehen sei. Man gab ihm höhnisch zur Antwort, daß alle zu Ehren der Götter getötet wurden.

Phokas erkundigte sich, ob der Grieche Maniakes und dessen Begleiter auch tot seien. Die Wachen bejahten dies.

„Jetzt fahren wir nach Kiew zu Großfürst Wladimir!" sprach Phokas zornig zu seinen Schiffsleuten. „Der Handelsvertrag zwischen Russen und Griechen wurde gebrochen! Ich verlange die Bestrafung der Mörder meiner Landsleute!"

Ausgerechnet während der entscheidenen Verhandlungen über die Waffenhilfe Wladimirs an den Kaiser Basileios traf die Nachricht ein von dem Mord an dem griechischen Händler Maniakes. Alle Rhomäer, die sich in Kiew befanden, versammelten sich vor Wladimirs Thron, um die Bestrafung der Mörder zu fordern.

Wladimir tobte furchtbar wegen des Vertragsbruchs seiner Untertanen, die sein Ansehen in aller Welt mit Schmutz und Blut besudelten. „Wer war der Befehlshaber der Stadtwache?" fragte der Großfürst.

„Häuptling Thorgils", sprach der Jarl der Warägerflotte.

„Natürlich ein Waräger! Das hätte ich mir ja gleich denken können! Ich verurteile ihn und alle seine Krieger zum Tode, weil sie die Morde geduldet haben!" tobte der Großfürst.

„Verzeih, edler Großfürst", sprach Phokas. „Aber wenn es der gleiche Thorgils ist, den ich meine, dann ist er unschuldig, denn er stand auf der Seite der Christen. Er ist sicherlich ebenfalls tot, er war nämlich auch ein Christ. An diesem wohl letzten Tag seines Lebens nahm er die Tochter des christlichen Warägers Knut Ormsson zur Frau", berichtete der Grieche.

Olaf stockte der Atem. Alles stimmte mit den Neuigkeiten seines Ziehbruders, die dieser ihm bei ihrer letzten Begegnung anvertraute, haargenau überein.

„Dieser Häuptling war ein Christ?" staunte Wladimir. – „Nun gut, ich habe Glaubensfreiheit verkündet! – Ich werde die Morde an den Christen strengstens bestrafen! Du schwörst, daß sich alle Bewohner von Tschernigow daran beteiligten?"

„Ja, alle, außer einigen ausländischen Händlern. Ich schwöre es bei Gott!" sprach Phokas.

„Dann soll auch die ganze Stadt dafür bestraft werden!" schrie der Großfürst. „Alle Männer sollen getötet werden! Auch der Gode. Ihre Frauen und Kinder sollen an die mohammedanischen Bulgaren als Sklaven[18] verkauft werden! – Wer ist freiwillig dazu bereit, meine Befehle auszuführen und dafür meinen immerwährenden Dank zu erlangen?" fragte der Großfürst, da es eine heikle Aufgabe war. Nicht wenige besaßen in Tschernigow Freunde und Verwandte.

Olaf zögerte nicht, aus den Reihen der Häuptlinge vorzutreten. „Ich, mein Gebieter! Ich habe das größte Recht auf Rache, denn Häuptling Thorgils war mein Ziehbruder, und ich muß fürchten, daß er den Schwerttod fand!"

„Ah, jetzt weiß ich, welcher Thorgils gemeint ist! – Hast du gewußt, daß er ein Christ war?" fragte der Großfürst mißtrauisch.

„Er wurde es wohl erst, als er die Tochter dieses christlichen Warägers kennenlernte. Zu dieser Zeit war das Gesetz der Glaubensfreiheit bereits verkündet", entschuldigte Olaf seinen brüderlichen Freund.

„So mag's gewesen sein!" gab sich Wladimir zufrieden. „Ich bin einverstanden, Olaf. Du haftest mir mit deinem Kopf, daß meine Befehle strengstens ausgeführt werden! Nimm dreißig vollbemannte Langschiffe und tausend berittene Russen mit! Mach' dich sofort auf den Weg!"

Kurze Zeit später ruderten die warägischen Langschiffe stromaufwärts. Die Reiterei nahm den kürzeren Überlandweg. Phokas fuhr ebenfalls mit seinem Schiff die Desna aufwärts, weil er noch Geschäfte zu erledigen hatte.

Olaf ließ sich während der Fahrt von dem Griechen den genauen Ablauf der schrecklichen Ereignisse erzählen. Phokas konnte ihm nur das Geschehen bis zum Mittag berichten. Olaf lächelte schmerzlich, als der Grieche ihm berichtete, daß Thorgils seine geliebte Nana zur Frau erhalten habe, was er sich so sehnlichst wünschte. – „Der Todeskampf der Christen währte bis zum Abend", endete Phokas seinen Bericht.

„Und jetzt naht die Rache! Ich werde meinen Ziehbruder rächen, wie noch kein Bruder je gerächt wurde!" schrie Olaf über das Wasser der Desna.

Als die Bewohner von Tschernigow das Heer bemerkten, das gegen ihre Stadt anrückte, schlossen sie voller Furcht die Tore und besetzten die Wälle.

Häuptling Olaf verkündete ihnen das Strafgericht des Großfürsten. Da gab es großes Wehgeschrei unter den Frauen und Kindern. Auch die Männer riefen in höchstem Entsetzen ihre Götter an, wegen des vermeintlichen Unrechts, das ihnen angetan würde.

„Der Gode ist an allem schuld! – Ja, der Gode ganz allein! – Er hat die Opfer bestimmt!" rief das verängstigte Volk. Sie schoben die Verantwortung für die Morde ihrem Priester zu, in der Meinung, damit Leben und Freiheit retten zu können.

Sie zerrten den Goden zum Tor, legten ihm eine Schlinge um den Hals und stießen ihn von der Palisade hinab, so daß er in halber Höhe des Stadttores zappelnd sein Leben ließ.

Olafs Krieger, die ja selber noch alle Heiden waren, sahen mit Schrecken, wie die Bewohner von Tschernigow ihren Goden töteten, was die größte Strafe der Götter zur Folge haben mußte.

Olaf wandte sich an seine Krieger. „Ihr seht, diese Menschen sind von allen bösen Geistern befallen! Fällen wir Bäume und zimmern wir Leitern! Bei Dunkelheit zünden wir zuerst ihre Stadt an, und dann erstürmen wir sie!"

Das Jammern und Flehen der Stadtbewohner traf bei Olaf auf taube Ohren. Nach Sonnenuntergang schossen die Krieger zuerst Brandpfeile in die Stadt. Als sie in Flammen stand, erstürmten die Waräger die Wälle. Ein Tor wurde genommen und geöffnet, so daß die russische Reiterei in die Stadt galoppieren konnte. Am Morgen war jeder Widerstand in Blut ertränkt.

Häuptling Olaf und der Grieche Phokas suchten in den rauchenden Trümmern nach Knut Ormssons Hof. Nach längerem Suchen fanden sie ihn schließlich. Dort, wo das Vorratsgebäude stand, befand sich jetzt nur noch ein einziger großer Aschenhaufen. An den halbverkohlten Überresten konnten sie erkennen, daß die Leichen der Christen verbrannt wurden; Thorgils mit ihnen.

Olaf stand lange in stummer Trauer um seinen Ziehbruder Thorgils vor dem Scheiterhaufen. Der Grieche kniete nieder zu einem langen Gebet.

Der Befehl Wladimirs wurde gnadenlos ausgeführt. Die Männer von Tschernigow wurden bis auf den letzten getötet, die Frauen und Kinder in Ketten gelegt. Später gab Wladimir den Befehl, die Stadt Tschernigow wieder aufzubauen. Doch sie dürfe nur von Christen bewohnt sein. An der Stelle, an der die ersten Christen der Stadt den Märtyrertod erlitten und wo sich ihr Grabhügel erhob, wurde die erste Kirche errichtet.

Schicksalsschwere Entscheidungen

Bedeutende Dinge waren während Olafs Abwesenheit in Kiew geschehen. Großfürst Wladimir hatte den christlichen Glauben angenommen. Mit ihm sein russisches Gefolge. Nur den Warägern gewährte er Glaubensfreiheit. Weiterhin hatte Wladimir dem oströmischen Kaiser Basileios II. Hilfe zugesagt. Sechstausend Waräger mit ihren Langschiffen zogen bereits den Dnjepr abwärts nach Zargrad. Als Gegenleistung verlangte der Großfürst drei Goldstücke pro Krieger und dazu die Schwester des Kaisers, mit Namen Anna, zur Ehefrau. Der griechische Abgesandte stimmte schweren Herzens zu. Der Kaiser hatte ihn mit unbeschränkten Vollmachten nach Kiew gesandt, so schlecht stand es um seine Herrschaft.

Großfürstin Rogneta, die große Wohltäterin Olaf Tryggvissons, wurde von Wladimir verstoßen, damit er die Porphyrogeneta[19] Anna heiraten könne. Rogneta erhielt als Entschädigung die Stadt Polozk mit all ihren Einkünften zum Leben.

Häuptling Olaf, der mit einer kleinen Warägerflotte in Kiew verblieb, fühlte sich sehr einsam. Die zwei liebsten Menschen, die er auf der Welt besaß, hatte er verloren: Thorgils war tot, und Großfürstin Rogneta lebte weit von Kiew in der Verbannung. So stolz und wunderschön wie Rogneta, stellte Olaf sich in seinen Träumen seine Mutter vor, als sie noch eine Königin war.

Das Julfest im folgenden Winter verlief wie gewohnt. Für Olaf waren es einsame Tage.

Als der Jarl des letzten in Kiew verbliebenen Warägerheeres im Winter starb, erinnerte sich Großfürst Wladimir an die pflichtbewußte Tat Olafs gegen die Stadt Tschernigow. Er ernannte Olaf zum Jarl über die Warägerflotte, trotz dessen Jugend oder gerade deswegen. Dieser junge Heerführer konnte ihm kaum gefährlich werden. Zudem kannte er Olaf von Jugend auf und war von dessen Ergebenheit überzeugt.

Mit den alten, trotzigen Querköpfen von Jarlen hatte er oft schweren Verdruß. Mit Olafs Ernennung glaubte sich der Großfürst allen Ärger vom Halse geschafft zu haben.

Olaf, der nun auf der höchsten Sprosse der Rangleiter eines Kriegers stand, war natürlich sehr stolz. Trotzdem konnte dies die Einsamkeit und die Leere seines Herzens nicht mindern, sondern im Gegenteil nur noch vergrößern. Seine Gefährten behandelten ihn jetzt nur noch mit zurückhaltender Achtung. Er fand bestätigt, was ein alter Krieger ihm einmal sagte: je höher man aufsteigt, um so weniger Freunde und um so mehr Neider besitzt man.

Im Frühjahr des Jahres 988, nachdem der Schnee geschmolzen und das Hochwasser des Dnjepr wieder gesunken war, wartete Wladimir voller Ungeduld auf die ihm versprochene Schwester des oströmischen Kaisers. Es war nicht die freudige Erwartung nach einer Lebensgefährtin, sondern die unbeherrschte Gier nach einem ausländischen Weibe. Gespielinnen und Kebsweiber hielt sich Wladimir viele, munkelte das Volk von Kiew. Es waren aber nur die hübschesten Töchter von Händlern und Handwerkern. Nun gierte Wladimir danach, eine oströmische Prinzessin, eine Porphyrogeneta, die Schwester des mächtigsten Herrn dieser Welt, zu besitzen. Ein Christ war der Großfürst noch lange nicht. Die Priester hielt er sich weit vom Leibe. Von ihren Mahnworten und Belehrungen wollte er nichts wissen.

Es wurde Frühsommer. Das Gold war angekommen, achtzehntausend Goldmünzen, doch die Prinzessin Anna immer noch nicht. Die Nachricht traf in Kiew ein, daß die Waräger eine kriegsentscheidende Schlacht siegreich für Kaiser Basileios II. erfochten hätten. Da hielt es der Großfürst in seiner aufgestauten Gier nicht mehr länger aus. „Die Rhomäer sind Eidbrecher!" schimpfte er in aller Öffentlichkeit. „Ich widerrufe meinen Glaubenswechsel und bekenne mich fortan wieder zu Perun! Weiter werde ich gegen die Stadt Chersones ziehen und sie dem Erdboden gleich machen, wenn Zar Basileios sein Versprechen nicht hält!"

Und so geschah es. Ein riesiges Heer bot Wladimir auf. Sogar zu den Petscheneggen, früher seine ärgsten Feinde, schickte er Boten, um den Großkahn des unzähligen Nomadenvolkes um Unterstützung zu bitten gegen die Oströmer. Mit Freude sagte dieser zu.

So zog ein nie vorher gesehenes Heer von Russen, Petscheneggen und Nordmännern, darunter auch Olaf mit seiner Flotte, den Dnjepr stromabwärts. Während der Großfürst mit dem Heer den kürzeren Überlandweg einschlug, besaß Jarl Olaf als Befehlshaber der Warägerflotte die schwere und verantwortungsvolle Aufgabe, die Frachtschiffe mit Kriegsgerät und Lebensmittelvorräten dnjeprabwärts und dann über das Schwarze Meer bis zur Halbinsel Krim zu geleiten. Als Olaf glücklich bei Chersones ankam, hatte das Heer Wladimirs die Stadt bereits in der eisernen Umklammerung.

Erst nachdem alle Wasserrohre, durch die die Stadt mit Trinkwasser versorgt wurde, gefunden und zerstört waren, bestand Hoffnung, die Chersoneser in die Knie zu zwingen. Nun besaßen die Belagerten nur noch das Wasser in den Zisternen.[20]

Der Großfürst ließ das Heer zwanzig Tage lang ruhen, um die Wirkung des Wassermangels eintreten zu lassen. Dann gab er erneut den Befehl zum Erstürmen der Stadtwälle.

Obwohl die Russen und Petscheneggen fast täglich die Stadt mit Leitern und anderem Belagerungsgerät berannten, zeigten die Griechen ungebrochenen Kampfesmut. Ihr Abwehrkampf wurde geschickt nach allen Regeln der Kriegskunst geführt. Die Überlegenheit ihres kriegerischen Könnens versetzte Wladimir zu wiederholten Tobsuchtsanfällen.

Die gefürchtetste Waffe der Chersoneser war das sogenannte griechische Feuer.[21] Sie schütteten die brennende Masse auf die Feinde herab, bevor diese die letzten Sprossen der Sturmleitern erstiegen hatten. Wehe dem, der davon getroffen wurde. Das Feuer brannte ihm bis auf die Knochen. Nicht einmal mit Wasser konnte dieses verhexte Feuer gelöscht werden. In Wasser getaucht, brannte es weiter. Solch eine Zauberwaffe sahen die Russen, Petscheneggen und Waräger noch nie. Gehört hatten sie wohl davon, aber wer konnte das glauben, der es nicht mit eigenen Augen sah.

Schließlich ging der Wasservorrat in der Stadt zur Neige. Die Chersoneser mußten sich auf Gnade und Ungnade dem Großfürsten ausliefern, um nicht einen erbärmlichen Tod zu erleiden. Wladimir benutzte die Bürger von Chersones als Faustpfand, damit Kaiser Basileios II. ihm wie versprochen seine Schwester zur Frau gäbe.

Prinzessin Annas Bedingung hierzu war, daß sich Großfürst Wladimir erneut und diesmal unwiderruflich zum christlichen Glauben bekennen müsse und mit ihm alle seine Untertanen.

In Chersones ließ sich Wladimir zum zweiten Mal taufen. Die Porphyrogeneta Anna machte sich daraufhin mit einer griechischen Dromone[22] auf die Reise nach Chersones. Dort sollte die Trauung vollzogen werden.

Um seiner zukünftigen Gemahlin eine Freude zu bereiten, befahl Großfürst Wladimir, daß alle seine Krieger noch vor seiner Vermählung getauft werden sollten. Nur die Petscheneggen blieben ausgenommen, die Verbündete und keine Untertanen waren. Die Waräger, bereits wütend, weil sie die besiegte Stadt nicht plündern durften, murrten sehr über das Gesetz der Taufe.

Schlacht an den Dnjepr-Stromschnellen

Am Abend vor der befohlenen Taufe der Waräger wurde Jarl Olaf zu Großfürst Wladimir gerufen. Russische Heerführer berichteten ihm von der Unruhe im warägischen Lager. Sogar das Gerücht ginge um, daß viele Nordmänner erwägen würden, die Gefolgschaft des Großfürsten zu verlassen, um so der Taufe zu entgehen.

Wladimir sprach sehr abfällig über die Waräger. Er befahl Olaf, mit unerbittlicher Härte für Ruhe zu sorgen und ihm die Namen derjenigen zu nennen, die sich am lautstärksten gegen das Gesetz der Taufe aussprächen. Die Rebellen werde er gnadenlos zum Tode verurteilen. Und falls es tatsächlich eine Schiffsbesatzung wagen sollte, sich heimlich davonzumachen, um der Taufe zu entgehen, werde er die Petscheneggen auf sie loslassen, die die Fahnenflüchtigen spätestens an den Stromschnellen des Dnjepr für ihren Verrat töten würden.

Olaf kehrte mit gemischten Gefühlen ins Warägerlager zurück. Der Dienst in der Gefolgschaft Wladimirs bereitete ihm schon lange keine Freude mehr. Er glaubte auch selber noch unbeirrt an die alten Götter seiner Väter und mußte sich die Frage stellen, ob es nicht auch für ihn richtiger sei, die Gefolgschaft Wladimirs zu verlassen.

Jarl Olaf rief seine Steuermänner zu einer geheimen Beratung in sein Zelt. Er teilte ihnen offen mit, wie ungnädig, ja abfällig Wladimir von den eigenwilligen, stets auf Unabhängigkeit bedachten Warägern gesprochen habe.

Der Steuermann von Olafs Jarlsschiff, mit Namen Thorgeir, der das größte Ansehen unter den anderen Steuermännern besaß, sprach sich für eine sofortige Flucht aus. Es sei Spätsommer, aber wenn sie jetzt noch nach Norden aufbrächen, könnten sie noch vor Einbruch des Winters aus Wladimirs Herrschaftsbereich gelangen. Die Mehrzahl der Steuermänner stimmte ebenfalls für die Fahnenflucht.

Olaf erinnerte sie an die Drohung Wladimirs, die Petscheneggen gegen die Fliehenden aufzuhetzen. Spätestens an den Dnjeprstromschnellen käme es zum Kampf mit dem Nomadenvolk. Doch auch diese Gefahr vermochte sie nicht mehr von dem Fluchtplan abzubringen. Die Waräger setzten ihre Hoffnung auf die Schnelligkeit ihrer Schiffe. Sie glaubten, die Stromschnellen erreichen zu können, bevor das Hauptheer der Petscheneggen dort angekommen sei.

Thorgeir fragte Olaf, was er selber zu tun gedenke.

Olaf brauchte nicht lange zu überlegen. Sein Entschluß stand jetzt fest. „Der Dienst bei Wladimir ist mir verleidet. Ich denke, es ist an der Zeit, nach Norden aufzubrechen und zu erkunden, wie ich das Königreich meines Vaters in Norwegen zurückgewinnen kann."

Thorgeir nickte. – „Ich bin der Meinung, daß Olaf Tryggvisson weiterhin unser Jarl bleiben sollte. Er ist einer der Unsrigen; und da er von Geburt ein richtiger Königssohn ist, seine Sippe stammt von dem norwegischen Königsgeschlecht Harald Schönhaars ab, wurde er gewiß von den Göttern mit besonderem Heil beschenkt." Er hatte nun einmal einen Narren an dem jungen Königssohn gefressen.

Auch Olaf schien die väterliche Freundschaft des älteren Steuermanns nicht gering zu schätzen.

Als das russische Heer im tiefen Schlaf lag, verständigten die Steuermänner ihre Schiffsbesatzungen. Rasch verluden die Nordmänner ihre wenigen Habseligkeiten in den Schiffsbäuchen. Ungehindert stießen ihre Drachenschiffe von den Gestaden der Krim ab.

Tag und Nacht segelten sie auf dem Schwarzen Meer, bis sie die Dnjeprmündung erreichten. Flußaufwärts lag eine Stadt. Die Bewohner erhielten noch keine Nachricht von der Fahnenflucht der Waräger und verhielten sich friedlich. Hier konnte man Trockenfleisch, Getreide, Salz und andere lebensnotwendige Dinge kaufen. Eine Nacht schliefen sie noch auf einem weichen Strohlager, dann begann das Wettrennen mit den Petscheneggen zu den Stromschnellen des Dnjepr.

Von Sonnenaufgang bis Sonnenuntergang ruderten sie gegen die Strömung, nachts schliefen sie. Das Segel bedeutete nur eine geringe Antriebskraft, falls der Wind günstig von Süden blies.

Der Dnjepr fließt durch flache, unendliche Steppe. Petscheneggenreiter sahen sie oft am Ufer stehen, die ihre Herden tränkten. Sie schauten gleichmütig den dahineilenden Schiffen nach. Keine Geste verriet den Warägern, ob sie Feindseligkeiten von dem Nomadenvolk zu erwarten hätten. Da sie jede Nacht mit einem Überfall der Petscheneggen rechnen mußten, schliefen sie deshalb nur in ihren Schiffen. Ihre Mahlzeiten bereiteten sie bei Dunkelheit zu, damit der Rauch sie nicht verriet.

Schließlich erreichten sie die Stelle, von der ab nicht mehr gerudert werden konnte, weil die Strömung in der Nähe der Schnellen zu stark war. Nachdem sie die Wachen ausgelost hatten, legten sich die anderen, am Ende ihrer Kräfte angelangt, sogleich schlafen.

Zwei Tage würden sie benötigen, um den Wasserfall zu umgehen. Am ersten Tag könnten sie ihre Langschiffe noch durch einige kleinere Schnellen hindurchziehen, aber am zweiten Tag müßten sie die Fahrzeuge über Land an den vier größten Stromschnellen vorbeitragen.

Nach Einbruch der Dunkelheit ließ Olaf zwei Spähtrupps von je hundert Kriegern zusammenstellen, um ihr weiteres Vorgehen zu erkunden. Der Steuermann Siegbert befehligte den einen, der das Ostufer des Dnjepr auskundschaften sollte. Olaf selber befehligte den zweiten, der das Westufer absuchen würde.

Im dichten Ufergebüsch, so daß man gegen die hellere Wasserfläche nicht gesehen werden konnte, pirschten sich die Späher flußaufwärts. Die Schilde hielten sie in Brusthöhe und die Gere wurfbereit in der anderen Hand. Olafs Spähtrupp war noch nicht weit gekommen, als plötzlich das allen bekannte Surren mehrerer Pfeile zu hören war.

Schreie zeigten an, daß einige Nordmänner getroffen waren. Olaf befahl einen Gegenangriff. Ein Gerregen flog in die Richtung, woher die Pfeile kamen. Mit gezogenen Schwertern und Äxten rannten die Waräger gegen den Feind. Doch dieser stellte sich nicht zum Kampf, sondern tauchte in der Dunkelheit unter.

Auf zwei weitere Sicherungsposten der Petscheneggen stießen sie, bevor sie nach Mitternacht die erste große Stromschnelle erreichten. Hier sahen sie viele Baumstämme am Ufer liegen. Olaf ahnte sofort den Grund dafür. Während sie ihre Schiffe mit Stricken flußaufwärts ziehen würden, hätte der Feind die Stämme ins Wasser gestoßen. Bei der reißenden Strömung wären ihnen die Schiffe durch die Wucht des Aufpralls aus den Händen gerissen oder zumindest stark beschädigt worden, so daß sie ohne Fahrzeuge der Übermacht der Petscheneggen ausgeliefert gewesen wären. Niemals hätten sie in diesem Fall ihr Ziel, die Ostsee, erreicht.

Olaf besah sich das Gelände, so gut es wegen der Dunkelheit möglich war. Er konnte gegen den helleren Nachthimmel mehrere Feinde auf den erhöhten Felsen am Ufer des Flusses erkennen. Der Feind hielt alle Höhen besetzt. Olaf wußte jetzt, was er tun mußte.

„Baut mit den Stämmen einen befestigten Lagerplatz! Hier am Ufer des Dnjepr! Ich schicke euch bis zum Morgengrauen Verstärkung!" Schwimmend kehrte er zum Hauptheer zurück.

„Wer ist da!" rief die Wache am Ufer des Dnjepr.

Olaf nannte das Losungswort. Im Lager angekommen sah er, daß der andere Spähtrupp bereits zurückgekehrt war.

„Sie kamen bald schon zurück. Die Hauptmacht der Petscheneggen liegt auf dem östlichen Ufer, weil das der bequemere Überlandweg ist, was diese Teufel genau wissen!" schimpfte Thorgeir.

Olaf hatte es nicht anders erwartet. Er schickte zweihundert Krieger flußaufwärts zur Verstärkung der Zurückgebliebenen. Dann erklärte er den anderen seinen Kriegsplan. „Wir nehmen nur die kleinen, leicht zu tragenden Schiffe mit. Die großen schlagen wir leck und lassen sie flußabwärts treiben, da sie uns beim Kämpfen zu sehr behindern würden."

„Unsere kostbaren Schiffe sollen wir leckschlagen?" riefen die betroffenen Steuermänner entsetzt aus.

„Wenn ihr euer Leben retten wollt, ja!" entgegnete Olaf. „Der kommende Kampf wird so viele Opfer unter uns fordern, daß die Hälfte unserer Schiffe genügen wird, um die Überlebenden in Sicherheit zu bringen", sprach Olaf seine schlimmsten Befürchtungen offen aus. „Damit wir so ungehindert wie möglich kämpfen können, lassen wir die ganze Takelage, unsere Vorräte und alles Übrige ebenfalls zurück, außer den Rudern. Wir können nichts retten als unser Leben und das, was wir in unseren Taschen haben."

Thorgeir gab Olaf recht. Auch die anderen mußten es wohl oder übel einsehen.

Noch während der Nacht begannen sie mit der traurigen Vernichtungsarbeit. Alle schwere und hinderliche Habe warfen sie in den Dnjepr, um dem Feind keine Beute zu hinterlassen.

Bei Tagesanbruch machten sich die Waräger auf den Weg. Während die einen die Schiffe an Seilen flußaufwärts zogen, schützten die anderen sie mit einer doppelten Schildwehr.

Die zweihundert Krieger kamen dem Spähtrupp im letzten Augenblick zu Hilfe, um einen übermächtigen Angriff der Petscheneggen abzuwehren. Anschließend befestigten sie den Lagerplatz noch mehr.

Bis gegen Mittag kam das Hauptheer mit den Schiffen im Schlepptau ungehindert vorwärts. Dann waren die Petscheneggen mit der Hauptmacht ihrer Krieger weit oberhalb der Schnellen, wo der Fluß weniger reißend war, mit ihren Pferden schwimmend auf das Westufer übergesetzt. Ständig vergrößerte sich die Zahl der Feinde. Am späten

Nachmittag kam es zur ersten Schlacht. Doch das Vorwärtskommen der Waräger konnten die Petscheneggen nicht aufhalten. Am Abend erreichten sie den befestigten Lagerplatz. Hier fanden sie während der Nacht Schutz und Ruhe, um ihre Kräfte für die Entscheidungsschlacht sammeln zu können.

„Bis hierher wären wir glimpflich gekommen!" rief Thorgeir grimmig aus, dessen schlimmsten Befürchtungen, Odin sei Dank, bisher nicht eingetroffen waren. „Aber die Teufel da oben auf den Felsen machen mir ernste Sorgen. Sie können uns derart mit Steinen bewerfen, daß wir kein Kopfweh mehr haben, wenn wir getroffen werden! Auch unsere Schiffe sind in großer Gefahr! Ohne Schiffe sind wir verloren!"

„Das denke ich auch", antwortete Jarl Olaf. „Wir müssen sie, wo immer es geht, von den Felsen vertreiben."

Kurz vor Morgengrauen gab Olaf den Befehl zum Angriff. Im Schutze der Dunkelheit kletterten die Waräger die Felsen hoch und trieben den Feind davon.

Währenddessen machte sich Olaf erneut mit einem Spähtrupp auf, um den weiteren Weg zu erkunden. Wiederum zu ihrem Glück, wie sich herausstellte. Die Petscheneggen errichteten eine Wegsperre zwischen zwei hohen Felszügen. Olaf ließ auch hier zuerst die Feinde von den Höhen vertreiben, dann wurde das Hindernis beseitigt. Er ließ die Mehrzahl der Krieger zur Sicherung des Passes zurück.

Bevor sie weiterzogen, hielt Olaf den Männern eine letzte Aufmunterungsrede: „Meine Brüder! Großfürst Wladimir hat uns die Stromschnellen des Dnjepr zum Grab gedacht, weil wir seine Gefolgschaft gegen seinen Willen verließen, um dem Glauben unserer Väter treubleiben zu können! Vor uns liegt das größte und zugleich letzte Hindernis auf dem Weg in die Freiheit! Danach wird uns nichts mehr halten können! Darum fordere ich euch auf, mit letzter Kraft und mit letztem Mut der Verzweiflung das Tor zur

Freiheit aufzustoßen! – Wer von uns den heutigen Abend erleben wird, das wissen nur die Nornen.[23] Wenn ich den Schwerttod finden sollte, so habe ich den Trost, daß ich alles getan habe, um vielen von euch den Weg in die Freiheit zu ermöglichen. Ich bin überzeugt, daß jeder von euch so denkt wie ich!"

Die Waräger schlugen mit den Streitäxten gegen ihre Schilde, von den Worten ihres Jarls zu neuem Mut beseelt.

„Nehmt die Schiffe aus dem Wasser!" gab Olaf den Befehl zum Aufbruch.

Ein Langschiff nach dem anderen wurde aus dem Fluß gezogen, kieloben gelegt und von je zehn Mann auf jeder Bordseite auf die Schultern gehoben. Eine dichte Reihe von schildbewehrten Kriegern schützte die Träger vor dem Feind.

Kaum hatte der lange Zug der Waräger das feste Lager verlassen, griffen die Petscheneggen an. Es war eine mehr als zehnfache Übermacht. In der Nacht setzten noch viele der Reiternomaden mit ihren Pferden auf das Westufer über. Von ihren kleinen Pferden herab, schossen sie ihre Pfeile gegen die Nordmänner.

Die Waräger trommelten mit ihren Äxten gegen die Schilde und sangen zur Aufmunterung ihre alten Kriegslieder. Der Schall wurde laut von den Felsen zurückgeworfen.

Olaf lief an der Spitze des langen Zuges, Thorgeir am Ende. Sie besaßen die Aufgabe, darauf zu achten, daß sie von den Feinden nicht zerteilt werden würden. Immer wieder galoppierte ein todesmutiger Reitertrupp durch die Reihen der Waräger hindurch, um sie auseinanderzureißen und eine Kluft zwischen den Vorderen und Hinteren zu schaffen. Doch die Waräger in der vorderen Hälfte blieben stehen und warteten geduldig, bis die Abgeschnittenen wieder aufgerückt waren. Noch waren die Nordmänner kräftig und mutig genug, um jeden Zerteilungsversuch der Feinde zu vereiteln. Die Luft schien von dem Waffenlärm und dem Schmerzgeschrei der Verwundeten zu zittern.

Dann tat sich eine lange Felsschlucht vor ihnen auf. Olaf

sah mit Entsetzen, daß die beiden Höhenrücken von unzähligen Feinden besetzt waren. Er erschauderte bei dem Gedanken, wie vielen von ihnen es das Leben kosten würde, wenn sie sich da hinein wagen würden. Doch es blieb ihnen keine Wahl, sie mußten hindurch. Olaf wollte der Mut sinken. Doch seine Krieger sahen auf ihn, und er wußte, daß er sie nicht enttäuschen durfte. „Odin! Odin! Beschütze uns!" rief Olaf ein kurzes Gebet aus. – „Vorwärts, Männer! So schnell ihr könnt!" feuerte Olaf seine Krieger an. Die Schilde über ihre Köpfe haltend, eilte das Warägerheer in die Schlucht hinein. Erst als sich alle Nordmänner darin befanden, begann es von oben her zu surren, zu zischen und zu prasseln. Pfeile und Kieselsteine regnete es herab, vereinzelt wurden auch lockere Felsbrocken hinabgestoßen. Wurden mehrere Träger gleichzeitig getroffen, sanken die übrigen mit ihrer Schiffslast ebenfalls zu Boden. Viele Waräger standen nie mehr auf. Andere nahmen an deren Stelle das Schiff auf die Schultern, und weiter ging es. Das geschah viele Male. Noch war kein Ende der Schlucht abzusehen.

Jarl Olaf wurde von einem faustdicken Stein am Unterschenkel gestreift. Ein furchtbarer Schmerz fuhr ihm durchs Bein, und er sank mit einem Aufschrei zu Boden. Glücklicherweise war der Knochen nicht zerschmettert. Nur mit großen Schmerzen konnte er weiterlaufen.

Endlich wurde es vor ihnen heller. Das bedeutete, daß das Ende der Schlucht nicht mehr weit war. Doch dann wollte den vordersten Nordmännern vor Schreck das Blut in den Adern gerinnen. Eine eineinhalb Mann hohe Barrikade verwehrte ihnen das Weiterkommen. Und dahinter wimmelte es von Petscheneggen. Sie befanden sich in einer tödlichen Falle.

„Stellt euch unter die schützenden Schiffe!" befahl Jarl Olaf den vor Mutlosigkeit erstarrten Männern. „Die Unverwundeten und die Bogenschützen nach vorne!" erscholl sein lauter Befehl. „Bogenschützen hinter einer Schildwehr aufstellen! Die anderen räumen die Stämme und Felsbrocken aus dem Weg!"

Der Stein- und Pfeilbeschuß von den Höhen wurde schwächer und hörte bald ganz auf, da den Feinden der Vorrat ausging. Unter direktem Beschuß von vorne, räumten die Waräger das Hindernis weg. Das kostete vielen das Leben. Nun griffen die Petscheneggen von vorne an. Doch der Nahkampf war nicht ihre Stärke. Die Waräger bekamen Oberhand.

Unter den Petscheneggen befanden sich einige wenige Reiter. Das mußten ihre Häuptlinge sein. Olaf gab den Befehl, sie von den Pferden zu schießen. Es dauerte geraume Zeit, bis sie sich hinter ihren Schilden für einen kurzen Augenblick eine Blöße gaben. Doch dann schossen zwanzig Waräger gleichzeitig. Das bedeutete meist das Ende für den Reiter. Als die Petscheneggen sahen, daß viele ihrer Häuptlinge tot waren, kam endlich Bewegung in dieses Meer von Menschenleibern. Sie flohen Richtung Ausgang der Schlucht.

„Laßt sie nicht zum Stehen kommen!" befahl Jarl Olaf.

Mit lautem Gebrüll rannten die Waräger dem fliehenden Feind nach. Ihre toten Gefährten mußten sie unbestattet zurücklassen. Die Schwerverwundeten baten um den Gnadenstoß, um nicht einen langsamen und qualvollen Martertod durch Petscheneggenhand zu sterben.

Den Rest des Nachmittags kamen sie zügig voran, wenn auch unter ständigem Abwehrkampf. Sie waren der tödlichen Falle glücklich entronnen, aber noch lange nicht in Sicherheit.

Am späten Nachmittag, kurz vor der Stelle, wo die Schiffe wieder zu Wasser gelassen werden konnten, eröffneten die Reiternomaden noch einmal einen heftigen Angriff. Sie schnitten die Nordmänner bei den zwei letzten Schiffen am Ende des Zuges von den Vorangehenden ab. Es waren plötzlich zu viele Feinde, und die Kräfte der Männer waren zu erschöpft, um den Unglücklichen zu Hilfe eilen zu können.

An langen Seilen mußten sie ihre Schiffe zuerst noch an mehreren Felsklippen vorbeiziehen. Endlich konnten sie wieder in ihre Schiffe steigen. Die wenigen noch fahrtüchtig gebliebenen Fahrzeuge waren vollgestopft mit Warägern. Trotz ihrer Erschöpfung mußten sie die halbe Nacht flußaufwärts gegen die Strömung rudern. Das Wutgeschrei der Petscheneggen verfolgte sie noch lange durch die Nacht.

Olaf gab endlich den Befehl zum Rasten. Lagerfeuer wurden entfacht, damit die Krieger bei Licht ihre Wunden verbinden konnten.

Olaf ging von Lagerfeuer zu Lagerfeuer, um zu sehen, ob sein alter Gefährte und Steuermann Thorgeir auch unter den Geretteten sei.

„Hat jemand Thorgeir gesehen?" fragte Olaf. Aber wen kümmerte das jetzt. Viele hatten ihren Vater, Sohn, Bruder, einen anderen Gesippen oder einen guten Freund verloren. – „Hat jemand Thorgeir gesehen?" – Kopfschütteln. Olaf gab alle Hoffnung auf. – „Wer hat Thorgeir zuletzt gesehen?" fragte Olaf mit trauriger Stimme, da er bereits fürchtete, auch diesen Freund verloren zu haben.

„Ich!" ertönte plötzlich eine Stimme aus der Dunkelheit.

Olaf lief schwankend vor Erschöpfung in die Richtung, woher der Laut kam. Da lag – Thorgeir. Und er bewegte sich. Thorgeir schlug die Augen auf und verzog das Gesicht zu einer Grimasse, er wollte wohl grinsen. „Ich habe ihn zuletzt gesehen", sprach Thorgeir lachend. Er hatte eine Wunde quer über die linke Wange und an beiden Armen Stichwunden.

„Thorgeir, du alter Schädelspalter!" rief Olaf hocherfreut aus. Er setzte sich neben seinen alten Steuermann, um zuerst dessen Wunden zu verbinden. Dann erst ließ sich Olaf eine Pfeilspitze aus dem rechten Oberarm schneiden. Die Wunde wurde gut ausgedrückt und anschließend verbunden.

An Blutverlust starben noch viele Waräger in dieser Nacht. Auch die Folgen der Verwundungen, wie Blutvergiftung und Wundfieber, forderten später noch viele Opfer.

Mehrere Tage mußten sie flußaufwärts rudern, bis sie die erste russische Stadt hinter den Stromschnellen erreichten. Die Kunde von ihrer Flucht und dem Zorn des Großfürsten war ihnen vorausgeeilt. Die Russen verweigerten ihnen, die Stadt zu betreten, aus Furcht vor der Rache Wladimirs. Doch die Waräger in der Stadt gaben ihnen Essen und Tuchfetzen, damit sie ihre Wunden neu verbinden konnten. Viele von ihnen entschlossen sich ebenfalls zur Flucht nach Norden, um der Taufe und der Ungnade des Großfürsten zu entgehen.

Thorgeir lag mehrere Tage schlimm im Wundfieber. Doch die Tränklein und Säftlein der warägischen Heilkünstler blieben nicht wirkungslos. Vielleicht half der Glaube daran mehr als ihre Wirkung, jedenfalls befand sich Thorgeir auf dem Wege der Besserung. Olaf war jung, und sein Körper überwand die Folgen der Verwundung schneller.

Jarl Olaf heuerte junge und kräftige Nordmänner als Ruderer an. Mit frischen Kräften setzten sie ihre Flucht fort. An Kiew fuhren sie des Nachts vorbei. Nur einige wenige ließen sich an Land setzen, weil sie Angehörige in der Stadt besaßen. Die anderen zog es weiter nach Norden.

Nachdem sie die Schleppstrecke zwischen Dnjepr und Düna geschafft hatten, ging es flußabwärts schneller und vor allem leichter voran. In wenigen Tagen erreichten sie Polozk. Hier residierte Fürstin Rogneta. Olaf hoffte, bei ihr Gastfreundschaft und Unterstützung zu erhalten. Und er täuschte sich nicht.

Abschied von Mütterchen Rußland

Die frühere Großfürstin empfing Olaf Tryggvisson sehr herzlich und mit allen Ehren. Sie ließ ihm und seinen Kriegern die beste Bewirtung zukommen. Olaf weilte einen halben Monat in Polozk und erholte sich von den Anstrengungen der Flucht.

Es war Herbst geworden. Großfürst Wladimir zog mit der Porphyrogeneta festlich in Kiew ein. Den christlichen Glauben erhob er zur Staatsreligion. Die alten Heidengötter wurden verbrannt und alles heidnische Opferwesen streng verboten. Viele Nordmänner flohen mit ihren Familien wegen dem neuen Glauben nach Norden.

In Estland, Kurland und um den Ladoga-See, wo die Macht Wladimirs endete, siedelten sie sich erneut an. Es dauerte noch viele Jahrzehnte, bis sich die ersten christlichen Missionare hierher wagten.

Wenn Olaf der Rache des Großfürsten endgültig entkommen wollte, mußte er jetzt seine Flucht fortsetzen, die vorgerückte Jahreszeit drängte dazu. In Polozk teilte sich das Warägerheer. Die einen wollten Richtung Ladoga-See, die anderen, darunter Olaf und Thorgeir, zur Ostsee und auf ihr weiter nach Westen. Acht vollbemannte Langschiffe blieben Olaf, mit über vierzig war er von Chersones abgesegelt.

Fürstin Rogneta schenkte Olaf zum Abschied einen von eigener Hand bestickten Lederbeutel, angefüllt mit Gold- und Silbermünzen. „Wladimir hat dir deine treuen Dienste schlecht gedankt, Jarl Olaf. Nimm das hier von einem Menschen, der ebenso betrogen wurde wie du", sprach die Fürstin mit Abschiedstränen in den Augen.

Olaf wollte das Geschenk nicht annehmen. „Wie könnte ich, der ich als Schuldner seit frühester Kindheit vor dir stehen diese Gabe annehmen?" fragte er.

„Du hast mich mit deiner Erzählung von der Schlacht an

den Dnjepr-Stromschnellen seit langem wieder einmal richtig glücklich gemacht. Durch deine Flucht vor der Taufe hast du mich gleichzeitig gerächt. Nimm das als meinen Dank dafür, und beleidige mich nicht, indem du es mir ausschlägst", ermahnte Fürstin Rogneta ihn.

Olaf nahm es natürlich gerne an, denn durch die Flucht hatte er sein ganzes Vermögen verloren. „Du warst stets wie eine richtige Mutter zu mir gewesen, edle Fürstin. Ich werde immer ein Angedenken an dich in meinem Herzen bewahren. Leb' wohl, gutes Mütterchen", sprach Olaf mit Tränen in den Augen.

„Leb' wohl, mein Sohn. Die Götter mögen ihr Heil nie von dir wenden", waren die Abschiedsworte der Fürstin.

Nach einer letzten Verneigung verließ Olaf den Gästesaal. Am Flußufer warteten seine Krieger bei den Schiffen. Seit dem gestrigen Abend besaß Olaf eine eigene Gefolgschaft. Die Waräger schwörten ihm den Gefolgschaftseid. Jetzt war Olaf ein richtiger Wikinger- und Seekönig.

In wenigen Tagen erreichten sie die Stadt Daugmale. Olaf verweilte einige Tage in der Stadt. Niemand, nicht einmal Thorgeir, wußte, daß er heimlich nach seiner Mutter Ausschau hielt, als er sämtliche Marktstände und Sklavenhändler der Stadt in Augenschein nahm. Olaf konnte ja nicht wissen, daß ein gnädiges Schicksal die frühere Königin Astrid längst wieder in ihre Heimat Norwegen zurückführte. Die Nordmänner drängten zur Weiterfahrt. Olaf mußte sich schweren Herzens eingestehen, daß eine Suche nach über sechzehn Sommern und Wintern aussichtslos war.

Bei günstigem Wind fuhren sie auf die Ostsee hinaus, Kurs Westen. Auf hoher See wurden sie von dem ersten großen Herbststurm erfaßt und weit in die gewünschte Richtung getrieben; bis zur Küste Pommerns.

II. Buch

Im Polenreich

Gast von König Mieszko

Ein eisiger Nordwind peitschte die Wellen der Ostsee. Die Wikinger saßen hinter den wenig schützenden Dünen am Strand unter ihren Schiffen. Es regnete bereits seit Tagen, und ihre Kleidung war bis auf die Haut durchnäßt. Die Kälte war auch durch ein großes Lagerfeuer kaum noch zu besiegen.

„Hier können wir nicht länger lagern", sprach Olaf eines Abends. „Morgen segeln wir weiter Richtung Westen. Den ersten Fluß, den wir sehen, rudern wir aufwärts. Wir bauen ein Wik[1], worin wir den Winter wenigstens trocken und warm verbringen können."

Anderntags schoben sie ihre Langschiffe zu Wasser. Bei Sturm und Regen fuhren sie zwei Tage an der Slawenküste entlang. Am dritten Tag sahen sie ein Handelsschiff, dem sie in friedlicher Absicht folgten. Das fremde Schiff führte sie durch eine schmale Fahrrinne in ein Haff. Schließlich erreichten sie eine große Stadt.

Olaf fragte nach dem Namen der Stadt. Es war die berühmte Jomsburg, von den Slawen wurde sie Jumne genannt. Olaf erkundigte sich nach dem Herrscher dieser stark befestigten Burg. Die Jomsburg sei dem Dänenkönig Sven Gabelbart untertan, gab man ihm Auskunft. Jarl Palnatoki heiße der Befehlshaber der Stadt.

Olaf fragte auch nach den Städten und Herrschern in der Nachbarschaft. In das Haff würde ein großer Fluß münden, die Oder, wurde ihm mitgeteilt. Sie würde sich nach etwa einer Tagesfahrt gabeln, und wenn man dem linken Fluß, Wartha genannt, folge, dann käme man nach Posen. Die Stadt sei auf einer Flußinsel erbaut, und sie gehöre zum Herrschaftsbereich des polnischen Königs Mieszko.

Die Polen waren ein mächtiges Nachbarvolk der Russen. Olaf hörte schon oft am Hofe Wladimirs von König

Mieszko. Darum wollte er zuerst nach Posen fahren, um den König des Polenlandes kennenzulernen.

Am Unterlauf der Oder, an einer zum Lagern günstigen Stelle, erreichten sie acht Langhäuser, für jede Schiffsbesatzung eins, worin sie den Winter vor Schnee, Regen und Kälte geschützt verbringen konnten.

Nachdem das Wik stand und auch ein Palisadenzaun darum errichtet war, konnte Olaf seine Neugierde nicht mehr länger zügeln. Mit einem Schiff und vierzig Mann Besatzung machte er sich nach Posen auf.

Am späten Nachmittag des nächsten Tages sahen sie auf einer Insel im Fluß eine stark befestigte Burg: das mußte Posen[2] sein.

Olaf betrat mit Thorgeir und der Hälfte seiner Schiffsbesatzung die Stadt. Die anderen ließ er zur Bewachung des Schiffes zurück. Nachdem sie ihre Einkäufe erledigt hatten, suchten sie die Königsburg auf.

Es war die Zeit des Abendessens, als Olaf und seine Begleiter in die Königshalle traten. Sie setzten sich auf die Gästebank und erhielten sogleich von den Dienern Speise und Trank aufgetischt. So war es Sitte zu damaliger Zeit. Erst nach dem Mahl durfte der Herr der Burg die Fremden ausfragen.

Zuerst stellten sich einige ausländische Händler König Mieszko vor. Der Polenkönig fragte sie über mancherlei Dinge aus. So versorgten sich die Herrscher damals teils mit Unterhaltung und teils mit wichtigen Nachrichten über die Begebenheiten in den Nachbarländern. Die Händler gaben König Mieszko aus Dankbarkeit für dessen Gastfreundschaft bereitwillig Auskunft darüber, was sie in den von ihnen bereisten Ländern gesehen und gehört hatten.

Schließlich kam auch die Reihe an Jarl Olaf. „Heil, König Mieszko", grüßte Olaf nach nordgermanischem Brauch. „Mein Name lautet Olaf Tryggvisson, und ich stamme aus dem norwegischen Königsgeschlecht Harald Schönhaars. Ich lebte aber seit früher Kindheit am Hofe des russischen Großfürsten Wladimir. Sieben Sommer und Winter gehörte ich seiner Gefolgschaft an. Im vergangenen Sommer nahm ich an dem Heerzug gegen die Griechenstadt Chersones teil, die wir nach längerer Belagerung zur Übergabe zwangen", berichtete Olaf stolz.

König Mieszko wurde sichtlich aufmerksam auf diesen weitgereisten Gast. Er fragte Olaf gründlich aus. Es schien, als ob er durch seine Fragen prüfen wolle, ob der Fremde auch die Wahrheit spräche.

Olaf konnte auf alle Fragen genauestens Auskunft geben.

„Warum hast du die Druzina Wladimirs verlassen, wenn du in solch hohen Ehren bei dem Herrscher des mächtigen Russischen Reiches standest?" fragte König Mieszko mißtrauisch. Er fürchtete in Olaf einen Spion des Großfürsten, der ein gefährlicher Nachbar des Polenkönigs war.

„Ich fand keine Freude mehr im Dienst Wladimirs, weil der Großfürst seine frühere Gemahlin Rogneta verstieß, die mir eine große Wohltäterin in der Jugend war", gab Olaf als Grund an. Die wahre Ursache, die Flucht vor der Taufe, verschwieg er klugerweise, denn er sah, daß König Mieszko ein goldenes und mit Edelsteinen besetztes Kreuzeszeichen auf der Brust trug. Mit diesem Eingeständnis hätte er sich sofort um alle Gunst des Polenkönigs gebracht.

Die Nachricht, Großfürst Wladimir habe eine Porphyrogeneta geheiratet, löste großes Erstaunen in der Königshalle aus. Es weilten zufällig auch zwei griechische Händler in der Halle, die sich lebhaft und unter Bruch jeder Hofetikette über das Zustandekommen dieser Eheschließung erkundigten, so daß Olaf bedauerte, nur eine Zunge zu besitzen, so viele Fragen wurden an ihn gerichtet. Schließlich sah er sich genötigt, seine ganze Lebensgeschichte in kurzen Zügen vor dem polnischen König, der königlichen Familie, den polnischen Fürsten, Hofdamen und sonstigen Würdenträgern zu erzählen. Und Olaf tat es nicht ganz ohne Absicht. Der Gedanke, den ganzen Winter über in einem abgelegenen Urwald zu verbringen und wie ein Ausgestoßener zu leben, behagte ihm nämlich keineswegs. Erst jetzt kam ihm richtig zu Bewußtsein, was er alles aufgegeben hatte, als er die Druzina des russischen Großfürsten verlasssen hatte: die fröhlichen Gelage bei Hofe, die gute Beköstigung einer Fürstenhalle, die Vorrechte eines Heerführers und vieles andere mehr. Was war er denn jetzt im Vergleich zu früher? Nur ein vogelfreier Wiking. Olaf hoffte, vielleicht von König Mieszko die Einladung zu erhalten, einige Tage als Gast an seinem Königshof weilen zu dürfen.

Die Anwesenden hörten andächtig und gespannt Olafs Lebensgeschichte zu. Solch eine ergreifende Saga hatten sie lange nicht mehr genossen. Der Höhepunkt von Olafs Erzählkunst war der Kampf mit den Petscheneggen an den Stromschnellen des Dnjepr. Mancher Zuhörer stand vor Spannung sogar von seinem Sitz auf, um näher an den Erzähler heranzutreten, damit ihm ja kein Wort entginge.

Es mag lange nach Mitternacht gewesen sein, als Olaf mit seiner Lebensgeschichte endete.

„Ich danke dir, Jarl Olaf, für diese spannende Unterhaltung", sprach der polnische König zutiefst beeindruckt. „Es gibt wenige Menschen, die so jung sind und bereits so viel erlebt haben wie du. Darf ich fragen, ob dringende Angelegenheiten dich von Posen fortrufen?" erkundigte sich König Mieszko freundlich.

„Ich bin Herr über meine Zeit", entgegnete Olaf stolz.

„Dann bitte ich dich, so lange mein Gast zu sein, wie es dir beliebt, Jarl Olaf Tryggvisson. Ich möchte noch mehr darüber erfahren, was du bei Großfürst Wladimir gesehen und erlebt hast", gab der Polenkönig offen zu.

„Ich nehme die Gastfreundschaft des Königs der Polen gerne an", antwortete Olaf mit einer höflichen Verneigung seines Hauptes. Sein Blick streifte die lange Tischreihe. Neben der polnischen Königin saßen einige hübsche junge Frauen, die ihn sichtlich mit Neugierde und auch mit Wohlgefallen betrachteten. Olaf glaubte, vor ihren abschätzenden Blicken bestanden zu haben. Er war glücklich, wie schon lange nicht mehr. Hatte er doch erreicht, was er sich wünschte.

Der Herrscher zog sich mit seiner Familie in die Privatgemächer zurück. Bald darauf trat ein prächtig gekleideter junger Mann an den Tisch der Nordmänner. Er reichte Olaf freundschaftlich die Rechte zum Gruß.

„Mein Name ist Boleslaw. Ich bin der älteste Sohn König Mieszkos. Ich möchte die Einladung meines Vaters wiederholen. Sei unser Gast, Jarl Olaf, zumindest während des kommenden Winters", sprach der junge Königssohn freundlich lächelnd.

„Ich nehme die großzügige Einladung mit Freude an!" Olaf ergriff die ihm dargebotene Rechte des jungen Fürsten.

„Wenn es dir beliebt, Jarl Olaf, zeige ich dir und deinem Gefolge die Unterkünfte", erbot sich Boleslaw, da es bereits sehr spät war.

„Gerne, wir sind müde von der Reise und möchten uns zur Ruhe begeben", entgegnete Olaf.

Der polnische Königssohn führte Jarl Olaf und dessen Begleiter zu einem Gästehaus, das für hohe ausländische Abgesandte bereitstand. Es bot zwölf Männern Platz zum Schlafen. Außer Thorgeir behielt Olaf noch zehn Krieger bei sich. Die anderen schickte er zum Langschiff mit der Anweisung, zum Wik zurückzufahren. In einem Mond sollten sie ihn abholen; spätestens dann mußte er als ihr Jarl wieder nach dem Rechten sehen.

„Ich werde mich dankbar für die großzügige Gastfreundschaft erweisen", versprach Olaf, sichtlich erfreut über diesen Gunstbeweis.

„Es freut mich, daß dir deine Unterkunft gefällt", antwortete Boleslaw. Dann verließ er das Gästehaus.

Olaf schob den Riegel der Tür zu. – „Was sagst du jetzt, Thorgeir!" rief Olaf in Hochstimmung aus.

„Ich komme mir vor, wie in Walhall, Odins Reich! Kneif mir in den Arm, damit ich weiß, daß ich noch lebe!" gab der alte Wiking zur Antwort.

„Hast du schon jemals auf solch einem weichen Bett geschlafen? Fühl mal, wie weich gepolstert es ist!" Seit langer Zeit konnte Olaf wieder auf Matratzen schlafen.

„Das ist fast noch schöner, als auf einer Frau zu liegen", kicherte Thorgeir. Im Gegensatz zu den harten Holzplanken ihrer Schiffe, auf denen sie in letzter Zeit oft schlafen mußten, war dieser Vergleich wohl nicht übertrieben.

„Hast du die stolzen jungen Frauen gesehen, die an der Königstafel saßen", fragte Olaf.

„Und ob! Sie hingen an deinen Lippen, wie ein fast Verdursteter an einem Becher Wasser! Ich wünschte, ich wäre noch einmal so jung wie du! Dann ..." Thorgeir schlug sich mit der Hand auf den Oberschenkel.

„Was dann?" fragte Olaf belustigt. Er hatte seinen alten Steuermann noch nie so außer Rand und Band gesehen.

„Dann würde ich mir eins von diesen hübschen Täubchen einfangen", lachte Thorgeir. Auf einmal verstummte er, und um seine Lippen wurde ein Zug von Wehmut sichtbar. – „Ich habe die Zeit, eine Familie zu gründen, versäumt. Mein Leben bestand nur aus Wachdienst und Kampf. Ab und zu nahm ich mir eine Frau, aber nur zum Vergnügen. Ich wollte meine Freiheit nie verlieren, das höchste Gut eines Mannes, wie es mir früher schien. Aber manchmal kommen mir Zweifel, als wenn ich am Besten vorbeigegangen sein könnte. – Das Einzige, das ich meinem Leben noch erhoffe, ist, daß mich irgendwann, möglichst erst in vielen Sommern, ein gutgezielter Ger oder Pfeil trifft, damit ich in Odins Methallen einziehen darf, zu den ewigen Freuden eines Kriegers. – Aber du, Olaf, du wurdest mit großem Königsheil von den Göttern beschenkt. Das wurde mir nicht erst heute nacht klar. Und wenn du dein Königsheil richtig einsetzt in diesem Spiel des Lebens, kannst du ein großer Mann unter den Großen werden", sprach Thorgeir, und väterliche Wärme lag in seiner Stimme.

„Mein Glück ist sehr launisch, habe ich bisher festgestellt", entgegnete Olaf zweifelnd. – „Aber wie mir scheint, ist es wieder im Kommen."

Vor Müdigkeit schliefen sie bald ein.

Fürst Boleslaw kümmerte sich auch an den folgenden Tagen sichtlich zuvorkommend um seinen Gast Olaf Tryggvisson. Seit langem wartete der Polenkönig auf solch einen wertvollen Nachrichtenbringer. Boleslaw bat Olaf, Lagepläne über die wichtigsten Stadtbefestigungen an der Grenze zwischen Rußland und Polen zu zeichnen. Olaf, der sich an den Gefolgschaftseid gegenüber Wladimir nicht mehr gebunden fühlte, versprach, diese Bitte zu erfüllen. Zum Dank dafür genoß er die königliche Bewirtung und durfte an allen Festgelagen und sonstigen vergnüglichen Unternehmungen des Hofes teilnehmen.

Olaf vergaß aber keineswegs seine Wikingerschar. Nach einem Monat kam ein Schiff nach Posen, wie er befohlen hatte. Ein polnischer Königsvogt fuhr mit Jarl Olaf zum Wik, um der Bevölkerung in der Umgebung zu verkünden, daß die Nordmänner von König Mieszko die Erlaubnis erhalten hätten, den Winter in seinem Reich zu verbringen. Unter der Bedingung natürlich, daß sie sich friedlich verhielten. Bald schon kamen polnische Händler zum Wikingerlager, und die Krieger konnten sich mit allem versehen, was sie bisher entbehren mußten.

Olaf weilte abwechselnd im Wik und in Posen. Bei seinen Kriegern war manche Streitigkeit zu schlichten, dazu mußte Olaf als ihr Jarl und oberster Richter anwesend sein. Die überwiegende Zeit verbrachte Olaf jedoch in der polnischen Königshalle.

König Mieszko war Vater von mehreren Söhnen und Töchtern. Mit Boleslaw, seinem ältesten Sohn, schloß Olaf fast schon Freundschaft. Boleslaw zählte zwanzig Sommer. Er war mit einer ungarischen Königstochter verheiratet. Seine Frau trug ein vor wenigen Monden geborenes Söhnchen auf den Armen. Die Mutter Boleslaws, sie hieß Dobrawa, was übersetzt „die Gute" heißt, starb bei der Geburt ihres Sohnes. Durch sie wurde König Mieszko zum Christentum bekehrt. Das erste polnische Bistum wurde in Gnesen gegründet. In der Kirche von Gnesen fand Dobrawa ihre letzte Ruhestätte. Schon kurz nach ihrem Tode wurde sie als Heilige verehrt.

Nach dem Tode von Boleslaws Mutter heiratete der König eine pommersche Häuptlingstochter namens Hilde. Ihr Name verrät, daß ein Teil ihrer Vorfahren von nordgermanischer Herkunft waren. Sie schenkte König Mieszko bis zu ihrem Tode drei Töchter. Die jüngste hieß Astrid, die mittlere Gunnhild und die älteste Geira. Olaf schätzte das Alter von Prinzessin Geira auf sechzehn bis siebzehn Sommer. Von allen Jungfrauen bei Hofe schien ihm Geira die schönste und anmutigste zu sein. Olaf verehrte die polnische Prinzessin innerlich von Tag zu Tag mehr. Aber er wußte nur zu gut, daß seine Zuneigung zu der Königstochter immer unerfüllt bleiben würde. Sicherlich war sie dazu auserwählt, eines Tages einem ausländischen König zur Gemahlin und Königin verbunden zu werden, der um solch eine, die meisten anderen Frauen an Schönheit und Anmut überragende Gattin zu beneiden wäre. Geiras Schwester Gunnhild schätzte er auf vierzehn Sommer und Astrid auf elf oder zwölf Sommer.

Die jetzige Königin der Polen, eine gebürtige Deutsche und Tochter des Markgrafen Dietrich, mit Namen Oda, war früher Nonne im Kloster zu Calbe gewesen. König Mieszko ließ sie aus dem Kloster entführen und heiratete sie noch während der Fastenzeit vor Ostern – zwei Vergehen, über die sich die römische Kirche sehr empörte. Doch Oda tat viel Gutes. Viele versklavte und eingekerkerte deutsche Ritter kaufte sie frei und entließ sie in ihre Heimat. Oda förderte das Christentum tatkräftig im Polenreich mit Schenkungen und Spenden. Sie gebar dem König noch drei weitere Söhne. Der älteste hieß Mieszko, wie sein Vater, der zweitälteste wurde Sventepulk und der jüngste Wlodowey getauft. Sie waren zwischen sechs und zwei Sommern alt.

König Mieszko selber war nicht mehr der Jüngste. Ein gewichtiger Bauch schien bestens dafür geeignet, seine kostbaren, handgewebten Kleider in aller Pracht zeigen zu können. An den Fingern beider Hände trug er funkelnde, mit Edelsteinen besetzte Ringe. Doch sein Haupt zierte nur eine kleine Krone, denn der Deutsche Kaiser Otto III. betrachtete Mieszko als seinen Lehensmann und gewährte ihm nur den Titel des Herzogs. Doch König Mieszko wußte seine Herrschaft mit List und vorgetäuschter Unterwürfigkeit klug vor dem Machthunger des Deutschen Kaisers zu wahren. Er zahlte auch nur für das Land westlich der Oder Tribut. König Mieszko war in seinen reiferen Jahren ein väterlicher Herrscher zu seinen Untertanen, ganz durchdrungen von den christlichen Idealen, und bemüht, nach der christlichen Lehre zu handeln, zu herrschen und zu richten.

Olaf störte es nicht, daß er an einem christlichen Königshof weilte. Für Ausländer galt Glaubensfreiheit im Polenreich, und auch unter den getauften Einheimischen gab es noch viele, die wohl nicht als echte und überzeugte Christen gelten konnten.

Das Julfest im Mittwinter stand bevor. In Posen feierte man das christliche Weihnachtsfest. Der König veranstaltete zuvor ein großes Jagdvergnügen für seinen Hof. Die königliche Familie und die Druzina reiste zu einem großen Gehöft, eine Tagesreise von Posen entfernt. Hier richtete man sich bequem ein. Am nächsten Morgen standen über hundert Bauern und Knechte vor dem Hoftor, die die Treiber des Wildes waren. Olaf und sein Gefolge befanden sich auch bei der Jagdgesellschaft.

Nach dem Mittagessen begaben sich die Jäger auf die Hochstände am Rande einer größeren Waldlichtung. Etwas abseits von den Jägerständen war auch für die Damen des Hofes ein Hochstand errichtet worden, die sich dieses Schauspiel nicht entgehen lassen wollten.

Nur Olaf mit seinen Kriegern und einige mutige Polen lehnten es ab, auf die sicheren Hochstände zu steigen.

Endlich hörte man die Treiber näherkommen. Bald rannte das erste Wild über die Lichtung, auf der Flucht von den Treibern. Die kleinen, schmalen Waldrehe und auch die Hasen kamen fast alle mit dem Schrecken davon. Dann erschien ein Hirschrudel. Das Leittier, ein prächtiger Hirschbock, zog prüfend die Luft ein. Doch der Wind kam ungünstig von hinten, so daß er die Gefahr vor sich nicht feststellen konnte.

Die Treiber kamen näher, und das Rudel setzte die Flucht fort. Plötzlich zischte es durch die Luft. Pfeile und Gere bohrten sich in die Leiber der Tiere. Einige strauchelten und fielen zu Boden. Die unverletzten Tiere sprangen mit großen Sätzen in alle Richtungen auseinander. Auf die anderen ging ein zweiter Pfeilregen nieder, wobei viele eine tödliche Wunde erhielten.

Olaf verachtete diese Art von Jagd, bei der die meisten Tiere nur verwundet wurden, um später langsam und elendig irgendwo im Wald zu verenden. Er wartete hinter einem Gebüsch, bis ein kapitaler Hirschbock nahe bei ihm vorbeispringen würde. Mit einem wohlgezielten Pfeil schoß er dem Tier in die Brust. Der Hirsch machte vor Schreck einen Sprung in die Höhe, strauchelte und stürzte zu Boden. Olaf sprang mit dem Ger in der Hand auf das Tier zu und traf es aus nächster Entfernung in die Flanke, wo das Herz lag. Der Hirsch röhrte vor Schmerz laut auf, seine Beine zuckten noch einige Zeit, dann war er verendet.

Die Wikinger jagten auf die gleiche Art, nur waren sie nicht alle so geschickt wie ihr Jarl.

Eine Wildschweinherde erschien aufgeregt grunzend zwischen den Büschen am Rande der Lichtung. Nichtsahnend liefen sie auf die Hochstände zu. Die Jäger warteten, bis das Schwarzwild ganz nahe war, dann surrte die Luft erneut von Pfeilen und Geren. Die verwundeten Tiere drehten sich wild im Kreise und versuchten, mit dem Maul den Schmerzverursacher herauszuziehen. Doch die Pfeile besaßen Widerhaken, und die Tiere vergrößerten beim Herausziehen nur ihre Wunde. Wer sich nicht rasch davonmachte, erhielt von den Jägern vollends einen tödlichen Treffer.

Thorgeir suchte sich einen großen Keiler mit starken

Hauern aus. Er wagte es sogar, aus dem Gebüsch hervorzutreten. Kaum erblickte das Wildschwein den Feind, ergriff es nicht etwa die Flucht, sondern rannte wutschnaubend auf Thorgeir zu. Mit gesenktem Kopf, die Zähne fletschend vor Wut, stürzte es sich auf den Feind, um ihn zu Boden zu rennen. Thorgeir sprang im letzten Augenblick zur Seite. Das Wildschwein bremste seine Geschwindigkeit und wühlte dabei mit den Klauen den Waldboden auf. In diesem Augenblick stieß Thorgeir dem Eber den Ger in die Flanke. Vor Schmerz und Schreck sank er mit den Vorderbeinen zu Boden. Thorgeir zog sein Schwert und schlug es dem Wildschwein ins Genick. Der Eber fiel zur Seite und röchelte und zuckte im Todeskampf.

Plötzlich bewegte sich etwas Großes und Breites zwischen den Bäumen und Büschen am Rande der Lichtung. Rinderähnliche Köpfe, von einem zottigen, dunkelbraunen Fell umrahmt, waren zu erkennen. Ein kalbähnliches Jungtier sprang aufgeschreckt aus dem Unterholz. Eine ängstliche Kuh trieb das Junge schnell wieder zur Herde zurück. Jetzt konnte man es deutlich erkennen: es waren Wisente.

Dies war allerdings nicht vorgesehen. Der König ermahnte die Treiber noch ausdrücklich, diese starken und gefährlichen Tiere den Jägern nicht zuzutreiben. Nun war es durch Zufall oder aus Bosheit einiger Bauern doch geschehen. Von dem Lärm der Treiber gestört, stampften die schweren Tiere genau in Richtung der Jägerstände. Die Erde bebte leicht bei ihrem Nahen.

Da die Wisente nun einmal da waren, wollten die Jäger sie auch erlegen. Doch die Pfeile waren fast nur Nadelstiche in das dicke Fell dieser Tiere, und die Gere reizten sie erst richtig vor Wut. Wild schnaufend rannten die schweren Bullen gegen die Stämme der Hochstände. Mancher wackelte beängstigend, und die tapferen Jäger schrien vor Schreck laut auf. Das ängstliche Geschrei schien die Wisente eher zu vertreiben als die Gere und Pfeile.

Mit wachsender Furcht sah König Mieszko, daß die Herde in Richtung Hochstand der Frauen lief. Hier über den Baumstämmen war der gleiche Geruch wie dort, wo sie die schmerzlichen Stiche erhielten. Der untrüglichen Witterung vertrauend, griffen die Bullen auch diesen Hochstand an. Wütend stießen sie mit ihren schweren Leibern gegen die Baumstämme, daß die Plattform, auf der die Sitzbänke der Hofdamen ruhten, stark erschüttert wurde. Die Frauen schrien vor Entsetzen schrill auf. Sie glaubten, daß ihr letzter Augenblick gekommen sei. Glücklicherweise waren die Stämme tief in die Erde gegraben worden. Einige Damen fielen zwar von ihren Sitzen, zerrissen sich ihre kostbaren Gewänder und erhielten Prellungen, doch bevor die Wisente den Hochstand zum Einsturz bringen konnten, nahte den Hofdamen Hilfe.

Diejenigen Polen, die sich nicht auf den Hochständen befanden, waren als erste zur Stelle. Leider war ihr kämpferisches Können nicht so groß wie ihr Mut. Die Wisente stießen einige zu Boden und trampelten sie zu Tode, andere nahmen sie auf die spitzen Hörner und schleuderten sie durch die Luft, daß sie sich beim Aufprall Arme und Beine brachen. Die gellenden Schreie der Unglücklichen vergrößerte noch die Furcht und das Entsetzen der Frauen, die glaubten, bald auf ähnliche Art ihr Leben zu verlieren.

Jarl Olaf eilte mit seiner Wikingerschar im Schutze des Waldrandes an die Wisente heran. Olaf konnte sich einem Wisentbullen seitlich nähern. Mit aller Kraft stieß er dem mächtigen Tier seinen Ger in die Flanke. Der Wisent brüllte vor Schmerz laut auf und sank mit den Vorderbeinen auf die Knie. Olaf nahm die Streitaxt in die Rechte und hieb sie dem mächtigen Tier krachend ins Genick. Noch einmal und noch einmal schlug er zu. Der Wisent fiel zur Seite und zuckte im Sterben.

Kaum war er erlegt, da galoppierte ein noch größerer Wisentbulle auf Olaf zu. Mit tief zu Boden gerichtetem Kopf, die spitzen Hörner standen dabei weit vor, kam er angerannt. Olaf wartete bis zum letzten Augenblick, dann erst hechtete er zur Seite. Der Bulle galoppierte an ihm vorbei. Beim Abbremsen wühlte er den Boden tief auf. Mit wenigen Sätzen stand er neben dem Ungeheuer und stieß ihm von der Seite das Schwert in den Hals. Wütend schüttelte der Wisent den Kopf und schlug dabei Olaf das Schwert aus der Hand. Aber noch besaß Olaf seine Streitaxt in der anderen Hand. Zuerst rettete er sich hinter einen Baum. Der Wisent versuchte wütend, ihn mit seinen Hörnern zu treffen, doch Olaf war jedesmal schneller. Mit seiner Streitaxt hieb er dem Bullen mehrmals auf Schädel und Maul. Endlich sank er benommen mit den Vorderbeinen zu Boden. Olaf sprang seitlich auf ihn zu, noch einmal mußte Olaf zuschlagen, bis der Wisent laut brüllend verendete.

Auch Thorgeir und die anderen Wikinger kämpften mit den Wisenten. Aus Sicherheitsgründen griffen immer drei Nordmänner gleichzeitig eines dieser gefährlichen Tiere an. Nachdem zwei weitere Wisentbullen reglos am Boden lagen, ergriff die restliche Herde die Flucht.

Mit diesem unvorhergesehenen Zwischenfall war die Jagd für diesmal beendet. Da die Gefahr vorüber war, stiegen die Jäger von den Hochständen und eilten zu dem der Frauen.

Die Hofdamen schilderten wortreich die Ängste, die sie ausgestanden hatten. Sie verlangten, sofort mit Begleitschutz zum Gehöft gebracht zu werden. Unter aufgeregtem Geplapper kam man an.

Die Bauern mußten das erlegte Wild zum Gehöft schleppen. Die Wisente waren allerdings zu schwer, als daß man sie auf einen Wagen hätte heben können. Ihnen mußte am selben Ort, an dem sie verendeten, das Fell abgezogen werden. Das Fleisch wurde kunstgerecht zerlegt.

An diesem Abend aß die Druzina des polnischen Königs Wisentbraten. Das Fleisch gehörte noch altem Jagdbrauch allen, nur das Fell gehörte dem, der das Tier erlegte.

Nach dem Mahl, als die Gesellschaft gemütlich beim Wein und Met zusammen saß, wurde Jarl Olaf mit seinen

Gefolgsmännern vor die Tafel des polnischen Herrscherpaares gerufen. Die Königin selber bedankte sich bei ihren vermeintlichen Lebensrettern. Auch im Namen der übrigen Hofdamen, die sich auf dem Hochstand befanden, dankte sie den Nordmännern für ihre ritterliche Hilfe. Sie erzählte, der Hochstand hätte furchtbar gebebt. Ein breiter Riß sei in der Decke entstanden, durch den beinahe eine ihrer Hofdamen gefallen wäre. Was mit dieser Ärmsten geschehen wäre, davon bekamen sie eine Vorstellung, als die sahen, wie einige polnische Jäger von den Wisentbullen zu Tode getrampelt wurden. Königin Oda schenkte Olaf einen Dolch mit vergoldetem Griff und jedem seiner Krieger drei Goldmünzen.

„Darf ich der Königin von Polen als Beweis meiner Dankbarkeit und Freude ein Wisentfell schenken?" fragte Jarl Olaf.

Die Königin nahm das Geschenk dankend an. Auch König Mieszko lächelte zufrieden. Solch eine Jagdtrophäe hatte ihm in seiner Sammlung noch gefehlt. Aber einen Wikinger oder gar einen fremden Jarl darum zu bitten, dazu war er als König zu stolz. Der König ließ ein Hoch auf die tapferen Nordmänner ausrufen. Reich beschenkt und hoch geehrt, kehrten sie zu ihren Plätzen zurück.

Die Damen des Hofes sahen die fremden Krieger voller Bewunderung an. Olafs und Prinzessin Geiras Blicke trafen sich zufällig. Einen Moment blieben ihre Augen ineinander gerichtet, dann wandte die Prinzessin ihre Augen scheu von ihm ab.

Mehrere Tage dauerte das Jagdvergnügen. Die Jäger schossen das Wild hoch zu Roß, ließen es sich zu den Hochständen treiben oder pirschten sich zu Fuß heran. Die Wälder waren reich an Wild, und so kehrten sie jeden Abend mit großer Jagdstrecke zum Gehöft zurück. Die Frauen drängten eines Abends zur Rückkehr nach Posen. Das Weihnachtsfest stand kurz bevor.

Während der Rückreise lenkte Fürst Boleslaw sein Pferd neben das Olafs. „Wie gefällt es dir in unserem Land?" fragte er aufgeräumt.

„Sehr gut. Polen ist ein fruchtbares Land, an Nahrung und Gütern reich. Viel reicher als mein Heimatland Norwegen, habe ich sagen gehört. Dort soll es viele hohe Gebirge und wenig fruchtbaren Ackerboden geben. Dadurch ist das Volk arm und muß im Winter oft hungern", antwortete Olaf nachdenklich.

„Deswegen haben es auch so viele Könige auf unser Land abgesehen", lachte Fürst Boleslaw. Sie ritten einige Zeit stumm nebeneinander. – „Ich habe eine Frage, Jarl Olaf", brach Boleslaw das Schweigen.

„Sprich sie ohne Scheu aus", forderte Olaf ihn gutgelaunt auf.

„Wärst du bereit, dein letztes Wisentfell zu verkaufen? Ich habe bereits deine Krieger gefragt, die ebenfalls einen Wisent erlegten, aber sie wollten nicht verkaufen, auch gegen eine sehr hohe Summe nicht. Ich bin dir deshalb nicht gram, wenn du nein sagst. Ich kann sehr gut verstehen, daß man sich nur sehr ungern von solch einem Erinnerungsstück trennt", sprach Fürst Boleslaw freundschaftlich.

„Wenn das Fell für dich bestimmt ist, dann schenke ich es dir", gab Olaf, ohne sich lange zu bedenken, zur Antwort. Er wußte sehr wohl, von welch hohem Vorteil es für ihn war, wenn er dem polnischen Königssohn ein solches Geschenk machte. Es fiel ihm zwar nicht leicht, doch der Nutzen wog alles auf.

„Ehrlich gesagt, das Fell ist nicht für mich", gab Boleslaw mit unsicherer Stimme zu.

„Darf ich wissen, für wen es ist?" fragte Olaf neugierig.

„Der Wunsch kommt von jemandem, der aus Gründen der Hofetikette nicht selber die Frage an dich richten kann", entgegnete Boleslaw ausweichend.

Das war in Rätseln gesprochen. Olaf spürte, wie sein

Herz schneller zu klopfen begann. – „Ist es jemand aus der königlichen Familie?"

„Ja", nickte der Fürst nach längerem Zögern.

„Und ich darf den Namen des Erwerbers nicht wissen?" wagte Olaf noch einmal zu fragen.

„Der Käufer möchte ungenannt bleiben", antwortete Boleslaw mit gedämpfter Stimme.

„Ich schenke dir das Fell trotzdem", entgegnete Olaf. Er mußte sich zu einem Lächeln zwingen, obwohl sich ihm das Herz schmerzlich zusammenpreßte.

„Der Erwerber möchte es keineswegs geschenkt haben. Das Fell hat einen großen Wert, und ich gebe dir gerne, was du verlangst", widersprach Boleslaw.

„Sag dem Erwerber, daß ich das Fell niemals verkaufen würde. Ich verschenke es höchstens. Ich tue es, um mich dankbar für die überaus herzliche Gastfreundschaft des Königs erweisen zu können", antwortete Olaf in einem Ton, der keinen Widerspruch gestattete, ohne ihn dabei zu beleidigen.

„Ich verstehe. – Ich nehme das Wisentfell dankend an", sprach Boleslaw. Dann gab er seinem Pferd die Sporen.

Wer von der königlichen Familie könnte wohl so großen Gefallen an dem zweiten Wisentfell haben, überlegte sich Olaf. Aus Gründen der Hofetikette durfte er den Namen des Erwerbers nicht erfahren, da kam doch nur eine Hofdame oder Jungfrau in Betracht, die sich auf dem Hochsitz befand. Er sah nur Geira neben Königin Oda sitzen, für die anderen Frauen bei Hofe hatte er weder Augen noch Ohren. Ob Geira seine Blicke bereits aufgefallen waren? In letzter Zeit hatte sie ihn auch einige Male kurz angeblickt, aber aus ihrer Miene war nicht das Geringste zu lesen gewesen. Geira wußte sicherlich noch besser als er, daß eine tiefere Zuneigung zwischen einer Prinzessin und einem heimatlosen Königssohn und Wikingerjarl nur Herzenskummer bedeuten würde. Zudem war er ein Heide, und bei den Christen herrschte das strenge Gesetz, daß sie keine Andersgläubige heiraten durften.

Das habe ich nun davon, dachte Olaf, weil ich in einer Königshalle den Winter angenehm verbringen wollte. Dabei hätte ich wissen müssen, wie leicht man sich in dieser Jahreszeit in das wunderschöne Antlitz einer Prinzessin verlieben kann. Verdammt. Nun schmerzt mir die Seele bis zum Frühjahr, bis wir wieder auf Wiking losfahren. Das beste wäre, zu meinen Kriegern ins Wik zurückzukehren. Aber ich habe Boleslaw versprochen, noch einige Lagepläne von Burgen des Russischen Reiches anzufertigen. Einfach fortgehen kann ich nicht. Jetzt bin ich unglücklicher, als wenn ich im Wik geblieben wäre, mußte Olaf schmerzlich erkennen.

Das Fest der Geburt des Christengottes stand kurz bevor. Fürst Boleslaw hatte immer weniger Zeit für seinen Gast. Olaf überlegte sich, daß er das Julfest zusammen mit seinen Kriegern feiern müsse. Er teilte darum Boleslaw mit, daß er für mehrere Tage zu seiner Kriegerschar fahren würde, viel zu lange sei er bereits von ihnen abwesend gewesen.

„Du bleibst nicht zum Weihnachtsfest?" fragte Boleslaw verwundert.

„Nein, meine Krieger feiern fast zur gleichen Zeit das Julfest. Da muß ich als ihr Jarl bei ihnen sein", entgegnete Olaf.

„Könntest du nicht die eine Hälfte bei uns verbringen und die andere bei deinen Kriegern? – Ich würde mich sehr über deine Anwesenheit freuen, der König und die Königin ebenfalls. – Sie haben eine hohe Meinung von dir", fügte Boleslaw hinzu.

„Ich bin sehr stolz darüber, Fürst Boleslaw. Doch es gäbe böses Blut unter meinen Gefolgsmännern, wenn ich nicht während des Julgelages bei ihnen wäre", entgegnete Olaf bedauernd. „Im nächsten Frühsommer fahre ich wieder mit ihnen auf Wiking. Wenn ich ihr Vertrauen behalten und weiterhin ihr Jarl bleiben will, muß ich bei ihnen sein."

„Du mußt es wissen", gab Boleslaw sichtlich enttäuscht zur Antwort. „Jedenfalls bist du in Posen immer herzlich willkommen", bekräftigte er noch einmal.

„Ich danke dir", antwortete Olaf sichtlich gerührt.

In der Unterstadt kauften die Wikinger noch mehrere Fässer Met, ferner Getreide und andere Dinge, die ihnen den Aufenthalt im Wik so angenehm wie möglich machten. Dann fuhren sie die Wartha abwärts.

Das Julgelage verlief auf die übliche Art. Es wurde ausgiebig gegessen und vor allem getrunken. Die Männer riefen Odin, Thor und Freyr an, damit sie ihnen weiterhin alles das geben sollten, was sie zum Leben benötigten und was sich jeder Einzelne zudem noch wünschte.

Am ersten Tag des Julfestes war Olaf fröhlich und ausgelassen vor guter Laune. Doch am zweiten Tag wollte keine rechte Stimmung in ihm aufkommen. Abends trank er darum um so mehr, das half, die Stimmung zu heben.

Am dritten Tag ertappte er sich selber mehrmals dabei, wie er am Tor des Wiks stand und in die Richtung schaute, wo Posen lag. Jedesmal schüttelte er über seine Dummheit den Kopf und schwor sich, nie mehr an die schöne Geira zu denken. Abends trank er wieder viel, um in Stimmung zu kommen. Doch der viele Met bewirkte diesmal genau das Gegenteil. Olaf wurde trauriger und schweigsamer, je mehr er trank. Spät in der Nacht, die anderen lagen längst betrunken auf ihren harten Holzpritschen, kam Thorgeir zu Olaf getorkelt. Er ließ sich neben ihm auf die Bank fallen.

„Fahr hin!" lallte Thorgeir mit schwerer Zunge.

Olaf verstand Thorgeir zuerst nicht. „Was hast du gesagt?"

„F a h r h i n!" lallte Thorgeir laut und gedehnt.

„Wohin, du Saufsack! Sprich nicht in Rätseln zu mir!" erwiderte Olaf grob, obwohl er jetzt genau wußte, was Thorgeir meinte.

„Wenn ich an deiner Stelle wäre ... dann ... dann würde

ich gleich morgen früh losfahren! Ich würde sie packen und ihr einen Kuß auf die hübschen Lippen drücken, bis ihr die Luft ausginge!" schrie Thorgeir, besoffen wie er war.

„Bei deinem Mundgeruch! Zwei faule Zähne hat der Kerl im Maul und denkt dabei ans Küssen! – Und ohne zu bedenken, daß man einen Augenblick später von hundert Gerspitzen durchlöchert wäre!" ereiferte sich Olaf, weil Thorgeir ihm auf seine wunde Stelle fühlte.

„Dann mach du es besser!" entgegnete Thorgeir herausfordernd.

„Nichts werde ich machen! Ich hab's nicht nötig, einer ausländischen Königstochter nachzulaufen! In Norwegen könnte ich mich vor Heiratsangeboten kaum retten!" entgegnete Olaf.

„Da hast du recht", gab Thorgeir zu.

„Zudem werde ich mir mein Ansehen am polnischen Königshof nicht mit Frauengeschichten verderben!" rief Olaf fest entschlossen aus.

„Wenn ich noch einmal jung wäre ..." lallte Thorgeir träumend.

„Der viele Met scheint in deinem Alter nicht mehr gut zu bekommen", erwiderte Olaf erneut grob.

„Wie wäre es, wenn wir sie entführen würden!" rief Thorgeir und stieß Olaf in die Rippen, als wenn er den rettenden Einfall hätte.

„Das wäre der Gipfel der Dummheit! Wohin sollten wir fliehen mitten im Winter!" entgegnete Olaf aufs Höchste empört. „Solch eine Gemeinheit füge ich meinen Gastgebern nicht zu! – Und Geira erst recht nicht."

„Das ist ein Zeichen, das ist ein untrüglicher Beweis, daß du sie liebst!" rief Thorgeir aus und bog sich dabei vor Lachen, als wenn er jetzt endlich herausbekommen hätte, was er schon lange ahnte. – „Tja, mit der Liebe, das ist so eine Sache", sprach Thorgeir wieder ernsthaft. „Ich muß dir ganz ehrlich gestehen, da habe ich überhaupt keine Erfahrung."

„Habe ich dich etwa um Rat gefragt!" entgegnete Olaf.

„Ach ja, richtig, du hast mich ja gar nicht um Rat gefragt. – Wenn ich an deiner Stelle wäre, ich würde hinfahren", bemerkte Thorgeir noch, dann stand er mühsam auf und ging schwankend nach draußen.

Olaf hörte, daß Thorgeir sich vor dem Haus übergeben mußte, wegen dem vielen Met, den er getrunken hatte. Olaf folgte ihm, vielleicht brauchte er seine Hilfe.

Als Olaf der Geruch des erbrochenen Metes in die Nase kam, wurde ihm ebenfalls übel, und es erging ihm auch nicht besser. Hinterher war er froh, daß der Met aus dem Magen heraus war, das gab am nächsten Tag weniger Kopfschmerzen. Anschließend wusch er sich an einem Wasserkübel. Als er sich nach Thorgeir umsah, lag dieser schlafend neben dem Erbrochenen im Schnee.

„Steh auf! Hier erfrierst du", sprach Olaf in versöhnlichem Ton zu seinem alten Gefährten.

Da Thorgeir ihm nicht antwortete, so sinnlos betrunken war er, packte Olaf ihn an den Schultern und trug ihn ins Haus. In der Nähe des Feuers legte er ihn zwischen die anderen Schlafenden.

Olaf legte sich ebenfalls zum Ruhen nieder. Bevor er einschlief, hatte er den Entschluß gefaßt, morgen mit einem Langschiff nach Posen zu rudern. Er wollte Prinzessin Geira wenigstens von weitem sehen. Er sehnte sich nach ihrem wunderschönen Anblick. Ansehen durfte er sie ja, so lange er im Polenreich weilte.

Am nächsten Morgen schneite es. Aber kein Schnee, keine eisige Kälte und kein Hagelsturm hätte ihn im Wik zurückhalten können.

Olaf besprach sich heimlich mit Thorgeir. „Bleib du hier und stopf den bösen Zungen das Maul, während ich in Posen bin."

„Verstehe, du kannst dich auf mich verlassen", entgegnete Thorgeir augenzwinkernd.

Minnedienst am polnischen Königshof

Olaf suchte sich vierzig der kräftigsten Männer als Ruderer aus. Ohne Rast ließ er flußaufwärts rudern. Spät am Abend kamen sie bei Posen an. Nur mit Mühe konnte Olaf die Stadtwachen überreden, ihnen das Tor zu öffnen.

Die Königshalle war bereits zur Hälfte leer, als Olaf mit seiner Wikingerschar eintrat. An der Königstafel saßen nur noch König Mieszko und sein Sohn Boleslaw mit einigen Fürsten des Reiches. Die Damen hatten sich bereits zurückgezogen. Olaf war innerlich enttäuscht. Aber konnte er erwarten, daß Prinzessin Geira hier saß und auf ihn wartete? Natürlich nicht. Sicherlich war er ihr völlig gleichgültig.

Jarl Olaf wurde von König Mieszko freundlich begrüßt. Als Fürst Boleslaw zu Olaf trat, hielt er einen kleinen Gegenstand in der Hand, der in ein besticktes Tuch eingewickelt war. „Dieses Geschenk wartet bereits seit mehreren Tagen auf seinen Empfänger. Nimm, Jarl Olaf. – Es stammt von dem glücklichen Besitzer des Wisentfelles", raunte Boleslaw ihm ins Ohr.

Olaf war vor Verwunderung sprachlos.

„Du weißt vielleicht noch nicht, daß es zu den Gebräuchen der Christen gehört, am Heiligen Abend Gaben zu verschenken", erklärte der Fürst ihm.

Olaf schnürte den Gegenstand vorsichtig auf. Das schönbestickte Tuch glättete er mit der Hand. Darin befand sich – ein Kreuz, das Zeichen der Christen. Es war aus purem Gold. Olaf sah erstaunt auf diese Gabe. Warum wurde ihm, einem heidnischen Nordmann, ausgerechnet das Zeichen der Heuchler geschenkt? Es konnte nur eine einzige Bedeutung haben: irgendjemand am Hofe wünschte, daß er ein Christ sei. Aber wer war dies? Olaf blieb im Ungewissen.

„Ich weiß nicht, ob ich dieses Kreuz annehmen sollte", sprach Olaf sichtlich verwirrt.

„Ich wüßte keinen Grund, warum du es nicht könntest", entgegnete Boleslaw.

Olaf fand in dieser Nacht keinen Schlaf. Die Ungewißheit über den Geber hielt ihn trotz des weichen Bettes wach. Was sollte er mit dem Kreuz anfangen? Er war kein Christ. Aus Rußland zog er fort, um den Glauben seiner Väter nicht verleugnen zu müssen. Hatte er denn seine glänzende Zukunft am Hofe Wladimirs aufgegeben, um hier doch zum Christenglauben überzutreten? – Nein. – Aber wenn das Kreuz von Geira wäre? Würde er sich wegen ihr taufen lassen? – Olaf schwankte im Innern.

Anderntags bemerkte Fürst Boleslaw beiläufig: „Das Tuch trägst du um den Hals, nur das Kreuz sehe ich nicht."

„Das liegt daran, weil ich kein Christ bin", erwiderte Olaf wahrheitsgemäß. Boleslaw nickte. Für Olaf als Gast galt das Gesetz der Glaubensfreiheit, wenn auch der Christenglauben deutlich bevorzugt wurde.

Zum Neujahrstag wurde Olaf von Königin Oda vor versammeltem Gefolge zum Kirchgang eingeladen. Das hatte Olaf bereits heimlich befürchtet. Er konnte es der Königin nicht abschlagen, ohne dadurch bei ihr in spürbare Ungnade zu fallen. Olaf entgegnete darum, daß er neugierig darauf sei.

In der Kirche bekam er zu seiner größten Freude einen Platz hinter der Königsfamilie. Schräg vor ihm saß Geira. Er hätte nur die Hand nach ihr auszustrecken brauchen, um sie zu berühren, so nahe saß sie vor ihm.

Bischof Unger predigte, zwischendurch sang die Gemeinde. Der Sinn seiner Worte und der Lieder war Olaf kaum verständlich. Es war eine alte Saga aus einem fremden Land. Zum Schluß aß der Bischof ein Stück Brot und sagte, daß dies der Leib von Christus sei. Anschließend trank er aus einem goldenen Kelch und sagte, daß dies sein Blut sei. Olaf staunte. Der Priester trank also das Blut seines Gottes. Olaf erschauderte bei diesem Gedanken. Die Nordmänner tranken nur das Blut der Opfertiere. Das Blut ihres

Gottes wäre ihnen zu heilig. Kein Nordmann würde es wagen, das Blut Odins, Thors oder Freyrs zu trinken. Anscheinend töteten die Christen einen ihrer Götter, überlegte sich Olaf.

Die Gesänge der Heuchler ergriffen allerdings sein Herz. So etwas Wunderschönes hatte er noch nie aus den Kehlen von Menschen vernommen. Sie bestanden aus hohen und tiefen Tönen, von Frauen und Männern gleichzeitig gesungen. Die Lieder hinterließen den stärksten Eindruck bei Olaf.

Das Innere der Kirche war fast noch kostbarer ausgeschmückt als das der Königshalle. Menschenfiguren, in Stein gehauen oder in Holz geschnitzt, waren so kunstvoll und lebensecht gearbeitet, daß man sie kaum von den Lebenden unterscheiden konnte. Große Bilder waren an die Holzwände gemalt, deren Bedeutung Olaf unbekannt blieb. An der Giebelwand hinter dem Altar hing ein großes Holzkreuz. Die geschnitzte Figur stellte dar, wie ein Mann zu grausamer Folter mit Händen und Füßen an das Kreuz genagelt wurde. Bevor Olaf sich die ganze Kirche ansehen konnte, war der Gottesdienst zu Ende.

Als die Gläubigen die Kirche verließen, trafen sich kurz die Blicke von Prinzessin Geira und Olaf. Olaf glaubte, ein flüchtiges Lächeln in Geiras schönem Antlitz erkennen zu können. Kam dieser Zug davon, weil sie ihn in der Kirche sah? Das war eine Frage, auf die Olaf keine Antwort wußte und die ihn lange beschäftigte.

Am Mittag durfte Jarl Olaf sogar an der Tafel des polnischen Königs speisen. Er saß Fürst Boleslaw und dessen Gemahlin gegenüber. Neben Olaf saßen polnische Fürsten und Fürstinnen. Dies war wiederum eine besondere Ehre für ihn.

Olaf fand heraus, daß die Christen diesen Tag als den ersten Tag im neuen Jahr feierten. Sie zählten sogar die Sommer und Winter und behaupteten ernsthaft, daß jetzt bereits das neunhundertneunundachtzigste Jahr begonnen habe, seit der Geburt des Gottessohnes. Olaf staunte darüber, daß die Welt bereits so lange bestehen sollte.[3] Viele Fragen brannten ihm auf der Zunge, doch er fürchtete, durch Fragerei seine Unwissenheit einzugestehen und sich vor der Druzina des polnischen Königs lächerlich zu machen, deshalb schwieg er.

Nach diesen festlichen Tagen fertigte Olaf die letzten Karten über Rußland an, wie es König Mieszko wünschte. So lange er damit beschäftigt war, blieb ihm kaum Zeit, über seinen Herzenskummer nachzudenken.

Nach einem Mond war er damit fertig. Boleslaw nahm die Karten und Stadtpläne an sich, um sie dem König zu zeigen. Bald darauf ließ der Polenkönig Jarl Olaf vor seinen Thron rufen. Er bedankte sich bei ihm für die wertvollen Nachrichten über das Kiewer Reich. Als Belohnung schenkte er Olaf ein kostbares fränkisches Schwert mit vergoldetem Knauf. König Mieszko bot Olaf sogar an, mit seiner Wikingerschar in seine Druzina einzutreten, wenn er den Wunsch dazu habe. Aber zuvor müsse er sich mit seinen Nordmännern natürlich taufen lassen. Olaf bedankte sich höflich und bat um Bedenkzeit bis zum Frühjahr.

Ein weiterer Mond verging. Olaf weilte abwechselnd im Wik und am polnischen Königshof in Posen. Er kam immer seltener mit Fürst Boleslaw zusammen. Dieser war zwar immer freundlich zu Olaf und lud ihn zu Festen und Vergnügungen ein, doch Olaf wußte kaum noch, über was er sich mit Boleslaw unterhalten sollte. Seine geheimsten Gedanken wagte er dem Sohn seines Gastgebers aber nicht zu sagen.

Das Essen am Königshof verschlechterte sich merklich. Als Olaf nach dem Grund hierfür fragte, erhielt er zur Antwort, daß die Christen fasten, also freiwillig hungern würden. Für Olaf war dies unverständlich. Er wußte aus seiner Kindheit, was wirklicher Hunger bedeutet. Er konnte nicht verstehen, weshalb die Heuchler freiwillig hungerten. Olaf erfuhr weiter, daß noch ein hohes christliches Fest bevorstand: das Osterfest. An diesem Tag sei ihr Gott Christus von den Toten auferstanden, nachdem er drei Tage zuvor ans Kreuz genagelt worden war. Olaf besuchte manchmal den Gottesdienst, denn die schönen Gesänge hatten es ihm angetan. Doch so nahe wie am Neujahrsfest durfte er nicht mehr hinter Geira sitzen.

Als Olaf wieder einmal aus Neugierde dem Gottesdienst zuhörte, kam einer der schwarzgekleideten Priester auf ihn zu und bat ihn, auf seinem Platz sitzen zu bleiben, bis die Kirche von den Gläubigen verlassen sei. Olaf blieb verwundert sitzen.

Als letzte verließen die polnischen Fürsten und Fürstinnen die Kirche, darunter auch die königliche Familie. Bischof Unger, der sich unter ihnen befand, trat auf Olaf zu. Er fragte Olaf geradeheraus und noch dazu so laut, daß alle es hören konnten, ob er gewillt sei, den rechten Glauben anzunehmen.

Olaf sah, daß die Augen aller auf ihn gerichtet waren. Auch Geira befand sich im Gefolge des Herrscherpaares. Olaf zögerte darum mit der Antwort, die, wenn Bischof Unger ihm die Frage unter vier Augen gestellt hätte, ein klares Nein gewesen wäre. Schließlich entgegnete Olaf wahrheitsgemäß, daß er zu wenig über den Glauben an den Herre Christ wisse, um dies jetzt und hier entscheiden zu können.

„Möchtest du die Botschaft Gottes hören?" fragte Bischof Unger ihn streng anblickend.

„Da ich zur Zeit doch nicht weiß, was ich tun soll, bin ich nicht abgeneigt", gab Olaf zur Antwort.

„Komm in zwei Tagen nach dem Frühstück in mein Haus neben der Kirche", sprach der Bischof und ließ Olaf stehen.

Olaf fühlte sich nicht wohl in seiner Haut, als er am verabredeten Tag zu dem Haus ging, in dem die Priester wohnten, was er wußte. Ein Mönch stand vor dem Eingang. Er führte Olaf in einen größeren Raum, der fast wie eine Kirche eingerichtet war. In den Bänken saßen viele junge Einwohner Posens, nicht jünger als zwölf und nicht älter als zwanzig Sommer. Die meisten von ihnen waren gut gekleidet, anscheinend die Söhne und Töchter wohlhabender Händler der Stadt. Der Priester bat sie zusammenzurücken, damit für Olaf ein Sitzplatz frei würde.

Kurz danach kam Bischof Unger. In seiner Begleitung befand sich eine junge Frau. Olaf erkannte freudig überrascht, daß es Geira war. Geira schien nur einen flüchtigen Blick für Olaf übrig zu haben. Aber erneut huschte ein kaum wahrnehmbares Lächeln über ihr Gesicht, wie damals in der Kirche.

Bischof Unger unterrichtete die Anwesenden über den Glauben. Zwischendurch lernten sie ein Lied auswendig. Der Bischof sang die Melodie vor, während Geira ihn mit der Flöte begleitete.

Die Unterrichtung im Glauben dauerte bis zum Mittag. Zum Schluß sprachen sie ein Gebet. Der Bischof teilte Olaf mit, daß es Vorbedingung sei, ihm an zwanzig Tagen zuzuhören, um getauft und in die Christengemeinde aufgenommen zu werden. Dies sei bereits der achte Tag, doch bei Olaf sei er bereit, eine Ausnahme zu machen, falls er wünsche, in die Gemeinschaft der Christen aufgenommen zu werden.

Da sich Prinzessin Geira im Zimmer befand, wagte Olaf wiederum nicht, Bischof Unger zu widersprechen. Er nickte bejahend.

„Beim nächsten Mal kommst du ohne Waffen", tadelte der Bischof ihn.

„Ich wußte nicht, daß es verboten ist", entschuldigte sich Olaf.

„Es ist nicht verboten, aber in diesem Hause sind Waffen unangebracht. Du wirst mich zwar kaum verstehen, doch jetzt weißt du es. Gott sei mit dir, mein Sohn", verabschiedete sich Bischof Unger. Prinzessin Geira folgte ihm, ohne Olaf eines weiteren Blickes zu würdigen.

Beim nächsten Unterricht erschien Olaf anscheinend ohne Waffen. Den Dolch von Königin Oda hatte er freilich unter dem linken Ärmel verborgen, man konnte ja nie wissen.

Zuerst verlief alles gut. Olaf hörte gespannt und sichtlich mit Neugierde der Glaubensbotschaft zu. Aber dann lernten sie ein Lied auswendig. Jeder mußte den Text aufsagen. Olaf wurde natürlich nicht ausgenommen. Alle, die vor ihm an der Reihe waren, sagten den Text fehlerfrei auswendig her. Die erste Hälfte des Textes ging ihm glatt von den Lippen, doch dann kam er ins Stocken. Noch einen Vers brachte er mühsam zusammen. Aber beim letzten verplapperte er sich derartig, daß die Anwesenden laut kicherten. Solch eine Schande war ihm seit seiner Kindheit nicht mehr widerfahren. Olaf errötete bis unter die Haarwurzeln. Er eilte kopflos aus dem Zimmer.

„Komm zurück mein Sohn!" rief der Bischof ihm verwundert nach.

Doch für Olaf gab es kein Halten mehr. So etwas mußte ausgerechnet ihm zustoßen! Und das noch in Anwesenheit Geiras! Lächerlich hat er sich vor ihr gemacht! Er, der Jarl einer tapferen Wikingerschar, nahm Glaubensunterricht bei Heuchlern! Er nannte sich selber einen Esel, weil er diese Dummheit begehen konnte. Die ganze Stadt würde von diesem Vorfall erfahren! Unausdenkbar, was es für Folgen hätte, wenn seine Gefolgsmänner davon Wind bekämen! Mit Gelächter und Spott würde man ihn empfangen, wo immer er sich blicken ließe! Olaf eilte in das Gästehaus, um seine Waffen und sonstigen Habseligkeiten an sich zu nehmen. Fort, weit fort wollte er von hier. Niemals mehr würde er nach Posen zurückkehren. Niemals mehr!

„Jarl Olaf!" rief plötzlich Fürst Boleslaw hinter seinem Rükken. „Ich habe gehört, du nimmst Glaubensunterricht beim Bischof", sprach dieser wie beiläufig.

Verflucht! Jetzt mußte ihm Boleslaw noch über den Weg laufen. – „Und von wem hast du das erfahren?" fragte Olaf sichtlich erregt.

„Völlig unwichtig. Ich freue mich jedenfalls sehr. Die ganze königliche Familie ist sehr erfreut darüber, besonders die Königin."

Soso, die Königin. Aber die Königin brauchte keine zwei Wisentfelle. Er hätte viel lieber gewußt, ob sich der Besitzer des zweiten Wisentfelles auch darüber freute. Aber das war jetzt sowieso unwichtig. – „Ich muß dir leider mitteilen, daß ich damit Schluß gemacht habe", erwiderte Olaf verärgert.

„Tatsächlich? – Aber weswegen, aus welchem Grund?" fragte der Fürst betroffen.

„Es hat ja doch keinen Zweck", entgegnete Olaf ausweichend.

„Aber so schnell gibt man doch einen Vorsatz nicht auf!"

„Wenn man zu der Einsicht gelangt ist, daß es keinen Zweck hat, dann ja", beharrte Olaf.

„Gibt es etwa einen bestimmten Grund zu dieser plötzlichen 'Einsicht'?" fragte Fürst Boleslaw.

„Es ist ... ich bin ... nicht mehr jung genug, um mit Halberwachsenen Lieder auswendig zu lernen", erklärte Olaf erneut errötend.

„Gefallen dir diese Lieder etwa nicht?" fragte Boleslaw erstaunt.

„Doch, sogar sehr! Nur kann ich die Texte, deren Sinn mir noch so fremd ist, nicht so schnell auswendig lernen", gab Olaf zu.

„Hast du dich etwa beim Aufsagen verplappert?" fragte Boleslaw, er konnte ein Schmunzeln nicht mehr unterdrücken.

„Woher weißt du das?" fragte Olaf erstaunt.

„Das ist völlig nebensächlich." Boleslaw lachte, er konnte sich nicht länger beherrschen. – „Und deswegen bist du einfach davongerannt?"

„Ja", nickte Olaf. Eine Ahnung stieg in ihm auf.

„Komm mit, Jarl Olaf. Ich werde die Sache in Ordnung bringen", sprach Boleslaw wieder ernsthaft. Er nahm Olaf am Arm und zog ihn mit sich. Olaf folgte ihm willenlos.

Vor dem Eingang des Unterrichtsraums blieb er aber stehen.

„Keine Sorge, Jarl. Keiner wird es wagen, den Gast des Königs auszulachen", beruhigte Boleslaw ihn.

Boleslaw trat mit Olaf ein. Der Bischof unterbrach sofort den Unterricht. Boleslaw bat Bischof Unger, Jarl Olaf vom Abfragen der Liedertexte in Zukunft zu befreien. Er werde dem Jarl andere Lehrer dazu geben. Der Bischof war damit einverstanden. Boleslaw blieb die restliche Zeit bis zum Mittag neben Olaf sitzen und hörte sich ebenfalls die Glaubensbotschaft an. „Eine Wiederholung kann ganz nützlich sein, bei solch einer frommen Schwester wie Geira", flüsterte er augenzwinkernd.

Am selben Abend sollte Olaf seine neuen Lehrer kennenlernen. Fürst Boleslaw führte Olaf zu dessen größter Verwunderung in die königlichen Privatgemächer. In einem größeren Zimmer saß Königin Oda, um sie herum saßen ihre Kinder, ihre Stieftöchter und noch einige Fürstenfrauen der Druzina. Olaf konnte es kaum glauben, das sollten seine Lehrer sein?

„Jarl Olaf Tryggvisson, wir freuen uns alle von ganzem Herzen, daß du den Entschluß gefaßt hast, den rechten Glauben anzunehmen und den Teufelsglauben künftig zu verachten. Wir sind glücklich zu wissen, daß deine Seele gerettet sein wird", empfing die Königin ihn überaus freundlich.

Nun gab es kein Zurück mehr für Olaf, ohne die Anwesenden, darunter auch Geira, zutiefst zu enttäuschen und zu beleidigen.

„Ich schätze mich sehr geehrt über die Hilfe so vieler hoher Frauen", antwortete Olaf, wie es sich gebührte.

„Aber das tun wir doch gerne! Wir stehen sowieso noch in der Schuld des tapferen Wisentjägers", entgegnete die Königin. „Beginnen wir mit dem Aufsagen des Textes", schlug sie sogleich vor. Später sangen die Frauen auch die Melodie vor. Ein Teil von ihnen mußte Boleslaw und Olaf bei der tiefen Melodie mithelfen, wobei sich oft ihre Stimme überschlug oder sie falsch sangen, was jedesmal ein Anlaß zu herzlicher Belustigung war.

Olaf hatte jetzt sogar Einlaß in das Privatleben der königlichen Familie gefunden. Er konnte nun Geira beobachten, wie sie sich benahm und wie sie sich mit ihren Geschwistern und den Frauen des Hofes unterhielt. Nun gab es keinen Rettungsanker mehr für sein Herz. Er verliebte sich hoffnungslos in die schöne Geira. Jedoch fand Olaf keine Gelegenheit, mit Prinzessin Geira unter vier Augen zu sprechen.

Einige Tage vor dem Osterfest reiste der König mit seiner Familie und dem größten Teil seiner Hofgesellschaft nach Gnesen. Dort wollte er das diesjährige Fest feiern. In der Kirche zu Gnesen lag König Mieszkos erste Gemahlin begraben, Boleslaws Mutter. Sie wurde von den Christen wie eine Heilige verehrt.

Am Tag vor dem Fest ließ sich Olaf Tryggvisson in der Gnesener Kirche taufen. Boleslaw war sein Pate. Olaf erschien in einem langen weißen Gewand, das er über seine Kleider ziehen mußte, vor dem Taufbecken. Er beugte sein Haupt darüber, und Bischof Unger benetzte ihn dreimal mit Taufwasser. Als Patengeschenk bekam Olaf von Fürst Boleslaw eine kostbare Gewandfibel geschenkt.

Am selben Abend legte Jarl Olaf vor König Mieszko den Gefolgschaftseid ab. Bevor Olaf aber diesen schwerwiegenden Schritt wagen konnte, ließ er sich von dem Polenkönig zusichern, daß seine Wikinger nicht zur Taufe gezwungen werden sollten, sonst hätte er unweigerlich seine Jarlsherrschaft über sie verloren. Weiterhin wurde zwischen ihnen vereinbart, daß Olaf mit seiner Wikingerflotte den Schutz der Binnengewässer, hauptsächlich der Oder, der Wartha und der Weichsel übernehmen solle. Dies war gleichzeitig für Olaf eine Garantie für weitestgehende Unabhängigkeit und Selbständigkeit. Jarl Olaf und seine

Wikinger besaßen die Aufgabe, die Wasserwege von räuberischen Wikingerhaufen zu säubern und sie in Zukunft davon fernzuhalten. Denn ein ungestörter Handel bedeutete für den Polenkönig eine Steigerung seiner Steuereinnahmen aus den Marktzöllen, die die Händler in jeder Stadt mit Marktrecht entrichten mußten.

Als Olaf vor dem Einschlafen darüber nachdachte, wie er dazu kam, sich taufen zu lassen und ein Gefolgsmann König Mieszkos zu werden, konnte er nur über sich selber den Kopf schütteln. Von Tag zu Tag verstrickte er sich tiefer in die Netze des fremden Glaubens. All dies tat er nur, weil er glaubte, dadurch seine heimlich geliebte Geira öfters sehen zu können und weil er hoffte, eines Tages eine günstige Gelegenheit zu finden, ein paar Worte mit ihr wechseln zu können. Einzig und allein wegen Geira ließ er sich taufen, nicht aber, weil er von den Idealen des neuen Glaubens überzeugt gewesen wäre. Für einen Nordmann und Seekönig, wie Olaf, war es gewiß nicht leicht, Gefallen an dem Herre Christ zu finden. Olaf wußte aber auch, daß alle großen und mächtigen Könige in Mitgard[4] an den Herre Christ glaubten. Von ihm ging möglicherweise doch ein größeres Heil aus, als von dem Kriegsgott Odin, dem Hauptgott für einen Nordmann aus dem Stand der Jarle und Könige, so auch für Olaf.

Kurz nach dem Osterfest reiste König Mieszko nach Posen zurück, weil dringende Regierungsgeschäfte dort auf ihn warteten. Königin Oda blieb mit der königlichen Familie noch einige Tage in Gnesen.

Eines Morgens stand Olaf früh von seinem Nachtlager auf. Die Neugierde trieb ihn in die Kirche, um sich in aller Ruhe darin umsehen zu können. Da er jetzt ein Gefolgsmann des Polenkönigs war und zum Zeichen seines Christenglaubens das goldene Kreuz um den Hals trug, stand ihm der Zutritt in das Gotteshaus offen.

Langsam ging Olaf an den großen Bildern und an den Altären vorbei. Was sie darstellten, war ihm jetzt nicht mehr völlig unbekannt. Er wußte genug von dem neuen Glauben, um die Geschichte, die jedes Bild erzählte, einigermaßen verstehen zu können.

In einer Nische der Holzkirche[5], dort wo die heilige Dobrawka, die Mutter Boleslaws, bestattet war, sah Olaf eine Frau vor dem Altar knien. Nach der kostbaren Kleidung zu schließen, mußte es eine Hofdame sein. Olafs Herz begann schneller zu schlagen. Leise trat er näher an die Betende heran. Olaf hielt den Atem an: es war Geira. Er kniete neben ihr nieder. Geira war so tief ins Gebet versunken, daß sie ihn nicht bemerkte. Jetzt oder nie, dachte Olaf. Ich muß Gewißheit haben.

„Ich möchte mich für das kostbare Weihnachtsgeschenk bedanken, Prinzessin Geira."

Geira erschrak leicht. Sie hob den Kopf und blickte Olaf mit ihren schönen Augen an. – „Welches Geschenk, Jarl Olaf?" entgegnete die Prinzessin anscheinend ahnungslos.

„Dieses Kreuz", antwortete Olaf mit stockendem Atem. Was wäre, wenn Geira gar nicht die Geberin wäre? Unausdenkbar!

„Wieso glaubst du, daß es von mir sei?" fragte Geira kühl.

„Mein Herz sagt es mir", entgegnete Olaf.

„Und wenn das Kreuz nun nicht von mir wäre? Was dann, Jarl Olaf?" fragte die Prinzessin.

„Was dann ...", überlegte Olaf mit tonloser Stimme. – „Dann würde ich einem Goldschmied den Auftrag geben, ein Thorshammer[6] daraus zu fertigen", sprach er unbedacht.

„Ich höre, dein Glaube an Christus ist noch nicht tief", stellte Prinzessin Geira sichtlich enttäuscht fest. – „Oder hast du dich nur wegen mir taufen lassen?" Geira sah Olaf erstaunt, ja sogar erschrocken an.

„Ja, ich gebe es zu. Ich ließ mich nur taufen, um dich öfters sehen zu können, Prinzessin Geira. Vielleicht war es ein dummer Entschluß. Was hilft es mir, wenn ich eine wunderschöne Prinzessin öfters sehe, die mir trotz meines

Glaubenswechsels immer unerreichbar ist. Ich kann den König nicht um deine Hand bitten, weil ich nur ein heimatloser Jarl bin, der keine Herrschaft besitzt, außer über fünfhundert, ebenfalls heimatlose Wikinger. Ich weiß auch nicht, ob dein Herz für mich das gleiche fühlt, wie mein Herz für dich, Prinzessin Geira." Olaf nahm zärtlich ihre rechte Hand in seine. Er neigte sein Haupt über ihre zierliche Hand und küßte sie.

„Ach, Olaf", seufzte Geira leise und mit hörbarer Traurigkeit in der Stimme.

„Ich bitte dich, laß mich nicht länger im Ungewissen. Ist das Kreuz von dir?" fragte Olaf.

Geira zögerte einige Augenblicke, endlich nickte sie. – „Ja, es ist von mir. – Ich besitze auch dein zweites Wisentfell. Ich wollte es zur Erinnerung an den tapferen heimatlosen Königssohn, der mir das Leben rettete", gestand Geira.

Olaf hätte vor Glück beinahe einen Jubelschrei ausgestoßen. „Mein Herz ist voller Liebe für dich, Geira", wagte er der Prinzessin zu gestehen. „Was sagt dein Herz?"

Geiras Haupt sank traurig nach vorn, Tränen flossen ihr über die Wangen. Geira weinte.

Olaf sah beschämt zu Boden. Nun hatte er nicht nur sich selber Herzenskummer geschaffen, sondern auch noch einem Menschen, den er liebte.

„Ich liebe dich auch, Olaf", sprach Geira. Sie wischte sich die Tränen von den Wangen und versuchte zu lächeln. Geira legte ihren Kopf an Olafs Schulter. – „Doch es gibt keinen Weg für unsere Liebe, der uns ans Ziel unserer Wünsche bringen könnte."

„Ich werde die Hoffnung niemals aufgeben", erwiderte Olaf. – „Gibt es einen Ort, wo wir uns treffen könnten?"

„Wenn wir zusammen gesehen werden, wäre das dein Todesurteil", flüsterte Geira angstvoll.

„Aber was soll dann aus unserer Liebe werden, meine geliebte Geira?" fragte Olaf ratlos.

„Ich weiß es auch nicht, Olaf. – Nur einer könnte uns vielleicht helfen: Boleslaw."

„Ja", nickte Olaf. „Er wäre der Einzige."

„Sprich du mit Boleslaw. Sag ihm, daß wir uns von ganzem Herzen lieben und daß seine Hilfe unsere einzige Hoffnung ist", bat Geira.

„Ja, ich werde mit ihm sprechen, meine geliebte Geira."

„Mein geliebter Olaf", hauchte Geira.

Sie küßten sich lange fest umschlungen. Dann eilte Geira aus der Kirche.

An diesem Tag fand Olaf keine Gelegenheit, um mit Fürst Boleslaw über seine Liebe zu Geira zu sprechen. Aber am folgenden Abend.

„Mein Fürst, ich habe dir etwas Wichtiges mitzuteilen. Darf ich dich bitten, in mein Gemach zu kommen, wo wir allein und ungestört sind?" bat Olaf.

Boleslaw folgte ihm verwundert.

„Ich lege mein Schicksal vertrauensvoll in deine Hände, Boleslaw", begann Olaf. „Kurz gesagt: ich liebe Geira. Und Geira liebt mich ebenfalls, das sagte sie mir mit eigenem Munde."

„Also doch", erwiderte der Fürst betroffen, als wenn er es bereits befürchtet hätte. – „Wo?" fragte er.

„In der Kirche", gestand Olaf.

„Großer Gott", seufzte Boleslaw.

„Es war mein Wunsch und auch Geiras Wunsch, es dir zu offenbaren und dich gleichzeitig um Beistand zu bitten", sprach Olaf seine Bitte aus.

„Ich halte dich für einen klugen Mann, Jarl Olaf", entgegnete Boleslaw mit ernster Miene. „Ich brauche dir wohl nicht zu erklären, was es für Folgen für dich hätte, wenn der König von diesem Zusammentreffen erfährt."

„Wenn ich es trotzdem wagte, dir meine Liebe zu bekennen, so kannst du ersehen, wie groß sie ist. Ich habe alles für meine Liebe gewagt. Ich ließ mich taufen und wurde ein Gefolgsmann König Mieszkos, ohne Rücksicht auf meine

Jarlsherrschaft. Ich wagte es, Prinzessin Geira meine Liebe zu bekennen. Ich gestand es auch dir und lege damit mein Schicksal in deine Hände." Olaf setzte sich auf sein Bett und bedeckte sein Gesicht mit beiden Händen.

„Hast du auch bedacht, was du da von mir verlangst?" fragte Boleslaw nach einer Weile.

„Nein", gab Olaf ehrlich zu. „Sonst hätte ich wohl nie diese Bitte an dich gerichtet."

„Du bist klug genug, Jarl Olaf, um zu wissen und auch zu verstehen, daß Königstöchter meist nicht den Mann heiraten können, den sie lieben, sondern als politische Pfänder an ausländische Könige verheiratet werden. Das Schicksal einer Prinzessin ist trotz des äußeren Glanzes nicht immer beneidenswert. Andererseits ist es eine ehrenvolle Aufgabe, als Freundschafts- und Friedensgarantin einem benachbarten Herrscher verbunden zu werden."

Olaf erschrak. „Besteht bereits eine derartige Heiratsvereinbarung?"

Boleslaw schüttelte den Kopf. „Nein, das wüßte ich mit Sicherheit. Aber ich weiß, daß der König große Pläne mit seiner ältesten Tochter hegt und große Hoffnungen auf sie setzt, was die Unabhängigkeit und den Fortbestand unseres jungen polnischen Königreiches betrifft", erklärte Boleslaw schonend seinem Gastfreund.

„Du bist demnach der Überzeugung, daß der König aus diesen Gründen niemals seine Zustimmung zu einer Heirat zwischen Geira und mir geben würde."

„Ich halte es für sehr unwahrscheinlich", gestand Boleslaw offen und ehrlich. – „Ich zweifele nicht an deiner Liebe, doch du wirst verstehen, daß ich mich zuerst über die Ernsthaftigkeit von Geiras Gefühlen überzeugen muß, bevor ich das Geringste für euch beide tun kann. Allein schon der Mitwisser eures Zusammentreffens zu sein, kann mich alles kosten. Hüte dich davor, die geringste Unvorsichtigkeit zu begehen, Olaf. Ich bitte nicht aus Sorge um Geira oder gar um mich, sondern nur um deinetwegen. Dein Leben steht auf dem Spiel", warnte Fürst Boleslaw ihn.

„Mein Leben bedeutet mir wenig, wenn ich Geiras Liebe nicht besitzen darf", entgegnete Olaf traurig.

„Ich spreche mit Geira. Wenn ich sehe, daß ihre Liebe ebenso groß ist wie deine, will ich versuchen, euch zu helfen, so viel in meiner Macht steht, das verspreche ich dir. – Im anderen Falle aber, wenn ich sehe, daß Geiras Liebe schwankt, werde ich dich bitten müssen, unser Königreich sofort zu verlassen und nie mehr wiederzukommen."

„Im letzteren Falle verlasse ich mit meinen Wikingern sofort König Mieszkos Reich", versprach Olaf.

„Ich selber wünsche dir von ganzem Herzen, daß deine Liebe in Erfüllung geht, Olaf", sprach Boleslaw sogleich wieder freundschaftlich.

„Ich danke dir von ganzem Herzen, Boleslaw. Ich werde nie vergessen, was du für mich wagst."

Mit diesen Worten trennten sie sich.

Wenige Tage später kehrte die Königin mit ihrer Familie nach Posen zurück.

In der Stadt wartete Thorgeir bereits ungeduldig auf die Rückkehr Olafs. Thorgeir trat auf seinen jugendlichen Jarl zu. Drei Schritte vor ihm blieb er erschrocken stehen. Mit weit aufgerissenen Augen sah er auf das Kreuz, das Zeichen der Heuchler, das Olaf über der Brust hing. – „Also doch!" stieß Thorgeir endlich kopfschüttelnd aus. „Ein Händler brachte vor fünf Tagen die Kunde ins Wik, daß du die Taufe angenommen hättest und sogar ein Gefolgsmann des Polenkönigs geworden wärst!"

„Ja, und?" fragte Olaf gespannt. Ihn interessierte vor allem, was seine Krieger darüber dachten.

„Ja, und?" wiederholte Thorgeir aufgeregt. „Ich hätte gedacht, daß du vor so einem schwerwiegenden Schritt zuerst einmal mit mir sprechen würdest!" spielte Thorgeir den Gekränkten.

„Du weißt doch, warum ich es getan habe", entgegnete Olaf augenzwinkernd.

„Heißt das, du glaubst weiterhin ...?"

„Psst!" unterbrach Olaf ihn. „Kein Wort darüber zu irgendjemandem! Es ist zu unser aller Vorteil, wenn ich dem Polenkönig den Gefolgschaftseid geschworen habe. Wir haben für den Schutz der großen Flüsse im Reich zu sorgen. Das ist eine ertragreiche Tätigkeit, und im Winter leben wir angenehm und dazu noch geachtet in einer großen Stadt."

„Das läßt sich hören, Jarl!" rief Thorgeir freudig überrascht aus. „Ich glaube ja an dein Königsheil, Olaf, das weißt du. Aber wie bringen wir es den Männern bei?"

„Wie haben sie die Kunde von meiner Taufe aufgenommen?"

Thorgeir legte eine ernste Miene auf. „Es scheint, als wenn alle bösen Geister des Polenreiches in unser Wik eingezogen wären. Der Steuermann Siegbert ist der Kopf des Aufruhrs. Er hat bereits eine beachtliche Schar auf seiner Seite. Er will dich beim nächsten Vollmond durch einen Thingbeschluß deiner Jarlsherrschaft entheben. Das sind nur noch elf Tage! Du mußt sofort ins Wik kommen und mit den Männern reden, oder du bist die längste Zeit ein Seekönig gewesen", riet Thorgeir eindringlich.

„Ich kann jetzt noch nicht von hier fort."

„Was hindert dich?" fragte Thorgeir verwundert.

„Das kann ich dir nicht sagen. Sende mir ein Schiff mit zuverlässiger Mannschaft, damit ich sofort zum Wik fahren kann, wenn hier alles geregelt ist", bat Olaf seinen treuen Steuermann.

„Du mußt es wissen", brummte Thorgeir mißgelaunt in seinen Bart, weil Olaf ihn nicht in sein Geheimnis einweihen wollte.

Die Tage des Wartens vergingen für Olaf noch langsamer als sonst. Er sah seine geliebte Geira nur von weitem, wenn sie an der königlichen Tafel speiste. Sie wagte anscheinend kaum noch, nach Olaf zu sehen, aus Furcht, daß sie ihren Bruder und ihren Geliebten dadurch verraten könnte.

Olaf traf Fürst Boleslaw nur noch selten. Boleslaw ging ihm sichtlich aus dem Weg. Manchmal wollte in Olaf der Verdacht aufkeimen, daß Boleslaw ihn bei dem König verraten haben könnte, doch er verwarf sogleich wieder dieses schändliche Mißtrauen. Nein, solch einen Verrat würde Boleslaw nicht an Geira und ihm ausführen.

Fünf weitere Tage kamen und gingen. Am Abend trat Boleslaw zu Olaf und bat ihn, ihm zu folgen. Der Fürst führte ihn aus dem Königssaal und durch einen Nebeneingang in seine Privatgemächer. Seine Frau befand sich im Zimmer und noch eine Hofdame – Geira. Olaf eilte zu ihr. „Meine geliebte Geira!" flüsterte Olaf scheu in Gegenwart des fürstlichen Ehepaares.

„Mein geliebter Olaf", flüsterte auch Geira ängstlich. Sie warf sich Olaf in die Arme.

„Ist es nicht ein entzückendes Paar?" schwärmte Boleslaws Gemahlin.

„Ja, nur besteht leider wenig Hoffnung, daß sie je vereint sein werden. Ehrlich gesagt, ich habe nicht die geringste Hoffnung. – Es müßte ein großes Wunder geschehen", entgegnete Boleslaw besorgt.

Nachdem Geira und Olaf ihrer überschwenglichen Gefühle Herr geworden waren, kam Geira sofort auf den Grund ihres Zusammentreffens zu sprechen. „Wer sagt es dem König, meinem Vater?"

„Ich werde mich offen und ehrlich vor dem König zu meiner Liebe zu dir bekennen!" rief Olaf stolz aus.

„Nur das nicht!" dämpfte Boleslaw Olafs Eifer. „Wir sollten zuerst einmal darüber sprechen, wie ihr euch eure gemeinsame Zukunft vorstellt. Ich meine, diese Dinge müssen zuerst geklärt werden. Dann erst sollten wir mit unserer Bitte vor den König treten."

„Das ist richtig, Boleslaw", stimmte Geira ihm zu. „Ich habe nur eine einzige Frage. Bitte verstehe mich nicht falsch, Olaf", bat sie ängstlich.

„Sprich sie ohne Scheu aus, meine geliebte Geira. Ich

werde dir ehrlich antworten", entgegnete Olaf, ohne im geringsten beleidigt zu sein.

„Willst du auch als Christ noch auf Wiking ausfahren, wie es die heidnischen Nordmänner tun?" fragte Geira vorsichtig.

„Darüber habe ich mir offen gestanden noch keine Gedanken gemacht", entgegnete Olaf innerlich erschrocken. Waren doch die Wikingfahrten die einzige Möglichkeit, in kürzester Zeit ein großes Vermögen zu erringen. – „Ich hoffe doch sehr, daß ich als Gefolgsmann des Königs für meine Dienste so gut belohnt werde, daß ich meiner Frau ein standesgemäßes Leben bieten kann", sprach Olaf nachdenklich.

„Und du würdest nie mehr in andere Länder auf Raub ausfahren?" fragte Geira sichtlich erfreut.

„Raub würde ich es nicht nennen, aber wenn du es wünschst, meine geliebte Geira, fahre ich nie mehr auf Wiking aus."

„Ach, Olaf! Ich wußte, du würdest mich nicht enttäuschen!" rief Geira überglücklich aus. „Boleslaw, jetzt gibt es nichts mehr, was mich hindern könnte, Olafs Gemahlin zu werden!"

„Das wäre geklärt", stellte der Fürst sichtlich überrascht fest. „Dann müssen wir nur noch den Tag bestimmen, an dem wir dem König mitteilen, daß eure Herzen zueinander gefunden haben."

„Ich schlage vor, an einem Sonntag nach dem Kirchgang! Dann ist er immer am leichtesten zu überreden." Geira kannte ihren Vater.

„Und an welchem Sonntag?" fragte Boleslaw die beiden.

„Was meinst du, Olaf?" fragte Geira zitternd vor Aufregung. Nun hing alles von der Stimmung ihres Vaters, dem König, ab.

Olaf dachte an seine unruhige Wikingerschar und daran, daß er keine Zeit mehr verlieren durfte.

„Am kommenden Sonntag", schlug er darum vor.

„Gut", nickte Geira zustimmend. „Also in zwei Tagen."

„Mir ist es recht", sprach auch Fürst Boleslaw. „Ich werde nach dem Gottesdienst, wenn sich der König zur Mittagstafel gesetzt hat, ihm eure Liebe offenbaren. Ihr haltet euch in meiner Nähe auf. Aber erst, wenn ich euch auffordere, tretet ihr vor den Hochsitz unseres Vaters. – Und dann hilft nur noch beten", fügte er nachdenklich hinzu.

„Ich danke dir, Boleslaw", sprach Olaf gerührt und drückte ihm fest die Hand. „Wie es auch ausgehen mag, ich werde immer und ewig in deiner Schuld stehen, Fürst."

„Boleslaw", begann Geira zögerlich. – „Wenn du glaubst, daß du zu viel für uns wagst, bitte ich dich, es mir zu sagen. Ich könnte niemals richtig glücklich werden, wenn ich wüßte, daß durch uns deine Zukunft zerstört worden wäre", sprach Geira edelmütig.

„Ich schließe mich Geiras Worten selbstverständlich ganz an", bekräftigte Olaf.

Boleslaw dachte längere Zeit nach. – „Das Glück meiner Schwester bedeutet mir mehr als vieles andere", erwiderte er schließlich. „Ich verliere nichts, was ich nicht bereits vorher verlor."

Olaf sollte erst später erfahren, was Fürst Boleslaw damit meinte.

„Wir werden dir nie vergessen, was du für uns getan hast!" Geira umarmte ihren Bruder und gab ihm einen Kuß auf die Wange.

„Bereitet eure Seelen auf alles vor", ermahnte Boleslaw die beiden zum Abschluß.

„Ich gehe in ein Kloster, wenn Vater mir den Gemahl verweigert, den ich allein nur lieben kann", rief Geira fest entschlossen aus.

Damit war ihre Unterredung beendet. Olaf wurde mit größter Vorsicht wieder aus den Privatgemächern Boleslaws geführt.

Es war Sonntag. Nach der Predigt begab sich die Druzina mit dem Herrscherpaar und deren Kindern zur Königshalle. Es roch bereits nach dem köstlichen Sonntagsmahl.

Der gewohnte Ablauf kam Olaf diesmal wie ein böser Traum vor. Er konnte sich nur mühsam auf ein Gespräch mit einem polnischen Gefolgsmann besinnen. Seine Nerven waren bis aufs Äußerste angespannt. Eine Frage ging ihm immer und immer wieder durch den Kopf: was wäre, wenn der König die Heirat nicht erlauben würde? Geira wollte in ein Kloster gehen, aber dies würde er niemals zulassen, denn er wußte so viel von dem neuen Glauben, daß dann Geira für immer für ihn verloren wäre. Ein verwegener Gedanke kam ihm in der Kirche.

Der König und die Königin nahmen an der Tafel Platz. Kurz darauf trat Fürst Boleslaw vor den Thron seines Vaters. Nun wußte Olaf, daß er dem Schicksal nicht mehr entrinnen konnte.

„Darf ich den König und die Königin um gnädiges Gehör bitten?" rief Boleslaw laut in den Saal, so daß alle Anwesenden auf ihn aufmerksam wurden.

„Was gibt's Boleslaw?" fragte sein Vater in bester Mittagslaune.

Langsam trat Stille in der Königshalle ein.

„Mein Anliegen ist kein alltägliches, mein Vater und gnädiger König. Es sei mir darum gestattet, etwas ausführlicher darüber zu sprechen", begann Boleslaw seine wohldurchdachte Rede.

„Fasse dich kurz, mein Sohn", bat König Mieszko ungeduldig, da die Diener bereits mit dem Austragen der Speisen begannen.

„Ich werde mich bemühen, Vater. – Es ist in unserem Königreich, wie auch in allen Nachbarländern ein alter Brauch, daß die Väter oder die Familienoberhäupter die Ehemänner für ihre Töchter auswählen. Ein kluger und weiser Familienvater hört dabei gewiß auch die Meinung seiner Tochter über den Freier, der um ihre Hand anhält. Wenn seiner Tochter der Freier in gar keiner Beziehung gefällt, wird er ihn gewiß in den meisten Fällen abweisen.

Wenn die Tochter unschlüssig ist und dem Vater gefällt der Freier, rät er ihr zu."

„Mach's kurz, mein Sohn", unterbrach König Mieszko ihn bereits zum zweiten Mal.

„Es gibt aber auch Ausnahmefälle, wie wir alle wissen", fuhr Boleslaw unbeirrt fort. „Nämlich, daß die Tochter bereits ihr Herz an einen Mann verschenkt hat, von dem der Vater noch gar nichts weiß. Solch ein Fall ist in deiner Königshalle eingetreten, mein Vater. Das heiratsfähige Mädchen hat einen tapferen und hochgeborenen Häuptling in der Druzina des Königs gesehen. Nach langer Prüfung ihres Herzens ist sie zu der Erkenntnis gelangt, daß sie diesen Mann von allen Rittern, Fürsten und Königen der Welt allein nur lieben kann. Keinen anderen Gemahl glaubt sie von Gott vorherbestimmt zu haben, als diesen einen. Und wenn sie ihn nicht bekäme, würde sie sogar ein Leben im Kloster aller Pracht und Herrlichkeit dieser Welt vorziehen. Die Jungfrau bittet durch mich den König, daß ihr der Ritter, den allein sie zum Gemahl nehmen würde, durch königlichen Richterspruch nicht verweigert werde", formulierte Boleslaw doppeldeutig.

„Wie lauten die Namen der beiden, und welchen Familien gehören sie an?" fragte der König neugierig.

„Sie mögen sich selber vorstellen", rief Boleslaw in den Saal.

Olaf trat aus den Reihen der polnischen Hofgesellschaft, die jetzt neugierig in einem Halbkreis vor der Königstafel stand.

„Jarl Olaf", rief König Mieszko nicht sonderlich erstaunt aus.

„Ja, mein gnädiger König", antwortete Olaf mit einer tiefen Verneigung seines Hauptes.

„Und wie heißt die Jungfrau", fragte König Mieszko.

Erneut entstand Bewegung in den Reihen der Hofgesellschaft. Prinzessin Geira trat aus der Menschenmenge hervor und lief eilig neben Olaf.

König Mieszkos Augen wurden groß und starr. Sein

Mund öffnete sich, doch die Sprache versagte ihm zuerst. – „Geira, du?" flüsterte der König erschrocken.

„Ja, mein Vater und gnädiger König! Ich liebe Olaf Tryggvisson! Meinetwegen ließ er sich taufen und wurde dein Gefolgsmann! Wir bitten dich auf den Knien, gib uns deinen Segen zu unserem Ehebund!" rief Geira flehentlich aus. Sie und Olaf sanken vor dem Hochsitz auf die Knie.

Erstauntes Gemurmel war unter der Druzina zu vernehmen.

König Mieszko starrte das kniende Paar einige Augenblicke stumm vor Entsetzen an. Dann machte er eine heftige Handbewegung. – „Niemals! Niemals kann ich dazu mein Einverständnis geben!" schrie er wütend. „Geira, ich befehle dir, sofort in dein Gemach zu gehen!"

„Bitte, Vater! Ich liebe Olaf!" wagte Geira in höchster Angst ihrem Vater und König zu widersprechen.

„Nie! Niemals gebe ich dazu meine Einwilligung!" schrie König Mieszko noch wütender. „Ich befehle dir zum letzten Mal! Geh mir aus den Augen, Geira!"

„Bitte, Vater! Denke an die Bibel und denke an mein Herzensglück! Ich gehe in ein Kloster, wenn du mir Olaf verweigerst!" rief Geira in höchster Verzweiflung aus.

„Du wagst es, mir, deinem König, zu drohen! Du hast am allerwenigsten das Recht, mich an die Bibel zu erinnern! Ich verbiete diesen Ehebund, weil ich nur an dein Glück denke! Geh mir aus den Augen, Geira! Sofort!" tobte der König.

„Ich kann nicht! Ich kann Olaf nicht verlassen!" rief Geira weinend aus.

„Du weigerst dich, deinem König zu gehorchen? – Ergreift sie! Sperrt sie in ihr Gemach!" befahl König Mieszko in höchster Wut seinen Kriegern.

Mehrere polnische Krieger traten verlegen näher.

Das war zu viel für Olaf. Er erhob sich. Ein Kopfnicken zu seinen Kriegern genügte, und sie eilten ihrem Jarl zu Hilfe. Olaf zog seinen Dolch. Mit der anderen Hand half er Geira auf die Beine, hielt sie fest umarmt und setzte ihr den Dolch von hinten, unterhalb des linken Schulterblattes, ans Herz. „Halt! Stehenbleiben! Die Prinzessin ist in meiner Gewalt!" rief Olaf in höchster Verzweiflung den polnischen Kriegern zu.

Die Hofdamen schrien vor Entsetzen schrill auf. Der König und die Königin starrten Olaf voller Furcht an.

Olafs Wikinger waren ungehindert zu ihrem Jarl getreten. Insgesamt zehn Mann, seine ständige Begleitung. Sie standen in einer Schildburg um die beiden Liebenden, in der anderen Hand hielten sie ihre Schwerter oder Äxte drohend erhoben.

„König! Du hast die Wahl! Entweder gibst du deine Einwilligung zu unserem Lebensbund oder ich nehme deine Tochter mit mir! Falls du uns nicht den Weg freigibst, fließt Blut!" schrie Olaf herausfordernd.

„Das ist doch nicht möglich!" flüsterte König Mieszko in höchstem Entsetzen.

Boleslaw trat nahe vor den Thronsitz seines Vaters. „Ich zweifele nicht an der Drohung des Jarls, Vater! Ich bitte dich, gib ihnen deine Einwilligung! Oder es kann geschehen, daß das Blut Geiras in deiner Königshalle vergossen wird!" sprach Boleslaw nicht weniger entsetzt.

„Boleslaw hat recht, mein Gemahl", riet Königin Oda in höchster Furcht. „Gib ihnen deine Einwilligung! Eine Bluttat wäre das Schlimmste von allem!"

Auch einige der Fürstinnen und Fürsten des Reiches flehten ihren König an, in diesem Falle seine Zustimmung nicht zu verweigern. Sie waren davon überzeugt, daß der Nordmann seine Drohung wahrmachen würde. Denn ohne Verlust seines Ansehens durfte König Mieszko der Entführung seiner Tochter nicht tatenlos zusehen. Es käme unweigerlich zum Kampf, und dann wäre Geiras Leben in höchster Gefahr. Zudem kannten die Polen den Brauch der Nordmänner, ihren Verstorbenen das Liebste, das sie auf der Welt besaßen, in den Tod mitzugeben. Was lag näher, als Geira mit in ihren Untergang zu reißen?

König Mieszko verbarg sein Gesicht mit beiden Händen.

Tränen flossen ihm über die Wangen. Mit einem Einverständnis würde er zugleich auch seine Machtlosigkeit zugeben. Eine schlimmere Erniedrigung gab es nicht für einen König.

„Vater! Ich flehe dich auf den Knien an!" rief Boleslaw erneut aus. „Opfere nicht das Leben deines Kindes zum Beweis deiner Königsallmacht! Ich bitte um das Leben Geiras!" bat Boleslaw mit Tränen in den Augen.

„Auch wir bitten um das Leben Geiras!" riefen viele Ritter und Hofdamen aus der Druzina des Polenkönigs, die es nicht mitansehen könnten, daß Geira erstochen werden würde. Auch sie ließen sich auf die Knie fallen.

Der König sah sich verwundert im Saal um, er seufzte hörbar. Tränen der Angst und der Wut flossen ihm über die Wangen. Schließlich schien doch die Angst um Geiras Leben die Oberhand zu gewinnen. Sein Blick blieb auf Bischof Unger haften. Der Bischof nickte zustimmend.

„Um Christi Willen! – Ich gebe meine Einwilligung zu diesem Ehebund, Geiras Leben zuliebe", sprach der König leise.

„Ich verlange einen heiligen Eid!" verlangte Olaf aus Vorsicht.

„Was unterstehst du dich?" brauste König Mieszko beleidigt auf.

„Ich verlange einen Eid! Vorher nehme ich die Waffe nicht herunter!" rief Olaf trotzig aus.

Der König sah Olaf mit durchbohrendem Blick an. Endlich erhob er seine rechte Hand zum Schwur. „Ich schwöre bei Gott dem Allmächtigen, daß ich Geira meine Einwilligung zu dem Ehebund mit Olaf Tryggvisson gebe", sprach König Mieszko mit heiserer Stimme.

Jetzt erst ließ Olaf den Dolch sinken.

Königin Oda trat furchtlos durch die Reihe der Nordmänner. Sie umarmte Geira freundlich lächelnd. „Komm mit mir, Geira. Jetzt wird ja alles gut werden." Sie führte ihre Stieftochter an die Mittagstafel.

Nachdem das Mahl aufgehoben war und die Diener Schüssel und Teller abgeräumt hatten, rief König Mieszko Jarl Olaf vor seinen Thron. Klopfenden Herzens trat Olaf vor den Polenkönig. Nun würde er die Antwort auf seine Kühnheit erhalten.

„Jarl Olaf Tryggvisson!" begann König Mieszko. „Dem Glücke meiner Tochter zuliebe, werde ich dich nicht meines Reiches verweisen! Eure Trauung bestimme ich auf den nächsten Sonntag! Die Mitgift, die Geira erhält, wird zur Strafe für ihre Eigenmächtigkeit nicht höher sein, als die einer gewöhnlichen Händlerstochter! Wenn Geira deine Frau geworden ist, muß sie meine Königsburg verlassen! Wohin sie zieht, ist mir gleich! Deine Frau wird also nicht reich sein! Du mußt sie mit deinen Einkünften ernähren! Das ist die Strafe für ihren Ungehorsam gegen ihren Vater und für deine Hochmütigkeit vor deinem König!" rief König Mieszko mit kaum beherrschter Wut aus.

Geira schluchzte laut auf.

„Ein Wikingerjarl ist es gewohnt, seine Familie aus eigener Kraft zu ernähren!" entgegnete Olaf stolz.

„Ich hoffe für Geira, daß du das vorher bedacht hattest!" gab der König höhnisch zur Antwort.

„Allerdings! Und ich glaube fest, daß meine Gemahlin an Wohlstand nicht vielen Fürstenfrauen nachstehen wird!" fügte Olaf hinzu.

„Um so besser für sie! Genug der Prahlerei!" rief König Mieszko ungläubig aus.

Olaf kehrte an seinen Platz zurück.

„Nun komme ich auf Boleslaw zu sprechen!" fuhr der König fort. „Ich vermute, daß er der Liebesbote zwischen Geira und Olaf gewesen ist! Eine wahrhaft fürstliche Betätigung!"

Der ganze Saal lachte schallend.

„Da weder Geira noch Boleslaw bereit waren, mir, ihrem Vater, anzuvertrauen, wie diese Liebschaft entstand, verstoße ich beide aus meinem väterlichen Herzen! Ich befehle ihnen, mich in Zukunft nur noch als ihren König zu betrachten! Boleslaw enthebe ich weiterhin von allen Regierungsgeschäften! Bevor er sich nicht in der Landesverteidigung bewährt hat, kann er nicht damit rechnen, daß ich ihn wieder in den engsten Kreis meiner Berater und Vertrauten aufnehme!"

Fürst Boleslaw hörte sich die Worte des Königs schweigend an. Damit zog König Mieszko einen Schlußstrich unter die dramatischen Ereignisse dieses Tages.

Olaf teilte Fürst Boleslaw mit, daß er zum Wik fahre. In vier bis fünf Tagen sei er wieder zurück. Den Grund für seine plötzliche Reise wagte er ihm aber nicht zu gestehen, aus Furcht, Geira würde sich grämen.

„Du willst fort! So kurz vor deiner Hochzeit? Hat es nicht Zeit bis nach der Trauung?" fragte Boleslaw erstaunt.

„Leider nein. Bitte vertraue mir, Fürst Boleslaw", bat Olaf.

Boleslaw nickte nachdenklich.

Olaf gab seinen Getreuen einen Wink. Sie folgten ihrem Jarl. Am Anlegeplatz vor dem Tor der Stadt wartete bereits ein Langschiff, das Thorgeir seinem Jarl schickte. Den Nachmittag und die halbe Nacht fuhren sie. Um Mitternacht kamen sie am Wik an.

Olaf trat in die Jarlshalle. Es war so, wie Thorgeir ihm berichtete: Siegbert saß auf seinem Jarlsplatz.

Die Nordmänner empfingen ihren Jarl mit eisigem Schweigen.

Olaf ging geradewegs auf Siegbert zu. „Du hast dich im Platz geirrt, Siegbert! Steh auf, und ich will es übersehen haben!" befahl Olaf.

„Wer ist denn da gekommen?" rief Siegbert spöttisch aus. „Ist das nicht unser früherer Jarl Olaf? Tatsächlich, er ist es! Was hängt dir denn am Hals? Ist das nicht das Zeichen der Heuchler?"

Einige Krieger lachten, doch die meisten schwiegen verwundert. Der Sinneswandel Olafs war ihnen unerklärlich.

„Ich warne dich, Siegbert! Halte dein loses Maul im Zaume!" drohte Olaf.

„Er ist tatsächlich ein Heuchler geworden! Er hat die alten Götter seiner Väter verraten! Daß du es überhaupt noch wagst, hierher zu kommen, wundert mich, Olaf Tryggvisson! – Er muß wahnsinnig geworden sein! Anders ist es nicht zu erklären! Sicher ist ihm der Betunterricht nicht gut bekommen! Er hat sogar einige Lieder auswendig gelernt! Darf ich dich bitten, Jarl Olaf, uns ein Lied von diesen Heuchler vorzusingen?" Siegbert lachte schallend auf.

„Ich singe dir gleich mit meinem Schwert etwas vor!" entgegnete Olaf wütend. „Verlaß augenblicklich meinen Jarlssitz, Siegbert!"

„Die meisten Krieger glauben nicht mehr an dein Jarlsglück, Olaf, weil du den Glauben deiner Väter verraten hast! Sie wollen, daß ich ihr Jarl bin!" rief Siegbert herausfordernd.

„Wir werden ja sehen, wer von uns das größere Jarlsglück besitzt! Zieh!" erwiderte Olaf wütend. Er zog sein Schwert.

„Wie du willst! Ich bin bereit!" rief Siegbert in wilder Kampfleidenschaft. Er zog ebenfalls sein Schwert.

„Halt!" rief Thorgeir. Er trat zwischen die beiden Rivalen. „In diesem Haus darf keine Bluttat geschehen! Wir werden morgen einen Kampfplatz mit Haselzweigen[7] abstecken und Odin anrufen, damit er entscheiden möge, wer unser zukünftiger Jarl sein soll!"

„Odin soll entscheiden! Ja, Odin!" riefen die Wikinger aus. Sie verlangten ein Gottesurteil.

„Der Jarlsplatz bleibt bis morgen unbesetzt!" entschied Thorgeir.

Olaf nutzte die Zeit, um mit seinen Wikingern zu reden. Viele verübelten ihm, daß er den Glauben der Heuchler annahm, obwohl sie aus Rußland fortgezogen waren, um den Glauben ihrer Väter nicht aufgeben zu müssen. Olaf beruhigte sie, indem er ihnen versprach, daß er niemanden zwingen werde, sich taufen zu lassen. Er hätte sich nur deswegen taufen lassen, um die polnische Königstochter heiraten zu können. Es gelang ihm, einen Teil seiner früheren Freunde zurückzugewinnen, doch die meisten warteten stillschweigend das morgige Gottesurteil ab.

Vor dem Einschlafen dachte Olaf an Geira, die ahnungslos in Posen auf seine Rückkehr wartete. Unter seiner Decke faltete er die Hände zum Gebet. Er bat den Herre Christ, daß er ihm morgen den Sieg schenken möge, Geira zuliebe. Auch für Olaf stellte sich die bange Frage, welcher Gott die größere Macht besäße: Odin oder der Herre Christ. Er dachte daran, wie fest Geira an den Herre Christ glaubte, das gab ihm Zuversicht. Geira würde jeden Abend beten, und er würde ihre Gebete sicher erhören.

Am nächsten Morgen ging Thorgeir mit einigen Kriegern in den Wald, um Haselzweige zu schneiden. Damit wurde der Kampfplatz abgesteckt.

Gegen Mittag traten die Rivalen in das Viereck. Als Waffen trugen sie die gefürchtete Streitaxt, weiterhin Schwert und Dolch. In der Linken hielten sie den Schild.

Thorgeir stand zwischen den Gegnern. Er hob beide Hände gegen Norden, wo ihrem Glauben nach die Götter wohnten. „Odin! – Odin! – Odin!" rief er dreimal den Gott der Schlachten an. „Zwei Krieger kämpfen um die Jarlsherrschaft! Entscheide du, welcher von ihnen unser Jarl sein soll! – Odin! – Odin! – Odin! – Kiese ihnen das Kampfeslos! Du bist der Lenker der Schlachten! Dich rufen wir an! – Odin! – Odin! – Odin! – Entscheide du über Leben und Tod!" Thorgeir wandte sich an die Rivalen. „Der Kampf findet unter den üblichen Regeln statt. Wenn einer der Kämpfer verwundet wird, soll der Kampf unterbrochen und die Wunde verbunden werden. Unbrauchbare Waffen dürfen nicht ersetzt werden! Gekämpft wird solange, bis einer der Kämpfer tot ist! Wenn einer der Kämpfer gegen diese Regeln verstößt, werde ich ihn töten! – Jetzt beginnt!" Thorgeir trat aus dem Kampfplatz.

Sogleich nahmen Olaf und Siegbert ihre Streitäxte drohend in die Höhe. Sie liefen aufeinander zu. Jeder lauerte auf die erste Bewegung des anderen. Olaf wollte schnell die Entscheidung suchen. Plötzlich holte er mit seiner Axt aus. Doch es war nur eine Täuschung. Siegbert riß seinen Schild hoch und versperrte sich dadurch selber die Sicht. Olaf sprang rechts an ihm vorbei und schlug aus dem Handgelenk heraus zu. Im letzten Augenblick konnte Siegbert den Schild herumreißen, der Hieb wurde abgeschwächt und prallte an seinem Kopfhelm ab. Siegbert war von dem Schlag leicht benommen, doch er konnte alle weitere Hiebe Olafs mit Schild und Axt abwehren. Große Splitter flogen von seinem Schild ab.

Siegbert hatte sich bald von dem Schlag erholt, während Olafs Arm ermüdete. Jetzt ging Siegbert zum Angriff über. Die Schneiden der Äxte trafen sich manchmal in der Luft, daß Funken davon abblitzten! Da! Siegberts Schneide durchschnitt den Schaft von Olafs Axt. Olaf hielt nur noch das Holz in der Hand. Siegbert wollte diesen Vorteil nutzen, um seinen Rivalen zu töten. Hieb auf Hieb donnerte auf Olafs Schild. Olaf versuchte, sein Schwert zu ziehen, dabei gab er sich eine Blöße. Er konnte einem tödlichen Hieb Siegberts eben noch ausweichen, doch ein heftiger Schmerz zog an seinem rechten Oberarm hinunter. Siegbert ritzte ihm leicht den Arm auf.

„Halt! Unterbrecht den Kampf!" rief Thorgeir. Die Wunden sollten verbunden werden, damit der Kampf gerechter werde. Der Unverwundete sollte nicht durch Hinauszögern des Kampfes wegen des Blutverlusts des Gegners einen leichten Sieg davontragen.

Olafs Arm wurde mit einem feuchten Tuchfetzen umwikkelt. Sofort ging der Kampf weiter. Olaf zog sein Schwert. Siegbert warf seine Streitaxt achtlos zur Seite und zog ebenfalls sein Schwert. Olaf wußte, daß er im Fechten Siegbert überlegen war, das glich die Verwundung seiner Meinung nach aus. Herre Christ, helfe! Helfe Geira zuliebe, betete Olaf.

Die Schwertklingen schlugen mit hellem Ton aufeinander. Die Schilde wehrten manchen todbringenden Hieb ab.

Zuerst fiel Siegberts Schild auseinander. Siegbert warf die Trümmer fort. Dafür nahm er seinen Dolch in die Linke. Olaf wußte, daß er diese Schwäche des Gegners nutzen mußte. Er nahm all seine Kräfte zusammen und ging wild gegen Siegbert an. Hieb auf Hieb sauste auf den Rivalen nieder. Siegbert parierte mit dem Schwert, manchem Hieb wich er im letzten Augenblick aus. Olaf wartete eine Blöße des Gegners ab, dann schlug er zu. Siegbert versuchte, mit dem kurzen Dolch den Hieb abzuwehren, doch das Schwert rutschte über die Dolchschneide und schnitt ihm in den linken Oberarm. Das Kettenhemd verhinderte, daß der Knochen durchschlagen wurde. Siegbert stieß einen gellenden Schmerzensschrei aus.

Der Kampf wurde erneut unterbrochen. Siegberts Arm mußte fest verbunden werden, um die Blutung zu stillen. Diese Wunde war schwerer als die, die Olaf erhalten hatte.

Im dritten Anlauf versuchte Siegbert, die Entscheidung so rasch als möglich herbeizuführen. Je länger der Kampf dauerte, um so ungünstiger war es für ihn. Olaf wußte das. Er sah, daß Siegberts linker Arm fast bewegungsunfähig war. Nur mit größten Schmerzen konnten seine Hände den Dolch umklammern. Olaf behielt die Streitaxt im Auge, die Siegbert achtlos wegwarf. Wenn es ihm gelänge, die Axt während des Kampfes an sich zu nehmen, wäre ihm der Sieg gewiß.

Hieb auf Hieb pochte auf Olafs Schild, bis er ebenfalls auseinanderfiel. Olaf sprang mehrere Schritte zur Seite, warf die Trümmer fort und zog ebenfalls seinen Dolch. Es war der Dolch von Königin Oda.

Wieder mußte Olaf Siegberts furchtbare Schwerthiebe abwehren. Plötzlich, während Olaf parierte, tat Siegbert einen Schritt vorwärts und versuchte, Olaf den Dolch in den Bauch zu stoßen. Olaf konnte nur noch den Stoß nach unten lenken. Ein furchtbarer Schmerz durchzuckte seinen linken Oberschenkel. Er war ein zweites Mal verwundet, diesmal schwer.

Wieder wurde der Kampf zum Verbinden unterbrochen.

Olaf konnte auf dem linken Bein nur mit rasenden Schmerzen stehen. Es stand schlecht um ihn. Olaf dachte an Geira, das gab ihm neue Kampfeswut.

Auge in Auge standen sich die Rivalen gegenüber. Siegbert lief um Olaf herum, um zu sehen, wie sehr Olaf in der Bewegung gehindert war. Erneut ging Siegbert zum Angriff über. Wieder schlugen die Schwerter hell aufeinander. Olaf lief wie zufällig während des Kampfes in Richtung der Streitaxt. Plötzlich, nachdem er einen Hieb des Gegners pariert hatte, hechtete sich Olaf auf die Axt. Er nahm sie, anstelle des Dolches, in die linke Hand.

Siegbert sprang Olaf nach und hieb auf den am Boden Liegenden ein. Olaf wehrte die Hiebe ab oder wälzte sich im letzten Augenblick zur Seite, um ihnen auszuweichen. Olaf wartete auf eine Blöße des Rivalen. Dann warf er die Axt gegen Siegberts Kopf. Dieser konnte seinen Kopf eben noch zur Seite reißen, doch die Schneide fuhr ihm krachend ins Schlüsselbein. Mit einem gräßlichen Aufschrei fiel Siegbert rückwärts. Er wollte aufstehen und weiterkämpfen, doch er sank laut stöhnend wieder zu Boden. Siegbert war kampfunfähig.

Thorgeir erklärte Olaf zum Sieger des Zweikampfes, freilich ein schwer angeschlagener Sieger.

Siegbert wurde verbunden. Doch die Blutung so nahe am Hals war nicht zu stillen, und er starb noch am selben Nachmittag.

Olaf mußte sich auf einen Krieger stützen, um zu laufen. Er setzte sich zum Zeichen seines Sieges auf den Jarlsplatz. Aber nur wenige Freudenrufe ertönten unter den Nordmännern. Es war kein überzeugender Beweis seines größeren Jarlsglückes gewesen.

Olaf teilte den Kriegern mit, daß er sofort nach Posen zurückfahren werde. Wer an sein Jarlsglück weiterhin glaube, der solle ihm nach Posen folgen. Hierher käme er nicht mehr zurück. Die anderen würde er ihres Treueschwurs entbinden. Sie könnten segeln, wohin sie wollten.

Etwa dreihundert Mann, nicht ganz zwei Drittel seiner

früheren Gefolgschaft, wollten mit Olaf nach Posen ziehen. Diesen Ausgang hatte sich Olaf nicht gedacht, aber immer noch besser als alle verloren zu haben.

Zwei Tage vor dem Sonntag der Trauung kam Olaf mit sieben Langschiffen bei Posen an. Den Weg vom Stadttor bis zu seiner Unterkunft mußte er von seinen Kriegern getragen werden. In der Königsburg war das Erstaunen groß, als man erfuhr, daß Olaf, der Bräutigam Geiras, verwundet war.

Olaf legte sich erschöpft auf sein Bett. Der starke Blutverlust hatte ihn sehr geschwächt. Thorgeir hielt alle Neugierigen von ihm fern. Nur Fürst Boleslaw durfte Olaf besuchen.

„Was ist geschehen, Jarl Olaf!" rief Boleslaw erstaunt aus.

„Während meiner langen Abwesenheit und wegen meiner Taufe versuchte ein anderer, die Jarlsherrschaft an sich zu reißen. Es fand ein Zweikampf zwischen mir und ihm statt. Den Sieger siehst du vor dir. Trotzdem verlor ich über ein Drittel meiner früheren Gefolgschaft, weil sie nicht mehr an mein Jarlsglück glaubten, da ich einen anderen Glauben annahm", berichtete Olaf ihm in Kürze.

„Die Wunde am Arm ist bereits verkrustet, doch das Bein sieht nicht gut aus! Willst du meine Schwester bereits kurz nach dem Ehebund zur Witwe machen?" fragte Boleslaw in leicht vorwurfsvollem Ton.

„Nein", lachte Olaf. „Ich bitte dich, beruhige Geira. Sie wird sich sorgen. Ich möchte nicht, daß sie sich vor ihrer Hochzeit grämt", bat Olaf.

„Ich werde sie beruhigen. Tue alles, was in deiner Macht steht, damit du am Sonntag auf beiden Beinen stehen kannst", entgegnete Boleslaw.

„Dank meinem Wundpfleger Thorgeir glaube ich, mit Geira vor dem Altar stehen zu können", antwortete Olaf zuversichtlich.

Thorgeir kümmerte sich väterlich um Olafs Verwundung. Birkenrindensaft goß er ihm in die Wunde, damit sie sich nicht entzündete.

Von seinem Krankenlager aus traf Olaf alle Vorbereitungen für die Ehe. Seinen Steuermann Odinger[8] beauftragte er, ein Haus in der Unterstadt zu kaufen. Dieser kam bald mit einem Hausverkäufer an. Olaf wurde mit ihm handelseinig. Danach beauftragte er seine Krieger, sofort mit den Ausbesserungsarbeiten und Verschönerungen zu beginnen.

Am Vorabend des Hochzeitstages kam Fürst Boleslaw noch einmal zu später Stunde zu Olaf.

„Ich habe eine gute Nachricht!" rief er Olaf zu. „Das Hochzeitsgelage findet in der Königshalle statt! Mein Vater ließ sich endlich von uns erweichen. Er hat sich zwar einen anderen Schwiegersohn erhofft, doch Geiras große Liebe zu dir beeindruckte ihn sehr."

„Das freut mich, ganz besonders für Geira. Ich hoffe, daß ich Gelegenheit habe, dem König beweisen zu können, daß ich auch ein nützlicher Schwiegersohn bin", entgegnete Olaf lachend.

„An dieser Gelegenheit wird es sicher nicht mangeln. Auch ich muß mich vor dem König erneut bewähren."

„Es schmerzt mich, Boleslaw, daß du durch mich in Ungnade bei deinem Vater gefallen bist. Du kannst bei allen Unternehmungen auf meine Unterstützung rechnen", bot Olaf ihm an.

„Das nehme ich gerne an. Ich habe auch bereits einen Plan, aber davon mehr nach der Hochzeit. – Glaubst du, die Anstrengungen morgen aushalten zu können?" erkundigte sich Fürst Boleslaw besorgt.

„Ja, ich fühle mich kräftig genug dazu. Wundfieber habe ich keines mehr. Tanzen werde ich leider nicht können. – Teile Geira bitte mit, daß der morgige Tag der schönste meines Lebens ist."

„Darüber wird sie sich gewiß freuen", erwiderte Boleslaw lachend. Er hatte eine große Zuneigung zu dem heimatlosen Königssohn gewonnen.

Die Trauung wurde von Bischof Unger in der Kirche zu Posen vollzogen. Anschließend begaben sich das frischvermählte Paar und die Hochzeitsgäste zur polnischen Königshalle zum Festgelage. König Mieszko saß anfänglich mit beleidigter Miene da. Doch als er das Lachen seiner Tochter Geira hörte und er sah, wie glücklich sie war, vergaß er seinen gekränkten Stolz. Hart schlug er mit der Faust auf den Tisch. „Diese Weiber!" rief König Mieszko lachend. „Ausgerechnet einen trotzköpfigen Wikingerjarl mußte sich meine Tochter zum Gemahl erwählen!"

Wahre Freundschaft

Kaum war Jarl Olaf Tryggvisson von seiner Beinwunde genesen, da trat Fürst Boleslaw in Geiras und Olafs Haus in der Unterstadt. Ohne lange Vorrede kam er auf sein Anliegen zu sprechen.

„Ich habe endlich die Einwilligung von meinem Vater erhalten, gegen die Pruzzen zu Felde zu ziehen. Boris, der sich König über die Pruzzen nennt, wurde von meinem Vater vor sechs Sommern bereits einmal unterworfen, doch seit vier Sommern zahlt er keine Steuern mehr an uns und behandelt alle Polen wie Feinde. Diesmal hoffe ich, seinen Hochmut endgültig brechen zu können. Kleinstaaten haben keine Aussicht, neben den mächtigen Reichen, wie dem Deutschen und dem Kiewer Reich, zu bestehen. Selbst Polen kann sich nur mit Mühe gegen all seine Feinde verteidigen. Darum müssen wir möglichst viele slawische Fürstentümer in unserer unmittelbaren Nachbarschaft zu einem mächtigen Staatsgebilde zusammenschließen, unter der Führung König Mieszkos", erklärte Fürst Boleslaw den beiden die Gründe seines Feldzugs.

„Das ist auch meine Meinung", stimmte Olaf ihm zu.

„Mein Vater war leider nicht zu bewegen, mir das erforderliche Maß an Kriegerzahl, Ausrüstung und Geld zu bewilligen. Er befürchtet, wenn unser Hauptheer im Osten steht, könnten die Böhmen einen erneuten Vorstoß nach Schlesien wagen. Aus diesem Grund habe ich nicht so viele Schwerbewaffnete, um ganz sicher zu sein, daß der Feldzug erfolgreich verlaufen wird. Ich rechne darum sehr auf dich und deine Wikinger. Ich habe euch nämlich eine besondere Aufgabe ausgedacht, der ihr gewiß gewachsen seid. Es erfordert allerdings viel Mut."

„Schieß los!"

„Mein Kriegsplan ist der: du segelst mit deinen Schiffen nach Truso, so heißt die Hauptstadt der Pruzzen. Die Stadt liegt in der Nähe des östlichen Weichselarmes am Ufer des

Drausensees. Du gibst an, du wolltest Vorräte einkaufen. Ich komme nur wenige Tage später mit dem Heer bei Truso an und belagere die Stadt. Du wirst sicher gefragt werden, ob du helfen willst, die Stadt zu verteidigen. Du stimmst zu. Ahnst du bereits, aus welchem Grund?" fragte Boleslaw.

„Ja. Während der nächtlichen Kampfpause werden wir den Verteidigern in den Rücken fallen und ein Tor von innen erbrechen, wodurch deine Krieger in die Stadt eindringen können. So bekommen wir Truso ohne große Verluste in unsere Hand", dachte Olaf den Kriegsplan zu Ende.

„Ich stelle fest, Wladimir wird es noch bereuen, einen Heerführer wie dich verloren zu haben."

„Der Großfürst hat viele und auch noch fähigere Heerführer als ich einer bin", wehrte Olaf das Lob bescheiden ab.

„Das glaube ich zwar kaum, doch sicherheitshalber werden wir, wenn wir die Pruzzen niedergeworfen haben, anschließend die Weichsel aufwärts fahren und alle Ortschaften am Fluß befestigen lassen. Mein Vater hat es die ganzen Jahre versäumt, sich vor der wachsenden Macht Wladimirs vorzusehen. Ich hoffe, daß es dazu noch nicht zu spät ist", sprach Boleslaw besorgt.

Olaf dachte, daß Boleslaw einmal ein würdiger und fähiger Nachfolger auf dem polnischen Königsthron sein würde.

Fürst Boleslaw und Olaf besprachen noch ausführlich die Einzelheiten ihrer diesjährigen sommerlichen Unternehmung wegen der ganzen Vorbereitungen, die deswegen zu treffen waren.

Anderntags rief Olaf seine Männer zusammen. Am Ufer der Warthe trafen sie sich, wo ihre Schiffe kieloben auf dem Trockenen lagen.

„Der Winter ist vorbei, Männer, und damit auch die Zeit der Langeweile und der Eintönigkeit! Boleslaw, mein Schwager, hat mir das Angebot gemacht, ihn bei einem Heereszug zu begleiten, per Schiff natürlich! Ich bin überzeugt, daß wir dabei reiche Beute machen werden! Wohin und gegen wen der Kriegszug gerichtet ist, ist leider noch geheim, da wir den Feind überraschen wollen!"

Einige der Wikinger murrten, weil der Kriegszug von Olaf über ihre Köpfe hinweg beschlossen wurde.

„Ich werde euch rechtzeitig in die Pläne Fürst Boleslaws einweihen! Dann werden wir darüber abstimmen, was wir tun! Die Schiffe müssen neu geteert werden! Gehen wir an die Arbeit!"

Jarl Olaf half natürlich auch bei der alljährlichen Instandsetzung der Schiffe. Nachdem die Planken neu abgedichtet waren, wurden die Mastbäume eingesetzt. Die Männer brachten die Segel und die Takelage zu den Schiffen, die in einem Schuppen, vor den Unbilden des Wetters geschützt, lagerte. Die Segel mußten vielfach geflickt werden. Unter dem spöttischen Gelächter der polnischen Frauen und Mädchen saßen die Wikinger am Ufer und flickten mit Zwirn und Nadeln ihre Segel. Wikinger mit Nadeln in den klobigen Fingern, das hatten die Polinnen noch nie gesehen. Aber solch eine wichtige Arbeit überließen sie auf keinen Fall fremden Frauen. Hing doch später auf hoher See oder im Sturm ihr Leben von einem guten Segel ab.

„Morgen sind meine Schiffe segelklar", sagte Olaf eines Abends zu seinem Schwager. „Ich mache eine kurze Ausfahrt bis zur Ostsee. Wenn du Lust und Zeit hast, kannst du mitfahren."

„Gerne! Dabei komme ich gleichzeitig zur Jomsburg und kann mit Jarl Palnatoki über den alljährlichen Tribut verhandeln. Der König hat mich diesmal damit beauftragt."

„Ihr zahlt den Jomswikingern Tribut?" fragte Olaf erstaunt.

„Ja, diesen dänischen Wikingern sind wir nicht gewachsen. Vor zehn Sommern entging unsere Familie und ich selber nur knapp ihren furchtbaren Äxten. Sie kamen beim ersten Sonnenstrahl mit ihren Schiffen angerudert und erstürmten die Stadt, noch bevor alle Krieger geweckt waren.

Seit dieser Zeit hielt es der König für klüger, ihnen jährlich eine Loskaufsumme zu zahlen, das sogenannte Dänengeld. – Der einzige Tribut, dem ich bisher zustimmte!" Boleslaw lachte. – „Palnatoki, der Jarl der Jomsburg, hat in letzter Zeit viel Ärger mit den Pommeranen. Er ist wohl froh, wenn wir ihn in Ruhe lassen und noch Tribut dazu zahlen. Aber um die Jomsburg zu zerstören, sind wir zur Zeit nicht stark genug. Die Burg ist ein Wunderwerk der Befestigungskunst. Wir werden sie uns genauestens anschauen, falls wir doch einmal gezwungen wären, sie anzugreifen. Die Jomsburg hat ohne Zweifel auch Vorteile für uns. Sie hält andere Wikinger von der Oder ab, die früher oft in unser Reich einfielen und plünderten. – Pommern muß aber eines Tages von dänischer Knechtschaft befreit werden und zum Polenreich gehören, damit wir freien Zugang zum Meer haben. Heimlich unterstützen wir darum die Pommeranen in ihrem Freiheitskampf."

„Morgen segelt ihr bereits los?" fragte Geira erschrocken, als Olaf ihr die bevorstehende Trennung mitteilte.

„Ja, leider. Aber wir kommen nach wenigen Tagen zurück und ziehen dann erst gegen Truso", versuchte Olaf seine geliebte Frau zu trösten.

„Kann mein Bruder nicht allein zur Jomsburg fahren?" entgegnete Geira.

„Nein, ich habe Boleslaw versprochen, daß ich ihn mit meinen Schnellschiffen hinfahre.

„Kann ich mitfahren? Ich möchte nie mehr von deiner Seite weichen", bat Geira.

„Ich weiß nicht, ob es richtig wäre. Die Fahrt ist nicht ungefährlich, und ich möchte dich nicht der geringsten Gefahr aussetzen."

„Aber du begibst dich auch in Gefahr! Ich möchte jede Gefahr mit dir teilen!"

Geira verstand es, ihren Wunsch durchzusetzen. Da nun eine Frau auf Olafs Jarlsschiff mitreiste, wurde ein Zelt darauf errichtet, worin Geira und Olaf des Nachts schlafen konnten. Für Geiras Bequemlichkeit wurde bestens gesorgt. Ein Bett, mehrere Decken und Kissen, weiterhin ein Tisch und mehrere Stühle wurden auf das Langschiff gebracht. Unter dem Schiffsdeck lagerten die Lebensmittel und die Fässer mit Trinkwasser. Gegen Mittag stießen die Schiffe von der Insel ab, auf der die Stadt Posen erbaut war. Geiras jüngere Schwestern Gunnhild und Astrid, ihre Stiefmutter Oda mit ihren Kindern und einige Frauen der Druzina winkten den Absegelnden vom Stadtwall aus nach.

Olaf führte seinem Schwager und seiner Gattin die Schnelligkeit seiner Langschiffe vor. Da es die Wartha abwärts ging, die Schiffe also mit der Strömung fuhren, zudem ein guter Segelwind blies und auch die Ruderer sich noch kräftig in die Riehmen legten, erreichten die Langschiffe eine für damalige Zeiten unglaubliche Geschwindigkeit.

Olaf steuerte das Schiff. Geira stand neben ihm auf dem erhöhten Hinterdeck und konnte alles gut überblicken. Boleslaw hatte sich auf das erhöhte Vorderdeck begeben. Staunend sah er, wie das Schiff mit hoher Geschwindigkeit an der Landschaft vorbeischoß.

Geira lachte überglücklich auf. „Ich komme mir vor wie ein Vogel, der durch die Lüfte schießt!" rief sie Olaf zu. Olaf lachte ebenfalls, er kannte dieses Gefühl.

„Das ist fast noch schöner, als auf dem Rücken eines Pferdes über das Land zu galoppieren!" rief Geira erneut aus.

Nachdem sie längere Zeit mit großer Geschwindigkeit gefahren waren, ließ Olaf die Ruderer auswechseln. Die Langschiffe besaßen je nach Länge sechzehn bis vierundzwanzig Ruder, und bis zu fünfzig und mehr Krieger waren in der Regel an Bord jedes Schiffes. Olaf gab Thorgeir das Steuer, und er setzte sich selber an eine Ruderstange. Für einen Wikingerfürsten war dies eine Selbstverständlichkeit. In kürzester Zeit kamen sie an die Stelle, wo Wartha und Oder zusammenfließen.

„Rudern einstellen! Eins, zwei, drei!" befahl Olaf. Bei drei hoben sich alle Ruder gleichzeitig aus dem Wasser. Sie wurden in die Gabeln gelegt, die sich backbords und steuerbords[9] befanden. Schnaufend erhob sich Olaf. Der Schweiß floß ihm das Gesicht hinab. „Das tut gut nach der langen Faulenzerei während des Winters!" rief Olaf außer Atem.

„Du bist doch ein Jarl. Du hast es doch gar nicht nötig, selber zu rudern", flüsterte Geira ihm zu.

Olaf lachte. „Ein Wikingerjarl ist nicht zu stolz, das Ruder selbst in die Hand zu nehmen", raunte er Geira zu.

„So schnell bin ich noch nie von Posen bis zur Oder gelangt!" rief Boleslaw seinem Schwager anerkennend zu. Mehr sagte er nicht. Er war ebenso begeistert wie Geira.

Ohne Rudertätigkeit ging die Fahrt gemächlicher voran. Am Abend legten sie in einem Seitenarm der Oder am Ufer an. Olafs Schiff wurde an Land gezogen und mit Holzstämmen seitlich abgestützt, so daß es waagerecht stand, als wenn es im Wasser schwämme. Die anderen Langschiffe lagen schräg am Ufer halb im Wasser und halb an Land.

Die Wikinger zündeten Lagerfeuer an, für jede Schiffsbesatzung eins. Boleslaw saß an einem eigenen, das von seinen Begleitern angezündet worden war. Geira und Olaf ließen sich an seinem Feuer nieder.

Während des Abendessens war Fürst Boleslaw gesprächiger. „Was ich heute gesehen habe, wird nicht ohne Folgen bleiben. Ich werde meinem Vater vorschlagen, daß wir zu unserer Verteidigung und zur Verstärkung unseres Heeres eine eigene Schiffsflotte unterhalten. – Jetzt kenne ich das Geheimnis der Erfolge der Wikinger: es heißt Schnelligkeit. Woher nehmen wir nur die Schiffsbaumeister, die solche Schiffe bauen können?" fragte Boleslaw.

„Sieh dich im Kreise um. Da sitzen sie", zeigte Olaf mit einer Armbewegung auf seine Krieger.

„Was? Du willst ernsthaft behaupten, daß diese Männer solche Schiffe bauen können?" fragte Boleslaw ungläubig.

„Nicht jeder von ihnen ist ein Meister darin, doch jeder einzelne trägt einen Teil zum Ganzen bei. Mein Steuermann Thorgeir zum Beispiel hat unser Schiff selber geplant und gebaut. Thorgeir, komm einmal zu uns!" rief Olaf.

„Was gibt's, Jarl?"

Geira war verblüfft über die kameradschaftliche Art, wie der Gefolgsmann mit seinem Jarl sprach.

„Fürst Boleslaw kann es kaum glauben, daß wir unsere Schiffe selber gebaut haben", sprach Olaf scherzhaft zu dem alten Wikinger.

„Dann soll er es lassen", entgegnete Thorgeir barsch.

Olaf und Fürst Boleslaw lachten in bester Laune über diese Unhöflichkeit des alten Nordmannes.

„Fürst Boleslaw erwägt, eine polnische Flotte mit solchen Schnellseglern aufzustellen. Wir werden ihm beweisen, daß wir diese Schiffe bauen können", meinte Olaf.

„Aber erst im Herbst! Im Sommer wollen wir kämpfen und Beute gewinnen", entgegnete Thorgeir in befehlendem Ton. Es war ihm anscheinend gleichgültig, daß ein Königssohn hier saß, dem allein das Befehlen darüber zustand, was getan wurde und was nicht. Thorgeir wollte damit beweisen, daß er ein freier Wiking war, der tun und lassen konnte, was er wollte.

„Natürlich!" stimmte Olaf ihm zu. „Wir werden gewiß nicht die kostbare Zeit des Sommers mit Arbeit vergeuden. Aber im Winter, wenn wir sowieso nicht wissen, was wir den ganzen Tag treiben sollen, dann können wir dem Polenkönig zum Dank für Unterkunft und Verpflegung mehrere Kriegsschiffe bauen."

„Dagegen wäre nichts einzuwenden, nur ..." Thorgeir stockte.

„Was hast du für Bedenken?"

Thorgeir flüsterte Olaf ins Ohr. „Es ist gefährlich für uns, wenn wir den Polen solche Schnellsegler bauen. Sie könnten sie auch gegen uns einsetzen."

„Die Bedenken sind meiner Meinung nach völlig grundlos", antwortete Olaf laut. „Die Polen sind unsere Freunde. Wir haben nichts Nachteiliges von ihnen zu befürchten."

„Der Krug geht so lange zum Brunnen, bis er bricht", entgegnete Thorgeir.

Fürst Boleslaw und Olaf lachten.

„Ja, Thorgeir, es gibt keine Garantie für Freundschaft auf der Welt. Aber trotzdem glauben wir an den Frieden, an die Freundschaft, an einen Schwur und an die Liebe. – Warum bist du so unhöflich, Thorgeir? So kenne ich dich gar nicht?" fragte Olaf nun doch etwas erstaunt.

„Ist es etwa keine Unhöflichkeit, wenn man dir nicht glaubt, was du sagst, nämlich, daß wir diese Schiffe bauen können?" stellte Thorgeir die Gegenfrage.

„Also das ist der Grund! – Jetzt kennst du eine Wesensart der Nordmänner, Fürst Boleslaw. Wenn sie sagen, das können wir, dann sind sie davon überzeugt, andernfalls würden sie es niemals behaupten. Wenn man es bezweifelt, sind sie schwer gekränkt."

„Ich werde es mir merken", lachte der Fürst. „Ich habe schon immer die Könige und Jarle bewundert, die dieses starrköpfige Volk regieren!"

„Die Könige von Norwegen, Schweden und Dänemark regieren nicht das Volk so, wie du es kennst. Bei allen wichtigen Fragen des Reiches haben die Freien ein Mitspracherecht, das sie bei der Thingversammlung ausnützen. Erst wenn das Volk über ein Gesetz oder sonst eine wichtige Entscheidung abgestimmt und die Mehrzahl es für gut befunden hat, kann es in die Tat umgesetzt werden. Es hat aber auch sein Gutes. Wenn sie sich aus freiem Willen entschlossen haben, dann setzen sie sich auch mit Haut und Haaren dafür ein, es zu vollbringen. Diese Erfahrung machte ich, als ich mit diesen Männern aus Rußland fortzog", erklärte Olaf seinem Schwager. „Darum können Thorgeir und ich nicht allein entscheiden, ob wir im Herbst für die Polen Langschiffe bauen. Wir müssen alle fragen. Erst wenn die Mehrzahl dafür stimmt, ist der Schiffsbau gesichert. Ein König, der diese Eigenart der Nordmänner berücksichtigt, braucht nie eine Untreue von ihnen zu befürchten. – Ich stimme dem Bau der Schiffe zu, da ich auf die feste und unverbrüchliche Freundschaft König Mieszkos vertraue. Was ist deine Meinung?"

„Ich vertraue auf dein Königsheil, Olaf, das weißt du. Darum werde ich mich bemühen, deinen Vorschlag bei den anderen durchzusetzen", entgegnete Thorgeir ohne eine Miene zu verziehen. Er stand auf und kehrte zu den Wikingern seines Schiffes zurück.

„Ich habe Angst um dich, wenn ich mir vorstelle, daß du mit solchen Gefolgsleuten in den Kampf ziehen wirst", sprach Geira besorgt. Sie schmiegte sich dicht an Olafs Seite.

„Deine Sorge ist völlig grundlos, Geira", beruhigte Olaf seine Frau. „Du hast ja eben gehört, Thorgeir glaubt an mein Königsheil. Die anderen glauben ebenfalls daran. Und so lange sie dies tun, werden sie mir in der Schlacht unbedingten Gehorsam leisten."

„Heute abend ist mir so deutlich wie noch nie geworden, daß wir zwei grundverschiedenen Völkerrassen angehören", sprach Boleslaw nachdenklich. „Der Kampf, der seit vielen Jahrzehnten bei uns stattfindet, ist nicht zuletzt ein Kampf der verschiedenen Klassen. Es geht darum, ob das eine Volk Sklaven und das andere Herren sind. Wenn ich einmal, so Gott will, Herrscher über dieses Land sein sollte, dann werde ich es als meine höchste Aufgabe betrachten, der Welt zu beweisen, daß mein Volk den Deutschen, Dänen, Angelsachsen, Schweden, Norwegern, Franken, Russen, Römern, Griechen und Arabern ebenbürtig ist."

„Ich hoffe von ganzem Herzen, daß du nach dem seligen Ende unseres Vaters die Königskrone tragen wirst. Du bist der Einzige in unserer Verwandtschaft, dem ich diese große Aufgabe zutraue", sprach Geira in glühender Bewunderung für ihren Bruder.

„Ich bin der gleichen Ansicht. Ist es etwa nicht sicher, daß du nach dem Tode deines Vaters König wirst?" fragte Olaf erstaunt.

„Nein", entgegnete Boleslaw leise. „Alles andere als das! Der Deutsche Kaiser betrachtet das polnische Land westlich der Oder als zu seinem Reich gehörend. Für ihn ist mein Vater gar kein König, sondern nur sein Lehensträger, dem er bisher nur den Titel eines Herzogs zugestand. Er wird sicher Einfluß ausüben wollen, wer eines Tages der Nachfolger König Mieszkos sein soll. Ich komme dabei bestimmt nicht in Frage. Mein Vater betrachtet den ältesten Sohn seiner jetzigen Gemahlin, Königin Oda, als legitimen Erben und Thronfolger. Und nicht zuletzt trachten die einzelnen Stämme der Polen nach dem Tode meines Vaters nach Unabhängigkeit. Jeder kleine Stammesfürst möchte sich zum König erheben, ohne zu bedenken, daß er dann gegenüber dem mächtigen Deutschen Reich und dem Kiewer Reich viel zu schwach wäre, um länger als einen Sommer bestehen zu können. Jetzt hast du in etwa eine Vorstellung von den Schwierigkeiten, die mich erwarten, wenn ich den polnischen Thron nach dem Tode meines Vaters beanspruchen wollte", erklärte Boleslaw seinem Schwager.

„Hier! Nimm diese Hand, Schwager! Ich werde dir bei deinem Vorhaben beistehen, noch bevor ich an die Eroberung meines Reiches denke! Ich schwöre es!" sprach Olaf feierlich.

„Ich danke dir, Olaf. Ich danke Gott für den ersten Bundesgenossen", entgegnete Boleslaw gerührt. Er ergriff die ausgestreckte Rechte Olafs und drückte sie fest.

Geira legte ihre zierliche Hand darüber. „Gott segne euer Bündnis."

Vor Müdigkeit begaben sie sich bald zur Nachtruhe. Boleslaw wickelte sich in mehrere Decken ein und legte sich neben dem Lagerfeuer schlafen. Geira und Olaf begaben sich aufs Schiff. Geira lehnte sich an die Reling des Jarlsschiffes.

„Es ist eine schöne Nacht. Ich bin so glücklich, Olaf!" Geira umarmte Olaf. „Ich wünsche sehr, daß eure Pläne in Erfüllung gehen. – Ich habe meinen Bruder selten so freundschaftlich, ja herzlich gesehen. Das liegt wohl daran, weil er sehr einsam aufwuchs. Seine Mutter starb nach der

Geburt. Boleslaw wuchs als Einzelgänger auf. Zu keinem Menschen pflegte er jemals ein besonders herzliches Verhältnis, außer jetzt zu dir, Olaf. – Vielleicht liegt es daran, weil ihr beide ein sehr ähnliches Schicksal hattet? Ihr seid auch in der Wesensart sehr ähnlich; das habe ich bereits sehr früh gemerkt, als an eine Heirat zwischen uns noch nicht zu denken war. Vielleicht hat das mit dazu beigetragen, daß ich so großen Gefallen an dir fand? – Enttäusche Boleslaw niemals, ich bitte dich darum. Es hätte schlimme Folgen für unser Land, wenn er einmal König wäre. Ich befürchtete, Boleslaw besäße keine Ideale. Er könnte zu einem machthungrigen und goldgierigen Unterdrücker seines Volkes werden. Heute abend habe ich erkannt, daß auch er ein großes Ideal besitzt. Er will beweisen, daß unser Volk seinen Nachbarvölkern ebenbürtig ist. Das ist eine Aufgabe, die seiner würdig ist. Schwöre mir, daß du ihm dabei helfen willst!" bat Geira schwärmerisch.

„Ich schwöre es bei allem, was mir teuer ist auf dieser Welt", sprach Olaf.

„Jetzt bin ich beruhigt", atmete Geira erleichtert auf. „Ich bin müde. Legen wir uns schlafen."

Als sich der schwarze Nachthimmel zunächst dunkelblau und dann immer heller färbte, herrschte im Wikingerlager bereits reges Treiben. Die Männer bereiteten ihre Frühstücksmahlzeit zu.

Geira erwachte durch den Lärm des Lagers. Olaf war bereits angezogen. „Wird so früh aufgestanden? Es ist ja kaum Tag?" fragte sie unausgeschlafen.

Olaf lachte. „Es gibt ein Sprichwort bei den Nordmännern, das lautet: ein Krieger, der lange schläft, versäumt die Schlacht und damit auch die Beute."

Die Wikinger hatten das Lager bereits abgebrochen und schoben ihre Schiffe ins Wasser, als Geira erst mit Anziehen fertig war. Geira, Olaf und Boleslaw nahmen das Frühstück auf dem Schiff ein, während sie weiter zur Jomsburg segelten.

Am Nachmittag sahen sie, wie sich die Oder zum Haff ausweitet. Jetzt waren sie ganz in der Nähe der berüchtigten Jomsburg. Die Schiffe hielten sich an das Ostufer des Haffes. Schließlich erreichten sie den östlichen von drei Mündungsarmen, Dziwna genannt, durch die das Wasser der Oder in die Ostsee gelangt. Am Westufer der Dziwna lag die Jomsburg.

„Burg in Sicht!" rief endlich der Beobachter am Vordersteven.

Geira war es, die als erste einen merkwürdigen Geruch verspürte. Bald konnten es alle riechen.

„Das ist Leichengestank!" rief einer der Wikinger. Die anderen gaben ihm recht. Bald sahen sie ihre Vermutung bestätigt. Im Wiesengelände vor der Jomsburg lagen die Leichen vieler erschlagener Krieger. Eine furchtbare Schlacht mußte bis vor wenigen Tagen um die Burg getobt haben. Viele Jomswikinger waren damit beschäftigt, die Leichen einzusammeln und in ein Massengrab zu werfen.

Ein riesiger Aschenhügel, aus dem noch Rauch aufstieg, zeugte von dem Scheiterhaufen, den die Jomswikinger ihren gefallenen Kameraden errichteten.

Olaf ließ das Banner König Mieszkos an der Mastspitze anbringen. Die Ruderer brachten das Langschiff vor dem Wassertor der Burg zum Halten.

Mehrere Wachen sahen von der Palisade auf sie herunter.

„Wir sind Boten König Mieszkos von Polen! Wir wollen mit Jarl Palnatoki sprechen!" rief Olaf ihnen zu.

Es dauerte geraume Zeit, bis der Befehlshaber der Burg über der Palisade zu sehen war. „Wer seid ihr, und was wollt ihr!" rief Jarl Palnatoki barsch zu den Schiffen herab. Gewöhnlich kam die Abordnung König Mieszkos auf dem Landweg. Da unten die Krieger waren aber eindeutig Wikinger.

„Hier neben mir steht Fürst Boleslaw, der Sohn König Mieszkos! Er ist gekommen, um mit dir über die jährliche Tributzahlung zu verhandeln!" gab Olaf Auskunft.

„Tatsächlich?" staunte der Jarl. „Das Schiff mit Boleslaw kann hereinkommen, den anderen Schiffen muß ich aus Sicherheitsgründen die Einfahrt in die Jomsburg verwehren!" kam die seltsame Antwort.

„Ihr habt es gehört", sprach Olaf zu den Steuermännern. „Rudert eine gute Strecke weit die Oder aufwärts und verbergt euch am Ufer. In spätestens drei Tagen sind wir zurück!"

Erst als die kleine Flotte von sechs Langschiffen außer Sichtweite gerudert war, wurde das Tor der Jomsburg geöffnet.

„Schwöre uns bei Odin freien Abzug aus der Jomsburg und Unversehrtheit an Leib und Leben!" verlangte Jarl Olaf zu ihrer Sicherheit.

„Ich schwöre es bei Odin!" legte Jarl Palnatoki vor den polnischen Abgesandten den gewünschten Schwur ab.

Erst jetzt befahl Olaf, in den Hafen der Jomsburg hineinzurudern.

Die Jomsburg, von den Polen Jumne genannt, war ursprünglich nur eine unbedeutende Ansiedlung der Pommeranen gewesen. Doch ihrer guten Lage hatte sie es zu verdanken, daß sie zur größten Stadt und zum reichsten Handelszentrum an den Gestaden der Ostsee heranwuchs.

Durch Jarl Palnatoki, der Jumne eroberte, geriet die Stadt unter dänische Oberhoheit. Dies geschah bereits zur Regierungszeit König Harald Gormssons, des Vaters von Sven Gabelbart, dem jetzigen dänischen König. Bedeutende Einnahmen an Markt- und Schutzzöllen flossen in die königlich dänischen Schatztruhen. Auch Jarl Palnatoki kam nicht zu kurz dabei. Ihm gehörte die Hälfte der Steuereinnahmen. Aber damit mußte er auch seine Seekrieger besolden und mit Waffen ausrüsten. Darum unternahm er mit seinen Jomswikingern noch zusätzliche Beutezüge auf der Ostsee und in den anliegenden Ländereien und Städten, um dadurch ihren Sold aufzubessern.

Das Wasser im Hafen besaß stellenweise nur eine Tiefe

von vier Ellen[10]. Man konnte bis zum Grund sehen. Das genügte für die Langschiffe der Wikinger, die keinen großen Tiefgang besaßen. An den rundum befestigten Kais lagen die Kriegsschiffe der Jomswikinger angebunden. Olaf und Boleslaw staunten über die Größe der Flotte. Sie zählten über achtzig Langschiffe.

Den Palisaden und auch den Häusern in der Nähe des Walles sah man die erbitterten Kämpfe der vergangenen Tage an. Viele Dächer waren abgebrannt, nur die halbverkohlten Dachsparren sind übriggeblieben.

Auffallend wenige Krieger befanden sich innerhalb der Burg. Bei achtzig Langschiffen müßte ein Heer von mindestens viertausend Kriegern in der Jomsburg leben, doch höchstens ein Viertel davon war jetzt schätzungsweise innerhalb des Ringwalles. Daher rührte gewiß die Vorsicht des Jomsburgjarls.

Nach der Begrüßung lud Jarl Palnatoki die Abordnung des Polenkönigs in seine Häuptlingshalle. Die Gäste wurden zuerst mit Speisen und Getränken bewirtet. Erst nach dem Essen wurden Fragen gestellt und Verhandlungen geführt, so war es Sitte.

„Seit wann hält sich König Mieszko eine Wikingerschar in seiner Druzina?" war die erste Frage Palnatokis.

„Die Waräger sind die Krieger meines Schwagers Jarl Olaf Tryggvisson, hier zu meiner Rechten sitzt er. Prinzessin Geira, neben ihm, ist meine Schwester", teilte Fürst Boleslaw dem Befehlshaber der Jomsburg mit.

„Soso, Waräger sind es. Ihr seid wohl aus Rußland fortgezogen, weil Großfürst Wladimir den Glauben der Heuchler als Staatsreligion befohlen hat. Habe ich recht?" fragte Jarl Palnatoki, um zu zeigen, wie gut er über die politischen Vorgänge rund um die Ostsee unterrichtet ist.

„Das war der Grund für viele. Für mich war es nur der letzte Anstoß, um Wladimirs Gefolgschaft zu verlassen", entgegnete Olaf ausweichend.

„Ihr hattet schwere Kämpfe zu bestehen, wie ich sah, Jarl Palnatoki. Darf ich wissen, wer euch so schwer bedrängte?" stellte Boleslaw seinerseits eine neugierige Frage.

Palnatoki sah dem Sohn König Mieszkos längere Zeit bohrend in die Augen. Endlich besann er sich und nahm zuerst einen tiefen Zug aus seinem Methorn. – „Das müßtest du eigentlich am besten wissen!" rief der Jarl mit schlecht verborgener Wut aus.

„Wie kommst du zu dieser Vermutung?" fragte Boleslaw erstaunt.

„Wir haben mehrere Gefangene gemacht. Zuerst wollten sie natürlich nicht reden, aber durch Folter brachten wir sie schließlich soweit. Sie haben mir bestätigt, was ich schon längere Zeit befürchte", knirschte der Jarl wütend mit den Zähnen. „Nämlich, daß König Mieszkos sie mit Waffenlieferung und mit Gold heimlich unterstützt, damit sie uns vernichten sollen!"

„Und diese erpreßten Aussagen hast du geglaubt, wie ich sehe", entgegnete Boleslaw, den Beleidigten spielend.

„Weil ich von ihrer Wahrheit überzeugt bin!"

„Du glaubst also, daß mein Vater einerseits den Jomswikingern Tribut zahlt, damit sie unser Land in Frieden lassen und fremde Wikingerheere davon fernhalten, andererseits aber auch die Pommeranen unterstützt, damit diese die Burg der Jomswikinger vernichten sollen. Was läge darin für ein Sinn?" fragte Boleslaw kopfschüttelnd.

„Es wird dir nicht gelingen, mich zu täuschen, Boleslaw!" lachte Jarl Palnatoki. „Der Sinn dafür ist mir erst heute klar geworden. König Mieszko möchte eine eigene Wikingerflotte in seiner Druzina unterhalten, darum machte er Olaf Tryggvisson zu seinem Schwiegersohn. Und eine reichere und günstiger gelegene Garnisonsstadt als Jumne gibt es nicht!" sprach Jarl Palnatoki seine Befürchtung offen aus.

Fürst Boleslaw lächelte. Dieser Plan stammte keineswegs von seinem Vater, sondern von ihm selber; und er war ihm erst auf der Reise zur Jomsburg gekommen. „Diese Vermutung ist völlig aus der Luft gegriffen, Jarl", versuchte Boleslaw den dänischen Heerführer zu beruhigen. „Ich erzähle dir später, wie Jarl Olaf mein Schwager wurde. Aber sprechen wir zuerst über den Grund meiner Fahrt zur Jomsburg, über die diesjährige Tributzahlung. – Mein Vater sieht sich außer Stande, den Jomswikingern weiterhin eine Zahlung von zweitausend Pfund Silber zu leisten. Seine Schatztruhen sind leer. Wir müssen ständig ein großes Heer an der Grenze zu Böhmen bereithalten, denn der König der Böhmen plant einen Eroberungsversuch Schlesiens, wie wir aus zuverlässigen Quellen wissen. Weiterhin mußten wir unsere Streitkräfte an der Grenze nach Osten, gegenüber dem Kiewer Reich, verstärken. Wir sind den Jomswikingern keineswegs feindlich gesinnt, sondern wünschen, daß hier an der Nordgrenze alles unverändert bleibt, um nicht nach allen vier Himmelsrichtungen unseres Reiches Krieg führen zu müssen."

Jarl Palnatoki lachte schallend auf. „Es wird dir nicht gelingen, mich zu überlisten, Fürst. Von einer Verringerung meiner Tributforderung kann nicht die Rede sein, im Gegenteil! Der Kampf mit den Pommeranen hat fast fünfhundert von meinen Jomswikingern das Leben gekostet! Das werdet ihr mir büßen. Auch den Verlust an Kriegsgerät werdet ihr mir bezahlen! Du hast wohl gehofft, heute mit den Pommeranen über uns triumphieren zu können! Aber es ist anders gekommen! Das Pack hat uns zwar hart zugesetzt, aber nur, weil es uns an Zahl fünffach überlegen war! Wir haben alle Angriffe blutig abgewehrt und die Pommeranen schließlich bei einem überraschenden Ausfall in die Flucht geschlagen! Jetzt noch werden sie von uns verfolgt! Das wird den Pommeranen einige Sommer lang eine Lehre sein! Und dein Vater, Boleslaw, wird die Zeche bezahlen!" schrie der Jarl, der sich in wachsende Wut redete.

„Ich merke, ich bin zu einem ungünstigen Zeitpunkt gekommen", erwiderte Boleslaw. „Ich werde aufbrechen und einige Zeit später wiederkommen, wenn deine Erregung sich gelegt hat." Er stand auf.

„Leider kann ich euch nicht so rasch abreisen lassen",

sprach Jarl Palnatoki grimmig lächelnd. „Ich habe nur wenige Krieger in der Burg, wie euch sicher aufgefallen ist. Ich kann mich nicht der Gefahr aussetzen, in einigen Tagen auch noch von einem polnischen Heer belagert zu werden."

„Es ist noch nicht lange her, da hattest du uns freien Abzug geschworen", versetzte Boleslaw düster. „Willst du deinen Schwur brechen? Ein Schwurbruch Jarl Palnatokis, das wäre das Letzte, was ich jemals befürchtet hätte."

„Nein, meinen Schwur breche ich nicht", lachte der Jomsburgjarl. „Nur den Zeitpunkt eurer Abreise werde ich bestimmen."

„Das ist in meinen Augen bereits ein Schwurbruch", entgegnete Fürst Boleslaw.

„Nicht in meinen. Ich muß aus Vorsicht leider so handeln. Außer natürlich, wenn du deinerseits mit einem Schwur erklärst, die diesjährige Tributforderung zu zahlen. Und zwar verlange ich die dreifache Summe, sechstausend Pfund Silber. Das reicht gerade aus, um alle Schäden an meiner Burg zu beseitigen und neu ankommende Männer mit Waffen auszurüsten", nannte Jarl Palnatoki seine Forderung.

„Ich sehe mich außer Stande, dir solch eine ungeheure Summe bewilligen zu können. Ich muß darüber zuerst mit dem König, meinem Vater, sprechen", antwortete Boleslaw.

„Tut mir leid, Fürst. Dann müßt ihr eben so lange warten, bis Verstärkung aus Dänemark angekommen ist", meinte Palnatoki gleichmütig.

„Und wann wird das sein?" fragte Olaf.

„Es wird nicht mehr lange dauern, zu eurer Beruhigung", erwiderte der Jarl mit hörbarer Zuversicht. „König Sven Gabelbart war mein Ziehsohn. Mir hat er es zu verdanken, daß er König von Dänemark ist. Er wird mir diese Bitte nicht abschlagen. Zudem wird er niemals zulassen, daß seine Landsleute aus Pommern vertrieben werden. Aber einen Mond lang werdet ihr euch schon gedulden müssen", lachte der Jomsburgjarl.

„Ich freue mich für dich, Jarl Palnatoki, glaube es mir. Denn es liegt auch in unserem Interesse, wenn die Jomsburg bestehen bleibt. Sie verhindert, daß Wikinger aus allen Ländern des Nordens die Oder aufwärts rudern und in unserem Reich heeren", sprach Boleslaw in versöhnlichem Ton.

„Ich wiederhole noch einmal: du wirst mich nicht für so dumm halten, daß ich deinen schönklingenden Reden Glauben schenke", erwiderte Jarl Palnatoki.

Laute Stimmen waren jetzt von draußen zu hören. Mehrere Jomswikinger traten in die Häuptlingshalle. An ihrer Spitze ein großer breitschultriger Krieger. Seine kostbaren Waffen zeigten, daß er ein Unterhäuptling der Jomswikinger war.

„Was gibt's, Sigwaldi! Konntet ihr die Fliehenden noch einmal zum Kampf stellen?" fragte Palnatoki sichtlich erwartungsvoll seinen Häuptling.

„Leider nein! Nur einige Dutzend Verwundete haben wir unschädlich gemacht. Sie flohen wie die Hasen vor uns und zerstreuten sich in alle Himmelsrichtungen. Der Pommeranenfürst ist uns auch entwischt!" rief der Unterhäuptling wütend aus.

„Diese Niederlage wird sie einige Sommer lang kleinhalten", beruhigte Jarl Palnatoki ihn.

„Nicht, wenn sie weiterhin von den polnischen Schuften Waffen und Geld erhalten! Ich schlage vor, daß wir die Polen im Sommer dafür bestrafen! Da sitzt ja einer! Ist er der Abgesandte Mieszkos, der über den diesjährigen Tribut verhandeln soll?" fragte Sigwaldi.

„Ja, er ist sogar Mieszkos Sohn."

„Ich rate dir, das zehnfache der letzten Zahlung zu fordern! Mieszko wird nicht wagen, es dir abzuschlagen!" rief Sigwaldi in blindem Haß aus.

„Sachte, sachte, Sigwaldi", ermahnte Palnatoki ihn. „Ich schätze, so viele Steuereinnahmen hat König Mieszko nicht zur Verfügung. Es bringt keinen Nutzen, die Polen zu einer Verzweiflungstat zu reizen."

„Anscheinend hat Mieszko doch so viele Einnahmen, sonst könnte er die Pommeranen nicht unterstützen! Du bist zu weich, Palnatoki! Deine Nachsicht hat die Pommeranen verleitet, uns anzugreifen!" erwiderte Sigwaldi vorlaut.

„Ich bin der Jarl der Jomsburg, und ich entscheide, wie hoch das Lösegeld sein wird!" wies Palnatoki seinen Unterhäuptling zurecht.

„In Dänemark ist es Brauch, daß über wichtige Entscheidungen abgestimmt wird! Ich werde diese Sache beim nächsten Thing zur Sprache bringen!" entgegnete Sigwaldi trotzig.

„Du kannst es ja versuchen, doch du wirst sehen, wie weit du damit kommst", warnte der Jomsburgjarl ihn.

Sigwaldi verließ mit seinen Kriegern die Halle.

Jarl Palnatoki saß einige Zeit stumm und in tiefe Gedanken versunken. Boleslaw nutzte die Gelegenheit, sich nach diesem Sigwaldi genauer zu erkundigen.

„Da hast du aber einen aufsässigen Unterhäuptling, Jarl. Seit wann ist er in der Jomsburg?"

„Sigwaldi ist seit zwei Sommern bei uns. Er ist ein tapferer Krieger und ein kluger, umsichtiger Heerführer. Er könnte sogar einmal mein Nachfolger werden. Aber solange ich hier Jarl bin, muß er sich meinen Befehlen unterordnen. – Er ist zur Zeit nur überreizt wegen der schweren Kämpfe und der hohen Verluste, die wir erlitten. – Ich schlage vor, wir unterbrechen die Verhandlung bis morgen früh. Ich rate dir, Fürst, meiner Forderung bald zuzustimmen. Andernfalls könnte beim nächsten Thing Sigwaldis Vorschlag von der Mehrheit beschlossen werden. Diesmal kämt ihr noch einmal glimpflich davon. Aber glaube ja nicht, daß ich den Polen diese Hinterhältigkeit vergessen werde! Wenn ich trotzdem nur sechstausend Pfund Silberlinge verlange, dann liegt es daran, daß ich den Polenkönig nicht reizen will, gegen die Jomsburg zu ziehen! Ich will das Schicksal nicht zweimal so kurz hintereinander herausfordern, sondern möchte, daß zwischen uns der Friede bewahrt bleibt. – Wir haben tatsächlich beide einen Vorteil daran", sprach Jarl Palnatoki versöhnlich zum Schluß. Er war sichtlich müde und abgespannt. Man konnte ihm die schweren Kämpfe der vergangenen Tage im Gesicht ablesen. Palnatoki war nicht mehr der Jüngste. Gewiß wollte er gegen Ende seines Lebens die Früchte seiner jahrelangen Arbeit nicht in Flammen aufgehen sehen.

„Ich glaube nicht, daß ich über solch eine hohe Forderung ohne Rücksprache mit dem König, meinem Vater, allein entscheiden kann", entgegnete Fürst Boleslaw nachdenklich.

„Also schön, Fürst Boleslaw, ich erlasse dir noch eintausend Pfund Silber. Fünftausend und kein Pfund weniger! Und bedenke, in fünfzehn Tagen ist Vollmond. Wenn Sigwaldi tatsächlich ein Thing zusammenruft und die Mehrzahl der Krieger seiner Ansicht wäre, könnte ich gezwungen sein, ihrem Mehrheitswillen nachzugeben. Diesmal kämt ihr noch einmal glimpflich davon. – Ihr könnt euch in der Burg frei bewegen, doch Jomswikinger werden euch auf Schritt und Tritt begleiten."

Damit war die Verhandlung für diesmal beendet.

Boleslaw, Olaf und Geira spazierten neugierig durch die Gassen der Jomsburg. Auch auf den Wall stiegen sie und betrachteten sich die Burg von dieser erhöhten Stelle. Boleslaw prägte sich jedes Tor, jede Straße und jeden Burgwinkel tief ins Gedächtnis ein.

„Die Jomsburg ist tatsächlich kaum zu erobern", sprach Boleslaw leise zu seinem Schwager wegen der Bewacher.

„Einen solch hohen Wall um eine Burg habe ich noch nirgends gesehen. Davor muß jeder Ansturm zerbrechen. Nur mit sehr hohen Verlusten käme man über diesen Verteidigungsgürtel", stimmte Olaf ihm zu.

„Jeder vernünftige Heerführer schreckt vor solchen Verlusten zurück. Mit Feuer und Schwert ist die Jomsburg nicht zu erobern. Wir müssen es mit anderen Mitteln versuchen", fügte Boleslaw nachdenklich hinzu.

Am Abend genossen sie die gute Bewirtung, wie sie hohen Königsboten zustand. Jarl Palnatoki war trotz des Kampfes mit den Pommeranen höflich zu Fürst Boleslaw. Er wußte, daß seine Burg von König Sven nicht im Stich gelassen werden würde. Diese Zuversicht ließ ihn die Zukunft gelassen erwarten. Boleslaw seinerseits konnte sich einer gewissen Hochachtung gegenüber diesem alten Heerführer nicht erwehren.

Spät in der Nacht endete das Gelage. Die Abgesandten wurden in das Gästehaus geführt. Das Haus bestand aus einem großen Aufenthaltsraum für die Krieger, in der sich eine Feuerstelle befand, und zwei abgetrennten Gemächern, eines für Olaf und Geira und das andere für Boleslaw. Die Wikinger richteten sich rings um das Feuer bequem ein.

„Hast du bereits eine Entscheidung über die Tributforderung getroffen?" fragte Geira ihren Bruder, sobald die drei alleine waren. Sie war sichtlich aufgeregt.

„Ich überlege bereits den ganzen Nachmittag, was unser Vater über die Höhe des Tributes sagen würde", antwortete Boleslaw stirnrunzelnd. – „Wenn ich Palnatokis Forderung zustimme, könnte ich mir gut vorstellen, daß der König mich vor der ganzen Druzina der Unfähigkeit zu solch einer Verhandlung bezichtigen würde. Er würde vielleicht sogar soweit gehen, mir deswegen den Kriegszug gegen die Pruzzen zu verbieten. Du weißt aber, wie wichtig es wäre, die Pruzzen niederzuwerfen."

„Du willst also den Forderungen Palnatokis nicht zustimmen?" fragte Geira in höchster Angst.

„Ich möchte nicht meinen Heereszug gegen Truso gefährden."

„Aber bedenke doch, wie leicht dieser Sigwaldi beim nächsten Thing durchsetzen könnte, daß wir die zehnfache Summme des letzten Jahres zahlen müssen! Vater könnte dem noch viel weniger zustimmen! Dann käme es unweigerlich zum Krieg! Denk doch an die vielen Männer, die vor der Jomsburg ihr Leben verlieren müßten! Und an die Not und das Elend, das ihren Hinterbliebenen unausweichlich bevorstünde!" rief Geira verzweifelt aus.

„Das weiß ich. Und doch ... Ich frage mich, ob ich als König dieser schweren Aufgabe gewachsen wäre", sprach Boleslaw sinnend.

Geira merkte jetzt, in welcher Gewissensnot sich ihr Bruder befand. – „Gibt es denn keinen Ausweg? – Olaf, fällt dir etwas ein?"

„Boleslaw hat recht. Stimmt er morgen der Forderung Palnatokis zu, steht zu befürchten, daß der König ihm den Zug gegen Truso verbietet. Ich hörte mit an, wie ungern sich der König dazu überreden ließ. Das wäre eine willkommene Gelegenheit für ihn, den Heerzug abzublasen", stimmte Olaf seinem Schwager zu.

„Wie wirst du dich entscheiden?" fragte Geira am ganzen Körper zitternd.

„Beruhige dich, Geira", sprach Boleslaw lächelnd. „Wir zahlen die Summe, die Jarl Palnatoki fordert; jedoch nur in diesem Jahr."

„Gott sei Dank!" rief Geira erleichtert aus. „Aber was wird dann aus deinen Plänen?"

„Ich denke, wir müssen zu einer Kriegslist greifen. Wir sagen Vater, der Jomsburgjarl hätte nur dreitausend Pfund verlangt. Ich besitze Schmuck und Geld im Werte von eintausend Pfund Silberlingen, die restlichen tausend werde ich irgendwo auftreiben. Ich lasse mir den Heereszug gegen Truso auf keinen Fall nehmen. Das ist die Gelegenheit, mich vor Vater bewähren und seine volle Gunst zurückgewinnen zu können. Wir werden dort so reiche Kriegsbeute gewinnen, daß ich das Doppelte der vorgelegten Summe vom König als Belohnung erhalte," erklärte Boleslaw den anderen seinen Plan.

„Das ist eine großartige Idee!" rief Geira erfreut aus.

„Um die restlichen tausend Pfund brauchst du dich nicht länger zu sorgen, Boleslaw. Meine Krieger und ich werden es dir vorstrecken, und wenn es sein muß, alles, was wir haben. In Truso werden wir alles zurückgewinnen und noch mehr", sprach Olaf zu Geiras höchster Freude.

„Gott beschütze euch bei eurem Kriegszug gegen Truso. Manchmal wünsche ich, ich wäre ein Mann und könnte als der Dritte im Bunde, mit euch ziehen!"

Boleslaw lachte. „Ohne dich hätten wir ja niemals Olaf bei uns halten können. Zudem gibt es bedeutend schönere Dinge als Krieg. Und diese Dinge sind meist den Frauen vorbehalten. Du brauchst also keineswegs unglücklich zu sein wegen deines Geschlechts. Du bist der Dritte in unserem Bunde, und du trägst deinen Teil dazu bei, daß das große Vorhaben gelingt und auch bis in künftige Zeiten bestehen bleibt", entgegnete Boleslaw feierlich.

Am nächsten Morgen teilte Fürst Boleslaw dem Jarl der Jomsburg mit, daß er im Namen König Mieszkos der Tributforderung in Höhe von fünftausend Pfund Silber zustimme.

Der Jarl verlangte als Sicherheit einen Eid von Boleslaw. Danach erklärte er, daß sie die Jomsburg jederzeit verlassen könnten.

Geira ließ sich die Gelegenheit natürlich nicht entgehen, einen Einkaufsbummel durch das Händlerviertel der Stadt Jumne zu unternehmen. Der Reichtum der Händler und die Vielfalt der zum Verkauf angebotenen Waren hinterließen einen starken Eindruck bei den Dreien.

Erst am späten Nachmittag waren sie zur Abfahrt bereit. Nach einem kurzen, aber freundlichen Abschied von dem Jarl der Jomsburg stiegen sie in Olafs Langschiff. Das Tor wurde geöffnet, und sie ruderten auf die Dziwna hinaus.

Oderaufwärts mußte gerudert werden. Spät in der Nacht trafen sie auf Olafs Gefolgsmänner. Sie übernachteten an der gleichen Stelle. Die Rückfahrt verlief ohne Zwischenfälle. Da ein wolkenloses Frühsommerwetter herrschte, waren alle in bester Stimmung. Geira genoß die Flußfahrt in der Nähe ihres geliebten Gatten in vollen Zügen.

Boleslaw schwindelte vor dem König, Jarl Palnatoki hätte nur dreitausend Pfund Silber verlangt, und zwar deshalb so viel, weil er erfuhr, daß die Polen die Pommeranen heimlich mit Waffen und Geld unterstützen. Trotzdem geriet König Mieszko über die Höhe des Tributes in größte Wut. Er überhäufte seinen Sohn mit schwersten Vorwürfen und beschuldigte ihn in Gegenwart vieler Fürsten des Reiches, bei den Verhandlungen versagt zu haben. Der Grund für die hohe Forderung, der Krieg mit den Pommeranen, konnte den König nicht von seiner ungerechten Beurteilung abbringen. Olaf verteidigte mit Nachdruck seinen Schwager und wies auf die Möglichkeit hin, daß die Jomswikinger durch einen Thingbeschluß hätten durchsetzen können, daß der Polenkönig mehr als das Doppelte des geforderten Tributs zahlen müsse.

Auf die Frage des Königs, welcher seiner Gefolgsmänner das Lösegeld zur Jomsburg bringen möchte, erklärte sich Olaf sogleich dazu bereit. So hatte er es mit Boleslaw abgesprochen, damit der König nichts von den restlichen zweitausend Pfund erfahren würde, die sie aus eigener Tasche dazugeben wollten.

Wenige Tage später verabschiedete sich Fürst Boleslaw von Olaf und Geira. Er brach mit einem Heer von fünfhundert gutgerüsteten Kriegern nach Truso auf, mehr billigte ihm sein Vater nicht zu. Unterwegs würde er darum noch viele waffenfähige Männer zu einem Heer von fast zweitausend Kriegern zusammenziehen. Olaf würde erst einige Tage später mit seinen sieben Schiffen von Posen absegeln, da er bedeutend schneller vorankam als Boleslaw auf dem Landweg.

Schließlich war auch für Olaf der Tag des Abschieds gekommen. Zuerst verabschiedete er sich von dem König und der Königin. König Mieszko gab Befehl, das Lösegeld in Olafs Schiff zu verladen. Geira begleitete Olaf bis zum Hafenkai. Nicht viel Volk war am Hafen versammelt. Nur einige Neugierige und die Angehörigen der Polen, die mitfuhren, um die Ablieferung des Schatzes zu überwachen, winkten den Schiffen nach. Olaf genügte Geiras Anwesenheit vollkommen.

„Großer Gott, halte deine Hände schützend über Olaf", sprach sie ein kurzes Gebet. Sie winkte Olaf nach, bis er hinter einer Flußkrümmung ihren Augen entschwand.

Der polnische Häuptling staunte nicht schlecht, als Olaf statt Gold und Silber im Werte von dreitausend Pfund Silberlingen sogar fünftausend dem Jarl der Jomsburg vor Zeugen übergab. Nachdem sie die Jomsburg verlassen hatten, stellte der Pole Olaf zur Rede. Olaf gab ihm offen Auskunft über die wirkliche Höhe der Tributforderung und daß er und Boleslaw den Rest aus eigener Tasche dazulegten.

„Der König wird nicht erfreut sein über die Eigenmächtigkeit seines Sohnes. – Aber wohin segelt ihr! Das ist die falsche Richtung! Der Befehl des Königs lautete, mich einen Tag lang flußaufwärts zu fahren und dann an Land zu setzen!" rief der polnische Häuptling mißtrauisch aus.

„Ich weiß", entgegnete Olaf ruhig. „Doch ich halte es nicht für gut, wenn der König von dir die Wahrheit erfährt."

„Ich verlange, daß du dem Befehl des Königs gehorchst! Hast du bedacht, was geschehen könnte, wenn er nicht rechtzeitig erfährt, daß der Tribut ordnungsgemäß abgeliefert wurde?" fragte der Pole zornig.

„Meine Gemahlin Geira wird ihrem Vater alles nötige berichten. Aus ihrem Munde gesprochen, klingt es für Boleslaw sicher günstiger. Ihr werdet mit mir nach Truso segeln und helfen, die Stadt zu erobern."

Es blieb den Polen nichts anderes übrig als mitzufahren, ob es ihnen nun gefiel oder nicht.

Wie abgesprochen, kam Olaf mit seiner Wikingerflotte bei Truso an, bevor das polnische Heer die Stadt belagerte. Zwei Tage nur tobte der Kampf an den Stadtwällen Trusos. In der folgenden Nacht überfielen die Krieger Olaf Tryggvissons das am schlechtesten bewachte Stadttor und erbrachen es von innen. Das Polenheer konnte in die Stadt eindringen und trug durch seine zahlenmäßige Überlegenheit einen leichten Sieg davon. Der Pruzzenkönig wurde in der Schlacht getötet, jedoch die Bewohner der Stadt und diejenigen Krieger, die sich ergaben, blieben verschont. Der Schatz des Pruzzenherrschers, den sie in der Königshalle fanden, war unermeßlich hoch.

Von Truso zog Fürst Boleslaw durch große Teile des Pruzzenlandes, um von den Gauhäuptlingen und Großbauern den Gefolgschaftseid auf König Mieszko zu fordern. Fast den ganzen Sommer lang zog er durch den neugewonnenen Gau.

An die Weichsel zurückgekehrt, entließ Fürst Boleslaw das polnische Heer in die Heimat. Er selber fuhr mit Olafs Flotte weichselaufwärts, um die Befestigungsanlagen der Städte und Burgen in Augenschein zu nehmen und von säumigen Gaufürsten die Königssteuer einzutreiben.

In den Städten und Ortschaften am Ufer dieses großen Flusses trafen sie viele Nordmänner mit ihren Drachenschiffen, da die Weichsel eine vielbefahrene Wasserstraße in Richtung Griechenland war. Es waren Abenteurer, die nach Konstantinopel wollten, um in den Dienst des mächtigen rhomäischen Kaisers zu treten; doch die meisten waren friedliche Händler, die von einer Handelsfahrt aus Rußland und Griechenland zurückkamen oder sich auf dem Weg dahin befanden. Olaf und seine Steuermänner warben ständig neue Krieger an, natürlich nur kräftige und waffengewandte Männer. Inzwischen besaß Olaf wieder eine Flotte von siebzehn Schiffen und eine Gefolgschaft von annähernd fünfhundert Kriegern.

In der Stadt Plozk hörten sie von einer Wikingerflotte, die seit einiger Zeit die Weichsel und auch den Bug unsicher mache. Sie würden meist die weniger oder gar nicht befestigten Ortschaften überfallen, den Einwohnern alles rauben, was irgend nur einen kleinen Wert besäße und ihnen überdies noch alles erdenkliche Leid zufügen. Boleslaw befahl, die Flußräuber unschädlich zu machen.

Thorgeir, als Händler getarnt, übernahm mit einem Schiff die Aufgabe des Kundschafters. Er fuhr mit seinem Schiff den anderen immer einen halben Tag voraus. Seine erste Nachricht war, daß die Flußräuber sich den Bug aufwärts gewendet hätten. In einer größeren Ansiedlung traf er sie schließlich. Nachts, als die Flußräuber längst sinnlos betrunken waren, eilte Thorgeir flußabwärts, um Olaf zu verständigen.

Jarl Olaf gab mitten in der Nacht den Befehl zum Aufbruch. Mit allen Kräften ruderten sie den Bug aufwärts. Am frühen Morgen konnten sie den Wikingerhaufen überraschen. Nach kurzer Gegenwehr wurden die meisten gefangengenommen. Olaf wußte, daß sie im Grunde genommen keine schlechten Menschen waren, nur die Not machte sie zu Räubern. Diejenigen, die einen guten Eindruck erweckten, fragte er, ob sie in seine Gefolgschaft eintreten wollten. Die anderen überließ er ihrem Schicksal, das bedeutete, sie wurden von den Polen als Sklaven gehalten, um so ihre Schandtaten zu büßen.

Die Nächte wurden jetzt merklich kälter und länger, es war Spätherbst. Eilends fuhren sie deshalb wieder den Bug abwärts. An der Weichsel angekommen, ruderten sie diese weiter flußaufwärts und bogen dann nach Westen in die Piliza ein. Am Oberlauf zwischen Piliza und Wartha, an der engsten Stelle zwischen beiden Flüssen, befand sich eine Schleppstrecke. Nachdem sie diese Knochenarbeit hinter sich hatten, brauchten sie nur noch Segel zu setzen und sich von der Strömung der Wartha abwärts treiben zu lassen. Endlich, nach über viermonatiger Abwesenheit, sahen sie Posen vor sich, geschmückt in der Farbenpracht des Herbstes.

Herzlich wurden sie in der Stadt begrüßt, als die Bevölkerung sah, daß ihr Königssohn Boleslaw zurückgekehrt war. Seit Wochen bekamen sie keine Nachricht mehr von dem Verbleib des Fürsten. Wie ein Lauffeuer verbreitete sich die Nachricht seiner Ankunft.

Geira erfuhr es von einer Dienerin, die vom Markt kam. Sie ließ ihre Arbeit liegen und rannte Richtung Stadttor.

„Olaf! Boleslaw! Endlich seid ihr zurück!" rief Geira überglücklich. Sie umarmte Olaf. „Wir waren alle in großer Sorge um euch! Vor über einem Mond erhielten wir die letzte Nachricht! Wir fürchteten bereits, es könnte euch ein Unglück zugestoßen sein!"

„Wie du siehst, sind wir alle gesund und munter, wenn wir auch nicht jünger wurden!" gab Boleslaw scherzend zur Antwort.

„Laß nur deine Witze! Auf dich bin ich besonders böse! Wie konntest du es wagen, Olaf so lange von mir fernzuhalten! Wie lange du deine Frau alleine zu Hause sitzen läßt, geht mich ja nichts an, aber Olaf lasse ich in Zukunft nicht mehr solch eine Ewigkeit fort!" rief Geira sichtlich im Ernst aus.

„Ich gestehe, daß ich schuldig bin. Ich verspreche dir, daß ich dies nie mehr tun werde", entgegnete Boleslaw lachend.

„Das ist dein Glück! Sonst würde ich Olaf in Zukunft überallhin begleiten!"

„Das wäre allerdings das größere Übel", gestand Boleslaw. „Aber sag mir bitte, wie ist unser Vater auf mich zu sprechen?" fragte er besorgt.

„Es wird alles gut werden, Boleslaw, davon bin ich überzeugt. Zuerst war er rasend vor Wut, als er erfuhr, daß du ihn mit der wirklichen Forderung Palnatokis hintergangen hattest. Aber nach der Nachricht eures Sieges über Truso war er bereits versöhnlicher. Ich hatte Vater in der folgenden Zeit mehrmals gebeten, euch beiden diese List zu verzeihen. Ich legte ihm deine Gründe ans Herz. Ich hoffe, daß ich ihn weich bekam. – In letzter Zeit war er sehr besorgt um dich", berichtete Geira ihrem Bruder.

„Ich danke dir sehr für deine Unterstützung, Geira", sprach Boleslaw gerührt.

Klopfenden Herzens traten sie in die Oberstadt. König Mieszko stand mit seiner Druzina am Eingang der Königshalle. Boleslaw trat vor seinen Vater. „Sei herzlich gegrüßt, Vater! Ich komme von meiner Rundreise durch das östliche Polenreich gesund und mit reichen Steuereinnahmen zurück!"

„Mein Sohn Boleslaw", sprach König Mieszko gerührt, und einige Tränen der Freude flossen ihm über die Wangen. Er umarmte Boleslaw und küßte ihn mehrmals auf beide Wangen, wie es slawische Sitte war. – „Warum hast du deinen Vater so lange ohne Nachricht gelassen?" fragte er vorwurfsvoll

„Es tut mir leid, Vater. Es war gewiß keine böse Absicht", entschuldigte sich Boleslaw.

„Nun bist du ja da! Gleich nachdem du dich gestärkt hast, sollst du mir erzählen, was ihr alles gesehen und erlebt habt!" bat der König ihn. Dann wandte er sich Olaf zu. „Sei gegrüßt, Jarl Olaf Tryggvisson! Ich freue mich, auch dich gesund wiederzusehen!" König Mieszko umarmte seinen Schwiegersohn und küßte auch ihn auf beide Wangen.

Königin Oda begrüßte ihren Stiefsohn Boleslaw ebenfalls herzlich. Auch Olaf, der Gemahl Geiras, wurde von ihr mütterlich auf beide Wangen geküßt.

Nach dem Festessen begann Fürst Boleslaw mit der ausführlichen Schilderung ihres Kriegszuges gegen die Pruzzen und ihrer Rundreise durch das östliche Reichsgebiet.

Bevor die Tafel aufgehoben wurde, verkündete König Mieszko, daß er Boleslaw als Vater und als König verziehen habe. Boleslaw sei wie früher als seine rechte Hand bei allen Königsgeschäften zu betrachten. Auch sein Schwiegersohn Olaf habe durch seine mutige Tat bei der Eroberung Trusos die Ehre seiner Tochter Geira erhöht. Er habe festgestellt, daß seine Tochter diesen Nordmann von ganzem Herzen liebe, wie auch umgekehrt. Das veranlasse ihn, den beiden von ganzem Herzen zu verzeihen, denn solch eine große Liebe könne nur göttlichen Ursprungs sein, und offensichtlich sei es Gottes Wille gewesen, daß die beiden ein Paar wurden. Zur Thronfolge nach seinem Ableben äußerte sich König Mieszko allerdings nicht. Wie sich einige Zeit später herausstellte, hielt er weiterhin an seinem früheren Entschluß fest, nämlich, daß der älteste Sohn seiner jetzigen Gemahlin, Königin Oda, der rechtmäßige Thronfolger sei. Königin Oda solle bei einem Ableben des Königs die Regierungsgeschäfte übernehmen bis ihr Sohn Mieszko erwachsen wäre, nach dem Vorbild der deutschen Kaiserin Theophano, der Gemahlin Ottos II.

Jarl Olaf konnte sich in der Winterszeit, der zweiten, die er im Polenreich verbrachte, ganz seiner Gemahlin widmen. Olaf erkannte das Haus in der Unterstadt nach seiner Rückkehr nicht mehr wieder. Königliche Handwerker hatten weitere Umbauten und Verschönerungen angebracht, auf heimlichen Befehl des Königs, damit seine Tochter ein würdiges Zuhause habe. Geira lebte nicht allein in dem großen Haus, sondern durfte ihre früheren Dienerinnen und Mägde in den neuen Hausstand übernehmen. Olaf ließ ihr bei seiner Abreise alles Gold und Silber zurück, das er besaß. Doch Geira benötigte nichts davon, denn König Mieszko hatte seine Drohung, die er in der Wut aussprach, keineswegs in die Tat umgesetzt. Geira weilte während der Abwesenheit ihres Gatten öfters in der Königsburg als in ihrem Haus. Von dem König und der Königin erhielt sie mehr Geld, als sie benötigte. So war ihre Geldtruhe von Mond zu Mond voller geworden anstatt leerer, und das, obwohl sie in christlicher Nächstenliebe vielen Armen und Hilfsbedürftigen in der Unterstadt ihre Not zu lindern half. Olaf brachte seinerseits große Schätze mit, die er als Belohnung von Fürst Boleslaw und auch von König Mieszko zugeteilt bekam. Damit erfüllte er sein Versprechen, daß seine Gemahlin an Reichtum nicht vielen Frauen im Polenreich nachstehen würde.

Für Boleslaw gab es nach seinem langen Ausbleiben eine böse Überraschung. Eines Abends kam er zu Geira und

Olaf zu Besuch. Geira sah ihm sofort am Gesicht an, daß etwas Außergewöhnliches geschehen war. Boleslaw teilte es ihnen ohne Ausschweifungen mit.

„Ich habe mich von meiner Frau trennen müssen. Sie betrog mich während meiner Abwesenheit mit einem ungarischen Gesandten. Den Ungar habe ich im ehrlichen Zweikampf getötet. Jetzt haßt sie mich doppelt. Sie befindet sich bereits auf dem Weg, um über die Grenze abgeschoben zu werden."

„Und was wird aus deinem Söhnchen Bezprym?" fragte Geira erschrocken..

„Der Junge bleibt natürlich bei mir. Die Königin hat ihn zur Erziehung bei sich aufgenommen. Ich bin sehr froh darüber", sprach Boleslaw zutiefst gerührt. Er hatte bisher mit der deutschstämmigen Königin Oda kein besonders herzliches Verhältnis.

Fürst Boleslaw weilte nun öfters in Geiras und Olafs Haus. Meist brachte er seinen Sohn Bezprym mit. Geira versuchte, dem Jungen den Verlust seiner Mutter so gut als möglich zu ersetzen.

Das Weihnachtsfest des Jahres 989 n. Chr. wurde mit aller königlicher Pracht zu Gnesen gefeiert. Fürst Boleslaw und Jarl Olaf waren die unbestrittenen Helden während dieses Winters am polnischen Königshof. Wiederholt mußten sie vor den Fürsten und Fürstinnen des Reiches ihre Erlebnisse erzählen.

Geira und Olaf bewohnten in Posen nur ein mittelgroßes Haus. Wenn sie Gäste einluden, reichte der Platz kaum aus. Geira war jedesmal verzweifelt, wenn Olaf ihr mitteilte, daß wieder Gäste kämen und diesmal noch mehr als beim vorigen Mal. Aus diesem Grund beschlossen sie, sich nach einer größeren Wohnstatt zu bemühen. Fürst Boleslaw, dem sie ihren Kummer mitteilten, schlug vor, daß er sich bei seinem Vater dafür verwenden solle, daß Olaf die Herrschaft über eine Burg zum Lehen bekäme. Doch davon wollte Olaf nichts wissen. Ihm genügte die Jarlsherrschaft über seine Wikingerschar. Geira und er hätten viel lieber einige Morgen Land zum Besitz, möglichst zwischen Posen und Gnesen und an einem Nebenfluß der Wartha gelegen, damit er mit seiner Flotte dem König immer rasch zu Hilfe eilen könne. Boleslaw meinte, daß dies eine Kleinigkeit sei. Sie sollten sich nur umsehen, und wenn ihnen ein Stück Land gefiele, würde er es mit Leichtigkeit bei seinem Vater durchsetzen, daß sie es geschenkt, das heißt, zum erblichen Lehen bekämen.

Da es Winter war und hoher Schnee lag, fuhren die beiden eines Tages mit dem Schlitten an einem Nebenfluß der Wartha entlang. Vierzig Wikinger begleiteten sie zu Pferd. Dies war Olafs Leibgarde, zu Geiras und zu seinem Schutz. Einen Tagesmarsch von Posen entfernt kamen sie in ein wunderschönes Tal, mit hohen, uralten Eichen, Buchen und Tannen bewachsen, das ihnen als das schönste Fleckchen Erde im ganzen Polenreich erschien. Hier wollten sie einen Gutshof errichten mit einem großen nordischen Langhaus als Herrensitz. In der weiteren Nachbarschaft sollten mehrere Bauernhöfe gebaut werden, für diejenigen von Olafs Gefolgsmännern, die heiraten und einen eigenen Hausstand gründen wollten. Für die anderen würde ein großes Gemeinschaftshaus errichtet werden.

Als sie Boleslaw das Tal zeigten, meinte dieser, daß er es sich selber als Landsitz ausgewählt habe, wenn er es vor ihnen entdeckt hätte, aber jetzt gehöre es ihnen. Und wirklich, Boleslaw erreichte ohne Mühe bei König Mieszko, daß das gesamte Tal, so weit das Auge reichte, in den Besitz von Geira und Olaf gelangte.

Während der langweiligen Wintertage überlegten sie, wie der Gutshof errichtet werden solle. Geira übernahm die Innenausstattung, während Olaf die Grundrisse des Herrenhauses, der Wirtschaftsgebäude, der Viehställe, des Gesindehauses und des Gefolgschaftshauses entwarf. Auch ein hoher Erdwall mit einer Palisadenwehr darauf würde um ihren Landsitz errichtet werden, damit ihre zukünftigen Kinder, die Kinder der Dienerschaft und das

Vieh sicher seien vor wilden Tieren, wie Wölfen und Bären, aber auch geschützt vor räuberischen Banden. In dem großen Gefolgschaftshaus würden vier Schiffsbesatzungen Platz finden, also über hundert Krieger. Es war in jenen Zeiten immer gut, eine größere Schutztruppe bei sich zu haben. Olafs Leibgarde, es waren dies die Steuermänner und besonders gute Freunde und Vertraute, besaßen das Privileg, in der Jarlshalle wohnen zu dürfen, sofern sie es nicht vorzogen, einen eigenen Hausstand zu gründen.

Etwa zwei Monde waren seit dem Weihnachtsfest vergangen, da brachten Händler eine Nachricht nach Posen, die die Gemüter am Königshof stark erregte. Der Herrscher der Jomsburg, Jarl Palnatoki, war gestorben. Zu dessen Nachfolger wählten die Jomswikinger Sigwaldi, wie es Palnatoki damals in Gegenwart von Boleslaw, Olaf und Geira geahnt hatte. Fürst Boleslaw war der Überzeugung, daß im Frühsommer schwierige Verhandlungen mit dem neuen Jarl der Jomsburg bevorstünden.

Doch vorher gab es für Boleslaw noch eine persönliche Überraschung. Sein Vater hatte eine neue Gemahlin für ihn ausgesucht. Es war die Tochter des Pommernfürsten Dobromir mit Namen Emnild. Diese Heirat sollte darauf hinauszielen, Pommern eines Tages dem Polenreich einzugliedern. Boleslaw war wenig von den Zweckheiraten seines Vaters begeistert. Doch er wagte nicht, ihm zu widersprechen, aus Furcht, er könnte erneut in Ungnade fallen und der König würde ihn dann vielleicht für immer von allen Regierungsangelegenheiten ausschließen. So wurde an Ostern des Jahres 990 n. Chr. die Hochzeit mit allem Prunk zu Gnesen gefeiert.

Kurz nach Ostern war es dann gewiß: eine große Veränderung würde bald in Geiras und Olafs Leben eintreten, denn Geira war schwanger. Sie freute sich unsagbar auf ihr Kind. Olaf beauftragte den besten Schnitzer unter seinen Wikingern, eine Wiege anzufertigen. Die Dienerinnen Geiras webten bereits fleißig an den Tüchern für die Kleidchen und Windeln des Säuglings.

Wie in jedem Jahr reiste ein fürstlicher Abgesandter König Mieszkos zur Jomsburg, um über die diesjährige Tributzahlung zu verhandeln. Er kehrte mit der Nachricht zurück, daß Jarl Sigwaldi das doppelte an Lösegeld verlangt habe: zehntausend Pfund Silber.

König Mieszko beriet sich lange mit den Fürsten und Heerführern des Reiches. Es mußte abgewägt werden, falls sie der Forderung Sigwaldis nicht nachkämen, ob sie stark genug seien, um einen mehr als wahrscheinlichen Kriegszug der Jomswikinger gegen ihr Land abwehren zu können oder ob es das kleinere Übel wäre, den Jomswikingern die geforderte Summe zu zahlen, um dadurch weit Schlimmeres zu verhüten. Auch wurde die Frage aufgeworfen, ob das polnische Heer einen erfolgreichen Kriegszug gegen die Jomsburg unternehmen könnte, um diese mächtige und bedrohliche Burg unter die Herrschaft König Mieszkos zu zwingen. Das Für und Wider wurde lange und ausführlich beraten, doch es kam keine überzeugende Mehrheit für das eine oder andere zustande. Fürst Boleslaw und Jarl Olaf wurden bei dieser wichtigen Entscheidung ebenfalls um Rat gefragt. Beide erklärten, daß eine Eroberung der Jomsburg fast unmöglich wäre. Und wenn es schließlich auch gelingen würde, wären ihre Verluste so hoch, daß der Sieg kein Sieg mehr sei.

Mitten in die Beratungen platzte eine zweite, nicht weniger wichtige Nachricht hinein. Der Schwedenkönig Erik der Siegreiche war im Frühsommer mit einer Unzahl von Kriegsschiffen in Dänemark eingefallen und vertrieb den Dänenkönig Sven Gabelbart aus Reich und Herrschaft. Mit Jubelgeschrei und Freudentänzen nahm die polnische Druzina diese für sie günstige Nachricht auf. Jetzt sah nämlich die Lage der Jomswikinger nicht mehr so rosig aus. Sie waren nun von allem Zuzug aus der Heimat und von aller sonstigen Unterstützung durch den Dänenkönig verlustig. König Sven brauchte nun selber jeden wehrfähigen Mann und alles Gold und Silber, um sein Königreich von den Schweden zu befreien. Aus diesen Überlegungen heraus entschloß sich König Mieszko, keine weiteren Dänengelder mehr an die Jomswikinger zu zahlen. Da dies aber mit Sicherheit zu einem Rachezug der Jomswikinger führen würde, solle eine hohe Summe zum Ausbau der Befestigungsanlagen der Stadt Posen, Gnesen und anderer bedeutender Städte an der Oder und Wartha verwendet werden, auf die sich ein Angriff richten könnte. Die Fürsten des Reiches stimmten mit Jubelgeschrei der Entscheidung des Königs zu.

„Und eines Tages werden wir diese Räuberbande aus Jumne hinausjagen!" rief König Mieszko zum Schluß drohend aus.

In Posen, der westlichsten Residenz König Mieszkos, stand nun ständig ein starkes Heer gegen einen möglichen Angriff der Jomswikinger abwehrbereit. Die Lebensmittelvorräte in der Stadt wurden beträchtlich erhöht für den Fall einer Belagerung. Späher hielten flußabwärts ständig Wache und würden das Nahen der Jomswikinger durch Rauchsignale rechtzeitig melden, so daß man die Stadt nicht wieder im Schlaf überraschen könne.

Im Frühjahr ließen sich Geira und Olaf trotz der Kriegsgefahr nicht nehmen, mit dem Bau ihres Landsitzes zu beginnen. Geira hatte auch bereits einen Namen dafür, Schwanenwik solle er genannt werden. Viele Bauern in der Umgebung mußten auf Geheiß des Königs Frondienste leisten. Sie schafften Baumstämme als Baumaterial von weit her, da Olaf den herrlichen Baumbestand um das Gehöft schonte. Wegen der vielen Helfer, auch Olafs Krieger arbeiteten mit, kamen sie schnell damit voran. Der Innenausbau überbot an Pracht sogar die königliche Halle in Posen. Von besonders prächtigem Aussehen waren die Schnitzereien der Nordmänner, die diese an Türen und Fenstern, an Tischen, Stühlen, Truhen und an aller sonstiger Einrichtung anbrachten. Jeder Besucher beneidete Geira und Olaf um diese herrlichen Verzierungen. Wenn die Polen auch die Rohheit und Wildheit der Nordmänner zutiefst verachteten, so konnten sie doch daraus ersehen, daß diese Leute nicht ohne Sinn für Schönheit und Kultur waren.

Zuletzt ließ Geira eine kleine Holzkirche neben dem Herrenhaus errichten, damit sie nicht jeden Sonntag nach Gnesen oder Posen reisen mußten, um den Gottesdienst zu besuchen. Geira ließ die Kirche mit kostbarem Inventar ausstatten, das sogar das ihrer Wohnung übertraf. Bischof Unger kam selber, um die Kirche zu weihen.

Im Sommer traf ein Bote König Mieszkos ein, der Olaf die Nachricht überbrachte, daß ein vereinigtes Heer von Böhmen und Liutizen in Schlesien eingefallen sei. Der König rufe alle wehrfähigen Männer zu den Waffen, um den Feind aus dem Land zu vertreiben. Das Polenreich war von seiner ganzen westlichen Grenze bedroht. Im Nordwesten von den Jomswikingern, im Westen von den Liutizen und im Südwesten von den Böhmen.

Für die Wikinger kam dieser Kriegszug gerade recht. Als Olaf ihnen mitteilte, daß sie gute Aussicht auf Kampf und Beute hätten, umringten sie jubelnd ihren Jarl, froh, daß es mit der Schufterei zu Ende war. Sie eilten zu ihren Schnellseglern an den Fluß, um für die morgige Ausfahrt klar Schiff zu machen. Die Langschiffe lagen bereits frisch geteert am Ufer. Sie brauchten nur Mast und Segel zu setzen, um losfahren zu können. Ihre wenigen Habseligkeiten waren in Kürze gepackt.

Am nächsten Morgen fuhren Geira und Olaf mit dem Wikingerheer nach Posen ab. Sie kamen gerade noch rechtzeitig, um Fürst Boleslaw zu seiner Reise nach Magdeburg zur deutschen Kaiserin Theophano viel Glück zu wünschen. König Mieszko wollte nichts unversucht lassen, um sein Reich vor der Gefahr des Untergangs, bestenfalls vor der Zerstückelung zu bewahren. Obwohl er sich bisher erfolgreich einer gänzlichen Unterwerfung unter den deutschen Kaiser wehrte, und auch nicht unerhebliche Grenzzwistigkeiten zwischen Polen und Deutschen bestanden, hoffte er doch auf die Hilfe der Kaiserin, daß sie ihn, einen christlich gesinnten Herrscher, vor den Einfällen der Heidenvölker nicht im Stich lassen würde. In diesem Sinne, um Beistand gegen ein heidnisches Heer zu erbitten, reiste Fürst Boleslaw zu Kaiserin Theophano. Und mit Erfolg. Die deutsche Kaiserin sagte dem christlichen Herrscher der Polen militärische Hilfe zu.

Erzbischof Giseler von Magdeburg werde sich mit den Grafen Ekkehard von Meißen, Esiko und Binizo von Merseburg, Siegfried von Walbeck, Siegfried von Northeim, Bruno von Braunschweig und dem Markgrafen Hodo von der sächsischen Ostmark mit vier Trupps im Gau Selpuli, nördlich der Niederlausitz und ganz in der Nähe der Oder mit dem polnischen Heer vereinigen, um gemeinsam dem Barbarenheer entgegenzutreten, versprach die Kaiserin.

Als Fürst Boleslaw seinem Vater und den Fürsten des Reiches seinen Bericht kundtat, herrschte großer Jubel in der Königshalle. König Mieszko flossen Freudentränen über die Wangen. Die stolzen deutschen Grafen und Markgrafen versprachen ihm militärische Hilfe, das war noch nie dagewesen.

Der Böhmenherzog bekam jedoch von seinen Spitzeln, die am deutschen Kaiserhof weilten, Kunde von der geplanten militärischen Unterstützung des Polenkönigs. Darum beschleunigte er den Vormarsch ins Polenreich, weil er unbedingt eine Vereinigung der beiden Heere verhindern wollte.

Die deutschen Ritter setzten sich von Magdeburg aus in Marsch, Richtung Oder. Der Böhmenherzog wußte, daß ein offener Kampf mit dem gutausgerüsteten deutschen Heer zu verlustreich für ihn wäre, darum kämpfte er nur aus dem Hinterhalt und des Nachts gegen einzelne versprengte

Trupps und gegen Nachzügler. Aber auch die deutschen Grafen und Ritter schienen keine große Lust zu verspüren, für die Belange des Polenkönigs ihr Leben aufs Spiel zu setzen. Sie kämpften mit merklicher Zurückhaltung und wichen lieber vom geraden Weg zur Oder ab, um dadurch einen offenen Kampf mit dem Feind zu vermeiden.

Dem Böhmenherzog fiel bald auf, daß die Deutschen wenig Kampfesfreude an den Tag legten. Er beschloß, sie in eine Falle zu führen. Indem er ihnen mit starken Truppenteilen den geraden Weg verlegte und sie auch mehrmals von der nördlichen Flanke her angriff, konnte er sie zu einem Umweg immer tiefer nach Süden drängen. Dort befand sich ein ausgedehntes Sumpfgebiet, durch das nur ein schmaler Knüppeldamm führte. Davor würde der Vormarsch der deutschen Ritter endgültig zum Stehen kommen, und das noch ohne viel Blutvergießen und ohne die Deutschen in Zukunft zum erbitterten Feind zu haben.

Tatsächlich ließen sich die deutschen Ritter willig wie Schafe in die Falle treiben. Schließlich sahen sie sich von drei Seiten von Sumpf umgeben, und hinter ihrem Rücken standen die vereinigten Heere der Böhmen und Liutizen mit drohend erhobenen Waffen. Die Deutschen legten Verschanzung an und warteten auf den Angriff der Feinde.

Doch der Böhmenherzog war viel zu klug, um anzugreifen, obwohl der Sieg für ihn wahrscheinlich gewesen wäre. Erstens hätte er sich das übermächtige Deutsche Kaiserreich zum Feinde gemacht und damit seine Herrschaft über Böhmen aufs Spiel gesetzt, und zweitens lag es gar nicht in seiner Absicht, seine Kräfte gegen die Deutschen zu verschwenden. Er wollte ja das Polenreich erobern. Die Deutschen sollten nur daran gehindert werden, sich mit dem Polenheer zu vereinigen. Der Böhmenherzog schickte darum einen Unterhändler zu den deutschen Grafen und bot ihnen einen ehrenvollen Frieden an. Die Deutschen wußten nur zu gut, in welch einer aussichtslosen Lage sie sich befanden. Die meisten waren von Anfang an gegen diesen Heerzug gewesen, sollten die Slawen doch selber sehen, wie sie miteinander fertig wurden, so ihre Meinung. Nur noch einige wenige Ritter erinnerten an das Versprechen ihrer Kaiserin, das sie dem Polenherrscher gab. Sie fürchteten die Schande, die ihnen drohe, wenn sie vor den heidnischen Liutizen und Böhmen die Waffen kampflos strecken würden. Lieber kämpfen, als das Versprechen ihrer Kaiserin zu brechen. Doch die Mehrzahl zog das Leben dem sicheren Tode vor. Sie gingen auf die Forderung des Böhmenherzogs ein. Erzbischof Giseler und die Grafen Ekkehard von Meißen, Esiko und Binizo von Merseburg blieben bei dem Böhmenherzog, um in dessen Auftrag zu König Mieszko zu gehen und diesen davon zu überzeugen, daß es besser für ihn sei, für alle Zeiten auf Gebietsansprüche westlich der Oder und auf Schlesien zu verzichten. Das deutsche Heer durfte sich unbeschadet auf den Heimweg machen. So verlief die Waffenhilfe der Deutschen für ihre polnischen Glaubensbrüder kläglich im Sande, ja wurde sogar ins Gegenteil verwandelt. Für den Erzbischof Giseler und die ihn begleitenden Grafen Ekkehard, Esiko und Binizo erreichte die Schmach den Höhepunkt, als ihnen noch am ersten Abend, den sie beim Böhmenherzog weilten, alle Waffen abgenommen wurden. Damit waren sie Gefangene.

Der Böhmenherzog sandte ohne Wissen der Deutschen einen Unterhändler zu König Mieszko und ließ ihm mitteilen, welche hohe deutsche Ritter er in seiner Gewalt habe, ja selbst den Erzbischof von Magdeburg. Wenn Mieszko nicht sofort alle Gaue räumen würde, die er und die Liutizen forderten, würde er seine Gefangenen töten lassen.

Während König Mieszko mit seinem Hauptheer in der Stadt Krossen untätig auf die Ankunft der deutschen Verbündeten wartete, fielen die Städte Glogau und Breslau dem Feind in die Hände. Viele ihrer Bewohner wurden, wie vorher die der Stadt Nimptsch, grausam von den Liutizen zu Tode gefoltert.

Die Nachricht des böhmischen Unterhändlers über den

kampflosen Rückzug der Deutschen traf König Mieszko wie ein Schlag vor den Kopf. Er bedeckte sein Gesicht mit beiden Händen, um seine Tränen zu verbergen. Diesmal waren es Tränen der Enttäuschung und Verzweiflung: Nachdem der Unterhändler den genauen Verlauf des kläglichen Feldzuges der deutschen Ritter, sehr zum Spotte derselben, ausführlich geschildert hatte, kam er auf die Bedingung zu sprechen, unter der sein Herzog die deutschen Gefangenen freigeben würde. Er wurde mit dem Bescheid entlassen, sich mit der Antwort des Polenkönigs zu gedulden, bis dieser sich mit seinen Heerführern beraten habe.

Während der Beratung bewies Fürst Boleslaw, daß er nicht nur nach seiner Geburt, sondern vor allem nach seinen Fähigkeiten der würdigste Nachfolger seines Vaters auf dem polnischen Königsthron war. Als der König denjenigen Ratgebern, die ihn zum Nachgeben drängten, bereits sein Ohr lieh, stand Boleslaw auf und bat um Gehör. „Meine lieben Brüder! Bedenken wir doch nur das eine! Wenn wir unsere Gaue kampflos räumen, was werden dann die Nachbarn an den anderen Grenzen unseres Reiches über uns denken? Sie werden uns für Feiglinge halten, die sich lieber hinter den Röcken ihrer Weiber verbergen, als um ihren Besitz zu kämpfen! Wenn wir uns heute für die kampflose Aufgabe Schlesiens entscheiden, dann entscheiden wir uns gleichzeitig für das Ende unseres polnischen Königreiches! Dann würden die Dänen, Russen, Ungarn und auch die Deutschen in Scharen in unser Land einfallen und es unter sich aufteilen! Wenn sich die deutschen Ritter in der Gewalt des Böhmenherzogs befinden, dann nur aus eigenem Verschulden! Ich weine solchen Feiglingen keine einzige Träne nach! Ich fürchte mich auch nicht vor der Ungnade der deutschen Kaiserin! Sollen wir wegen der Feigheit der Deutschen das Bestehen unseres Reiches aufs Spiel setzen? Nein und abermals nein! Ich sage euch! Wir werden den Vormarsch der Böhmen und Liutizen hier in Krossen zum Stehen bringen! Ich bin weiterhin überzeugt, daß der Böhmenherzog niemals die

Dummheit begehen würde, seinen Gefangenen auch nur ein Haar zu krümmen! Denn dann würde er sich das Deutsche Reich zum erbittertsten Feinde schaffen! Die Rache über das vergossene Blut käme zuallererst über die Böhmen und nicht über uns!"

Olaf erhob sich ebenfalls, um zur Ratsversammlung zu sprechen. „Ich möchte einen Vorschlag machen, wie wir die Städte in Schlesien zurückgewinnen können. Ihr alle kennt aus eigener Erfahrung, wie die Nordmänner, zu denen ich gehöre, ihre Kriegszüge ausführen. Wir erscheinen völlig überraschend, während der Feind sich in Sicherheit wähnt, vor den Wällen einer Stadt und haben sie erstürmt, noch bevor alle gegnerische Krieger geweckt sind. Auf diese Art halte ich es für möglich, mit meiner Flotte zuerst die Stadt Glogau zurückzuerobern und anschließend die Stadt Breslau. Da ich aber mit meinem kleinen Heer von annähernd sechshundert Nordmännern nicht zwei Städte gleichzeitig halten kann, müßte mir ein starkes Polenheer auf dem Fuße folgen und die eroberten Städte besetzen. Dadurch würden wir beträchtliche Unruhe im Rücken der Feinde erzeugen und wir könnten ihren Nachschub an Lebensmitteln und Kriegern unterbinden. Der Böhmenherzog wäre gezwungen, sein Heer zu teilen, um die von mir eroberten Städte zurückzugewinnen. Dies wäre dann der richtige Augenblick für das polnische Heer hier in Krossen zum Angriff!" teilte Jarl Olaf den polnischen Heerführern seinen kühnen Kriegsplan mit.

Fürst Boleslaw trat auf Olaf zu und reichte ihm dankbar die Hand. „Dieser Plan ist der einzig richtige Weg zu unserer Rettung, davon bin ich überzeugt! Wer ist der gleichen Meinung!" rief er laut in den Saal.

Die meisten Heerführer stimmten jubelnd zu.

„Vater!" rief Boleslaw leidenschaftlich aus. „Gib mir die Erlaubnis, mit einem Drittel des Heeres gegen die Städte Glogau und Breslau zu marschieren! Jarl Olaf wird sie für uns nach Wikingerart zurückerobern!"

König Mieszko zauderte. Er trug schließlich die Verantwortung für diesen kühnen Kriegsplan. Doch die Mehrzahl seiner Fürsten war dafür, so blieb ihm keine andere Wahl. – „Gut, mein Sohn. Ich bete zu Gott, daß euer Vorhaben gelingt."

Mit lautem Freudengeschrei begrüßten die polnischen Ritter die Entscheidung ihres Königs.

Nachdem wieder Ruhe in die Gemüter eingekehrt und jeder auf Geheimhaltung hingewiesen war, wurde der böhmische Unterhändler vor den Polenkönig geführt.

„Richte deinem Herrn aus", rief König Mieszko herausfordernd, „die Deutsche Kaiserin möge die Ihrigen retten oder ihren Tod rächen. Aber ich bin keineswegs bereit, den Schaden zu tragen! Und jetzt verlasse auf der Stelle meine Stadt!"

Der Böhme war sprachlos vor Verwunderung. Schließlich verbeugte er sich stumm und verließ die Königshalle, um seinem Herzog unverzüglich Bericht zu erstatten.

Bereits in der folgenden Nacht fuhr Olaf mit seinen Langschiffen die Oder aufwärts. Fürst Boleslaw folgte ihm in Eilmärschen mit einem Teil des polnischen Heeres.

In der zweiten Nacht lagen die Wikinger nahe vor der Burg Glogau. Kurz vor Morgengrauen, im Schutze des Morgennebels, schlichen sich die Wikinger an die Stadt heran. Seile mit Widerhaken daran schleuderten sie über die Palisaden. Lautlos kletterten die ersten Nordmänner hinauf, schwangen sich ungehindert über die Palisade und stürmten in den Wachturm über dem Tor. Die ersten Todesschreie gellten durch die Luft. Jetzt war im Osten der erste rötliche Schimmer des beginnenden Tages zu sehen. Das Tor knarrte beim Öffnen. Erst als die Hauptstreitmacht der Wikinger in die Stadt rannte, ertönte auf der gegenüberliegenden Seite, wo sich ein weiteres Tor befand, das Hornsignal, das verkündete, daß der Feind da war. Doch die Warnung kam zu spät. Die Wikinger suchten sich das größte und stattlichste Haus der Stadt aus. Hier würden sie gewiß den Befehlshaber der böhmischen Besatzer antreffen. Die noch schlaftrunkenen Böhmen wurden ohne große Mühe überwältigt. Der böhmische Häuptling wurde getötet, sein Kopf abgeschlagen und auf einen Ger gesteckt. Als die Böhmen sahen, daß ihr Führer tot war, ergaben sie sich oder suchten ihr Heil in der Flucht. Bevor die Sonne ihren höchsten Stand erreichte, war Glogau fest in der Hand Olafs.

Gegen Abend des gleichen Tages erschien ein Reitertrupp vor der Stadt. Dem ersten Schrecken folgte sofort eitle Freude. Es war Boleslaw, der mit seiner Reiterei dem Fußheer vorauseilte.

„Morgen nehmen wir Breslau auf die gleiche Art", sprach Olaf zuversichtlich.

„Ich werde mit meinen Reitern in der Nähe sein! Sobald ihr das Tor erstürmt habt, werde ich mit ihnen in die Burg galoppieren und jeden Widerstand niederstampfen!" rief Fürst Boleslaw.

Obwohl der böhmische Heerführer von Breslau gewarnt war, erging es ihm nicht besser als seinem Glogauer Standesgenossen. Erst einmal in der Stadt, war gegen die Übermacht der polnischen Reiterei nichts mehr auszurichten.

Aus allen Dörfern in der Umgebung wurden die böhmischen Eindringlingen vertrieben.

Viermal berannte der Böhmenherzog mit seinem Heer die Burg Krossen. Jedesmal wurde der Angriff abgeschlagen. Dann wurden die eintreffenden Nachrichten von dem Wüten eines Polenheeres in seinem Rücken immer bedrohlicher, so daß er die Belagerung aufgab. Sogleich setzten ihm die Polen aus Krossen nach. Als der Böhmenherzog die Nachricht erhielt, daß auch die Stadt Oppeln von den Wikingern im Gefolge des Polenkönigs erobert worden war, verwandelte sich der Rückzug des Böhmenheeres in wilde Flucht. Die Liutizen zogen enttäuscht in ihre nördliche Heimat zurück.

Der Herbst war ins Land gekehrt, als das siegreiche polnische Heer bei Posen ankam. König Mieszko verteilte großzügig Geschenke unter seine Krieger und Heerführer. Jarl Olaf und Fürst Boleslaw wurden mit Ehrungen und Geschenken am reichsten belohnt.

Eine echte Tragödie

Kurze Zeit später traf zur Überraschung aller die Nachricht ein, daß die Stadt Truso von den Jomswikingern überfallen und gebrandschatzt worden sei. Truso sollte also die Rache Jarl Sigwaldis spüren, oder mußte man trotzdem noch mit einem Überfall auf Posen oder Gnesen rechnen? Viele glaubten nicht mehr an eine Gefahr. Die Stimmung in der Stadt Posen war sichtlich gelöst.

Die Vorräte an Getreide und Fleisch waren wegen der kriegerischen Ereignisse knapp geworden. Fürst Boleslaw, der als einer der Wenigen noch mit der Möglichkeit eines Überfalls rechnete, setzte bei seinem Vater durch, daß man aus den südöstlichen Landesteilen Vorräte herbeischaffen müsse. Von den Bauern aus der Umgebung war durch die zerstörerischen Kriegszüge der Böhmen und Liutizen nichts mehr zu holen. Damit die Beschaffung der Lebensmittel möglichst schnell vonstatten ginge, fuhr Olaf mit seinen Kriegsschiffen und mit Handelsschiffen wartheaufwärts, um Getreide und lebendes Schlachtvieh von den Bauern zu kaufen. Olaf fiel der Abschied von Geira besonders schwer, da ihre Niederkunft in Kürze bevorstand. Doch Geira beruhigte ihn mit ihrer Zuversicht. Sie trieb ihn sogar noch zu dieser Fahrt an, denn ohne genügend Lebensmittelvorräte in der Stadt zu haben, was würde dann aus ihnen werden, wenn die Jomswikinger doch noch angriffen? Aber daran dachte in Posen fast niemand mehr. Die Sorge vor dem Winter war stärker. Im Herbst mußten sich die Menschen mit Nahrungs- und Brennholzvorräten versehen, um während des Winters nicht zu verhungern oder zu erfrieren.

Jarl Olaf fuhr mit seiner Flotte bis zum Oberlauf der Wartha. Er kaufte alles an Getreide und Vieh auf, was die Bauern entbehren konnten, ohne selber im Winter Hunger erleiden zu müssen. Als alle Schiffe randvoll beladen waren, setzten sie Segel und ließen sich flußabwärts treiben.

Am Nachmittag waren sie nicht mehr weit von Posen entfernt. Etwa einen halben Mond benötigten sie für ihre Aufgabe. Olaf weilte bereits in Gedanken bei Geira und dem Kinde, das sie möglicherweise bereits geboren hatte.

„Rauch! Rauch vor uns!" ertönte plötzlich der Schrekkensruf eines Wikingers.

„Das muß Posen sein! – Die Jomswikinger!" riefen die Krieger.

Olaf erschrak zutiefst. Geira! Posen belagert! Und er war nicht in der Stadt, um seine Frau und sein Kind beschützen zu können! Kein Zweifel, es konnte nur Posen sein, denn keine andere Stadt befand sich in der Nähe, auf die sich ein Angriff der Jomswikinger hätte richten können.

Olaf überlegte fieberhaft, was er tun könne, um seiner Frau und seinen Freunden in der Gefahr zu helfen. Wenn sie weiterfuhren, trieben sie der vielfachen Übermacht der Jomswikinger in die Arme. Ihr Tod konnte den Belagerten keine Rettung bringen. „Haltet die Schiffe an! Segel reffen! Gegen die Strömung rudern! Auf das westliche Ufer! Schnell! Schnell!" befahl Jarl Olaf. Gegen eine Übermacht von drei- bis viertausend Jomswikinger konnten sie in einer offenen Schlacht nichts ausrichten. Sie würden nur die Feinde mit Vorräten beliefern. – „Wir müssen die Vorräte ausladen und verstecken! Zuerst das Vieh ausladen! Beeilt euch!" Olaf befürchtete, daß mehrere Langschiffe der Jomswikinger auf Lebensmittelsuche die Warthe aufwärts fahren könnten. Sie durften auf keinen Fall entdeckt werden, sonst war der Feind gewarnt und eine Überraschung wäre nicht mehr möglich.

In größter Eile entluden die Wikinger die Fahrzeuge.

„Wir müssen auch die Schiffe an Land ziehen!" befahl Olaf zuletzt.

Am späten Nachmittag lagen ihre Langschiffe tief im Ufergebüsch versteckt. Die Tiere wurden weit ins Land getrieben, damit die Jomswikinger sie nicht finden sollten.

Jarl Olaf beriet sich mit seinen Steuermännern. Die

Wikinger standen um ihn herum, denn auch sie besaßen ein Mitspracherecht.

„Wir befinden uns außerhalb der Stadt und können unseren Freunden nicht bei der Verteidigung helfen. Wir müssen überlegen, auf welche Art wir ihnen am wirkungsvollsten beistehen können. Was schlagt ihr vor?" fragte Jarl Olaf sichtlich niedergeschlagen.

Die Nordmänner machten ernste Gesichter. Wenn es überhaupt noch eine Rettung für die Belagerten gab, dann mußte sie sehr rasch kommen. Hatten die Jomswikinger erst einmal die Stadtwälle erklommen, kam für die meisten Posener jede Hilfe zu spät. Auch die königliche Familie befand sich in höchster Lebensgefahr. Im wilden Blutrausch war vor den Streitäxten der Jomswikinger niemand sicher.

„Wir zünden in der Nacht die Schiffe der Jomswikinger an!" schlug der Steuermann Ragnar vor.

„Wir sammeln ein Bauernheer und versuchen, die Stadt zu entsetzen!" rief Arnulf aus.

„Das kostet viel Zeit! Bis dahin ist Posen längst gefallen! Das können die Polen auch ohne uns tun!" riefen mehrere Wikinger ablehnend aus.

„Greifen wir sie des Nachts mehrmals an, wenn sie schlafen! Nur so können wir sie von Posen ablenken! Aber dabei verlieren viele von uns das Leben!" rief ein anderer Wiking.

„Wir fahren zur Jomsburg und zünden ihre Burg an!" schlug der Steuermann Björn vor.

Die Krieger lachten über diesen tollkühnen Vorschlag.

„Was hilft es unseren Freunden, wenn wir die Jomsburg belagern? – Dazu sind wir viel zu schwach! – Diese Wahnsinnstat würde unseren Freunden nichts nützen!"

Jarl Olaf knirschte vor Wut mit den Zähnen. So wie die Dinge standen, konnten sie rein gar nichts tun, um seiner Frau und seinen polnischen Gesippen zu helfen. Ein Angriff mit nur vierhundertfünfzig Kriegern, den Rest ließ er auf Schwanenwik zurück, wäre glatter Selbstmord. Und bis sie ein schlagkräftiges polnisches Bondenheer gesammelt hätten, wäre Posen mit Sicherheit bereits erobert.

„Alle Vorschläge sind zwar tapfer und ehrenvoll, aber nur einer von ihnen könnte zum Sieg führen", sprach Thorgeir bedächtig und mit einem verschmitzten Grinsen im Gesicht, wie es seine Art war, wenn er glaubte, die Lösung gefunden zu haben.

„Zum Sieg? – Sag schon! – Welcher Vorschlag führt zum Sieg!" bestürmten die Nordmänner den alten Steuermann.

„Wir greifen die Jomsburg an, während das Hauptheer der Jomswikinger vor Posen liegt!" Thorgeir sah seinen Jarl mit funkelnden Augen an.

„Wenn es ein Weg wäre, der zum Sieg führt, bin ich sofort dafür", entgegnete Olaf. „Überlegen wir zuerst genau, ob wir es wagen können, die Jomsburg anzugreifen, ohne dabei nutzlos unsere Kräfte zu verschwenden."

„Meine Überlegungen sind diese", erklärte Thorgeir. „Jarl Sigwaldi glaubte, die Polen überraschen zu können, darum ließ er erst so spät Posen angreifen. Die Bevölkerung sollte sich wegen der Nähe des Winters in Sicherheit wiegen. Wir Wikinger rechnen immer mit der Überraschung, andernfalls könnten wir nie gegen eine hohe zahlenmäßige Übermacht siegen. Weil Sigwaldi gewiß fest an den Sieg glaubte, ließ er nur eine schwache Besatzung in der Jomsburg zurück. Nehmen wir an, es seien noch achthundert Krieger. Das bedeutet, auf jeden von uns kommen zwei Jomswikinger. Darunter sind gewiß etliche Verwundete, Kranke und solche, die nicht die Tapfersten und Kampfgeübtesten zu nennen sind." Thorgeir kicherte.

„Aber sie befinden sich hinter schützenden Wällen!" rief Ragnar warnend aus.

„Das weiß ich", nickte Thorgeir. „Deshalb werden wir mit List versuchen, in die Burg hineinzugelangen. Wir haben einige Fässer Met bei uns. Wir kommen um Mitternacht vor dem Wassertor an und spielen die betrunkenen und auch teilweise verwundeten Sieger. Wenn man uns nach dem Losungswort fragt, antworten wir wie Betrunkene", kicherte Thorgeir über seine Kriegslist.

„Wir müssen es versuchen!" stimmte Jarl Olaf seinem Steuermann sofort zu. „Wenn wir die Jomsburg erobert haben, muß Jarl Sigwaldi die Belagerung von Posen abbrechen, wenn er seine Burg retten will!" rief er mit steigender Zuversicht.

„Es gibt ein Mittel, daß uns selbst achthundert, ja tausend Jomswikinger nicht zu besiegen vermögen", ließ sich Thorgeir geheimnisvoll vernehmen.

„Und das wäre? Sag schon! Na los, sag schon!" drängten ihn die Krieger neugierig.

„Wir rufen Odin an und essen Fliegenpilze. Dann verleiht Odin uns die Berserkerwut. Vor dieser heiligen Wut vermögen uns die Jomswikinger nicht standzuhalten", sprach Thorgeir überzeugt.

„Suchen wir Fliegenpilze!" riefen die Wikinger begeistert aus.

Jarl Olaf war weniger von diesem Vorschlag begeistert, denn er wußte, daß nach der Berserkerwut die Erschöpfung um so größer war, ja mancher Krieger starb, wenn er zu viel von dem berauschenden Gift aß. Doch angesichts ihrer Lage ließ er es geschehen.

Thorgeir suchte im letzten Schein der Abendsonne Fliegenpilze. In jedes Schiff legte er mehrere Pilze. „Sie dürfen erst kurz vor der Jomsburg gegessen werden", erklärte er den anderen.

„Legen wir uns bis Mitternacht schlafen", riet Olaf seinen Gefolgsmännern.

Gegen Mitternacht ließen sie neun Schiffe zu Wasser. Über fünfzig Krieger befanden sich auf jedem Langschiff. Mit wenig mehr als vierhundertfünfzig Mann versuchte Olaf, die Jomsburg in seine Hand zu bekommen.

Sie setzten Segel und ließen sich vom Wind und der Strömung treiben. Zum Glück schien spärliches Mondlicht, um die Umrisse und den Verlauf des Flusses erkennen zu können.

Olafs Hauptsorge war, der Fluß könnte mit einer Schiffskette von den Jomswikingern gesperrt sein. Glücklicherweise war dies nicht der Fall. Die ersten Langschiffe glitten an der Flußinsel vorbei.

Die Jomswikinger lagerten auf der Westseite der Wartha. Ein Lagerfeuer nach dem anderen zog an Olafs Augen vorbei. Es mögen über sechzig Feuer gewesen sein, demnach befanden sich über sechzig Schiffsbesatzungen vor Posen, ein sehr starkes Wikingerheer.

Der Feuerschein der teilweise brennenden Stadt erhellte die Umgebung schauerlich. Erleichtert stellte Olaf fest, daß die Krieger auf den Stadtwällen dem Angriff der Jomswikinger bisher standhalten konnten. Hoffentlich vermochten sie, die Angreifer noch vier Tage lang abzuwehren.

Die Wachen am Flußufer wußten zuerst nicht, was sie von den fremden Schiffen denken sollten, die mit höchster Geschwindigkeit, die die Nacht erlaubte, flußabwärts trieben. Als den Jomswikingern endlich bewußt wurde, daß es nur Feinde sein konnten, nämlich die Wikinger im Gefolge des Polenkönigs, war es bereits zu spät. Olafs Flotte passierte unbehelligt die belagerte Stadt.

Nun kam alles auf ihre Schnelligkeit an. Der neue Tag brach an, als sie die Mündung der Wartha in die Oder erreichten. Nun noch eine und eine halbe Tagesfahrt bis zur Insel Wollin. Die Rudermannschaften wechselten sich von Zeit zu Zeit ab; während die einen ruderten schliefen die anderen.

Olaf lachte das Herz in der Brust über seine tapfere Wikingerschar. Das war echte Kriegskunst der Nordmänner. Zwei Tagesfahrten an einem Tag und in einer Nacht zurückzulegen und dann noch ohne vorherige Rast eine Burgbesatzung zu überrumpeln versuchen: welches Volk auf der ganzen Welt könnte ihnen dies noch nachmachen?

Der Abend kam übers Land. Nun noch eine halbe Nachtfahrt. Um Mitternacht würden sie die Jomsburg erreichen, gerade zur rechten Zeit. Falls Jarl Sigwaldi ihnen Verfolger nachschickte, um die Besatzung der Jomsburg zu warnen, kämen sie zu spät.

Im fahlen Mondlicht sahen sie, wie sich endlich der Fluß weitete. Sie fuhren aufs Oderhaff hinaus, nahe am östlichen Ufer entlang.

„Jetzt die Fliegenpilze essen! Jeder nur ein kleines Stück!" rief Thorgeir.

„Wenn wir der Jomsburg näher kommen, stellt ihr euch betrunken! Lacht und gröhlt laut! Prahlt über euren Sieg über die Polen! Einige stöhnen laut wie Verwundete! Thorgeir allein gibt den Wachen Antwort!" rief Olaf den Kriegern seine letzten Anweisungen zu.

Singend und gröhlend kamen Olafs Schiffe vor dem Wassertor der Jomsburg an.

„Wer da!" rief die Wache vom Wehrturm herab.

„Wir sind es, du Dummkopf! Mach das Tor auf! Wir wollen unseren Sieg feiern! Ich brauch Met!" rief Thorgeir mit lallender Zunge hinauf.

„Das Losungswort!" fragte der Wächter.

„Das Losungswort?" ahmte Thorgeir nach. „Das habe ich vergessen! Und der Steuermann ist stockbesoffen! Mach schon auf, du Schafskopf!"!"

„Zuerst das Losungswort!" beharrte der Jomswikinger.

„Ich hab's doch vergessen, du Holzkopf! Du willst dich wohl wichtig machen! Du siehst doch, daß wir zurück sind! Wir haben einige Schwerverwundete unter uns! Mach auf! Oder ich komme zu dir hoch und dann setzt es Prügel!" schrie Thorgeir wütend.

Vom Turm aus waren nur die Umrisse von neun Langschiffen zu erkennen. Krieger saßen oder lagen darin. Die meisten waren anscheinend betrunken. Die Wachen konnten nichts Verdächtiges daran finden.

„Also schön! Aber ich werde es Jarl Sigwaldi berichten!" rief der Wachhabende herunter.

„Halte ja dein Maul, du Pfeife! Ich schlage dir die Fresse blutig, wenn du ein Wort zu unserem Jarl sagst!" entgegnete Thorgeir.

Endlich bewegte sich das Wassertor in seinen mächtigen Angeln. Olaf und seinen Wikingern hüpfte das Herz vor Freude in der Brust. So lange, bis alle Schiffe in die Jomsburg gerudert waren, behielten sie ihre Tarnung bei. Als das Tor wieder geschlossen war, surrte plötzlich ein Pfeilregen auf die ahnungslosen Jomswikinger, die auf der Palisade über der Toreinfahrt standen. Tödlich getroffen, fielen sie von der Brücke ins Wasser.

„Dreißig Mann bewachen das Tor, damit kein feindliches Schiff entkommt!" befahl Jarl Olaf.

Das letzte Schiff setzte die befohlene Anzahl an Kriegern ab. Über Leitern stiegen sie auf den Wehrturm. Mehrere Jomswikinger, die sich noch darin verbargen, mußten sie zuerst unschädlich machen.

„Jetzt zum Anlegeplatz! Rudert, Männer!" befahl Olaf in wilder Kampfleidenschaft.

Jomswikinger, die auf den Wällen Wache standen, bliesen jetzt mit Hörnern Alarm. Als der Ufersand unter den Planken der Schiffe knirschte, kamen die ersten Feinde verschlafen aus ihren Unterkünften geeilt. Bevor sie wußten, was vorgefallen war, wurden sie von einem Ger- und Pfeilhagel niedergestreckt.

„Zu den Unterkünften! Wie sie herauskommen, sofort niedermachen!" rief Thorgeir.

„Ragnar und Björn! Mir nach zur Jarlshalle!" befahl Olaf den beiden Steuermännern und deren Schiffsbesatzungen.

Mit gräßlichem Geschrei rannten sie zur Häuptlingshalle. Hier vermutete Olaf die Hauptstreitmacht der Jomswikinger. Olaf, der die anderen führte, kam als erster davor an. Plötzlich standen vier, sechs, acht Jomswikinger vor ihm. Bevor sie sich von ihrem Schreck erholen konnten, stach Olaf den ersten nieder, dem zweiten hieb er mit dem Schwert in den Arm, mit dem er sein Schwert ziehen wollte, und dem dritten schlug er mit aller Kraft seinen Schild gegen den Kopf, daß er bewußtlos zu Boden fiel. Jetzt mußte sich Olaf gegen mehrere Schwertspitzen gleichzeitig verteidigen. Seine Krieger stürmten vor und machten die Jomswikinger nieder.

„In die Halle!" befahl Olaf. Er befand sich unter den ersten, die in die Jarlshalle traten.

Die Jomswikinger darin eilten kopflos hin und her. Viele mußten sich erst Waffen suchen. An ein geschlossener Widerstand gegen die Angreifer war nicht zu denken.

Plötzlich ein heftiger Schlag gegen Olafs Kopfhelm. Ein Stein, konnte Olaf noch denken, dann wurde es schwarz vor seinen Augen. Er sank zu Boden. Schreie gellten ihm in die Ohren. Olaf blieb so lange reglos am Boden liegen, bis er wieder sehen konnte. Der Stein war zum Glück nur am Helm abgeprallt und traf ihn nicht mit voller Wucht, sonst wäre es um ihn geschehen gewesen. Da! Ein Jomswikinger rannte auf den Liegenden, die Axt zum Schlag ausholend! Olaf stach ihm von unten das Schwert in den Bauch. Ein gräßlicher Schrei und der Jomswikinger fiel über Olaf hinweg krachend auf den Boden. Olaf stand taumelnd auf. Wie ein Betrunkener eilte er zu seinen Kriegern. Er verspürte rasende Kopfschmerzen, doch er konnte sich jetzt wieder ungehindert bewegen.

„Olaf, du lebst!" rief Ragnar erfreut aus. Er sah seinen Jarl zu Boden sinken. Ein Jomswikinger stürzte sich von hinten mit gezogenem Schwert auf Ragnar. Olaf fing den Hieb mit seinem Schild ab und durchbohrte den Feind mit dem Schwert.

„Du beinahe nicht mehr!" entgegnete Olaf.

Sie deckten sich gegenseitig den Rücken und versperrten den Jomswikingern den Weg nach draußen. Währenddessen räumten Olafs Krieger in der Halle auf. Sie nutzten ihre Chance. Ein furchtbares Gemetzel fand statt, bis die Jomswikinger schließlich ihre Waffen von sich warfen und um ihr Leben baten. Sie wurden in einen Nebenraum eingeschlossen, und zwanzig Krieger blieben zu ihrer Bewachung zurück.

Jarl Olaf eilte mit seinen Kriegern wieder nach draußen. Überall dort, wo die Not ihrer Kameraden am größten war, griffen sie ein. Olafs Wikinger kämpften wie die Besessenen. Sie besaßen die Berserkerwut, wie Thorgeir voraussagte. Hervorgerufen durch die Fliegenpilze – und die Anrufung Odins natürlich!

Als die Jomswikinger merkten, daß die Feinde wie die Berserker kämpften, suchten sie ihr Glück schließlich in der Flucht. Viele retteten sich mit einem Rutsch den Wallhang hinab zur Händlerstadt und versteckten sich dort. Die anderen wurden gefangengenommen und in ihre Unterkünfte gesperrt. Die berühmte Jomsburg befand sich in Olafs Hand! Die Jomsburg! Olafs Krieger jubelten, aber über siebzig würden nie mehr jubeln können, sie waren gefallen.

Der Morgen war noch nicht gekommen, als sie die Jomsburg fest in Besitz genommen hatten.

Olaf hielt mit seinen Steuermännern Kriegsrat. „Wir suchen uns die vornehmsten Jomswikinger heraus und nehmen sie mit nach Posen. Die Hälfte unserer Krieger bleibt in der Burg zurück. Wir drohen Jarl Sigwaldi, sie anzuzünden, falls er keinen Frieden gibt", befahl er.

„Ich habe sagen gehört, die Jomswikinger hätten einen märchenhaft großen Schatz in ihrer Burg gehortet. Wir sollten diesem Gerede auf den Grund gehen", meinte Thorgeir.

„Das könnte wie gesagt ein Märchen sein. Doch ich denke, daß die Jomswikinger sicher viel Gold und Silber bei ihren vielen Raubzügen erbeuteten. Die Zurückgebliebenen können alle Unterkünfte absuchen", entschied Olaf. „Jetzt verhören wir die Gefangenen!"

Einzeln wurden mehrere gefangene Jomswikinger vor Jarl Olaf geführt. Unter Folterdrohung erfuhr er, daß sich drei Steuermänner und der Bruder Jarl Sigwaldis, mit Namen Thorkel der Hohe, in der Jomsburg befänden.

Von den Steuermännern war nur noch einer am Leben. Der Bruder Sigwaldis wurde im Kampf gegen die Stadt

Truso verwundet. Das hinderte ihn aber nicht daran, gegen Olafs Krieger zu kämpfen, wobei er eine zweite Wunde erhielt. Sein rechter Arm war nur notdürftig umwickelt und lag in einer Schlinge. Man sah ihm an, daß er Schmerzen hatte, doch Thorkel stand hoch erhobenen Hauptes vor Olaf.

„Du bist Thorkel, der Bruder Jarl Sigwaldis?"

„Ja," gab dieser stolz zu. „Ich schlage vor, daß ihr mich und die anderen Jomswikinger gegen Geiseln aus Posen austauscht. Ihr seid doch die Nordmänner aus der Gefolgschaft des Polenkönigs?"

„Mein Name ist Jarl Olaf Tryggvisson. Wir sind tatsächlich die Wikinger aus Posen. Zu eurem Pech befanden wir uns nicht in der Stadt, als die Belagerung begann. Und zu eurem weiteren Pech befindet sich Posen noch lange nicht in der Gewalt der Jomswikinger! Du wirst mir nicht nur einige Geiseln, sondern die ganze Stadt einlösen."

„Warten wir's ab", entgegnete Thorkel zuversichtlich. In vier Tagen konnte viel geschehen.

„Wo befindet sich der Schatz der Jomswikinger?" fragte Olaf geradeheraus.

„Es gibt keinen Schatz!" lachte Thorkel. „Mein Bruder und ich glaubten es früher auch einmal. Nach dem Tode Palnatokis haben wir die ganze Jomsburg durchwühlt. Außer dem üblichen Besitz eines Jarls fanden wir nichts. Du vergißt, wir sind Gefolgsmänner des Dänenkönigs und müssen ihm Steuern zahlen, damit er uns Krieger aus Dänemark schickt."

Mit dieser allzu glatten Antwort gab sich Olaf nicht zufrieden. Von den Raubzügen der Jomswikinger während zweier Jahrzehnte mußte mehr übrig geblieben sein, als der „gewöhnliche Besitz" eines Jarls.

„Bindet ihn!" befahl Olaf. Um sich das mühsame Suchen zu ersparen, wobei keineswegs sicher war, daß sie etwas fanden, wählte er den schnelleren Weg: die Androhung von Grausamkeit. „Führt alle Gefangene in die Jarlshalle!"

Olaf hoffte, daß außer Thorkel und Sigwaldi noch einige Jomswikinger von dem Schatz wußten, wenn es überhaupt einen gab.

Nachdem die gefangenen Jomswikinger in der Halle versammelt waren, befahl Olaf, Thorkel den Verband am Arm abzunehmen. Die Wunde begann sofort zu bluten, nicht stark, aber auf kurz oder lang mußte Thorkel an Blutverlust sterben.

„Ich will wissen, wo der Schatz der Jomsburg versteckt liegt! Wenn ihr es mir nicht sagt, lasse ich Thorkel verbluten und übergebe euch der Rache Jarl Sigwaldis! Aber derjenige, der mir sagt, wo der Schatz liegt, erhält von mir die Freiheit und eine fürstliche Belohnung dazu! Das schwöre ich bei dem Herre Christ!"

Die Jomswikinger sahen ungerührt zu, wie Thorkel das Blut vom Oberarm floß und vom Ellenbogen ab zu Boden tropfte. Für sie war er bereits ein toter Mann. Olaf wartete geraume Zeit. Schließlich glaubte er nicht mehr daran, daß es einen Schatz gäbe. Er wollte bereits Befehl geben, Thorkel wieder zu verbinden, da entstand Bewegung unter den Gefangenen. Ein älterer Krieger trat hervor.

„Verbindet meinem Pflegesohn die Wunde! Ich sage euch, wo der Schatz vergraben liegt!" rief der Jomswikinger.

„Du ein Verräter?" rief Thorkel erschrocken aus.

„Nein, Thorkel! Dein Leben ist mir mehr wert, als alles Gold dieser Welt! Glaubst du, ich habe dich erzogen, um dich hier elendig wie ein waidwundes Tier verbluten zu lassen? – Jarl Olaf Tryggvisson, schwöre mir, daß das Leben meines Pflegesohnes geschont wird, dann zeige ich dir, wo das Gold liegt!" bat der grauhaarige Wikinger.

„Ich schwöre bei dem Herre Christ, daß Thorkel kein Leid geschieht, falls Jarl Sigwaldi bereit ist, ihn gegen seine Kriegsgefangene auszutauschen!"

Der Pflegevater Thorkels zeigte auf die Feuerstelle vor dem Jarlsplatz, wo das Feuer fast nie ausging. „Als Palnatoki krank wurde, saß er die meiste Zeit des Tages und des

Abends hier auf seinem Jarlsplatz und starrte auf das Feuer. Der Schein der Flammen muß ihn an das Funkeln des Goldes erinnert haben, das er in einer Kammer tief darunter hortete. Während wir dachten, er würde den Hälftanteil der Beute ehrlich an den Dänenkönig abliefern, nahm er heimlich Teile davon für sich und verbarg es in einem ausgeklügelten Versteck. Der Jarlssitz ist anscheinend fest mit dem Holzboden des Hauses verbunden und kann nicht entfernt werden, ohne die Stuhlbeine dabei abzusägen. Doch wenn man mit einer Messerspitze in dieses Astloch fährt, wird eine Verriegelung frei, und man kann das Brett an den Vorderbeinen des Hochsitzes entfernen. Nun sieht man an den Beinen des Sitzes zwei weitere Verriegelungen. Wenn man diese löst, kann der Sitz mit Leichtigkeit von einem Mann nach hinten umgelegt werden. Der Holzboden wird ebenfalls mitgehoben. Unter dem Sand befindet sich in einer Tiefe von einer Elle eine weitere Bohlenreihe." Der alte Wiking erklärte es, und Olafs Krieger führten es gleichzeitig aus. Nachdem die Bohlenreihe entfernt war, wurde ein tiefer holzverkleideter Schacht sichtbar. Doch er war leer. „Ein Unbefugter soll glauben, daß dies das Versteck sei. Eine Kiste mit weniger wertvollen Gegenständen lag früher darin, eine Finte. Wenn man mit einer Leiter hinabsteigt und ein weiteres Brett an der Schachtwand entfernt, wird eine Geheimtür sichtbar, die in die richtige Schatzkammer führt. Die Tür hat ein Schloß. Sigwaldi besitzt den Schlüssel dazu. Doch mit Brecheisen könnt ihr sie ja öffnen", erklärte der alte Jomswikinger.

Thorgeir tat, wie Thorkels Erzieher sagte. Etwa in einer Tiefe von zwei Mannslängen befand sich der Eingang zu einer unterirdischen Kammer, in der man gebückt stehen konnte. Die Hitze des Feuers reichte nicht so weit hinunter. In der Kammer lagen unter fingerdickem Sand und Moder mehrere Truhen, Eimer und Lederbeutel, angefüllt mit Schmuck, vergoldeten und versilberten Gefäßen, prachtvoll verzierten Waffen, weiterhin Münzen und Barren aus Gold und Silber. So viele Schätze hatten Olaf und Thorgeir noch nie auf einer Stelle gesehen. Dies alles hortete Palnatoki während seiner langen Jarlsherrschaft, ohne daß es ihm den geringsten Nutzen brachte. Möglicherweise bedeutete der Schatz für ihn nur eine Rücklage, um in Notzeiten seine Krieger besolden und neue Männer anwerben zu können. Erst kurz vor seinem Ableben weihte Palnatoki Sigwaldi in sein Geheimnis ein.

Olaf ließ eilends die Kostbarkeiten auf drei Schiffe verteilen, mit denen er sich sofort auf die Rückfahrt nach Posen machte. Damit konnte König Mieszko alle Schäden an seiner Stadt, die die Jomswikinger anrichteten, ausbessern lassen, und alle Tributzahlungen an die Jomswikinger waren noch dazu zurückerstattet.

Zwei Tage und eine Nacht ruderten sie gegen die Strömung. Am späten Nachmittag des zweiten Tages waren sie Posen nahe gekommen. Wenn die Verteidiger der Stadt bis jetzt ausgehalten hätten, wäre durch ihre Tat der Sieg sicher. Wäre die Stadt aber bereits erstürmt, dann konnte Olaf wenigstens die Überlebenden gegen seine Geiseln auslösen.

Von weitem sahen sie bereits den Rauch, der aus der Stadt aufstieg. Er war nicht stark, aber das konnte zweierlei Bedeutung haben, also kein Zeichen für Sieg oder Niederlage. Olafs Nerven waren bis zum Zerreißen gespannt.

Jetzt kam die letzte Flußbiegung. Mit jedem Ruderschlag wurde die Sicht freier. Ein Stück des Walles sah man zwischen den Ästen. Kein Kampf fand hier statt. Dann konnte man die ganze Stadt überblicken. Olaf erschrak zutiefst. Die Wälle waren verlassen! Das Stadttor stand offen! Aber aus dem Inneren Posens stieg Rauch auf. Dort schien der Kampf noch weiterzutoben. Hoffentlich war die Königsburg noch nicht erstürmt.

Die Jomswikinger, die vor dem Stadttor bei den Schiffen Wache hielten, scharten sich beim Anblick der drei fremden Schiffe zusammen. Dem Hafentor gegenüber ließ Olaf Anker werfen.

Jarl Olaf nahm sich Thorkel und trat mit ihm an die Reling. Dann zog er sein Schwert. Drohend hielt er es in die Höhe. „Hier spricht Jarl Olaf Tryggvisson! Ich habe den Bruder Jarl Sigwaldis in meiner Gewalt! Ich will sofort euren Jarl sprechen! Ruft ihn!" befahl er den Jomswikingern.

Mehrere Krieger rannten los. Es dauerte nicht lange, bis Jarl Sigwaldi mit eiligen Schritten aus der Stadt trat. Eine große Anzahl von Jomswikingern folgten ihm. Die ungeheuerliche Nachricht von der Gefangennahme Thorkels sprach sich wie ein Lauffeuer herum.

„Thorkel, du!" rief Sigwaldi erschrocken aus, als er seinen Bruder erkannte. „Wie kam mein Bruder in eure Gewalt?" fragte er bestürzt.

„Wir haben die Jomsburg erobert! Die Burg ist fest in unserer Hand!" antwortete Olaf stolz.

Jarl Sigwaldi lachte aus vollem Hals. Die umstehenden Jomswikinger lachten ebenfalls und winkten ungläubig ab.

„Wenn du glaubst, du könntest uns mit solch einer plumpen Lüge übertölpeln, hast du dich geirrt! Es befinden sich über siebenhundert Krieger in der Burg!"

„Befanden sich, Sigwaldi! Jetzt sind es nur noch zweihundertfünfzig Gefangene! Über zweihundert sind gefallen, der Rest geflohen! Thorkel kann es bestätigen! – Sag deinem Bruder, daß es wahr ist!" befahl Olaf seinem Gefangenen.

„Jarl Olaf Tryggvisson sagt die Wahrheit!" rief Thorkel zur Flußinsel hinüber.

Durch die Menge der Jomswikinger ging ein aufgeregtes Murmeln. „Schwöre den heiligsten Eid bei Odin, daß es wahr ist!" verlangte sein Bruder.

„Ich schwöre es bei meiner Kriegerehre!"

„Ich habe noch einen Beweis, Sigwaldi!" rief Olaf. „Ich besitze den Schatz Jarl Palnatokis! Er befindet sich auf meinem Schiff! – Zeig's ihnen, Thorgeir!"

Thorgeir hob eine Schatztruhe in die Höhe und ließ den kostbaren Inhalt auf die Planken des Schiffes fallen.

Jarl Sigwaldi stand vor Schreck sprachlos am Ufer.

„Ich denke, das ist Beweis genug, Jarl Sigwaldi! Wenn nicht, dann sieh hier noch einen gefangenen Steuermann und den Pflegevater Thorkels! – Ich verlange, daß die Jomswikinger sofort die Stadt Posen räumen! Andernfalls werde ich meine Geiseln töten lassen! Weiterhin wird eure Burg von meinen Männern in Schutt und Asche gelegt, falls ihr keinen Frieden gebt!"

Das war zu viel für die meisten Jomswikinger. Ihre Burg sollte angezündet werden! Eine Panik brach unter ihnen aus. Die Krieger rannten zu ihren Schiffen. Sigwaldi und seine Steuermänner hatten alle Mühe, sie zurückzuhalten. Es dauerte geraume Zeit, bis sich Sigwaldi wieder an Olaf wenden konnte. „Nenne uns deine Forderungen, Jarl Olaf Tryggvisson! Wir hören!"

„Alle Kämpfe sind sofort einzustellen! Die Jomswikinger verlassen augenblicklich die Stadt! Sämtliche Waffen und alles geraubte Eigentum der Polen muß neben das Stadttor gelegt werden! Kein einziges Schiff darf zur Jomsburg abfahren, bevor nicht die Friedensbedingungen von König Mieszko festgelegt wurden! Alle Jomswikinger müssen die Flußinsel verlassen! Lagert auf der westlichen Seite der Wartha!" verkündete Jarl Olaf seine Bedingungen.

„Schwöre mir bei deinem Gott, daß das Leben meines Bruders verschont wird!" verlangte der Jarl der Jomsburg.

„Ich schwöre bei dem Herre Christ, daß Thorkel und keinem anderen Jomswikinger ein Leid geschieht!" sicherte Olaf ihnen allen zu.

„Es soll alles geschehen, wie du es verlangst!" entgegnete Jarl Sigwaldi.

Olaf und seine Krieger sahen von ihren Schiffen aus zu, wie die Jomswikinger mit vor Scham gesenkten Köpfen aus der Stadt strömten. Die tagelange Schlacht gegen Posen hatte große Opfer unter ihnen gefordert. Viele Tote und Verwundete trugen sie aus der Stadt heraus. Mit ihren Schiffen setzten sie von der Flußinsel zum Festland über.

Jetzt erst schickte Olaf Thorgeir mit zehn Kriegern in die Stadt, um König Mieszko die Siegesnachricht zu überbringen. Thorgeir und seine Begleiter legten ihre eisernen Kettenhemde und Helme ab und schwammen zur Flußinsel.

Bald erschienen polnische Krieger auf den Wällen der Unterstadt. Sie riefen und winkten freudig zu Olafs Schiffen.

„Rudert an Land!" befahl Olaf seinen Kriegern. Sie zogen die Anker ein.

Die Gefangenen wurden sogleich in den Wehrturm gesperrt, damit sie von der wütenden Bevölkerung nicht umgebracht werden würden. Aus allen Seitengassen kamen ihnen die Bewohner Posens jubelnd zugeströmt.

Fürst Boleslaw begrüßte Olaf am Tor zur Königsstadt. Da hier die Wälle besonders hoch und gut befestigt waren, konnte sie von den Jomswikingern nicht erobert werden. Lange hätten sie dem Ansturm der Feinde aber nicht mehr standgehalten, die bereits mit dem Unterhöhlen eines Wallstücks begonnen hatten.

„Mein Bruder Olaf! Unter Retter! Unser Retter in höchster Not!" Boleslaw flossen Tränen aus den Augen, als er Olaf umarmte und mehrmals auf beide Wangen küßte.

„Wie geht es Geira!" war Olafs erste Frage. „Hattet ihr noch genügend Lebensmittel? In der Königsburg war sie ja sicher vor dem Feind."

Fürst Boleslaw sah ihn stumm an. Erneut brach er in Tränen aus.

„Was ist, Boleslaw? Sag mir, wie geht es Geira! Hat sie bereits geboren?" überschrie Olaf den Lärm der jubelnden Menge.

Boleslaw nickte heftig. Er wischte sich die Tränen aus den Augen.

„Wie geht es meinem Kind?" fragte Olaf ungeduldig.

Boleslaw nahm Olaf an beiden Händen und drückte sie

ihm fest. – „Es ist etwas Furchtbares geschehen", begann er mit tonloser Stimme.

„Ist das Kind ... gestorben?" fragte Olaf erschrocken.

Boleslaw nickte. „Es war eine schwere Geburt."

„Wie geht es Geira? Nahm sie es sich sehr zu Herzen? – Aber, es sterben viele Kinder bei der Geburt",[11] sprach Olaf traurig.

„Das ist noch nicht das ganze Leid, das dir und uns widerfahren ist. – Geira ...", Boleslaws Lippen versagten, und er brach erneut in Tränen aus.

„Was ist mit Geira", fragte Olaf in höchster Angst.

„Mein Bruder. Geira ... hat uns verlassen. Diese Sonne leuchtet nicht mehr für sie. Sie gab das Höchste für uns", sprach Boleslaw mit trauriger Stimme. Er umarmte Olaf erneut.

Olaf wurde blaß. Er fühlte, wie sein Herz sich zusammenpreßte.

Die jubelnde Menge um sie herum verstummte langsam. „Seid still!" rief eine Stimme aus dem Volk. „Er hat soeben erfahren, daß seine Frau im Kindbett starb! – Unsere verehrte Prinzessin Geira! – Und ihr Mann ist der Retter der Stadt!" riefen die Umstehenden.

„Wo ist sie? Ich will zu ihr", murmelte Olaf, der es noch kaum glauben konnte.

„Komm, mein Bruder, ich führe dich zu ihr", sprach Boleslaw sanft.

Vor dem Eingang der Königshalle stand König Mieszko mit seinem Gefolge. Kein Jubel brach beim Anblick Olafs aus. Der König lief ihm entgegen. „Mein Sohn! Unsere Retter in höchster Not! Wir alle trauern mit dir!" König Mieszko umarmte Olaf schluchzend.

Auch die Frauen der Druzina weinten laut auf. Trotz ihrer Rettung dachten alle nur an den Tod von Prinzessin Geira.

Boleslaw führte Olaf in das Totengemach. Das kleine Fenster war verhangen. Kerzen verbreiteten einen dämmrigen Schein. Zwei Dienerinnen Geiras saßen weinend neben dem Bett, wo Geira mit gefalteten Händen aufgebahrt war. Einige wenige Blumen, teilweise verwelkt, lagen davor. Geiras Augen waren geschlossen, als wenn sie nur schlafen würde, doch Olaf sah sofort, daß ihr Antlitz das einer Toten war. „Geira!" schrie Olaf laut auf, als ihm bewußt wurde, daß kein Leben mehr in diesem Körper war. „Meine geliebte Geira!" Laut weinend sank er vor ihrem Totenbett auf die Knie.

Als Olaf sich von seinem Schmerz aufrichtete, war nur noch Boleslaw bei ihm.

„Olaf, mein Bruder", sprach Boleslaw voller Schmerz. „Wir alle trauern um dein Lebensglück."

„Erzähle mir alles nach der Reihenfolge, wie es geschah", bat Olaf.

„Der Angriff der Jomswikinger begann vor fünf Tagen. Kurz vor Morgengrauen kam ein Krieger, einer unserer Sicherungsposten unten an der Flußbiegung, in die Stadt galoppiert und schlug Alarm. Die Jomswikinger kamen mit über siebzig Drachenschiffen flußaufwärts gerudert. Wir konnten im letzten Augenblick noch alle Krieger wecken und auf die Wälle werfen. Da brach auch schon der erste heftige Angriff los. Wir konnten ihn blutig abwehren. Die erste Runde hatten wir gewonnen, denn die Überraschung war dem Feind mißlungen. – An diesem Tag, nachmittags, setzten die Wehen bei Geira ein. Es geschah wohl wegen der Aufregung. Erst am späten Abend erfuhr ich davon. Die Geburt war schwer. Die ganze Nacht kämpfte sie für das neue Leben. Am nächsten Morgen endlich war das Kind geboren. Geira sank vor Erschöpfung sofort in einen tiefen Schlaf. – Den Tag über konnte ich wegen des Kampfes nicht nach ihr sehen. Als ich schließlich gegen Abend etwas Zeit fand, um Geira zu besuchen, lag sie im hohen Wundfieber. Sie redete wirr durcheinander, doch immer wieder rief sie deinen Namen. Die besten Ärzte der Stadt sahen in Abständen nach ihr, denn sie mußten ja gleichzeitig die Verwundeten pflegen. Sie sagten mir, das Kind könne nicht überleben. Auch um Geira stand es schlimm. Durch den Schlachtenlärm rund um die Stadt war sie sehr aufgeregt. Sie hätte Ruhe gebraucht. – In der zweiten Nacht unseres Abwehrkampfes, ich hatte mich kaum hingelegt, um etwas zu schlafen, wurde ich vor den König gerufen. Er teilte mir mit, die Krieger auf den Wällen hätten neun Langschiffe an Posen vorbei flußabwärts fahren gesehen. Wir vermuteten, du wolltest die Pommeranen zu Hilfe rufen. Wir wußten, daß du uns mit deinen vierhundertfünfzig Kriegern von draußen keine andere Hilfe leisten konntest. – Einen weiteren Tag konnten wir uns noch auf den Wällen der Unterstadt halten. Dann gelang es den Jomswikingern mit einem Überraschungsangriff an drei Seiten gleichzeitig, über den Wall zu klettern. Wir konnten sie nicht mehr zurückwerfen. Jetzt brach eine Panik in der Stadt aus. Die Einwohner und Krieger versuchten, in die Oberstadt zu gelangen, doch die Jomswikinger versperrten ihnen den Fluchtweg. Krieger und Einwohner vermischt, verbargen sich in den Häusern. Ein Kampf um fast jedes Wohnhaus entbrannte, wobei die Jomswikinger schwere Verluste hinnehmen mußten. Geira hörte den Kampflärm. Die Todesschreie und Hilferufe von Frauen, Kindern und Kriegern regten sie im Fieber sehr auf. Sie wollte das Kind sehen, doch es war einen Tag nach der Geburt gestorben. – Spät in der Nacht konnte ich erst nach ihr sehen, da die Jomswikinger nach der Eroberung der Unterstadt eine Kampfpause einlegten. Nachdem Stille eingetreten war, besserte sich Geiras Zustand. Auch das Fieber sank etwas. Wir schöpften bereits Hoffnung, was ihre Genesung anbelangte. ‚Wo ist Olaf', fragte sie mich. Ich erklärte ihr mühsam, daß du nicht in der Stadt warst, als wir von den Jomswikingern belagert wurden. Und weiter, daß ich glaube, daß du uns Hilfe herbeischaffen wirst. – ‚Und wenn ich sterbe, bevor er zurückkommt?' fragte sie in höchster Angst. – ‚Du wirst nicht sterben', versuchte ich ihr Mut zu geben. – ‚Wenn es aber so wäre', sprach sie. ‚Dann sage Olaf, daß ich ihn sehr liebe. Ich werde oben bei dem

Herre Christ auf ihn warten. Dort sehen wir uns wieder', sprach sie mit vollster Überzeugung. Bald sank sie wieder in fiebrigen Schlaf. Die ganze Nacht saß ich neben ihr. Das Fieber stieg erneut. In ohnmächtiger Wut mußte ich zusehen, wie sich ihr Zustand verschlechterte. – Am Morgen wurde ich zur Beratung gerufen. Die Jomswikinger begannen mit dem Untergraben des Stadtwalles an der Königsburg. Erst am späten Nachmittag konnte ich wieder nach Geira sehen. Ihre Seele war bereits von uns gegangen. Der Tod ist gestern um die Mittagszeit eingetreten. Sie durfte nicht mehr erleben, daß ihr Gemahl als der Retter der Stadt ankam", endete Fürst Boleslaw zutiefst erschüttert.

„Und das Kind", fragte Olaf. „Von welchem Geschlecht war es?"

„Es war männlich. Es wurde gleich nach der Geburt von Bischof Unger auf den Namen Tryggvi getauft, wie du und Geira es wünschten. Die Ärzte behielten leider recht, es lebte nicht viel mehr als ein Tag. Wir begruben deinen Sohn bereits vor zwei Tagen", teilte Boleslaw seinem Schwager wahrheitsgemäß mit.

Olaf brach erneut in heftige Tränen aus. Es war ein männliches Kind, ein Erbe, ja ein möglicher Thronfolger. Wie nahe war er dem vollkommenen Glück gewesen, und jetzt? Jetzt war er ins tiefste Unglück gestoßen. Konnte denn dieser Herre Christ genau so grausam sein, wie die alten Götter seiner Väter? Wieso war er dann besser? Olaf saß neben seiner toten Frau und grübelte lange darüber nach.

Während die beiden brüderlichen Freunde neben Geiras Totenbett wachten, verhandelte König Mieszko mit dem Jarl der Jomsburg über die Friedensbedingungen. Die Jomswikinger mußten als Entschädigung für die Zerstörung Posens ihren gesamten Schatz dem Polenkönig abliefern. Das war ein hoher Preis, den Sigwaldi für das Leben seines Bruders zahlte. Anschließend wurde über die Jomsburg gesprochen. König Mieszko teilte dem Jarl mit, daß er fortan eine solch starke feindliche Burg nicht mehr an der Grenze seines Reiches dulden könne. Sie müsse in Zukunft dem Polenkönig untertan sein. König Mieszko fragte Sigwaldi, ob er König Sven Gabelbart den Treueeid geschworen habe. Sigwaldi erwiderte, kurz nachdem er Jarl über die Jomswikinger geworden wäre, sei König Sven seiner Herrschaft über Dänemark verlustig geworden. Der Polenkönig bot ihm an, sein Lehensmann zu werden, doch die Burg und die Stadt Jumne müsse zur Hälfte mit polnischen Kriegern besetzt werden. Auch die Anzahl der Seekrieger und die ihrer Schiffe müsse begrenzt sein. Sie dürfe nicht mehr als zweitausendfünfhundert Krieger betragen und nicht mehr als fünfzig Kriegsschiffe. Jarl Sigwaldi bat sich Bedenkzeit aus; das müsse er zuerst mit den Jomswikingern beraten.

König Mieszko schickte in der Nacht einen Vertrauten zu Sigwaldi, um ihn mit einem Teil des Jomsburgschatzes für sich zu kaufen. Es wurde ihm auch weitestgehende Handlungsfreiheit zugesichert. Nur im Kriegsfalle müsse er dem Polenkönig zu Hilfe kommen. Jarl Sigwaldi wollte einerseits seine Herrschaft über solch eine reiche Stadt wie Jumne nicht verlieren, andererseits behagte es ihm wenig, in die Gefolgschaft des Polenkönigs zu treten. Doch vor so viel Gold und Silber konnte er nicht nein sagen, und er versprach, sich bei seinen Kriegern dafür einzusetzen.

Am folgenden Nachmittag fand die Beerdigung statt. Geira wurde zuerst in der Kirche aufgebahrt, und das Volk durfte die verstorbene Prinzessin noch ein letztes Mal sehen. Dann wurde der Sarg geschlossen und in einem Seitenschiff der Posener Kirche in die Erde gelassen.

Jarl Olaf blieb noch zwei Tage in Posen. Das ganze Geschehen um ihn herum beachtete er kaum. Jarl Sigwaldi legte vor König Mieszko den Gefolgschaftseid ab, mit ihm sein Bruder Thorkel. Eine Anzahl an Kriegern zog es vor, zu König Sven Gabelbart ins Danelag[12] zu ziehen. Sie durften ungehindert absegeln.

Olaf wurde gefragt, ob er den Oberbefehl über die polnische Besatzung der Stadt Jumne übernehmen wolle. Doch er schlug es ab.

Am Abend wurden er und seine Wikinger fürstlich von König Mieszko belohnt. Olaf sah mit leeren Augen auf all die Gold- und Silberschätze, die die Diener des Polenkönigs vor ihm auf den Tisch legten.

Anderntags brach er mit seiner Kriegerschar zu seinem Landsitz auf. Fürst Boleslaw und dessen Frau Emnild begleiteten ihn nach Schwanenwik. Als Olaf in das fertige, aber leere Langhaus trat, mußte er erneut heftig weinen. Sein Zuhause, das er mit Geira zusammen plante und baute, ließ ihn den Verlust erneut in aller Deutlichkeit spüren. Jetzt erschien ihm alles fremd. Am liebsten wäre er sofort wieder aufgebrochen, ohne zu wissen wohin. Doch Boleslaw riet ihm zur Besonnenheit.

Götterdämmerung

In der zweiten Nacht auf Schwanenwik geschah etwas Unglaubliches. Olaf trank abends viel Met. Spät in der Nacht ging er aus dem Haus. Auf einmal hörte man es draußen Krachen und Poltern. Boleslaw und einige Freunde eilten ihm nach. Der Lärm kam aus der kleinen Kapelle, die Geira erbauen ließ. Rauch drang aus der Tür. Olaf hatte mit seiner Streitaxt den Altar mit dem Christusbild zerschlagen und die Kirche mit einer Fackel an mehreren Stellen in Brand gesetzt.

„Olaf! Was tust du! Komm zur Vernunft!" rief Boleslaw erschrocken.

Olaf starrte in die Flammen. „Ich hasse euren Gott!" schrie er in höchster Wut. „Ich verachte ihn! Jawohl, ich hasse und verachte ihn! Er ist kein guter Gott! Nein! Ich glaube nicht mehr an ihn!" schrie Olaf wie ein Wahnsinniger.

„Komm heraus!" rief Boleslaw warnend. Die Flammen ergriffen bereits das Dach. Die Luft wurde jetzt stickig heiß in der Kirche. – „Komm zur Besinnung, Olaf! Schnell nach draußen!"

„Das ist meine Rache! Weil er mein Glück zerstörte! Weil er Geira sterben ließ! Euer Gott ist schlecht! Ich hasse ihn!" Olaf riß sich das goldene Kreuz, das er von Geira geschenkt bekam, vom Hals und schleuderte es in die Flammen.

„Schnell hinaus!" schrie Boleslaw. Er packte den Tobenden und zerrte ihn aus dem Flammenmeer ins Freie. – „Wir können doch alle deinen großen Schmerz verstehen, Olaf! Aber diese Gotteslästerung geht entschieden zu weit", ermahnte Boleslaw seinen Schwager.

Olaf stieß Boleslaw zur Seite. „Ich sage mich los von eurem Herre Christ!" Er hob beide Hände gegen Norden, dort wo seiner Meinung nach die alten Germanengötter wohnten. „Odin! – Höre mich an! Vergib mir, daß ich mich von dir abwandte! Erhöre mich, Odin! Und ihr anderen

Götter auch! Thor und Freyr! Ich werde euch als Buße drei Rinder opfern!" schrie Olaf wie ein Besessener.

„Komm zur Vernunft, Olaf!" rief Boleslaw zutiefst erschrocken. „Der Schmerz um Geira hat dich blind gemacht! Nicht vor aller Ohren!" ermahnte er ihn.

Fürstin Emnild und die Diener waren aus dem Haus getreten, auch viele von Olafs Kriegern eilten herbei wegen des Feuers.

„Alle sollen es erfahren! Alle!" schrie Olaf nun erst recht. „Weil ich den Göttern meiner Väter keine Opfer mehr brachte, darum haben sie mich so schwer gestraft! Euer Herre Christ besitzt keine größere Macht! Das habe ich erkannt! Das war meine Strafe!" Olaf sank schluchzend zu Boden.

Die Kirche brannte lichterloh und erhellte die Umgebung gespenstisch.

Boleslaw beugte sich zu Olaf hinab. Er roch an seinem Munde. „Du bist ja betrunken!" Boleslaw gab den Wikingern des Befehl, ihren Jarl ins Haus zu tragen.

„Gebt mir Met!" schrie Olaf. „Ich will trinken!"

Boleslaw wollte ihm nichts mehr zu trinken geben. Doch Thorgeir reichte Olaf ein gefülltes Methorn. „Über dem Metfaß schwebt der Reiher des Vergessens", sprach er nachsichtig.

Olaf trank das Horn in einem Zug aus. – „Noch mehr!" rief er.

„Ich habe Angst", flüsterte Emnild ihrem Gatten zu. „Laß uns nach Posen zurückkehren; noch in dieser Nacht."

„Ich kann Olaf in diesem Zustand nicht allein lassen", entgegnete Boleslaw. „Aber du kannst mit dem Gefolge in die Stadt reiten. Erzähle niemandem, außer dem König, was heute abend geschah", bat er seine Gattin. Seine Dienerschaft ließ er schwören, daß sie über die Begebenheiten schweigen sollten.

Draußen verhinderten die Nordmänner, daß die haushohen Flammen auf die anderen Dächer übergriffen.

Anderntags war Olaf ruhiger. Doch als Boleslaw ihn zur

Rede stellte, ob er tatsächlich nicht mehr an den Christengott glaube, nickte Olaf bejahend. Solange das Glück an seiner Seite stand, glaubte er freudig an den neuen Gott. Nun, da ihm Schmerz und großes Leid widerfahren war, wendete er sich von dem Herre Christ ab und seinen alten Heidengöttern wieder zu, wie so viele Leichtgläubige in jener Zeit.

Fürst Boleslaw wollte veranlassen, daß die kleine Kirche wieder aufgebaut werde, doch Olaf verbot es ihm.

Da Olaf sich beruhigt hatte, glaubte Boleslaw, nicht mehr länger von seinen Regierungsgeschäften fernbleiben zu dürfen. Er verabschiedete sich trotz allem Vorgefallenen herzlich von Olaf. „Auf Wiedersehen, Olaf. Ich weiß, daß du eines Tages zu dem Herre Christ zurückfinden wirst. Komm bald wieder nach Posen."

„Wiedersehen, Boleslaw. Ich komme in wenigen Tagen", antwortete Olaf beschämt.

Olaf kam wie versprochen nach Posen. Und da geschah das zweite Unglück. Als er in der Kirche vor Geiras Grab stand, in wehmütigen Erinnerungen versunken, trat Bischof Unger mit mehreren Priestern in seiner Begleitung zu ihm. Er stellte Olaf zur Rede. „Gerüchte kamen mir zu Ohren, du hättest dich von Christus losgesagt und deinen alten Göttern wieder geopfert. Du sollst sogar eine Kirche in Schutt und Asche gelegt haben. Ist das wahr?" fragt er Olaf streng.

„Ja", gab Olaf trotzig zu.

Die Priester bekreuzigten sich voller Entsetzen.

„Dann verlange ich, daß du sofort diesen Heiligen Ort verläßt!" rief der Bischof erzürnt aus.

„Ich soll vom Grabe meiner Frau fort? Ich bleibe so lange hier und komme so oft, wie ich es will!" entgegnete Olaf aufbrausend.

„Dann muß ich den König um Hilfe bitten", erwiderte Bischof Unger zornig.

Bald schon kam König Mieszko, Krieger begleiteten ihn.

„Olaf! Was höre ich! Du hast dich vor Geiras Grab von Christus losgesagt? Weißt du, daß dies die größte Gotteslästerung ist? – Mein Sohn, wir verstehen doch alle deinen großen Schmerz. Sag schon, daß du weiter an den Herre Christ glaubst. Ich trage dir eine kleine Buße auf, und alles ist vergessen", raunte König Mieszko ihm väterlich ins Ohr. – „Komm schon! Du glaubst natürlich an Christus! Nicht wahr?" fragte er hoffnungsvoll.

Olaf schüttelte traurig den Kopf. – „Ich bin kein Lügner. Ich glaube nicht mehr an euren Gott. Warum hat er nicht das Leben meiner Frau beschützt? Geira glaubte so sehr an diesen Gott, und was hat es ihr genützt?" stellte Olaf dem König die Frage.

„Bedenke was du sprichst!" rief der Polenkönig erschrocken aus. „Nicht in Gegenwart so vieler Christengläubigen", raunte er Olaf warnend zu.

„Ich verbiete diesem Gotteslästerer, diesen Heiligen Ort jemals wieder zu betreten!" rief Bischof Unger in höchstem Zorn aus.

„Hast du verstanden, Olaf? Ich bin machtlos dagegen. Ich bitte dich zum letzten Mal: sag, daß du an den Herre Christ glaubst, und alles wird wieder gut werden!" drängte König Mieszko ihn.

Olaf schwieg trotzig.

„Ich verlange, daß dieser Gottverfluchte sofort aus der Kirche gejagt wird!" rief Bischof Unger erneut aus.

„Olaf! Ich befehle dir als dein König: bekenne dich zu Christus! – Olaf! Zum letzten Mal! Oder ich befehle dir, sofort die Kirche zu verlassen!"

Olaf stand regungslos und stumm vor Geiras Grab. In Gedanken war er weit, weit fort.

„Du willst es nicht anders, Olaf! Ich befehle dir, die Kirche augenblicklich zu verlassen! Ich verbiete dir bei Todesstrafe, sie noch einmal zu betreten, bevor du dich nicht öffentlich zu Christus bekannt hast! – Hast du meinen Befehl verstanden, Olaf?" fragte der König ungeduldig. – „Keine Antwort ist auch eine Antwort! Nur Ärger hat man mit euch trotzköpfigen Nordmännern! Packt sie, und schafft sie aus der Kirche!" befahl König Mieszko seinen Kriegern.

Die Gefolgsmänner des Polenkönigs traten auf Olaf zu. Plötzlich zogen die Wikinger in Olafs Begleitung ihre Schwerter. „Zurück! Oder wir kämpfen!" rief Thorgeir warnend.

„Das ist doch die Höhe!" tobte König Mieszko. „Ich befehle euch zum letzten Mal! Entweder ihr verlaßt die Kirche freiwillig, oder ich gebe Befehl, euch mit Gewalt hinauszuschaffen, tot oder lebendig!"

„Olaf, was sollen wir tun?" fragte Thorgeir besorgt seinen Jarl.

Olaf kam endlich zur Besinnung. „Steckt eure Schwerter ein, wir gehen." Ohne Gruß verließ er mit seinen Begleitern die Kirche. Er kehrte unverzüglich zu seinem Landsitz zurück.

Erst am Abend erfuhr Fürst Boleslaw von dem Vorfall. Er befand sich zu allem Unglück nicht in der Stadt. Sogleich versuchte er, für Olaf zurechtzubiegen, was noch zurechtzubiegen war. Am nächsten Morgen eilte er nach Schwanenwik. Boleslaw beschwor Olaf, sich öffentlich wieder zu Christus zu bekennen, oder er würde trotz all seiner Verdienste um das polnische Reich bei dem König in spürbare Ungnade fallen. Doch gegen Olafs Stolz vermochte er nichts zu bewirken.

Zwanzig Tage verblieb Olaf in seinem Trotz, dreißig Tage. Doch dann konnte er es nicht mehr länger aushalten. Er sattelte sein Pferd und ritt ohne Begleitung nach Posen. Vor der Kirche sprang er vom Pferd und eilte hinein. An Geiras Grab kniete er nieder und legte einen Strauß Blumen darauf.

Die Priester, die es sahen, eilten ängstlich zu ihrem Bischof. Dieser eilte zum König. Boleslaw erfuhr glücklicherweise fast gleichzeitig von Olafs Ankunft. Er kam dem König und dem Bischof zuvor.

„Olaf! Endlich! Bekennst du dich wieder zu dem Herre Christ?" fragte Boleslaw hoffnungsvoll.

„Wenn es die einzige Möglichkeit ist, um Geiras Grab besuchen zu können, dann tue ich es", antwortete Olaf gequält.

„Das ist keine echte Reue. – Aber das ist jetzt weniger wichtig! Sie kommen! Sag, der Schmerz um Geiras Tod hätte dich blind gemacht", raunte Boleslaw ihm zu.

„Olaf, du kennst mein Verbot!" rief König Mieszko bereits von weitem. „Wenn du trotzdem hier bist, darf ich das so verstehen, daß du wieder zum Glauben an Christus zurückgefunden hast?" fragte der König streng.

„Ja", nickte Olaf.

„Na also!" rief König Mieszko sofort versöhnlich aus. „Bischof, du hast es gehört. Er glaubt wieder an den Herre Christ. Der Schmerz um Geira verwirrte seine Sinne. Ich wußte, daß er bald Reue verspürt. Trage ihm eine Buße auf, Bischof", bat der König.

„Ich bin leider nicht so ganz von Olafs innerem Wandel überzeugt", entgegnete Bischof Unger zweifelnd. „Vielleicht sagt er es nur aus dem berechnenden Grund, um Geiras Grab wieder besuchen zu können?"

„Aber nein, Bischof, ich kenne Olaf! Er lügt niemals!" beeilte sich Boleslaw, seinem Schwager beizustehen.

„Wir werden sehen", meinte der Bischof keineswegs überzeugt. „Ich trage ihm eine Buße auf. Wenn er sie erfüllt hat, nehme ich ihn wieder in die Gemeinde auf. – Dreißig Bankreihen stehen in der Kirche. Die ersten dreißig Mal, wenn er Geiras Grab besuchen will, darf er es nur während des Gottesdienstes tun. Beim ersten Mal muß er sich in die hinterste Bankreihe setzen und darf nicht näher an das Grab herantreten. Bei jedem folgenden Gottesdienst, den er besucht, darf er eine Reihe weiter vorrücken. Erst wenn er in allen dreißig Bankreihen saß, darf er jederzeit wieder die Kirche betreten und vor Geiras Grab stehen."

„Das ist eine harte Buße, Bischof", meinte König Mieszko.

„Ich schlage vor, er darf bereits mit der fünfzehnten Reihe beginnen."

„Nein", entgegnete Bischof Unger unbeirrt. „Die Buße ist der Schwere seines Vergehens angemessen! Er darf jeden Gottesdienst besuchen. Und wenn er das tut, kann er vor Weihnachten bereits Geiras Grab sehen, so oft und so lange er will."

„Wie du meinst", nickte König Mieszko zustimmend. „Olaf, bist du mit deiner Buße einverstanden?"

Olaf nickte und Tränen flossen ihm über die Wangen. Es blieb ihm ja schließlich keine andere Wahl.

Sofort wurde allem Volke in der Stadt verkündet, daß Jarl Olaf Tryggvisson wieder zum Glauben an den Herre Christ zurückgefunden habe. Nur Boleslaw wußte es besser.

Olaf blieb in Posen. Er bezog ein Gästehaus des Königs, denn das Haus, das er mit Geira früher bewohnte, war im Kampf gegen die Jomswikinger völlig zerstört worden.

Es war rührend anzusehen, wie viele von Olafs Freunden ihn abwechselnd zu den Gottesdiensten begleiteten. Oft war es Boleslaw, der gestand, daß er früher nie so häufig zur Kirche gegangen sei. Sonntags hörte Olaf in Begleitung der ganzen königlichen Familie den Gottesdienst, für die der Kirchgang eine Gewohnheit war. In der Woche begleiteten ihn auch oft seine Schwägerinnen Gunnhild und Astrid.

„Siehst du dort die gelben Blumen auf Geiras Grab?" fragte die jüngere Astrid Olaf während der Predigt.

„Ja", flüsterte Olaf.

„Die sind von mir", sprach sie vorwitzig. – „Jetzt sitzen wir bereits in der zweiundzwanzigsten Reihe. Bald hast du genug gebüßt", meinte sie altklug.

„Psst! Der Bischof schaut nach uns!" warnte Gunnhild sie.

Die Bevölkerung Posens beachtete Olafs schweres Vergehen gegen die Kirche kaum. Für sie war und blieb er ihr Retter in höchster Not. Gab es doch noch viele Polen, die zwar getauft, aber noch lange keine überzeugten Christen waren, sondern dem neuen wie dem alten Glauben gleichzeitig Gebete und Opfer brachten.

Die Stadt wurde neu und noch schöner als vorher aufgebaut. König Mieszko hatte beschlossen, deutsche Baumeister nach Posen zu rufen, um eine Kirche und einen Königspalast aus Stein erbauen zu lassen.

Zum Weihnachtsfest kam auch eine Abordnung der Jomswikinger, der Einladung König Mieszkos folgend. Es waren dies: Jarl Sigwaldi, dessen Bruder Thorkel der Hohe, der sich von seiner Verwundung vollständig erholt hatte, weiterhin Bui der Dicke, dessen Bruder Sigurd, Vagn Akisson, Björn der Waliser und noch eine große Zahl von Steuermännern.

Während des festlichen Gelages traten Fürst Boleslaw und Jarl Olaf zu dem Tisch der Jomswikinger.

„Da die Jomswikinger nun zum Gefolge des Polenkönigs zählen, darf keinerlei Mißgunst oder gar Feindschaft unter den Gefolgschaftsangehörigen bestehen. Ich möchte deshalb, daß die Jomswikinger mit mir und Jarl Olaf Freundschaft trinken!" rief Fürst Boleslaw in den Saal.

Die Druzina wurde aufmerksam auf sie.

„Wir Dänen achten unseren tapferen Gegner", entgegnete Jarl Sigwaldi stolz.

„Und da die Feindschaft begraben ist, trinken wir auf die Freundschaft!"

Die Diener trugen ein volles Metfaß herbei. Zuerst trank Fürst Boleslaw mit dem Jarl der Jomsburg auf die Freundschaft. Anschließend kam nach slawischer Sitte der Bruderkuß auf beide Wangen. Dann trank Olaf mit Sigwaldi. So tranken sie die Reihe durch mit allen Unterhäuptlingen der Jomswikinger Freundschaft.

Olaf fragte sie über den zur Zeit herrschenden König von Norwegen aus. Er erfuhr, daß sein Erbreich seit dem Tode seines Vaters unter dänischer Oberhoheit stehe. König Harald Gudrödsson, genannt der Grönlandfahrer, der jetzige Herrscher Südostnorwegens, sei ein Vasall König Sven Gabelbarts. Nur der Jarl des Tröndelags, Hakon, würde seit einigen Sommern keine Königsabgaben mehr an den Dänenkönig zahlen, obwohl der verstorbene König Harald Blauzahn ihm einst zur Macht zurück verhalf. Der Dänenkönig sandte eine Kriegsflotte aus, die Jarl Hakon für seine Untreue bestrafen solle, doch die Dänen wurden von den Tröndnern in die Flucht geschlagen.

Olaf kam während des Winters öfters wieder der Gedanke, ob er es nicht wagen solle, nach Norwegen zu segeln und das Königsreich zurückzuerobern, das einst sein Vater Tryggvi Olafsson besessen hatte.

Im neuen Jahr, die Mönche in den Klöstern schrieben das Jahr 991 nach Christi Geburt, kehrte Olaf bei tiefem Schnee mit dem Schlitten zu seinem Landsitz zurück. Die Winterzeit, das fühlte er, war seinem Seelenzustand entsprechend: sein Herz und alle Gefühle waren tief erfroren. Und wie stand es mit seinem Glauben? Nach außen hin schien er ihn wiedergefunden zu haben, aber in seinem Innern war er wieder ein Heide, denn er konnte dem Gott der „Heuchler" nicht verzeihen, daß er ihm seine Frau genommen hatte.

Der Frühling brachte ihm neue Seelenpein. Auf Befehl König Mieszkos kamen Zimmerer aus Posen, um die abgebrannte Kapelle neu aufzubauen. Das Gehämmere war für Olafs Gewissen schier unerträglich.

Eines Tages erschien Fürst Boleslaw. Er fragte Olaf, ob er ihn mit seinen Schiffen oderaufwärts begleiten wolle. Ein böhmischer Heerhaufen sei erneut in Schlesien eingefallen und zöge raubend und mordend umher. Olaf sagte sofort zu. Auf Schwanenwik war er sowieso überflüssig.

Als sie mit ihren Schiffen in Schlesien ankamen, hieß es, die Böhmen seien wieder abgezogen. Unverrichteter Dinge kehrten sie nach Posen zurück. Doch in Olafs Wikingern war der Drang nach Ferne und Abenteuer entbrannt.

Gelangweilt und mißmutig saßen sie am Ufer der Wartha bei ihren Schiffen. Vorschläge wurden abends beim Metgelage gemacht, wohin man in diesem Sommer ziehen könne. England, Irland, Norwegen, Friesland, die Insel Gotland, Alt Ladoga, die Normandie oder das Feuerland im tiefsten Süden wurden vorgeschlagen und leidenschaftlich besprochen. Aber es fehlte der Kopf, der entschied, wohin es tatsächlich gehen solle. Mit Jarl Olaf war nichts anzufangen. Er saß nur schweigend da und schüttelte über jeden Vorschlag ablehnend den Kopf. Thorgeir sagte ebenfalls nichts. Er sah nur manchmal seinen Jarl nachdenklich an.

Eines Tages, Olaf war längst wieder nach Schwanenwik zurückgekehrt, ritt Thorgeir allein nach Posen, angeblich um Einkäufe zu erledigen. Er hatte aber noch eine andere Absicht dabei. Wie zufällig traf er Boleslaw.

„Wie geht es euch auf Schwanenwik?" fragte der Fürst freundlich, wie immer, wenn er Olafs Steuermann traf.

Thorgeir pflegte meist mit einem Scherz zu antworten. Aber diesmal machte er ein mißmutiges Gesicht und sagte: „Schlecht. – Sehr schlecht."

Boleslaw blieb erstaunt stehen. „Ist etwas mit Jarl Olaf?"

„Weil nichts mit ihm ist, das ist gerade das Schlimme", entgegnete der alte Wikinger.

„Ich habe mir bereits Gedanken darüber gemacht, aber ich weiß beim besten Willen nicht, wie ich ihm helfen könnte. Ich meine, er muß ganz allein mit diesem Schicksalsschlag fertigwerden. Was meinst du?"

„Das ist auch meine Ansicht. Nur glaube ich, kann ein Mensch schlecht mit etwas fertigwerden, an das er jeden Tag aufs Neue erinnert wird."

„Aber warum unternehmt ihr nicht eine Segelfahrt? Ihr könntet doch zur Jomsburg, nach Truso oder noch weiter fahren? Niemand und nichts hindert Olaf daran", entgegnete Boleslaw erstaunt.

„Mir scheint, als wenn er sich irgendwie gebunden fühlt. Ich weiß nur nicht, durch was", sprach Thorgeir kopfschüttelnd.

„Du glaubst, er fühlt sich gebunden? – Vielleicht hast du sogar recht! Ich komme in den nächsten Tagen und werde mit Olaf sprechen."

„Ich habe eine Bitte, Fürst Boleslaw. Sag Olaf nicht, daß ich mit dir gesprochen habe", bat der alte Steuermann.

„Verstehe. Ich danke dir, Thorgeir."

Boleslaw kam wie versprochen. Nachdem er zuerst über Nebensächliches mit Olaf geplaudert hatte, richtete er schließlich seine Worte auf sein eigentliches Anliegen. „Olaf, so kann es nicht weitergehen mit dir. Du gehst zugrunde, wenn du länger so lebst. – Vor zwei Sommern, als wir mit Geira zusammen die Fahrt zur Jomsburg unternahmen, gabst du mir den Schwur, mir bei der Thronfolge beizustehen. Durch Geiras Tod sehen die Dinge nun anders aus. Ich entbinde dich von deinem Schwur", sprach Boleslaw sanft.

„Geiras Tod ändert gar nichts! Es war ihr größter Wunsch, daß du Thronfolger wirst und daß ich dir dabei helfe, wenn es Schwierigkeiten gibt! Ich bleibe so lange hier, bis du König bist!" beharrte Olaf.

„Und wenn ich dir versichere, daß ich bereits genügend Fürsten auf meiner Seite habe, so daß ich sogar deine Hilfe entbehren kann? Ich möchte dich nicht kränken, Olaf, bitte verstehe mich nicht falsch. Aber ich brauche deine Hilfe nicht unbedingt. Was du in den vergangenen zwei Jahren für das Polenreich getan hast, half mir, die Gunst vieler Fürsten zu gewinnen, die keinen anderen als mich als Thronfolger wünschen. Dir habe ich das zu verdanken, Olaf! – Du mußt jetzt an deine eigene Zukunft denken! Erobere das Königreich deines Vaters in Norwegen zurück, das ist jetzt deine Aufgabe, Olaf! Du kannst losfahren und hierher zurückkommen, wann immer du willst. Dieser Hof bleibt dein Eigentum, so lange ich lebe. Du bist immer der Retter von Posen und mein Schwager, den ich liebe wie einen leiblichen Bruder", redete Boleslaw eindringlich auf ihn ein.

„Das weiß ich doch alles, Boleslaw", sprach Olaf gerührt. „Ich werde mich mit meinen Kriegern beraten, was wir den Sommer über tun werden."

Die Nordmänner waren unter sich uneins, wohin man segeln solle. Doch Olaf hatte seine heimliche Pläne. Zuerst wollte er einige Zeit um die Insel der Angelsachsen heeren, um sich eine große Gefolgschaft und Kriegsflotte aufzubauen. Dann erst durfte er daran denken, Kurs nach Norwegen zu nehmen und das Königreich seines Vaters zurückzugewinnen. Olaf konnte seine Männer überzeugen. Wenige Tage später waren sie zu einer langen Wikingfahrt gerüstet.

Olaf bat König Mieszko um unbestimmten Urlaub. Er wolle sich umsehen, wie er sein Erbreich in Norwegen zurückgewinnen könne. Der Polenkönig, von Boleslaw unterrichtet, gewährte ihm diese Bitte und ließ ihn in Ehren ziehen.

Nach einem letzten gemeinsamen Gang zu Geiras Grab, begaben sich die beiden Freunde zu den Anlegeplätzen der Schiffe vor dem Stadttor Posens. Der Abschied war herzlich und voller Wehmut, denn er war sehr ungewiß, ob sie sich jemals wieder hier in Mitgrad sehen würden. Als die Langschiffe von der Flußinsel abstießen und schnell flußabwärts trieben, winkten sich Olaf und Boleslaw zu, bis sie sich aus den Augen verloren.

Olaf besaß während der angenehmen Fahrt flußabwärts Zeit und Muse genug, um über sein vergangenes Leben und über seine Zukunft nachzudenken. Ein zweites Mal gab er eine ehrenvolle Gefolgschaft auf, weil er glaubte, sein Glück irgendwoanders suchen zu müssen. Erneut würde er all seine geistigen und körperlichen Kräfte aufbieten, um das harte und unbarmherzige Dasein eines freien Seekönigs zu meistern. Er war jetzt einundzwanzig Jahre alt. Er fühlte sich aufgrund seines Alters und seiner Erfahrung mehr denn je dazu in der Lage. Seine heidnisch germanische Überzeugung, daß er von den alten Göttern seiner Väter mit besonderem Königsheil beschenkt worden sei, bestärkte ihn in seinem jugendlichen Übermut, wie auch in seinem Drang nach Abenteuer, Mannesruhm und Reichtum. Thorgeir versäumte es nicht, Olaf in letzter Zeit des öfteren daran zu erinnern.

III. Buch

Krieg oder Frieden

Ein unverschämter Freier

König Sven Gabelbart gelang es endlich im Sommer des Jahres 993 n. Chr., sein Erbreich Dänemark von den schwedischen Besatzern zurückzuerobern. Die Jomswikinger nahmen diese Nachricht mit großer Freude auf, da die meisten von ihnen von Geburt Dänen waren. Viele bekundeten die Ansicht, daß sie sich wieder unter den Oberbefehl des Dänenkönigs begeben wollten, wie dies früher war.

König Boleslaw hörte durch seine Spitzel von dem drohenden Abfall der dänischen Seekrieger. Da die Zahl der polnischen Besatzung in der Jomsburg den anderen weit unterlegen war, mußte er ein anderes Mittel als Gewalt anwenden, wenn er diese reiche Stadt seiner Herrschaft erhalten wollte.

Als eines Tages Jarl Sigwaldi wieder einmal in Posen weilte, es war Spätsommer des oben genannten Jahres, ließ der Polenkönig ihn zu sich bitten, um unter vier Augen mit dem Jomsburgjarl über diese Angelegenheit zu sprechen. Nachdem König Boleslaw Sigwaldi seine Befürchtungen in wenig verhüllter Form offenbart hatte, bot er ihm und den anderen Häuptlingen der Jomsburg viel Gold an für ihre künftige Treue.

Jarl Sigwaldi schwieg geraume Zeit, bevor er antwortete.

„Ich wüßte ein viel besseres Mittel, um mich für immer fest an das polnische Königshaus zu binden, mein König. – Verzeih mir, wenn ich offen rede. Jedermann weiß, daß ich noch ledig bin. Ich suche seit längerem eine würdige und standesgemäße Frau. Ich denke dabei an Prinzessin Astrid, an keine andere sonst. Meine Unterhäuptlinge, Steuermänner und Seekrieger gehorchen mir blind. Wenn ich bestimme, wir bleiben Gefolgsleute des Polenkönigs, dann setze ich es mit Leichtigkeit durch. – Aber wenn ich dir als Schwager nicht gut genug bin, oder wenn dir die Jomsburg nicht so viel wert ist, dann ..." Sigwaldi sprach nicht weiter.

Boleslaw konnte sich ja denken, was er in diesem Fall tun würde.

König Boleslaw erhob sich mit einer heftigen Bewegung aus dem Thronsessel. „Du wagst es, mir Bedingungen zu stellen?" rief er wütend aus. „Du willst mich erpressen! Weißt du, daß ich dich dafür augenblicklich aufhängen lassen könnte?"

„Ich weiß, ich weiß", entgegnete Jarl Sigwaldi kühl und in selbstsicherer Ruhe. „Ich weiß aber auch, daß du im gleichen Augenblick die Herrschaft über die Jomsburg verloren hättest!"

Boleslaw schwieg. Der Jomsburgjarl traf mit seiner Annahme genau ins Schwarze. Der König lief nachdenklich im Saal auf und ab. Ausgerechnet seine Schwester Astrid verlangte der gerissene Wikingerjarl als Preis für seine Treue. Dieses gebildete und sanftmütige Wesen, das die höchsten christlichen Ideale im Herzen trug, sollte einem rohen Nordmann vermählt werden? Unvorstellbar! Und außerdem war dieser Sigwaldi auch noch Heide! – „Hast du auch bedacht, daß meine Schwester eine überzeugte Christin ist?" fragte König Boleslaw.

„Ich bin bereit, mich taufen zu lassen", erwiderte Sigwaldi gleichmütig, als wenn es das Einfachste von der Welt wäre, vom heidnischen Glauben zum Christenglauben überzuwechseln.

„Aber damit allein bist du noch kein Christ!" schrie König Boleslaw den Jarl in größtem Zorn an. „Du müßtest ein innerlich überzeugter Christ werden! Aber du hast ja keine Ahnung, was das überhaupt bedeutet!"

Sigwaldi dachte nach. – „So viel ich hörte, heiratete Jarl Olaf Tryggvisson auch eine Schwester von dir. Er hatte auch erst kurz vorher den Glauben gewechselt. Nachdem seine Frau im Kindbett starb, soll er sich sogar wieder öffentlich zu den Göttern seiner Väter bekannt haben."

„Nur der übergroße Schmerz wegen des Todes meiner Schwester hat ihn einige Zeit an dem wahren Gott zweifeln lassen. Ich bin felsenfest davon überzeugt, daß mein

Schwager Olaf zum Glauben an Christus zurückfindet und er fest verwurzelt in ihm ist", sprach König Boleslaw mit sichtlicher Überzeugung.

„Ich bin leider vom Gegenteil unterrichtet", erwiderte Jarl Sigwaldi mit einem höhnischen Grinsen.

„Was sagst du? Du hast Nachricht von meinem Schwager Olaf? Berichte mir alles, was du von ihm weißt", forderte Boleslaw den Jarl ungeduldig auf.

„Jarl Olaf Tryggvisson ist einer der gefürchtetsten Seekönige, die an den Gestaden der Angelsachsen, Schotten und Iren ihre gnadenlose Herrschaft ausüben. Manche Leute erzählen sogar, daß er mindestens einmal im Monat einen Mönch mit Haut und Haaren verschlingt. Ich halte das natürlich für ein übertriebenes Märchen", lachte Sigwaldi lauthals über das entsetzte Gesicht des Polenkönigs.

König Boleslaw setzte sich zutiefst erschüttert in seinen Thronsessel. – „Das kann ich nicht glauben."

„Für mich steht außer Zweifel, daß er ein mächtiger und gefürchteter Seekönig ist. Um die gesamte Insel der Angelsachsen hat er geheert. Zuletzt hörte ich, daß er in Schottland und Wales brandschatzte und dabei unermeßliche Beute an Gold und Silber gemacht haben soll. So viel weiß ich von dem neuen Glauben, daß dies kein überzeugter Christ tun würde."

König Boleslaw seufzte. – „Wie dem auch sei, als Christ kann ich nicht uneingeschränkt über die Zukunft meiner Schwester bestimmen. Deine Drohung möchte ich um des Friedens und unserer Freundschaft willen überhört haben. Ich werde über deine Werbung mit meiner Schwester sprechen. Bis ich dir ihre Antwort sagen kann, gebe ich dir den Befehl, die Stadt Posen nicht zu verlassen."

„Heißt das etwa, daß ich ein Gefangener bin? Behandelt man so seinen zukünftigen Schwager?" brauste Jarl Sigwaldi beleidigt auf.

„Das ist nur die Antwort auf deine Unverschämtheit, wie du deine Werbung vorgetragen hast!" erwiderte König Boleslaw. „Wenn du mein Schwager werden willst, dann verlange ich, daß du dir den ehrlichen Vorsatz nimmst, in Worten und Taten ein echter Christ zu werden!"

Sigwaldi schien einzusehen, daß er zu weit gegangen war. „Ich bitte meinen König um Vergebung, wenn ich ihn ungewollt erzürnt habe." Aus dem Klang seiner Stimme schien man zu vernehmen, daß es ihm Ernst war.

„Falls du mein Schwager werden solltest, Sigwaldi, bin ich der Überzeugung, daß wir zu einem guten Einvernehmen zueinander finden werden. – Du kannst dich jetzt entfernen", antwortete König Boleslaw mit versöhnlichen Worten.

Mit einer tiefen Verneigung verließ Jarl Sigwaldi den Polenkönig.

Boleslaw saß noch lange Zeit allein in Erinnerungen an die glückliche Zeit versunken, die er mit Olaf und Geira zusammen verlebte. Ja, der Tod Geiras war ein harter Schicksalsschlag für Olaf und auch für ihn gewesen. Gottes Ratschluß ist unerforschlich, fielen Boleslaw die Worte Bischof Ungers ein. Wenn er Olaf an Sigwaldis Stelle zum Jarl über die Jomsburg hätte einsetzen können, dann besäße er heute viele Sorgen weniger. Vielleicht würde dann Pommern schon längst zum Polenreich gehören. Aber so sah er keine Möglichkeit, diese wichtige Küstenlandschaft von den Dänen zurückzugewinnen. Und konnte er das glauben, was Sigwaldi über Olaf Tryggvisson berichtete? Dieser edelmütige und ritterliche Königssohn soll zu einer wilden Bestie abgesunken sein, die mit Feuer und Schwert ein ganzes christliches Volk heimsucht? – Nein, König Boleslaw konnte es sich nicht vorstellen.

Mehrere Tage schob Boleslaw die Unterredung mit seiner Schwester Astrid hinaus. Schließlich glaubte er sich in der richtigen Gemütsverfassung, um mit ihr behutsam und geduldig über die Werbung Jarl Sigwaldis sprechen zu können. Was lag daran, daß Sigwaldi nur ein Häuptling war und kein Königssohn? Hatte der König denn nicht die Macht, aus einem Bettler einen steinreichen Mann zu machen – und umgekehrt?

Als König Boleslaw in das Gemach der Prinzessin trat, fand er sie mit ihren Dienerinnen bei der Webarbeit. „Verzeih, wenn ich störe, Astrid. Aber ich muß etwas sehr Wichtiges mit dir besprechen", entschuldigte er sich.

„Aber du störst niemals, Boleslaw. Bitte setz dich", forderte Astrid ihren Bruder auf.

„Laßt mich mit meiner Schwester allein", befahl der König. – „Und daß mir keine horcht!" rief er den Dienerinnen nach. – „Meine geliebte Schwester. Du zählst jetzt siebzehn Sommer und bist zu einer Frau gereift; genau wie deine Schwester Gunnhild. Sie ist noch zwei Sommer älter als du", begann der König weit ausholend. – „Ihr beide habt mich erst kürzlich im Scherz gefragt, ob noch kein Freier um eure Hand angehalten hätte. Ich verneinte." Boleslaw lächelte.

„Heißt das ... ein Freier ... um mich?" stammelte Astrid vor Überraschung.

Boleslaw nickte ernst.

„Wer?" fragte Astrid voller Ungeduld, weil ihr Bruder zögerte. Ihr Kopf rötete sich leicht. Demütig sank sie vor dem König auf die Knie und faltete ihre Hände wie zum Gebet, um so ihre Erregung zu verbergen.

„Setz dich neben mich", bat Boleslaw, der diese demütige Haltung nicht ertragen konnte. Um so mehr, da er ahnte, daß er seine geliebte Schwester enttäuschen würde. Astrid setzte sich neben ihn.

„Astrid, es ist wahrscheinlich nicht der Freier, den du dir erträumt hast", sprach Boleslaw behutsam.

„So? – Aber ich kann doch ablehnen, wenn er mir unannehmbar erscheint. Oder nicht?" fragte Astrid zitternd vor Angst.

„Natürlich! Wir sind Christen und keine Heiden. – Aber eine Ablehnung könnte ein großer Schaden für unser Königreich bedeuten."

„Nenne mir den Stand und den Namen des Werbers", bat Astrid ihren Bruder in höchster Nervenanspannung.

„Es ist kein König oder Königssohn, sondern einer meiner Heerführer. Ein ganz besonders wichtiger Gefolgsmann. – Es ist – Sigwaldi, der Befehlshaber der Jomsburg", endlich war es ihm über die Lippen gekommen.

Prinzessin Astrid war vor Schreck starr wie eine Statue.

Boleslaw legte sanft seinen Arm um sie. – „Es klingt gewiß schlimmer, als es in Wirklichkeit ist. Vertraue und glaube mir, ich kann aus Jarl Sigwaldi einen mächtigen Heerführer machen, mächtiger als manchen König."

Astrid schossen ungeachtet der Worte ihres Bruders die Tränen in die Augen. Laut weinend verbarg sie ihr Gesicht in den Händen.

König Boleslaw wartete geduldig, bis sie sich beruhigt haben würde.

„Ich hatte gehofft, mein Bruder würde mir einen standesgemäßen Ehegemahl vorschlagen, aber daß ich in seinen Augen nicht mehr wert bin, als dem Häuptling der berüchtigten Jomswikinger verheiratet zu werden, das wäre mir nicht in meinen schlimmsten Alpträumen eingefallen!" rief Astrid verzweifelt aus.

„Aber ich erinnere dich doch nur an Geiras Gemahl Olaf! Er war auch nur ein Wikingerjarl, als er um Geiras Hand warb", entgegnete der König sanft.

„Du weißt ganz genau, wie wenig dieser Vergleich stimmt! Olaf war von Geburt ein Königssohn!" empörte sich Astrid.

„Ich weiß, daß Sigwaldi unter deinem Stande ist", gab Boleslaw zu. „Du konntest hoffen, einem König verheiratet zu werden. Aber leider gibt es nicht so viele Königreiche, damit aus allen Prinzessinnen Königinnen werden könnten. Deshalb wäre es keine Schande, wenn einer meiner verdienten Gefolgsmänner eine meiner Schwestern zur Frau bekäme. Jarl Sigwaldi ist nur ein Heerführer, doch ich könnte ihn an Macht und Reichtum manchen König überragen lassen. – Etwas sehr Wichtiges gibt es bei dieser

Werbung zu bedenken. Du weißt, wir haben mächtige und gefährliche Feinde in der Nachbarschaft unseres Reiches. Ich denke dabei auch an König Sven von Dänemark. Jarl Sigwaldi ist gut befreundet mit ihm. So lange er mir treu ist und die Jomswikinger unter meiner Gefolgschaft stehen, fürchte ich keinen Heerzug der Russen, Deutschen, Böhmen, Liutizen und der Dänen. Wenn du Jarl Sigwaldi in Hochmut und Stolz deine Hand verweigerst, würde er gewiß meine Gefolgschaft verlassen und geradewegs zu König Sven Gabelbart von Dänemark überlaufen. Aus Rache könnte er den Dänenkönig zu einem Beutezug durch unser Reich überreden. Das wäre möglicherweise das Ende meiner Königsherrschaft und überhaupt das Ende eines unabhängigen polnischen Königreiches", sprach Boleslaw besorgt.

Astrid versiegten vor Erstaunen die Tränen. „Du willst allen Ernstes behaupten, daß ich über das Wohl oder Verderben unseres Volkes mitentscheide? Nein! Das kann ich nicht glauben! Wie könnte ein Einzelner es fertigbringen, dir den Thron zu nehmen!" schüttelte Astrid ungläubig den Kopf.

„Jarl Sigwaldi besitzt viele Freunde unter den Jomswikingern, mehr als ich, weil die meisten gebürtige Dänen sind. Wenn er zu König Sven Gabelbart überläuft, würde ihm die Mehrzahl der Jomswikinger folgen, und diese starke und reiche Burg an der Odermündung wäre für mich verloren. Dann wäre unser Land wieder schutzlos dem Rauben und Morden der Dänen und sonstigen Nordmännern preisgegeben", redete Boleslaw eindringlich und im Ton ehrlicher Überzeugung auf seine Schwester ein.

„Du glaubst also fest, daß Sigwaldi bei einer Ablehnung meinerseits zu unseren Feinden, den Dänen, überläuft?"

„Das ist mehr als wahrscheinlich. Jarl Sigwaldi wäre voller Haß gegen mich und würde Tag und Nacht nur an Rache denken."

„Ich glaubte immer, mein Bruder besäße die Macht und den Mut, um sich nicht von einem Wikingerjarl erpressen zu lassen!" rief Astrid höhnisch aus.

König Boleslaw erhob sich beleidigt. Doch er hatte gelernt, daß man in weiser Nachsicht oft mehr erreicht als mit Strenge und Härte. Um so mehr war er bei seiner Schwester bereit, ihre Beleidigung zu verzeihen. – „Ich hoffte auf deine Einsicht, als ich diesen schweren Weg zu dir ging. Wenn du alle meine Gründe zum Wohle unseres Reiches in den Wind schlägst, müssen wir bald schon mit den Einfällen von raubenden und mordenden Wikingerheeren rechnen", seufzte der König.

„Du bist also bereit, deine Schwester wie ein Opferlamm für König Sven zu schlachten? Aber ich bin mir nicht sicher, welches Elend für mich schwerer zu ertragen wäre: Sigwaldis Ehegespons zu sein oder in Armut und Knechtschaft das Dasein zu fristen. – Aber mir fällt ein, Sigwaldi ist ja ein Heide! Willst du mich, eine Christin, mit einem Heiden verheiraten? Das ist ja ganz und gar unmöglich!" rief Astrid empört aus. Sie schöpfte bereits Hoffnung.

„Sigwaldi müßte sich natürlich taufen lassen und ein innerlich überzeugter Christ werden, das stelle ich zur Bedingung. Es läge auch zum großen Teil an dir, daß er ein wirklicher Christ wird. Einen ähnlichen Einfluß übte doch auch Geira auf Olaf Tryggvisson aus", entgegnete König Boleslaw. Die Nachricht über Olaf, die er von Jarl Sigwaldi bekam, verschwieg er aber seiner Schwester.

Prinzessin Astrid ging in Gedanken versunken einige Male in ihrem Gemach hin und her. Boleslaw wartete geduldig, im Innern aber desto gespannter, ihre Entscheidung ab. Plötzlich drehte sich Astrid mit einem Ruck um und sah ihren Bruder mit durchbohrendem Blick an. – „Also schön, Boleslaw, ich will dir glauben und vertrauen, obwohl du mich mit deinen Gründen nicht vollständig überzeugt hast! Aber so leicht mache ich es Jarl Sigwaldi nicht, daß er nur um die Hand einer Prinzessin zu werben braucht und sie erhält, als wäre eine Prinzessin nicht mehr wert als irgendeine reiche Kaufmannstochter! Ich stelle eine Bedingung! – Jarl Sigwaldi soll zuerst Pommern von dänischer Knechtschaft befreien! Vorher gebe ich meine

Einwilligung niemals! Das schwöre ich bei Gott dem Allmächtigen!" rief Astrid mit hocherhobener Schwurhand.

„Dein Schwur war sehr voreilig", sprach Boleslaw mit einem tadelnden Blick. – „Doch wenn ich es mir recht überlege, wäre dies eine Tat, wofür man mit der Hand einer Prinzessin belohnt werden könnte", dachte König Boleslaw laut. – „Du wirst nicht grundlos die Klügste von meinen Schwestern genannt. Ich werde Sigwaldi die Bedingung stellen, als wenn sie von mir käme. – Doch ich habe keine Hoffnung, daß er sie zu erfüllen vermag."

„Um so besser", rief Prinzessin Astrid hocherfreut aus.

Schwereren Herzens als Boleslaw kam, verließ er Astrids Gemach.

Am kommenden Sonntag bewirtete der König eine große Gästeschar in seiner Königshalle. Dies war die richtige Gelegenheit, um die Werbung Jarl Sigwaldis allen Würdenträgern und Gefolgsleuten des Reiches bekanntzugeben.

„Ich bitte um Gehör!" rief König Boleslaw. Es wurde langsam ruhig im Saal. Alle Augen sahen auf den König. – „Jarl Sigwaldi, trete vor meinen Thron!"

Sigwaldi eilte vor seinen König. An diesem Tag trug er seine besten Kleider. Seine Waffen blinkten, so gründlich waren sie poliert. Sigwaldi war ein hochgewachsener, breitschultriger und auch gutaussehender Mann. Seine Tapferkeit und sein kriegerisches Können wurden hoch eingeschätzt am polnischen Königshof.

„Ich gebe hiermit allen bekannt, daß Jarl Sigwaldi, der Oberbefehlshaber der berühmten Jomswikinger, um die Hand meiner Schwester Astrid warb!" rief König Boleslaw in den Saal.

Erstauntes Gemurmel war zu hören.

„Höre die Antwort deines Königs, Jarl Sigwaldi!" fuhr Boleslaw fort. „Damit es in Zukunft nicht jedem meiner Häuptlinge einfällt, um die Hand meiner beiden ledigen Schwestern anzuhalten, werde ich immer eine Bedingung daran knüpfen. Jeder Freier soll eine Tat begehen, die es ihm ermöglicht, zum Dank dafür zu meinem Schwager erhoben zu werden. – Höre meine Bedingung, Sigwaldi! Du sollst Pommern befreien, das von den Dänen besetzt und geknechtet wird! Ich gebe dir drei Monde Zeit dafür! Wenn es dir bis dahin nicht gelingt, soll dir die Hand meiner Schwester Astrid für immer verweigert sein! Wie lautet deine Antwort?"

Sigwaldi schluckte zuerst, bevor er Worte fand, so überrascht war er. – „Es ist eine Aufgabe, für die kein Einsatz zu hoch erscheint, wenn man den Preis vor Augen sieht, den es zu gewinnen gibt", entgegnete Sigwaldi kühn. Er stellte damit vor allen Gästen in beschämender Weise bloß, daß König Boleslaw seine Schwester als Preis für seine ungelöste Außenpolitik anbot. Kein anderer als der Oberhäuptling der Jomswikinger hätte dies auszusprechen gewagt.

König Boleslaw wurde vor Zorn hochrot im Gesicht, doch er wußte, daß er Sigwaldi nicht dafür bestrafen konnte, ohne damit seine Herrschaft über die Jomsburg zu gefährden. Darum überhörte er diese Frechheit. – „Das hättest du dir vorher gründlicher überlegen sollen, Jarl!" rief König Boleslaw höhnisch. „Hast du bereits einen Plan, wie du diese schwierige Aufgabe lösen könntest?"

„Nein", schüttelte Sigwaldi den Kopf. „Ich werde scharf darüber nachdenken", antwortete er sichtlich verwirrt.

Den restlichen Nachmittag saß Jarl Sigwaldi stumm und in tiefe Gedanken versunken unter der Gästeschar des polnischen Königs. Früher als üblich brach er mit seiner Abordnung von Seekriegern nach Jumne auf.

Ein echter Wikingerstreich

Sofort nach Sigwaldis Ankunft in der Jomsburg, ließ er seine Vertrauten zur Beratung in die Jarlshalle rufen.

„Der Polenkönig ist dir übel gesinnt, weil du die Kühnheit hattest, um die Hand Astrids anzuhalten", meinte Thorkel der Hohe, Sigwaldis Bruder.

„Er hat Grund genug dazu. Ich drohte ihm, daß ich seine Gefolgschaft verlasse, falls er mir seine Schwester verweigert. Er kann sich leicht denken, unter wessen Herrschaft die Jomsburg dann wieder stünde", sprach Sigwaldi zähneknirschend vor Wut über die erlittene Kränkung.

„Dann wundere ich mich, daß du noch am Leben bist. Ich an deiner Stelle könnte keine Nacht mehr ruhig schlafen, aus Angst, ein Meuchelmörder schliche sich an mein Lager", entgegnete Häuptling Sigurd Mantel kopfschüttelnd über diese Kühnheit.

„Der Teufel hat König Boleslaw diesen Einfall gegeben! Vielleicht hofft er, daß du bei diesem Unternehmen ums Leben kommst. Dann hätte er zwei Fliegen mit einer Klappe geschlagen", meinte Bui der Dicke.

„Wie willst du die gestellte Aufgabe lösen? Planst du etwa einen Überfall auf die dänische Königsstadt Roskilde?" fragte Thorkel, der bereits am Verstande seines Bruders zweifelte.

„Nein", winkte Jarl Sigwaldi ab. „Ein Kriegszug gegen die Stadt wäre reiner Selbstmord. Das dänische Heerlager Trelleborg liegt ganz in der Nähe von Roskilde. Es ist ständig mit über viertausend Kriegern besetzt. König Boleslaw verbot mir beim Abschied ausdrücklich, einen offenen Krieg gegen die Dänen anzuzetteln. Ich kann mein Ziel nur mit List erreichen."

„Wäre es nicht besser, zu König Sven zu fahren und ihn zu bitten, wieder in dänische Gefolgschaft eintreten zu dürfen?" schlug Thorkel vor.

„Du hast wohl vergessen, daß wir König Boleslaw einen

Eid geschworen haben!" rief Björn der Waliser, ein grauhaariger Krieger, empört aus. „Wir können zwar König Sven die Jomsburg in den Schoß legen, aber wir wären Eidbrecher und gegenüber solchen ist kein Herrscher wohlgesinnt. Hört auf den Rat eines lebenserfahrenen Mannes und glaubt mir: König Sven würde andere Häuptlinge über die Jomsburg einsetzen und wir hätten das Nachsehen!"

Dies waren auch Jarl Sigwaldis geheimen Befürchtungen. Es war sehr ungewiß, ob der Dänenkönig ihm jemals verzeihen würde, daß er dem Polenkönig den Gefolgschaftseid schwur. Die Herrschaft über die Jomsburg und die ausgehandelten Freiheiten mit dem Polenkönig gefielen ihm zu gut, um dieses Wagnis einzugehen. „Astrid muß meine Frau werden! Mir wird eine List einfallen", murmelte Sigwaldi mit geballten Fäusten.

„Hoffentlich fällt dir bald etwas ein. Wenn König Sven davon Wind bekommt, ist deine Lage völlig aussichtslos, wenn nicht jetzt schon", sprach Thorkel, der sich ernstlich um das Leben seines Bruders sorgte.

„Ganz recht, Thorkel. Deshalb segeln wir schon morgen mit den drei besten Schnellseglern los. Uns bleibt nur eine einzige Möglichkeit: wir müssen König Sven Gabelbart mit List auf unsere Schiffe locken. Wie, darüber werde ich nachdenken. Ich schlage vor, daß wir uns alle aufs Ohr legen. Da ihr meine besten Freunde seid, hoffe ich, daß ihr mich morgen begleitet. – Es soll nicht zu eurem Schaden sein", fügte Jarl Sigwaldi hinzu.

Am nächsten Morgen wählte er die Mannschaft aus, die ihn begleiten würde. Es waren alles ausgesucht tapfere und kampferprobte Krieger. Thorkel der Hohe war Steuermann auf seinem Jarlsschiff, sechzig Jomswikinger bildeten die Besatzung. Das zweite Schiff befehligte Bui der Dicke mit ebenso vielen Kriegern. Sein Steuermann hieß Sigurd Mantel. Das dritte Schiff, ebenfalls mit sechzig Mann Besatzung, befehligte Vagn. Der Steuermann war Vagns Pflegevater Björn der Waliser.

Jarl Sigwaldi ließ nur die beste Reiseverpflegung auf die Schiffe laden, dazu drei Fässer Met und mehrere Krüge Wein. Auf seinem Schiff wurde auch ein Zelt errichtet. Die Fahrtvorbereitungen waren ähnlich denen, die getroffen wurden, wenn hohe Frauen eine Seereise unternahmen. Dies gehörte zu Sigwaldis Plan.

Um die Mittagszeit gab er Befehl zum Ablegen. Die Besatzung der drei Drachenschiffe wie die zurückgebliebenen Jomswikinger hatten keine blasse Ahnung, welch ein kühnes Unternehmen ihr Jarl auszuführen gedachte.

Spät in der Nacht erreichten sie die dänische Insel Mön. Sie zogen ihre Schiffe auf den Strand und zündeten Lagerfeuer an. Sigwaldi war den ganzen Nachmittag schweigsam gewesen, jetzt weihte er seine Krieger in seinen Plan ein. „Ich weiß jetzt, wie ich mein Ziel erreichen kann. In Roskilde hält sich der König die meiste Zeit auf, Bui, Sigurd und Vagn, ihr werdet König Sven aufsuchen und ihm berichten, daß ich schwer verwundet auf meinem Schiff läge und daß ich ihm etwas sehr Wichtiges mitzuteilen hätte, wovon seine weitere Königsherrschaft, ja sein Leben abhängen würde. Wenn er fragt, was es wäre, lügt ihr ihm vor, die Pommeranen würden einen Aufstand vorbereiten. Bei euch dreien wird König Sven bestimmt kein Mißtrauen schöpfen, da er euch von Jugend an kennt. Wir müssen den König auf unser Schiff locken, dann werfen wir sein Gefolge ...", erläuterte Jarl Sigwaldi den anderen seinen Plan, da unterbrach ihn Bui der Dicke.

„Halt! Wie kannst du annehmen, daß wir an König Sven diesen Verrat ausführen! Unser Leben wäre hinterher keine Fischgräte mehr wert! Der Dänenkönig würde uns diese Tat nie verzeihen, und wir könnten niemals in unsere Heimat Dänemark zurückkehren!"

„Und was hast du mit dem gefangenen König vor, falls er nicht auf deine Forderungen eingeht und auf Pommern verzichtet?" fragte Björn der Waliser. „Dann bleibt uns nichts anderes übrig, als König Sven zu ermorden, um seiner Rache zu entgehen. Denn die wäre uns sicher bis an unser aller Ende!"

„An einem Königsmord beteilige ich mich nicht!" rief auch Vagn empört aus. „Zu allerletzt würde ich mich an König Sven Haraldsson mit Blutschuld beladen! Meine Sippe in Dänemark verdankt dem Königshaus viel an Gütern und Ehren!"

„Diese Bedenken habe ich von euch erwartet", lachte Jarl Sigwaldi übermütig. „Ich schwöre euch, daß König Sven Gabelbart kein Haar gekrümmt wird! Es kommt alles ganz anders als ihr befürchtet! Wenn wir ihn haben, erklären wir die Entführung für einen Scherz. Wir sagen, wir wollten ihn zu einem Gelage in die Jomsburg einladen. Unterwegs, wenn wir ausgiebig getrunken haben, erzähle ich ihm, daß König Boleslaw noch eine zweite ledige Schwester besitzt und daß es an der Zeit für ihn wäre, einen Thronfolger zu zeugen. Ich bringe es nötigenfalls mit leichtem Druck dahin, daß König Sven die Prinzessin Gunnhild heiratet. Dann muß er als Verwandter des Polenkönigs Pommern die Freiheit zurückgeben. Da ich dann Astrid heiraten darf, sind wir sippenverwandt, und er kann keinen Groll mehr gegen mich oder euch hegen", erklärte Jarl Sigwaldi lachend, als wenn dies ein Kinderspiel wäre.

„Glaubst du wirklich, es könnte alles so glatt und einfach verlaufen, wie du es dir ausgedacht hast?" warnte Björn der Waliser. „Es gibt ein Sprichwort, das lautet, daß es meist anders kommt als man denkt. Die Möglichkeit, daß es anders kommen kann, müssen wir berücksichtigen."

„Wenn sich König Sven in unseren Händen befindet, bleibt ihm nichts anderes übrig, als zu tun, was wir von ihm verlangen. Wir werden es so geschickt angehen, daß es das vergnüglichste Heiratsunternehmen aller Zeiten wird", lachte Sigwaldi laut. „Über diese Heirat werden noch viele Geschlechter nach uns sprechen!"

Trotz der Bedenken und Warnungen seiner Unterführer und Steuermänner setzte Jarl Sigwaldi seinen Plan durch.

Er packte seine Männer bei der Ehre und warf ihnen fehlenden Mut und Verzagtheit vor. Da verstummten die Warner.

Bei Sonnenaufgang segelten sie weiter zur Insel Seeland. Am Nachmittag erreichten sie die Insel. Sofort machten sich Späher auf, um zu erkunden, wo sich König Sven aufhielt. In der Nacht waren die letzten zurückgekehrt. Sie brachten alle die übereinstimmende Nachricht, daß Sven in seiner königlichen Stadt Roskilde weile.

Anderntags machten sich Bui der Dicke, dessen Bruder Sigurd und Vagn zum Dänenkönig auf. Es waren drei tapfere Krieger und alle dem König wohlbekannt.

König Sven empfing die drei Jomswikinger freundlich. Er lud sie sogleich zu einem Begrüßungsbecher Met ein, doch Bui lehnte ab.

„Dazu haben wir jetzt keine Zeit, König der Dänen! Wir haben dir eine Botschaft von Jarl Sigwaldi, dem Oberhäuptling der Jomswikinger, zu überbringen. Sigwaldi ist schwer verwundet, und er glaubt, daß er bald in Walhall einziehen wird, wo ihm eine andere Sonne leuchtet als unsere. Er schickt uns zu dir, weil er glaubt, dir eine wichtige Nachricht geben zu können, von der deine Herrschaft in Pommern und möglicherweise dein Leben abhängt", trug Bui vor, wie Sigwaldi es ihm befahl.

„Wie lautet Sigwaldis Nachricht?" fragte König Sven aufhorchend.

„Das wissen wir nicht, König, denn Jarl Sigwaldi will sie nur dir selber anvertrauen. Je weniger es wüßten, um so besser sei es für dich, Gegenmaßnahmen zu treffen, meinte der Jarl."

„Warum kommt Sigwaldi nicht selber zu mir?" fragte der Dänenkönig mißtrauisch.

„Seine schwere Verwundung hindert ihn daran. Er ist bereits zu schwach", log Bui. Schweißperlen standen ihm auf der Stirn. Er fürchtete, König Sven könne ihm seine Lügen von der Stirn ablesen. Auch Sigurd und Vagn stockte der Atem. Wie leicht konnte sich Bui verplappern, dann wäre es um sie alle geschehen.

„Steht es so schlimm mit ihm?" fragte König Sven zögernd.

„Mit seinem Ableben ist jederzeit zu rechnen. Wenn du wissen willst, was Sigwaldi dir zu berichten hat, darfst du keine Zeit verlieren", sprach Bui sehr geschickt, um den König zur Eile anzutreiben. Dabei würde er sicher alle Vorsichtsmaßregeln außer Acht lassen.

„Wo befindet sich Sigwaldi?" fragte ein Gefolgsmann des Dänenkönigs.

„Sein Schiff ankert nicht weit von hier auf der Seite von Seeland, die der Stadt Malmö gegenüber liegt."

„Wie kommt Jarl Sigwaldi dazu, mir solch eine Nachricht zu bringen?" fragte König Sven immer noch mißtrauisch.

„Aus Rache gegen König Boleslaw, der ihm durch einen Meuchelmörder diese Todeswunde beibringen ließ. Unser Jarl hielt um die Hand einer der Schwestern des Polenkönigs an, dadurch fiel er bei ihm in Ungnade", erzählte Bui Wahrheit und Lüge durcheinander, mit dem Erfolg, daß sich König Sven von seinem Thron erhob.

„Ich reite an die Küste! Hundert Krieger begleiten mich zu Pferd!" befahl er.

Sigwaldi traf unterdessen seine Vorbereitungen. Die Langschiffe befanden sich nicht wie gewöhnlich zur Hälfte auf dem Ufer und mit der anderen Hälfte im Wasser, sondern sie lagen alle im Wasser und zeigten dem Land ihre Breitseiten. Ein Schiff schwamm neben dem anderen, so daß das dritte am weitesten vom Lande entfernt war. Auf diesem befand sich Sigwaldi. Über Laufstege konnte man zu ihm gelangen.

Sigwaldi ließ im Zelt ein Krankenlager für sich errichten. Als die Dänen nahten, zog er sich aus und legte sich ins Bett.

„Wie geht es unserem Jarl?" fragte Bui die Wache am Ufer.

„Sehr schlecht. Es geht zu Ende mit ihm", antwortete der Jomswikinger mit todernstem Gesicht, wie es vorher abgesprochen worden war.

„Du mußt dich beeilen, König Sven, wenn du Sigwaldis Nachricht erfahren willst", trieb Bui den König erneut zur Eile an.

König Sven und einige seiner Heerführer sprangen von den Pferden und betraten den Laufsteg des ersten Langschiffes. Bui, Sigurd und Vagn liefen voraus. Alle Jomswikinger begaben sich aufs Schiff, ohne daß dieser Umstand den Dänen verdächtig geworden wäre.

„Wo liegt Sigwaldi?" frage der König.

„Auf dem vordersten Schiff. Er wollte das Schaukeln der Wellen bis zum Tode spüren, darum die Anordnung der Schiffe", erklärte Bui.

Sterbende haben oft sonderbare Wünsche, warum also nicht? In der Eile wurde König Sven nicht mißtrauisch. Er lief über den nächsten Steg auf das zweite Schiff.

Die dänischen Krieger wollten ihrem König folgen, doch die Jomswikinger im ersten Schiff ließen nur etwa dreißig Dänen auf ihr Schiff, die anderen hielten sie zurück. Die Jomswikinger auf dem Jarlsschiff ließen nur noch etwa zehn Krieger ihrem König folgen. Jetzt entstand Lärm auf den beiden ersten Schiffen, da die dänischen Gefolgsmänner unbedingt in der Nähe ihres Königs weilen wollten, um ihn zu beschützen.

König Sven beachtete den Lärm nicht. Er trat ins Zelt.

„Jarl Sigwaldi kann nur noch leise sprechen. Halte dein Ohr dicht an seinen Mund", sprach Björn der Waliser, der den Pfleger des Todkranken spielte.

Der Dänenkönig warf einen kurzen, prüfenden Blick durchs Zelt. Alles sah wie bei einem echten Verwundeten aus. Sigwaldi war bis zum Hals zugedeckt. Auf seiner Stirn glänzte es wäßrig, wie Fieberperlen. Seine Arme lagen anscheinend kraftlos auf der Decke. Sigwaldis Mund war halb geöffnet, und er atmete schwer. Seine Augen stierten an die Zeltdecke wie im Wundfieber. König Sven trat an

Sigwaldis Lager. Er beugte sich tief zu ihm herab. „Ich bin König Sven. Sprich, Jarl, ich höre!"

Blitzschnell packte der Jomsburgjarl den Dänenkönig mit beiden Händen am Hals und drückte ihm die Kehle zu. Er zog ihn zu sich aufs Bett, daß König Sven keiner Gegenwehr fähig war. „Hände weg von den Waffen! Oder es ist um König Sven geschehen!" rief Sigwaldi den dänischen Kriegern zu.

Bui der Dicke, Sigurd und Vagn sprangen auf den Dänenkönig zu und richteten ihre Schwerter drohend auf ihn. Bui rief: „Der König ist in unserer Gewalt! Legt die Waffen ab!"

Die Dänen warfen ihre Waffen auf den Schiffsboden.

Draußen hatte sich der Lärm immer mehr gesteigert. Thorkel der Hohe stand am Eingang des Zeltes und wartete, bis der Dänenkönig und sein Gefolge überwältigt waren. Jetzt gab er das verabredete Zeichen: drei kurze Pfiffe.

Die Jomswikinger stürzten sich daraufhin auf die Dänen und warfen sie kurzerhand in die Ostsee. Diejenigen auf Sigwaldis Langschiff, nahm man gefangen, da die meisten Häuptlinge waren. Andere Jomswikinger stießen mit den Ruderstangen die Schiffe auf die hohe See hinaus. Zu spät erkannten die Dänen am Ufer, daß dies eine Entführung war. Ihre Pfeile und Gere töteten zwar einige Jomswikinger und verwundete noch mehr, aber die Entführung konnten sie nicht mehr verhindern.

Nachdem alle Dänen überwältigt waren, gab Jarl Sigwaldi König Sven aus seinen Fäusten frei. Der König schnaufte nach Luft, wie ein Fisch auf dem Trockenen. „Verrat!" stöhnte der Dänenkönig. „Was soll das! Was hast du mit mir vor!" rief er zitternd vor Schreck.

„Nichts, König Sven. Du bist mein Gast", lachte Sigwaldi.

„Dein Gast? – Das ist eine Unverschämtheit! Dafür werdet ihr mir büßen! Sigurd, Vagn und Bui, ihr seid die schlimmsten Heuchler und frechsten Lügner, die mir je begegnet sind! Ich befehle, daß ich sofort von diesem Schiff heruntergelassen werde!" schrie Sven außer sich vor Wut.

„Dann müßten wir dich ins Wasser werfen, König Sven. Denn zur Insel zurückkehren können wir unmöglich", sprach Jarl Sigwaldi scherzend.

„Ich gebe euch eine letzte Chance! Entweder ihr laßt mich sofort frei oder ..." König Sven sprach nicht weiter.

„Es gibt keine oder", lachte Jarl Sigwaldi. „Ich wiederhole, du bist mein Gast. – Bringt Tische, Bänke, Trinkhörner und ein Faß Met!"

„Das werdet ihr büßen", knirschte König Sven mit den Zähnen. „Besonders ihr, Bui, Sigurd und Vagn! Solltet ihr jemals in meine Hände gelangen, dann wünscht ihr, daß eure Mütter euch nie geboren hätten!" Sven war rot vor Zorn im Gesicht.

„Leg' deine böse Miene ab, König. Was geschehen ist, ist nicht mehr zu ändern. Du bist auf meinem Schiff, und wir fahren geradewegs zur Jomsburg. Dort wollen wir ein Fest feiern, über das man noch in fernsten Zeiten reden soll. – Ein Sprichwort lautet: der Zweck heiligt die Mittel. Du wirst bald einsehen, König Sven, daß ich nur das Beste für dich will. Während der Fahrt nach Jumne lade ich alle Dänen zu einem freundschaftlichen Metgelage ein."

„Das verzeihe ich dir nie, Jarl Sigwaldi! Und euch auch nicht, Bui, Sigurd und Vagn! Ich hielt euch für ehrenhafte Krieger! Ich wußte nicht, daß ihr die Schmutzarbeit für König Boleslaw erledigt!"

„Wenn ich nicht davon überzeugt wäre, daß dir kein Leid geschieht, König Sven, hätte ich mich nie zu dieser Tat hergegeben", gab Bui zur Antwort.

„Es ist so, wie Jarl Sigwaldi sagte. Du bist unser Gast", sagte Sigurd beruhigend.

„Richte erst über uns, wenn du die Gründe der Entführung kennst", sprach auch Vagn.

„Die Gründe? Was sind es für welche? Wozu schleppt ihr mich zur Jomsburg, die seit drei Sommern meinem Todfeind, dem Polenkönig, untertan ist?" fragte König Sven.

„Damit aus Feindschaft endlich Freundschaft wird", meinte Sigwaldi gleichmütig.

„Ist das alles?" entgegnete König Sven erneut auffahrend. „Wißt ihr, wie sehr uns die Polen hassen, seitdem Pommern unter dänischer Herrschaft steht?"

„Ja, das wissen wir", nickte Jarl Sigwaldi. „Darum ist es für dich besser, wenn du auf die Herrschaft über Pommern verzichtest."

„Das werde ich nie tun! Niemals!" schrie König Sven verbissen.

„Das will er nicht", wiederholte Sigwaldi spöttisch. „Was glaubst du, Thorkel, werden die Polen dann mit ihm machen?"

„Wenn wir einmal nicht gut auf König Sven achten, werden sie ihn aus der Stadt Jumne entführen und ihn auf einem ihrer Opferstätten in den Urwäldern Pommerns ihrem Gott Swarog zu Ehren martern", antwortete Thorkel mit gespielter Gleichmütigkeit

„Und wie geht das vonstatten?" fragte Sigwaldi seinen Bruder.

„Ich war einmal dabei, als sie einen Feind ihrem Kriegsgott opferten. Sie banden ihn an einen Marterpfahl. Um die Füße des Opfers brannte ein kleines Feuerchen, gerade stark genug, um die Zehen und das Bein bis zu den Knien langsam zu rösten. Dann begannen sie, ihr Opfer mit glühenden Messerspitzen zu tätowieren. Eine sehr hübsche Tätowierung, das Vergnügen ist ganz einseitig. Weiter haben die Polen etwas von den Heuchlern gelernt, nämlich, daß man seinen Feinden glühende Kohlen auf das Haupt legen soll. Das verstehen sie sehr geschickt zu machen, und zwar so, daß das Opfer recht lange Freude daran hat. Wenn dann alle Haare versengt und die Ohren abgeschnitten sind, die Nase mehrmals durchbohrt ist, die Zähne gezogen und die Augen ausgestochen sind, dann lassen sie das Feuer stärker werden, bis ihr Opfer schließlich von den heißen Flammen getötet wird. Das kam mir für den armen Teufel wie eine Erlösung vor", beendete Thorkel seine grausige Schilderung über die Folterkunststücke der Polen.

„Du meinst demnach sicher, daß wir König Sven lieber töten sollten, als ihn den Polen auszuliefern?" fragte Sigwaldi seinen Bruder.

„Sicher, das würde ich ihm gönnen", nickte Thorkel.

„Also, König der Dänen. Wie war das mit Pommern? Du bist bereit, darauf zu verzichten und willst mit dem Polenkönig einen dauerhaften Frieden beschwören?" fragte Sigwaldi frech.

„Ich lasse mich nicht einschüchtern", entgegnete König Sven wütend.

„Aber wieso einschüchtern? Ich möchte doch nur, daß du einsiehst, daß du keine andere Wahl hast. Ich schwöre dir, daß ich dein Freund bin. Als guter Freund gebe ich dir den Rat, unbedingt auf Pommern zu verzichten, wenn dir dein Leben lieb ist. Und welchem König bedeutet das Leben nichts? – Trinken wir auf die Freuden des Lebens!" Sigwaldi hob sein goldverziertes Methorn. Er und seine Krieger tranken ihre Hörner in einem Zug aus. König Sven und die Dänen blieben unbeweglich sitzen, obwohl gefüllte Trinkgefäße vor ihnen standen.

„Komm schon, alter Haudegen", sprach Jarl Sigwaldi im Ton eines altbekannten Kriegsgefährten zu dem Dänenkönig. „Was hilft's, aus purem Stolz auf dem Trockenen zu sitzen. Auf diesen Schreck kann man einen guten Schluck Met vertragen. Hinterher sieht die Welt wieder ganz anders aus." Sigwaldi ließ die Methörner erneut füllen. – „Also, König Sven! Trink aus und schwör mir, daß du hier auf dem Schiff keine Feindseligkeit gegen uns hegst! – Und auch ihr anderen! Hebt eure Hörner und schwört!"

Doch die Dänen blieben unbeweglich sitzen, wie ihr König.

„Ihr wollt nicht, wenn euer König auch nicht will", merkte Sigwaldi. „Vagn! Zieh dein Messer und stell dich hinter König Sven. Wenn ich bis drei gezählt habe und der König und sein Gefolge haben nicht ihren Met ausgetrunken, schneidest du kurzerhand König Sven das linke Ohr ab. Dann heißt er künftig nicht mehr Sven Gabelbart, sondern Sven Einohr!" lachte Jarl Sigwaldi.

Vagn erhob sich und stellte sich hinter den Dänenkönig. Er packte Sven mit dem rechten Arm um Brust und beide Arme, so daß er zu keiner Bewegung fähig war. Mit der Linken setzte Vagn ihm das Messer ans Ohr.

„Hebt eure Trinkhörner! – Wird's bald!" schrie Jarl Sigwaldi. „Eins! – Zwei! –"

Vagn drückte die Spitze fester gegen das Ohr, so daß König Sven vor Schmerz das Gesicht verzog. Erschrocken erhoben die Dänen ihre Methörner. Sie schwörten, daß sie auf dem Schiff keine Feindseligkeiten beginnen würden und tranken aus.

„Jetzt bist du an der Reihe, König", sprach Jarl Sigwaldi.

Die Spitze von Vagns Messer schmerzte immer mehr hinter seinem Ohr.

„Ich glaube, es ist besser, wenn wir den Jomswikingern zu Willen sind", riet einer der Dänen seinem König.

König Sven hob sein Methorn. „Ich schwöre bei Odin, daß ich auf diesem Schiff keine Feindseligkeiten gegen die Jomswikinger beginne." Er trank sein Methorn aus.

Vagn ließ den König los und setzte sich wieder.

„König, du machst es mir wirklich schwer. Wie oft soll ich dir noch beteuern, daß ich wirklich dein Freund bin. Ja, ich beabsichtige sogar, dein Gesippe zu werden." Jarl Sigwaldi lachte lauthals. Das Katz und Maus Spiel bereitete ihm sichtlich Vergnügen. „Trinken wir auf die Verwandtschaft!" Die Methörner wurden erneut gefüllt. „Ich schwöre bei Odin und beim Christengott, daß König Sven, wenn er uns lebend verläßt, mit mir verwandt sein wird!" rief Sigwaldi übermütig aus.

König Sven wußte nicht mehr, ob er an Sigwaldis Verstande zweifeln sollte oder nicht.

„Glaubst du mir etwa nicht, König Sven?" lachte Sigwaldi grölend. „Ich schwöre es dir bei allen Göttern! – Trink! Oder muß Vagn dir wieder nachhelfen!" schrie er König Sven respektlos an.

Der Dänenkönig sah ein, daß er dem Treiben Sigwaldis wehrlos ausgeliefert war. Wenn er sich stur stellte, wagte er damit sein Leben. Es galt nun, bei den Jomswikingern und bei den eigenen Kriegern nicht das Ansehen zu verlieren.

Sigwaldi zechte mit den Dänen so lange, bis alle betrunken waren.

„Es hat mich gefreut, so hohe Gäste auf meinem Schiff bewirten zu können", sprach er schließlich mit schwerer Zunge. „König Sven und ich, wir schlafen heute nacht im Zelt. Die anderen bekommen Decken und schlafen im Freien", befahl Sigwaldi.

Die Gefolgsmänner der beiden verließen das Zelt.

„Ich möchte dir noch einige Worte unter vier Augen sagen, König Sven", sprach Sigwaldi, und seine Stimme klang auf einmal wieder nüchtern. König Sven sah, daß der Jomsburgjarl sich verstellt hatte.

„Ich will nur dein Bestes, König", fuhr Sigwaldi mit freundschaftlich ruhiger Stimme fort. „Du brauchst um dein Leben nicht zu fürchten, wenn du klug bist und auf Pommern verzichtest. Ich will einen festen Frieden zwischen dir und König Boleslaw herbeiführen. Viele Menschen werden dies ein ehrenhaftes Unternehmen nennen. Es erspart vielen Kriegern, Dänen und Polen, das Leben. – Natürlich habe ich auch einen Nutzen davon, das gebe ich ehrlich zu. Irgendein Anreiz zu einer edlen Tat muß ja vorhanden sein. – Du bist nun schon mehrere Jahre König. Doch du hast noch keine Königin neben deinem Thron sitzen. Soviel ich hörte, hat Jarl Palnatoki, der dein Ziehvater war, dir geraten, so bald als möglich zu heiraten und einen rechtmäßigen Thronfolger zu zeugen. Bis heute hast du diesen guten Rat nicht befolgt, sondern zeugst mit deinen Gespielinnen nur uneheliche Kinder. Glaube mir, so viele uneheliche Kinder in die Welt zu setzen, ist nicht klug. Wie leicht könntest du einen Sohn zeugen, der genau so wird wie sein Vater? Der eines Tages selber König werden will und dessen Gewissen nicht davor zurückschreckt, seinen leiblichen Vater umbringen zu lassen, um schneller an die

Königsmacht zu gelangen?" Jarl Sigwaldi besaß die Kühnheit, König Sven die eigenen Schandtaten offen ins Gesicht zu sagen. – „Ich kenne eine Prinzessin, die genau die Richtige für dich wäre", sprach er weiter. Sigwaldi schenkte dem Dänenkönig und sich erneut Met ein. „Was hältst du von Königs Boleslaws Schwester Gunnhild? Das wäre doch eine standesgemäße Heirat für dich."

„Was unterstehst du dich! Glaubst du wirklich, ich, der König der Dänen, lasse mir von irgendjemandem einreden, wen ich heirate!" schrie König Sven maßlos empört über Sigwaldis Frechheit.

„Kommt auf die Umstände an. Ich glaube, daß dir in der Jomsburg der Hochmut verfliegt", erwiderte Jarl Sigwaldi drohend.

„Das werden wir ja sehen! Wenn meine Kriegsflotte vor der Jomsburg ankommt, wird Boleslaw es sich dreimal überlegen, ob er mich umbringen läßt oder nicht", entgegnete König Sven selbstsicher.

„Für dich käme alle Hilfe zu spät, davon bin ich überzeugt", drohte Sigwaldi. „Der einzige Weg, um dein Leben zu retten, wäre der, daß du auf Pommern verzichtest. Bevor du dies nicht getan hast, verläßt du die Jomsburg nicht lebend, das schwöre ich dir", sprach Sigwaldi mit eiskalter Ruhe. „Möchtest du erfahren, warum ich auf den Gedanken kam, dich zu entführen?"

„Das möchte ich allerdings sehr gerne wissen!" rief König Sven grimmig aus.

„Ich habe ein Auge auf Astrid, eine andere Schwester Boleslaws, geworfen. Ich hatte sogar den Mut, bei dem König um ihre Hand anzuhalten. Zum Dank versprach ich ihm lebenslange Treue und daß die Jomsburg immer unter seiner Hoheit stünde. Doch ich bin nur Jarl einer Wikingerflotte und trage keine Königskrone auf dem Haupt. Darum stellte mir der König eine Bedingung, wohl um andere Freier abzuschrecken. Die Bedingung lautet, ich solle Pommern von dänischer Knechtschaft befreien. Dies bedeutete etwa das gleiche, als wenn man von mir verlangt hätte, ich solle einen Toten zum Leben erwecken", sprach Sigwaldi in bitterem Ton. – „Aber das würde ich wohl auch schaffen, wenn mir als Preis Prinzessin Astrid geboten wäre!" rief er voller Selbstüberheblichkeit aus. – „Wie konnte ich die gestellte Aufgabe erfüllen?" fuhr er fort. „Sollte ich nach Dänemark fahren und dich fragen, ob du freiwillig auf die Herrschaft und auf die Steuereinnahmen von Pommern verzichtest? – Nein! Kein König verzichtet freiwillig auf Steuern und Ländereien. Also dachte ich mir folgendes: ich locke König Sven mit List auf mein Schiff und fahre mit ihm zur Jomsburg. Ich führe eine Versöhnung zwischen den beiden Völkern und Königen herbei. Weiterhin überlegte ich mir: König Boleslaw besitzt zwei ledige Schwestern; die jüngste Astrid, ist mir versprochen, wenn ich die Aufgabe erfülle. Und die andere, Gunnhild, wäre eine gute Gemahlin für König Sven. Um den Frieden zwischen den beiden Völkern für viele Sommer zu festigen, wäre diese Heirat sehr nützlich."

König Sven hörte aufmerksam und gespannt zu. Plötzlich fing er leise zu kichern an. Sein Lachen vergrößerte sich, bis es lauthals herausbrach.

„Natürlich gibt es in Dänemark mehr als genug schöne Häuptlingstöchter, aber eine ausländische Königstochter, wäre die nicht viel vorteilhafter, was die Außenpolitik betrifft?" fragte Sigwaldi den König. „Noch etwas Wichtiges gibt es dabei zu bedenken. Jetzt besitzt du nur Pommern, das dir Steuern zahlt. Verzichte einige Jahre auf diese läppischen Einnahmen und heirate dafür König Boleslaws Schwester Gunnhild. Bei einem unerwartet frühen Ableben des Königs hättest du Anspruch auf die polnische Königskrone, solange die Kinder des Königs unmündig sind. Die Seekrieger von Jomsburg und mich, deinen Schwager, hättest du als treue Gefolgsmänner bei dieser Sache", sprach Jarl Sigwaldi leise aus Vorsicht.

König Sven lachte erneut auf. Die Überlegungen Jarl Sigwaldis begannen ihm zu gefallen.

„Habe ich nicht gesagt, daß ich dein Freund bin, König

Sven? Glaube mir, mein Streben ist einzig darauf gerichtet, Prinzessin Astrid zur Frau zu gewinnen. Ich habe fast alles erreicht, wovon ich als Jüngling träumte: ein berühmter Jarl zu werden, Gold und Edelsteine im Überfluß zu besitzen, und mein letzter Traum soll jetzt in Erfüllung gehen, eine Frau zu gewinnen, die zu den schönsten und hochgeborensten zählt. Um Astrid zu gewinnen, bin ich bereit, alles zu wagen. Es liegt nun an dir, König Sven, klug zu entscheiden."

„Wie stellst du dir das vor!" rief Sven barsch aus. „Denkst du, ich bettele als Gefangener vor König Boleslaw um die Hand seiner Schwester? Das sähe aus wie Feigheit!"

„Du bist weder König Boleslaws Gefangener noch meiner", erwiderte Sigwaldi, den Erstaunten spielend.

„Und warum trage ich keine Waffen?" entgegnete König Sven wütend.

„Nur aus Vorsicht. Damit du in Wut keine Unbedachtsamkeit anrichtest", sprach der Jarl der Jomswikinger besänftigend. „Ich mußte abwarten, bis sich dein Zorn gelegt hätte, um dir das mitzuteilen, was ich dir eben sagte. Darf ich dich fragen, wie deine Antwort auf meine Überlegungen lautet?"

„Gib mir meine Waffen zurück, dann erst sollst du sie hören", erwiderte König Sven finster.

Sigwaldi pfiff kurz. Ein Jomswikinger betrat daraufhin das Zelt. „Bring die Waffen König Svens!"

Der Jomswikinger trug sie herein und legte sie auf den Tisch. Sigwaldi nahm das kostbare Schwert des Dänenkönigs mit beiden Händen und hielt es ihm feierlich hin. „Ich will dir beweisen, daß du kein Gefangener bist, König Sven. Nimm dein Schwert und deine übrigen Waffen!"

„Du hast Mut, Sigwaldi, das muß man dir lassen", lachte König Sven, während er seine Waffen am Gürtel befestigte.

„Nicht nur Mut, auch Verstand", meinte Sigwaldi selbstgefällig. – „Wie lautet deine Antwort, König Sven?"

„Du bist unbestreitbar ein kühner und listiger Jarl. Männer wie dich kann ich gebrauchen, Sigwaldi. Ich verlange von dir zuerst, daß du mir morgen vor Zeugen den Gefolgschaftseid ablegst."

„Aber ich habe König Boleslaw bereits diesen Eid geleistet!" rief Jarl Sigwaldi bestürzt aus. Dies Verlangen würde bedeuten, daß er seinen ersten Eid brechen müßte. Solch ein Eidbruch war die schändlichste Tat, die sich ein Krieger denken konnte.

„Ich weiß", nickte König Sven schadenfroh grinsend. „Das ist meine Rache für die Erniedrigung, die du mir heute bereitet hast. Im übrigen werde ich über deine Vorschläge nachdenken. Mit meiner Entscheidung warte ich, bis meine Flotte an der Jomsburg angekommen ist", antwortete König Sven hochmütig.

Nun waren die Rollen vertauscht. Sigwaldi hatte alle seine Trümpfe verspielt. Er mußte feststellen, daß König Sven noch einige Trümpfe mehr besaß.

König Sven nahm jetzt einen langen Zug aus seinem Methorn. Seine Lage sah am Anfang ziemlich aussichtslos aus. Doch jetzt wartete er in Ruhe das Kommende ab. Die Enthüllungen Sigwaldis zeigten ihm, daß er nicht in augenblicklicher Lebensgefahr schwebte. Die Entführung war ein Alleingang des Jomsburgjarls gewesen, der zudem noch liebestoll war. König Sven setzte seine Hoffnung auf die Furcht der benachbarten Völker vor der dänischen Kriegsflotte und seiner tapferen Seekrieger.

„Bist du bereit, mir den Treueeid zu leisten?" fragte König Sven den Jomsburgjarl erneut.

Sigwaldi zögerte mit der Antwort.

„Ich glaube, deine Entscheidung bereits zu kennen", lachte der Dänenkönig. „Du wirst dich für Astrid entscheiden", meinte er in spöttischem Ton. Damit wollte er sagen, daß Sigwaldi auch einen Schwurbruch begehen würde, um Astrid zur Frau zu erhalten.

Jarl Sigwaldi stützte seinen Kopf schwer auf die Fäuste. Er hatte zugegeben, daß er alles tun würde, um Astrid zu bekommen. Nun verlangte der Dänenkönig von ihm, ein

Verräter an seinem zukünftigen Schwager, König Boleslaw, zu werden. Das war ein hoher Preis.

„Gehen wir kurz ins Freie", schlug König Sven vor.

Sigwaldi erhob sich stöhnend. Schwankend vom vielen Met ging er voraus. Er ließ die Wachen wissen, daß König Sven nunmehr Gast auf seinem Schiff sei und daß man ihn mit gebührender Achtung zu behandeln habe. Auch die übrigen Dänen seien nun Gäste.

König Sven sah sich auf dem Schiff um. Die meisten Jomswikinger und seine eigenen Gefolgsmänner lagen in Decken gehüllt auf den Planken des Langschiffes und schliefen. Das Segel hing prall im Winde und das Schiff glitt zügig durch die Wellen der Ostsee. Schräg vor und hinter ihnen waren die Segel der beiden anderen Schiffe der Jomswikinger als dunkle Schatten über dem Horizont zu erkennen. Die Schnellsegler schnitten sanft schaukelnd durch die Wogen der Ostsee. Im fahlen Licht des Mondes konnte man die niedrige Küste der Insel Rügen erkennen. Es war Spätsommer, und der Wind war noch nicht kalt, nur kühl. Er kühlte die vom Streit erhitzten Köpfe angenehm ab.

„Hast wirklich nur du allein diesen Plan ausgedacht?" fragte König Sven neugierig.

„Ja", nickte Sigwaldi wahrheitsgemäß.

„Und du glaubst, daß der Polenkönig auf deine Heiratspläne eingeht? Vielleicht stellte er dir die Bedingung in der Hoffnung, daß du dich in Gefahr begibst, in der du umkommst? Dann wäre er einen lästigen Freier los und zugleich auch einen König, der ihm durch Tatkraft und Kriegskunst gefährlich werden könnte?" überlegte König Sven laut.

Sigwaldi fühlte tief diesen Stich im Innern. Es war nicht leicht, mit den Herren dieser Welt auszukommen. Jeder von ihnen spielte seine Untertanen nur zum eigenen Vorteil aus. Des Königs Vorteil war oft auch der Vorteil seines Untertan, dadurch war der Dienst am Königshof eine lohnende Tätigkeit. Aber wehe, wenn man seinen Kopf gleich zwei reißenden Löwen vor den Rachen hielt, wie er es tat. Sigwaldi erschauderte bei dem Gedanken, in welchen Sumpf von Verrat und Gemeinheit er sich durch seine tollkühne Pläne verstrickte. Aber war er denn nicht ein Spielball der Götter, wie alle anderen Menschen und selbst Könige? Ob er nun ein stilles, zurückgezogenes Leben führte oder mutig und mit Einsatz aller Kräfte dem Schicksal etwas abtrotzte, es kam doch aufs Gleiche heraus: kein Mensch wußte seine Zukunft und sein Schicksal voraus. Vielleicht würde ihn König Sven in einigen Tagen auf einem dänischen Kriegsschiff aufhängen lassen? Oder König Boleslaw ihn in den tiefsten Kerker werfen, weil er einen Krieg mit den übermächtigen Dänen herausforderte? Vielleicht sogar würden sich seine Berechnungen als richtig herausstellen und er könnte seinen letzten großen Traum verwirklichen? – Aber Sigwaldi fühlte an diesem Abend keine Befriedigung in seinem Herzen. Dieser Wunsch war nur ein eitler Wahn gewesen, den er als junger Mann träumte. Liebte Astrid ihn überhaupt? Sigwaldi mußte sich eingestehen, daß Astrid ihn schwerlich lieben könne. Vielleicht wäre es falsch, eine Frau zu heiraten, die ihm nicht freiwillig und in Liebe angetraut wurde, sondern um ein Versprechen des Königs einzulösen?

„Du bist so schweigsam?" fragte neben ihm König Sven.

Sigwaldi erschrak leicht. „Ich war in Gedanken versunken", antwortete er. Seltsame Gedanken kommen im Metrausch, dachte er für sich.

„Ich muß dir gestehen, daß mir deine Überlegungen nicht gleichgültig sind. Irgend etwas gefällt mir daran", sagte König Sven stirnrunzelnd. Er legte Sigwaldi freundschaftlich eine Hand auf die Schulter. „Du wirst mir den Gefolgschaftseid schwören und mein Spitzel im Polenland sein. Dasselbe werden Thorkel, Bui, sein Bruder Sigurd, Vagn und Björn der Waliser tun, falls sie meine Vergebung für ihren Verrat haben wollen. Wenn es zu keiner Einigung mit dem Polenkönig kommt, sollt ihr mir Bürgen sein, daß ich wieder heil aus der Jomsburg herauskomme. Das müßt ihr mir schwören."

„Dafür hast du schon jetzt mein Ehrenwort. Aber du wirst bei den Verhandlungen nicht umhinkommen, auf Pommern zu verzichten. Ohne die Freigabe von Pommern werden die Polen keinem Frieden zustimmen", entgegnete Sigwaldi.

„Das werde ich nicht tun. Ich kann auf die Steuereinnahmen aus Pommern nicht verzichten, wenn ich meinen Plan, die Insel der Angelsachsen zu erobern, nicht aufgeben will. Und diesen Plan gebe ich nie auf", beharrte König Sven.

„Dann fürchte ich, sind die Verhandlungen von Anfang an aussichtslos", sprach Sigwaldi mit heiserer Stimme. Schweißperlen traten ihm auf die Stirn, obwohl es kühl war auf dem freien Deck. Er fürchtete, daß die beiden Könige ihn um den Preis seiner Bemühungen bringen könnten, nämlich Astrid.

„Warten wir's ab. Auf keinen Fall gebe ich auch nur einen Fingerbreit von Pommern her, bevor ich überhaupt mit Boleslaw gesprochen habe", antwortete König Sven hart.

„Ich möchte daran erinnern, daß es eben die Bedingung von König Boleslaw war. Andernfalls stimmt er nie einem Frieden zu und gibt mir nicht seine Schwester Astrid. Du wirst dich an die Tatsache gewöhnen müssen, daß Pommern unter polnische Herrschaft fällt", entgegnete Sigwaldi.

„Richtig, sonst bekämst du ja nicht Astrid", lachte König Sven schadenfroh. „Aber das ist ganz allein deine Angelegenheit, Sigwaldi. – Ich bin müde. Legen wir uns schlafen."

Der Dänenkönig und der Jarl der Jomsburg kehrten ins Zelt zurück. Die Nachtlager waren bereits vorbereitet.

„Hast du keine Furcht, daß ich dich, während du schläfst, einen Kopf kürzer mache?" fragte der König mit grimmigem Lächeln.

„Nein. Denn ich nehme an, daß du den Schwur der Jomswikinger kennst", entgegnete Sigwaldi mit gespieltem Lachen.

Der Schwur lautete, daß jeder Jomswikinger den Tod eines anderen Jomswikingers rächen mußte.

„Glaubst du, sie würden sich an dem König der Dänen vergreifen? Und dann noch aus dem Grund, weil ihr Jarl in Liebestollheit eine Wahnsinnstat beging, die unabsehbare Folgen für sie haben kann? Ich wäre an deiner Stelle nicht so sicher." Der Dänenkönig lachte.

„Ich schon", entgegnete Sigwaldi äußerlich mit eiskalter Ruhe. Er wußte, daß dies nur eine Mutprobe König Svens war, die er bestehen mußte, wenn er nicht dessen Hochachtung verlieren wollte. Ob die Jomswikinger ihn wirklich rächen würden, abgesehen von seinem Bruder Thorkel, das konnte er nicht mit Gewißheit vorhersagen. Doch er wußte, daß der Dänenkönig dieses Wagnis niemals eingehen würde.

Jarl Sigwaldi erwachte am nächsten Morgen von den lauten Rufen der Schiffsbesatzung.

„Gut geschlafen, Sigwaldi?" lachte der Dänenkönig spöttisch. „Hast du etwas Schönes von deiner Braut geträumt?"

Doch Sigwaldi hatte nur einen furchtbaren Kater. Er trank am meisten von dem starken Met am gestrigen Abend. Sigwaldi entgegnete nichts. Er befahl einem Jomswikinger, das Frühstück aufzutischen.

„Ich verlange als erstes, daß du und deine Freunde mir den Treueeid schwören", sprach König Sven während des Frühstücks.

„Das kann ich nicht. Ich werde schwören, daß ich dich beschützen werde, so lange du in der Jomsburg weilst", entgegnete Sigwaldi, jetzt wieder nüchtern. „Ganz gleich, ob ein Friede zwischen Dänen und Polen zustande kommt oder nicht. Du bist mein Gastfreund in der Jomsburg. Dein Spitzel will ich erst dann sein, wenn Astrid meine Frau geworden ist. Vorher nicht!" Sigwaldi wollte den König damit zwingen, auf seine Wünsche Rücksicht zu nehmen.

„Also schön. Ihr schwört mir freien Abzug aus der Jomsburg", stimmte König Sven zu.

Nach dem Essen rief Sigwaldi die Häuptlinge Bui, Vagn, Sigurd, Thorkel und Björn in sein Zelt. Das dänische Gefolge wurde als Zeuge ebenfalls hereingerufen.

Sigwaldi weihte seine Gefährten mit gedämpfter Stimme ein. „Ich muß euch etwas Wichtiges mitteilen. König Sven ist bereit, mit König Boleslaw über einen dauerhaften Frieden zu verhandeln. Doch er muß Vertrauen haben, daß wir es ehrlich meinen und ihn nicht in eine Todesfalle führen. Darum verlangt er den Schwur, daß wir ihm freien Abzug aus der Jomsburg verschaffen, falls die Verhandlungen zu keinem Friedensschluß führen sollten. Uns wünscht er als Bürgen für seine Sicherheit", sprach der Jarl.

„Hast du vergessen, wessen Gefolgsmänner wir sind und wem wir Treue und Gehorsam geschworen haben?" erinnerte Thorkel erschrocken seinen Bruder.

„Wir haben König Boleslaw einen Eid geleistet", sagte auch Bui der Dicke.

„Mir ist nicht bekannt, daß man zwei Königen gleichzeitig einen Eid schwören könnte, ohne daß man früher oder später gezwungen wäre, einen von beiden Eiden zu brechen", sprach Björn der Waliser, ein grauhaariger Krieger.

„Das ist zweifellos alles richtig", gab Sigwaldi zu. „Aber ich habe gewichtige Gründe, die eine solche Möglichkeit ausschließen. Ich sage nur ein Wort: Verwandtschaft. Unter Gesippen dürfte es ausgeschlossen sein, daß zwei Schwüre zueinander in Gegensatz geraten. Darum verlange ich von euch, daß ihr ebenfalls König Sven schwört, daß ihr mit eurem Leben einstehen werdet, falls ihm im Polenland Gefahr droht."

„Du sprichst in Rätseln, Sigwaldi", meinte Vagn sichtlich verärgert. – „Doch ich bin bereit zu schwören, wenn König Sven uns den Schwur ablegt, daß er sich nicht an uns rächen will für den Streich, den wir ihm gespielt haben."

„Denjenigen, die mir Beistand schwören, sei vergeben,

das schwöre ich bei Odin. Bei den anderen behalte ich mir vor, wie ich mich rächen werde, sollten sie einmal in meine Hände gelangen", drohte König Sven.

Jetzt waren alle bereit, König Sven den Schutzeid zu leisten.

Sigwaldi sprach den Schwur vor: „Wir schwören bei Odin, daß wir König Sven innerhalb der Jomsburg beschützen werden bis in den Tod."

„Wir schwören", sprachen die Häuptlinge der Jomswikinger mit erhobener Schwurhand. Den meisten war es nicht wohl zumute bei diesem Schwur, denn er stand im Gegensatz zu dem bedingungslosen Gefolgschaftseid, den sie vor König Boleslaw ablegten. Doch Sigwaldi war ihr Oberhäuptling. Er brachte ihr Vertrauen bisher noch nie ins Wanken, darum folgten sie seinem drängenden Zureden. Weiterhin erhielten sie vom Dänenkönig die Vergebung für den Streich, den sie an ihm ausführten.

Das Gelage in der Jomsburg

Am späten Nachmittag erreichten sie die Jomsburg. Jarl Sigwaldi legte absichtlich nicht im Burghafen an, sondern wählte den Hafen der Händler und den Weg durch die Stadt zur Jomsburg, damit der Dänenkönig eine Vorstellung bekäme, wie sehr ihn die Polen und die Pommeranen haßten.

Die Nachricht, der Dänenkönig Sven Gabelbart befände sich auf dem Jarlsschiff, verbreitete sich wie ein Lauffeuer in der Stadt Jumne. Die Bevölkerung scharte sich an den Kais zusammen und rief böse Schimpfworte gegen den Dänenkönig aus.

In den Gesichtern der Dänen spiegelte sich ernste Besorgnis.

Sigwaldi gab seinen Jomswikingern den Befehl, eine Kette vom Hafen bis zur Jomsburg zu bilden, damit seine Gäste unversehrt zur Jarlshalle gelangen konnten. Vorsichtshalber hielt er der erregten Bevölkerung noch eine Ansprache: „Bewohner von Jumne! Der König der Dänen, Sven Gabelbart, befindet sich als Gast auf meinem Schiff!"

Laute Buhrufe und Schimpfwörter ertönten.

„Damit kein falsches Gerede aufkommt, stelle ich ein für alle Mal klar: der Dänenkönig ist mein Gastfreund!"

Noch zornigeres Geschrei war die Folge von diesen Worten. Drohungen wurden ausgerufen: hängt diesen Halsabschneider, diesen Blutsauger, diesen Mörder! Martert ihn! Der Dänenkönig war sehr verhaßt beim Volk, weil die dänischen Steuereinnehmer sie mit harten Abgaben bedrückten. Auch die norwegischen und schwedischen Händler waren ihm nicht gut gesinnt, weil er auch gegen ihre Heimatländer Krieg führte.

Jarl Sigwaldi befahl Ruhe. „Ich wiederhole noch einmal: König Sven ist mein Gast! Wehe dem, der es wagt, gegen das heilige Gastrecht zu verstoßen! Ich werde jede Unhöflichkeit gegen meinen Gast mit Ausweisung aus der Stadt bestrafen! Jede versuchte Tätlichkeit hätte die sofortige Todesstrafe zur Folge! – Ich verspreche euch, das Kommen des dänischen Königs wird zum Vorteil für uns alle sein! Ich glaube ganz fest, daß zwischen dem Volk der Polen und der Dänen ein dauerhafter Friede geschlossen werden kann! Aus diesem Grund ist König Sven gekommen! Mehr darf ich jetzt noch nicht sagen! Ich kann den Entscheidungen der Könige nicht vorweggreifen! Ich lade heute abend alle Bewohner von Jumne zu einem festlichen Gelage auf meine Kosten ein! Wir werden König Sven Gabelbart den Freundschaftsbecher reichen und mit ihm austrinken! Ich befehle darum, alle dazu nötigen Vorbereitungen zu treffen! Schont nicht unsere Vorräte in der Stadt! Denn dieses Fest soll der Auftakt zu einem noch größeren Fest sein, zu dem wir alle eingeladen sein werden! Oder aber dieses Fest wird zu unserer Henkersmahlzeit! In beiden Fällen haben wir keinen Grund, unsere Vorräte zu schonen!" endete Jarl Sigwaldi mit rätselhaften Worten.

Inzwischen hatten die Jomswikinger eine dichte und schildbewehrte Kette gebildet. Vierzig Jomswikinger nahmen den Dänenkönig und sein Gefolge in ihre schützende Mitte. So liefen sie von den Anlegeplätzen der Händler zur Jomsburg.

Die meisten Stadtbewohner sahen mit trotzigen, ja feindseligen Mienen auf den Dänenkönig. Aber niemand wagte es, eine Beleidigung oder Drohung auszurufen.

König Sven war es gar nicht wohl dabei zumute. Auch der Gedanke, daß mancher der jetzigen Seekrieger ein gebürtiger Pole oder Pommerane war, ließ ihm einen eiskalten Schauer den Rücken hinabfließen. Doch sie kamen unbehelligt in der Jarlshalle an.

Sigwaldi stellte dem Dänenkönig seine eigenen Privatgemächer zur Verfügung. Der König bekam die Möglichkeit geboten, ein Bad zu nehmen, seine Kleider zu wechseln und sich auszuruhen. Sigwaldi dachte an jede Kleinigkeit, um dem König den Aufenthalt so angenehm wie möglich zu gestalten – um seine gute Laune aufrechtzuerhalten.

Sigwaldis Bruder, Thorkel der Hohe, kümmerte sich eifrig um die Vorbereitungen für das Freundschaftsfest. Er wußte, was auf dem Spiel stand. Ein Fehlschlag hätte tödliche Folgen.

Sigwaldi schickte heimlich einen Boten zu König Boleslaw ab, um ihm mitzuteilen, daß er den Dänenkönig mit List auf sein Schiff gelockt habe und dieser sich als sein Gastfreund in der Jomsburg aufhalte. Weiterhin ließ er dem Polenkönig ausrichten, daß er selber, Sigwaldi, so bald als möglich käme, wenn gesichert sei, daß dem Dänenkönig während seiner Abwesenheit in Jumne kein Leid geschähe.

Auf dem freien Wiesengelände um die Jarlshalle errichteten die Jomswikinger über hundert Lagerfeuer. In der Unterstadt wurden Dutzende von Rinder, Schweinen und Schafen geschlachtet. Halbe Rinder und ganze Schweine befestigte man an großen Spießen, um sie über dem Feuer zu rösten. Bald roch die ganze Stadt nach dem gerösteten Fleisch. Aus den Vorratshäusern wurden Fässer mit Met herausgerollt. Um die Lagerfeuer legten die Bewohner der Stadt Decken und Felle für ein bequemes Lager zurecht. Die Einladung des Jomsburgjarls brauchte man ihnen nicht zweimal zu sagen. Kostenlos durften sie sich sattessen und -trinken und bekamen somit einen Teil der Steuern zurückerstattet, die sich an die Jomswikinger für ihre Sicherheit zahlen mußten.

In der Gästehalle brannten längs des Dachfirstes mehrere Feuer. Geflügel, Fische, Schweine- und Rinderfleisch, ja sogar Pferdefleisch wurde daran geröstet, denn die Heiden verschmähten nicht das Fleisch der Pferde, wie es die Christen taten. Die Tische standen links und rechts des Feuers in drei Reihen. Quer dazu, dem Eingang gegenüber, stand die Tischreihe für die Häuptlinge und die höchsten Gäste. Zweihundert Menschen fanden in der Gästehalle Platz. Nur die tapfersten Seekrieger und eine Abordnung der angesehensten Händler und Handwerker der Stadt besaßen die Gunst, in der Halle sitzen zu dürfen.

Auf dem Häuptlingstisch standen die kostbarsten Trinkhörner und Kelche aus Gold und Silber. Die übrigen Gäste mußten ihre Trinkgefäße selber mitbringen.

Nachdem der Streit um die besten Plätze in der Halle vorbei war, die Vornehmsten saßen dem Häuptlingstisch am nächsten, eröffnete Jarl Sigwaldi das Freundschaftsgelage. Er reichte König Sven ein Tafelholz mit Brot und Salz. König Sven nahm das Brot, streute Salz darüber und aß es. Nun war er Gast des Jomsburgjarls, und dieser mußte ihn gegen alle Feinde beschützen.

Sigwaldi erhob sein gefülltes Methorn. „Bewohner von Jumne! Jomswikinger! Hebt eure gefüllten Trinkhörner! Trinken wir auf das Wohl unseres Gastfreundes! Heil, König Sven!"

„Heil König Sven!" wiederholten die Anwesenden im Chor.

„Heil unserem König Boleslaw!" rief Sigwaldi weiter.

Die Bewohner von Jumne wiederholten den Heilsruf auf ihren König.

„Und Heil der Freundschaft zwischen Dänen und Polen!" rief Sigwaldi ein drittes Mal.

„Heil der Freundschaft!" ertönte es aus über zweihundert Kehlen. Danach tranken alle ihre Methörner aus.

Damit hatte Jarl Sigwaldi bereits die erste Runde gewonnen. Alle waren auf Freundschaft eingestimmt.

Jarl Sigwaldi und König Sven begaben sich mit ihrem Gefolge eine Treppe aufwärts, die sich hinter ihnen an der Giebelseite der Halle befand. Sie führte zu einem Fenster, von dem man zu dem Volk draußen sprechen konnte. Hier wiederholte Jarl Sigwaldi den Begrüßungstrunk. Jetzt waren alle Bewohner von Jumne an die Unverletzlichkeit des Gastrechtes gebunden. Das Festessen konnte beginnen.

König Sven verhielt sich anfangs zurückhaltend und einsilbig. Doch die ausgelassene Stimmung in der Halle und die unermüdlichen Erheiterungsversuche Jarl Sigwaldis ließen ihn seinen gekränkten Stolz vergessen. Nicht zuletzt sah König Sven ein, daß er sich in der Höhle des Bären befand und er sich durch Zurückhaltung nur gefährden konnte. Schließlich stieß er mit Jarl Sigwaldi und den meisten Häuptlingen am Tisch sogar auf die Freundschaft zwischen Dänen und Jomswikingern an.

Die Jomswikinger sahen, daß der König der Dänen sich freundlich zeigte, und es erschien ihnen als ein gutes Vorzeichen.

Während des Trinkgelages stand Sigwaldi in ausgelassener Stimmung auf und schrie um Ruhe für eine Ansprache. „Meine Gäste! Meine Brüder!" begann er. „Heute ist ein Tag, der in seiner Bedeutung von den meisten von euch noch gar nicht richtig abgeschätzt werden kann! Da ich über die tieferen Gründe von König Svens Besuch hier in der Jomsburg noch schweigen muß, ist dies natürlich nicht anders zu erwarten. So viel darf ich jetzt schon sagen: es geht um Frieden. Und ich stelle fest, die Jomswikinger sind nicht nur eines der gefürchtetsten Wikingerheere, nein, sie sind noch etwas anderes! Seit heute sind sie die Friedensvermittler von König Boleslaw! Jawohl! Denn seit wir einen alten, gefürchteten Feind der Polen als Gastfreund in der Jomsburg beherbergen, sind wir zum Friedensvermittler für die beiden Völker der Dänen und Polanen geworden. Ihr alle wißt, wieviel über uns gemurrt und gescholten wird! Man nennt uns glattweg Unruhestifter, ja sogar Mörderbande! Und am besten solle man uns samt und sonders zur Hel schicken! Die Bauern schimpfen über uns, weil wir angeblich zu viel fressen und saufen! Die Handwerker und Händler schimpfen wegen der Steuern und Zölle, die sie für unsere Ausrüstung bezahlen müssen! Aber was wäre, wenn sie nicht dank unseres Schutzes ihre Äcker bestellen, ihr Vieh frei weiden lassen, ihr Handwerk oder ihren betrügerischen Handel ausüben könnten? Dann würden die Wikinger aus Norwegen, Schweden und Dänemark, die Obotriden und die Liutizen ungehindert über sie herfallen, ihre Frauen vergewaltigen und sie bis aufs Hemd ausrauben! Uns allein haben sie ihre Sicherheit zu verdanken! Und das, meine Brüder, weiß unser König Boleslaw! Er sieht das Ganze! Nicht wie die Schimpfenden, die das kleinere Übel abschaffen wollen und dann ein hundertmal größeres Unglück beschert bekämen! Aber seit dem heutigen Tag können wir diesen frechen Zungen das Maul stopfen! Wer kann uns jetzt noch als Unruhestifter bezichtigen? Kein vernünftiger Mensch mehr! Heute haben wir aller Welt gezeigt, daß wir das Gegenteil dessen sind! Nicht zuletzt aus diesem Grund müssen wir mit allen Kräften den Frieden zu wahren versuchen! Das ist nicht leicht! Denn schon morgen, im Laufe des Tages, kann eine Dänenflotte die Jomsburg erreichen! Mein Befehl lautet: von unserer Seite wird kein Kampf begonnen! König Sven wird seiner Flotte die Botschaft überbringen lassen, daß er unser Gastfreund ist. Eine Abordnung dänischer Unterhändler darf die Jomsburg betreten und sich über die Unversehrtheit ihres Königs mit eigenen Augen überzeugen! Aus Platzgründen können wir die dänischen Krieger aber nicht innerhalb der Burg beherbergen! Doch es soll dafür gesorgt sein, daß alle genug zu essen und zu trinken erhalten! Für die Sicherheit unseres hohen Gastes, König Sven Gabelbarts, kann ich nur einstehen, wenn er die Jomsburg nicht verläßt! Ich fahre noch in dieser Nacht zu König Boleslaw nach Posen. Ich überbringe ihm eine Friedensnachricht König Svens. In vier Tagen spätestens bin ich zurück! Während meiner Abwesenheit hat mein Bruder Thorkel den Oberbefehl in der Burg!" Vielen Jomswikingern waren diese Mitteilungen unverständlich. Aber das Denken war sowieso nicht ihre Stärke, dazu war Sigwaldi da.

Sigwaldi verabschiedete sich von König Sven. Der Dänenkönig zog ihn zur Seite: „Du widerrufst sofort den Befehl, daß ich die Burg nicht verlassen darf!"

„Tut mir leid, König, aber ich gehe kein Wagnis ein", lächelte Sigwaldi. „Glaubst du, ich habe alle Gefahren und Mühen auf mich genommen, damit du morgen, wenn deine Schiffe vor der Jomsburg ankommen, nur noch einzusteigen brauchst und wieder abreisen kannst? Nein!" lachte der Jarl. „Ich gebe dir sogar den guten Rat, diese Halle so selten wie möglich zu verlassen. Wie leicht könnte ein Pfeil oder Dolch auf dich geflogen kommen, und dann gäbe es einen König weniger auf der Welt? Ich gebe dir diesen wohlgemeinten Rat, weil es auch in meinem Vorteil liegt, wenn du am Leben bleibst. In vier Tagen bin ich zurück! Nütze die Zeit, um über alles gründlich nachzudenken. Leb' wohl", verabschiedete sich Jarl Sigwaldi.

Thorkel gab er noch einmal strengste Anweisung, jeden Kampf mit der dänischen Flotte zu vermeiden und gut auf König Sven aufzupassen.

Draußen am Steg lag bereits ein vollbemanntes Drachenschiff. Es war das schnellste Schiff Sigwaldis, schmäler gebaut und nicht so lang wie ein gewöhnliches Kriegsschiff. Die stärksten Ruderer unter den Jomswikingern würden ihn in nicht viel mehr als einem Tag und einer Nacht flußaufwärts bis nach Posen rudern. Sigwaldi gab den Befehl zum Abstoßen. Er legte sich, in weiche Decken gehüllt, zum Schlafen nieder. Morgen mußte er ausgeruht und mit klarem Kopf König Boleslaw von seinen kühnen Plänen überzeugen. Von der Entscheidung des Polenkönigs hing nun alles ab.

Fallen und Netze

Es wurde Tag und wieder Abend. Ohne Rast ließ Jarl Sigwaldi rudern. Zwei Besatzungen wechselten sich ständig mit rudern ab. Am späten Abend kamen sie bei Posen an.

Das Tor der Stadt wurde sogleich geöffnet, als Sigwaldi seinen Namen nannte. Ohne Verzögerung wurde dem Jarl Einlaß in die Königsburg gewährt. Das bedeutete, daß er bereits mit Spannung erwartet wurde. Die Menschen, an denen Sigwaldi vorbeiging, sahen ihn ehrfürchtig an. Das Gerücht, daß sich der König der Dänen in der Gewalt der Jomswikinger befand, sprach sich wie ein Lauffeuer in der Stadt herum. Sigwaldi war der Held des Tages.

König Boleslaw hatte den Kriegsrat nach Posen gerufen, wie immer, wenn eine Entscheidung von außerordentlicher Wichtigkeit getroffen werden mußte. Die Fürsten des Landes, die Heerführer und die Geistlichkeit, an ihrer Spitze Bischof Unger, warteten bereits ungeduldig auf Sigwaldis ausführlichen Bericht.

Die Tür zum Thronsaal wurde geöffnet, und mit eiligen Schritten trat Jarl Sigwaldi herein. Er lief bis vor den Hochsitz des Königs. „Heil, König Boleslaw!" grüßte Jarl Sigwaldi stolz und selbstsicher.

„Sei gegrüßt, Sigwaldi! Berichte! Wie kam König Sven in deine Gewalt?" fragte der König ungeduldig.

„Ganz einfach! Ich lockte ihn mit List auf mein Schiff und fuhr dann geradewegs zur Jomsburg", sprach Jarl Sigwaldi gleichmütig, als wenn es ein Kinderspiel gewesen wäre.

Lautes Gemurmel der Anwesenden war zu vernehmen.

„Erzähle genau nach der Reihenfolge, wie es dazu kam", forderte der König den Jarl auf.

Sigwaldi schilderte in Kürze und nicht ohne Witz den Handstreich, der ihm glückte. Oft unterbrach ihn das laute Lachen der Ratsversammlung. Sigwaldi hatte die Gunst der Lacher auf seiner Seite.

„Ist Blut bei dem Unternehmen geflossen?" fragte König Boleslaw am Ende des Berichts streng.

„Auf dänischer Seite kein Tropfen. Als wir uns von der Insel Seeland entfernten, wurden wir beschossen. Wir haben fünf Tote und mehrere Verletzte zu beklagen. Aber mir fällt ein, von denjenigen Dänen, die wir aus den beiden ersten Schiffen geworfen haben, kann ich nicht genau sagen, ob sie sich nicht doch eine blutende Beule zuzogen."

„Es ist noch zu früh für übermütige Scherze!" rief der König streng aus. „Anscheinend kann keiner meiner Ratgeber die Gefahr erkennen, die uns durch die gewaltsame Entführung des Dänenkönigs droht! Und du, Sigwaldi? Hast du darüber nachgedacht, was dein Tun für Folgen für das polnische Reich haben kann?"

„Ich kenne die Gefahr durchaus, mein König", sprach Sigwaldi demütig. „Darum bin ich so schnell als möglich hierher geeilt. Heute im Laufe des Tages wird sicherlich die dänische Flotte vor der Jomsburg angekommen sein. – Aber noch besteht kein Grund zur Sorge!" rief er beruhigend in die Ratsversammlung, die in wilder Angst von ihren Sitzen aufgesprungen war. „König Sven Gabelbart ist nach altem Brauch mein Gastfreund in der Jomsburg. Die Burg ist demnach ein Ort des Friedens. Ich habe den Dänenkönig wissen lassen, daß wir über die Pommernfrage mit ihm verhandeln möchten. Es kommt also nur darauf an, daß die künftigen Verhandlungen zu einem annehmbaren Ergebnis für beide Seiten führen werden, anders ausgedrückt, zu Krieg oder Frieden."

„Willst du uns verhöhnen!" rief König Boleslaw wütend aus. „Natürlich kommt es nur darauf an! Darum sind wir ja hier versammelt! Fragen wir am besten gleich den, der uns in diese gefährliche Lage brachte! Weißt du ein Mittel, um Pommern von dänischer Herrschaft zu befreien und gleichzeitig mit den Dänen zu einem Friedensschluß zu gelangen, der länger dauert als bis zu dem Tag, an dem König Sven die Jomsburg wieder verlassen hat und sich in Freiheit befindet? Glaubst du etwa, daß sich der Dänenkönig an einen Schwur gebunden fühlt, der ihm bei Todesdrohung aufgezwungen wurde?"

„Ich weiß ein Mittel. Darf ich offen sprechen, mein König?" bat Sigwaldi.

„Rede schon", forderte König Boleslaw den Jarl unwirsch auf.

Sigwaldi machte eine Pause, anscheinend um die richtigen Worte zu sammeln. Die Spannung im Saal stieg dabei aufs Höchste. Die Fürsten und Heerführer sahen erwartungsvoll auf Jarl Sigwaldi.

„Uns ist allen bekannt, was für ein mächtiger und kriegserfahrener König Sven Gabelbart ist. Dänemark ist ein reiches Land. Kein Nachbarland ist vor dänischen Eroberungszügen sicher. Norwegen, Schweden, das Polenreich, das Inselreich der Angelsachsen und selbst das mächtige Deutsche Kaiserreich fürchtet die Überfälle der dänischen Wikinger. Ihr selber habt am meisten die Streitmacht der Dänen zu spüren bekommen. Die ganze Ostseeküste von Haithabu bis in die Nähe von Truso ist fest in der Hand König Svens. Nun befindet sich der Dänenkönig durch einen glücklichen Zufall in unserer Gewalt. Wie können wir daraus einen dauerhaften Vorteil, sprich Frieden, ziehen?" Sigwaldi sah sich fragend in der Ratsversammlung um. Ohne eine Antwort zu wissen, sahen ihn die Ratgeber des Königs an. „Können wir König Sven einfach wieder in die Freiheit entlassen, nachdem wir ihm den Schwur abgepreßt haben, daß Pommern wieder zum Polenreich gehört? Das wäre zu unsicher. Mit großer Wahrscheinlichkeit würde König Sven ein Racheheer aufstellen, käme wutschnaubend zurück und würde Polen mit Krieg überziehen. Obwohl König Sven viel lieber die Insel der Angelsachsen erobern würde, das habe ich zufällig von ihm selber erfahren. – Bliebe uns eine andere Möglichkeit: Wir lassen König Sven umbringen." Empörtes Gemurmel war die Antwort. – „Ich weiß, ich weiß", beruhigte Sigwaldi die erregten Gemüter. „Dies wäre eine Schandtat, die noch jahrzehntelang an dem polnischen Volk und seinem Königshaus haften würde. Das ist also auch kein Ausweg, denn die rachedurstigen Dänen würden uns erst recht mit Krieg heimsuchen. Umbringen des Königs scheidet also auch aus, und ihn in Freiheit entlassen, ist ebenfalls ein zu großes Wagnis. Wir müssen demnach den Dänenkönig Sven mit Banden an uns fesseln, die eine Rache seinerseits auszuschließen vermögen", überlegte Sigwaldi laut.

„Und die wären? Welche Bande könnte Sigwaldi meinen?" fragten sich die Ratsherren untereinander flüsternd.

„Verzeih, mein König, wenn ich nun einen etwas kühnen Vorschlag ausspreche. Ich bitte, mir meine Rede nicht übel zu vermerken", sprach Jarl Sigwaldi wieder demütig zu dem König.

„Sprich, Sigwaldi, du hast mein Ehrenwort", entgegnete König Boleslaw nichtsahnend.

„Ich sehe wirklich nur eine einzige Möglichkeit, König Sven von Rache abzuhalten. Es ist allgemein bekannt, daß der Dänenkönig noch keine Gemahlin neben seinem Thron sitzen hat. Wenn es uns nun gelänge, durch geschickte Verhandlungen König Sven mit verwandtschaftlichen Banden an das polnische Königshaus zu fesseln, dann ..."

„... Schweig! Ich befehle es dir!" rief König Boleslaw empört aus. Jetzt ahnte er, was Sigwaldi sagen wollte. Nämlich, daß eine seiner Schwestern, und zwar Gunnhild, mit König Sven vermählt werden solle.

Erst nach und nach kamen die Herren der Ratsversammlung hinter die Andeutung Sigwaldis.

König Boleslaw erhob sich wütend von seinem Thronsitz und schritt einige Male aufgeregt und in Gedanken versunken in der Halle auf und ab.

„Mein König", bat Jarl Sigwaldi demütig erneut um Gehör. „Ich möchte versichern, daß dies nur ein Vorschlag von mir war. Zuerst wäre es sicher ratsam, eine Unterredung mit König Sven zu vereinbaren. Erst dann wird man genauere Überlegungen anstellen können."

König Boleslaw kehrte auf seinen Hochsitz zurück. „Wie nahm König Sven seine Entführung hin?" wechselte er das Thema.

„Er nahm sie, zumindest nach außen, auf die leichte Schulter! Er zeigte weder Niedergeschlagenheit noch unversöhnlichen Haß deswegen. Er wird ahnen, daß wir von seinem Tode keinen Nutzen haben und darum seine Lage nicht hoffnungslos einschätzen", teilte Jarl Sigwaldi der Ratsversammlung mit.

„Für heute beende ich die Beratung. Ich rufe den Kriegsrat für morgen früh erneut zusammen", erklärte der König kurzerhand.

Während König Boleslaw die Halle verließ, standen die Anwesenden von ihren Plätzen auf und verbeugten sich tief. Nachdem die Tür hinter dem König geschlossen war, drängten sich die Ratsmitglieder neugierig um den Jomsburgjarl. Sigwaldi erzählte ihnen so viel, wie er für richtig hielt. Er unterließ auch nicht, noch einmal darauf hinzuweisen, daß es seiner festen Überzeugung nach nur eine Möglichkeit gäbe, den Dänenkönig von Rache abbringen zu können und einen dauerhaften Frieden mit dem Dänenreich zu schaffen, indem nämlich eine Schwester König Boleslaws mit König Sven verheiratet werden würde. Und da bliebe nur Gunnhild übrig, denn Astrid sei ihm versprochen. Danach entzog Sigwaldi sich den allzu neugierigen Fragen mit der Entschuldigung, daß er auch einmal für sein leibliches Wohl sorgen müsse.

Nachdem Jarl Sigwaldi in der Gefolgschaftsunterkunft ein großes Stück Fleisch mit Brot verzehrt hatte, blieb er bei den Häuptlingen des Polenheeres sitzen. Spät in der Nacht kam ein Diener des Königs zu ihm. König Boleslaw wünsche, mit dem Jomsburgjarl zu sprechen.

Jarl Sigwaldi wurde in Gemächer geführt, die er vorher noch nie betreten hatte. Es waren die privaten Räume der Königsfamilie.

An einer kostbar geschnitzten Eichentür klopfte der Diener an. Nachdem die Aufforderung zum Eintreten erfolgt war, öffnete der Diener die Tür und gab Sigwaldi das Zeichen zum Eintreten.

Mit klopfendem Herzen trat Sigwaldi ein. Boleslaw saß, in einen weichen, gemütlichen Abendrock gekleidet, im Sessel. Er legte beim Eintreten Sigwaldis ein Buch auf den Tisch, aus dem er las. Es war die Bibel.

Sigwaldi blieb bereits nach wenigen Schritten stehen, verbeugte sich tief und wagte nicht näherzutreten.

„Setz dich zu uns, Jarl Sigwaldi", sprach Boleslaw freundlich.

Zu uns, sagte der König. Sigwaldi sah sich im Gemach um. In der Nähe des offenen Kamins saß Königin Emnild. Sigwaldi verbeugte sich auch zu ihr. Er ließ sich auf dem nächstbesten Sitzplatz nieder.

„Ich muß mit dir reden. Jarl Sigwaldi. Du ahnst sicher, weshalb." Der Ton des Königs war seltsam anders. Es war nicht der Ton des Herrschers, den Sigwaldi gewohnt war, sondern ein viel freundlicherer, ja fast väterlicher. Diese Wärme in der Stimme vernahm er zuletzt in seinem Elternhaus, dann nie mehr. Er hatte fast vergessen, daß es so etwas gab.

„Möchtest du einen Becher Wein trinken?" erkundigte sich der König zuvorkommend.

„Nein, ich habe keinen Durst", schüttelte Sigwaldi noch erstaunter den Kopf. Er ahnte, daß er in dieser Nacht seine klaren Sinne nötig haben würde.

„Du bist verwundert Jarl, das sehe ich an deinem Gesicht. – Vor dir sitzt nicht der König, den du sonst immer gewohnt bist. Auch ein König beendet einmal seine Regierungsgeschäfte. Ich spreche als Familienoberhaupt zu dir, oder besser gesagt, als Bruder von zwei ledigen Schwestern. Da unser Vater vor einem Jahr starb und ich meine Stiefmutter Oda aus dem Polenreich verbannen mußte, um meine Unabhängigkeit vor dem Deutschen Kaiser zu wahren, bin ich das Oberhaupt der Familie. Ich habe immer zu vermeiden versucht, die Reichspolitik mit meinen Familienangelegenheiten in Verbindung zu bringen. Aber mit zwei heiratsfähigen Schwestern ist dies wohl kaum auseinanderzuhalten. Nicht allein, daß du bei Astrid Reichspolitik ins Spiel brachtest, auch bei Gunnhild hast du die Stirn gehabt, eine Zweckheirat zum Nutzen des Reiches vorzuschlagen. Aber ich muß als Sippenoberhaupt und als Bruder auch an das Glück meiner Schwestern denken. Ich möchte dir eine Frage stellen. Glaubst du, daß sich jemand an ein Heiratsgelöbnis gebunden fühlt, wenn es ihm als Freikauf für sein Leben aufgezwungen wird? Und dazu noch ein König wie Sven Gabelbart, der mächtig genug ist, um keine Rache von den Verwandten der Frau befürchten zu müssen?"

Jarl Sigwaldi schwieg lange Zeit mit gesenktem Kopf. Die Wahrscheinlichkeit bestand, daß König Sven, wenn er nach Dänemark zurückgekehrt war, die Schwester König Boleslaws schmählich von sich stieß und die Ehe mit ihr als aufgezwungen und damit für nichtig erklärte. Unvorstellbar, was er an Bosheit der armen Prinzessin zufügen könnte.

„An deinem Schweigen erkenne ich, daß du einsiehst, was für einen schändlichen Vorschlag du in der Ratsversammlung ausgesprochen hast", sprach Boleslaw in mühsam unterdrückter Wut. „Ich gebe dir den Befehl, dich künftig nicht mehr in meine Familienangelegenheiten einzumischen! Die königliche Familie steht außerhalb der Erwägungen meiner Heerführer. Die Stadt Jumne ist die größte Stadt an der Ostsee, wenn ich den Berichten der Händler glauben darf. Die Steuereinnahmen sind so hoch wie die von zehn Städten zusammen in meinem Reich. Das Gold und Silber brauche ich, um meine Krieger zu besolden. Ich darf die Jomsburg nicht verlieren, weil sonst die Verteidigungskraft des Reiches merklich geschwächt werden würde. Weiterhin schützt du mit der Flotte der Jomswikinger das Polenreich gegen die Einfälle anderer Wikinger. Darin liegt der Nutzen, den du dem Reich bringst, und darum bin ich gewillt, dich mit der Hand einer Prinzessin, meiner Schwester, zu belohnen. Was es für dich an Macht,

Reichtum, Ansehen und Glück bedeuten würde, wenn du mein Schwager wärst, kannst du sicher abschätzen. Ich habe dir eine schwere, fast unerfüllbare Bedingung gestellt, um zu verhindern, daß jedem meiner ledigen Heerführer einfällt, um die Hand meiner beiden Schwestern anzuhalten. Unzählige Märchen berichten von solchen Bedingungen, wenn viele Freier um eine Königstochter warben. – Du hast dein Leben aufs Spiel gesetzt, um meine Schwester Astrid zu gewinnen. Ich hoffe, daß deine Liebe zu ihr der überwiegende Beweggrund war und nicht nur kalter, berechnender Ehrgeiz. – Du hast den Dänenkönig gefangengenommen und zur Jomsburg entführt. Ich könnte dich für die gefährliche Lage, in die du mein Reich brachtest, zur Verantwortung ziehen. – Aber dann müßte ich mich ebenfalls bestrafen, wenn ich gerecht sein wollte. Darum verzeihe ich dir deine tollkühne Tat. Ich hoffe, daß ich König Sven mit Gold besänftigen kann. Es war Gottes Wille, daß dir dieser Streich glückte. Und mit Gottes Gnade werden wir einen Ausweg aus dieser gefährlichen Lage finden. – Ich habe dich aber nicht nur rufen lassen, um dir dies zu sagen, sondern ich möchte dich bitten, mir alles über König Sven zu berichten, was du weißt."

Jarl Sigwaldi fühlte sich wie ein Junge, der von seinem Vater eine Moralpredigt gehalten bekam. Doch der freundliche und gemäßigte Ton König Boleslaws rührte ihn innerlich. Um so mehr war er darum bereit, Boleslaw alles über König Sven zu berichten. Sigwaldi teilte seinem König mit, daß der Dänenkönig vielleicht unter einer hohen Tributzahlung auf Pommern verzichten würde, weil er viel Gold brauche, um die Insel der Angelsachsen zu erobern. Dies sei offensichtlich der größte Wunsch König Svens. An Pommern sei ihm gewiß nicht sehr viel gelegen. Man müsse versuchen, schlug Sigwaldi vor, den Dänenkönig in diesem seinem Vorhaben zu bestärken. Man müsse ihn überzeugen, daß er in Pommern nur einige arme Bauerndörfer besäße, während er auf der Insel der Angelsachsen viele reiche Städte gewinnen könne. Sigwaldi schlug sogar vor, dem Dänenkönig die Unterstützung der Jomswikinger bei der Eroberung von König Ethelreds Reich anzubieten. Er sei gerne dazu bereit, dafür sein Leben zu wagen, wenn damit der Friede zwischen Polen und Dänen gewahrt werde.

König Boleslaw hörte sich die Überlegungen des Jomsburgjarls ruhig an. Von den letzten Worten Sigwaldis schien er sichtlich beeindruckt zu sein. – „Ich werde nach Jumne ziehen und mit König Sven verhandeln. Deine jetzigen Vorschläge finde ich bedeutend besser als diejenigen in der Ratsversammlung. Alles weitere wird sich finden", beendete der König die Unterredung. – „Du kannst dich entfernen, Jarl."

Sigwaldi verabschiedete sich demütig vor dem polnischen Herrscherpaar.

Nachdem Sigwaldi gegangen war, fragte Boleslaw seine Gattin um ihre Meinung über diesen Wikingerjarl.

„Er ist ein dänischer Wiking geblieben, obwohl er dein Gefolgsmann ist", stellte Königin Emnild fest. „Einen besseren Häuptling über die Jomsburg wirst du wohl kaum finden. Er kann dir als Schwager sehr nützlich sein."

„An seinen Fähigkeiten als Heerführer ist nicht zu rütteln, das bewies seine mutige Tat, den Dänenkönig zur Jomsburg zu entführen. – Dies war nicht zuletzt ein Beweis seiner Treue zu mir", nickte Boleslaw. „Bliebe also nur noch die Frage, ob Astrid an seiner Seite glücklich ist."

„Falls Sigwaldi bereit ist, ein richtiger Christ zu werden, habe ich keine Bedenken. Eine Frau wird mit einem erfolgreichen Mann gewiß glücklich. Aber bevor du ihm Astrid zur Frau geben kannst, muß gesichert sein, daß Sigwaldi ein richtiger Christ werden will. Nichts wäre für Astrid furchtbarer, als feststellen zu müssen, mit einem Mann verheiratet zu sein, der innerlich ein Heide geblieben ist."

„Das stellte ich Sigwaldi bereits zur Bedingung."

„Dann bin ich beruhigt. – Ich werde dich zur Jomsburg begleiten, um zu sehen, was für ein Mensch dieser König Sven ist. Gunnhild und Astrid werden mich begleiten. –

Der König der Dänen wäre weiß Gott keine schlechte Wahl für Prinzessin Gunnhild", meinte Emnild lächelnd.

„Aber du hast doch gehört, was ich Sigwaldi sagte", entgegnete Boleslaw erstaunt.

„Gewiß! Bei den Verhandlungen muß Gunnhild natürlich aus dem Spiel bleiben. Aber falls eine Einigung und ein Friede zustande käme, könnte er doch durch eine verwandtschaftliche Bindung der beiden Königsfamilien bedeutend gefestigt werden."

Als König von Polen konnte sich Boleslaw diesen bestechenden Überlegungen seiner Gemahlin nicht entziehen.

Anderntags gab König Boleslaw der Ratsversammlung seinen Entschluß bekannt, daß er mit dem Dänenkönig in der Jomsburg zu verhandeln gedenke. Dreitausend Krieger sollten ihn zur Insel Wollin begleiten.

Anschließend fuhr Jarl Sigwaldi wieder von Posen ab. Da das Schiff diesmal mit der Flußströmung trieb, kamen sie bedeutend schneller voran. Nicht lange vor Morgengrauen des nächsten Tages erreichten sie die Insel Wollin. Da mit aller Wahrscheinlichkeit dänische Kriegsschiffe vor der Jomsburg lagen, die Sigwaldi abfangen würde, mußte er den Rest des Weges auf dem Landweg zurücklegen. Auf einem Bauernhof versorgte er sich mit Pferden. In Begleitung von acht Kriegern erreichte er unversehrt die Jomsburg, noch bevor die Sonne den Morgennebel aufgesogen hatte.

König Sven war überrascht, als er Sigwaldi in die Jarlshalle eintreten sah. Er hoffte heimlich, daß er seinen Kriegsschiffen nicht entgehen würde. Seit drei Tagen war die Stadt Jumne von der Wasserseite her belagert. Über sechzig dänische Langschiffe zählte Thorkel. Kein Kriegsschiff konnte mehr die Jomsburg anfahren oder verlassen, ohne daß es zum Kampf käme.

Sigwaldi erkundigte sich zuerst bei seinem Bruder über die Ereignisse der vergangenen Tage. Es hatte kein Kampf stattgefunden, obwohl die Dänen sehr damit drohten.

König Sven hatte ihnen durch einen Unterhändler befohlen, den Ausgang der Verhandlungen abzuwarten.

Sigwaldi trat zu dem Dänenkönig. „An deinem erstaunten Gesicht erkenne ich, daß du über meine Anwesenheit überrascht bist, König Sven."

„Ich fürchtete, dich nie mehr lebend wiederzusehen, Sigwaldi. Wie nahm König Boleslaw die Kunde auf?" lachte König Sven selbstsicher.

„König Boleslaw nahm sie mit gemischten Gefühlen auf. Er kann die Tragweite dessen noch nicht abschätzen und sieht nur das Schlechte. Ich konnte ihm auch das Gute daran begreiflich machen. Er kommt in etwa zwei Tagen selber nach Jumne. Es liegt dann an den beiden Herrschern, ob es Krieg oder Frieden geben wird. Das Treffen findet am Sonntag statt. Der Bischof wird auch ein Wörtchen mitreden. Ich meinerseits bin sehr zuversichtlich. Ich glaube sogar manchmal, in der Ferne Hochzeitsglocken zu hören. Vielleicht sind es auch Grabesglocken? Was es auch sein wird, die Glocken werden auf jeden Fall läuten", lachte Jarl Sigwaldi. Das Letzte war eine versteckte Drohung.

König Sven antwortete mit einem wütenden Blick.

Die Sonne erhob sich am Sonntag strahlend über den Palisaden der Jomsburg. König Boleslaw war in der vergangenen Nacht mit großen Gefolge und begleitet von der Königin und seinen beiden Schwestern Gunnhild und Astrid in der Burg eingezogen. Ein großes polnisches Heer zog mit ihm in die Stadt Jumne. Die Wachen standen Mann neben Mann hinter den Palisaden. Die Dänen zogen sich daraufhin mit ihren Langschiffen auf das andere Ufer, dem pommerschen Festland, zurück.

Am Vormittag fand zuerst eine Messe statt. Der Gottesdienst wurde wegen des schönen Wetters im Freien abgehalten. Das hatte den Vorteil, daß die Bewohner von Jumne die Messe sehen und hören konnten, denn die meisten von ihnen waren noch Heiden. Eine Abordnung von Dänen weilte ebenfalls dem Gottesdienst bei. Bischof Unger vergaß nicht, für den Frieden zu beten und die Herzen der Mächtigen zum Frieden zu ermahnen. Danach erst fand die Begegnung der beiden Könige statt.

König Boleslaw trat zur Sitzbank des dänischen Königs und seines Gefolges. In deutscher Sprache, die beiden Herrschern geläufig war, begrüßte er König Sven. „Sei willkommen, König Sven! Ich wünschte mir seit langem bereits, den Herrscher der tapferen Dänen kennenzulernen. Sei mein Gastfreund, König Sven!"

„Heil, König Boleslaw! Ich mache mir keine falschen Hoffnungen, was meine Anwesenheit in der Jomsburg betrifft. Ich habe nur eine einzige Bitte."

„Was für eine Bitte?" erwiderte Boleslaw erstaunt.

„Falls die Verhandlungen zu keinem annehmbaren Ergebnis für mich führen, was ich bereits jetzt glaube, bitte ich, in einem ehrlichen Zweikampf um mein Leben kämpfen zu dürfen. Denn höher als unser Leben, achten wir Dänen unsere Ehre!"

Beifälliges Gemurmel ging durch die Reihen der Krieger, die die beiden Könige umstanden.

„Dieser Bitte hätte es keineswegs bedurft, König Sven, denn du bist ein freier Mann und kannst tun und lassen, was du willst", sprach Boleslaw freundlich.

„Ich bin anderer Ansicht! Ich wurde gewaltsam hierher verschleppt! Meine Ehre wurde verletzt, und ich verlange volle Genugtuung", entgegnete König Sven finster.

„Du wirst Genugtuung erhalten, König Sven, das verspreche ich dir. Doch greifen wir der Beratung nicht vor. Setzen wir uns zuerst an die festliche Mittagstafel!" forderte König Boleslaw seine Gäste freundlich auf.

Die Sitzordnung an der Königstafel war streng geregelt: König Boleslaw saß auf dem Thronsitz, den sonst der Befehlshaber der Jomsburg innehatte. Zu seiner Rechten saß seine Gemahlin, Königin Emnild. Neben ihr saß König Sven. Dann folgte abwechselnd ein polnischer und ein dänischer Heerführer. Zur linken Hand des Polenkönigs saß Bischof Unger. Dann kam erneut ein dänischer Jarl und dann erst Jarl Sigwaldi. Weiter nach außen folgten dann wieder abwechselnd dänische und polnische Häuptlinge. Dem Herrscherpaar gegenüber saßen die Prinzessinnen Gunnhild und Astrid. Nicht zufällig saß Gunnhild dem Dänenkönig am nächsten. Sie trat von ihren Begleiterinnen wegen ihrer überaus prachtvollen Kleider und ihres überschwenglichen Schmuckes deutlich hervor. Während des Festessens trafen sich mehrere Male die Blicke König Svens und Prinzessin Gunnhilds. Ihr Bruder hatte ihr am Vorabend in einem günstigen Augenblick einige inhaltsschwere Worte zugeflüstert, in Bezug auf den Dänenkönig. Ein guter Beobachter konnte bemerken, daß sie von der glänzenden Erscheinung König Svens sehr eingenommen war.

Nach dem Essen fanden im Freien mehrere Kampfspiele statt zwischen Dänen und Polen. Die Krieger kämpften mit den verschiedensten Waffen, wie: Streitaxt, Ger, Schwert und Dolch. Jeder Kämpfer war Meister in der jeweiligen Waffenart. Um des Friedens und der Freundschaft willen wurde nicht bis zum Tode des Gegners gekämpft, sondern derjenige, der zwei Wunden davontrug, war Verlierer.

Am späten Nachmittag kehrten die beiden Gefolgschaften in die Jarlshalle zurück, um bei Met und Wein den Ausgang der Verhandlungen zu erwarten. Die Könige begaben sich mit ihren engsten Beratern in einen Nebenraum.

Jarl Sigwaldi wurde zum Schiedsrichter ernannt. An einem langen Tisch saßen sich Dänen und Polen gegenüber.

König Boleslaw eröffnete die Verhandlung mit folgenden Worten: „Ich möchte den König der Dänen und sein tapferes Gefolge noch einmal sehr herzlich als meine Gäste begrüßen. Ich bin offengestanden sehr froh, daß wir uns heute kennengelernt haben. Ich bedauere nur die Art, wie diese Begegnung zustande kam. Ich möchte darum zuerst über die Genugtuung sprechen, die König Sven mit Recht fordert. Und ich wünsche von ganzem Herzen, daß König

Sven sich nicht genötigt sieht, mit dem Schwert seine Ehre wiederherzustellen. Gegen einen Unbekannten Krieg zu führen ist leichter, als gegen einen König und sein Volk, dem man Achtung und Wertschätzung entgegenbringt. Über ein unbekanntes Volk hat man meistens Vorurteile; darum hoffe ich, daß wir alle Vorurteile beseitigen können und uns als Gleichwertige achten werden."

„Ist man als Gefangener gleichwertig mit dem Wächter?" entgegnete König Sven abweisend.

„König Sven ist kein Gefangener", ergriff Jarl Sigwaldi das Wort. „Als Beweis seiner Freiheit trägt er seine Waffen."

„Du legst die Begriffe für Freiheit aus, wie es dir in die Sache paßt, Jarl Sigwaldi! Ich bleibe dabei, ich bin ein Gefangener!" entgegnete Sven wütend.

„Ich bin gleicher Ansicht wie Sigwaldi", sprach König Boleslaw. „Zum Beweis schwöre ich dir ungehinderten Abzug aus der Jomsburg, König Sven. Auch wenn unsere Beratung zu keinem Friedensschluß führen sollte, was ich zutiefst bedauern würde." Diese Edelmütigkeit König Boleslaws überraschte alle Anwesenden.

„Lieber sterbe ich im Kampf, als daß ich von meinen Feinden das Leben geschenkt erhalte", erwiderte König Sven in seinem Stolz verletzt.

„Wir sollten uns nicht in den Gedanken verbohren, daß wir Feinde seien. Vielmehr sollten wir versuchen, eine Möglichkeit zu finden, wie wir einen dauerhaften Frieden und auch Freundschaft schließen könnten", ermahnte König Boleslaw seinen dänischen Gast.

„Beginnt man neuerdings Freundschaften mit Entführung?" erwiderte König Sven.

„Nein. Ich wiederhole, was verlangst du als Sühne für das Unrecht?" fragte König Boleslaw.

König Sven überlegte geraume Zeit und sprach dann flüsternd mit seinen Heerführern. Endlich schienen sie sich auf eine Sühne geeinigt zu haben. – „Nach dänischen Ehrbegriffen müßte ich einen meiner Krieger benennen, der

Jarl Sigwaldi zum Zweikampf herausfordert. Aber außer der Wiederherstellung meiner Ehre brächte es mir keinen Vorteil ein. Darum möchte ich ein einziges Mal eine Ausnahme machen und davon absehen."

König Boleslaw atmete sichtlich erleichtert auf.

König Sven fuhr fort: „Ich ärgere mich seit vielen Sommern über Jarl Hakon, den Herrscher des Tröndelags. Seit mein Vater, König Harald Gormsson, ihm zu seiner Herrschaft über das Tröndelag zurückverhalf, war er uns zinspflichtig. Doch in den letzten acht Sommern behielt er alle Königsabgaben für sich. Ich verlange als Sühne die Unterstützung der Jomswikinger zu einem Heerzug gegen Jarl Hakon!"

König Boleslaw war sichtlich überrascht. Er befürchtete vieles, doch dies nicht. Wenn die Jomswikinger nach Norwegen fuhren, war die Oder, die Warthe und vor allem die Stadt Jumne schutzlos. Aber andererseits mußte er König Sven versöhnlich stimmen, sonst wagte er weit Schlimmeres.

„Einverstanden! Die Flotte der Jomswikinger steht dir einen Sommer lang zur Verfügung", willigte König Boleslaw ein.

Jarl Sigwaldi war wenig begeistert von einem Krieg gegen das Tröndelag. Eine Flotte von sechzig Langschiffen gegen ein ganzes Volk, da standen harte Kämpfe bevor. Er ahnte, daß dies die heimliche Rache des Dänenkönigs gegen ihn war.

„Eine Sühne für die Entführung hätten wir damit gefunden", stellte der Polenkönig erfreut fest. „Kommen wir jetzt zu einer ganz wesentlichen Sache, die erst einen dauerhaften Frieden ermöglicht: Pommern. Die Pommeranen sind ein Brudervolk der Polen. Ihr Land ist seit Jahren von Dänen besetzt. Wenn wir einen dauerhaften Frieden schließen wollen, muß Pommern wieder zu meiner Herrschaft gehören", sprach König Boleslaw.

„Mein Vater hat nie freiwillig seine Herrschaft verkleinert, ebensowenig meine Vorväter! Darum sehe ich nicht ein, warum ich auf Pommern verzichten soll! Ich halte darum die Verhandlung für beendet!" König Sven erhob sich von seinem Sitz. „Verkünden wir unserem Volk die vereinbarte Sühne! Anschließend fahre ich mit meiner Flotte nach Dänemark zurück!"

König Boleslaw hielt den Zeitpunkt für gekommen, um den Trumpf auszuspielen, den er zu haben glaubte. „Warte einen Augenblick noch, König Sven. Ich bitte dich, Platz zu nehmen."

König Sven setzte sich widerwillig.

„Noch weniger als du, König Sven, kann ich auf Pommern verzichten. Früher oder später wird es deswegen zum Krieg kommen zwischen uns, den ich gerne vermeiden möchte. Darum will ich dem König der Dänen folgendes zu überlegen geben: ich habe erfahren, daß es dein Herzenswunsch ist, die Insel der Angelsachsen zu erobern. Glaubst du, wenn es zu einem großen Krieg zwischen Dänen und Polen kommt, daß dir dann noch genügend Reserven an Mannschaften, Schiffen und an Gold zur Verfügung stehen, um gegen die Angelsachsen siegen zu können? Ich würde dir ganz gewiß so schreckliche Verluste zufügen, daß du in den nächsten fünf Jahren nicht in der Lage wärst, die Insel zu erobern. Fünf Jahre sind eine lange Zeit, und das Leben eines Menschen, auch eines Königs, ist begrenzt. Wenn ich an deiner Stelle die Wahl hätte, welches Land ich erobern sollte, würde ich mich für die Insel der Angelsachsen entscheiden. Denn dieses Land ist bedeutend reicher. Aus diesen Überlegungen bin ich der Meinung, daß es falsch wäre, wenn wir gegeneinander Krieg führen würden."

König Sven blieb vor Überraschung stumm.

„Ich wäre bereit, eine hohe Summe für die Abtretung Pommerns zu zahlen. Du wirst das Gold und Silber gut gebrauchen können für die Ausrüstung und für den Sold deiner Krieger", sprach Boleslaw listig lächelnd. „Ich biete dir die Steuereinnahmen Pommerns von drei Jahren im voraus."

Dieses Angebot war sicherlich großzügig. Wenn man bedachte, wie leicht in Pommern ein Aufstand ausbrechen konnte. Gegen zwei Völker, Polen und Angelsachsen, Krieg führen, war sicherlich schwer. Eine Sache mußte dabei zu kurz kommen. Die Überlegungen des Polenkönigs waren zweifellos richtig, das mußte König Sven einsehen. Er beriet sich erneut flüsternd mit seinen Heerführern. Und diesmal bedeutend länger.

„Wenn du mir die Steuern Pommerns von zwölf Sommern auf diesen Tisch legst, bin ich bereit, auf die Herrschaft darüber zu verzichten. Aber so viel Gold und Silber besitzt du nicht", sprach König Sven geringschätzig.

Das war eine ungeheuere Summe. Mit solch einem Reichtum könnte der Dänenkönig nicht nur den Angelsachsen, sondern auch gleichzeitig den Polen gefährlich werden, so viele Krieger könnte König Sven damit anwerben. Und nur einem Schwur zu vertrauen, wäre sehr leichtsinnig.

„Diese Summe halte ich für weit übertrieben", antwortete König Boleslaw. „Nicht, daß ich so viel nicht besäße, doch damit würde ich dir mich selber in die Hand geben. Ich möchte dir diesen Versuch nicht unterstellen, doch du wirst mir darin recht geben müssen. Ich biete dir die Steuern von fünf Sommern."

„Dann bleibt Pommern unter meiner Herrschaft", entgegnete König Sven ungerührt. König Boleslaw bot ihm die Steuern von sechs, sieben, ja acht Jahren an. Der Dänenkönig blieb hart.

Die Berater König Boleslaws machten immer erstauntere Gesichter. Einer nach dem anderen warnte seinen König. Ohne eine Sicherheit, ohne ein Pfand konnte man unmöglich dem Dänenkönig solch eine hohe Summe übergeben. Die Gefahr für das Polenreich war zu groß.

Jarl Sigwaldi, der am meisten das Scheitern der Verhandlungen fürchtete, da er dann um die Belohnung seiner Bemühungen gebracht wäre, nämlich Astrid, witterte sofort die Chance, durch die er sein ehrgeiziges Ziel erreichen konnte. Die Heirat Prinzessin Gunnhilds mit König Sven war die gesuchte Sicherheit, das Pfand. Er flüsterte dies seinem Nachbar, dem Pommernfürsten Dobromir, ins Ohr, denn er wagte es nicht mehr, diesen Vorschlag selber auszusprechen, da der König es ihm ausdrücklich verboten hatte.

So wurde dieser Vorschlag von dem Pommernfürsten ausgesprochen, der am meisten um die Freiheit seines Fürstentums bangte.

König Sven wartete ab, was König Boleslaw, der Bruder Gunnhilds, zu diesem Vorschlag zu sagen hätte.

„Dies wäre eine Möglichkeit, die ich nicht ausschließen möchte. Mit solch einem Ehebund wäre das dänische und das polnische Königshaus verwandtschaftlich verbunden. Ein Krieg zwischen den beiden Völkern wäre nach menschlichem Ermessen ausgeschlossen. Wie steht der König der Dänen zu dieser Heirat?"

„Das Ganze trifft mich völlig unvorbereitet. Ich weiß nicht, was ich jetzt dazu sagen soll. Ich brauche Bedenkzeit", entgegnete König Sven sichtlich verwirrt.

„Selbstverständlich sei dir Bedenkzeit gewährt so viel du willst", räumte König Boleslaw freundschaftlich ein. „Mein letztes Angebot für die Freikaufung Pommerns lautet, die Steuern von acht Jahren in einer Summe. Als Sicherheit dafür die Heirat zwischen König Sven und meiner Schwester Gunnhild."

„Ich werde mich entschieden haben, bevor ich die Jomsburg verlassse", antwortete König Sven.

Damit war die Beratung beendet.

Die Könige verließen mit ihrem Gefolge den Nebenraum. Sofort verstummte der Lärm in der großen Halle. Sigwaldi stellte sich zwischen die beiden Könige, um das Ergebnis zu verkünden. „Hohe Frauen, verehrte Gäste, meine Brüder! Der König der Dänen, Sven Gabelbart, und der König der Polen, Boleslaw, haben über den Frieden zwischen ihren Völkern beraten! Der Gott des Friedens, Baldur, oder der Gott der Christen, wie jeder von euch glauben mag, hat ihre Herzen zum Frieden gestimmt! König Sven hat als Sühne für seine unfreiwillige Reise nach Jumne die Unterstützung der Jomswikinger bei der Rückeroberung des Tröndelags erhalten! Das versprach ihm König Boleslaw!"

Lautes Jubelgeschrei der Krieger ließen seine weiteren Worte ungehört. Er mußte sie darum wiederholen.

„Wie der Friede zwischen Dänen und Polen in Zukunft noch weiter gefestigt werden kann und was das Schicksal Pommerns betrifft, dazu haben die Könige eine Bedenkzeit vereinbart. Ich selber glaube ganz fest an eine baldige Einigung, die beiden Seiten nur Vorteile bringt! Heben wir unsere Methörner und trinken wir auf das Wohl der beiden Könige! – Heil, König Sven!" rief Sigwaldi aus.

Die Jomswikinger und Dänen schrien es ihm nach.

„Heil, König Boleslaw!" rief Sigwaldi ein zweites Mal.

Die Anwesenden wiederholten es.

„Und Heil der Freundschaft zwischen Dänen und Polen!" rief der Jarl ein letztes Mal.

„Heil der Freundschaft!" erscholl es in der Halle. Dänen und Polen stießen mit ihren Trinkhörnern an.

Das Abendessen wurde in ausgelassener, fröhlicher Stimmung eingenommen. Anschließend traten Gaukler und Kommödianten vor den Königstisch und spielten ihre Kunststücke vor. Bis spät in die Nacht wurde gelacht, getrunken und gesungen. Als die meisten Krieger gänzlich besoffen waren, hielt es Jarl Sigwaldi für angebracht, das Fest schleunigst aufzuheben. Die Könige verabschiedeten sich in Freundschaft und zogen sich in ihre Gemächer zurück.

König Sven beriet sich noch in der selben Nacht mit seinen engsten Vertrauten. Die wenigsten von ihnen hatten Einwände gegen eine Heirat mit der polnischen Prinzessin. Die meisten fanden sogar Gründe, die dafür sprachen. Sie hielten es für verständlich, daß der Polenkönig nur gegen eine größtmögliche Sicherheit solch eine riesige Summe an

König Sven zahlen durfte. Mit dieser Menge an Gold und Silber könne man das von den Schweden ausgeraubte und verheerte Dänenland wiederaufbauen und zugleich eine gewaltige Flotte ausrüsten, um die Insel der Angelsachsen zu erobern. Pommern ginge zwar verloren, doch man bekäme im nächsten Sommer mit Hilfe der Jomswikinger ganz sicher das Tröndelag als Ersatz. Ein anderer meinte, daß Gunnhild mit solch einer reichen Mitgift die beste Braut sei, die der Dänenkönig zur Zeit finden könne. Denn Pommern fiele kaum noch ins Gewicht, da es wahrscheinlich sowieso nicht mehr lange zu halten wäre. Wieder ein anderer warf in die Beratung ein, daß es nicht klug sei, wenn man zu viele Feinde in der Welt habe. Darum sei es weise gehandelt, mit den Polen einen dauerhaften Frieden zu schließen, um alle Kräfte auf das Ziel richten zu können, die Angelsachsen zu unterwerfen.

König Sven hörte sich die Meinungen seiner Jarle ruhig an. Seine endgültige Entscheidung über die Heirat mit Prinzessin Gunnhild verschob er auf den nächsten Tag.

Zur selben Zeit sprach König Boleslaw im engsten Familienkreis über eine mögliche Heirat seiner Schwester mit dem Dänenkönig.

„König Sven hat mir vom ersten Augenblick an gefallen", meinte Gunnhild leicht errötend. „Ich glaube, er ist der größte König rund um die Ostsee! Ich stelle mir das Leben am dänischen Königshof herrlich vor!" schwärmte sie.

„Noch ist die Heirat keine beschlossene Sache", dämpfte Boleslaw die Hoffnungen seiner Schwester. „Ich halte es für einen glücklichen Umstand, daß du freudig in einen Lebensbund mit dem Dänenkönig einwilligst. – Mehr Sorgen bereitet mir das Glück meiner jüngsten Schwester, Astrid. Ich habe es ehrlich gesagt nicht für möglich gehalten, daß Jarl Sigwaldi die Bedingung erfüllen könnte. Aber das Unmögliche scheint ihm doch zu gelingen. Wenn auch nicht ohne meine Unterstützung. Ich könnte ihm deshalb vorwerfen, die Bedingung nur halb erfüllt zu haben. Das bedeutet, daß du ihn nicht unbedingt heiraten mußt, um mein Versprechen damit einzulösen", sprach König Boleslaw sanft, um seiner Schwester Astrid Gelegenheit zu geben, noch einmal ihr Herz zu prüfen.

„Ich glaube, daß Jarl Sigwaldi sehr große Gefahr auf sich nahm, um Pommern aus dänischer Knechtschaft zu befreien. Wie glücklich war heute der Pommernfürst Dobromir, weil er hoffte, daß sein Land endlich frei werden könnte! Und dies wäre nicht zuletzt das Verdienst Sigwaldis. Wenn Friede geschlossen wird, ist er ein Held und Wohltäter unseres Volkes. Hunderten, ja tausenden von Müttern, Frauen und Kindern hätte er dann bitterstes Leid und schwerste Not erspart. Ich werde Jarl Sigwaldi ehren und lieben, wie er es verdient. Wer so etwas wagt, der kann kein schlechter Mensch sein. Wenn er auch jetzt noch ein Heide ist, so glaube ich, daß es mir mit Hilfe des Bischofs und anderer Gottesmänner gelingt, ihm zum rechten Glauben zu bekehren", sprach Astrid mit Tränen in den Augen.

Königin Emnild umarmte ihre Schwägerin vor Rührung. „Deine Worte waren einer Prinzessin würdig. Du hast immer unsere Hilfe und Unterstützung, Astrid."

Während sie sich über die Hochzeitsvorbereitungen unterhielten, die möglicherweise getroffen werden mußten, trat ein Diener ein. Er meldete, Jarl Sigwaldi in Begleitung seines Bruders Thorkel wünsche den König zu sprechen.

„Jetzt noch? – Also gut, führe sie herein!" befahl der König.

Kurz darauf betraten Sigwaldi und sein Bruder Thorkel das Privatgemach des Königs.

„Verzeih, wenn ich zu solch später Zeit störe", sprach Jarl Sigwaldi mit demütig gesenktem Haupt. Thorkel verbeugte sich ebenfalls.

„Was gibt's?" fragte der König kühl.

„Ich möchte fragen, ob der König noch irgendwelche Befehle oder Wünsche hat?"

„Sorge dafür, daß unsere Gäste nicht von Betrunkenen in

der Nachtruhe gestört werden. Das ist alles, Sigwaldi. – Sonst noch etwas?" fragte der König, da der Jarl stehen blieb.

„Darf ich fragen, ob der König zufrieden ist mit dem Verlauf des heutigen Tages?"

„Ich glaube, daß man zufrieden sein kann. – Es scheint, als ob du die Bedingung beinahe erfüllt hättest. Aber ohne meine Hilfe wäre es wohl kaum möglich gewesen, zu diesem Verhandlungsergebnis zu gelangen."

„Ich verstehe nicht ..." murmelte Jarl Sigwaldi erschrokken.

Astrid fühlte, daß sie etwas sagen mußte, damit Jarl Sigwaldi nicht beleidigt das Gemach verlassen würde. – „Jarl Sigwaldi. Du hast mit deiner kühnen Tat, König Sven hierherzuschaffen, ein wahres Heldenstück vollbracht! Trage diesen Ring als Zeichen der Ehre und der Hochachtung, die ich für einen so tapferen Heerführer des Königs empfinde", sprach Prinzessin Astrid artig und schenkte ihm einen Ring von ihrer Hand.

„Ich danke dir, Prinzessin Astrid. Mein Schwert und mein Schild sollen immer gegen deine Feinde gerichtet sein", beteuerte Sigwaldi.

„Genug der Worte jetzt", sprach König Boleslaw. „Sollte die Hochzeit zwischen König Sven und Gunnhild zustande kommen, so sollst du am selben Tag mein Schwager werden", bekräftigte der König. „Nun verlaßt uns."

Sigwaldi und Thorkel verbeugten sich und verließen das Gemach.

Thorkel der Hohe legte draußen seinem Bruder schwer die Hand auf die Schulter. „Ich kann es noch kaum glauben. Du ein Schwager des Polenkönigs. Ich weiß nicht, ob ich vor Freude jubeln oder vor Angst zittern soll", meinte er kopfschüttelnd.

„Warum sich ängstigen? Freu dich mit mir! Bald zählen wir zu den Mächtigsten im Polenreich!"

„Des Polenreiches, das ist es ja, was mir Sorgen bereitet. Wenn es in Dänemark wäre, unserem Heimatland, hätte ich kaum Bedenken. Aber hier sind wir trotz allem Ausländer. Zu viele einheimische Neider wirst du haben", meinte Thorkel.

„Und wenn schon! Keiner wird es wagen, gegen den Jarl der Jomswikinger einen Stein zu heben", knirschte Jarl Sigwaldi wütend mit den Zähnen.

„Hoffentlich behältst du recht", wünschte ihm Thorkel.

Am Vormittag des folgenden Tages hatten die Könige mit Regierungsgeschäften vollauf zu tun. Boten der Polen und Dänen gingen in der Burg ein und aus. Die Stadt Jumne wurde vorübergehend zur Residenz von zwei Königen.

An der Mittagstafel trafen sich die Könige mit ihrem Gefolge wieder. Nach dem Essen fragte König Boleslaw den König der Dänen, ob er bereits eine Entscheidung getroffen habe. König Sven zögerte. Sein Blick fiel auf Gunnhild, die ihn mit dem schönsten Lächeln ansah, dessen sie fähig war. König Sven konnte den verlockenden Reizen der polnischen Prinzessin nicht länger widerstehen. Er nickte bejahend. – „Ich bin bereit, Prinzessin Gunnhild zu meiner rechtmäßigen Gemahlin zu nehmen, zu der Mitgift, die wir gestern aushandelten. Sie wird Königin von Dänemark sein – und bald auch über das Reich der Angelsachsen", sprach König Sven seine kühnsten Träume aus.

Jarl Sigwaldi verkündete allen Anwesenden die freudige Nachricht der Verlobung. Anschließend verlobte König Boleslaw den Jomsburgjarl mit seiner jüngsten Schwester, Prinzessin Astrid, und löste damit sein Versprechen ein.

Als der Tag der Hochzeit wurde der kommende Sonntag bestimmt. Tags zuvor ließ sich Jarl Sigwaldi von Bischof Unger taufen. Über hundert Bewohner von Jumne erklärten sich ebenfalls bereit, die Taufe zu empfangen. Jarl Sigwaldi legte den Schwur ab, alles heidnische Brauchtum abzulegen und sich zukünftig alle Mühe zu geben, ein echter Christ zu werden, im Denken wie im Handeln.

IV. Buch

Olafs Wikingzüge

Folkestone, Norwich und Ypswich

Das erste Ziel Olafs nach seiner Abreise aus Polen im Jahre 991 n. Chr. war die Stadt Haithabu,[1] flußaufwärts an der Schlei gelegen. Haithabu gehörte in früheren Zeiten zur Herrschaft der Dänenkönige. Doch seit der schwedische König Erik der Siegreiche im Jahre 990 den Dänenkönig Sven Gabelbart aus Reich und Herrschaft vertrieben hatte, verwaltete ein schwedischer Herse die große Handelsstadt und erhob die Marktzölle für seinen König.

Eine große Schleppstrecke für Schiffe zwischen der Nord- und Ostsee endete bei Haithabu. Nicht zuletzt dieser Umstand ließ die Stadt groß und berühmt werden. Die Händler brauchten sich nicht mehr den vielfältigen Gefahren einer weiten Segelfahrt um die Halbinsel Jütland auszusetzen, und sie gewannen viel Zeit, während der sie Handel treiben konnten.

Olaf weilte mit seinen Gefolgsmännern nur wenige Tage in Haithabu. In den Gasthäusern wurde viel davon gesprochen, daß der vertriebene Dänenkönig mit einem großen Wikingerheer um die Insel der Angelsachsen heeren und dabei sagenhafte Schätze erbeuten würde. Olafs Krieger waren sich einig, ebenfalls Kurs nach Westen zu nehmen.

Ein Tag lang dauerte das Überlandziehen der Langschiffe. Ein reges Transportgewerbe hatte sich in Hollingstedt und Haithabu entwickelt.

In jeder Stadt in der Nähe des Meeres, in jedem Fischerdorf und in jedem Wik auf den friesischen Inseln warb Jarl Olaf neue Krieger an. Er kaufte Schiffe von seinem eigenen Gold und Silber und besetzte sie mit den Neuangeworbenen. Auch ganze Besatzungen mit dem Schiffseigentümer begaben sich unter Olafs Oberbefehl. Olaf beredete sie, sich ihm anzuschließen, denn je mehr Schiffe und je mehr Krieger vereint wären, um so größere Angriffsziele könnten sie sich aussuchen und um so größere Beute wäre dabei zu gewinnen. Es war völlig gleichgültig, ob es Norweger,

Dänen, Schweden, russische Waräger, irische oder normannische Wikinger waren. Wenn sie vor Olaf den Gefolgschaftseid ablegten, waren sie eine verschworene Gemeinschaft mit dem gleichen Ziel, durch Raub möglichst schnell reich zu werden. Und sie brauchten es nicht zu bereuen, sich unter den Oberbefehl eines anderen gestellt zu haben. Jarl Olaf Tryggvisson war ein gerechter und umsichtiger Heerführer. Er schlichtete unparteiisch ihre kleinen und großen Streitigkeiten, achtete die alten Gesetze und entschied niemals selbstherrlich über ihre Köpfe hinweg. Bei jeder wichtigen Entscheidung rief er ein Thing zusammen, und jeder durfte seine Meinung sagen. Thorgeir versäumte es nicht, die „Neuen" davon zu unterrichten, daß Jarl Olaf besonderes Jarlsglück von den Göttern geschenkt bekam, weil er aus altem norwegischen Königsgeschlecht stamme. Die alten Gefährten aus dem Polenreich waren davon längst felsenfest überzeugt.

Jarl Olaf war im Sommer dieses Jahres Befehlshaber über eine Wikingerflotte von achtunddreißig Langschiffen, zwischen vierzehn und vierundzwanzig Ruder je Schiff. Seine Gefolgschaft bestand aus über tausend Kriegern. Olaf befehligte das größte und prächtigste Langschiff mit insgesamt sechsundzwanzig Rudern und über sechzig Mann Besatzung. Sein Jarlsschiff ließ er natürlich mit den waffengewandtesten Kriegern besetzen.

In Qentowic besserten sie ihre Schiffe aus für die Überfahrt zur Insel, der Angelsachsen. Bei günstigem Segelwetter, der Wind blies ihnen von Osten voll in die Segel, stachen sie in See. Nicht ohne dem Meeresgott Ägier ein großes Opfer gebracht zu haben.

Die Bewohner eines kleinen Fischerdorfes waren die ersten Angelsachsen, die Gewalttätigkeiten von Olafs Wikingerheer erleiden mußten. Zu holen gab es hier nichts. Olaf fragte die Einwohner aus, welche größere Ortschaft oder Stadt sich in der Nähe befände. Folkestone wurde ihm genannt. Thorgeir belud sein Schiff voll mit Waren, um sich als Händler zu tarnen, und machte sich mit zwanzig Begleitern auf, um Folkestone zu erkunden. Nach wenigen Tagen kehrte er zurück. Folkestone sei eine sagenhaft reiche Stadt, berichtete Thorgeir. Sie sei die Gefahr eines Angriffes wohl wert. Alle Bewohner wähnten sich im tiefsten Frieden. Noch war keine Kunde von dem Wikingerheer zu ihren Ohren gelangt. Thorgeir hatte sich die Befestigungswerke genau angesehen. Er wußte, wo sich die schwächste Stelle befand. Die Nordmänner waren sofort Feuer und Flamme.

Nachts ruderten sie an der Küste entlang nach Norden. In der Nähe von Folkestone mußten sie sich noch einen Tag lang in einer Bucht versteckt halten. Nachts näherten sie sich Folkestone weiter. Kurz vor der Stadt warteten sie auf die Morgendämmerung. Als sich der Himmel heller zu färben begann, gab Olaf den Befehl zum Angriff. Lautlos rannten sie die letzten hundert Schritte bis zu den Palisadenwällen.

Hörnerklang in der Stadt verkündete ihnen, daß sie erkannt waren. Die Sturmleitern wurden am Stadtwall aufgestellt, und die Wikinger kletterten hoch. Die Verteidiger auf dem Wall wurden mit Gerwürfen und Pfeilschüssen zur Deckung gezwungen. Dann sprangen die ersten Wikinger mit gräßlichem Kriegsgeschrei über die Palisade. Nach kurzer Zeit waren die wenigen Stadtwachen niedergehauen. Die Wikinger konnten ungehindert über die Palisade klettern. Ein leichter Sieg.

Die Angelsachsen fanden zu keiner geschlossenen Gegenwehr zusammen und konnten leicht von den wilden Nordmännern erobert werden. Der Sheriff[2] der Stadt floh mit einer großen Zahl von Kriegern durch das gegenüberliegende Tor und überließ die Einwohner feige ihrem Schicksal. Gegen Mittag war aller Widerstand in der Stadt erloschen. Folkestone, mit allen Menschen und Waren, befand sich in den Händen der Wikinger. Sie waren vor Freude über diese unermeßliche Beute ganz von Sinnen. Sie wußten nicht mehr, was sie zuerst tun sollten. Das Gold und Silber zählen, das sie den Händlern und Handwerkern abnahmen, den Frauen nachstellen oder die Vorratsräume der Bürger leerfressen.

Über zehn Tage lang lebten sie in Folkestone wie die Maden im Speck. Von den umliegenden Bauernhöfen stahlen sie Getreide und Vieh, innerhalb der Stadt waren sie bemüht, den denkbar schlechtesten Eindruck von sich zu hinterlassen. Dann bekam Olaf von seinen Kundschaftern die Nachricht, daß ein starkes angelsächsisches Heer sich auf dem Marsch gegen Folkestone befände. Eilends luden die Wikinger ihre kostbarsten Beutestücke in die Schiffe. Trotzdem waren sie randvoll bis zum Sinken beladen. Noch am selben Tag schoben sie ihre Schiffe zu Wasser und fuhren flußabwärts und dann nordwärts an der Küste entlang.

Jarl Olaf verhinderte, daß die wildesten unter den Wikingern die Stadt anzündeten. Was für einen Nutzen hätte es gehabt? Keinen für beide Seiten. Olaf war der Ansicht, man solle die Handwerker, Händler und Bauern am Leben lassen und auch ihre Existenz nicht vernichten. Durch ihren Fleiß und ihre Tüchtigkeit hätten sie schnell die Verluste ausgeglichen, und dann könne man sie später noch einmal schröpfen. Das leuchtete dem dümmsten Wiking ein.

Sie segelten an der Südwestflanke der Insel herum und erreichten die Mündung des Yare. Die Stadt Norwich lag flußaufwärts, erfuhren sie in einem Dorf am Ufer des Yare. Kein Schiff ließen sie mehr den Fluß aufwärts fahren. Alle wurden gekapert, ausgeraubt und dann wieder auf die offene See geschickt, damit sie die Norwicher nicht warnen würden. Endlich kam Thorgeir, der Kundschafter, zurück. Die Stadt war gut befestigt, aber zehnmal reicher noch als Folkestone. Die Wikinger waren nicht zu halten. Sie wollten es wagen. Thorgeir führte sie im schwachen Mondlicht unbemerkt bis kurz vor die Stadtwälle. Jarl Olaf hatte sich eine Kriegslist ausgedacht. Sie griffen die Stadtwälle von zwei Seiten an, und zwar zeitlich versetzt. Während das kleinere Heer den ersten Angriff führte und, wie Olaf erwartete, abgeschlagen wurde, griff das zweite, größere

Heer auf der gegenüberliegenden Seite an, wo sich fast keine Verteidiger mehr aufhielten. Erst einmal in der Stadt, war durch die Überzahl der Wikinger der Sieg gewiß, wenn auch diesmal unter größeren Verlusten.

Die Beute war riesig. Man konnte einfach nicht mehr alles in die Schiffe laden. Da lag nun der ganze Reichtum an Waren, und man konnte nichts damit anfangen. Nur das Gold und Silber nahmen sie an sich; und auch das war schon so viel geworden, daß mancher Wikinger später in der Nähe der Meeresküste einen Teil seines Schatzes in einem leicht wiederfindbaren Versteck verscharrte.

Diesmal dauerte es fast einen halben Mond, bis das angelsächsische Heer bis nach Norwich marschiert war. Als es die Stadt erreichte, waren die Räuber mit ihren Schiffen längst flußabwärts gefahren.

Das nächste Angriffsziel hieß Ypswich. Die Stadt lag südlich von Norwich und war ebenso leicht mit dem Schiff zu erreichen.

Bei Mondlicht ruderten sie den Fluß hinauf. Kurz vor Ypswich verbargen sie sich in einem großen Wald und ruhten den Tag über. Bei Nacht näherten sie sich zu Fuß der Stadt. Um Mitternacht, früher als sonst, kam die böse Überraschung für die Ypswicher. Der Widerstand der Angelsachsen war jedoch stärker geworden. Mehr Bewaffnete befanden sich in der Stadt. Die Schreckensnachricht von Jarl Olafs Wikingerheer hatte sich in Windeseile im ganzen Kingdom verbreitet. Auch die Beute an Gold und Silber war merkwürdigerweise bedeutend geringer geworden. Die Angelsachsen hatten vorsorglich ihre Schätze an sicheren Orten versteckt.

Diesmal dauerte es keine zehn Tage, bis das feindliche Heer von Norwich nach Ypswich marschierte. Doch die Wikinger waren wiederum schneller und ließen sich auf keinen Kampf ein, dessen einziger Gewinn aus zerschmetterten Köpfen und durchlöcherter Haut bestand. Dabei war keine Beute zu gewinnen, denn die Krieger des Angelsachsenkönigs besaßen nichts als ihren lumpigen Sold.

Die Schlacht von Maldon

Zwischen Ypswich und London lag an der Mündung des Blackwater in einer Bucht die Stadt Maldon. Die Wikinger fühlten sich so sicher, daß sie auf einer Sandbank vor der Flußmündung an Land gingen und einen Lagerplatz errichteten. Vor den Toren der Stadt fingen sie Kühe und Schafe ein, die sie schlachteten, um ihren Hunger zu stillen.

Am frühen Nachmittag, die Nordmänner sahen es mit Erstaunen, kam ein Heer von etwa vierhundert Kriegern aus der Stadt marschiert und stellte sich drohend am Flußufer auf. Der Befehlshaber der Angelsachsen hieß Earl Brythnoth. Er war der Meinung, das Nordmännerheer mit einer todesmutigen Waffenschau beeindrucken und zum Abziehen bewegen zu können. Doch er bewirkte das genaue Gegenteil. Die Wikinger, in ihrem Siegeswahn, reizte diese Kühnheit zu blinder Wut. Jarl Olaf hätte diesen Kampf gerne vermieden. Zum einen war der Vorteil der Überraschung nicht gegeben und zum anderen befanden sie sich noch lange nicht in der Stadt, auch wenn das Heer davor besiegt wäre. Doch Olaf mußte sich dem Willen seiner Krieger beugen. Die Wut machte sie taub vor allen Vernunftsgründen, die gegen den Kampf sprachen.

Die Ebbe kam, und nur noch eine schmale Wasserrinne trennte die beiden Heere. Die Nordmänner konnten nicht das Festland erreichen, ohne sich schwimmend, und damit schutzlos, den Geschossen der Angelsachsen auszusetzen. Ein Wiking band einen Tuchfetzen an seine Gerspitze und trat zwischen die beiden Heere. Er rief den Angelsachsen zu, ob sie zu feige wären, sich dem Feind in einer offenen Feldschlacht zu stellen. Earl Brythnoth befahl daraufhin seinen Kriegern, sich hundert Schritte vom Ufer zu entfernen, um dem Gegner großzügig zu gestatten, unbehelligt auf das Festland zu gelangen. Die Ritterlichkeit dieses Earl Brythnoth sollte später sogar in einem Gedicht verewigt werden.[3]

Die Angelsachsen rückten zu einer Schildburg zusammen. Dreißig gepanzerte Reiter stellten sich vor dem Heer in einer Linie auf.

Die Nordmänner überquerten watend und schwimmend den Fluß. Sogleich stürmten sie mit gräßlichem Gebrüll gegen die Feinde. Zuerst schickte Earl Brythnoth die Reiterei auf die Wikinger los. Die Pferde stampften die vorderste Reihe der Nordmänner zu Boden, mancher endete unter den Hufen der Rosse. Von oben schlugen die Angelsachsen dann ihre Bartäxte gegen die Helme der Wikinger. Furchtbar wüteten die Berittenen unter den Angreifern. Doch der Feind war zu zahlreich. Alle Reiter wurden in Kürze getötet, doch mehr als doppelt so vielen Gegnern brachten sie den Tod. Olafs Wikinger waren zu höchster Wut gereizt angesichts der großen Verluste. Sie stürmten gegen die Schildmauer der Angelsachsen. Ein mörderischer Nahkampf entbrannte. Es dauerte lange, bis die Reihen der Angelsachsen ins Wanken gerieten. Erst als Earl Brythnoth, von einem Ger durchbohrt, zu Boden sank, floh das angelsächsische Heer. Das Tor der Stadt Maldon wurde ihnen geöffnet, obwohl die Wikinger ihnen dicht auf den Fersen waren. Einige Angelsachsen hatten Glück und konnten sich hinter die schützenden Stadtwälle retten. Die übrigen wurden von den Nordmännern im Blutrausch ohne Gnade niedergehauen.

Doch als Jarl Olaf mit seinen Steuermännern die Walstatt absuchte, kam die bittere Ernüchterung. Über zweihundert ihrer Brüder hatten den Schwerttod gefunden. Fast doppelt so viele waren verwundet. Auch Olaf erhielt einen Schwerthieb gegen den Kopfhelm, so daß er noch mehrere Tage lang Kopfschmerzen spürte.

Für heute hatten die Wikinger genug. Sie nahmen ihre Toten und Schwerverwundeten und zogen sich auf die Insel Northey zurück.

Anderntags fällten sie Bäume im nahegelegenen Wald. Mehrere große Scheiterhaufen wurden für die Gefallenen errichtet. Die riesigen Totenfeuer brannten den Rest des

Tages und die folgende Nacht. Dann warfen die Nordmänner Erde über die noch qualmenden Aschenhaufen zu Grabhügeln.

In den folgenden Tagen zog das Heer der Nordmänner raubend und plündernd in der Umgebung von Maldon umher. Die Stadt belagerten sie, um sie durch Hunger zur Übergabe zu zwingen.

Jarl Olaf und seine Steuermänner erwägten bereits, die Belagerung abzubrechen und vor dem bevorstehenden Winter ins Danelag zu ziehen. Es war höchste Zeit, sich nach einer guten Winterunterkunft umzusehen. Die Scharte vor Maldon konnte man auch im nächsten Sommer noch auswetzen. Jeder Wiking hatte bei den vorherigen Raubzügen so große Beute gemacht, daß sie sich getrost eine längere Erholung gönnen durften. Doch vorher sollten sie noch einmal Grund zum Jubeln erhalten.

Erzbischof Sigeric von Canterbury kam auf den Einfall, den Nordmännern ein Lösegeld zu zahlen, das sogenannte Dänengeld, damit sie seine Grafschaft in Zukunft von Raubzügen verschonen sollten. Der Earldorman Eathelweard von Devonshire und der Earldorman Aelfric von Hampshire schlossen sich ihm an. Nachdem sie zuerst die Erlaubnis vom König eingeholt hatten, sandten sie Unterhändler zu Jarl Olaf Tryggvisson.

Die Verhandlungen über die Höhe des Lösegeldes waren zäh und lang. Schließlich einigte man sich auf eine Zahlung von 10.000 Pfund englischen Silberlingen.

Nachdem Friede mit den Grafen beschworen und das Lösegeld auf den Schiffen verladen war, fuhren die Wikinger mit ihren Drachenschiffen auf die offene See hinaus, Kurs Danelag.

Nach mehrtägiger Segelfahrt erreichten sie das Humber-Fjord. Flußaufwärts mußten sie sich in die Ruder legen, bis sie die Stadt York erreichten. Hier hatte Sven Gabelbart, der vertriebene Dänenkönig, eine neue Herrschaft gefunden. Jarl Olaf begab sich zur Königshalle, um für sich und sein Heer friedlichen Aufenthalt zu erbitten. König Sven, am Zuzug neuer Krieger nicht unerfreut, gewährte Olaf diese Bitte gerne. Er hoffte insgeheim, daß Olaf ihm bei der Rückeroberung seines Erbreiches Dänemark als Verbündeter gute Dienste leisten werde. König Sven schmiedete unentwegt Kriegspläne, wie er dies am schnellsten bewerkstelligen könnte. Jarl Olaf sagte König Sven weder Hilfe zu, noch beging er die Unklugheit, ihm seine Unterstützung offen zu verweigern. Doch er war nicht bereit, sich unter Svens Oberbefehl zu stellen. Olaf wollte sein eigener Herr bleiben. Nachdem er mit seinen Steuermännern mehrere Tage als Gast König Svens dessen gute Bewirtung genossen hatte, fuhren sie mit ihren Schiffen den Swale weiter aufwärts und bezogen Unterkünfte in den Dörfern. Den Winter verbrachten sie auf die angenehmste Weise mit Festgelagen und ausgedehnten Jagdzügen durch die nahegelegenen Berge.

Von Schottland bis zur Normandie

Als im Frühsommer Boten von König Sven eintrafen, die Jarl Olaf und seinen Steuermännern eine großzügige Einladung überbrachten, rief Olaf seine Getreuen zu einer geheimen Beratung zusammen. Er teilte ihnen mit, daß er keineswegs gedenke, sich unter Svens Oberbefehl zu stellen, sondern auf sein eigenes Glück vertraue. In Dänemark seien keine Schätze zu gewinnen, denn König Sven werde sich gewiß hüten, seine eigenen Untertanen auszurauben. Zudem sei keineswegs gesichert, daß Sven gegen den Schwedenkönig Erik siegen würde. Etwa die Hälfte der Gefolgschaft war gleicher Ansicht wie Olaf. Andere hatten während des Winters eine Frau gefunden und wollten sich im Danelag als Bauern für immer niederlassen, wieder andere zogen die Herrschaft König Svens vor. So segelte Olaf mit nur der Hälfte seiner früheren Schiffe und Mannschaft den Swale abwärts. Im Schutze der Dunkelheit fuhren sie an York vorbei. Olaf hätte um sein Leben fürchten müssen, wenn er die Stadt betrat, denn König Sven hätte wohl kaum ruhig zugesehen, daß ein Heer von über neunhundert kampferprobter Krieger einfach davonsegelte. Um Dänemark zurückzuerobern, benötigte er jeden waffenfähigen Mann und erst recht jedes Langschiff, das seetüchtig war.

Olaf sollte recht behalten. Denn es gelang König Sven in diesem Sommer nicht, es war das Jahr 992 nach Christus, sein Stammreich Dänemark zurückzuerobern.

Die fünfzehn Langschiffe Olafs nahmen Kurs Westen an Schottlands Küste entlang. Überall sammelte Olaf wieder Krieger und Schiffe mitsamt ihren Besatzungen. Während im vergangenen Sommer überwiegend gebürtige Dänen unter seinen Oberbefehl traten, so waren es in diesem Jahr überwiegend Norweger, da im Nordosten Norwegen lag.

Manche Stadt in Schottland bekam den Goldhunger der wilden Nordmänner zu spüren. Sie blieben so lange, bis der Schottenkönig ein Heer von empörten Bauern und Bürgern aufbot, um die Schmarotzer zu vertreiben. Mit über dreißig Schiffen segelte Olaf an den Orkaden vorbei, um die Nordspitze der Insel herum und schließlich wieder nach Süden an der Westküste Schottlands entlang. So verging der zweite Sommer von Olafs Wikingzeit. Den Winter verbrachten sie irgendwo flußaufwärts an der schottischen Küste.

Im Frühjahr des Jahres 993 waren von Olafs stolzer Flotte von dreißig Langschiffen wieder nicht mehr als kaum die Hälfte übriggeblieben. Mancher Schiffseigentümer machte sich frühzeitig heimlich davon, weil ihm der Oberbefehl eines anderen nicht behagte. Es gelang Olaf nicht, ein größeres Heer über den Winter zusammenzuhalten, mit dem er im Frühling wagen konnte, Richtung Norwegen zu segeln. Wieder mußten Olaf und seine Steuermänner ihre ganze Redekunst aufwenden, um eine größere Kriegerschar mühselig zu vereinen.

Auf der Insel Man raubten sie Fressalien, das Kloster Iona lag in Schutt und Asche, und es gab dort nichts mehr zu holen. In Wales plünderten sie mehrere Städte, bei günstigem Wind segelten sie nach Irland, kaperten einige Handelsschiffe vor Dublin und in der Nähe von Wexford überfielen sie ein Nonnenkloster. Im Spätsommer geschah das Unheil. Auf der Irischen See wurden sie von dem ersten großen Sturm erfaßt, der den nahen Herbst ankündigte. Jarl Olaf mußte schmerzlich zusehen, wie seine Flotte in alle Winde auseinandergetrieben wurde. Olaf selber verschlug es mit nur achtzehn Schiffen an die Küste der Normandie. Für den Rest des Sommers blieb ihnen nichts anderes übrig, als sich gute Winterquartiere zu suchen. Also fuhren sie die Seine aufwärts und baten den normannischen Herzog in Rouen um Gastfreundschaft. Dieser nahm immer gerne Nordmänner unter seinen Schutz, erst recht einen Nachkommen aus König Harald Schönhaars Geschlecht, wie Jarl Olaf Tryggvisson.

Im Winter ließ Olaf die Gelegenheit nicht ungenutzt, mit dem Normannenherzog weiter seineaufwärts zu fahren bis zur Hauptstadt des Frankenreiches – Paris.

Die Franken waren nach den Griechen die gebildetsten und höflichsten Menschen, denen Olaf je begegnet war. Die Pracht und der Reichtum am fränkischen Königshof schien dem der Chersoneser am ähnlichsten. Auch die Schönheit und der verführerische Reiz der fränkischen Hofdamen hinterließen einen tiefen Eindruck in Olaf. Wenn nicht der heidnische Glaube gewesen wäre, dann hätte es nicht an Gelegenheit gefehlt, um hier am Hofe König Hugo Capets das große Glück zu machen.

Mit König Sven Gabelbart vor London

So aber fuhr Olaf im Jahre 994 mit einer Flotte von fünfzehn Schiffen erneut auf Wiking aus. Und Olaf hoffte immer sehnsüchtiger, diesmal den großen Sprung von der Insel der Angelsachsen nach Norwegen zu schaffen, um dort seinen Anspruch auf die Königskrone geltend zu machen.

Entlang der Südküste von König Ethelreds Reich trieben sie Strandraub. Währenddessen vergrößerte sich Olafs Flotte wieder ständig. Alte Gefährten traf er wieder, neue Freunde gewann er hinzu, ganze Schiffsbesatzungen stellten sich unter Jarl Olafs Oberbefehl.

Eines Tages segelten sie an der Themsebucht vorbei. Sehnsüchtig schauten sie in die Bay hinein, wo themseaufwärts die reiche Stadt London lag. Aber um diese überaus stark befestigte Stadt zu erobern, dazu war Olafs Flotte von jetzt annähernd vierzig Schiffen noch viel zu klein. Sie segelten weiter nordwärts.

Gegen Abend kam ihnen ein vollbemanntes Drachenschiff entgegengerudert. Olaf ließ die Segel einziehen. Mitten auf der See fand die Begrüßung statt. Der Steuermann rief Olaf drohend zu, daß sie Gefolgsmänner des dänischen Königs Sven seien.

Olaf fragte ihn gehörig aus. Er erfuhr, daß König Sven im vergangenen Sommer, im Jahre 993, endlich sein Königreich von den Schweden zurückerobert habe. Jetzt wolle er sogar versuchen, das Reich König Ethelreds in die Knie zu zwingen. Gleichzeitig fahre Jarl Sigwaldi, der Jomsburgjarl und Gesippe König Svens, mit seiner Jomswikingerflotte gegen Norwegen, um es ebenfalls für den Dänenkönig zu erobern.

Olaf hörte die Kunde mit Erstaunen. Wieso könnten die Jomswikinger für König Sven kämpfen, früher seien sie doch dem Polenkönig Mieszko treuepflichtig gewesen, fragte er den dänischen Steuermann.

Die Jomswikinger stünden immer noch unter dem Oberbefehl des Polenkönigs, doch dieser heiße jetzt Boleslaw und nicht Mieszko, entgegnete der Däne.

Olaf ließ sich nicht anmerken, mit welcher Freude er hörte, daß es seinem früheren Schwager Boleslaw vergönnt war, König nach seinem Vater Mieszko zu werden.

„Und", fuhr der Däne fort, „Jarl Sigwaldi kämpft für König Sven, weil beide eine Schwester des Polenkönigs heirateten."

Nun war das Erstaunen bei Olaf groß. „Wie lauten die Namen der beiden Frauen?" fragte er brennend vor Neugierde.

„König Sven heiratete Prinzessin Gunnhild, Jarl Sigwaldi die Prinzessin Astrid!" gab der Steuermann Auskunft.

Olaf wollte nun unbedingt wissen, wo sich König Sven aufhielt, um näheres über die Begebenheiten in Polen zu erfahren. Zuerst wollte der Däne nicht das Versteck seines Königs verraten, schließlich gab er Olaf eine genaue Ortsbezeichnung, wo er König Sven antreffen könne.

König Sven empfing Jarl Olaf freundschaftlich. Er hatte anscheinend vergessen, daß Olaf ihm bei der Rückeroberung Dänemarks seine Unterstützung versagte. Als Olaf ihm erzählte, daß er ebenfalls eine Schwester König Boleslaws geheiratet hatte, die aber im Kindbett gestorben war, schien alles Mißtrauen beseitigt. Jarl Olaf erkundigte sich eingehend über seinen früheren Schwager Boleslaw und über die Gründe, die zu den zwei Eheschließungen führten. Doch dabei stieß er auf merkliche Zurückhaltung bei König Sven. Dieser sprach nicht gerne von dem Streich, den ihm Jarl Sigwaldi spielte. Olaf hörte mit innerer Freude, daß Pommern unter die Herrschaft König Boleslaws gefallen war. Aber daß als Entschädigung darüber die Jomswikinger für König Sven Norwegen erobern sollten, das erfüllte Olaf mit großem Kummer. Er trug immer die Hoffnung mit sich, wenn er eines Tages eine genügend große Flotte an Schiffen und Mannschaften besäße, dann könne er in Richtung Norwegen segeln und das Reich seines Vaters oder sogar ganz Norwegen erobern. Jetzt hörte er, daß ihm König Sven Gabelbart mit den Jomswikingern als Verbündete zuvorkam. Doch Olaf ließ sich nicht anmerken, wie tief ihn innerlich diese Kunde schmerzte.

König Sven sprach weiter von seinem kühnen Unterfangen, die Insel der Angelsachsen unter seine Herrschaft zu zwingen. Einige Städte, darunter auch Norwich und Ypswich, seien bereits in Schutt und Asche gesunken. König Sven war nicht auf „ritterlichen" Raub aus, wie Olaf, sondern auf Eroberung. Er zerstörte die festen Städte, damit die Angelsachsen künftig darin keinen Widerstand mehr leisten konnten.

„Ich weiß zwar, daß du nicht gerne deine Unabhängigkeit aufgibst, Jarl Olaf", sprach König Sven grinsend, demnach hatte er also doch nicht vergessen, „aber bedenke, welche Städte wir erobern könnten, wenn wir unsere beiden Heere vereinen würden. Ich befehle über dreiundsechzig Kriegsschiffe und über dreitausend Krieger, und du?"

„Über einunddreißig Langschiffe und über fast eintausendzweihundert Krieger", antwortete Olaf.

Das ungleiche Verhältnis von Schiffen und Kriegern rührte daher, weil König Sven größere Schiffe besaß und mehr Mannschaft darauf Platz fand. König Sven verfügte über die besseren Möglichkeiten und die größeren Mittel, um sich eine Flotte auszurüsten.

„Das sind insgesamt vierundneunzig Schiffe mit über viertausend Kriegern, damit könnten wir es wagen, London anzugreifen", sinnierte König Sven in bester Metlaune. Da Olaf schwieg, fuhr Sven fort. – „Du weißt, ich könnte auch auf andere Art die Herrschaft über dein Wikingerheer erlangen. – Es würde mir leid tun um einen so tapferen Seekönig wie dich." Das war allerdings sehr deutlich gesprochen.

„In London sind genug Schätze für zwei Herrscher vorhanden. Ich bin einverstanden", gab Olaf nach, obwohl es ihm innerlich schwerfiel, sich unter den Oberbefehl eines anderen zu stellen.

Olafs Gefolgsmänner waren von diesem kühnen Unternehmen hellauf begeistert. So ruderten sie also doch themseaufwärts, was sie in ihren Träumen kaum zu hoffen gewagt hatten.

Doch London war eine stark befestigte Stadt. Sie war vollgestopft mit Verteidigern, und es war unmöglich, die Stadtwälle zu erklimmen. König Ethelred, der in Winchester weilte, schickte ein Entsatzheer den Londonern zur Hilfe. König Sven erfuhr es rechtzeitig von seinen Spähern. Einen Tagesmarsch vor der Stadt wurden die Angelsachsen von dem Wikingerheer im Schlaf überrascht und in die Flucht geschlagen. Nach London zurückgekehrt, versuchten die Nordmänner erneut, die Stadt im Sturm zu nehmen. Die ganze Stadt brannte, doch die Verteidiger hielten aus. Die Verluste auf beiden Seiten betrugen bereits über tausend Krieger. Schließlich trafen Unterhändler König Ethelreds ein und boten Lösegeld für die Freiheit der Stadt.

König Sven Gabelbart verlangte sechzehntausend Pfund Silberlinge – und erhielt sie auch. Dafür mußten er und der Seekönig Olaf schwören, daß sie fortan das Reich König Ethelreds in Frieden lassen würden. Um das Silber zu bekommen und nicht mit leeren Händen von London abziehen zu müssen, legten sie, wenn auch widerstrebend, den geforderten Schwur ab.

Bei der Verteilung des Lösegeldes kam es dann zu einer Verstimmung zwischen König Sven und Olaf. Olaf erhielt nämlich nicht mehr als ein Steuermann. Das war gegen jede Regel, denn Olaf war ein unabhängiger Seekönig, und ihm hätte der größte Anteil nach König Sven zugestanden.

Olaf konnte nichts dagegen unternehmen, weil er sonst sein Leben gefährdet hätte. Heimlich, in der folgenden Nacht, rief er seine Getreuen zusammen, und sie ruderten von London fort, ohne Abschied von König Sven Gabelbart genommen zu haben.

Jarl Olaf besaß wiederum nur noch sechshundert Gefolgsleute und nur noch vierzehn Drachenschiffe. Damit war sein Traum, die norwegische Königskrone zu erringen, wieder einmal in ferne Zeiten gerückt. Sie segelten darum Richtung Süden an der Küste entlang. Auf einer der Scilly-Inseln gingen sie an Land, um ihre Wunden zu pflegen und sich zu beraten, was sie den Rest des Sommers tun sollten.

Der Wahrsager von St. Mary's Isle

Ein Kloster stand auf der höchsten Erhebung der Insel. Zur leichteren Verteidigung war es an einen steilen Felsabhang gebaut. Die wenigen Bewohner der Insel flohen vor den Nordmännern hinter die schützenden Mauern des Klosters.

Da die Häuser nun leerstanden, ließen sich die Wikinger darin nieder. Olaf, Thorgeir und einige andere zogen es vor, in ihren Zelten zu schlafen, wegen der Läuse und Wanzen in den Behausungen der Einheimischen.

Jarl Olaf befand sich in schlimmer seelischer Verfassung. Der mißglückte Versuch, London zu erobern, der schäbige Gewinn, der ihm davon blieb, der nicht einmal seine Verluste an Langschiffen und Mannschaften ausglich, weiterhin die Nachricht, daß die Jomswikinger für König Sven Norwegen erobern sollten und noch vieles andere mehr ließen ihm die Fragwürdigkeit seines jetzigen Lebens in aller Deutlichkeit vor Augen treten. An nichts mehr konnte er Freude finden. Das Wikingerdasein war ihm verleidet. Alle Vorschläge seiner Gefolgsmänner lehnte er kopfschüttelnd ab; er hatte kaum ein Ohr dafür. Stattdessen unternahm er täglich einsame Gänge am Strand entlang, saß den halben Tag auf einer einsamen, meerumspülten Felsklippe und grübelte. Seine Gefährten sahen es mit Verwunderung.

Als ein Steuermann vor Langeweile vorschlug, das Kloster oben auf dem Berg zu überfallen, weil dort wenigstens einige Frauen wären, mit denen man sich die Zeit vertreiben könne, schlug Olaf es ihm rundweg ab. Das schuf böses Blut unter den Nordmännern. Vor allem ein Steuermann namens Odinger[4] glaubte, den Mund besonders voll nehmen zu dürfen. Thorgeir fand auch bald heraus, daß Odinger selber nach der Jarlsherrschaft trachtete. Je länger sie hier untätig herumsaßen, um so mehr Männer liehen diesem Odinger ein offenes Ohr.

Thorgeir suchte darum seinen jugendlichen Jarl auf seinem einsamen Felsen auf, um ein ernstes Wort mit ihm zu reden. – „So kann es nicht weitergehen, Olaf. Was ist los mit dir? Warum kannst du dich zu keiner Tat, zu keinem Entschluß durchringen?" fragte der alte Haudegen.

„Ich weiß es selber nicht", entgegnete Olaf kopfschüttelnd. „Ich sehe keinen Sinn mehr in dem, was ich in den letzten vier Sommern getan habe. Dieses Leben ist so schal, so stumpfsinnig, ja ganz und gar sinnlos. Ich begann darüber nachzudenken, als ich hörte, daß die Jomswikinger für König Sven das Tröndelag erobern. Begreifst du, Thorgeir? Norwegen, das Reich meiner Väter! Ich habe ein größeres Recht auf die Königskrone von Norwegen als dieser verschlagene Sven Gabelbart! – Vielleicht war es der größte Fehler meines Lebens, daß ich meinen Schwager Boleslaw verließ? Wenn ich in Polen geblieben wäre, nur noch einen Sommer länger, dann würden die Jomswikinger vielleicht mir in diesem Sommer geholfen haben, Norwegen zu erobern? – Ich verstehe das Walten der Götter nicht mehr. – Ich fürchte, sie treiben ein schändliches Spiel mit mir", fügte Olaf verzweifelt hinzu.

„Wenn, wenn, alles nur wenn! Meiner Überzeugung nach hast du damals in Polen die richtige Entscheidung getroffen, Olaf! Ein böses Geschick riß die schöne Geira von deiner Seite. Wenn du länger bei Boleslaw geblieben wärst, wärst du an Gemütskrankheit zugrunde gegangen. – Und was die Götter anbelangt, so sind wir machtlos ihrem Treiben ausgeliefert, das ist Menschenlos. Doch ich glaube keineswegs, daß Odin dir dauerhaft übel gesinnt ist. Vielleicht wünscht er ein großes Opfer von dir, einen Sieg", dachte Thorgeir laut und sah dabei zu dem Kloster hinauf.

„Einen Sieg?" wiederholte Olaf erschaudernd. „Ich kann diese unschuldige Männer dort oben, die keinem Menschen etwas Schlechtes zugefügt haben, nicht umbringen lassen", sprach er gequält.

Thorgeir wußte auch warum. – „Du hast die Stimme der

Glocke dort oben vernommen. Sie erinnert dich an die glückliche Zeit mit Geira und an die Lehre des fremden Gottes. – Du glaubst weder mehr ganz an die alten Götter deiner Väter, noch kannst du dem Gott der Heuchler verzeihen, daß er dir dein Lebensglück nahm. Ist das richtig?"

„Wahrscheinlich hast du recht, Thorgeir. – Was ich bräuchte, das wäre ein sichtbares Zeichen, welcher Gott das größere Heil besitzt."

„Darauf hier zu warten, wäre zu gefährlich! Dein Ansehen als Seekönig schmilzt wie Schnee in der Frühlingssonne! Warte damit bis zum Winter!" riet Thorgeir eindringlich.

„Du hast recht." Olaf erhob sich, um zum Lager zurückzukehren.

„Die Krieger erwarten von dir, daß du sie zu einem Sieg führst", erinnerte Thorgeir ihn noch einmal an das Kloster.

„Das werde ich auch, darauf kannst du dich verlassen! Aber das Kloster dort oben soll nicht zerstört werden", entgegnete Olaf unbeirrt.

„Warum nicht? Deine unsinnige Weigerung macht die Männer noch reizbarer als sie von Natur bereits sind. Dort oben befinden sich einige Frauen! Und Wein haben die Heuchler sicherlich auch!"

„Der Gedanke, daß tapfere Krieger über Wehrlose herfallen und an solchen ihr Mütchen abkühlen, ekelt mich an! Ich gebe dir von meinem Silber, und du kannst die Mönche fragen, ob sie uns zwei oder drei Fässer Wein verkaufen."

„Ich soll die Heuchler fragen, ob sie uns Wein verkaufen?" fragte Thorgeir bestürzt. Ein Wiking soll Wein von Heuchlern kaufen: das war noch nie dagewesen.

„Wenn du nicht gehst, mache ich mich selber auf den Weg", entgegnete Olaf ruhig.

Thorgeir überlegte einige Zeit. – „Nein, es ist besser, wenn ich gehe, sonst zweifeln die Männer noch an deinem Verstand."

Am Nachmittag machte sich Thorgeir tatsächlich mit einem Säckchen voll englischen Silberlingen auf den Weg.

„He! Ihr da drinnen!" rief Thorgeir vor dem Tor des Klosters. „Ich will mit euch sprechen! Sperrt die Ohren auf!"

Ein ängstliches Gesicht tauchte über der Klostermauer auf. „Was wünscht der Herr?" fragte eine verzagte Stimme.

„Der hat jetzt schon die Hosen gestrichen voll", murmelte Thorgeir mit abgrundtiefer Verachtung. „Ich komme in friedlicher Absicht! Ihr habt doch sicher Wein! Ich kaufe euch vier oder fünf Fässer davon ab!"

„Ich weiß nicht, ob wir euch davon verkaufen können", entgegnete das Mönchlein.

„Ich bezahle gut!" rief Thorgeir und warf einen Beutel mit Silberlingen in die Höhe.

„Da kommt unser Abt! Frage ihn selber", wurde ihm entgegnet.

Von drinnen waren Stimmen zu hören. Ein zweiter Männerkopf erschien. Es war das Gesicht eines älteren Mannes. Ein langer, schneeweißer Bart wehte ihm im Winde.

„Gott grüß dich!" ertönte die volle, kräftige Stimme des Abtes. „Was führt dich zu uns?"

„Heil, Häuptling der Heuchler!" erwiderte Thorgeir respektlos den Gruß. „Ist es Sitte bei euch, mit friedlichen Menschen über die Hofmauer zu sprechen?"

„Verzeih unsere Vorsicht, fremder Krieger! Gib mir dein Ehrenwort, daß du keine Feindseligkeit gegen uns im Sinn führst, dann öffnen wir dir!"

„Ich schwöre bei Odin, daß ich keinem von euch sein schwaches Lebenslicht ausblasen werde!" rief Thorgeir verächtlich.

Der Abt bekreuzigte sich bei der Anrufung des Heidengottes, die dem frommen Mann nur als eine andere Bezeichnung für den Satan gleichkam. Trotzdem wurde das Tor geöffnet.

Thorgeir trat ein. Unter den Mönchen befanden sich auch einige Männer mit Waffen. Es waren die Bewohner des Fischerdorfes.

„Sei noch einmal herzlich gegrüßt, Fremder", sprach der Abt höflich. „Wie lautet dein Name?"

„Ich heiße Thorgeir! Jarl Thorgeir! Ich bin der Anführer des Wikingerheeres dort unten! Ich rate euch, gebt mir freiwillig allen Wein, oder ich komme mit meinen Kriegern und hole ihn mir! Aber dann bezahle ich nicht mehr!" drohte er.

„Ich bete zu Gott dem Allmächtigen, daß er dir deine Lüge verzeihen möge. Du bist nämlich nicht der Anführer der Seeräuber dort unten", widersprach der Abt mit einem nachsichtigen Lächeln.

„Was? Du nennst mich einen Lügner?" brauste Thorgeir beleidigt auf. „Weißt du, daß das eine tödliche Beleidigung ist?"

„In der Bibel steht geschrieben, du sollst kein falsches Zeugnis ablegen vor deinem Nächsten. Komm mit, Freund Thorgeir, ich zeige dir, welcher dein Anführer ist", winkte der Abt, ihm zu folgen.

Der Abt begab sich an eine erhöhte Stelle. Von hier aus konnte man den Berghang hinabsehen bis ins Lager der Wikinger.

„Dort unten der Blonde, der mit zwei Männern nahe bei den Schiffen steht, der ist dein Herr, und du bist sein engster Vertrauter", sprach der Abt lächelnd.

Thorgeir verschlug es die Stimme über diese Wahrsagerei des Heuchlers. Das ging dem alten Haudegen schier über den Verstand. „Ich ... ich wollte euch nur etwas Furcht einjagen", entschuldigte er sich kleinlaut.

„Furcht, mein Freund? Furcht kann mir kein noch so großer König einjagen. Ehrfurcht habe ich nur vor Gott, unserem Herrn. – Aber das wirst du wohl kaum verstehen", entgegnete der Abt nachsichtig.

„Ich bin gekommen, um vier Fässer Wein von euch zu kaufen", lenkte Thorgeir schleunigst das Gespräch auf sein eigentliches Anliegen.

„Vier Fässer? Ich wünschte, ich hätte so einen großen Vorrat. Ich habe aber nur noch ein ganzes und ein halbes

Faß Wein. Komm mit, du kannst dich mit eigenen Augen davon überzeugen." Der Abt führte ihn in den Vorratskeller. Der Keller war so erschreckend leer, daß einer Maus die Tränen gekommen wären.

Neben den zwei Fässern standen noch drei Säcke Getreide und ein Topf mit Salz, das war alles. Und davon sollte ein halbes Hundert Heuchler satt werden?

„Und von was lebt ihr?" konnte sich Thorgeir die Frage nicht verkneifen.

„Von den Früchten des Meeres hauptsächlich. Am Sonntag gönnen wir uns ab und zu ein Stückchen Hammelfleisch. Das Getreide dient zur Herstellung des Heiligen Brotes zum Abendmahl des Herrn", gab der Abt bereitwillig Auskunft.

Das ganze Jahr über nur Fische und andere Meerestiere als Hauptnahrung? Thorgeir bekam bei dem Gedanken schon einen Brechreiz. Er sah auf den ersten Blick, daß ihm der fremde Gott niemals gefallen würde.

„Du siehst, so viel, wie du gerne haben möchtest, besitzen wir nicht, aber wir schenken dir das volle Faß", sprach der Abt freundlich, um den Wiking zu beschwichtigen. Aber dadurch erreichte er bei Thorgeir nur das Gegenteil.

„Schenken? Ihr wollt mir, einem freien Wiking, ein Faß Wein schenken? Lieber saufe ich Schafspisse als euren geschenkten Wein!" wehrte Thorgeir entsetzt ab.

„Entweder geschenkt oder gar keinen Wein, du kannst dich entscheiden, Freund Thorgeir", entgegnete der Abt trotzdem sanft.

Thorgeir glaubte, sich verhört zu haben. Jetzt stellte dieser Heuchler ihm auch noch Bedingungen! Thorgeir holte tief Luft, um ein Donnerwetter über dieses Heuchlergesindel niedergehen zu lassen. Doch ihm fiel rechtzeitig ein, daß dies nicht nach Olafs Wunsch wäre. Der offene Mund klappte ihm wieder zu. Es war besser, den Wein zu nehmen, um damit die gereizte Stimmung der Krieger abkühlen zu können. – „Also gut, du schenkst mir ein Faß Wein, und ich schenke dir diesen Beutel mit Silberlingen! – Und wenn du ihn nicht nimmst, dann sorge ich dafür, daß ihr den morgigen Tag nicht mehr erleben werdet!" konnte sich Thorgeir nicht mehr länger beherrschen.

„Mmh ..." Der Abt dachte einige Zeit nach. „Ich nehme das Silber an, aber nicht für uns, sondern als eine Spende für unsere Heilige Kirche. Ich werde den Beutel an den Erzbischof von London weiterreichen."

Ausgerechnet an den Erzbischof von London, der Stadt, die sie über zwei Monde lang vergeblich belagert und sich dabei blutige Köpfe geholt hatten. – „Was du damit tust, ist mir gleich!" erwiderte Thorgeir grob.

Die Mönche trugen das Weinfaß bis vor das Tor des Klosters. Wortlos folgte ihnen Thorgeir. Nur schnell von hier fort, bevor ich wahnsinnig werde, dachte er.

Zum Abschied sprach der Abt mit hocherhobenen Händen den Segen über ihm aus. „Gott möge dich auf allen deinen Wegen beschützen, Freund Thorgeir. Wir alle beten, daß Christus deinen Geist erleuchten möge."

„Der Henker soll dich holen", knurrte Thorgeir leise in den Bart. Er begab sich hinunter ins Lager. Zwei Krieger schickte er zum Kloster, die das Faß heruntertragen sollten.

Olaf sah seinem alten Freund sofort am Gesicht an, daß ihm dieser Gang wenig Freude bereitet hatte. „Was sprachen die Heuchler?"

„Ich werde aus diesen seltsamen Gestalten nicht schlau", entgegnete Thorgeir kopfschüttelnd. „Aus ihrem Munde meint man die Worte von Schwachsinnigen und Kindern zu vernehmen. Aber trotzdem hat mich verblüfft, daß der Oberirre sofort meine Lüge durchschaute."

„Welche Lüge?"

„Ich wollte das Oberhaupt der Schwachsinnigen ein wenig einschüchtern und gab mich als Jarl des Heeres aus. Doch der Oberirre sagte mir glattweg ins Gesicht, daß es eine Lüge sei. Er zeigte von dort oben auf dich herab, du standest mit zwei Männern an einem Schiff, und behauptete mit unerschütterlicher Gewißheit, daß du unser

Anführer seist und ich dein engster Vertrauter", erzählte Thorgeir wahrheitsgemäß.

„Tatsächlich?" Olaf staunte ebenfalls.

„Kann man mir von der Stirn ablesen, daß ich nur Steuermann bin?" fragte Throgeir wütend.

„Ganz gewiß nicht." Olaf war neugierig geworden. Er ließ sich von Thorgeir bis ins Kleinste erzählen, was er alles im Kloster gesehen und gehört hatte. Laute Jubelrufe unterbrachen Olafs Gedanken. Die Männer waren mit dem Weinfaß im Lager angekommen. Sogleich wurde ein Festessen aus Schafsbraten zubereitet, und jeder erhielt zwei Becher Wein dazu.

Anderntags war Olaf nicht mehr zu halten. Er wollte unbedingt den wahrsagenden Abt von Angesicht kennenlernen. Trotz Thorgeirs Warnung, auf die Stimmung der Krieger Rücksicht zu nehmen, machte sich Olaf auf den Weg.

Jarl Olaf wurde freundlich von den Mönchen empfangen. Beim Betreten des Klosters überfiel ihn eine sonderbare Gemütsregung. Unwillkürlich mußte er an die glückliche Zeit im Polenland denken, die er mit seiner Frau Geira zusammen verlebte. Wie rein und klar war seine Seele damals, und wie fröhlich und leicht war sein Herz durch Geiras Liebe. Aber nach ihrem jähen Tode haßte er den neuen Gott, ja die ganze Welt. Nur noch Haß und Gier nach Ruhm und Gold, blieben in seinem Herzen zurück. Wie öde sah es jetzt darin aus.

„Gott grüß dich, Jarl", empfing ihn der Abt mit freudiger Ruhe, die diesen frommen Männern alle eigen ist.

„Heil! – Gott grüß dich", fügte Olaf leicht beschämt hinzu.

„Du hast bereits die Botschaft unseres Heilandes vernommen. Aber du bist wieder in den Teufelsglauben zurückgefallen", ahnte der Abt sofort.

Olaf war verblüfft. – „Ich habe erkannt, daß euer Gott weniger Heil besitzt als die alten Götter meiner Väter", sprach er trotzig.

„Du sprichst von den Holzfiguren, die ihr Nordmänner euch schnitzt und von denen ihr glaubt, daß davon irgendwelche Kraft ausgehen könnte? Wie töricht bist du!" rief der Abt empört aus.

„Ich gestehe, ich bin ein Zweifler. Ich zweifele sowohl an meinen Göttern als auch an eurem Herre Christ. An keinen kann ich mehr richtig glauben. Ich hatte eine Frau, die glaubte unerschütterlich an euren Herre Christ. Doch dieser ließ zu, daß sie im Kindbett starb. Er raubte mir mein Lebensglück, darum hasse ich ihn."

„Ich verstehe, mein Sohn. Der Schmerz hat dich zum Zweifler werden lassen. Aber bedenke folgendes: Gottes Ratschluß ist unerforschlich für uns Menschen. Du hast noch nicht gelernt, in Demut dein Schicksal zu ertragen. Du hast gegen Gott gekämpft, dich gegen ihn aufgelehnt, anstatt ihm in Demut zu dienen. Alle deine Mühen, alle deine Taten und alle deine Hoffnungen waren umsonst, denn du hast dem Verderber, dem Satan gedient. Doch der lohnt Treue mit Untreue, Opfer mit Undank und irdische Freuden mit ewiger Verdammnis. Geh in dich, mein Sohn, und erkenne den wahren Schöpfer, den wahren Gott."

Olaf speiste mit den Mönchen zu Mittag, weilte bei ihrem Dankgottesdienst, den der Abt zu Ehren des Gastes besonders feierlich gestaltete. Anschließend sprach Olaf sehr viel mit dem Abt darüber, welches der richtige Glaube sei.

Spät am Nachmittag verabschiedete sich Olaf von den Mönchen. Auf die Bitte des Abtes, daß er morgen zum sonntäglichen Gottesdienst wiederkommen möge, er würde Olaf zu Ehren sogar das Heilige Abendmahl vorbereiten, entgegnete Olaf, daß er noch nicht wisse, ob er morgen Lust und Zeit habe dazu.

Am nächsten Tag, die Wikinger wußten nicht, ob sie träumten oder wachten, wagte es ein Mönch, zu den Heiden an den Strand zu gehen, um ihnen das Evangelium zu verkünden, denn es war Sonntag. Die Nordmänner machten böse

Gesichter, als der Heuchler zitternd und bebend unter sie trat.

„Gott grüß euch, meine lieben Brüder", grüßte der Mönch mit zitternden Lippen. „Ich komme in friedlicher Absicht. Ich bitte euch, mir ein williges Ohr zu leihen für die Botschaft Gottes. – Heute ist Sonntag, meine Brüder. Hört ihr die Glocke dort oben? Sie ruft auch euch zum Gebet. Hört auf die Stimme eures Herzens! Laßt fortan des Raubens und Mordens ein Ende sein! Unrecht Gut gedeiht nicht, steht in der ...", waren seine letzten Worte, das andere ging im Wutgeschrei der Nordmänner unter.

„Mörder hat uns der Heuchler genannt! – Und Räuber! – Der Hosenscheißer will uns wohl verhöhnen! – Der ist übergeschnappt! – Ganz gleich was er ist, wir stopfen ihm das Lästermaul für immer!" Mit gezogenen Schwertern und hocherhobenen Äxten gingen sie auf ihn zu.

Doch Jarl Olaf stellte sich vor den Mönch. „Zurück! Habt ihr bedacht, daß der Heuchler unbewaffnet ist?"

„Das ist uns gleich! – Er hat uns tödlich beleidigt! – Jawohl! Er hat uns Räuber und Mörder genannt! – Wir lassen uns nicht beleidigen! – Schon gar nicht von einer Memme!" riefen die wütenden Krieger durcheinander.

„Der Mann soll eine Memme sein? Würde einer von euch es wagen, unbewaffnet in ein Heer von Angelsachsen zu gehen?" fragte Olaf.

„Wir sind doch nicht verrückt! – Der Kerl ist ja irrsinnig!"

„Und wegen eines Verrückten geratet ihr in Wut? – Ich will nicht mehr länger euer Seekönig sein, wenn ihr die Schandtat begeht, einen Unbewaffneten zu töten!" rief Olaf drohend aus.

Die Krieger murrten zwar, steckten aber die Waffen wieder ein. Diese Gelegenheit ließ Odinger nicht ungenutzt, um sich vor den Kriegern noch etwas besser ins Licht zu rücken.

„Olaf Tryggvisson!" rief Odinger herausfordernd. „Mir gefällt dein Verhalten in letzter Zeit nicht mehr! Du stimmst nicht zu, daß wir das Heuchlernest ausräuchern, du nimmst einen Mann in Schutz, der uns beleidigt, und alle Vorschläge, die wir machen, wie wir zu Reichtum kommen könnten, lassen dich kalt! Statt dich mit uns zu beraten, hast du Umgang mit diesem Heuchlerpack! Ich bin zwar kein Gode, aber so viel weiß ich von den Göttern, daß sie ihr Heil von demjenigen nehmen, der mit Heuchlern Umgang hat! Wenn du also unser Jarl bleiben willst, dann verlange ich, daß du unzweideutig erklärst, an welche Götter du mehr glaubst! An die alten Götter unserer Väter oder an den Gott dieser Heuchler! Ich verlange ferner, daß du Odin ein Sühneopfer bringst!"

„Jawohl! – Odinger hat recht! – Jarl Olaf muß den Göttern opfern!" riefen die Nordmänner.

„Ich werde opfern!" rief Olaf beschwichtigend. „Doch ich lasse mir von niemandem sagen, mit welchen Leuten ich verkehre! Dieser Fremde hat einen anderen Glauben als wir. Große Königreiche und viele weise Männer glauben an seinen Gott! Und wenn dieser Christengott nun doch mächtiger wäre als Odin, Thor und Freyr? Dann würden wir die Strafe für den Mord an seinem Priester bald zu spüren bekommen! Ich handele darum nur zu unserem Besten, wenn ich verhindere, daß diesem Heuchler ein Leid zugefügt wird!"

„Wir sind freie Krieger, und du hast dich unserem Mehrheitswillen zu unterwerfen, vergiß das nicht! Andernfalls schlage ich vor, daß wir ein Thing einberufen und abstimmen, ob wir dir weiterhin folgen sollen. Ich bin auch bereit, in einem Zweikampf zu erproben, auf welcher Seite von uns beiden das größere Jarlsglück steht! Ich zweifle nämlich, daß Odin dir noch einmal einen Sieg schenken wird!" rief der Steuermann Odinger.

„Überlege dir gut, was du sagst, Odinger! Glaube ja nicht, daß ich mich fürchte, mein Königsheil an dir zu erproben!" drohte Olaf.

„Männer! Was höre ich!" ließ sich der alte Thorgeir vernehmen. „Was bringt es uns für einen Nutzen, wenn wir uns gegenseitig umbringen? – Nicht den geringsten! Wir schwächen uns nur selber! Ich schlage vor, wir machen unsere Langschiffe schnellstens seeklar und verlassen diese unglückliche Insel!"

„Thorgeir hat recht", sprachen die Besonnenen. „Verlassen wir diese verfluchte Insel! Sonst drehen wir noch alle durch wegen dieser verdammten Heuchler!" Sie begaben sich sogleich zu ihren Schiffen, um dort nach dem Rechten zu sehen.

Jarl Olaf sah, wie sich der Mönch vergeblich an dem großen Faß abmühte, um es zum Kloster zurückzuschaffen. Es war zu groß, um von einem schwachen Gottesmann allein den Berg hinaufgetragen zu werden. Olaf sehnte sich danach, ein letztes Mal einen Hauch der glücklichen Vergangenheit dort ober innerhalb der Klostermauern zu atmen. Darum trat er zu dem Mönch, um ihm beim Tragen zu helfen. Was seine Krieger dachten, war ihm in diesem Augenblick gleich. Er würde ja dafür Odin ein Opfer bringen und damit den Wünschen der Nordmänner nachkommen.

Der Abt lud Olaf freundlich ein, am Gottesdienst teilzunehmen, doch Olaf lehnte ab. Er wolle viel lieber draußen auf der Bank im Klostergarten noch einige Zeit nachdenken. Der Abt nickte bekümmert.

Nach dem Gottesdienst versuchte der Abt erneut mit viel Geduld, Olaf ins Gewissen zu reden. Doch Olaf wollte nichts mehr davon hören. Schließlich meinte er, daß es an der Zeit wäre, sich zu verabschieden, morgen früh würde er mit seinem Heer die Insel für immer verlassen.

Vor dem offenen Tor hielt der Abt Olaf am Arm zurück. „Mein Sohn, höre auf meinen Rat. Ich möchte dich vor deinen wilden Genossen da unten warnen. Bruder Jacob erzählte mir, daß du Streit mit ihnen hattest, wegen uns. Er berichtete mir, die Laute dieser Männer seien nicht wie die von Menschen, sondern wie die von reißenden Wölfen. In ihren Augen glaubte er die Blicke des leibhaftigen Verderbers erkannt zu haben. Ich warne dich dringend. Verlaß diese Gemeinschaft von Teufelsanbetern. Dein Leben ist in höchster Gefahr bei solchen Weggefährten", warnte der fromme Mann Olaf eindringlich.

Doch Olaf hatte dafür nur ein schwaches Lächeln übrig. „Diese Männer haben mir den Treueeid geleistet. Deine Warnung ist also völlig grundlos."

„Wenn du mir nicht glauben willst, dann bleibt mir nur, zu Gott zu beten, daß er dich beschützen möge auf allen deinen Wegen, Amen", sprach der Abt traurig.

„Leb' wohl", verabschiedete sich Olaf. Unterwegs schüttelte er den Kopf über die Warnung des Abtes. Was wußte dieser Christenheilige von der Wesensart der Nordmänner. Es sind rauhe und ungehobelte Kerle. Leicht flammt die Wut in ihnen auf, und sie sprechen dabei Worte, die sie im nächsten Augenblick bereits bereuen. War denn sein Gefühl, sein sicherer Instinkt vor der Gefahr in den letzten vier Sommern, während der er auf Wiking fuhr, so weit abgestumpft, daß er nicht mehr merkte, wann der Kampf um die Macht unausweichlich bevorstand? Hatte er das Gefühl verloren, das ihm deutete, bis hierher kannst du mit deinen Männern gehen und nicht weiter? – Nein, er durfte nicht an sich selber zweifeln. Ohne Selbstvertrauen wäre er die längste Zeit ein Seekönig gewesen. Er besaß das größere Herrscherglück, weil er von Geburt ein Königssohn war.

Im Lager angekommen, trat Odinger auf Olaf zu und reichte ihm die Hand zur Versöhnung. „Jarl Olaf, ich möchte dir vor aller Ohren sagen, daß ich weiterhin an dein Königsglück glaube. Diese verdammte Insel hat unsere Gemüter stark durcheinander gebracht, und in der Wut spricht man vieles, was man hinterher bereut."

„Mir erging es ebenso", war Olaf sofort zur Versöhnung bereit. „Morgen früh segeln wir von hier fort. Der Wind weht günstig von Südosten. An einem Tag erreichen wir die Insel der Angelsachsen. Dort feiern wir ein Opferfest und lassen die Runen entscheiden, welche Stadt wir in diesem Sommer noch erobern werden!"

Jubelnd stimmten die Krieger ihrem Jarl zu. Es war wie in früheren Zeiten.

Nach Sonnenuntergang legten sich alle früh schlafen. Olaf begab sich mit Thorgeir in sein Jarlszelt. Lange konnte Olaf nicht einschlafen, dann plagten ihn Alpträume. Er träumte von Schlachtengetümmel, von Zank und Meuterei. Auch das Gesicht Odingers sah er im Traum. Dieser blickte höhnisch grinsend von oben auf ihn herab. Olaf sah es undeutlich und verschwommen. Eine Schwertspitze blinkte dicht vor seinen Augen. Odinger holte zum Stoß mit dem Schwert aus. Die Spitze zielte genau auf Olafs Brust. – Aber das ist kein Traum mehr, durchfuhr es Olaf mit eisigem Schrecken. Odinger stand wirklich in seinem Zelt. Zu gleicher Zeit mit Odingers Stoß drehte sich Olaf zur Seite, doch die Schwertspitze war schneller. Olaf schrie laut auf, denn die Spitze war ihm in die Brust gedrungen. Bevor Odinger ein zweites Mal ausholen konnte, warf sich Thorgeir ihm in den Arm.

„Du verfluchter Neiding! Verräter!" schrie Thorgeir in rasender Wut. Er glaubte, Odinger hätte Olaf tödlich verwundet. Dieser riß sich von Thorgeir los und rannte aus dem Zelt. Thorgeir folgte ihm, um zu verhindern, daß es zu einer Meuterei käme, doch es war schon zu spät. Odinger hatte bereits vor dem Mordanschlag den Großteil der Krieger auf seine Seite gezogen.

Olaf erhob sich auf die Beine, was ihm wegen der Verwundung große Schmerzen bereitete. Laut stöhnend trat er aus dem Zelt.

„Olaf, du lebst!" rief Thorgeir hocherfreut. Er stand bei den wenigen Getreuen Olafs und erzählte ihnen, was geschah. „Wer Jarl Olaf die Treue hält, komme hierher!" rief er den Unschlüssigen zu.

Odinger hielt sein blutiges Schwert in die Höhe. „Mit Olafs Herrschaft ist es vorbei! Ich habe ihm eine tödliche Wunde geschlagen! Die Götter standen auf meiner Seite! Auf, Männer! Holen wir uns die Schatztruhen, die in Olafs Zelt liegen!" stachelte er die Krieger zur Meuterei auf.

Die Verworfensten und Goldgierigsten ließen sich das nicht zweimal sagen. Sie zogen ihre Schwerter und Äxte und rannten auf den kleinen Haufen von Olafs verbliebener Gefolgschaft los.

Thorgeir sah, daß sie den Meuterern weit unterlegen waren. Er befahl den Getreuen, sich auf den nahen Berghang zwischen die Felsen zurückzuziehen. Jarl Olaf wurde von zwei Kriegern an den Oberarmen gepackt und mitgezogen.

Die Feinde verfolgten sie nicht weit, da sie sahen, daß die anderen Olafs Truhen mit den Gold- und Silberschätzen aus dem Zelt heraustrugen. Sie wollten bei der Verteilung der Beute nicht leer ausgehen.

Etwa hundert Krieger, nur zwei Schiffsbesatzungen, hielten ihrem alten Jarl die Treue. Es waren überwiegend Gefährten, die Olaf seit der Flucht aus Rußland gefolgt waren.

Als der Morgen graute, lag Olaf schwer verwundet hinter einem schützenden Felsen. Thorgeir sah abwechselnd nach Olaf und nach den Meuterern. Er feuerte die Gefährten an, ihr Leben so teuer wie möglich zu verkaufen.

Doch die Meuterer kümmerten sich nicht mehr um Olaf und dessen restlicher Gefolgschaft. Sie luden ihre Habseligkeiten auf die Schiffe und fuhren mit höhnischem Gelächter von der Insel fort. Zwei Schiffe, die ältesten und morschesten, ließen sie leckgeschlagen zurück.

Um Olaf sah es schlimm aus. Die Blutung war wegen der Nähe des Herzens besonders gefährlich und kaum zu stillen. Thorgeir wußte, daß er mit seiner Heilkunst nicht viel auszurichten vermochte. Ihm fiel ein, daß die Heuchler angeblich gute Wundärzte seien. Thorgeir ließ eilig eine Bahre errichten und Olaf zu dem Kloster hinauftragen.

Der Abt hörte mit tiefer Erschütterung die Nachricht von der Meuterei und von Olafs schwerer Verwundung. Er war sofort bereit, dem Verwundeten mit allen Kräften zu helfen.

Die Mönche wuschen Olafs Wunde sorgfältig aus, der Abt besah sie sich und stellte fest, daß sie glücklicherweise nicht sehr tief war, doch eine große Ader sei getroffen und Olaf drohe der Tod durch Verbluten. Ein Druckverband wurde angelegt, um die Blutung zum Stillstand zu bringen. Anschließend flößte man Olaf Wein in die trockene Kehle. Das ließ ihn ruhiger werden.

Die Mönche hatten sich alle um Olafs Wundlager versammelt und waren ins Gebet vertieft. Thorgeir sah es kopfschüttelnd, doch er wehrte es den Mönchen nicht, denn er wußte, daß sie allein Olaf zu heilen vermochten. Er war am Ende seiner Heilkunst.

Viele Tage lag Olaf in hohem Wundfieber. Der alte Thorgeir saß machtlos daneben und beobachtete nur mißtrauisch die Pflege der Mönche. Sie wuschen Olafs verschwitzten Körper, flößten ihm den Saft von Pflanzen ein, gaben ihm kräftigende Suppen zu trinken, damit er nicht den Hungertod sterben mußte, wechselten täglich den Verband und entfernten den Eiter aus der Wunde. Tag und Nacht wachte ein „Heuchler" ständig an Olafs Krankenlager. Thorgeir staunte über die Opferbereitschaft dieser Menschen. Und das noch, obwohl die Nordmänner die ärgsten Feinde dieser Männer waren. Thorgeir dachte mit Schaudern an alle die Heuchler, die er mit seinem Schwert gnadenlos niedergeschlagen hatte. Sie hatten ihr Kreuzeszeichen hoch erhoben und ihren Gott weinend um Hilfe gerufen. Doch ihr Gott hatte viele von ihnen im Stich gelassen. Und trotzdem glaubten diese Männer unerschütterlich an das Walten des Herre Christ. Thorgeir sah es mit Verwunderung.

Nach mehreren Tagen des bangen Wartens sank endlich Olafs Wundfieber. Langsam wurden seine Augen klarer, und er konnte wieder sprechen. Nicht nur Thorgeir, auch die Mönche betrachteten Olafs Genesung als ein Wunder Gottes.

„Gott hat große Pläne mit dir, Olaf Tryggvisson. Wie anders kann ich dieses Wunder verstehen, daß er an dir geschehen ließ", sprach der Abt.

„Ich will beten", lallte Olaf schwach.

Der Abt betete mit Olaf das Vaterunser. Zutiefst getröstet sank Olaf in einen Genesungsschlaf.

Thorgeir wagte während des Gebetes nicht, tief zu atmen. Als er sich über den Schlafenden beugte, sah er Olaf lächeln. Er hatte den Glauben an den Christengott wiedergefunden.

Thorgeir ging ins Lager hinab und berichtete den Kriegern von Olafs Genesung. Die einfachen Männer mußten erkennen, daß ihr Anführer das Heil eines fremden Gottes erlangt hatte. Ein Krieger, der so schwer verwundet war wie Olaf, hatten sie noch nie gesunden sehen.

Am nächsten Tag konnte Olaf sogar mit Thorgeir und dem Abt sprechen. „Ich hatte in der letzten Nacht einen wunderbaren Traum", sprach er leise und schwach. „Ich sah Geira an mein Krankenbett kommen. Sie sprach: du wirst gesund werden, mein starker Held. Und eines Tages wirst du das Reich deines Vaters, König Tryggvi, zurückerobern. Und wenn du König bist, wirst du alle deine Untertanen zum Christenglauben bekehren. – Ich bat Geira, mit mir nach Norwegen zu gehen. Doch sie schüttelte den Kopf. Ich habe das Reich Gottes gefunden, sprach sie. Ich kann nicht bei dir in Mitgard[5] bleiben. Vollende die Bahn deines Lebens, dort oben bei Gott sehen wir uns wieder. – Ich wollte, daß sie noch etwas bei mir bliebe, doch sie mußte wieder fort. Durch diese Tür ist sie gegangen, und ich sah, wie sie zum Himmel schwebte, zurück in Gottes Reich", sprach Olaf mit bebender Stimme.

Thorgeir nickte nachsichtig, und sogar einige Tränen rollten dem alten Haudegen über die Wangen. Olaf war für ihn mehr, als nur ein guter Freund: er liebte in wie einen leiblichen Sohn.

Der Abt bestärkte Olaf noch in dem Glauben, von Gott auserwählt zu sein, die Norweger zum Christentum zu bekehren. „Jetzt wissen wir, warum Christus dieses Wunder an dir geschehen ließ", sprach der Abt mit sichtlicher Überzeugung.

„Aber wie kann ich diese schwere Aufgabe vollbringen? Ich habe nur noch wenige getreue Krieger und bin all meiner Schätze beraubt? Wie soll ich Krieger anwerben, wenn ich ihnen keine Geschenke machen kann? Wenn Gott das wirklich will, warum ließ er mir nicht wenigstens meine Schätze?" fragte Olaf.

„Gott nahm sie dir, weil sie unrechtmäßig erworben waren", sprach der Abt. „Du hast sie Christenmenschen geraubt, und das Blut vieler Unschuldiger klebte daran. Unrechtes Gut gedeiht nicht, habe ich dir bei unserer ersten Begegnung gesagt, doch du wolltest mir nicht glauben. Beinahe wäre dir der Unglaube zum Verhängnis geworden."

„Du hattest recht, ehrwürdiger Vater. Jetzt sehe ich es ein. Ich habe noch nie einen Pater gekannt, der so die Zukunft vorhersagen konnte wie du", sprach Olaf bewundernd.

„Wenn du auch keinen Reichtum mehr besitzt, so gibt dir Gott dennoch durch mich die Möglichkeit, deine Verluste an Kriegern und Schätzen wenigstens teilweise auszugleichen. Ich gebe dir ein Schreiben an König Ethelred mit, er ist ein Verwandter von mir. Ich werde dem König von deiner wundersamen Rettung berichten und ihn bitten, daß er dir mit allen Kräften helfen möge, dein Bekehrungswerk in Angriff zu nehmen", sprach der Abt.

„Ich beginne immer mehr zu erkennen, wie unendlich groß die Güte des Herre Christ ist. Ja, es gibt keinen größeren und mächtigeren Gott als ihn!" rief Olaf sichtlich überzeugt aus.

„Ich muß dich wohl nicht erinnern, daß wir König Ethelreds Reich vier Sommer lang mit Krieg überzogen haben", sprach Thorgeir warnend.

„Aber bedenke doch, Thorgeir! Waren wir nicht auch die Feinde dieser frommen Männer? Und haben sie uns nicht Haß mit Liebe vergolten?" entgegnete Olaf.

„So ist es", nickte Thorgeir. „Ich bin dabei, wenn du nach Winchester segelst!"

Nachdem Olaf soweit genesen war, daß er gehen konnte, ließ er seine Krieger zum Kloster rufen. „Meine Brüder!" begann Olaf seine Ansprache. „Ihr habt miterlebt, welch ein Wunder der Herre Christ an mir vollbrachte! Viele von euch haben mir seit der Abreise aus Polen die Treue gehalten und wissen, warum ich an dem Heiland gezweifelt habe. – Es war mir vier Sommer lang nicht geglückt, mein Vorhaben auszuführen, nämlich nach Norwegen zu segeln, um dort meine Rechte als König geltend zu machen. Nun, da ich zu dem Glauben an den einzig wahren Gott zurückgefunden habe, bin ich felsenfest davon überzeugt, daß er mir zur Seite steht bei diesem Vorhaben. Ich ließ euch rufen, um euch zu bitten, fortan den Aberglauben an Odin, Thor und Freyr zu verachten und echte Christen zu werden. Ich zwinge keinen, die Taufe anzunehmen. Doch ich werde zukünftig nur noch getaufte Krieger in meiner Gefolgschaft dulden."

Der Abt hielt nach Olaf den Nordmännern ebenfalls eine lange Bekehrungsrede. Die Wikinger hörten schweigend zu. Anschließend fragte Olaf, wer von ihnen bereit sei, sich auf der Stelle taufen zu lassen. Zuerst meldete sich niemand. Da trat Thorgeir aus der Reihe der Krieger. „Meine Brüder! – Ich bin alt und habe vieles gesehen. Aber daß ein Mann, der so schwer verwundet war wie unser Jarl, noch einmal von seinem Wundlager aufstand, das sah ich noch nie! – Ich habe erkannt, daß die Macht des Herre Christ der unserer alten Götter überlegen ist. Wohin man schaut, in Rußland, in Polen, in Dänemark, selbst im Danelag und in der Normandie, überall weicht die Macht Odins vor der des Herre Christ zurück. Odin ist ein sterbender Gott. Mit ihm ist kein wirklich großer Sieg mehr zu erringen! Jeder, der vernünftig ist, muß erkennen, daß bei dem Herre Christ das größere Heil zu finden ist! Alle Zeichen sprechen dafür! – Ich bin bereit, mich taufen zu lassen!"

Viele Nordmänner mußten Thorgeir recht geben. Fast die Hälfte von ihnen ließ sich sofort taufen, die anderen baten um Bedenkzeit, die Olaf ihnen gewährte.

Es war Spätsommer geworden und demnach Zeit, die Fahrt zu der großen Insel zu wagen. Thorgeir ließ die Schiffe notdürftig ausbessern. Die Segel waren vielfach geflickt, und nur noch zehn Ruderstangen besaßen sie pro Schiff. So war die Überfahrt keineswegs ungefährlich.

Beim Abschied überreichte der Abt Olaf zwei Pergamentrollen. Die eine war eine Botschaft an den Erzbischof von Winchester, die andere ein Empfehlungsschreiben an König Ethelred. Olaf bedankte sich herzlich bei seinen Lebensrettern und schwur, nie mehr an dem wahren Gott zu zweifeln und fortan ein gottgefälliges Leben zu führen. Die Mönche sprachen den Segen Gottes über Olaf und dessen Gefolgschaft aus. Bei günstigem Wind stachen sie mit zwei Schiffen in See. Mit vierzehn war Olaf hier angekommen.

Am Hofe König Ethelreds

Von Insel zu Insel 'sprangen' sie, bis sie das Festland der großen Insel erreichten. Dann fuhren sie an der Küste des Angelsachsenreiches entlang bis in die Nähe von Winchester. Mit wenigen Begleitern machte sich Olaf auf den Weg zur Residenz König Ethelreds.

Olaf suchte zuerst Erzbischof Aelfheah auf. Man wollte ihn nicht vorlassen, doch als Olaf berichtete, daß er von den Scilly-Inseln komme und eine Botschaft des dortigen Abtes bei sich habe, wurde er eingelassen.

Der Erzbischof las den Brief zweimal und ließ sich von Olaf noch einmal genau erzählen, wie er zum Glauben zurückfand. Der Erzbischof staunte, als Olaf gestand, daß er jener berühmtberüchtigte Seekönig sei, der vier Sommer lang rings um die Insel der Angelsachsen geheert habe. Erzbischof Aelfheah versah Olaf mit einem zweiten Schreiben, in dem er den König bat, Olaf in Gnaden aufzunehmen und ihm seine früheren Taten zu vergeben. Mit einem Mönch als Wegführer, ritt Olaf mit wenigen Begleitern nach London, wo sich König Ethelred gerade aufhielt. So kam der ehemalige Feind der Angelsachsen als ein Bekehrter und Reuemütiger nach London zurück.

In der Stadt angekommen, traf das ein, was Olaf befürchtete. Er wurde von einem Sheriff erkannt und festgenommen, Thorgeir und die übrigen auch. Doch lange dauerte die Gefangenschaft nicht. Der Mönch überbrachte an Olafs Stelle die Briefe dem König. König Ethelred ließ den Seekönig sofort vor sich führen.

Olaf mußte ein zweites Mal seine Erlebnisse auf den Scilly-Inseln berichten.

„Und warum bist du nach London gekommen?" fragte König Ethelred immer noch mißtrauisch.

„Ich bin gekommen, um Unterstützung zu erbitten für mein Vorhaben, das Königreich meines Vaters in Norwegen zurückzugewinnen. Wenn ich König bin, werde ich alle meine Untertanen zum wahren Glauben bekehren. Ich hoffe ganz fest und der Abt stimmte mir zu, daß mir der erhabene König der Angelsachsen auf irgendeine Art Hilfe gewähren kann."

„Wir werden sehen", sprach König Ethelred ausweichend. „Vor allem bist du mein Gast, Seekönig Olaf. Ich verzeihe dir deine früheren Untaten. – Wenn ich es recht bedenke, so scheint Gott tatsächlich auf deiner Seite zu stehen, denn ich erhielt vor wenigen Tagen die Nachricht, daß die Flotte der Jomswikinger von der der Norweger in einer großen Seeschlacht in die Flucht geschlagen wurde. Viele berühmte Jomswikinger fielen in der Seeschlacht, darunter Bui der Dicke. Jarl Sigwaldi soll der erste gewesen sein, der vor den Norweger flüchtete, zu kühn kämpften ihm Jarl Hakons Mannen", teilte König Ethelred Olaf mit.

„Diese glückliche Nachricht halte ich für ein weiteres Zeichen dafür, daß Gott mir bestimmt hat, König über Norwegen zu werden!" rief Olaf hocherfreut aus.

„Es wird dir schwerfallen, Jarl Hakon aus seiner Herrschaft zu vertreiben", entgegnete König Ethelred.

„Mit Gottes Hilfe werde ich mein Ziel erreichen."

„Ich merke, dein Glaube an den Herre Christ ist unerschütterlich", sprach der König mit Wohlgefallen. „Ich werde nachsehen, was ich für dich tun kann, Olaf Tryggvisson."

Für diesmal war Olaf entlassen. Er wurde in die Gästehalle geführt, wo seine Gefährten bereits beim Festschmaus saßen. Alle lobten die gute Bewirtung des angelsächsischen Königs.

König Ethelred dachte lange nach, wie er den Glaubens- und Sinneswandel dieses berühmten Seekönigs zum Nutzen seines Reiches und zur Mehrung seines Ruhmes am vorteilhaftesten ausschlachten könne. Ethelred der Ratlose wurde er von den Neidern und Spöttern genannt, weil es ihm nicht gelang, die Überfälle der Nordmänner wirksam zu bekämpfen. Aber konnte man ein Heer schlagen, das sich nicht zur Schlacht stellte, sondern mit Schiffen auf das

Meer auswich? Genau so gut hätte man von dem König verlangen können, daß er den Wind einfangen soll.

Nach einer halbdurchwachten Nacht hatte König Ethelred die Lösung gefunden. Anderntags ließ er Olaf zu sich rufen. „Bist du bereits getauft?" fragte der König.

„Ja, im Polenland. Aber danach verleugnete ich den Glauben wieder", gestand Olaf wahrheitsgemäß.

„Dann ist es erforderlich, daß du ein zweites Mal getauft wirst, damit das Böse mit geweihtem Wasser von dir abgewaschen wird. Ich lasse ein großes Tauffest veranstalten, so daß alle Einwohner Londons sehen können, daß Gott nicht gewillt ist, unser Reich dem Wüten der Heiden länger auszusetzen. In allen Kirchen des Kingdoms soll das Wunder Gottes an Olaf Tryggvisson verkündet werden. Ich werde die Erzbischöfe bitten, mit verstärktem Eifer an die Bekehrung der Heiden zu gehen. Wenn wir die Nordmänner auch nicht mit Waffen schlagen können, doch wenn sie erst Christen sind, dann verbietet der Glaube ihnen das Rauben und Morden", verkündete König Ethelred.

Am nächsten Sonntag wurde Jarl Olaf Tryggvisson feierlich von Erzbischof Aelfheah in der Kathedrale von London getauft. König Ethelred war sogar Olafs Taufpate. Als Taufgeschenk erhielt Olaf eine kostbare Waffenausrüstung.

In einer glanzvollen Prozession zogen anschließend die Geistlichkeit, der König und der Täufling Olaf durch ganz London.

Überall im Reiche König Ethelreds wurde der Glaubenswandel des berühmten Seekönigs Olaf Tryggvisson verkündet. Dies sollte das Gottvertrauen der Angelsachsen stärken und zugleich ihren Mut und Verteidigungswillen vergrößern.

Wenige Tage später teilte König Ethelred Jarl Olaf eine zweite Überraschung mit. In einer Grafschaft von Wales war vor kurzer Zeit der Earldorman gestorben. Seine Witwe, eine junge Irin aus Olaf Kvarans Geschlecht, wäre eine standesgemäße Gemahlin für Jarl Olaf. Er besäße damit die Herrschaft über ein Land und würde daraus Einkünfte erzielen, mit denen er in einigen Sommern ein größeres Heer ausrüsten könne, um damit vielleicht sein Reich in Norwegen zurückzugewinnen. Wenige Tage später verabschiedete sich Olaf von König Ethelred, um sich mit seiner Gefolgschaft auf den Weg nach Wales zu machen. Ein königlicher Bote befand sich bei ihnen, um Lady Gydia die Empfehlungen König Ethelreds in Bezug auf Jarl Olaf Tryggvisson zu überbringen.

Jarl Olaf wurde gastfreundlich in Chester aufgenommen. Die Heiratsverhandlungen verliefen gut. Es wäre sofort Einigkeit erzielt worden, wenn nicht bereits ein zweiter Werber um die Hand der Lady angehalten hätte. Der Ratgeber Gydias teilte Olaf darum mit, daß der Fürstin beide Werber gefielen. Da sie sich nicht entscheiden könne, sollten die beiden Freier untereinander ausmachen, wer von ihnen beiden der Würdigere wäre, ihre Hand zu besitzen. Mit anderen Worten: das Schwert solle entscheiden.

Alfini, so hieß der Rivale, trat auch bald vor Olaf und warf ihm den Fehdehandschuh zu.

Jedoch war dieser Zweikampf nicht nur eine Sache zwischen Olaf und Alfini. Olaf durfte als Ausländer keinen Totschlag im Reiche König Ethelreds begehen, sonst mußte er das Angelsachsenreich für immer verlassen. Olaf befand sich in einer schier ausweglosen Lage, aber um seine Ehre nicht zu verlieren, mußte er den Zweikampf annehmen.

Der Kampfplatz wurde nach Brauch der Nordmänner mit Haselzweigen abgesteckt, und die beiden Freier betraten die Walstatt. In der letzten Nacht vor dem Zweikampf hatte Olaf einen Einfall.

Alfini stürmte sogleich mit seiner Bartaxt gegen Olaf an, so daß dieser sich verteidigen mußte. Er wollte Alfini täuschen und den Eindruck erwecken, als wenn er ein schwacher und leicht zu besiegender Gegner sei. Das Gefühl der Überlegenheit machte Alfini kühner, und er vernachlässigte seine Deckung. Olaf wartete auf einen günstigen

Augenblick. Plötzlich holte Olaf zum Gegenschlag aus – jedoch nur mit dem stumpfen Ende seiner Streitaxt. Krachend schlug sie Alfini gegen den Kopfhelm, und er sank benommen zu Boden. Olaf zog sein Schwert und hielt es Alfini dicht an die Kehle. „Wenn du den Schwur ablegst, daß du außer Landes gehst und nie mehr ins Reich König Ethelreds zurückkehrst, schenke ich dir das Leben und all deinen fahrenden Besitz. Andernfalls töte ich dich, auch wenn ich selber dann das Reich König Ethelreds verlassen müßte", stellte Olaf den Alfini vor die Wahl.

Alfini war die Lust nach einem Weibe vergangen. Um sein Leben zu retten, legte er vor Olaf den geforderten Schwur ab. Zeugen waren genug anwesend, die dem Zweikampf mit Spannung zusahen, über den Ausgang aber nicht wenig enttäuscht waren. Lady Gydia war dagegen sehr zufrieden. Dies schien ihr der Beweis zu sein, mit Jarl Olaf vielleicht nicht den stärkeren, jedoch den klügeren Gemahl erhalten zu haben.

Am selben Tag noch wurde die Verlobung verkündet, und nachdem alle Vorbereitungen zur Hochzeit getroffen waren, wurde der Ehebund nach christlichem Brauch in der Kirche geschlossen.

Im Spätherbst fuhr das fürstliche Ehepaar auf Wunsch Gydias mit einem Schiff nach Dublin, um den Winter in Irland zu verbringen, wo Gydia noch ausgedehnte Besitzungen ihr Eigen nannte. Sie stellte ihrer Sippe, die große Macht in Irland besaß, den neuen Ehegemahl vor. Olaf Tryggvisson wurde mit herzlicher Freundschaft aufgenommen, weil er Norweger war und zudem ein Nachkomme aus König Harald Schönhaars Geschlecht, wie Gydias Sippe auch.

Die Mission des Thorir Klakka

Noch ein Drachenschiff überquerte wenige Tage nach Olaf und Gydia die Irische See zwischen Wales und Dublin. Es war ein norwegisches Handelsschiff, und der Besitzer hieß Thorir Klakka. Als er im Hafen von Dublin ankerte, hatte er bereits eine weite Segelreise zurückgelegt. Er kam aus dem Tröndelag in Westnorwegen und suchte einen berühmten Seekönig namens – Olaf Tryggvisson.

Viele Bauern in Tröndelag waren unzufrieden mit der Herrschaft des Jarl Hakon. Dieser glaubte im fortgeschrittenen Alter, keine Rücksicht mehr auf die alten Gesetze der Nordmänner nehmen zu müssen. Doch was das Schlimmste war und die Bauern in größten Haß gegen ihren Herrscher versetzte, war die unmäßige Gier nach Frauen, die den Jarl Hakon in zunehmendem Alter befiel. Überall, wo er auf Gastung weilte, ließ er sich die Töchter oder sogar die Ehefrauen der Bauern als Gespielinnen bringen. Was die Jomswikinger mit fast hundert Kriegsschiffen und über viertausend tapferen Kriegern nicht fertigbrachten, nämlich Jarl Hakon aus der Herrschaft zu vertreiben, das schuf sich Hakon bald selber. Die Drontheimer hörten von dem kriegerischen Ruhm des Jarl Olaf Tryggvisson. Sie schickten Thorir Klakka aus, um zu erforschen, ob dieser Seekönig aus dem Geschlecht König Harald Schönhaars stamme, also ein Sohn König Tryggvis von Ranrike sei. Wenn ja, dann solle Thorir den Jarl überreden, mit seinem Wikingerheer nach Norwegen zu segeln und die Norweger von der Knechtschaft des Jarl Hakons zu befreien.

Thorir hatte eine weite und mühselige Reise hinter sich. In vielen Städten fragte er vergeblich nach dem Seekönig Olaf Tryggvisson. Im Danelag fand er die erste heiße Spur. Die Leute erzählten, daß Jarl Olaf zusammen mit König Sven Gabelbart von Dänemark die Stadt London belagert hätte. Thorir segelte nach London, aber das Wikingerheer war bereits wieder abgezogen, nachdem es 16.000 Pfund

Silberlinge als Loskaufsumme von König Ethelred kassiert hatte. Olaf habe sich von König Sven getrennt, wußten einige Seeräuber zu berichten, die auf den kleinen Inseln in der Themsebucht vor Anker lagen. Lange Zeit hörte Thorir nichts mehr von dem Gesuchten. In Winchester erhielt Thorir die Kunde von der Taufe Olafs in London. Thorir Klakka war zutiefst enttäuscht, doch er beschloß, trotzdem ein zweites Mal nach London zu segeln, um Jarl Olaf von Angesicht zu sehen. Er hatte so viel von dem Gesuchten gehört, daß ihn die Neugierde zu dieser Fahrt veranlaßte. Unterwegs fiel ihm ein, daß auch König Hakon der Gute, ein Sohn Harald Schönhaars, ein Christ war, weil er am Hofe des Angelsachsenkönigs Äthelstan aufgewachsen war. In London hörte er, daß Jarl Olaf erst vor kurzer Zeit nach Wales gezogen sei und dort eine Fürstin aus Olaf Kvarans Geschlecht geheiratet habe. Trotz des nahen Herbstes folgte Thorir der Spur. Wieder hatte Thorir Klakka Pech und kam nur wenige Tage zu spät, Olaf war bereits nach Dublin gesegelt. So kurz am Ziel wollte Thorir nicht aufgeben, und er wagte die gefährliche Überfahrt trotz des schlechten Wetters. Die herbstlichen Stürme schüttelten Thorir Klakkas Langschiff gewaltig durch, doch er war ein erfahrener Seemann und erreichte wohlbehalten Dublin.

Thorir zog zuerst unauffällig Erkundigungen über Jarl Olaf ein. Zu seiner großen Enttäuschung wurde ihm gewiß, daß Olaf tatsächlich ein überzeugter Heuchler geworden war. Damit war Thorirs Reise eigentlich bereits gescheitert, doch kennenlernen wollte er diesen Jarl Olaf Tryggvisson wenigstens. Mit drei Begleitern, es waren die Söhne mächtiger Großbauern aus Drontheim, machte er sich auf den Weg zum irischen Königssaal.

Nachdem sie mehrmals vergeblich diesen Gang machen mußten, hatten sie endlich Glück und wurden vor Jarl Olaf geführt. Thorir Klakka stellte sich und seine Begleiter vor und bat Olaf um eine geheime Unterredung, nur mit den engsten Vertrauten. Neugierig gewährte Olaf ihm diese Bitte.

Thorir Klakka fragte Olaf zuerst nach seiner Sippe aus. Es bestand kein Zweifel, dieser Olaf war ein echter Urenkel von König Harald Schönhaar. Thorir erzählte Olaf viel über Norwegen. Schließlich teilte er Olaf auch den Grund dieser Begegnung mit. Die Bauern des Tröndelag hätten ihn beauftragt, den weithin berühmten Seekönig Olaf Tryggvisson zu bitten, Jarl Hakon aus seiner Herrschaft zu vertreiben. Der alte Herrscher bräche täglich die Gesetze. Und was das Schlimmste sei, kein Mädchen und keine verheiratete Frau wäre vor seinen schamlosen Gelüsten sicher. Die Bauern des Tröndelag böten Jarl Olaf die Königskrone an, wenn er der Zwangsherrschaft Hakons ein Ende bereiten würde.

Olaf fragte Thorir viel über Norwegen aus und schien nicht abgeneigt, dieses kühne Unternehmen zu wagen. Olaf versprach beim Abschied, sich die Sache reichlich zu überlegen. Aber im kommenden Sommer sei wohl mit Sicherheit nicht an eine Fahrt nach Norwegen zu denken, da er zu wenig Krieger und Schiffe besäße.

„Wie das?" entgegnete Thorir Klakka erstaunt. „Du hattest doch früher über Flotten von vierzig Schiffen befehligt. Ich denke, das sind mehr als genug, wenn man dazurechnet, daß das halbe Tröndelag sogleich zu dir überlaufen würde, wenn es gegen Jarl Hakon geht", meinte Thorir.

„Früher besaß ich während des Sommers solch große Flotten. Jetzt habe ich nur noch zwei Schiffe und nicht viel über hundert Krieger, die, wie ich, an den wahren Gott glauben", sprach Jarl Olaf ruhig.

„Heißt das mit anderen Worten, du duldest nur noch christliche Männer in deinem Gefolge?" fragte Thorir enttäuscht.

„Ja, das ist richtig", nickte Olaf.

„Aber bedenke, daß alles Volk in Norwegen noch an die alten Götter glaubt, von wenigen Ausnahmen abgesehen. Ich glaube nicht, daß sie einen ‚Heuchlerkönig' zu ihrem Herrscher wählen würden", gab Thorir zu bedenken.

„Wenn ich König von Norwegen wäre, würde ich das Gesetz erlassen, daß alles Volk sich taufen lassen muß", gestand Olaf offen.

„Du kennst den Trotz der Tröndner nicht. Ich halte es für klüger, dem Volk seinen alten Glauben zu lassen. Andernfalls meine ich, daß du nicht lange König über Norwegen wärst, wenn du dieses Gesetz erlassen würdest", sprach Thorir in ruhigem und freundschaftlichem Ton. „Alte Männer erzählen, daß König Hakon der Gute, der jüngste Sohn Harald Schönhaars, auch ein Christ gewesen wäre. Doch er zwang niemals das Volk, den fremden Glauben anzunehmen, ja er nahm sogar an den Opferfeiern zu Ehren der alten Götter teil. Ich rate dir, das Gleiche zu tun, sonst würde man dir nicht für die Befreiung von Jarl Hakons Herrschaft danken."

Olaf sah Thorir Klakka forschend in die Augen. – „Ich verstehe, Thorir. Du bist noch kein Christ, obwohl du das Kreuzeszeichen um den Hals hängen hast. Aber ich gewähre dir trotzdem Gastfreundschaft in der Königshalle meiner irischen Sippe. Ich werde dir später einmal erzählen, welche Wunder der Herre Christ an mir vollbrachte. Ich hoffe, daß wir noch öfter über diese Angelegenheit sprechen werden."

„Wir stehen dir jederzeit zu weiteren Beratungen zur Verfügung", sprach Thorir äußerlich zwar freundlich, innerlich aber zutiefst enttäuscht über diesen Jarl Olaf. Doch während des Winters besaßen ja beide noch Zeit und Muße genug, über die Glaubensfrage nachzudenken. Thorir hoffte, daß es ihm wenigstens gelingen könnte, Jarl Olafs Bekehrungseifer zu dämpfen. Diese Heuchler waren sonderbare Gläubige. Mit allen Mitteln versuchten sie, Andersgläubige von ihrem Glauben zu überzeugen. Dies wäre einem heidnischen Nordmann nicht im Traum eingefallen. Jeder sollte gefälligst an die Götter glauben dürfen, an die seine Vorväter glaubten. Außer der Glaubensfrage fand Thorir nichts an dem Seekönig Olaf auszusetzen. Olafs Ruhm war überall bekannt, wo Nordmänner ihre Lagerfeuer hatten.

Einen Mond später wurde in Dublin das christliche Weihnachtsfest und fast gleichzeitig das heidnische Julfest gefeiert. Das Land war gespalten in Christen und Heiden. An den Küsten saßen die heidnischen Nordmänner, und weiter im Innern des Landes lebten die christlichen Iren. Die Herrscherfamilie aus dem Geschlecht Olaf Kvarans war bereits dem Christentum gewonnen, doch die meisten Nordmänner waren noch überzeugte Heiden.

Im Innern des Landes wuchs der Widerstand der Iren. Sie waren nicht mehr gewillt, die Oberherrschaft der Nordmänner noch lange über sich ergehen zu lassen. Die Lage war sehr angespannt. Als Olaf nach Dublin kam, beherrschte die Sippe seiner Frau Gydia nur noch die küstennahen Gebiete. Das Innere Irlands zahlte den Nordmännern keine Abgaben mehr. Beide Seiten wußten, daß bald der entscheidende Kampf um die Herrschaft der Insel ausgefochten werden müßte. Auch Olaf war zu dieser Erkenntnis gelangt, und das bestärkte ihn in seinem Vorhaben, Irland den Rücken zu kehren und die Königsherrschaft über Norwegen zu erringen, wie seine Vorväter sie besaßen.

Als Olaf seiner Gemahlin Gydia von Thorir Klakka erzählte und den Grund seiner Reise nach Dublin, wurde ihm bitter bewußt, daß Gydia keineswegs gewillt war, mit ihrem Gatten nach Norwegen zu ziehen. Das rauhe Klima, das gebirgige und unfruchtbare Land gefiel Gydia ganz und gar nicht. Zudem fürchtete sie sich vor den Trollen, Meeresungeheuern und den vielen Zauberern, die es in Norwegen angeblich gab. Gydia wandte ein, daß Olaf ja gar nicht genug Krieger und Schiffe besäße, um Norwegen erobern zu können. Ihre Brüder und sonstigen Gesippen unterstützten sie in dieser Ansicht. Mit Einsatz all ihrer weiblichen Reize gelang es Gydia schließlich, daß Olaf dieses Vorhaben weit in die Zukunft verschob.

Thorir Klakka hingegen wollte diesen Einwand nicht gelten lassen, denn er war der Meinung, daß es Olaf in Kürze gelänge, eine Flotte von zwanzig Schiffen anzuwerben, die ausreichen würde, um gemeinsam mit den Tröndner Jarl Hakon aus der Herrschaft zu vertreiben.

Jarl Olaf erwiderte, daß er niemals mit heidnischen Kriegern dieses Unternehmen wagen würde, weil ihm dann der Herre Christ kein Heil bei dieser Sache schenken würde. Alle Einwände Thorirs halfen nichts, Olaf war nicht von seiner Überzeugung abzubringen. Trotz vieler Beratungen kamen sie in dieser Frage keinen Schritt weiter.

Andere Sorgen beschäftigten Jarl Olaf gegen Anfang des Frühjahres. Einige irische und nordländische Bauern, die in Gydias Ländereien saßen, kamen an den Königshof, um über die Willkür und Schreckensherrschaft eines Wikingerhaufens zu klagen, der in ihren Dörfern sein Unwesen trieb. Der Jarl des Heeres heiße Odinger.

Thorir war es, der Olaf an den schwärzesten Tag seines Lebens erinnerte. Wenn dieser Jarl Odinger nun derselbe sei, der gegen Olaf gemeutert hatte?

Jarl Olaf ballte seine Fäuste vor Wut. „Das werden wir bald wissen!" rief er zähneknirschend.

Olaf bat seine Schwäger und Gesippen um Unterstützung. Mit einem Heer von fünfhundert Berittenen zog Jarl Olaf in die gepeinigten Ländereien. Die Wikinger wurden beim Morgengrauen überrascht. Nur wenige leisteten Widerstand, die meisten wurden im Schlaf überrascht. Auch der Jarl der Wikinger wurde lebend gefangen und vor Jarl Olaf Tryggvisson geführt. Es war derselbe, der den Mordanschlag ausgeführt hatte. Odinger wurde leichenblaß beim Anblick seines früheren Gefolgsherrn.

„Ich sehe, du erkennst mich wieder", sprach Jarl Olaf streng. „Ich klage dich an wegen Treuebruchs, versuchten Meuchelmordes und wegen Raubes an mir und an meinen Untertanen. Was glaubst du wohl, wie mein Urteil lauten wird?"

„Ich bitte nur um eines, Jarl Olaf, daß ich eines Todes sterben darf, der eines Kriegers würdig ist!" rief Odinger stolz aus. Denn nur so wurde ihm das Glück zuteil, in Odins Methallen Walhall einkehren zu dürfen.

„Siehst du dieses Kreuz, Odinger?" Olaf wies auf das goldene Schmuckstück auf seiner Brust. „Ich bin ein Heuchler, ein Christ. Ich glaube an diesen Teufelsspuk nicht mehr. – Doch ich bin als Christ noch gnädiger, als du sicher denkst. Ich verzeihe dir deine drei Todsünden und schenke dir das Leben unter zwei Bedingungen", sprach Jarl Olaf mit einem eigentümlichen Lächeln.

In Odingers Gesicht wechselten ungläubiges Erstaunen mit Mißtrauen. – „Und die wären?"

„Wenn du vor mir auf die Knie sinkst und mich um Vergebung bittest, weiterhin die Taufe empfängst und gelobst, fortan ein guter Christ zu sein, dann schenke ich dir das Leben, und du darfst gehen, wohin es dir beliebt", sprach Olaf.

„Ich soll vor dir auf die Knie fallen! Ich soll um Vergebung winseln wie ein altes, zahnloses Weib! Nie! Niemals!" schrie Odinger mit vor Wut überschnappender Stimme. Mit den Füßen stampfte er den Boden. Er wußte genau, wenn er das täte, würde ihn jeder Wiking, jeder freie Mann verachten.

„Ich gebe dir drei Tage Bedenkzeit, Odinger", sprach Olaf und ließ ihn abführen. Die anderen Gefangenen ließ er fragen, wer von ihnen bereit sei, den Christenglauben anzunehmen. Denjenigen solle die Freiheit geschenkt werden. Von denen, die an ihrem alten Glauben festhalten würden, solle jeder zehnte geköpft werden, und die anderen würden ohne Waffen und ohne jeglichen Besitz aus seinem Lande vertrieben werden. Kaum ein Dutzend der Gefangenen war bereit, sich taufen zu lassen. An den anderen wurde sogleich Olafs Urteil vollstreckt.

Mit den gewonnenen Schätzen wurden die Bauern entschädigt. Jedoch mehr als die Hälfte der Beute blieb für Jarl Olaf übrig. Es war sowieso nur ein Teil seines früheren Reichtums.

Jeden Tag ließ Jarl Olaf den gefangenen Odinger dreimal fragen, ob er bereit sei, seine Bedingungen zu erfüllen. Andernfalls würde er bei lebendigem Leibe auf dem Scheiterhaufen verbrannt werden. Obwohl Odinger wegen dieser unrühmlichen Todesart in qualvolle Seelenpein versetzt wurde, lehnte er es ab. Nach dem heidnischen Glauben hätte er so oder so einen Sitzplatz in Walhall verspielt. Am vierten Tag wurde das Urteil an Odinger vollstreckt.

Auf dem Rückweg nach Dublin lenkte Thorir sein Pferd neben das seines Jarls. Olaf befand sich in bester Stimmung. „Ist Irland nicht ein wunderschönes Fleckchen Erde?" fragte er seinen väterlichen Freund. „Nur den Schnee vermisse ich hier."

„Auf meinem Bart befindet sich mehr Schnee, als mir lieb ist", murmelte Thorgeir mürrisch.

Olaf kannte die Art seines langerprobten Gefährten und er wußte, daß diesen innerlich etwas bedrückte. – „Nun sag schon, was dir auf dem Herzen liegt, du alter Dickkopf!" forderte Olaf ihn lachend auf.

„Ich verstehe eines nicht. Was meinen die Heuchler damit, wenn sie sagen: unser Herre Christ sprach, mein ist die Rache. – Wenn doch der Gott der Heuchler rächt, warum dürfen die Heuchler dann nicht auch rächen?"

„Das ist doch ganz einfach, Thorgeir. Die Menschen sind nicht weise genug, um selber das Unrecht zu sühnen, das andere Menschen ihnen zugefügt haben", erklärte Olaf ihm.

„Aber wenn du das weißt, warum hast du dann Odinger eines ehrlosen und qualvollen Todes auf dem Scheiterhaufen sterben lassen?" fragte Thorgeir seinen Jarl in gespielt kindischer Art.

Olaf sah seinen alten Gefährten erstaunt an. Erst jetzt kam ihm zu Bewußtsein, daß er sich an Odinger rächte, indem er ihn eines Kriegers unwürdige Todesart sterben ließ.

„Ich bin der von Gottes Gnaden eingesetzte Herrscher dieses Landes. Ich richte in seinem Namen über die Mörder, wie es Gesetz ist", entgegnete Olaf zu seiner Rechtfertigung.

„Schon recht, das bestreite ich auch nicht. Aber hast du bedacht, daß nach Odingers Glaube der Tod und das Leben, das du ihm zur Wahl stelltest, dasselbe waren? Er konnte gar keine echte Wahl treffen. Er wählte nur die schnellere Todesart. – Bist du etwa in drei Tagen von einem Odinsanhänger zu einem ebenso überzeugten Christen geworden?" fragte Thorgeir ihn.

„Nein", mußte Olaf zugeben. „Du hast recht, ich habe mich ganz gemein an Odinger gerächt, indem ich ihm Seelenpein zufügte."

„So oder so, ein Meuchelmörder und Eidbrüchiger verdient kein besseres Ende", meinte Thorgeir ohne Mitleid. „Aber wenn du nun König von Norwegen wärst, wie würdest du über diejenigen richten, die an ihrem alten Glauben unbeirrt festhalten?"

Olaf dachte einige Zeit nach. – „Ich weiß es nicht. Ich werde die weisen Männer der Kirche um Rat fragen."

„Wäre es nicht klug, Thorir Klakka etwas nachgiebiger in der Glaubensangelegenheit zu sein?" meinte Thorgeir.

„Ich werde darüber nachdenken", entgegnete Olaf ärgerlich. „In diesem Sommer sehe ich zudem keine Möglichkeit, wie ich so viel Krieger bekommen könnte, um damit Norwegen zu erobern."

„Aber das Gold und Silber, das du Odinger und seinen Wikingern abgenommen hast, dürfte ausreichen, um dreißig Schiffe auszurüsten und mit Kriegern zu besetzen", widersprach Thorgeir.

„Ja, daran habe ich noch gar nicht gedacht! – Aber Gydia will von der ganzen Sache nichts wissen", gestand Olaf den wahren Grund ein, warum er die Fahrt nach Norwegen verschob.

„Soso, Gydia", sprach Thorgeir gedankenverloren. – „In dieser Angelegenheit kann ich dir leider keinen Rat geben.

Das liegt ganz allein in deinem Ermessen", sprach er und gab seinem Pferd die Sporen. Er hatte seinem Jarl die gute Laune gründlichst verdorben.

Olaf dachte während des Rückweges nach Dublin über Thorgeirs „soso" angestrengt nach. Wollte der alte Haudegen damit andeuten, daß sich ein „echter" Mann keinen Deut um die Meinung und Wünsche seiner Frau kümmern würde? Doch Olaf konnte eine solche Auffassung nicht gutheißen. Er liebte Gydia viel zu sehr, um sie zu zwingen, mit ihm nach Norwegen zu segeln. Aber im anderen Falle gab es nur zwei Möglichkeiten: entweder Olaf bliebe in England und Irland bei seiner Gemahlin Gydia oder er müsse allein nach Norwegen fahren und würde dabei seine Frau verlieren, denn so wie es den Anschein hatte, war Gydia durch nichts zu bewegen, Königin von Norwegen zu werden. Aber vielleicht war auch alles nur Verstellung gewesen und Gydia würde in Wirklichkeit nie von seiner Seite weichen? Bis zum Sommeranfang, der einzig möglichen Reisezeit, waren es noch zwei Monde. Genug Bedenkzeit, um in Ruhe die klügere Entscheidung zu treffen.

Lady Gydia und Thorir Klakka fochten, jeder mit seinen ihm eigenen Waffen, einen unerbittlichen Kampf um „ihren" Olaf aus. Gydia wollte den Gemahl nicht verlieren, der sich in der Ausübung der Herrschaft über ihre Ländereien erst vor kurzem so glänzend bewährt hatte, und Thorir Klakka wollte seinen Thronanwärter nicht verlieren, dessentwegen er bereits so viele Mühen auf sich genommen hatte, und dem Thorir trotz des anderen Glaubens von Tag zu Tag mehr Bewunderung und Hochachtung entgegenzubringen sich veranlaßt sah. Der Wiking und Heide Thorir mußte sich innerlich eingestehen, daß der Glaube an den Herre Christ das Wesen der Menschen veredelt, sie gerechter und nachsichtiger zu ihren Mitmenschen werden läßt. Und dies waren alles Eigenschaften, denen es dem jetzigen Herrscher von Norwegen gänzlich mangelte.

Man sollte annehmen, daß eine Frau, zumal eine erst vor kurzer Zeit angetraute, über die stärkeren Mittel verfügt, um ihren Gemahl mit unlösbaren Banden an sich zu fesseln. Und wirklich trug Gydia unzweifelhaft den Sieg bei diesem heimlichen Kampf davon. Olaf hatte von dem Gedanken Abstand genommen, bereits in diesem Sommer nach Norwegen zu fahren.

Vor Thorir Klakka vertrat er die Ansicht, daß er erst ein größeres Heer aufstellen müsse, um dieses Wagnis eingehen zu können und es mit Erfolg zu beenden. Olaf fügte weiter hinzu, daß er nun nichts mehr von dieser Angelegenheit zu hören wünsche. Das Für und Wider verursachte ihm nämlich innerlich größere Seelenpein, als er sich nach außen hin anmerken ließ.

Thorir Klakka sah nun den Augenblick für gekommen, um seinen allerletzten Trumpf aufzudecken. „Bevor ich mich von dir vielleicht für immer verabschiede, Jarl Olaf Tryggvisson, möchte ich dir noch eine Sage erzählen, die dir sicherlich nicht gleichgültig ist. Ich hörte diese wahrhaft ergreifende Geschichte in der Stadt Sotenäset. Das Volk erzählt sich gerne und oft die Schicksale ihrer früheren Könige, und auch von der ehemalige Königin Astrid wußten sie eine Saga zu erzählen, wie ich noch keine Lebengeschichte vernahm, die dieser geglichen hätte." Thorir machte eine Pause.

„Königin Astrid? Das war ja meine Mutter!" rief Jarl Olaf sichtlich erregt aus.

„Ja, sie war in erster Ehe mit König Tryggvi, deinem Vater, vermählt", sprach Thorir.

„In erster Ehe? Was weißt du über ihr weiteres Schicksal zu berichten! Erzähle!" forderte Olaf den Händler ungeduldig auf.

„Ich kann mich für die wirklichen Begebenheiten dieser Geschichte nicht verbürgen, doch ich bin der Meinung, daß mehr Wahrheit darin enthalten ist, als manche glauben. – Ich schwöre, daß ich nichts erlogen und nichts dazuerfunden habe, sondern mich bemühe, so gut als möglich wiederzugeben, was ich von den Sotenäsetern erzählt bekam." Thorir nahm einen tiefen Schluck aus seinem Methorn.

„Erzähle mir alles, was du über das Schicksal meiner Mutter erfahren hast. Ich werde dir jedes Wort mit einem Goldstück lohnen", sprach Olaf mit vor Rührung heiserer Stimme.

„Es liegt mir fern, eine Belohnung dafür anzunehmen, Jarl. Doch ich will beginnen." Thorir schloß die Augen, zum Zeichen, daß er sich innerlich sammelte. – „König Tryggvi Olafsson, dein Vater, wurde von Gudröd Eriksson in einen Hinterhalt gelockt und ermordet", sprach Thorir, da unterbrach ihn Olaf bereits wieder.

„Gudröd Eriksson ist der Mörder meines Vaters? Verflucht, ich stand im letzten Sommer einen Schritt vor ihm!"[6] rief Olaf wütend aus, da ihm diese Genugtuung, an Gudröd Rache genommen zu haben, entgangen war.

„König Tryggvi wurde ermordet, weil er die Oberherrschaft König Harald Graumantels nicht anerkennen wollte. Königin Astrid floh mit ihren zwei kleinen Töchtern und dem noch ungeborenen Knaben unter ihrem Herzen von Sotenäset ins Oberland nach Offrigstadt. Unterwegs gebar sie einen Knaben. Ihre Begleiter benetzten ihn mit Wasser und nannten ihn Olaf, nach seinem Großvater. Den Winter über verbrachte Astrid bei ihren Eltern in Offrigstadt. Im Frühjahr nach der Schneeschmelze kamen jedoch die Häscher König Haralds, um die frühere Königin und ihr Knäblein, den Erben Tryggvis, zu ermorden. Doch Erich Bjodaskalli erfuhr rechtzeitig von ihrem Nahen. Er schickte seine Tochter Astrid mit dem Knaben nach Schweden zu Hakon dem Alten, der ein guter Freund Erich Bjodaskallis war. Die Mörder des Königs ließ er in einer falschen Richtung suchen. Als die Krieger merkten, daß sie von Erich Bjodaskalli getäuscht worden waren, kehrten sie um und töteten ihn. Doch der Erbe König Tryggvis war in Schweden vorläufig in Sicherheit." Thorir machte eine Pause.

Olaf erfuhr jetzt erst, daß sein Großvater Erich Bjodaskalli das Leben verlor, um das seines Enkels zu retten. „Weiter!" drängte Olaf.

„Bald kam eine norwegische Gesandtschaft zu dem Schwedenkönig. Sie brachten ihm reiche Geschenke von König Harald Graumantel und baten darum, Astrids Sohn nach Norwegen mitnehmen zu dürfen. Die Königsmutter Gunnhild wolle seine Ziehmutter sein. Doch Astrid weigerte sich, ihnen den Knaben mitzugeben, denn sie wußte genau, daß Gunnhild Tryggvis Erbe getötet hätte, damit ihre Söhne um so sicherer die Herrschaft in Norwegen besäßen. Zweimal kamen die Abgesandten zu Hakon dem Alten, und beim letzten Mal forderten sie den Knaben sogar unter Gewaltandrohung. Doch Hakon der Alte hatte vorgesorgt und viele Bewaffnete aus der Nachbarschaft zusammengezogen, die die Norweger mit Hohn und Spott vom Hof vertrieben. – Um dem jungen Königssohn eine angemessene Erziehung angedeihen zu lassen, entschloß sich Astrid, über das warägische Meer[7] nach Gardarike[8] zu fahren. In der Stadt Holmgard[9] lebte ihr Bruder Sigurd Manneshaupt, der ein mächtiger Gefolgsmann des Fürsten Wladimir geworden war. Unterwegs auf dem warägischen Meer geriet die frühere Königin Astrid mit ihrem Sohn Olaf in die Gewalt von estländischen Wikingern. Astrids treuer Begleiter, ein Mann namens Thorolf Lausebart, wurde von den Wikingern getötet, weil er zu alt war, um ihn auf dem Sklavenmarkt verkaufen zu können. Aber Königin Astrid blieb dieses bittere Los nicht erspart. Und was das Schlimmste war, ihr Sohn Olaf wurde nicht mit ihr zusammen an denselben Bauer verkauft, sondern der Knabe wurde ihr aus den Armen gerissen und an einen anderen Sklavenhalter gegeben. Alles hatte die frühere stolze Königin von Ranrike verloren: ihren Ehegemahl, ihren Reichtum, ihre Heimat, ihre Freiheit und zuletzt auch noch ihren Sohn, um dessen Leben zu retten, die keine Mühen und Opfer scheute, und zuletzt noch das elende Sklavenlos erleiden mußte. Mehrere Sommer und Winter lebte sie in

Kurland als Sklavin. Sie hatte nie mehr etwas von ihrem und Tryggvis Sohn vernommen und mußte fürchten, daß er nicht mehr am Leben sei. Denn als Olaf ihr aus den Armen gerissen wurde, war der Knabe erst drei Sommer alt, und Kinder solchen Alters überleben die Entbehrungen der Sklaverei wohl selten.

Wieder einmal wurde sie auf dem Markt zum Weiterverkauf angeboten, ich weiß nicht zu sagen zum wievielten Male. Da erkannte ein reicher Wiking und Händler aus Offrigstadt mit Namen Lodin die frühere Königin Astrid inmitten der anderen Sklavinnen. Astrid sah sehr leidend aus. Ihr Körper war abgemagert, das Gesicht blutleer und hager. Ihre Hände waren schwielig und rissig von der harten Arbeit, und sie war nur dürftig in alte Fetzen gekleidet, die kaum ihre Blöße bedeckten. Sie sah zwar äußerlich zum Erbarmen aus, doch innerlich soll sie ungebrochen gewesen sein. Manche Leute behaupten, daß sie zum Christentum übergetreten sei, und das habe ihr die Kraft gegeben, das Schicksal der Sklaverei zu ertragen, aber mit Sicherheit kann ich das nicht berichten. Dieser Lodin hatte eine Abmachung mit Astrid geschlossen. Wenn er sie freikaufen und nach Offrigstadt zurückbringen würde, solle sie zum Dank dafür seine Frau werden. In der Notlage, in der sich Astrid befand, versprach sie es Lodin und hielt ihr Wort. Sie setzte es bei ihrer Sippe in Offrigstadt durch, daß sie ihre Zustimmung zur Hochzeit mit einem niedriggeborenen Mann gab. Astrid zeugte mit Lodin zusammen noch drei Kinder, zwei Mädchen und einen Knaben. – Das ist alles, was ich von dem Schicksal der früheren Königin Astrid weiß", endete Thorir seine ergreifende Saga.

„Meine Mutter ist nach Norwegen zurückgekehrt", flüsterte Olaf. „Meine Mutter lebt!"

„Ich kann mit Sicherheit berichten, daß Königin Astrid zurück in ihre Heimat kam. Doch es ist bereits fünf Sommer her, seit ich diese wundersame Saga hörte. Ob die frühere Königin von Ranrike jetzt noch unter den Lebenden weilt, das ist mehr als ein Mensch vorhersagen kann", fügte Thorir behutsam hinzu.

„Ich weiß, ich weiß! Fünf Sommer und Winter sind eine lange Zeit für ein zerbrechliches Menschenleben! Und meine Mutter mußte viel Leid in ihrem Leben erdulden! Aber du schwörst mir bei dem Gott, an den du glaubst, daß nichts an dieser Saga erlogen und erfunden ist?" bat Jarl Olaf Thorir fast flehentlich.

„Ich schwöre bei Odin, daß kein einziges Wort daran weder erlogen noch erfunden ist", sprach Thorir mit erhobener Schwurhand. – „Doch halte ich die Wahrscheinlichkeit, daß deine Mutter noch lebt, für gering."

„Ich glaubte bis heute, daß meine Mutter irgendwo in Kurland als Sklavin gestorben wäre! Nun habe ich von dir die Kunde erhalten, daß meine Mutter nach Norwegen zurückkehrte! Thorir! Thorir! Weißt du, kannst du überhaupt ahnen, welche Freude du mir mit dieser Saga bereitet hast? Was für die meisten Menschen das Selbstverständlichste ist, daß sie ihre Mutter von Angesicht zu Angesicht kennen, das wurde mir von einem unbarmherzigen Schicksal verwehrt! Begreifst du, Thorir? Die Hoffnung besteht, und wenn sie noch so gering ist, daß ich meine Mutter nun doch noch kennenlernen kann! Ich werde noch in diesem Sommer nach Norwegen segeln! Wenn die Drontheimer mich zu ihrem König wählen, gut! Aber zehnmal, nein hundertmal lieber wünsche ich mir, meine Mutter endlich umarmen zu dürfen. Ich muß diese Neuigkeit sofort Gydia mitteilen! Thorir, du kannst mich beim Wort nehmen, ich fahre nach Norwegen!" Jarl Olaf eilte aus dem Beratungszimmer.

Gydia war zutiefst gerührt über die wundersame Lebensgeschichte der Königin Astrid; doch zugleich stieg die furchtbare Gewißheit in ihr auf, daß nun nichts mehr Olaf zurückzuhalten vermochte.

„Und was gedenkst du zu tun?" fragte Gydia mit tonloser Stimme.

„Ich muß nach Norwegen! Ich kann die Fahrt nicht verschieben, wenn ich meine Mutter wiedersehen will", sprach Olaf leise.

„Wäre es nicht klüger, zuerst ein Schiff mit Vertrauten nach Norwegen zu senden, die herausfinden können, ob deine Mutter noch lebt?" wagte Gydia einzuwenden.

„Jeder Tag, den ich zögere nach Norwegen zu fahren, kann ein Tag zu spät sein!" rief Olaf innerlich stark erregt aus.

„Ich fürchte ja nur, du könntest von Jarl Hakon mit deinen wenigen Kriegern zu einer Schlacht gestellt werden, und du würdest der Übermacht unterliegen", entgegnete Gydia zu ihrer Rechtfertigung.

„Wenn ich merke, daß die Versprechungen Thorir Klakkas nicht der Wirklichkeit entsprechen, lasse ich mich in keine Schlacht mit Jarl Hakon ein, sondern fahre geradewegs zu meinen Gesippen, um mich nach meiner Mutter Astrid zu erkundigen. Ich würde nur den Sommer über in Norwegen bleiben und käme im Herbst zu dir zurück", sprach Jarl Olaf, um seine Gemahlin zu trösten. Gydia war damit einverstanden, und bei dieser Abmachung zwischen den Ehegatten blieb es.

Jarl Olaf Tryggvisson traf nun mit ganzer Entschlossenheit die nötigen Fahrtvorbereitungen. Er bekam Mannschaften für fünf Kriegsschiffe zusammen. Der Grund, warum Olaf nicht mehr Krieger fand, lag bei ihm selber. Denn er nahm nur getaufte Nordmänner in seine Gefolgschaft auf. Und von diesen wiederum nur die besten. So besaß er zwar eine kleine, aber schlagkräftige Truppe von etwa dreihundertundfünfzig Recken. Der Eid, den sie auf Olaf ablegten, unterschied sich deutlich von dem heidnischen Gefolgschaftseid. Die Krieger schworen Olaf unbedingten Gehorsam. Das Recht, durch Abstimmung ihren Jarl zur Annahme ihres Willens zu zwingen, besaßen sie nicht mehr.

Das Ende eines Wiking

Thorgeir hatte sich als Werber mit nur wenigen Kriegern zu Pferd tief ins Innere von Irland gewagt, ohne sich zu bekümmern, daß hier der Widerstand der Iren gegenüber den Nordleuten bereits übermächtig geworden war. Thorgeir geriet in einen Hinterhalt von irischen Freiheitskämpfern. Die meisten von Olafs Kriegern fielen gegen die Übermacht der Iren; Thorgeir und zwei Nordmänner konnten zu Pferd dem Tode entkommen, aber alle trugen sie Wunden davon. In einem Dorf, das von Nordmännern beherrscht wurde, mußte sich Thorgeir aufs Wundbett legen. Er schickte einen Boten nach Dublin, um Jarl Olaf zu benachrichtigen.

In der Nacht kam der Bote an. Jarl Olaf wurde geweckt. Als er hörte, daß Thorgeir schwer verwundet sei, nahm er seine Waffen und machte sich mit dreißig Begleitern auf, um nach seinem alten Gefährten zu sehen.

Als Olaf vor Thorgeirs Siechlager trat, erschrak er. Sein alter Freund lag in hohem Wundfieber. „Wo ist der Wundarzt?" fragte Olaf den Hauswirt, da Thorgeirs Verband ganz vom Blute durchtränkt war.

Da schlug Thorgeir die Augen auf. „Ich habe ihn fortgeschickt", sprach er mit schmerzverzerrter und fiebriger Stimme.

„Aber um alles in der Welt! Warum hast du das getan?" fragte Olaf bestürzt.

„Der Pfeil sitzt zu tief. Wenn er ihn gezogen hätte, wäre ich sofort verblutet. So blieb mir wenigstens Zeit, um von dir Abschied nehmen zu können."

Olaf untersuchte die Wunde und mußte Thorgeir recht geben. Es war hoffnungslos. Die Rührung wollte Olaf übermannen, doch er wußte, daß Thorgeir dies nicht gerne sehen würde, und er zwang sich zur Beherrschung.

„Du mußt ohne mich nach Norwegen fahren", sprach Thorgeir aus, was Olaf wohl im selben Augenblick dachte.

„Die Nornen haben es so gewollt. – Ich werde mich zu einer anderen großen Reise aufmachen, von der kein Weg zurückführt. Ich will mit meinem Geschick nicht hadern, denn ich habe den Tod gefunden, den ich mir immer wünschte. Der Strohtod ist mir verhaßt. Da ich im Kampf tödlich verwundet wurde, darf ich in Odins Methallen in Walhall einkehren."

„Aber du bist doch getauft! Der Himmel der Christen sieht anders aus als Odins Walhall", entgegnete Olaf bestürzt.

„Sei mir nicht böse, Olaf. Ich glaube ja, daß es diesen Christengott gibt. Er hat dich gewiß mit mehr Heil beschenkt als Odin. Aber ich bin zu alt, um mich um das Reich des Herre Christ zu bemühen. Ich habe mein ganzes Leben lang Odin gedient, und ich möchte dafür die ewigen Freuden eines Kriegers zum Lohn erhalten."

Olaf sah ein, daß es zwecklos sei, dem alten Wiking erklären zu wollen, daß dieses Walhall nur Aberglaube ist.

„Ich habe nur noch eine Bitte, Olaf", fuhr Thorgeir fort. „Ich möchte auf einem Schiff verbrannt werden, wie es einem Steuermann gebührt. Ich habe keine Gesippen, die mir diese letzte Ehre erweisen würden ..."

„... du sollst ein Begräbnis erhalten, wie es eines Königs nicht unwürdig wäre, das schwöre ich bei dem Herre Christ."

„Ich danke dir, Olaf. Damit hätten wir Treue mit Treue vergolten. Nachdem das geregelt ist, kann ich leichten Herzens sterben", meinte Thorgeir mit einem kurzen Lächeln.

Olaf wich nicht vom Siechlager seines väterlichen Freundes. Den Rest des Tages und die ganze folgende Nacht wachte er bei dem Sterbenden. Ohnmächtig mußte Olaf sehen, wie Thorgeirs Lebenslicht schwächer und schwächer wurde, bis es gegen Morgen erlosch. Kurz vor seinem Ende richtete sich Thorgeir von seinem Lager auf und flüsterte noch: „Odin!" Sein Schwert hielt er krampfhaft in der Faust. So starb er.

Jarl Olaf ließ die sterblichen Überreste nach Dublin schaffen. Ein Schiff wurde auf das Ufer der Boine gezogen. Holzscheite legte man hinein und obendrauf wurde Thorgeir mit all seinen Waffen und seinem sonstigen Besitz aufgebahrt. Bei Sonnenuntergang zündete Jarl Olaf eigenhändig das Totenfeuer an, um Thorgeir aus seinen irdischen Fesseln zu befreien. Seine Krieger sangen dem verstorbenen Steuermann das Totenlied. Dazu tranken sie viel Met.

Anderntags ließ Olaf einen großen Hügel um die Brandstätte häufen. Davor wurde ein Gedenkstein aufgestellt.

V. Buch

König von Norwegen

Olaf Tryggvisson König

Im Hafen von Dublin lagen Olafs fünf Langschiffe an der Reling vertäut. An den Rudern saßen die Krieger und warteten auf den Gefolgsherrn. Endlich kam Jarl Olaf in Begleitung seiner Frau Gydia und der irisch-nordischen Gesippen. Hier verabschiedeten sie sich von den Gesippen. Gydia fuhr mit Olaf über die Irische See in ihre Herrschaft nach Wales zurück, wo sie wie immer den Sommer verbrachte. Olaf würde erst von England aus die Fahrt nach Norwegen antreten.

In England hielt sich Olaf nicht lange auf. Er ernannte einen treuen Gefolgsmann als Kanzler für die Regierungsgeschäfte, der seiner Gemahlin in allen Entscheidungen der Herrschaft beratend zur Seite stehen solle.

Die letzte Nacht für Gydia und Olaf verrann viel zu schnell. Olaf wurde in dieser Nacht bewußt, daß er ein zweites Mal, diesmal freiwillig, das süße Lebensglück mit einer geliebten Frau für längere Zeit entbehren müsse. Doch längstens für einen Sommer, wie er dachte. Innerlich hatte Olaf die Hoffnung nicht aufgegeben, daß Gydia ihm doch nach Norwegen folgen würde, wenn er eines Tages dort König wäre. Gydia hoffte dagegen, daß Olaf im Herbst nach England zurückkehren würde, nachdem er seine Mutter wiedergesehen hätte. Mit fünf Kriegsschiffen das zu erreichen, was die Jomswikinger mit sechzig nicht geschafft hatten, hielt sie für völlig unmöglich.

Mit den besten Glückwünschen seiner Gemahlin Gydia versehen, stieg Jarl Olaf am nächsten Morgen auf sein Jarlsschiff. Die Segel wurden gesetzt, und die Schiffe liefen aus dem Hafen.

Wenn der Wind günstig in die Segel blies, fuhren sie bei Tag und Nacht. Wenn er ihnen aber mitten ins Gesicht wehte, ruderten sie tagsüber, und nachts schliefen sie irgendwo am Strand von Schottlands Küste. Olafs Gedanken waren seinen Schiffen weit, weit voraus.

An den strauchlosen, nur mit Gras bewachsenen Hängen der Hebriden fuhren sie vorbei, weiter zu den Orkaden.

In Osmondswall auf der Insel South-Ronaldsey lag der Orkadenjarl Sigurd Hlödvisson mit seinem Kriegsschiff. Olaf zwang den Jarl unter Androhung der Todesstrafe, sich taufen zu lassen und seine Oberherrschaft anzuerkennen. Um sein Leben und das seiner Familie zu retten, nahm Sigurd Hlödvisson mit allem Volk in der Umgebung die Taufe an und schwörte Olaf den Treueeid. Olaf nahm Sigurds Sohn Hvelp als Geisel in seine Kriegerschar auf.

Bevor Olaf den großen Sprung von den Orkaden über das gefährliche Nordmeer nach Norwegen wagte, ließ er zuvor durch seinen angelsächsischen Bischof Sigurd einen Gottesdienst singen. Bei schönstem Sommerwetter und bei günstigem Südwestwind stachen die Kiele der Langschiffe in See.

Vier Tage und Nächte fuhren sie auf einsamer See in banger Ungewißheit. Am fünften Tag sichteten sie endlich die norwegische Küste. Auf der Insel Mösterö betrat Olaf Tryggvisson zum ersten Mal Heimatboden.

Olaf dachte sich folgenden Kriegsplan aus: niemand in Norwegen solle anfangs seinen wirklichen Namen erfahren, damit die Kunde nicht vor ihm Jarl Hakon erreichen würde, denn Olaf wollte den Herrscher des Tröndelag völlig überraschend angreifen, wenn sich nicht viele Krieger in dessen Nähe befänden. Nur so konnte er mit seinem kleinen Heer der Herrschaft dieses mächtigen Jarls ein Ende bereiten.

Von seinen Kundschaftern erfuhr Olaf, daß sich Hakon in Guldalen aufhielt. Olafs Schiffe nahmen Kurs nach Norden, dicht an der norwegischen Küste entlang. In Agdenes forschten seine Späher erneut nach dem Aufenthalt des Jarls. Olaf erhielt die überraschende Kunde, daß die Bauern des gesamten Tröndelag im Aufstand wider ihren alten Herrscher begriffen seien. Die Versprechungen Thorir

Klakkas waren also tatsächlich nicht zu hoch gewesen, erkannte er. Obwohl der Augenblick günstig war, sich dem empörten Volk in Agdenes zu erkennen zu geben und sich zum neuen Herrscher ausrufen zu lassen, zwang sich Olaf, noch einige Zeit zu warten, bis Jarl Hakon besiegt wäre.

Der Anlaß zu diesem Aufstand der Bauern war eine besonders schöne Frau gewesen.

In Guldalen wohnte ein Bauer namens Orm Lyrgja. Er war mächtig und besaß viele Freunde in der Nachbarschaft. Orms Frau hieß Gudrun, und die Leute nannten sie „die Sonne von Lunde", so schön war sie. Jarl Hakon weilte in Melhus und ließ sich von seinen Untertanen bewirten. Er hörte von dieser Gudrun und schickte Krieger aus, daß sie ihm Orms Frau herbeischaffen sollten.

Doch Orm Lyrgja rief seine Knechte und viele bewaffnete Freunde aus der Nachbarschaft zusammen und verweigerte Hakons Gefolgsmännern, daß sie seine Frau Gudrun mitnähmen. Dieses schändliche Begehren des alten Herrschers versetzte die Bauern in wütende Empörung. In alle Himmelsrichtungen ließen sie den Kriegspfeil gehen. Die Tröndner wollten die Willkür des Jarl Hakon nicht mehr länger ertragen.

Viele Bauern folgten dem Kriegsruf. Ein beachtliches Bodenheer, das Jarl Hakons Kriegerschar an Zahl vielfach überlegen war, zog nach Melhus, so sich der Jarl mit seinen Kriegern bei den Bauern wie die Maden im Speck gütlich taten. Sie verließen einen Hof erst wieder, wenn die Vorratskammern leer waren. Bei der Kunde vom Nahen der erbosten Bauern floh Jarl Hakon mit seinem Gefolge tiefer ins Tal bis nach Romol. Unterwegs löste er seine Kriegerschar auf und schickte sie nach Örkedalen. Allein konnte er sich leichter verstecken als mit so vielen Begleitern.

Hakons Sohn Erlend weilte mit einem Teil der Gefolgschaft in Viggen zum Schutze der drei Langschiffe. Von seinem Vater erhielt Erlend die Nachricht, aus dem Fjord hinauszusegeln und in Möre auf ihn zu warten.

Jarl Olaf fuhr zur selben Zeit in den Fjord hinein, um die

Entscheidungsschlacht zu suchen. Da kamen ihm die drei Kriegsschiffe Erlends entgegen. Olaf vermutete, daß sich Jarl Hakon auf einem der Schiffe befände und gab Befehl zum Angriff. Erlend hatte eine Vorahnung, daß er nichts Gutes von den fünf Langschiffen zu erwarten habe und suchte das Ufer zu erreichen, um, wie sein Vater, die Flucht über die Berge zu wagen.

Olafs und Erlends Schiffe fuhren fast gleichzeitig knirschend auf Grund. Noch halb im Wasser stehend, entbrannte der Kampf. Olafs Krieger waren dem Gegner nicht nur an Zahl überlegen. Die Krieger Jarl Hakons, die sich nicht ergeben wollten, wurden erschlagen, einigen wenigen gelang die Flucht, aber die meisten wurden gefangengenommen. Erlend versuchte schwimmend zu fliehen. Er wurde von einer Ruderpinne am Kopf getroffen und war sofort tot.

Jarl Olaf fuhr mit acht Schiffen weiter nach Melhus. Hier traf er mit den Führern der Aufständischen zusammen. Olaf gab sich als Urenkel von König Harald Schönhaar zu erkennen. Er sei ins Land gekommen, um Jarl Hakons Schreckensherrschaft ein Ende zu bereiten und seinen Herrschaftsanspruch geltend zu machen.

Thorir Klakka traf in Melhus auch einige der Bauern, die ihn aussandten, um den berühmten Seekönig Olaf Tryggvisson nach Norwegen zu rufen. Er sprach nur das Beste über Jarl Olaf und rühmte dessen Edelmütigkeit und Tapferkeit. Jarl Olaf bewirtete die einflußreichsten Häuptlinge, beschenkte sie reichlich und versprach ihnen, ihre alten Gesetze zu achten. So kam es, daß das Volk in Melhus Jarl Olaf Tryggvisson jubelnd zu ihrem neuen Herrscher und König ausrief. Doch damit war Olaf noch nicht von allen Bauern des Tröndelag als König anerkannt. Dies würde erst ein allgemeines Volksthing auf der Halbinsel Frosta entscheiden. Dort befand sich das größte heidnische Heiligtum, und erst wenn er hier zum König ausgerufen werden würde, wäre seine Herrschaft anerkannt, sogar weit über das Tröndelag hinaus.

Jarl Olaf machte sich zuerst mit seinem Heer zur Verfolgung des alten Herrschers auf. Er suchte das gesamte Tal von Guldalen ab, aber der Jarl war wie vom Erdboden verschwunden. Olaf ließ allem Volk verkünden, daß er denjenigen mit Gold und Silber überschütten werde, der ihm Hakon tot oder lebend herbeischaffe.

In Romol stand das Gehöft von Thora, einer guten Freundin des Jarl Hakon. Der alte Herrscher versteckte sich mit seinem Vertrauten Kark unter dem Schweinestall. Kark erfuhr von der Belohnung, die Olaf Tryggvisson auf den Kopf seines Gefolgsherrn aussetzte. In seiner Goldgier ermordete Kark seinen früheren Wohltäter und Gefolgsherrn. Er nahm dessen abgetrenntes Haupt als Beweis mit nach Melhus. Obwohl Kark der engste Berater Hakons war und sich an vielen Schandtaten des früheren Herrschers mitschuldig machte, glaubte er, durch diese Tat sein Leben retten zu können und noch große Belohnung dazu zu erhalten.

Doch Jarl Olaf ließ Kark in Fesseln legen und verurteilte ihn auf einem Thing zum Tode, weil er seinen Treueeid dem früheren Herrscher gegenüber schmählich brach. Die Bauern waren über dieses Urteil sehr zufrieden. Kark wurde der Kopf abgeschlagen.

Das Heer zog mit den Häuptern von Hakon und Kark auf die Insel Munkholm, wo die Verbrecher verscharrt wurden. Hier steinigten die wütenden Bauern die Häupter der beiden. Der Haß des Volkes war so groß, daß sie Jarl Hakon nur noch den „bösen Jarl" nannten.

Jarl Olaf Tryggvisson berief ein allgemeines Volksthing auf Frosta ein, damit ein Nachfolger in der Herrschaft über das nordwestliche Norwegen gefunden werde.

Die Tröndner waren beeindruckt von der glänzenden Erscheinung des berühmten Seekönigs Olaf Tryggvisson, der sich um die Insel der Angelsachsen unsterblichen Mannesruhm erfochten hatte. Thorir Klakka war der Fürsprecher, Olaf Tryggvisson zum neuen Herrscher über Jarl Hakons Reich zu ernennen. Nur die Glaubensfrage war ein Streitpunkt, ob man für oder gegen Olaf Tryggvisson stimmen solle. Jarl Olaf versprach den Tröndnern, ihren alten Glauben zu achten. Er vergaß nicht, daran zu erinnern, daß auch König Hakon der Gute, der jüngste Sohn Harald Schönhaars, ein Christ gewesen sei und trotzdem einst als König über ganz Norwegen geherrscht habe.

In einer geheimen Versammlung mit den mächtigsten Stammesfürsten[1], Häuptlingen und Großbauern des Tröndelag gab Olaf ihnen noch einmal das Versprechen, ihre Gesetze und ihren Glauben zu achten. Sie sollten die Jarlsherrschaft über ihre Gaue ausüben dürfen, wie es seit der Zeit König Harald Schönhaars üblich war. Den Jarlen würden die Hälfte der Abgaben der Bauern zustehen. Im Kriegsfall mußten sie dafür dem König Kriegsschiffe und voll ausgerüstete Krieger stellen, je nach Reichtum des Gaus. Jarl Olaf bewirtete die Jarle aufs Beste und beschenkte sie. So machte er sich alle zu Freunden. Anderntags gaben die Jarle ihren Hörigen und Gefolgsmännern die Anweisung, für Jarl Olaf zu stimmen. So wurde also Olaf Tryggvisson im Sommer des Jahres 955 nach Christus zum König über das Reich Jarl Hakons gewählt.

Aber noch befanden sich zwei erwachsene Söhne Hakons, mit Namen Erich und Svein, deren Verwandte und noch viele Freunde des früheren Herrschers in Norwegen. König Olaf Tryggvisson zog deshalb ein großes Heer im Tröndelag zusammen und fuhr mit Kriegsschiffen südwärts durch alle Fjorde des Landes, um die Freunde des früheren Herrschers aus dem Lande zu treiben und von den Gauhäuptlingen den Treueeid zu fordern. Es kam vielerorts zu kleinen Gefechten mit Anhängern Erichs und Sveins. Doch der Haß auf den bösen Jarl war überall groß, und König Olaf gewann ohne große Mühe alle Gaue Westnorwegens unter seine Herrschaft.

Es war Spätsommer, als König Olaf Tryggvisson von Kap Lindesnäs aus, der äußersten Südspitze Norwegens, nach

Wiken[2] aufbrach. Er befahl jetzt über eine Flotte von über fünfzig vollbemannten Langschiffen. Südostnorwegen war von den Dänen besetzt, und König Olaf rechnete mit erbitterten Kämpfen.

In Tönsberg, dem Herrschersitz des Königs von Agde, Vestfold und Ringerike, saß der dänische Lehensmann Jarl Ulf. Die Steuereinnehmer König Svens hielten sich bei ihm in der Jarlshalle auf. Sie kamen alljährlich im Herbst zur Erntezeit.

König Olaf fuhr des nachts mit seiner Flotte gegen Tönsberg. Sein übermächtiges Heer schloß die Stadt ein. König Olaf versprach Jarl Ulf und allen anderen Dänen freien Abzug, jedoch alle Schätze und Königsabgaben müsse er zurücklassen, denn sie gehörten ihm, dem rechtmäßigen König von Norwegen.

Jarl Ulf, der mit Frau und Kindern in Tönsberg lebte, sah ein, daß angesichts der Übermacht nur zwischen diesem Angebot König Olafs und dem Tod zu wählen war. Ulf willigte in den ehrenhaften Abzug ein.

König Olaf beauftragte den Jarl, König Sven folgendes auszurichten: „Sag deinem König, daß ich, König Olaf Tryggvisson, ganz Südnorwegen bis zur Götaelf als mein Erbreich betrachte. Ich erinnere mich noch gerne an die Waffenbrüderschaft mit König Sven vor London, als wir den König der Angelsachsen um sechzehntausend Pfund Silberlinge erleichterten. Ich möchte, daß weiterhin Freundschaft und Friede zwischen uns bestehen bleibt. Jedoch werde ich mein Reich nicht weniger entschlossen und tapfer gegen jeden Eroberer verteidigen, als Jarl Hakon sein Reich gegen die Jomswikinger verteidigte. Aber ich wünsche nichts sehnlicher, als mit allen Königen und Völkern in meiner Nachbarschaft in Frieden zu leben!"

Ulf hörte sich König Olafs Botschaft schweigend an, dann bestieg er sein Jarlsschiff und verließ norwegischen Boden.

Von Tönsberg segelte König Olaf mit seiner Kriegsflotte nach Sotenäset, seiner Vaterstadt. Auch hier vertrieb er alle

Dänen und befreite die Norweger von der Oberherrschaft des Dänenkönigs Sven Gabelbart.

Jubelnd wurde König Olaf Tryggvisson beim Einzug in die Stadt Sotenäset von der Bevölkerung empfangen. Die Dänen hatten die Städter mit hohen Marktzöllen und anderen Abgaben hart bedrückt, so daß ihnen der Sohn des früheren Königs Tryggvi wie ein Befreier erschien.

Mit tiefer innerer Rührung hörte König Olaf von einem alten Bewohner, daß die prächtige Jarlshalle des dänischen önigsvogtes die frühere Königshalle seines Vaters Tryggvi war. Nur wenig sei daran verändert worden. Schweigend und nachdenklich durchlief Olaf die Gästehalle und alle Nebengemächer. Hier verlebten also König Tryggvi und Königin Astrid die wenigen Jahre ihres höchsten Glückes, bis ein böses Geschick ihrem Glück ein jähes Ende bereitete. König Olaf erkannte, daß die Gästehalle viel zu klein war für sein großes Gefolge. Dieses Königshaus würde er darum nur mit seinen Gesippen bewohnen. Die Zimmerer von Sotenäset beauftragte er, eine neue, bedeutend größere Königshalle zu errichten. Aus Platzgründen mußte König Olaf einige Hausbesitzer enteignen. Er entschädigte sie mit Häusern, die früher den Dänen gehörten, bevor sie die Stadt verlassen mußten. Beide Teile waren über diesen Handel zufrieden, und die Stadtbewohner priesen den Gerechtigkeitssinn ihres Königs.

Bevor Olaf Tryggvisson die Stadt verließ, um auch aus den übrigen Gauen Südostnorwegens die Dänen zu vertreiben, gab er den Befehl, die Stadtwälle zu erhöhen, sie mit einer festeren Palisadenwehr zu versehen und den Graben vor der Stadt zu vertiefen. Er ließ die Besatzungen von fünf Langschiffen in Sotenäset zurück, die die Stadt im Kriegsfalle verteidigen sollten und während des Friedens mit den Bauarbeiten beschäftigt waren.

In der kurzen Zeit bis zum Wintereinbruch befreite König Olaf noch so viele Städte und Gaue von der Herrschaft der dänischen Jarle und Hersen, als möglich war. In die Herrschaft setzte er ihm treu ergebene Gefolgsmänner ein, und zwar nur Christen. In seinem Erbreich Ranrike wollte Olaf nur christliche Lehensträger dulden, anders als in Hardanger, dem Gudbrandsdal, im Tröndelag oder im Helgeland.

Der Winter zog früh ins Land, früher als Olaf lieb sein konnte. Eilends verteilte König Olaf sein Stammheer in die umliegenden Städte und Dörfer, damit sie ihre Winterquartiere bezögen. Viele Krieger fuhren mit ihren Schiffen in ihre Heimatgaue zurück.

König Olaf zog mit einem kleinen Heer von kaum fünfzig Kriegern ins Oberland nach Offrigstadt, um endlich seine Mutter und seine Gesippen kennenzulernen. Einen Boten schickte er voraus, damit dieser den Gesippen seine baldige Ankunft mitteilen solle.

Auf halbem Wege erreichte der zurückkehrende Bote den König wieder. Olaf hielt den Atem an, als der Bote vor ihm das Pferd zügelte.

„Lebt meine Mutter?" fragte König Olaf mit tonloser Stimme.

Aus dem Gesicht des Kriegers blitzte ein Lächeln. „Ja, mein König! Ich bringe nur gute Nachrichten! Königin Astrid erfreut sich bester Gesundheit! Auf die Kunde, daß ihr Sohn, König Olaf, nach Offrigstadt käme, erlitt sie einen leichten Schwächeanfall, doch nur vor übermäßiger Freude! Sie erholte sich rasch und waltet über ihren Hausstand wie eine Frau, die nur halb so viele Sommer und Winter zählt als sie!"

König Olaf hob seine Hände zum Himmel hinaus und sprach ein Dankgebet: „Herre Christ! Ich danke dir für deine unendliche Güte! Endlich darf ich meine Mutter in die Arme schließen!"

Auch Bischof Sigurd, der König Olaf begleitete, meinte, daß Gott ein großes Wunder habe geschehen lassen.

Die letzte Nacht, bevor Olaf mit seinem Gefolge Offrigstadt erreichen würde, konnte er kaum schlafen. Bei den ersten Anzeichen der Morgendämmerung gab König Olaf den Befehl zum Wecken. Als ihm unterwegs der Troß aus

Wagen und Packpferden zu langsam vorkam, ritt er mit einem Teil seiner Krieger voraus.

Jubelnd begrüßten die Bewohner Offrigstadts König Olaf, den Sohn der Astrid, die ihnen alle bekannt war. Der Bote zeigte seinem Herrn den Weg zu Lodins Gehöft.

Vor Lodins Langhaus hatten sich alle Gesippen König Olafs versammelt. In der Mitte der vordersten Reihe stand das Sippenoberhaupt Lodin und neben ihm seine Frau, die frühere Königin Astrid. Sie trug einen buntgewebten Wollumhang und einen ebensolchen Rock darunter. Nur wenig Schmuck zierte sie. Astrids Gesicht war abgezehrt und hager, ihre Lippen schmal, aber aus ihrer Haltung und aus ihren Augen brach noch der Stolz der früheren Königin hervor.

Wenige Schritte vor seinen Gesippen zügelte König Olaf sein Pferd. Er sprang ab und ging langsam und zaghaft auf seine Mutter zu. Astrid konnte sich nur mit äußerster Willensanstrengung beherrschen. Ihre Lippen bewegten sich, ohne anfangs einen Laut herausbringen zu können.

„König Tryggvi!" rief Astrid in freudigster Sinnverwirrung aus. In der prächtigen Rüstung glich Olaf seinem Vater zum Verwechseln. „Mein Sohn! Er ist es! Tryggvis Erbe ist heimgekehrt!" rief Astrid in Tränen aus.

„Mutter! Meine Mutter!" sprach König Olaf ebenfalls weinend und umarmte die Frau, die ihn geboren hatte, und die er erst mit sechsundzwanzig Jahren zum ersten Mal von Angesicht sehen durfte.

„Mein Sohn Olaf! – Mein Sohn! – Und König Tryggvis Sohn!" rief Astrid immer wieder vor Freude aus. – „Du bist ein Christ, sehe ich!" rief sie erstaunt, und ihre Freude war grenzenlos.

„Ja, Mutter! Ich glaube fest an den Herre Christ!"

„Der Herre Christ hat dich beschützt, und er führte die Getrennten wieder zusammen. Welch ein Wunder!" rief Astrid aus.

„Ein großes Wunder ließ der Herre Christ geschehen!" stimmte Olaf seiner Mutter zu.

Nachdem sich Mutter und Sohn lange genug geküßt und umarmt hatten, stellte Astrid ihrem Sohn seine übrigen Gesippen vor.

„Dieser ist Lodin, mein jetziger Gemahl. – Er befreite mich aus der Sklaverei", fügte sie wie zur Entschuldigung hinzu, weil sie eines niederen Mannes Frau geworden war.

„Ich wünsche meinem König Heil und lange Herrschaft im Lande seiner Väter", sprach Lodin und sank vor dem König auf die Knie.

„Erhebe dich, Lodin. Zuallererst will ich dein Sohn sein, dann erst dein König", sprach Olaf freundlich.

Nach dem Alter zeigte Astrid ihm zuerst seine Vollgeschwister, die Töchter von König Tryggvi. Sie hießen Astrid und Ingibjörg. Astrid zählte neunundzwanzig und Ingibjörg siebenundzwanzig Sommer. Sie waren beide längst verheiratete Frauen und besaßen selber Kinder. Doch ihre Ehemänner waren unglücklicherweise seit vier Sommern verschollen. Sie waren beide auf dem gleichen Schiff auf Wiking ausgezogen und nicht mehr heimgekehrt. Es war anzunehmen, daß sie in fernem Land den Schwerttod gefunden hatten. Ihre Ehefrauen und Kinder mußten deswegen nicht geringe Not und Entbehrung erdulden. Olaf umarmte seine Schwestern weinend vor Freude, und auch sie waren zu Tränen gerührt über das Glück ihres Bruders, der als König über Norwegen zu seinen Gesippen gekommen war. Nun würde gewiß ihre Not ein Ende haben.

Danach stellte Astrid König Olaf seine drei Halbgeschwister vor, die Kinder, die sie mit Lodin hatte: Ingirid, sie war achtzehn Sommer alt und mit einem Manne namens Hyrning verheiratet; Ingigerd, sie zählte sechzehn Sommer und hatte einen Mann namens Thorgeir geheiratet; und das dritte Kind war ein Knabe von erst dreizehn Sommern mit Namen Thorkel Nefja. Olaf war hoch erfreut über den jüngeren Bruder. Er legte ihm beide Hände schwer auf die Schultern und sprach: „Dich, Bruder Thorkel, werde ich zu einem Heerführer in meiner Gefolgschaft machen! Ich werde dir die besten Lehrmeister zur Erziehung geben!"

„Fein!" rief Thorkel Nefja mit seiner hellen Kinderstimme. „Ich werde dir dafür einmal das Leben retten in der Schlacht! Und wenn es sein muß, werde ich auch für dich sterben!" meinte er in aufrichtiger Liebe zu seinem Bruder.

„Das möge der Herre Christ verhüten, Thorkel!" entgegnete König Olaf lachend.

Alle lachten über diese altkluge Ansicht des jungen Königsbruders. Sie wußten, von nun an würden sie der königlichen Macht und aller Annehmlichkeiten teilhaftig sein und zu hohem Ansehen in ganz Norwegen gelangen. Olaf machte keinen Unterschied zwischen seinen Vollgeschwistern und Halbgeschwistern, er küßte und umarmte alle gleich herzlich und behandelte sie auch später alle mit gleicher Zuneigung.

Nach dieser herzlichen Begrüßung begaben sie sich ins Langhaus. Die Tische und Stühle waren festlich geschmückt mit allem, was der Herbst bot. Dies war zu Ehren ihres Gesippen und Königs vorbereitet. Die Mägde begannen mit dem Auftragen der köstlichen Speisen. Lodin war ein wohlhabender Bauer, und an diesem Tag wurde erst recht nicht gespart. König Olaf saß zwischen Astrid und Lodin auf dem Hochsitz, der ihm als dem König gebührte.

Nach dem Mahl erzählte König Olaf seinen Gesippen seine Lebensgeschichte. Noch nie wurde ihnen eine ergreifendere Saga erzählt, als die ihres Gesippen Olaf Tryggvisson. Bis tief in die Nacht, ja fast bis zum Morgengrauen wurde erzählt und gelacht. Die Vorratskammer und der Met wurden nicht geschont. Olaf brachte zudem noch einige Krüge Wein mit, den die Christen mit Vorliebe tranken.

Anderntags beschenkte Olaf seine Gesippen königlich. Wenn auch Lodin ein wohlhabender Bauer war und manches Goldstück auf seinen Wikingfahrten erbeutet hatte, so hatte er doch noch nie so viel Reichtum gesehen, wie Olaf jetzt unter seine Gesippen verteilte. Seiner Mutter und seinen Schwestern schenkte König Olaf kostbare Seidengewänder, die er eigens für sie in Dublin gekauft hatte. Die

Wikinger, die diese Kleider in Dublin auf dem Markt anboten, hatten sie von den Arabern im Mittelmeer erbeutet.

Seinem Stiefvater Lodin und seinem Bruder Thorkel Nefja schenkte er jedem eine vollständige Kriegsausrüstung, bestehend aus Helm, Kettenhemd, Schild, Schwert, Dolch, Ger und Streitaxt, mit Silber und Gold verziert. Seinen Schwägern Hyrning und Thorgeir schenkte er ebenfalls kostbare Waffen. Auch die Kinder seiner Schwestern beschenkte er überreichlich.

„Ihr seid meine Gesippen. Euch habe ich am liebsten von allen Menschen auf der Welt. Ich will euch zu den reichsten und mächtigsten Leuten meines Reiches machen. Wem könnte ich mehr vertrauen als meinen Blutsverwandten? Ihr sollt meine Stütze sein in der Herrschaft, hauptsächlich hier im Oberland und in Ranrike." So und ähnlich sprach König Olaf noch oft in den folgenden Tagen.

Olaf weilte mehrere Tage in Offrigstadt, schließlich bat er seine Gesippen, mit ihm in die Stadt Sotenäset zu ziehen. Freudig stimmten sie ihm zu, denn hier in den Bergen war es im Winter langweilig und eintönig, während es in einer großen Stadt wie Sotenäset auch im Winter sehr viel Abwechslung gab. Noch vor Einbruch des strengen Winters zog die königliche Familie zu Tal. Astrid, sie mußte auf Olafs ausdrücklichen Wunsch mit Königin angesprochen werden, zog nach sechsundzwanzig Jahren wieder in die Königshalle ihres früheren Gemahles ein.

Die Bauarbeiten in und um die Stadt Sotenäset waren während König Olafs Abwesenheit gut vorangeschritten. Die Kirche und die neue Königshalle standen bereits und waren mit einem schützenden Dach versehen. Nun konnten die Schnitzmeister sich der Innenausstattung zuwenden, die anzufertigen man in den trostlosen Wintertagen die rechte Zeit und Muße besaß.

Ausdehnung der Königsherrschaft

In Südnorwegen war schon lange vor Olafs Herrschaftsantritt viel Volk zum Christenglauben bekehrt worden. Nach der Erschlagung König Harald Graumantels in Dänemark wurde der Dänenkönig Harald Gormsson Herrscher vom Kap Lindenes bis zur Götaelf. Da er zu dieser Zeit bereits Christ war, kamen mit seinen dänischen Kriegern auch Missionare ins Land, die viel Volk tauften. König Sven Gabelbart besaß jedoch nicht den Glaubenseifer seines Vaters Harald. Unter seiner Herrschaft nahm die Zahl der Christen wieder ab. Viele Getaufte wandten sich wieder ihren alten Heidengöttern zu und brachten ihnen wie früher Blutopfer.

Auch diejenigen Nordmänner, die in christlichen Ländern Handel trieben, machten Bekanntschaft mit den christlichen Sitten und Gebräuchen; umgekehrt kamen auch viele Sachsen und Friesen als Kaufleute nach Südnorwegen und bauten in ihren Handelsniederlasssungen Kirchen. Der christliche Glaube war demnach nicht mehr unbekannt.

Auch in Sotenäset stand eine kleine Holzkirche, und etwa jeden zwanzigsten Einwohner der Stadt konnte man halbwegs als Christen bezeichnen, jedoch der Ahnenkult und das heimliche Opfern zu Ehren der alten Göttern und um die bösen Geister zu besänftigen, war noch weit verbreitet.

König Olaf wollte nicht länger mit Heiden innerhalb des selben Stadtwalles zusammen leben. Dies glaubte König Olaf als Dank dem Herre Christ schuldig zu sein. Er berief darum ein Thing in der Stadt ein und befahl allen Bewohnern von Sotenäset, sich noch vor dem Julfest taufen zu lassen. Er verbot jegliches Opfern und Verehren von heidnischen Holzfiguren. Wer nicht gewillt sei, sich taufen zu lassen, müsse die Stadt verlassen, auch wenn es mitten im Winter wäre.

Bischof Sigurd und seine Mönche wirkten ohne Rast unter den Heiden. König Olaf sei das deutliche Zeichen dafür, wie groß das Heil wäre, das von dem Herre Christ ausgehe, so predigten sie. Nur wenige Familien verließen die Stadt, deren Sippenoberhäupter zäh wie Pech an den alten Heidengöttern hingen.

In den festlichen Tagen des Julfestes legte König Olaf Tryggvisson auf Drängen seines Bischofs vor der Gefolgschaft den Schwur ab, aus seinem heidnischen Königreich ein christliches zu schaffen. Der Unterstützung seiner Gesippen, denen Olaf die Herrschaft in Wiken, im Oberland und in Ranrike übergab, konnte er sicher sein. Aber es war ein gefährliches Vorhaben, von den mächtigen Jarlen Hardangers, des Tröndelags und des Helgelands zu verlangen, daß sie sich taufen lassen sollten. Mit diesem Schwur setzte er seine erst kürzlich gewonnene Königsherrschaft wieder aufs Spiel. Es fehlte nicht an ehrlichen und aufrichtigen Mahnern, die König Olaf flehentlich baten, mit mehr Geduld sein Bekehrungswerk in Angriff zu nehmen und sich nicht allzu viele Jarle des Reiches zu Feinden zu schaffen. Doch König Olaf war des festen Glaubens, daß der Herre Christ ihn zur Königsherrschaft berufen habe, um Norwegen zu christianisieren. So verkündete er das Gesetz, daß sich alles Volk in seinem Reiche taufen lassen müsse.

Im Frühsommer des Jahres 996 zog König Olaf mit seinem Heer nach Süden bis zur Götaelf. Alle heidnischen Tempel und Götzenbilder wurden von seinen Kriegern verbrannt. Die Jarle, die sich nicht taufen ließen, wurden ihrer Lehen enthoben und des Landes verwiesen. Viele Norweger verließen ihre Heimat des Glaubens wegen. Ein Teil davon, vor allem die ledigen Männer, schlossen sich Erik und Sven an, den Söhnen des „bösen Jarls", die in Schweden bei König Olaf Schoßkönig Zuflucht fanden.

Nachdem König Olaf Südostnorwegen zum Glauben an den Herre Christ gezwungen hatte, ließ er alle Städte befestigen und mit starken Bürgerwehren sichern. Überall im Lande wurden Wachtürme auf vorgeschobenen Landzungen errichtet, die das Nahen eines Feindes rechtzeitig melden konnten. Schon König Hakon der Gute hatte eine

Warnkette über das ganze Land anlegen lassen. Mit Rauchzeichen wurde das Nahen eines Feindes allen Jarlen des Landes gemeldet, und sie konnten rechtzeitig ein Volksheer aufstellen, um dem Feind entgegenzutreten. König Olaf erneuerte und verbesserte diese Warnkette.

Das Hauptaugenmerk König Svens war glücklicherweise auf die Insel der Angelsachsen gerichtet. Dieses Land war bedeutend fruchtbarer und reicher als Norwegen. Um den Angelsachsenkönig Ethelred in die Knie zu zwingen, benötigte König Sven alles, was ihm an Kriegern und Schiffen zur Verfügung stand, so daß er in diesem Sommer nicht daran denken konnte, Südostnorwegen zurückzuerobern.

Im Herbst bekam König Olaf die ersten nachteiligen Auswirkungen seines Bekehrungsvorhabens zu spüren. Viele Jarle im westlichen und nördlichen Norwegen zeigten böse Miene beim Erscheinen von König Olafs Vögten, die die Königsabgaben einzogen. Die Steuereinnahmen waren merklich niedriger als im Vorherbst. Viele Jarle des Reiches drohten, daß sie dem König mit Heeresgewalt entgegentreten würden, falls er sie tatsächlich zwingen wolle, einen fremden Glauben anzunehmen. Dies sei eindeutig ein Schwurbruch König Olafs, der ihnen bei seiner Wahl zum König Glaubensfreiheit zugestanden habe. Diesen Vertragsbruch würden sie nicht tatenlos hinnehmen. König Olaf wurde von seinen Vertrauten oft an die Strophen eines Gedichtes von dem Skalden Thord Kolbeinsson erinnert: „... denn Tröndnertrotz kann niemand bannen."

Nicht nur mit den Dänen, auch mit den Schweden bekam König Olaf Grenzstreitigkeiten, und zwar wegen der Grenzlande in der Nähe der Götaelf. Der schwedische Jarl über Westgötland hieß Rögnvald. Seine und König Olafs Vögte zogen bei den Bauern den Zehnten ein, aber zwei Herrschern konnten die Bauern keine Abgaben zahlen, das hätte sie ruiniert. Die Folge waren Herrschaftsstreitigkeiten, Raub und Totschlag auf beiden Seiten. Weder König Olaf noch Jarl Rögnvald hatten aber einen Nutzen von diesen Fehden. So kam es im Herbst auf König Olafs Wunsch zu einer Zusammenkunft in Kungälf.

Jarl Rögnvald war ein kluger und weitsichtiger Herrscher. Er war bei dem Gesetzessprecher Thorgnyr in Uppsala aufgewachsen. König Olaf fand Wohlgefallen an Rögnvald. Sie sprachen viel über die Herrschaft in den skandinavischen Reichen, auch über private Dinge. Als Olaf erfuhr, daß Jarl Rögnvald seit einiger Zeit verwitwet war, bot er dem schwedischen Jarl seine Schwester Ingibjörg zur Gemahlin an. König Olaf wolle seiner Schwester Ingibjörg auch eine reiche Mitgift in die Ehe geben und weiterhin großzügig sein in der Festlegung ihrer beider Herrschaftsbereiche. Rögnvald war einverstanden mit der Heirat. Ingibjörg war eine schöne Frau, und mit achtundzwanzig Sommern schien sie ihm eben im richtigen Alter zu sein, um ihm bei der Ausübung der Herrschaft über Westgötland tatkräftig zur Seite stehen zu können.

Jarl Rögnvald und Ingibjörg Tryggvistochter führten eine lange Ehe miteinander. Über zwanzig Sommer und Winter später sollten diese beiden zum Wohle und Nutzen ihrer Völker eine große Versöhnungstat vollbringen, nämlich die Hochzeit zwischen König Olaf dem Heiligen von Norwegen mit einer Tochter des schwedischen Königs.

Prinzessin Ingibjörgs und Jarl Rögnvalds Ehe wurde natürlich nach christlichem Brauch geschlossen. Da Jarl Rögnvald bereits früher die Taufe empfing, um in den christlichen Städten Handel treiben zu dürfen, war ja bekanntlich seine Seele bereits gerettet und Ingibjörg somit auch nicht mit einem Heiden verheiratet.

In diesen Tagen erhielt König Olaf von seinen Vertrauten den Rat, mit der schwedischen Königinwitwe Sigrid Storrada in Heiratsverhandlungen zu treten. Diese Zweckheirat sollte der Gefahr vorbeugen, daß sich der Dänenkönig mit dem Schwedenkönig gegen ihn verbünden könne. Doch König Olaf hoffte immer noch, daß seine Gemahlin

Gydia ihm nach Norwegen folgen würde, und solange er keine Nachricht über ihre Entscheidung besaß, wollte er nicht über eine neue Eheschließung verhandeln.

Nach dem festlichen Hochzeitsgelage zog Prinzessin Ingibjörg mit ihrem Gemahl nach Westergötland in die Handelsstadt Skara, dem Herrschersitz Jarl Rögnvalds. König Olaf fuhr mit seinem Gefolge auf Schlitten nach Sotenäset zurück, um daselbst das christliche Julfest zu feiern.

Prinzessin Astrid Tryggvistochter, Olafs älteste Schwester, schmollte ihrem Bruder. Ihrer Meinung nach wäre sie als die Ältere zuerst mit heiraten an der Reihe gewesen. König Olaf versprach ihr fest, sich auch für sie nach einer günstigen Heirat umschauen zu wollen. Dies tröstete Prinzessin Astrid; die alte geschwisterliche Liebe war wiederhergestellt.

Die Winterszeit legte die Regierungstätigkeit der Könige von Thule weitestgehend lahm. Die Schneemassen und die hohen Gebirge verhinderten jegliche Reisetätigkeit, und andere Nachrichtenübermittlung als durch königliche Boten war damals unbekannt. So bedeutete der Winter für König Olaf größtenteils eine Zeit der Erholung und der Muße.

Im Frühsommer des Jahres 997 ließ König Olaf erneut ein großes Heer aufbieten, um die westlichen und nördlichen Gaue Norwegens zum rechten Glauben zu unterwerfen. Wer sich nicht mit Worten von dem größeren Heil des neuen Gottes überzeugen ließ, der mußte erfahren, daß auf der Seite des Herre Christ auch die größere Heeresmacht stand. In Agde, wohin König Olaf sich als erstes begab, ließ er alle Heidentempel zerstören, und das Volk mußte sich taufen lassen. Die aus England und Deutschland ankommenden Missionare verteilte er in die Gaue, die er dem neuen Glauben verpflichtete.

Von Agde fuhr König Olaf mit seiner Flotte nach Starvanger. Die Bauern murrten zwar über das Gesetz der Taufe, doch angesichts seines mächtigen Heeres wagten sie keinen bewaffneten Aufstand. König Olaf ließ sich von den Herrschern des Landes ihre Söhne als Geiseln dafür stellen, daß sie den neuen Glauben befolgen wollten.

Im Sommer kam König Olaf nach Hardanger auf das Gulathing. So genannt, weil es in der Gulabucht im Sognegau stattfand. Das Sippenoberhaupt des einflußreichsten und mächtigsten Geschlechts in Hardanger hieß Ölmod der Alte. König Olaf verlangte von ihm, daß er sich als erster taufen lasse, das Beispiel würde dann bei den anderen dazu führen, daß sie sich auch taufen ließen. Andernfalls, so drohte er, würde er mit seinem Heer der Herrschaft von Ölmods Gesippen in Hardanger ein blutiges Ende bereiten. Während die Jüngeren von Ölmods Gesippen in ihrer jugendlichen Hitzköpfigkeit zum bewaffneten Aufstand gegen den König stimmten, riet Ölmod der Alte zu einem friedlichen Ausweg. Er wußte, wie wechselhaft das Schlachtenglück war und wollte Leben, Wohlstand und Macht seiner Gesippen nicht aufs Spiel setzen. Im Gegenteil, Ölmod suchte ihre Herrschaft noch zu festigen. Ölmod der Alte schlug deshalb vor, Astrid, die Schwester des Königs, mit seinem Gesippen, dem Hersen Erling Skjalgsson, zu verheiraten, den er für den tapfersten und klügsten Mann in Hardanger hielt.

König Olaf sprach des öfteren mit Erling und fand Gefallen an dem jungen Hersen. Erling zeigte sich dem Glauben an den Herre Christ nicht abgeneigt, wenn er des Königs Schwester dafür zur Frau bekäme. Er hatte bereits einige Fahrten in christliche Länder unternommen und über die Errungenschaften dieser Menschen gestaunt. Er war der gleichen Ansicht wie König Olaf, daß dies nicht zuletzt durch die guten Auswirkungen des Glaubens an den Herre Christ entstanden sei. Nachdem sich König Olaf und der Herse Erling einig über die Führung der Herrschaft in Hardanger geworden waren, fuhr der König zurück nach Sotenäset.

Im engsten Familienkreise sprach Olaf mit seiner Schwester Astrid über diese Heirat. Doch Astrid brach in Tränen aus, als sie erfuhr, daß ihr Bruder sie nur mit einem Hersen zu verheiraten gedachte. Ihre jüngere Schwester Ingibjörg habe er an einen mächtigen und reichen schwedischen Jarl verheiratet, und sie solle nur einen kleinen, bedeutungslosen Hersen zum Gemahl erhalten? Dies sei für sie ein klarer Beweis, daß Olaf sie nicht so liebe wie seine anderen Schwestern. Nein, diesen Hersen würde sie nicht heiraten. Sie wolle trotz ihres Alters noch einige Zeit warten, bis sie ein günstigeres Angebot bekäme.

König Olaf lächelte nachsichtig über diese Vorwürfe seiner Schwester. „Astrid, hör mich an. Glaubst du nicht, daß ich in meinem Reich denjenigen zu einem mächtigen Mann machen kann, den ich will?"

„Natürlich, du bist der König", antwortete Astrid.

„Dann weißt du jetzt auch, daß du mir bereits zum zweiten Mal grundlos Vorwürfe gemacht hast. Ich werde nämlich Erling Skjalgsson eine Herrschaft geben, die mindestens ebenso groß ist wie die von Jarl Rögnvald in Schweden. Ich werde ihm die Verwaltung aller Gaue vom Sognefjord bis zum Kap Lindesnäs übergeben. Und du sollst mit derselben Mitgift ausgestattet werden, die Ingibjörg erhielt."

Prinzessin Astrid sprang auf und umarmte ihren Bruder. „Verzeih mir meine Dummheit! Daran habe ich nicht gedacht!" rief sie lachend aus.

König Olaf fuhr mit seiner Flotte und mit seinen Gesippen zurück nach Hardanger. Auf dem Hofe des Hersen Erling Skjalgssohn wurde die Hochzeit ausgiebig gefeiert. König Olaf bot Erling sogar die Jarlswürde an, doch dieser lehnte bescheiden ab. Er wolle viel lieber den Titel eines Hersen tragen, wie ihn seine Vorväter besaßen.

Nachdem das einflußreichste Geschlecht in Hardanger die Taufe empfangen hatte, unterstützen sie den Willen des Königs, daß alles Volk sich taufen lassen müsse. Kein noch so mächtiger Bauer wagte es nun noch, sich der Taufe mit Waffengewalt zu widersetzen.

König Olafs Flotte wurde von vielen Kriegsschiffen aus Hardanger verstärkt, und er fuhr weiter nordwärts. In Staadt berief er ein Thing der Gaue Sogn, dem Fjordgau, Südmöre und aus Romsdalen ein. Olaf hielt eine Ansprache an das Volk und stellte alle vor die Wahl, entweder die Taufe zu empfangen oder sich ihm zur Schlacht zu stellen. Da die Bauern sahen, daß sie zu schwach waren, um sich dem Willen des Königs zu widersetzen, stimmten sie für die Taufe. Auch in Nordmöre ging König Olaf auf die gleiche Art vor und zwang alles Volk, die Taufe zu empfangen.

Mit seinem großen Heer wagte König Olaf daraufhin, auch in das Trondheimfjord hineinzufahren. Er fuhr bis nach Lade und ließ den großen Heidentempel von seinen Kriegern zerstören. Alles Gold und Silber wurde den Göttern abgenommen; es war ein riesiger Schatz. Diese Gewalttat des Königs empörte die Jarle und Bauern des Tröndelags hellauf. Sie schickten den Kriegspfeil von Hof zu Hof und von Siedlung zu Siedlung. Ein großes Bondenheer sammelte sich gegen König Olaf Tryggvisson, wie drei Sommer vorher gegen den „bösen Jarl". König Olaf erkannte, daß es ein zu großes Wagnis bedeutete, sich dem wütenden Bauernheer zur Schlacht zu stellen. Er fuhr mit seinen Schiffen wieder aus dem Trondheimfjord hinaus.

Daraufhin wollte König Olaf das Helgeland, das noch weiter im Norden lag, zur Taufe zwingen, doch in Björnör erhielt Olaf die Kunde, daß auch die Helgeländer ein Heer wider ihn sammelten. König Olaf kam zu der Erkenntnis, daß er im nächsten Sommer mit List mehr erreichen könne als jetzt mit Waffengewalt und Totschlag. Deswegen kehrte er mit seinen Schiffen nach Hardanger zurück. Es war Herbst, und König Olaf verabschiedete sich von seinen Gesippen. Er fuhr weiter nach Süden, um Kap Lindesnäs herum nach Sotenäset.

Hier warteten bereits die Boten, die König Olaf nach Dublin zu Gydia sandte. Sie kamen ohne seine Gemahlin zurück. Gydias Worte waren leider keine leere Drohung gewesen. Sie wollte ihre Heimat nicht verlassen. König

Olaf erfuhr weiterhin, daß er Vater eines Sohnes geworden war. Gydia hatte ihren Sohn auf den Namen Tryggvi taufen lassen, nach dem Vater seines Vaters, wie es bei den Nordleuten damals Brauch war.

Olafs Bekehrungskunst

Nach dem christlichen Julfest des Jahres 997 auf das Jahr 998 wollte König Olaf den Gau Ringerike aufsuchen, um auch dort den Glauben an den Herre Christ als Gesetz zu verkünden. Die Reise in die Berge konnte er mitten im Winter nur zu Pferd und mit Schlitten wagen. König Olaf ließ so viele Schlitten aus der Nachbarschaft einziehen, bis alle Vorräte verladen waren. Nur dreißig Krieger zogen mit König Olaf, denn je mehr ihn begleiteten, desto mehr Vorräte mußten mitgeschleppt werden. Darum verzichtete Olaf auf einen größeren Schutz.

Diese Reise war mit vielerlei Gefahren verbunden. Wegen des kniehohen Schnees konnten sie die alten Wege nicht mehr erkennen. Die Folge waren Verirrungen, die viel Zeit und Mühe kosteten. Wenn sie sogar im Freien übernachten mußten, bei Schneestürmen und klirrendem Frost, dazu heulten die Wölfe die ganze Nacht um ihren Lagerplatz, ließ dies die Reise zu einer Qual für Mensch und Tier werden.

Dafür entschädigten sie dann die wolkenfreien Tage, wenn sie von einem Bergrücken tief ins Tal, ja den Fjord hinaus bis zum Meer blicken konnten. Die Sonnenstrahlen wurden von dem Schnee und Eis auf den Gipfeln der Bäume tausendfach zurückgeworfen. Es blendete so, daß der Betrachter oft die Augen schließen mußte, um nicht schneeblind zu werden.

Viele Bauern waren durch die Schneemassen von ihren Nachbarn völlig abgeschnitten. Die Menschen lebten von ihren Vorräten, die sie im Herbst in die Scheunen und auf die Dachböden einbrachten. Wehe, wenn es eine schlechte Ernte gab, dann hielt jetzt der Hungertod seine furchtbare Nachlese. Die Opferbereitschaft der Menschen war so groß, daß sich die Alten freiwillig dem Hungertod preisgaben, wenn die Vorräte nicht für alle reichten, um die Jüngeren zu retten.

Auf dem Weg nach Ranrike traf König Olaf mit seinem Gefolge auf einen Hof, der durch eine kleine Unachtsamkeit der Bewohner abgebrannt war, alle Vorräte dazu. Die Menschen hatten sich notdürftig in einem Schuppen eingerichtet, davor wartete ein Wolfsrudel auf den Hungertod der Unglücklichen. Ihre Rettung kam im letzten Augenblick.

Endlich erreichten sie das langgestreckte Tal von Ranrike, in dem Jarl Sigurd der Herrscher war. Die hohen Berge schützten die Bewohner im Tal vor den eisigen Nordstürmen. Die Bauern waren verhältnismäßig arm hier im Oberland und die Herrschaft Jarl Sigurds klein. Er herrschte über kaum fünfhundert Menschen.

Sigurd heiratete erst vor zwei Sommern Asta Gudbrandstochter, die frühere Königin von Wiken und Gemahlin von König Harald dem Grönländer. Sie brachte einen Sohn namens Olaf mit in die Ehe, dessen Vater Harald war.

Jarl Sigurd stand mit seinem Gefolge in voller Waffenausrüstung vor dem Hoftor, als König Olaf ankam. An den Standarten, die an Olafs Schlitten befestigt waren, erkannte Sigurd, daß der König von Norwegen ihn mit seinem Besuch beehrte.

„Heil dir, König Olaf Tryggvisson!" begrüßte Jarl Sigurd den König. „Du bist uns herzlich willkommen, Gesippe! Gib mir die Ehre, dich und dein Gefolge in meinem Haus bewirten zu dürfen", sprach er freundschaftlich, obwohl er ahnte, aus welchem Grund der König ihn aufsuchte. Da Sigurd seine Ahnen auf König Harald Schönhaar zurückführte, durfte er den König als seinen Gesippen bezeichnen.

„Heil auch dir, Jarl Sigurd! Ich nehme deine Gastfreundschaft gerne an, da ich weiß, daß ich im Hause eines Gesippen liebevolle Aufnahme finden und glückliche Tage verleben werde", erwiderte König Olaf freundlich.

König Olaf und Jarl Sigurd umarmten sich brüderlich.

Neben der Tür des Langhauses stellten König Olaf und seine Krieger ihre Waffen an die Hauswand, bevor sie eintraten. Jarl Sigurd reichte König Olaf Brot und Salz. Olaf aß davon, wodurch die Gastfreundschaft besiegelt war.

König Olaf begrüßte auch Asta, ihren dreijährigen Sohn und alle anderen Gesippen Jarl Sigurds. Alsbald hörte man aus der Kochstube ein fröhliches und geschäftiges Treiben. Zu Ehren des höchsten Gastes wurde ein üppiges Mahl zubereitet. Währenddessen saßen die Männer in der Halle und erwärmten sich bei heißem Met. König Olaf hatte den Hochsitz an der Tafel eingenommen, wie er dem höchsten Herrn gebührte.

In des Königs Gefolge befand sich auch ein Pater, ein „Heuchler", wie Jarl Sigurd zu seinem Leidwesen bemerkte. Der Grund dafür war ihm klar: der König wollte auch in Ringerike den neuen Glauben als Gesetz verkünden und alles heidnische Opferwesen verbieten.

Doch in den ersten Tagen sprach der König mit seinem Lehensträger Jarl Sigurd nur über die Neuigkeiten in der Welt. Viel gab es zu erzählen und zu lachen. Jarl Sigurd und seine Frau Asta luden zu Ehren König Olafs viele Gäste aus der Nachbarschaft ein. Asta strahlte in dem Glück, daß der König von Norwegen ihnen die Ehre gab, in ihrem Haus zu wohnen.

Der Höhepunkt der Geselligkeit war der Abend, an dem König Olaf seine eigene Lebensgeschichte zum Besten gab. Die Menschen, die höchst selten aus ihrem heimatlichen Tal herauskamen, staunten über all das, was ihr jugendlicher König in seinem Leben bereits gesehen und erlebt hatte. König Olaf vergaß nicht, möglichst oft zu erwähnen, daß ihn in allen Gefahren und Nöten der Herre Christ beschützt habe und nicht etwa Odin, Thor oder Freyr. Zum Schluß rief er folgendes aus: „Meine Brüder und Schwestern! Hat jemals ein Gott sichtbarere Zeichen und Wunder geschehen lassen als der Herre Christ an mir? Wenn ihr dies erkannt habt, warum folgt ihr nicht meinem Beispiel und glaubt an den einzig wahren und lebenden Gott? Sind eure Götter nicht von Menschenhand geschaffen? Sind sie nicht lebloses Holz, das weder euch noch sich selber helfen noch irgend etwas anderes bewirken kann? Die Götter, an die ihr die ganze Zeit geglaubt habt, sind nur Trugbilder der bösen Mächte, die euch verderben wollen! Wenn ihr aber an den Herre Christ glaubt, so werden eure Seelen nach dem Tode nicht in dem finsteren Reich der Hel umherirren, sondern sie werden in eine neue strahlende Welt eingehen, in dem die Sonne nie untergehen wird. Mitgard, worin wir leben, wird von bösen Mächten beherrscht, doch der Herre Christ wurde von Gottvater nach Mitgard geschickt, um uns Menschen aus den Krallen des bösen Verderbers zu befreien! Ich wünsche, daß ihr euch alle zu dem Gott bekennt, an den ich felsenfest glaube und der mich sichtbar mit Heil beschenkt hat. Dessen Wille war es, daß durch mich alle Menschen in Norwegen getauft und ihre Seelen gerettet werden. – Das oberste Gesetz des Herre Christ lautet: du darfst keinen Menschen töten außer in Notwehr. Aber was habt ihr bis heute getan? Ihr habt unschuldige Menschen getötet, als Opfer für eure Götter! Das war Mord! Und daraus kann kein Heil entstehen, nur Mord und wieder Mord! Darum verbiete ich mit Strafe des Todes, daß Unschuldige, ob Sklaven oder Freie, leblosen Holzfiguren geopfert werden! Auch Blutopfer von Tieren verbiete ich strengstens, denn der Herre Christ will nicht, daß Tiere sinnlos geschlachtet werden, damit ihr sie im Feuer verbrennt. Gott hat die Tiere zur Nahrung des Menschen geschaffen, und es ist eine Sünde vor Gott, wenn die Nahrung vernichtet wird, während viele Menschen in dieser Jahreszeit Hungers sterben! – Jarl Sigurd, du schaust so finster in deinen Metbecher. Was hast du auf dem Herzen?" fragte König Olaf ihn freundschaftlich.

Sigurd räusperte sich laut. – „Zürne mir nicht, allmächtiger König, wenn ich dies zu bedenken gebe: mein Vater war ein mächtiger Herrscher in Ringerike und mein Großvater war König Harald Schönhaar selber. Alle brachten so wie ich den alten Göttern Tier- und Menschenopfer, wie es seit alters her Brauch ist. Sie alle lebten lange in ihrer Herrschaft, zeugten blühende Geschlechter, brauchten niemals zu hungern und besiegten alle ihre Feinde. Die Götter haben diesen Hof, diese Felder, meine Vorfahren und mich selber immer gut behütet. Ich halte es darum für töricht und leichtsinnig, das Heil der alten Götter gegen ein anderes Gottesheil zu tauschen, von dem ich nicht weiß, ob es besser oder schlechter sein wird."

Diese und ähnliche Bedenken hatte König Olaf schon oft vernommen, und sie konnten ihn keineswegs zornig stimmen. Zu allen gewendet sprach er: „Nicht die leblosen Holzfiguren, von denen ihr glaubt, daß sie Heil spenden könnten, sondern der Herre Christ ließ eure Felder Früchte tragen, beschützte eure Häuser, eure Viehherden, eure Kinder und euch selber. Deine Befürchtungen, daß das Gottesheil geringer werden könnte, ist darum grundlos. Der Beweis ist mein Erbreich Ranrike. Seit zwei Sommern glauben dort alle Menschen an den Herre Christ. Im Frühjahr ziehen die Pater mit den Bauersleuten über die Felder und rufen den Herre Christ um Wachstum an; im Herbst zum Erntedankfest danken die Menschen dem Herre Christ für die Ernte; ebenso beim Julfest beten sie zu dem Herre Christ. Und sind nicht die Ernten in Ranrike größer geworden seitdem? Gibt es etwa noch Hungersnot dort, seit ich König über das Land bin? Nein! Alle Leute werden dir dies bestätigen können. – Jarl Sigurd, ich schwöre dir bei meinem Königsheil, daß auch im nächsten Frühjahr die Saat auf deinen Feldern aufgeht, wenn du dich taufen läßt! Das Heil des Herre Christ ist größer als das Heil der alten Götter. – Was glaubst du, würde geschehen, wenn ich mit meiner Streitaxt die Götterfiguren von Odin, Thor und Freyr in Stücke schlage?"

Jarl Sigurd bedeckte vor Entsetzen sein Gesicht mit beiden Händen.

„Thor würde seinen Hammer gegen dich schleudern und du würdest tot umfallen", antwortete Asta an Sigurds Stelle. „Bitte tue es nicht, großmütiger König, denn ich fürchte um dein Leben. Wir waren doch alle so froh, als wir hörten, daß du ins Land deiner Väter zurückkamst und uns von der Knechtschaft der Dänen befreit hast", sprach Asta flehentlich.

„Du brauchst dich nicht um mich zu sorgen, Asta, denn diese Holzfiguren sind machtlos vor dem Heil des Herre Christ. Sie können noch nicht einmal sich selber helfen, geschweige denn anderen. Ich werde es euch beweisen. – Jarl Sigurd, rufe für morgen um die Mittagszeit alles Volk von Ringerike zu dem Heidentempel neben deinem Hof. Ich werde die Holzfiguren zerschmettern und den Ort des Verderbens in Flammen aufgehen lassen. – Wenn ich am Leben bleibe, laßt ihr euch taufen und glaubt fortan an den Herre Christ", befahl König Olaf in ruhigem und freundlichem Ton.

„Es wäre unklug, sich dem Willen des allmächtigen Königs zu widersetzen", sprach Jarl Sigurd düster.

Etwa dreihundert Menschen versammelten sich am nächsten Tag vor dem Heidentempel. Olaf ließ von dem Pater eine Heilige Messe singen, anschließend trat er in den Heidentempel. Mit Schaudern hörten die einfachen Bauern, wie König Olaf im Innern alle Götterfiguren mit der Axt kurz und klein schlug. Das Poltern hörte sich an, als wenn der König mit den Göttern kämpfen würde. Ängstlich schauten die Heiden zum Himmel hinauf, ob nicht ein Blitz aus den Wolken niedersausen und den König zerschmettern würde. Aber nichts dergleichen geschah, erkannten die Leute mit Verwunderung. Unversehrt trat König Olaf aus dem Tempel heraus. In den Händen hielt er den Götterschmuck aus Gold und Silber. Er gab dem Pater den Schatz. „Aus diesem Gold und Silber sollen die heiligen Gefäße für das Abendmahl gefertigt werden", sprach er. Dann nahm er eine Fackel und zündete den Holztempel an mehreren Stellen an. Das Volk von Ranrike stand stumm dabei und sah mit Entsetzen, wie der Tempel abbrannte, ohne daß die Götter den König dafür bestraft hätten. Damit zeigte König Olaf dem Volk, wie ohnmächtig die alten Götter vor dem Heil des Herre Christ waren.

„Habt ihr nun erkannt, daß diese Holzfiguren leblos sind und weder sich selber noch euch zu beschützen vermögen? Kommt alle ins Langhaus Jarl Sigurds und empfangt die Taufe! Dann kann euch künftig kein böser Geist mehr ein Leid zufügen!" forderte der König das Volk von Ringerike auf.

Jarl Sigurd ließ sich als erster taufen. Nun wagte niemand mehr, sich dem Gebot des Herrschers zu widersetzen. König Olaf war der Taufpate des kleinen Sohnes von Asta, und er beschenkte den Jarlssohn fürstlich. Dies hielt die Mutter für eine besondere Ehre und glaubte, dadurch das Heil des Herre Christ in besonderem Maße zu besitzen. Und wirklich sollte der kleine Olaf, der Sohn von Asta und Harald dem Grönländer, einmal der Nachfolger König Olaf Tryggvissons in der Königsherrschaft über ganz Norwegen werden. Auch Hrani, ein berühmter Wiking und Weitfahrer, der die Winter meist bei Jarl Sigurd und Asta verbrachte, empfing die Taufe.

Die Saga von Harald dem Grönländer

Von Hrani erfuhr König Olaf die Lebensgeschichte seines Gesippen Harald dem Grönländer.

Nach dem Tode König Gudröds und König Tryggvis, die eng miteinander verwandt waren, ihre Väter waren Brüder zueinander und Söhne König Harald Schönhaars, brachten die Getreuen König Gudröds den Königssohn Harald nach Grönland zu Hroi dem Weißen, um ihn vor den Nachstellungen der Gunnhild zu bewahren. Harald Gudrödsson wurde mit Hrois Sohn Hrani zusammen erzogen. In jungen Jahren fuhren die beiden bereits auf Wiking aus und kamen nach Schweden. Hier wurden sie von Skögul Tosti in dessen Hausgemeinschaft aufgenommen. Im Sommer fuhren sie mit ihm auf Wiking rund um die Ostsee. Die Winter verbrachten sie aber bei Skögul in Schweden. Dieser besaß eine Tochter namens Sigrid. Harald fand großen Gefallen an Sigrid, und sie wurden gute Freunde. Doch da Harald ohne Herrschaft war, er hatte das Reich seines Vaters in Südnorwegen noch nicht zurückgewonnen, konnte er nicht um die Hand Sigrids bei ihrem Vater Skögul werben. Sigrid erhielt bald ein bedeutend besseres Heiratsangebot. Sie wurde Königin von Schweden. Erik der Siegreiche hieß ihr Gemahl, dessen größte Kriegstat die Eroberung Dänemarks im Jahre 990 war. Ihrer beider Sohn hieß Olaf, später genannt Schoßkönig, weil seine Mutter nach König Eriks Tod die Regierungsgeschäfte in Händen hielt. Harald der Grönländer und Hrani verließen Skögul Tosti und fuhren nach Dänemark an den Königshof von Harald Gormsson. Sie kamen eben zur rechten Zeit, um im Gefolge des Dänenkönigs nach Südnorwegen zu fahren, um es der dänischen Krone zu gewinnen. Harald kämpfte so tapfer gegen die Gunnhildssöhne, daß er von König Harald Gormsson das Erbreich seines Vaters Gudröd und dazu noch das Reich König Tryggvis zum Lehen erhielt. Die Königsabgaben mußte Harald aber an den Dänenkönig abliefern. Im übrigen Norwegen, im Westen und Norden, herrschte Jarl Hakon, auch als Lehensmann des Dänenkönigs.

Harald der Grönländer heiratete ein Mädchen namens Asta, die Tochter von Gudbrand Kula. Im Sommer fuhr er auf Wiking in die östlichen Länder. Auf dem Markt von Birka, einer großen Handelsstadt am Mälarsee in Schweden, verkaufte er dann meist seine erbeuteten Waren. So auch im Herbst des Jahres 993. Die Königinwitwe Sigrid vernahm, daß ihr früherer Ziehbruder Harald der Grönländer in Birka weile und sandte Boten zu ihm, daß er sie besuchen möge, wenn seine Geschäfte beendet seien. Sigrid bereitete ihrem Jugendfreund einen prächtigen Empfang. Abends tafelten sie Seite an Seite, aßen die köstlichsten Gerichte und Harald trank dazu viel Met. Sigrid trug ihm zur Freude die schönsten Gewänder und auch den kostbarsten Schmuck. Dies alles tat sie, um ihrem Jugendfreund als die schönste Frau der Welt zu erscheinen. Sie behandelte Harald zudem liebevoller, als es Sitte und Anstand geboten hätten.

Haralds alte Zuneigung zu Sigrid erwachte wieder, obwohl er bereits eine Frau besaß. Sie schien ihm als die schönste und begehrenswerteste Frau, die ihm jemals begegnet war. Auch der Reichtum der schwedischen Königinwitwe beeindruckte ihn. Von der Schönheit Sigrids betört und von ihrem Reichtum geblendet, wagte er in betrunkenem Geiste zu fragen, ob sie geneigt sei, seine Frau zu werden. Sigrid war zuerst verblüfft, dann lachte sie schrill und belustigt auf. „Du hast zuviel getrunken, Harald! Ich mag dich besonders gern, weil du mein Ziehbruder bist! Auch mein Bett habe ich dir nicht verwehrt, weil ich Witwe bin und die Lust mit einem Mann zusammen lange entbehren mußte. Aber dich heiraten? Nein, das kannst du nicht im Ernst von mir erwarten! Von Geburt sind wir zwar ebenbürtig, aber an Besitz und Reichtum hast du nicht einmal den zwanzigsten Teil von dem, was ich habe. Das wäre doch unklug von mir, wenn ich einen Mann heiraten würde, der weniger Besitz in die Ehe bringt als ich! Sei mir nicht böse, Harald, aber meine Freiheit gefällt mir viel zu sehr, als daß ich in nächster Zeit daran dächte, mich einem Manne zu unterwerfen. Und wenn, dann werde ich nur einen König heiraten, der an Reichtum und Macht mir überlegen ist!" entgegnete Sigrid spöttisch auf Haralds Unterfangen.

Harald schluckte seinen Gram hinunter und sagte nichts mehr von seinem Heiratsplan. Bald darauf verließ er Schweden. Sigrid beschenkte ihn beim Abschied reich, und sie schieden in Freundschaft. Sigrid trug ihm seine Werbung nicht nach, und Harald verbarg seine Kränkung tief im Innern. Er wußte nur zu gut, wie recht Sigrid mit ihrer Ablehnung hatte, nach damaliger Auffassung.

Harald kehrte nach Norwegen zu seiner Frau Asta zurück. Doch den ganzen Winter über kam ihm die schöne Sigrid nicht aus dem Sinn. Asta wußte nicht mehr, wie sie ihren Mann aufheitern sollte. Nur in den seltensten Fällen vermochte sie, seine schlechte Laune aufzuhellen.

Im Frühjahr rüstete Harald erneut seine Schiffe aus, um in der Ostsee auf Wiking zu segeln. Als seine Schiffe wieder voll mit Waren aller Art geladen waren, nahm er Kurs nach Schweden zu dem Markt von Birka. Obwohl ihn sein Ziehbruder Hrani auf der Weiterfahrt ermahnte, sein unehrenhaftes Begehren aufzugeben, zog Harald erneut nach Beendigung seiner Geschäfte zu den Besitzungen der Königswitwe Sigrid. Erneut warb Harald um die Gunst Sigrids, diesmal begehrlicher und hartnäckiger. Zur gleichen Zeit weilte auch ein russischer Fürst bei Sigrid, der ebenfalls um ihre Hand anhielt. Sigrid war dadurch in schlechtester Laune. Harald und der Russe namens Vsewolod wurden in einer älteren Halle untergebracht. Sie erhielten reichlich zu essen und vor allem viel zu trinken. Als die beiden Kleinkönige und ihre Gefolgsmänner betrunken waren und wie bewußtlos schliefen, ließ Sigrid alle Ausgänge der Halle mit Baumstämmen verrammen und die Gästehalle in Brand setzen. Darin fanden Harald und Fürst Vsewolod einen erbärmlichen Tod. Seither trug Sigrid den Beinamen „die Stolze".

Hrani war mit der Hälfte der Gefolgsmänner bei den Schiffen in Birka geblieben. Er wollte sich nicht an dieser schändlichen Werbung beteiligen, zudem er wußte, daß Asta von Harald schwanger war. Als er hörte, daß Harald einem Mordanschlag zum Opfer gefallen war, kehrte er mit den Schiffen und der Mannschaft nach Norwegen zurück. Hrani berichtete Asta von dem Ende ihres Mannes und erzählte ihr auch, daß er beabsichtigt habe, sie zu verstoßen und Sigrid zur Frau zu nehmen. Asta, die im vergangenen Sommer einem Sohn das Leben geschenkt hatte, war zutiefst erschüttert von dem schändlichen Vorhaben ihres Mannes. Sie kehrte zu ihrem Vater Gudbrand Kula zurück und wurde wenig später mit Jarl Sigurd in Ringerike verheiratet.

König Olaf mußte daran denken, daß er in Heiratsverhandlungen mit der schwedischen Königswitwe Sigrid stand. Doch wenn sie bereit war, die Taufe zu empfangen, würde damit alles Schlechte getilgt sein. Dies sollte zudem keine Liebesehe, sondern eine Zweckheirat werden, nämlich ein Waffenbündnis gegen den Dänenkönig. Wenn sich die Liebe hinterher noch einstellte, um so besser; wenn nicht, hatte man es ja vorher so in Kauf genommen.

Der König zog in ganz Ringerike umher, um auch die Leute zur Taufe zu zwingen, die der Einladung Jarl Sigurds nicht folgten, sei es aus Absicht oder weil sie verhindert waren. Alle Heidentempel ließ er zerstören. Mancher heidnische Gode, der zum bewaffneten Kampf gegen die Taufe aufrief, wurde mitsamt seinem Tempel verbrannt. Nachdem Ringerike dem Glauben an Christus gewonnen war, kehrte Olaf nach Sotenäset zurück.

Heiratsverhandlungen

Kurze Zeit später brach der König auf, um mit dem Schlitten nach Kungälf zu fahren, der Grenzstadt zwischen Schweden und Norwegen. Hier sollte das Zusammentreffen zwischen Sigrid und ihm stattfinden.

Olaf kam bereits mehrere Tage vor dem verabredeten Tag in Kungälf an. Jedoch die Königin von Schweden war keineswegs pünktlich. Nachdem König Olaf drei Tage über die verabredete Zeit warten mußte, traf endlich ein schwedischer Bote ein, der ausrichtete, daß die Königin durch unvorhergesehene Umstände aufgehalten werde. In Wirklichkeit war alles nur kalte Berechnung Sigrid Storradas. Sie wußte, wie man die Liebesglut und die Leidenschaft im Herzen eines Mannes lodernd entfacht. Indem man ihn warten läßt und möglichst lange auf die Liebesfolter spannt.

Vier Tage nach ihrem Boten kam die stolze Sigrid endlich in Kungälf an. König Olaf war von ihrem Anblick zutiefst beeindruckt. Sigrid war eine hochgewachsene, schlanke Frau. Ihre langen, weißblonden Haare fielen in unzähligen Löckchen auf ihre Schultern herab. Sigrids Gesichtszüge waren ebenmäßig und beherrscht. Ihre Augen blickten stolz in die von König Olaf, und ihr Haupt neigte sich nur leicht und kurz bei der Begrüßung. Ihre Lippen zeigten das schönste und verführerischste Lächeln, dessen sie fähig war und das sie lange im Spiegel geübt hatte. Sigrid stand mit etwas über dreißig Jahren in der Mitte ihres Lebens.

Auch König Olaf war eine stolze Erscheinung. Königin Sigrid sah es und war innerlich angenehm überrascht. Marschall Kolbjörn, der die Heiratspläne einfädelte, hatte ihr demnach nicht zu viel versprochen. Sie wußte aber auch, daß es bei den Verhandlungen Schwierigkeiten gab wegen dem Glauben, denn dieser Norwegerkönig solle ein bekehrungseifriger „Heuchler" sein, hatte sie erfahren

„Darf ich die Königin von Schweden bitten, an der Tafel

Platz zu nehmen? Das Mittagsmahl ist bald zubereitet", forderte König Olaf den Gast nach der Begrüßung freundlich auf.

„Ich bitte den König von Norwegen um Entschuldigung, wenn ich mich nach dieser langen und beschwerlichen Reise erst etwas ausruhen möchte", entgegnete Königin Sigrid und tat so, als wenn sie vor Erschöpfung gleich umfallen würde.

König Olaf besaß natürlich volles Verständnis dafür, und Sigrid zog sich mit ihren Hofdamen in die vorbereiteten Gemächer zurück.

König Olaf mußte sich mit ihren schwedischen Begleitern begnügen. Nun, nachdem er Sigrid von Angesicht kennengelernt hatte, konnte er die Liebestollheit seines Gesippen Harald verstehen. Wenn dieser die Vermessenheit beging, diese Königinwitwe mit seinen Heiratsplänen zu belästigen, dann mußte er damit rechnen, unehrenhaft von ihr abgewiesen zu werden. Einen Mord brauchte Sigrid deswegen noch lange nicht zu begehen. Aber sie war ja noch Heidin und wußte noch nichts von der Glaubensbotschaft des Herre Christ, das entschuldigte ihre rohe Tat.

Olaf hörte sich die Botschaft des Schwedenkönigs Olaf Schoßkönig an, die von einem schwedischen Jarl vorgetragen wurde. Da der König erst sechs Jahre alt war, hatte die Botschaft in Wirklichkeit seine Mutter Sigrid verfaßt. Der Schwedenkönig wolle auf die strittigen Ländereien verzichten, wenn der Norwegerkönig sie seiner künftigen Gemahlin Sigrid als Brautgeschenk mit sämtlichen Einkünften daraus vermache. König Olaf, dem viel an dem Waffenbündnis mit Schweden gelegen war, erklärte, dies solle kein Streitpunkt bei den Heiratsverhandlungen sein und stimmte großzügig zu. Die Schweden zeigten zufriedene Mienen.

Am späten Nachmittag kam Königin Sigrid endlich aus ihren Gemächern, begleitet von zwei Hofdamen, die ihr in Schmuck und Schönheit wenig nachstanden. Gleich drei hübsche Damen, das verstärkte noch den betörenden Eindruck bei den Männern im Saal. Sofort verstummte alles Gerede und alle Augen sahen auf Königin Sigrid und ihre Begleiterinnen.

Wenn König Olaf glaubte, Sigrid am Vormittag bereits in ihrer größten Schmuckpracht gesehen zu haben, so mußte er sich jetzt seinen Irrtum eingestehen. Königin Sigrid war mit so viel Schmuck beladen, wie Olaf noch kaum an einer Frau gesehen hatte. Ihr festliches weißseidenes Kleid war von den Ärmeln bis zu den Füßen mit Goldfäden bestickt. Ihren Hals zierte eine goldene Kette, mit großen, blutroten Rubinen besetzt. Dazu trug sie Ohrringe mit Rubinen. In ihrem blonden Haar funkelte eine Krone, aus purem Golde gearbeitet, mit grünen, roten und blauen Edelsteinen besetzt. Schließlich trug sie an beiden Armgelenken zwei goldene Armreife von beachtlicher Stärke, die gewiß ein großes Gewicht besaßen.

Königin Sigrid saß König Olaf gegenüber, links und rechts von ihr saßen ihre Hofdamen. Olaf setzte am Nachmittag bereits etwas kräftig dem Wein zu, das verschloß ihm eher die Zunge, als daß er davon redselig geworden wäre. So wurden an diesem Abend nur einige wenige Höflichkeiten zwischen den Herrschern gewechselt. Zudem fanden die Heiratsverhandlungen nur mit einigen wenigen Vertrauten hinter verschlossenen Türen statt. Dieser erste Abend galt sowieso mehr der Zurschaustellung für das beiderseitige Gefolge. Schweden wie Norweger waren einhellig der Meinung, daß die beiden gewiß ein glänzendes Herrscherpaar abgeben würden.

Anderntags, nach dem Morgenmahl, trafen sich die Herrscher in einem Nebengemach, fern von dem Lärm der Gästehalle. Nur wenige hatten Zutritt, denn was hier gesprochen wurde, war nicht für die Ohren des einfachen Volkes bestimmt.

Mancher schwedische und norwegische Gefolgsmann vermochte den Sinn von solchen „Heiratsverhandlungen" nicht zu erkennen. Doch mußte festgelegt werden, wie hoch die Einkünfte der zukünftigen Königin sein würden. Dies mußte ja aus den Steuereinnahmen bestritten werden, und Norwegen war keineswegs ein reiches Land wie Schweden, Dänemark oder das Polenreich. Norwegen besteht zum großen Teil aus hohen Gebirgen und hat nur wenig fruchtbares Ackerland. Die Forderungen Sigrids waren nicht gering zu nennen. Sie war eine Frau, die wußte, was sie wollte. Und sie sah diese Heirat, ebenso wie Olaf, als Zweckheirat an. Um sich unsterblich ineinander zu verlieben, dazu waren wohl beide nicht mehr jung genug, und Träumereien durften sie sich als Herrscher nicht hingeben. Olaf schien kein Preis zu hoch zu sein, um seine Herrschaft über Norwegen gegen den Dänenkönig zu sichern, so kamen die Verhandlungen Zug um Zug voran. Sigrids Forderungen wurden dabei weitestgehend erfüllt.

Die Steuereinnahmen stellten für König Olaf nur die Mittel dar, die dazu dienten, um feste Ortschaften anzulegen, seine Krieger mit Waffen auszurüsten, Langschiffe zu bauen und zur Förderung des Christentums, also kurz gesagt zur Verwaltung seines Reiches. Für Sigrid dienten diese Einkünfte anscheinend nur zur persönlichen Bereicherung.

Marschall Kolbjörn vergaß nicht, gesellige Vergnügungen zwischen die Verhandlungsgespräche einzufügen. Es gab auch verschiedene Herausforderungen zu Zweikämpfen zwischen Schweden und Norwegern.

Als die schwedische Seite bereits glaubte, daß man die Verhandlungen mit Erfolg beenden könne, alle ihre Forderungen und Wünsche waren erfüllt, kam König Olaf auf eine Sache zu sprechen, die ihm von allen anderen am meisten am Herzen lag: dem Glauben. „Wie die Königin von Schweden wohl weiß, glaube ich an den Herre Christ. Ich habe in Norwegen das Gesetz erlassen, daß alle meine Untertanen an ihn, den einzig wahren und lebenden Gott, glauben müssen. Alle Menschenopfer habe ich bei Todesstrafe verboten, Tieropfer werden mit Landesverweisung bestraft. Um den Frieden und die Einheit meines Reiches zu wahren, bitte ich die zukünftige Königin von Norwegen, wenigstens die Taufe anzunehmen", sprach König Olaf behutsam.

Königin Sigrid hob verächtlich ihr Haupt. „Ich befürchtete, daß du diese Forderung an mich stellen würdest, Olaf Tryggvisson. Ich weiß, daß die Heuchler mit Übereifer bemüht sind, andere von ihrem Glauben zu überzeugen. Im Gegensatz zu uns. Wir zwingen niemandem den Glauben unserer Väter auf. Ich finde es darum nur recht und billig, wenn jeder von uns an die Götter glaubt, von denen er sich das größere Heil verspricht", entgegnete Sigrid höflich, wenn auch mit sichtlichem Befremden über diesen Bekehrungsversuch Olafs.

Marschall Kolbjörn mischte sich sofort dazwischen, denn er hatte den König dringend davor gewarnt, den Glauben in die Verhandlungen einzubeziehen. Für ihn war nur das eine wichtig, nämlich daß das Bündnis zwischen Schweden und Norwegern gegen den Dänenkönig Sven zustande kam. „Ich schlage vor, wir vertagen diese Angelegenheit. Heute haben wir lange genug beraten und sind ermüdet. Gleichzeitig können beide Seiten diese Angelegenheit noch einmal überdenken." Dieser letzte Satz war vor allem an König Olaf gerichtet.

Die beiden Herrscher und ihre Berater verließen den Nebenraum und begaben sich an die Mittagstafel. Hätte König Olaf nicht die Glaubensfrage in die Verhandlungen gebracht, so hätte man an diesem Mittag wohl die Verlobung verkünden können. Aber es sickerte bei den anwesenden Gästen durch, daß nun jederzeit mit der Ausrufung der Verlobung zu rechnen sei.

Am Nachmittag beriet sich König Olaf noch einmal mit seinen engsten Vertrauten, darunter auch mit seinem Bischof, über die Glaubensangelegenheit. Die Jarle, allen voran Marschall Kolbjörn, beschworen Olaf inständig, Königin Sigrid nicht zu verärgern und bei ihr beide Augen zuzudrücken. Als König müsse er zuallererst an die Sicherheit seines Reiches denken. Mit einem Rückeroberungsversuch von Südostnorwegen durch den Dänenkönig sei mit großer Gewißheit zu rechnen. Dabei könne König Olaf nicht nur in ernste Lebensgefahr geraten, sondern auch seine Herrschaft über ganz Norwegen verlieren. Olaf sah dies alles ein. Er fragte Bischof Sigurd um seine Meinung, doch dieser erklärte, es sei eine Todsünde, wenn ein Christ eine Heidin heirate, zudem sei erwiesen, daß Königin Sigrid eine Freyrpriesterin sei. Der Heiland würde seine schützende Hand von Olaf abwenden, wenn er eine Heidin zur Frau nähme.

König Olaf mußte eine schwere Entscheidung treffen: entweder einen Krieg mit dem Dänenkönig in Kauf nehmen, bei dem ungewiß war, ob er den Sieg davontragen würde, oder das Heil des Herre Christ verlieren. Im Grund gab es für Olaf keine Wahl. Keinen Augenblick würde er zögern, sich für den Herre Christ zu entscheiden. Aber konnte man denn keine Zwischenlösung finden?

„Königin Sigrid müßte sich wenigstens taufen lassen", sprach Olaf nachdenklich. „Ich würde ihr erlauben, heimlich in ihrem Gemach den alten Göttern zu opfern, für die erste Zeit natürlich nur. Könnte dieser Ausweg vor dem Herre Christ bestehen? Auch ich wurde nicht an einem einzigen Tag ein überzeugter Christ. Man muß Sigrid etwas Zeit lassen. Ich würde beständig versuchen, ihr die Augen für den einzig wahren Gott zu öffnen", sprach Olaf seine Überlegungen aus.

Nach langem hin und her war der Bischof schließlich einverstanden, wenn König Olaf schwöre, daß es ihm Ernst sei, Sigrid bekehren zu wollen. Olaf schwörte es. Auch die Heerführer waren mit dieser Scheinlösung zufrieden und glaubten, daß dies für Sigrid annehmbar sei.

Schweden und Norweger trafen sich wieder im Beratungsraum. Königin Sigrid zeigte sich ungeduldig. Ob König Olaf eingesehen habe, daß es eine Vermessenheit sei, ihr die Bedingung zu stellen, den Glauben der Heuchler anzunehmen, fragte sie ihn höchst ungnädig.

König Olaf lächelte nur nachsichtig über Sigrids Worte. Er hatte sich während der Nacht eine wohldurchdachte Rede vorbereitet. „Ich kann verstehen, daß man nicht von einem Tag auf den anderen seinen Glauben wechseln kann. Ich bin darum bereit, auf diesen meinen Herzenswunsch zu verzichten. – Aber es gibt etwas Schwerwiegendes bei dieser Glaubensfrage zu bedenken. Ich habe von allen meinen Untertanen gefordert, daß sie sich taufen lassen müssen. Viele taten es gegen ihren Willen, aus Furcht vor mir, und sind keineswegs überzeugte Christen. Wenn sich daher die zukünftige Königin zu dem alten Glauben öffentlich bekennen würde, so würde dies mit Sicherheit zu einer Glaubensspaltung, ja höchstwahrscheinlich sogar zu einem Glaubenskrieg in meinem Reich führen. Die Glaubenseiferer der alten Götter könnten versucht sein, hinter der Königin gegen mich zu wirken. Um aber die Einigkeit des Reiches, die Freundschaft, ja die Liebe zwischen dem Herrscherpaar dauerhaft zu sichern, habe ich nur eine einzige Bitte", sprach König Olaf. Er machte eine Pause, um seine Worte wirken zu lassen.

„Nenne uns diese Bitte!" rief Königin Sigrid ungeduldig aus.

„Ich bitte die zukünftige Königin von Norwegen, wenigstens nach außen so zu tun, als wenn sie gleichen Glaubens mit mir wäre. Also sich nur mit Taufwasser benetzen zu lassen, wie dies die Nordleute tun, wenn sie in christlichen Ländern Handel treiben wollen", sprach Olaf sanft.

„Und ich dürfte weiterhin meinen Göttern opfern?" fragte Königin Sigrid mißtrauisch.

„Ja", sprach König Olaf laut und bestimmt. „Um den Schein vor meinem Volk zu wahren, bitte ich dich, es heimlich zu tun."

Königin Sigrid dachte nach. – „Aber durch die Berührung mit der anderen Gottesmacht würde ich Freyr beleidigen. Wer weiß, welche Strafe ich deswegen erleiden müßte", seufzte Sigrid laut.

„Mir ist nicht bekannt, daß ein Nordländer jemals wegen der Berührung mit Taufwasser von den alten Göttern bestraft wurde", sprach Marschall Kolbjörn.

„Das behauptet ein Norweger", wehrte Sigrid ab. Sie befürchtete, daß man ihr damit eine Falle stellen könnte. Wenn sie erst einmal in Norwegen wäre und sich ganz in der Gewalt ihres zukünftigen Mannes befände, würde dieser sie möglicherweise mit Gewalt zwingen, von dem Glauben und dem Opfer an Freyr zu lassen. – „Du schwörst mir, daß du mich niemals zwingen willst, an deinen Gott zu glauben?" fragte Sigrid mit vor Scham leicht gerötetem Kopf.

„Das würde ich niemals tun! Das schwöre ich bei meinem Seelenheil!" rief Olaf sichtlich bestürzt aus.

„Soviel ich höre!" ließ sich ein Schwede vernehmen, „hat der König von Norwegen den Jarlen des Tröndelags auch zuerst Glaubensfreiheit geschworen und dann seinen Schwur gebrochen. Mit Heeresgewalt zwang er allem Volk den Glauben der Heuchler auf."

Marschall Kolbjörn verteidigte seinen König. „Diese Entscheidung betraf nur das Volk von Norwegen und geht keinen Ausländer etwas an. – Jedoch in diesem Fall ist alles ganz anders. Wenn sich König Olaf eines Bruchs der Heiratsvereinbarungen schuldig machen würde, so stände der König von Schweden gegen ihn auf. Königin Sigrid braucht deshalb keinen Vertragsbruch zu befürchten", sprach der Marschall.

Die Schweden, von ihrer Stärke überzeugt, gaben Kolbjörn recht. Aber Königin Sigrid ließ ihre erste Befürchtung erneut verlauten, daß nämlich Freyr sie bestrafen würde, wenn sie sich taufen ließe. Nun entspann sich ein langer Streit darüber, ob ein Heide jemals deswegen von den Göttern bestraft worden sei. Viele Nordleute hatten sich zwar taufen lassen, waren aber innerlich überzeugte Odinsanhänger geblieben. Keine Seite vermochte die andere zu überzeugen. Marschall Kolbjörn, der merkte, daß sich die Köpfe der Unterhändler langsam erhitzten, riet zur Vertagung. Die Verhandlung wurde aufgehoben.

So mißgelaunt wie noch nie, nahmen die Schweden an diesem Mittag das Mahl ein. Am Nachmittag fanden Wettkämpfe und Spiele statt. Nach dem Abendessen zogen sich die beiden Herrscher mit ihren engsten Beratern noch einmal ins Nebengemach zurück, um endlich die Heiratsverhandlungen zu einem Ergebnis zu führen. Auf Vorschlag von Kolbjörn wurde die Sitzordnung geändert. Kolbjörn hoffte dabei, daß das sinnliche Verlangen zwischen Mann und Frau dadurch stärker zum Ausbruch käme und dies schneller zu einer Einigung zwischen ihnen führen würde. Um die beiden Herrscher saßen die Berater.

Nachdem sie sich zuerst einige Höflichkeiten gesagt hatten, kam Sigrid als erste wieder auf die Glaubensfrage zu sprechen. „Was ist das für ‚Taufwasser', mit dem ich in Berührung kommen soll?" erkundigte sie sich.

„Es ist ganz gewöhnliches reines Wasser", erwiderte Olaf lächelnd. Er nahm einen tiefen Zug, um seine Befangenheit vor dieser stolzen Frau im Wein zu ertränken.

„Damit wasche ich mich jeden Morgen von Kopf bis Fuß! Was ist daran Besonderes?" rief Königin Sigrid spöttisch aus.

„Mein Bischof schlägt noch mit der Hand ein Kreuzeszeichen darüber, das ist alles", fügte Olaf hinzu.

„Damit ist also ein Fluch in das Wasser gebannt! Ich wußte, daß irgendein Unheil damit verbunden ist! Davor habe ich Angst", jammerte Königin Sigrid zum Steinerweichen.

Mit vielen beruhigenden und bittenden Worten versuchte Olaf, Sigrid diese Furcht auszureden. Doch die schwedische Königin war nicht zu überzeugen. Olaf setzte seinem Weinkelch immer öfters zu. Beim dritten Nachfüllen war König Olaf so weit, das Gefolge der Königin zu erhöhen und ihr mehr Einkünfte zu gewähren, wenn sie nur bereit sei, sich mit einfachem Wasser benetzen zu lassen. Aber Sigrid war nicht zu bestechen. Sie fürchtete sich zu sehr vor der Rache Freyrs, ihrer höchsten Gottheit.

Marschall Kolbjörn riet seinem König zum wiederholten

Male bereits, die Verhandlungen zu beenden. Doch König Olaf glaubte, noch zu dieser späten Stunde die Einwilligung zur Taufe von Sigrid erhalten zu können.

Königin Sigrid sprach lange und breit von den Strafen, die Freyr ihr schicken könne: Unfruchtbarkeit ihres Leibes, Vernichtung der Ernte, Unfruchtbarkeit der Herden, Krankheit, ja zuletzt auch noch einen frühen Tod.

König Olaf lachte darüber und versicherte ihr mit Schwüren, daß sich nichts, rein gar nichts verändern würde. Norwegen sei der Beweis! Doch alle guten Worte trafen bei Sigrid auf taube Ohren. Sie war von dem Heil ihrer Götter ebenso überzeugt wie Olaf von dem des Herre Christ.

Schließlich wurde die Königin ungeduldig. Olafs unablässiges Bemühen, ihr die Taufe aufschwatzen zu wollen, verstärkte ihren Widerstand nur noch mehr. Schließlich traf unverblümt Meinung auf Meinung, Glaube auf Gegenglaube, Trotz auf Bekehrungseifer.

„Ich verstehe nicht, mit welcher Stirn die Heuchler behaupten können, ihr Glaube sei der einzig richtige!" rief Königin Sigrid unwillig über dieses Gespräch aus.

„Alle großen Reiche im Süden, Westen und Osten von Mitgard erkennen den Herre Christ als den einzigen wahren Gott an. Ist das nicht Beweis genug?" entgegnete Olaf etwas zu heftig.

„Der Gegenbeweis, daß meine Götter ebenfalls leben und keine Trugbilder sind, wie du behauptest, ist die Tatsache, daß sie mich und meine Gesippen seit vielen Geschlechtern beschützten und mit Heil beschenkten! Mein Vater führte seine Ahnen sogar auf Odin zurück!" ereiferte sich Sigrid.

„Es ist eine Vermessenheit zu behaupten, daß ein Mensch von Gott abstammen könnte! Gott hat die Menschen erschaffen und nicht mit einer Frau gezeugt! Das ist der Beweis, daß dein Glaube nur Lug und Trug ist", entgegnete Olaf höhnisch.

„Ich bin es müde, mich länger mit dir über den Glauben zu streiten! Dein Bekehrungseifer zeigt mir, daß du auch in

Zukunft nie Ruhe geben würdest, bis ich Freyr keine Opfer mehr bringen würde! Aber ich lasse mich weder mit Gold noch mit sonst etwas bewegen, mich von den Göttern meiner Väter abzuwenden! Nie und nimmer! Ich verlange darum von dir, daß du schwörst, daß du nie mehr den Versuch unternimmst, mir deinen Glauben aufschwatzen zu wollen. Ich richte nicht über deinen Glauben, und dafür verlange ich, daß du auch meinen Glauben achtest. Entscheide dich, was dir lieber ist: ein Bündnis gegen den König der Dänen oder eine Heuchlerin als Gemahlin, beides zusammen wirst du in Mitgard nicht finden! Ich bringe, wie immer, im Frühjahr Freyr die schuldigen Opfer! Und weil ich mich lange Zeit in der Nähe von Heuchlern aufhielt, werde ich Freyr zu Ehren wieder einmal eine jungfräuliche Sklavin opfern lassen!" rief Sigrid stolz aus, ohne auf König Olafs Gefühle Rücksicht zu nehmen.

König Olaf saß wie gelähmt einige Zeit stumm da. Sigrid hatte ihn durchschaut, von Anfang an, schoß es ihm durch den Kopf. Sie wußte, daß er sie nur heiratete, um ein Waffenbündnis gegen König Sven zu schließen. Niemals würde es ihm gelingen, sie von dem Aberglauben an Freyr, Odin und Thor abzubringen. Sie war eine überzeugte Freyrpriesterin mit all den abscheulichen Gebräuchen, wie Anbetung des Phallus als Fruchtbarkeitssymbol und mit sexuellen Ausschweifungen jeglicher Art. Sie war eine heidnisch königliche Hure. Nachdem er sie aus nächster Nähe betrachten konnte, sah er, wie verlebt ihr Gesicht aussah, mit Schminke überklebt, mit Tränensäcken unter den Augen, und am Hals zeigten sich bereits erste Falten, wie bei einer alternden Frau. Sigrid war gewiß mehrere Sommer älter als er. Ekel empfand Olaf plötzlich vor dieser Frau. Dazu stieg eine grenzenlose Wut über seine vergebliche Bekehrungsmühe in ihm hoch. Er merkte, wie gespannt die beiderseitigen Vertrauten auf seine Antwort warteten. Konnte er solch eine Frau zur Königin von Norwegen machen, einem christlichen Reiche? Niemals! In seiner Wut und im Rausch war König Olaf bereit, dieser Heidin eine gebührende Antwort auf ihre Frechheit zu geben. Mit einem Ruck erhob sich Olaf von der Sitzbank. „Wie könnte ich, ein Christ, dich heiraten können, du heidnische Hündin! Nimm das, was du in meinen Augen verdienst!" schrie König Olaf wutentbrannt. Er schlug Sigrid mit der flachen Hand ins Gesicht, daß es laut klatschte.

Königin Sigrid schrie vor Entsetzen schrill auf. Ihr sonst so beherrschtes Gesicht verzerrte sich zu einer Grimasse. Von ihren Lippen floß Blut und tropfte auf das kostbare Kleid. „Blut! Seht, ich blute!" jammerte Sigrid. „Ist keiner von euch bereit, für dieses vergossene Blut dem Norweger ein Schwert ins Herz zu stoßen!" rief Sigrid ihren Gefolgsmännern zu. Doch keiner wagte es, gegen die Norweger eine Feindseligkeit zu beginnen, da diese in der Überzahl waren.

„Die Heiratsverhandlungen sind ein für allemal zu Ende!" rief König Olaf zornig aus. „Ich gebe den Schweden bis morgen Mittag Zeit, die Stadt zu verlassen. Wenn ich dann noch einen schwedischen Heiden in meinem Reich erblicke, muß er sogleich die Taufe annehmen, oder er ist des Todes!"

„Diese Beleidigung, Olaf Tryggvisson, soll dir noch einmal den Tod bringen!" zischte Königin Sigrid. „Du Heuchler! Du Memme! An schwachen Frauen wagst du dich zu vergreifen! Du König über Heuchler und Hasenfüße!" zeterte Königin Sigrid mit überschlagender, schriller Stimme.

König Olaf lachte über diese Beleidigungen schallend auf. Er lachte, bis Sigrid mit ihrem Gefolge den Beratungsraum verlassen hatte.

Marschall Kolbjörn sah kopfschüttelnd seinen König an. Mit diesem Wutausbruch schuf sich König Olaf auch noch die Schweden zu Todfeinden.

„Sagt doch selber! Was hätte ich auf die Frechheit dieser schwedischen Hure anderes antworten sollen?" fragte König Olaf seine Vertrauten.

„Deine Antwort war wohl des Guten etwas zu viel",

wagte Marschall Kolbjörn seinem König zu erwidern. Er war am meisten vom Scheitern der Heirat betroffen, weil er mühsam die ganze Sache eingefädelt und fast bis zum Erfolg gelenkt hatte.

„Laß es gut sein, Kolbjörn," tröstete König Olaf ihn. „Für deine Mühen ist dir mein immerwährender Dank gewiß. Es war ein Versuch, wie so vieles während der Herrschaft eines Königs. Vieles scheitert, und nur Weniges gelingt. Bleiben wir guten Mutes, Brüder! Wenn die Not am größten ist, steht der Herre Christ uns am nächsten! Ist es so, Bischof?" fragte König Olaf seinen Seelenhirten.

„Du hast Wahres gesprochen, mein König. – An diesem Abend hast du einen größeren Sieg vor dem Herre Christ errungen, als wenn du die ganze Flotte der Dänen auf den Grund des Meeres versenkt hättest", meinte der Bischof mit bebender Stimme. Er allein ahnte wohl, welch ein Verhängnis für den neuen Glauben eine Heirat mit der schwedischen Königin und Freyrpriesterin mit sich gebracht hätte.

Draußen in der Gästehalle wurde Lärm laut. Die Schweden waren empört über den Schlag ins Gesicht ihrer Königin.

Die beiden Herrscher und ihr Gefolge schlossen vor Aufregung in dieser Nacht kein Auge. Jede Seite wachte mißtrauisch vor einer Arglist der anderen. Kurz nach Sonnenaufgang verließen die Schweden die Stadt Kungälf. Nicht ohne laute Drohungen der Rache auszurufen, wegen der tödlichen Beleidigung, die ihrer Königin von dem Norwegerkönig zugefügt wurde.

Wenige Tage später verließ König Olaf die Stadt an der Götaelf. Er ließ eine große Zahl Krieger zurück, die das Grenzland gegen Racheeinfälle der Schweden sichern sollten. Solche Rachezüge sollten die Bewohner in der Nähe der Götaelf noch häufig erdulden müssen. Viele Unschuldige verloren dabei ihre Habe oder sogar ihr Leben.

Olaf christianisiert das Tröndelag

Um Olaf Tryggvissons Königsherrschaft stand es im Frühjahr des Jahres 998 n. Chr. sehr schlecht. Neben dem Dänenkönig Sven Gabelbart hatte er nun auch noch die Schwedenkönigin Sigrid Storrada zum Todfeind. Weiterhin waren die mächtigen Jarle des Tröndelags und des Helgelandes so gut wie von ihm abgefallen, weil er sie zum Glauben an den Herre Christ zwingen wollte. In diese gefährliche Lage konnte König Olaf Tryggvisson nur kommen, weil er unbeirrt glaubte, von dem Herre Christ auserwählt zu sein, das Volk von Norwegen zum Christentum zu bekehren.

Als vordringlichste Aufgabe mußte König Olaf das Tröndelag wieder unter seine Herrschaft zurückgewinnen. Deshalb sammelte er ein noch größeres Heer, als er im Vorsommer befehligte. Aus jedem Gau in Südnorwegen mußten ihm seine Jarle an Mannschaften und Schiffen stellen, was sie nur entbehren konnten. Mit einer Flotte von siebzig wohlausgerüsteten Kriegsschiffen fuhr König Olaf im Frühsommer nordwärts. In Hardanger stieß Erling Skjalgsson mit weiteren zwanzig Langschiffen zu König Olaf. Insgesamt neunzig Schiffe befehligte König Olaf, als er nach Norden zum Tröndelag fuhr, um die Entscheidung zu suchen. Es ging um nichts weniger als um seine Königskrone über Norwegen. Wenn er sein Reich nicht einigen konnte, dann wäre er als Herrscher über das halbe Norwegen erst recht viel zu schwach, um sich gegen die Schweden oder Dänen behaupten zu können.

König Olaf berief ein Thing für das gesamte Tröndelag ein. Wie im Vorsommer machten die Jarle aus dem Thingruf ein Kriegsaufgebot. Der Kriegspfeil wanderte von Gehöft zu Gehöft. König Olaf durfte nicht warten, bis das Bondenheer sich gesammelt hätte, darum fuhr er nach Lade und veranstaltete dort ein großes Fest. Viele Bewohner vertrauten der Einladung des Königs, der ihnen Unversehrtheit an Leib und Leben zusicherte. Auf dem Höhepunkt des Gelages ließ der König um Ruhe bitten. Er erhob sich von seinem Hochsitz und sprach zu den Gästen: „Ich habe vernommen, daß die Tröndner ein großes Mitsommeropferfest in Mären abzuhalten gedenken und daß sie keineswegs gewillt sind, von ihrem falschen Glauben zu lassen. Wenn ich nicht mit ihnen das Opferblut lecken würde, dann wollten sie mich absetzen, wie vor vier Sommern den bösen Jarl. Wenn ich nun aber den Göttern Menschenopfer bringen soll, so will ich keine Mörder, Diebe oder sonstiges Pack an Göttern opfern, sondern die Edelsten und Hochwohlgeborensten unter euch! Ich bestimme dazu: Orm Lygra aus Melhus, Stykar aus Gjemse, Kar aus Gruting, Asbjörn aus Värnes, Orm von Lerdalen ..." und noch einige andere benannte der König, die alle Häuptlinge waren. Sie wurden sofort festgenommen. Nun kamen die Sippenangehörigen zu König Olaf und baten um das Leben ihrer Verwandten. König Olaf stellte ihnen zur Wahl, entweder die Taufe anzunehmen oder aber ihre Väter, Brüder, Söhne und Ehegatten würden den Göttern als blutige Opfer dargebracht werden. Sogleich sprach sich die Mehrzahl der Sippenangehörigen für die Taufe aus. Und da sie die Herrschaft besaßen, mußte sich auch das übrige Volk taufen lassen. König Olaf ließ sich Geiseln stellen, damit sie auch den neuen Glauben befolgen würden. Durch diese List hatte er bereits einen Teil des Tröndelag besiegt.

Als die Zeit des Mittsommerfestes gekommen war, fuhr König Olaf mit seiner Flotte nach Mären. Der Wortführer der Bauern, mit Namen Skeggi, stellte die Forderung an König Olaf Tryggvisson, daß er mit ihnen zusammen den alten Heidengöttern opfern solle. Olaf entgegnete, daß er sich zuerst ihren Opferdienst anschauen wolle. Die Bauern wähnten bereits, daß der König sich ihrem alten Heidenglauben beugen würde. Doch König Olaf vergaß nicht, weswegen er hier war.

Nur von wenigen Kriegern begleitet, trat er mit den Jarlen und Goden des Tröndelags in den Heidentempel. König

Olaf hatte einen verwegenen Entschluß gefaßt, denn nur durch Kühnheit konnte er dieses trotzige Volk der Tröndner niederzwingen. „Jarle des Tröndelag! Ihr behauptet, daß von diesen leblosen Holzfiguren Kraft und Heil ausgehen würde! Doch ich beweise euch, daß es nur Lug und Trug ist! Seht her!" König Olaf trat mit gezogenem Schwert auf das größte Götzenbild zu, das den Gott Thor darstellte, und schlug ihm mit mehreren Schwerthieben Kopf und Glieder ab.

Die Jarle und Goden sahen starr vor Entsetzen dieser Tat zu. Alle warteten darauf, daß die Götter den Frevler sofort bestrafen würden, doch nichts geschah.

„Erkennt ihr nun die Ohnmacht eurer Götter vor dem Herre Christ?" rief König Olaf herausfordernd aus.

Skeggi, der Anführer der Aufständischen, versuchte, aus dem Tempel zu gelangen, um das Bondenheer zum Kampf gegen den Tempelschänder aufzurufen. Doch die Getreuen König Olafs erschlugen ihn. Der König ließ die übrigen Jarle wie die Goden gefangennehmen. Derjenige, der Widerstand leistete, wurde getötet. Das Volk, das seiner Führer beraubt war, wagte keine Tätlichkeiten zu beginnen.

König Olaf ließ den Götzen allen Schmuck abnehmen und anschließend den Tempel in Brand setzen. Die Bauern sahen mit Entsetzen, daß das Heiligtum abbrannte. Die meisten Tröndner flohen sogleich von diesem Ort des Grauens und Entsetzens. Nach ihrem heidnischen Glauben mußte diese Freveltat die größte Strafe der Götter nach sich ziehen. Viele glaubten, daß nun das Weltende bevorstünde.

Die gefangenen Jarle baten den König um Gnade. Sie wollten sich auch taufen lassen, denn sie hätten eingesehen, daß ihre alten Götter machtlos seien vor dem Heil des Herre Christ. König Olaf ließ sich ihre Söhne als Geiseln verpfänden, damit sie seine Gesetze und den neuen Glauben auch zukünftig befolgen würden. Anschließend reiste Olaf Tryggvisson im ganzen Tröndelag umher und ließ alle

Heidentempel zerstören. In die Herrschaft setzte er ihm treu ergebene Jarle und Hersen. Im Sommer des Jahres 998 n. Chr. hatte König Olaf die Herrschaft über das Tröndelag zurückgewonnen. Nun verweigerte ihm nur noch das Helgeland im Norden von Norwegen den Gehorsam.

Im Herbst ließ König Olaf eine neue Königsburg am Ufer des Nid errichten. Bald entwickelte sich daraus eine Stadt, Nidaros geheißen.

Olaf schickte ein Langschiff nach Sotenäset, das seine Mutter, seinen Stiefvater und seinen sechzehnjährigen Bruder Thorkel Nefja ins Tröndelag bringen solle. Der König wollte das zurückgewonnene Gebiet nicht verlassen, damit die Tröndner während seiner Abwesenheit nicht wieder von ihm abfallen würden. König Olaf wußte sehr wohl, daß sie den Glauben an den Herre Christ nur gezwungenermaßen annahmen und nicht aus innerlicher Überzeugung. Ein Großteil der Häuptlinge im Lande wartete nur darauf, daß sich der Herrscher entfernen würde, um erneut gegen ihn zu wirken. König Olaf wollte ihnen dazu keine Gelegenheit verschaffen. Seine Gefolgsmänner verteilte er auf die umliegenden Gehöfte, so daß er sie bei Gefahr schnell um sich versammeln konnte.

Seinen Schwager Erling Skalgsson entließ König Olaf nach Hardanger, seinem Heimatland. Zum Julfest im Mittwinter kam Erling mit Astrid, Olafs Schwester, wieder nach Nidaros. Es gab ein fröhliches Wiedersehen zwischen Astrid und ihren Gesippen, die sich zum letzten Mal bei Astrids Hochzeit vor zwei Sommern sahen. Das Julfest wurde in aller königlicher Pracht gefeiert.

Beim Gelage bat König Olaf seinen Schwager Erling, ihm im nächsten Sommer bei einem Kriegszug gegen das Helgeland beizustehen. Erling versprach es im Metrausch. Anderntags bereute er sein vorschnelles Versprechen, konnte es aber nicht mehr rückgängig machen, und König Olaf stellte sich taub zu allen Ausreden Erling Skjalgssons.

Hallfred der Königsskalde

An einem schönen Herbsttage des Jahres 998 schlenderte König Olaf durch die Gassen seiner neugegründeten Handels- und Königsstadt Nidaros. Da trat ein fremder Krieger sichtlich auffällig vor den König und grüßte ihn freundlich. König Olaf fragte ihn nach seinem Namen. Der Fremde antwortete, er sei Hallfred der Skalde.[3] Es war bei den Königen damals Brauch, daß sie sich Skalden bei Hofe hielten, damit diese ihre Ruhmestaten und Leistungen in Gedichten für die Nachwelt überliefern sollten, denn es gab damals noch keine Chronisten, die alle geschichtlich bedeutsamen Begebenheiten für die nachkommenden Geschlechter aufgeschrieben hätten. Mit den Zeitgenossen starb darum auch das Wissen um die Namen der Königsgeschlechter und ihrer Taten. König Olaf war deshalb keineswegs abgeneigt, einen Skalden in seine Gefolgschaft aufzunehmen. Nur sah er auf den ersten Blick, daß dieser Skalde noch ein Heide war, denn ein Thorshammer hing ihm an einem silbernen Kettchen um den Hals.

„Du bist noch ein Heide, wie ich sehe", sprach König Olaf finster.

„Der silberne Thorshammer schenkte mir Jarl Hakon, jetzt der böse Jarl genannt. Er wußte meine Kunst zu schätzen", entgegnete Hallfred kühn.

„Du hast ein großes Preisgedicht auf den bösen Jarl verfaßt, ich kenne es. – Da du Grönländer bist, kann ich dich nicht zwingen, den rechten Glauben anzunehmen, sondern dich höchstens meines Reiches verweisen. Doch wenn du freiwillig die Taufe annehmen willst, kannst du mein Mann werden", bot König Olaf dem Skalden an.

Hallfred hatte schon lange die gute Bewirtung an einer Königstafel entbehrt. Er war auch eben ziemlich in Geldschwierigkeiten und wußte noch nicht, wie er den Winter überstehen sollte, denn was gab es für einen Skalden schlimmeres als harte, körperliche Arbeit? Sein letztes

Schmuckstück war just der silberne Thorshammer, und Hallfred hatte sich bereits überlegt, daß er ihn bald verpfänden müßte, um im kommenden Winter nicht zu verhungern. Andererseits wollte er seine Dichtkunst aber auch nicht eben billig verschachern. „Eine Bedingung hätte ich dabei, edler König. Wenn ich mich taufen lasse, möchte ich dich zum Taufpaten haben", sprach Hallfred keck, denn er wußte, daß damit eine hohe Gunst verbunden war.

„Wenn ich dein Pate wäre, müßte ich dir manchen Fehltritt eher verzeihen als einem anderen meines Gefolges. Ich habe aber über dich nicht nur das Beste berichtet bekommen. Ich fürchte, daß ich es später einmal bereuen könnte, wenn sich herausstellen sollte, daß ich einem Unwürdigen solch eine hohe Gunst gewährt habe", sprach König Olaf offen seine Gedanken aus.

„Schon recht", entgegnete Hallfred, „ein Skalde bedarf mehr als andere Gefolgsmänner gewisser Freiheit und Unabhängigkeit bei Hofe. Ein Dichter ist vergleichbar mit einem Singvogel. In Freiheit trällert er fröhlich und lieblich sein Liedchen, jedoch in Gefangenschaft sitzt er stumm und traurig in seinem Käfig; immerzu denkt er an seine verlorene Freiheit."

König Olaf lachte herzlich über diesen gewandten Vergleich Hallfreds, und er war dem Skalden gewogen. „Gut, Hallfred. Ich will dein Pate sein. Meine Bedingung ist, daß du auch ein innerlich überzeugter Christ wirst und nicht heimlich den alten Göttern Opfer bringst."

„Ich vertraue auf dein Königsheil, König Olaf Tryggvisson. Ich glaube dir, daß die Macht des Herre Christ größer ist als die Odins, Thors und Freyrs zusammen."

Am kommenden Sonntag erhielt der Skalde Hallfred ein weißes Taufgewand, und der König war sein Pate bei der Taufe. Folgendes Gedicht trug der Skalde in der Königshalle beim fröhlichen Umtrunk vor:

„Sognes König sagte:
Seid nicht Opferer weiter.
Zeigt euch nimmer zag, dräut
Zorniger Spruch der Nornen!
Edle und Volk jetzt Odins
Adelsippe tadeln.
Njörds des Mächtigen Macht ich
Misse nun um Kristus!"

Das Königsgefolge rief lauten Beifall zu diesem dichterischen Bekenntnis Hallfreds zu dem Herre Christ.

Wie König Olaf ahnte, sollte ihm der Skalde Hallfred nicht nur frohe Tage bereiten. Hallfred opferte nämlich doch heimlich den alten Göttern, wie er dies von Jugend auf tat und wie es eben die Macht der Gewohnheit war. Warum sollte man sich denn nicht der Gunst von zwei Gottheiten versichern, als sich nur auf das Heil eines Gottes zu verlassen? Ein Gefolgsmann namens Ottar trug dem König die Abweichungen Hallfreds zu. Olaf war danach sichtlich zurückhaltender und unfreundlicher zu Hallfred.

Eines Tages fand man Ottar erschlagen; der Verdacht fiel sofort auf den Skalden Hallfred. Seine Schuld wurde bewiesen, und König Olaf verurteilte ihn zum Tode, weil es bei Todesstrafe verboten war, daß sich die Königsmannen gegenseitig erschlugen.

Hallfred sank vor dem Thron König Olafs auf die Knie. „Ich bereue meine Tat, großmütiger König. Jetzt denk' daran, daß du mein Taufpate warst."

„Ich ahnte, daß du mich daran erinnern würdest, Hallfred! Doch Gesetz ist Gesetz. Du hast den Königsfrieden in meiner Stadt gebrochen, und wenn ich das ungesühnt lasse, herrscht bald Mord und Gesetzlosigkeit in meinem Reich!" rief König Olaf streng aus.

Marschall Kolbjörn ergriff das Wort. „Und doch, mein König, mußt du bedenken, daß die besondere Gunst, die du dem Skalden Hallfred gewährtest, nicht herabgewürdigt wird, indem du gegen ihn mit der gleichen Strenge vorgehst wie bei gewöhnlichem Mordgesindel. Meiner Ansicht nach war es eine Meintat von Ottar, daß er Hallfred in aller Öffentlichkeit verpetzte, ohne den Beweis für Hallfreds Untreue an dem Herre Christ liefern zu können. Ich schlage deshalb vor, daß du Hallfred eine Buße auferlegst, die sein Verbrechen sühnen würde. Und zwar denke ich, daß er ins Oberland ziehen sollte und einen gewissen Thorleif bestraft, weil er nicht von den Opfern an Thor lassen will. Dieser Thorleif ist ein gewaltiger Kämpfer, und er hat gedroht, daß er sich niemals taufen lassen werde. Hallfred soll ihn zur Strafe töten."

Kolbjörns Vorschlag fand Zustimmung bei den anderen Gefolgsmännern, weil sie als Grund für Ottars Verleumdung puren Neid sahen und sie ihm deshalb selber einen Teil der Schuld an seinem Tode zuschrieben.

König Olaf dachte einige Zeit nach. Schließlich willigte er ein, denn er merkte, daß Kolbjörn allen anwesenden Kriegern aus dem Herzen sprach. „Du bist ein schlimmer Skalde, Hallfred. Aber da ich dein Pate war, sollst du die Vergünstigung haben, um dein Leben kämpfen zu dürfen", nickte König Olaf zustimmend.

„Du hast mich soeben einen ‚schlimmen Skalden' genannt, großmütiger König", entgegnete Hallfred lächelnd. „Dieser Namenszusatz wird nun ewig an mir hängenbleiben. Es ist Brauch, daß derjenige sich ein Geschenk erbitten darf, der einen Spitznamen erhält", wagte Hallfred zu erwidern, der seinen Galgenhumor anscheinend nie verlor. Eben erst hatte er vom König das Leben geschenkt erhalten, und schon erbat er sich noch ein weiteres Geschenk.

König Olaf lachte über so viel Unverfrorenheit. „Es sei dir gewährt, Hallfred! Du sollst fortan der ‚Schlimme Skalde' genannt werden! Bitte dir ein Geschenk dafür aus!"

„Mein Schwert ist nur eine mäßig gute Arbeit und bereits vielfach schartig. Ich bitte mir ein neues, besseres aus für den Kampf, der mich im Oberland erwartet."

König Olaf schenkte ihm ein kostbares Schwert. „Wenn du solch ein guter Skalde bist, wie man von dir sagt, dann mach auf der Stelle einen Reim, bei dem in jeder Zeile das Wort Schwert vorkommt", verlangte der König.

„Man reiche mir vorher ein volles Methorn", bat Hallfred. Es wurde ihm gereicht, und er trank das Horn in einem Zug aus. Nachdem Hallfred sich den Schaum vom Bart abgewischt hatte, sprach er den Stabreim:

„Ward durch's Schwert der Schwerter
Schwertreich ohne gleichen.
Schwerterschlags-Njörden
Schwerter in Fülle werden.
Meinem Schwertschlag schwer ist's
Schwertherr, auch zu wehren,
Wird die Scheide beschert mir:
Schwerter drei ich wert bin."

Die versammelten Krieger riefen Beifall. Und es wäre wohl sehr schade gewesen, wenn man ihm an diesem Tag den Mund für immer geschlossen hätte. König Olaf schenkte Hallfred aus Anerkennung auch noch eine kostbare Schwertscheide.

Hallfred reiste ins Oberland und bestrafte den Thorleif für seinen Unglauben. Den Winter über weilte er in der Königshalle zu Nidaros, und er stand wie früher in hoher Gunst bei dem Norwegerkönig.

Im nächsten Frühjahr bat Hallfred umherziehen zu dürfen, um auch in anderen Ländern seine Skaldenkunst vor den Königen und Jarlen vorzutragen, denn er wollte nicht mit König Olaf nach Helgeland fahren. Hallfred kam zur Jomsburg auf der Insel Wollin und verfaßte ein Lobgedicht auf Jarl Sigwaldi. Dieser beschenkte ihn reich dafür. Dann fuhr Hallfred über die Ostsee nach Schweden und fertigte ein Lobgedicht auf den schwedischen König. Wiederum wurde er reich beschenkt, so reich, daß er sich eine Frau nehmen konnte. Im Herbst kehrte Hallfred nach Norwegen zurück, wo er den Winter des Jahres 999 auf das Jahr 1000 wieder am Königshof Olaf Tryggvissons weilte. Es war der große Verdienst Hallfreds, daß uns die Lebensgeschichte König Olaf Tryggvissons heute bekannt ist, die er in einer großen Drapa der Nachwelt überlieferte.

König Olaf behauptet seine Herrschaft

Im Frühsommer des Jahres 999 nach Christi rüstete König Olaf zu dem Kriegszug nach Helgeland, um auch diesen nördlichsten Teil seines Königreiches seiner Herrschaft und dem Glauben an den Herre Christ zurückzugewinnen. Die Häuptlinge dieses Gaues gewann er teils mit Geschenken und freundlicher Überredungskunst, teils mit Waffengewalt. Diejenigen, die unzertrennlich wie Pech und Schwefel an den alten Göttern ihrer Väter hingen, zwang er mit Waffengewalt nieder. Viele Helgeländer verließen darum ihre Heimat, um ihrem Glauben treubleiben zu können.

Während König Olaf den Norden christianisierte, drohte im östlichen Norwegen bereits wieder Gefahr für seine Königsherrschaft. Der Seekönig und Wiking Gudröd Erichsson, der Mörder König Tryggvis, kam mit einer mächtigen Flotte von Dänemark aus nach Wiken gefahren und zwang das Volk, ihn als neuen König anzuerkennen. Jeder der vielen Enkel und Urenkel König Harald Schönhaars glaubte, wenigstens einen Teil von Norwegen als rechtmäßiges Erbe beanspruchen zu dürfen. Gudröd zog in Wiken umher, ließ sich von den Bauern bewirten und forderte die Königsabgaben für sich. Tatsache war aber, daß Gudröd ein Gefolgsmann König Svens war und von diesem mit Mannschaften und Schiffen ausgerüstet wurde, um Südostnorwegen wieder unter dänische Oberherrschaft zu zwingen.

Thorgeir und Hyrning, die von König Olaf die südöstlichen Ländereien zum Lehen erhalten hatten, sammelten ein Heer. Sie waren mutige und erfahrene Heerführer und griffen Grudröd Erichsson völlig überraschend an, während er auf einem Gelage weilte und sich sicher fühlte. Olafs Schwäger töteten Gudröd, den letzten noch lebenden Sohn von König Erich Blutaxt und der Gunnhild. Damit war nach über dreißig Jahren auch der Mord an König Tryggvi gesühnt. König Olaf erfuhr von diesen Begebenheiten erst, als er von seiner Fahrt aus dem Helgeland zurückgekehrt und die Gefahr bereits beseitigt war. Hyrning und Thorgeir durften zum Dank für ihre Tapferkeit alle Beute behalten und erhielten zudem ihre Ländereien zum erblichen Lehen.

Im Herbst ließ König Olaf ein großes Drachenschiff bauen. Es war das größte und prachtvollste Wikingerschiff, das je in Norwegen gebaut wurde. Vierunddreißig Ruder besaß das Schiff auf jeder Bordseite. Der Drachenkopf und der Drachenschwanz waren vergoldet. Die oberste Bordplanke zierte kunstvolle Schnitzereien, ebenso das Steuerruder. Das Schiff besaß hohe Bordwände, war demnach also auch seetüchtig. Dieses Drachenschiff nannte König Olaf den „Langen Wurm". Das Langschiff, das er im vorigen Herbst bauen ließ, wurde der „Kurze Wurm" genannt. Der Baumeister des „Langen Wurm", mit Namen Thorberg Borkenhauer, war ein Helgeländer, den der König von seiner Fahrt aus Helgeland mitgebracht hatte.

König Olaf beschloß, auch im kommenden Winter im Tröndelag zu verweilen, denn dieses trotzköpfige Volk war noch lange nicht vom neuen Glauben überzeugt. Das Opferwesen und der Ahnenkult waren noch weit verbreitet, und es bedurfte der Anwesenheit des Königs und seiner Heeresmacht, damit die Missionare ungehindert die Glaubensbotschaft des Herre Christ unter dem Volk verkünden konnten.

Wechselhaftes Schicksal einer Prinzessin

Im Jahre 998 starb im Polenreich Königin Emnild. Nachdem die Zeit der Trauer verstrichen war, ließ König Boleslaw über Jarl Sigwaldi Heiratsfäden nach Dänemark knüpfen, wegen König Svens Schwester Thyri Haraldstochter. Boleslaw däuchte die dänische Prinzessin eine gute Wahl, um den Frieden zwischen den beiden Völkern zu erhalten und um erneuten Einfällen von macht- und goldgierigen Dänen in sein Reich vorzubeugen. König Sven hatte seine Gemahlin Gunnhild, Boleslaws Schwester, ins Danelag verbannt, somit bestand die frühere Friedensgarantie nicht mehr.

Jarl Sigwaldi, obwohl nicht eben begeistert von dem Auftrag seines Gefolgsherrn, wußte sehr wohl, daß es bei dieser Sache nicht zuletzt auch um das Geschick der Jomsburg ging. Bei einem Krieg zwischen Dänen und Polen lag die Festung genau in der Mitte.

Während der Segelfahrt nach Dänemark im Frühsommer des Jahres 999 überlegte Sigwaldi scharf, welche Gründe König Sven gelten lassen würde, damit er seine Einwilligung zu dieser Heirat gäbe.

König Sven hatte während des letzten Julfestes, im Winter des Jahres 998 auf das Jahr 999 nach christlicher Zeitrechnung, die schwedische Königinwitwe Sigrid Storrada geheiratet. Der Wunsch zu dieser Verbindung entsproß nicht aus Liebe, sondern im Gegenteil – aus Haß. Der gemeinsame Haß auf den Norwegerkönig Olaf Tryggvisson war der Anlaß zu dieser Ehe gewesen. König Sven schien es nichts auszumachen, daß Sigrids früherer Gemahl Erik ihn einst aus seiner Herrschaft vertrieb.

Noch ein Heiratsbündnis war aus den gleichen Rachegründen geschlossen worden. Jarl Erik, einer der landflüchtigen Söhne des bösen Jarls, nahm eine Tochter König Svens zur Frau. Drei mächtige Herrscher hatten also durch Versippung untereinander ein Bündnis geschlossen gegen König Olaf.

Nachdem Jarl Sigwaldi mehrere Tage am Hofe König Svens zu Roskilde auf Gastung geweilt hatte, kam er in einem vermeintlich günstigen Augenblick auf den Heiratswunsch des Polenkönigs zu sprechen. Ein glücklicher Zufall wollte es, daß auch Königin Sigrid anwesend war.

König Svens Miene verfinsterte sich schlagartig, kaum daß Jarl Sigwaldi die Werbung aussprach. „Das war also der wahre Grund für dein Kommen, Sigwaldi! Du glaubst doch nicht im Ernst, daß ich meine jüngste Schwester diesem alten Stinkbock zur Frau gebe! Ich habe ganze andere Pläne, höhere, viel höhere Pläne mit Thyri! Bleib mir mit deinen Kuppeleien vom Hals! Du eignest dich nicht dafür, nicht im geringsten. Wenn ich an deine erste Heiratsvermittlung denke, könnte ich dir noch heute den Kopf abschlagen lassen! Wenn das der einzige Grund war, weshalb du zu mir kamst, dann scher dich augenblicklich wieder fort!" schrie König Sven wütend. Sein Gesicht färbte sich vor Wut hochrot.

Doch Jarl Sigwaldi war ein kaltschnäuziger Bursche, und so schnell konnte ihm ein königlicher Wutausbruch keinen Schrecken einjagen. „Ich möchte dir zwei folgenschwere Gründe zu bedenken geben, die für eine solche Heirat sprechen, König", wagte Jarl Sigwaldi zu entgegnen.

„Bleib mir mit deinen neunmalklugen Bedenken vom Hals! Ich habe genug davon! Kein Wort mehr, oder ich lasse dir die Zunge herausreißen!" schrie König Sven in unbeherrschtem Zorn.

„Aber mein lieber Sven", hörte Sigwaldi die Königin leise zu ihrem Gemahl sprechen. „Hör dir doch wenigstens an, was unser Freund Sigwaldi für Gründe vorzubringen hat. – Sprich, Jarl Sigwaldi", forderte Königin Sigrid den Gast auf.

„Zum ersten wäre König Boleslaw zutiefst beleidigt, wenn der mächtige König der Dänen ihm die Hand von Prinzessin Thyri verweigern sollte. – Wie, wenn König Boleslaw auf den Gedanken käme, um die Hand einer Schwester König Olaf Tryggvissons anzuhalten? König

Boleslaw und Olaf waren bereits einmal verschwägert, Olaf heiratete eine Schwester des Polenkönigs. Der umgekehrte Fall wäre demnach auch leicht möglich. Gesetzt der Fall, das geschähe: dann könnte es dahin führen, daß ich eines Tages vielleicht gezwungen wäre, mit meinen Jomswikingern an der Seite König Olafs gegen dich zu kämpfen, König Sven", sponn Jarl Sigwaldi den Gedanken zu Ende.

„Das wirst du niemals tun! Ich habe deinen Schwur von damals, als ich auf deinem Schiff zur Jomsburg fuhr", stieß König Sven erschrocken aus.

„Ich glaube nicht, daß dieser Schwur so weit reicht. Ich schwur dir nur Sicherheit in der Jomsburg zu, mehr nicht", wagte Jarl Sigwaldi zu widersprechen.

„Du wagst es, mir das ins Gesicht zu sagen?" sprach König Sven mit einem merkwürdigen Ton in der Stimme. „Du bist dir doch darüber im klaren, daß ich die Macht habe, dich nicht mehr lebend aus meinem Reich herauszulassen", drohte König Sven.

„Gewiß, König der Dänen! Aber nach meinem Tode tritt ein anderer an meine Stelle als Jarl, vielleicht mein Bruder Thorkel? Dann hättest du nichts bei dem Mord gewonnen als den Rachedurst der Jomswikinger", meinte Jarl Sigwaldi sehr selbstsicher.

„Ich könnte dich ...!" schnaufte Sven, doch er sah ein, daß er eben nichts tun konnte. Sigwaldi war ein viel zu mächtiger Jarl, und er besaß mächtige Freunde.

„Das zweite, das es gut zu überlegen gilt, wäre, daß König Boleslaw nicht mehr der Jüngste ist. Wenn er eines Tages stirbt und Thyri wäre Königin des Polenreiches, was läge dann näher, als daß der Dänenkönig die Herrschaft an sich nimmt?" Jarl Sigwaldi hatte seinen zweiten Köder ausgelegt. Er wußte, wie machthungrig Sven war.

„Das sind einleuchtende Gründe, die für eine Heirat sprechen!" rief Königin Sigrid aus.

„Ich gebe einen Hundsfotz auf Sigwaldis Gründe! Thyri

wird nicht diesem Polen verheiratet! Schluß damit!" entschied König Sven außer sich vor Wut.

„Aber du hast doch gehört, was dann König Boleslaw tun würde!" ereiferte sich Königin Sigrid. „Er heiratet aus Wut eine Schwester dieses Olaf Krähenbein![4] Damit arbeitest du doch deinem Erzfeind in die Hände! Was könnte für Olaf vorteilhafter sein, als die Jomswikinger zu Verbündeten zu gewinnen! Olaf Krähenbein wäre sogar so mächtig, dich aus deiner Herrschaft Dänemark vertreiben zu können, wie mein früherer Gemahl Erik der Siegreiche!"

„Komm mir nicht damit! Es wird keinem mehr gelingen, mich aus Dänemark zu vertreiben! Dafür sorgen meine Heerlager Trelleborg, Fyrkat und Nonnebaaken. Ich habe ständig ein großes Heer kampfbereit!"

„Hast du bereits vergessen, was du mir in der Hochzeitsnacht schwörtest? – Nicht zu ruhen, bis mein Todfeind Olaf Krähenbein unter der Erde liegt! Doch was du wirklich tust, ist genau das Gegenteil! Du verschaffst meinem und deinem Feind mächtige Freunde, wenn du König Boleslaw deine Schwester Thyri verweigerst!" rief Königin Sigrid in Tränen aus.

Tränen, das war das allerletzte, was König Sven an seiner Gemahlin sehen konnte. „Beruhige dich, Liebling", sprach Sven sanft. „Es ist ja keineswegs sicher, daß König Boleslaw das tun würde. Das sind doch alles nur an den Haaren herbeigezogene Vermutungen von Sigwaldi", versuchte König Sven, Sigrid diese Befürchtungen auszureden.

„Doch man kann es keineswegs ausschließen", wagte der Jarl zu widersprechen.

„Halt's Maul!" brüllte König Sven seinen Gastfreund an. „Deine Zunge ist schlimmer als die von hundert Waschweibern! Du redest ab jetzt nur noch, wenn du gefragt wirst! Andernfalls lasse ich dir die Zunge zum Abendessen rösten!"

Jarl Sigwaldi wußte jetzt, daß es um sein Leben ging.

„Ich bitte dich jedenfalls", sprach Königin Sigrid schluchzend, „daß du dir die Werbung des Polenkönigs noch einmal gründlich überlegst. Ich wüßte keinen König oder Königssohn, mit dem du Thyri vorteilhafter verheiraten könntest als mit König Boleslaw", meinte Sigrid Storrada. Ihr ganzes Denken und Fühlen war nur auf ein einziges Ziel gerichtet, nämlich Rache zu nehmen für den Schlag ins Gesicht, den sie von König Olaf erhalten hatte. Diese Beleidigung konnte nur mit Blut gesühnt werden.

„Ich wüßte zehnmal Besseres!" entgegnete König Sven schnaufend vor Wut. „Ich könnte sie an einen angelsächsischen Earldorman verheiraten! Oder an einen Sohn König Ethelreds! Das wäre hundertmal klüger! – Reden wir nicht mehr davon! Ich werde darüber nachdenken! – Jarl Sigwaldi, ich werde dich zur rechten Zeit meine Entscheidung wissen lassen! – Jetzt mach dich aus meinen Augen, sonst vergesse ich mich noch!" zischte König Sven seinen Gast unhöflich an.

„Ich bitte den König der Dänen um Vergebung, wenn ich ihn ungewollt erzürnt habe. Die Schuld liegt ganz allein bei mir, wahrscheinlich eigne ich mich wirklich nicht zum Heiratsvermittler", sprach Sigwaldi höflich.

Er unternahm mit einigen Jomswikingern einen Rundgang durch die Stadt Roskilde. Sigwaldi war sich sicher, daß die Königin in seinem Sinne weiter auf Sven einwirken werde.

Einige Tage nach dieser Unterredung begab sich König Sven tatsächlich in das Gemach seiner Schwester. Bei der Prinzessin weilte einer ihrer Erzieher, ein noch jüngerer Mönch von etwa dreißig Jahren, weiter ihre Gespielinnen, die zugleich die Rolle der Aufpasserinnen erfüllten. Der König winkte den Dienerinnen zu, sich zu entfernen.

„Sieh an, mein Bruder, der König, beehrt mich mit seiner Anwesenheit", sprach Thyri schüchtern. Es geschah höchst selten, daß ihr Bruder zu ihr kam, nicht immer war es ein Grund zur Freude.

„Nun ja", entgegnete Sven leicht verwirrt. Er betrachtete seine jüngste Schwester diesmal genauer als sonst.

Thyri besaß langes blondes Haar mit einem Schuß ins Rötliche. Ihr Gesicht war ebenmäßig, jedoch etwas hager und blutleer. Von Figur war sie schlank. An ihrem Oberkleid sah man die mädchenhafte Brüste abgezeichnet, die noch nicht ihre Formvollendung erreicht hatten, obwohl Thyri bereits siebzehn Jahre alt war.

„Warum starrst du mich an? Habe ich etwas getan, was dein Mißfallen erregte?" fragte Thyri ängstlich. König Sven wußte sehr empfindlich zu strafen.

König Sven schüttelte verneinend den Kopf. – „Hast du dir schon Gedanken über das Heiraten gemacht?" fragte er seine Schwester geradeheraus..

„Nein, Pater Mathias sagte, das hätte noch etwas Zeit", entgegnete Thyri unvorsichtig.

„Was? Das hätte noch Zeit? Bei welcher Gelegenheit sprach der Hasenfuß, der Leisetreter davon?"

„Bitte sprich nicht so von meinem Erzieher, das mag ich nicht!" entgegnete Thyri empört.

„Ich spreche nur die Tatsachen aus! Also, bei welcher Gelegenheit?" fragte Sven ungeduldig.

„Ich weiß nicht mehr ..." Thyri schien angestrengt nachzudenken. Vielleicht wollte sie ihren Erzieher nicht bloßstellen.

„Weiß der Heuchler es noch?" fragte Sven seine Schwester, um sich nicht herablassen zu müssen, den Pater selber zu fragen.

„Ja, ich erinnere mich noch genau", gab der Mönch demütig zur Antwort. „Als ich Prinzessin Thyri die Geschichte von der Geburt unseres Heilandes zu Bethlehem im Stall erzählte, fragte mich die Prinzessin, wie alt wohl Maria gewesen sei, als sie Gottes Sohn gebar."

„Und was hast du der Prinzessin geantwortet?" fragte König Sven neugierig.

„Daß ich das leider nicht wisse. Ich fügte hinzu, daß es meiner Ansicht nach nicht schlecht sei, wenn die Mädchen erst mit zwanzig Sommern oder noch etwas später verheiratet werden, wenn sie mehr Verstand haben", antwortete der Pater wahrheitsgemäß.

„Wenn sie mehr Verstand haben? Wozu braucht ein Weib Verstand? Ich gäbe was drum, wenn ich wüßte, was im Kopf eines Leisetreters, eines Heuchlers vorgeht! Gut, daß ich davon erfahren habe! Ich werde mich beim Bischof beschweren! Ich verbiete dir bei Todesstrafe, das Gemach meiner Schwester noch einmal zu betreten! Hinaus!" brüllte König Sven den Pater an.

Demütig sich verbeugend, eilte der Mönch aus Thyris Gemach.

Thyri begann zu weinen.

„Laß das Weinen, es hat sowieso keinen Zweck! – Verflucht nochmal! Hör auf zu heulen!" schrie Sven seine Schwester ungeduldig an.

Vor Schreck versiegten Thyri tatsächlich die Tränen. „Ja, mein König. Ich gebe mir Mühe."

„Das Geschwafel dieses Heuchlers hat mir gerade noch gefehlt! Du weißt, bei uns ist es Brauch, daß die Jungfrauen auch schon mit sechzehn Sommern verheiratet werden", stellte Sven fest.

„Ich weiß, mein König", nickte Thyri heftig.

„Sag nicht immer mein König, sag mein Bruder", verbesserte Sven sie. „Also ... es hat ein König um deine Hand angehalten, Thyri."

„Ein König?" rief Thyri sichtlich überrascht aus.

„Ja. – Ein mächtiger und reicher Herrscher. – König Boleslaw von Polen", platzte Sven damit heraus.

„Der König von Polen? Aber der ist doch unser Feind?" erschrak Thyri zutiefst.

„Aber nein! Schon seit vier Sommern nicht mehr, seit ich Gunnhild, die Schwester König Boleslaws, zur Frau nahm."

„Und ich soll jetzt den Bruder dieser unglückseligen Gunnhild heiraten? – Niemals!" rief Thyri fest entschlossen aus.

„Was? Du wagst es, deinem König ‚niemals' ins Gesicht zu sagen?"

„Niemals! Nie! Nie!" rief Thyri wie besessen aus.

„Und warum nicht?" fragte König Sven erstaunt.

„Das fragst du noch? Denk einmal zurück. So lange ist es doch nicht her, daß du es vergessen haben könntest!"

König Sven schien nachzudenken. – „Beim besten Willen, ich weiß keinen vernünftigen Grund, warum du König Boleslaw nicht heiraten könntest."

„Ich heirate den Polenkönig nie! Lieber nehme ich Gift!" blieb Thyri bei ihrer Meinung.

„Nenne mir den Grund!" bat Sven verwundert.

„Also gut, du willst es so! Du wirst beleidigt sein, aber ich fürchte deine Wut nicht mehr, seit ich weiß, was du mit mir vorhast!" rief Thyri zitternd vor Aufregung aus.

„Nenne mir offen deinen Grund. Ich verspreche dir, ich werde nicht beleidigt sein. Du brauchst keine Strafe von mir zu fürchten", sprach König Sven zu ihrer Beruhigung.

„Ich möchte dich daran erinnern, wie schlecht du Gunnhild, Boleslaws Schwester, behandelt hast. Und wie glaubst du wohl, würde mir es umgekehrt im Polenland ergehen? – Nein, ich will nicht das Gleiche erdulden, wie meine Schwägerin! Deshalb heirate ich Boleslaw nie!"

König Sven verschlug es für einige Zeit die Sprache. – „Aber was habe ich Gunnhild denn angetan?" versuchte er zu leugnen.

„Glaubst du etwa, ich weiß es nicht? Der ganze Hof weiß es! Die ganze Stadt weiß es! Der Polenkönig hatte sicher einige Spitzel in Dänemark und weiß es ebenfalls!"

„Was weiß er?" stellte sich Sven weiterhin unwissend.

„Wie sehr du Gunnhild gequält hast! In vier Wintern, während du zu Hause warst, hattest du nicht ein einziges freundliches Wort für Gunnhild übrig. Nur angeschrien hast du sie! Du hast sie schlechter behandelt als deine schlechteste Magd! Zwei gesunde Söhne hat Gunnhild dir geschenkt! Und was war dein Dank? Üble Verleumdung, daß sie nicht von dir wären, sondern von einem anderen Mann! Jeder Blinde kann sehen, daß Harald und Knut dir wie aus dem Gesicht geschnitten sind! Du selber bezweifelst es innerlich nicht, sonst würdest du ihnen nicht die beste Erziehung angedeihen lassen! Doch deine grundlosen Verdächtigungen, daß Gunnhild dich betrogen hätte, brachten sie vor Gram fast ins Grab! – Und was in meinen Augen das Allergemeinste war: fast jede Nacht hast du deine Gemahlin mit irgendeiner billigen Hure betrogen! Und du hattest die Unverschämtheit, Gunnhild ins Gesicht zu sagen, daß jede dänische Dienstmagd dir besser gefällt als eine polnische Prinzessin!" rief Thyri über alle Maßen empört aus.

„Nicht so laut! Sprich leiser", bat Sven fast flehentlich vor Überraschung.

„Lieber nehme ich Gift, als daß ich dasselbe von König Boleslaw erleide wie Gunnhild von dir! Zum Dank dafür, daß sie dir zwei blühende Söhne schenkte, wurde die arme Gunnhild ins Danelag verschleppt und verbannt! Ich weiß auch warum! Damit König Boleslaw nicht erfahren soll, wie schlecht du seine Schwester behandelt hast! Vielleicht ist die Werbung um mich die heimliche Rache des Polenkönigs? – Würdest du deine Schwester tatsächlich der Rache König Boleslaws ausliefern?" fragte Thyri ihren Bruder flehentlich.

„Was redest du für einen Unsinn! Boleslaw ahnt weder etwas, noch wird er aus Furcht vor mir wagen, dich schlecht zu behandeln", entgegnete König Sven selbstüberheblich.

„Man kann auch jemanden schlecht behandeln, ohne daß es nach außen hin erkennbar ist", meinte Thyri.

„Donnerwetter noch einmal! König Boleslaw hegt keine Rachegedanken! Das ist doch Schwachsinn! Er würde dich niemals schlecht behandeln, dafür steht mir Jarl Sigwaldi mit seinem Kopf ein! – Ich wünsche, daß du die Werbung König Boleslaws freudig annimmst! Die Königin wünscht es ebenfalls! Keiner meiner Ratgeber fand das Geringste daran auszusetzen! Nur du kommst mir mit diesen Wahnsinnsvorstellungen!" schimpfte König Sven ungehalten.

„Keiner deiner Jarle würde es wagen, dir zu widersprechen! Weshalb meine Schwägerin Sigrid dafür ist, kann ich nicht verstehen! Es sei denn, sie verbindet damit irgendwelche Rachepläne gegen Olaf Tryggvisson von Norwegen! Ich lasse mich aber nicht als Werkzeug für Sigrids Rache mißbrauchen", ahnte Thyri den wahren Grund.

„Thyri!" schnaufte König Sven zornig. „Ich weiß Mittel, dich gefügig zu machen, von denen du keine Vorstellung besitzt!"

„Du kannst mich nicht einschüchtern! Diese Heirat wäre schlimmer als der Tod! Und der Tod endet alle Leiden auf dieser Welt! Ich will lieber sterben, als die gleichen Qualen wie Gunnhild erdulden zu müssen!" erwiderte Thyri mit sichtlicher Entschlossenheit.

„Wenn du keine Rücksicht auf deinen König und deine Königin nimmst, dann fällst du für alle Zeiten bei uns in Ungnade. Ich werde dafür sorgen, daß du nie einen standesgemäßen Gemahl erhältst!" Als König Sven Thyris Gemach verließ, blieb ein völlig verzweifeltes Mädchen darin zurück.

Dies war jedoch nicht der einzige Versuch, Thyri umzustimmen. Eben weil sie sich dem Willen des Königs so sehr widersetzte, forderte sie seinen Machtdünkel erst recht heraus.

König Sven kam mit Königin Sigrid wieder, und sie versuchten zu zweit, Thyri mit Versprechungen und Drohungen für diese Heirat zu gewinnen.

„Thyri, meine geliebte Schwägerin, was habe ich gehört?" spielte Sigrid die Erstaunte. „Du willst solch ein glänzendes Heiratsangebot in den Wind schlagen? Das kann ich nicht glauben. Hast du bedacht, wie reich und mächtig der Polenkönig ist? In wenigen Monden bist du so reich und so mächtig wie dein Bruder und ich! Es gäbe nichts auf der Welt, das du nicht haben könntest!"

„Laßt mich in Ruhe! Ich will nichts mehr davon hören! Mein Entschluß steht felsenfest!" rief Thyri in höchster Verzweiflung aus. Sie hatte die gleiche jähzornige Art wie ihr Bruder geerbt.

„Wie redest du mit mir? Spricht man so mit seiner Königin?" entgegnete Sigrid empört. Sie schlug Thyri mit der flachen Hand ins Gesicht, daß es laut klatschte.

Thyri stieß einen Schmerzensruf aus.

„So! Nun möchte ich die Gründe für deine Weigerung wissen!" befahl die Königin.

„Das kann ich nicht sagen", schluchzte Thyri.

„Warum nicht um alles in der Welt! – Antworte!"

„Weil ... ich mich schäme", wich Thyri aus. In Wirklichkeit wollte sie ihren Bruder nicht vor seiner Gemahlin bloßstellen.

„Weißt du den Grund für ihre Weigerung?" fragte Sigrid ihren Gatten.

„Ich ... ich glaube, ich erahne ihn", stotterte Sven verlegen. „Sie will Boleslaw nicht heiraten, weil er fünfzehn Jahre älter ist als sie", erdichtete Sven eine Ausrede.

„Da sieht man, was für eine dumme Gans sie ist! Boleslaw würde demnach ..." – Sigrid rechnete nach – „... zweiunddreißig Sommer zählen. Das ist doch keineswegs zu alt! Männer in diesem Alter wissen erst richtig den Wert einer Frau zu schätzen! Du als ihr Bruder mußt an ihr Glück denken! Man darf diesen dummen Küken nicht ihren Willen lassen, sonst rennen sie mit offenen Augen in den Abgrund!" tobte Sigrid die Stolze.

„Ich bin ganz deiner Meinung, meine Liebe. Aber ich kann sie nicht an Händen und Füßen gefesselt nach Gnesen schaffen lassen", sprach König Sven hilflos. „Sie hat mir mit Selbstmord gedroht. Wie würde ich als König und Bruder dastehen, wenn sie in ihrem Unverstand ihre Drohung wahrmachen würde?"

„Ihr Mannsbilder habt ja keine Ahnung, wie man mit einer störrischen Zicke umgeht! – Wo sind ihre Dienerinnen?" Königin Sigrid klingelte nach ihnen. – „Kommt alle herein! – Ihr laßt bei Tag und Nacht die Prinzessin nicht aus den Augen, keinen Augenblick! Immer zwei von euch bleiben in ihrer Nähe! Thyri darf dieses Gemach nicht mehr verlassen! Weiterhin darf niemand ein Wort zu ihr sprechen! Wir wollen mal sehen, wie lange sie dies aushält! Wehe! Dreimal wehe, wer gegen meine Befehle verstößt! Diejenige schicke ich als Magd ins Heerlager Trelleborg bis an ihr Lebensende!" schrie Sigrid unbeherrscht, ohne darauf zu achten, wie häßlich das wutverzerrte Gesicht sie machte.

Für die besseren Hofmägde mag dies wohl die härteste Strafe gewesen sein, die sie sich vorzustellen vermochten.

Mehrere Tage erduldete Thyri diese Seelenpein. Aber immer noch besser, als ein Opfer der Rache des Polenkönigs zu sein, tröstete sich sich.

Eines Tages betrat König Sven mit Jarl Sigwaldi Thyris Gemach. Die Wärterinnen wurden hinausbefohlen.

„Thyri, das ist Jarl Sigwaldi, mein heimlicher Verbündeter in der Jomsburg. Er ist eigentlich ein Gefolgsmann des Polenkönigs, doch da er von Geburt ein Däne ist, würde er nie etwas zu meinem oder deinem Schaden tun, Thyri. Ich vertraue dir damit ein großes Geheimnis an. Es könnte Jarl Sigwaldi den Kopf kosten, wenn Boleslaw davon erfährt. Ich hoffe, daß du dich meines Vertrauens würdig erweist. – Ich will dir damit beweisen, daß du keine Furcht vor dem Polenkönig zu haben brauchst! Du kannst dich jederzeit hilfesuchend an Jarl Sigwaldi wenden. – Doch deine Furcht ist völliger Unsinn! König Boleslaw ist ein überzeugter Christ! Jarl Sigwaldi kennt die königliche Familie sehr gut, weil er ein Schwager des Polenkönigs ist. Jarl, erzähle Prinzessin Thyri, was für ein Mensch Boleslaw ist", bat König Sven den Oberhäuptling der Jomswikinger.

„Ich kann nur bestätigen, was der König der Dänen von König Boleslaw gesagt hat: er ist ein überzeugter Christ. Niemals würde er sich an einer Frau rächen, wenn er jemals Rachegedanken hegen sollte. Boleslaw ist von ausgeglichener, ja sanftmütiger Wesensart. Er herrscht wie ein Familienvater über seine Untertanen. Und alle Polen lieben ihn wie einen Vater. Ich habe Astrid, Boleslaws Schwester, zur Frau. Ihr beide würdet gewiß schnell die besten

Freundinnen werden. Ich selber stehe mit meinen Jomswikingern jederzeit zu deinem Schutze zur Verfügung, Prinzessin. Obwohl ich fest davon überzeugt bin, daß es dessen niemals bedarf", sprach Jarl Sigwaldi.

„Ich glaube euch beiden kein Wort", erwiderte Thyri trotzig.

„Ich schwöre es bei meiner Ehre als Jarl!" beteuerte Sigwaldi.

„Thyri, ich bitte dich inständig! Vertraue auf das Urteil von erfahrenen Männern. Du kennst doch Gunnhild. Von gleicher Wesensart ist Boleslaw. – Thyri, höre mich an! Ich statte dich mit der reichsten Mitgift aus, die je eine dänische Prinzessin erhielt! Du darfst alle deine Dienerinnen mitnehmen, alles was dir hier in Dänemark lieb und wert ist. Bitte willige in dieses großartige Heiratsangebot ein! Ich selber war sofort einverstanden, als uns Jarl Sigwaldi die Werbung König Boleslaws überbrachte. – Wenn du trotzig auf deinem Unverstand beharrst, weiß ich nicht, welche Strafen die Königin sich noch ausdenken mag. Sie sprach davon, daß sie dich nach Sachsenland in ein Nonnenkloster einliefern würde. Dann müßtest du dein ganzes Leben, so wie jetzt, in einem einsamen, finsteren Gemach verbringen," redete Sven eindringlich auf seine Schwester ein.

„Diese heidnische Teufelin will mich also mit aller Gewalt zur Frau des Polenkönigs machen! Ich möchte wissen, was sie damit bezweckt!" rief Thyri wütend aus.

„Bitte mäßige dich mit deinen Schimpfwörtern", flüsterte Sven unwillkürlich. „Sie hat überall ihre Lauscher, die ihr jedes Wort von dir berichten, ich warne dich", sprach er in wohlgemeintem Rat zu seiner Schwester.

Thyri sah ihren Bruder fassungslos an. Nicht zu glauben! Nicht einmal mehr ihren besten Freundinnen dürfte sie vertrauen. „Wenn es so steht", überlegte Thyri laut, „dann habe ich wohl keine Wahl mehr. Dann bleibt mir nichts anderes übrig, als abzuwarten, ob meine Befürchtungen richtig oder falsch waren. – Also gut. Ich vertraue auf die

Urteilskraft eines berühmten Kriegers und auf das Wort des Königs, meines Bruders. Unter gewissen Bedingungen bin ich bereit, König Boleslaws Gemahlin zu werden!" Da sie sehr wohl wußte, daß sie gegen die Königin immer den kürzeren ziehen würde, wollte sie wenigstens noch einige Vorteile für sich herausschlagen, bevor es auch dazu zu spät war.

„Und die wären?" fragte Sven gespannt.

„Ich möchte, daß mein Ziehvater Özur Agisson mit seiner Sippe und Gefolgschaft mit mir nach Polen übersiedelt. Weiterhin sollen mich drei meiner liebsten Dienerinnen und mein Erzieher, Pater Mathias, begleiten", zählte Thyri die Menschen auf, die ihr die Liebsten auf der Welt waren.

„Einverstanden! Nur dieser Heuchler wurde von mir vor Tagen bereits des Landes verwiesen. Ich weiß nicht, wo er sich jetzt aufhält."

„Laß nach ihm suchen! Ohne seinen geistlichen Beistand fahre ich nicht nach Polen!" rief Thyri drohend aus.

„Schön, ich werde es veranlassen", beruhigte Sven seine Schwester.

„Und als Mitgift verlange ich das Tafelgedeck von Königin Thyra, meiner Großmutter", verlangte die Prinzessin.

„Aber diese kostbaren Stücke gehören mir!" rief König Sven bestürzt aus. „Sie werden nur an die Königsfamilie weitervererbt!"

„Du hast mir versprochen, mich mit der reichsten Mitgift auszustatten! Willst du dein Versprechen halten? – Wenn nicht, weigere ich mich, nach Polen zu ziehen! Dann bleibt mir nur noch ein Ausweg aus dieser Gefangenschaft: freiwillig aus dem Leben zu scheiden!" rief Thyri trotzig aus.

Sven wußte sehr gut, daß weder Sigrid noch Thyri je von ihren Meinungen abweichen würden, sie waren beide von gleicher Natur, dickköpfig und unnachgiebig. König Sven stimmte deshalb schweren Herzens zu, um nicht die Einwilligung Thyris erneut in Frage zu stellen. „Verflucht! Wenn dir diese Erbstücke so sehr am Herzen liegen, schenke ich sie dir! Aber ich muß zuerst Sigrid fragen, ob sie damit einverstanden ist!"

„So weit ist es mit dir gekommen, großer König der Dänen, daß du eine Schwedin um Erlaubnis fragen mußt, bevor du deiner Schwester etwas schenkst", rief Thyri höhnisch aus.

„Schweig, Thyri! Du weißt ganz genau, daß dieses Tafelgeschirr dem Herrscherpaar von Dänemark gehört!"

Dieser Erbschatz von König Gorm und seiner Gemahlin Thyra wurde nur bei besonders festlichen Anlässen wie Hochzeit oder Todesfall eines königlichen Familienmitgliedes benutzt. Es war das vollständige Tafelgeschirr für dreißig Personen. Der Wert dieser goldenen und silbernen Gefäße, des Eßbesteckes und des sonstigen Tafelzubehörs war unermeßlich. Das Gesinde erzählte sich die Saga, daß dieses kostbare Geschirr von Zwergen in jahrelanger Arbeit geschmiedet worden sei.

König Sven ließ seine Gemahlin Sigrid in Thyris Gemach bitten. Sven teilte ihr den überraschenden Sinneswandel seiner Schwester mit. Ihr größter Wunsch sei, als Mitgift das alte Tafelgeschirr ihrer Großmutter Thyra zu erhalten.

„Wie? Und mit was soll ich die Tafel festlich decken? Thyri ist wohl verrückt geworden!" rief Sigrid entrüstet aus über diese unverschämte Forderung.

„Ich gebe den Goldschmieden in der Stadt den Auftrag, uns ein neues kostbares Tafelgeschirr zu fertigen."

„Besitzt du überhaupt noch so viel Gold und Silber in deinen Schatztruhen? fragte Sigrid zweifelnd.

„Ich glaube, daß es reicht", meinte König Sven nicht sehr überzeugt. Der Krieg gegen die Angelsachsen hatte die Schatztruhen nicht voller werden lassen.

„Du glaubst es nur?" entgegnete Sigrid zweifelnd.

„Willst du nun, daß Thyri den Polenkönig heiratet, oder willst du nicht", raunte Sven seiner Gemahlin zu.

„Bei allen Trollen Dänemarks! Dann soll sie den Erbschatz mitnehmen!" rief Sigrid widerwillig aus. Der Rache an Olaf Tryggvisson wegen opferte sie selbst diesen kaum zu ersetzenden Schatz der alten Dänenkönige.

„Somit wären also alle Beteiligten zufriedengestellt!" rief König Sven erleichtert aus. „Jarl Sigwaldi! Du wirst schweigen wie ein Grab!"

„Ich schwöre es bei Odin!" gelobte Sigwaldi mit todernster Miene, aber innerlich mußte er mit größter Willensanstrengung seine Freude unterdrücken. Kein vernünftiger Mensch konnte jetzt noch behaupten, daß er sich nicht zum Heiratsvermittler eignen würde, ganz im Gegenteil.

„Vergiß nicht Pater Mathias! Der gehört mit zu meiner Bedingung", rief Thyri ihrem Bruder nach, als sich die drei anschickten, Thyris Gemach zu verlassen.

„Ich werde alles tun, um ihn finden zu lassen", meinte Sven stirnrunzelnd.

Pater Mathias hatte vor Tagen bereits seinen Reisebeutel mit seinen wenigen Habseligkeiten gepackt und sich zu Fuß auf den Weg nach Ripen gemacht. Dort hoffte er, ein Schiff zu finden, das nach England ins Danelag fuhr.

Pater Mathias dachte wehmütig an sein hochwohlgeborenes Schäfchen Thyri zurück, auf deren Erziehung er so große Hoffnungen gesetzt hatte. Er hatte bereits geglaubt, in Thyris Seele fest den Glauben an Jesus Christus verwurzeln zu können; die großen Ideale von der Menschenliebe, der Barmherzigkeit, der unwandelbaren Treue an das ewig Gute in ihr zu festigen. Er konnte sehen, wie das Samenkorn in Thyris Seele aufkeimte, wie es langsam, aber stetig wuchs. Das junge Pflänzchen hätte nur noch kurze Zeit des Schutzes und der Pflege bedurft, um dann selbständig zu einem herrlichen Gebilde zu Gottes Wohlgefallen aufzuwachsen. Aber da wurde durch ein böses Geschick die Pflege vorzeitig beendet.

Pater Mathias hatte davon geträumt, welch ein Segen es später für viele Untertanen brächte, wenn es ihm gelänge, Thyri zu einer innerlich überzeugten Christin zu erziehen, die nicht nur in Worten, sondern auch in Taten nach den

Lehren des Heilandes handeln würde. Und nun waren alle seine Mühen so gut wie umsonst gewesen. Thyri sollte einen König heiraten, von dem sie das Schlimmste befürchtete. Ein eisiger Hagelsturm brachte sein zartes Pflänzchen in die Nähe des Todes.

„Mein Gott!" rief Pater Mathias verzweifelt aus. „Deine Taten sind so groß, aber deine Wege sind unerforschlich! Warum ließest du mich vergeblich an diesem armen Menschenkinde abmühen? Wenn du selbst die Werke deiner Jünger mit Füßen trittst, dann dauert es noch eine Ewigkeit, bis dieses verfluchte Heidenvolk bekehrt sein wird! Warum hast du diesen elenden Tyrannen nicht schon längst in den Staub geworfen, wie die Schlange im Paradies? Drücke ihn endlich mit deiner starken Hand in den Straßenkot, und breche ihm das Genick!" rief er zum Himmel hinauf und ballte dabei seine Hände zu Fäusten.

Nicht lange nach diesem ohnmächtigen Wutausbruch hörte er plötzlich hinter sich Pferdegetrampel. Reiter verfolgten ihn quer durch das Heideland, denn er wich gerne einige Schritte vom Weg ab, um mit Gott und seinen Gedanken allein zu sein. Da naht die Rache des Dänenkönigs, durchfuhr es Mathias mit Schrecken. „Oh Herr! Ich habe schwer gesündigt, weil ich König Sven den Tod wünschte!" Er begann in höchster Angst zu rennen. Die Reiter holten jedoch schnell auf. Mathias stolperte schließlich und blieb vor Angst wie gelähmt am Boden liegen. In einem hastigen Gebet empfahl er seine Seele in Gottes Hände.

Die Reiter umringten Mathias mit wildem Geschrei. Die Erde von den Hufen der Pferde spritzte ihm ins Gesicht. Ein Krieger sprang von seinem Roß herab und holte zum tödlichen Stoß mit dem Ger aus. Pater Mathias sah es durch die vor Angst halbgeschlossenen Augenlider. Die blinkende Gerspitze sauste auf ihn herab und – bohrte sich in den Sand, nahe vor seinem Gesicht. Die Gefolgsmänner des Dänenkönigs lachten schallend auf.

„Steh auf, du Hasenfuß! – Na los! Wird's bald!" befahl der Anführer der Reiter.

Der Mönch rappelte sich hastig auf die Beine hoch.

„Steig auf das Pferd!" schrie der Däne ihn an.

Jetzt erst sah Mathias, daß sie ein lediges Pferd mitführten. Sollte es vielleicht doch nicht sein Ende sein?

„Wo bringt ihr mich hin?" fragte Mathias mit bebenden Lippen.

„Frag nicht so viel! Steig auf!" befahl der Anführer barsch.

Sie brachten ihn nach Roskilde zurück. Hier erst erfuhr Pater Mathias, daß er das große Glück besaß, Prinzessin Thyri nach Polen begleiten zu dürfen.

Jarl Sigwaldi war bereits abgesegelt, um König Boleslaw die freudige Nachricht zu überbringen, daß sowohl König Sven wie auch Prinzessin Thyri mit großer Freude die Werbung des polnischen Königs angenommen hätten, was allerdings eine glatte Lüge war.

Jarl Sigwaldi fuhr schon bald ein zweites Mal, diesmal mit einer großen Flotte von dreißig Kriegsschiffen, nach der Insel Seeland, um die zukünftige Königin des Polenreiches abzuholen und sicher bis nach Posen zu geleiten. Prinzessin Thyri kam im Spätsommer bei der Stadt an der Wartha an. Viele dänische Würdenträger begleiteten die Prinzessin, um an der Hochzeitsfeier teilzunehmen. Nur das dänische Königspaar ließ sich entschuldigen wegen dringender Regierungsgeschäfte. In Wirklichkeit wagte es König Sven nicht, seinem Schwager Boleslaw unter die Augen zu treten.

Die dänischen Gäste wurden auf das Beste bewirtet. In einem langen Zug begaben sich dann die dänischen und polnischen Hochzeitsgäste von Posen nach Gnesen. Hier wurde das Hochzeitsfest mit nie zuvor gesehener Pracht gefeiert.

Obwohl Thyri an ihrem angetrauten Gemahl nicht das Geringste auszusetzen fand, konnte sie doch nicht verwinden, daß ihr diese Heirat von ihrem Bruder und ihrer Schwägerin aufgeschwatzt worden war. Auch die heimliche Furcht, daß König Boleslaw die Leiden seiner Schwester Gunnhild an ihr rächen könnte, wich nicht aus ihrem Herzen, trotzdem sich Boleslaw zuvorkommend und freundlich, ja geradezu herzlich lieb zu ihr benahm. Aber Thyris Herz blieb verschlossen. Sie glaubte, dies sei alles nur Verstellung. Wenn erst die dänischen Hochzeitsgäste Polen verlassen hätten, würde sie das wahre Gesicht Boleslaws sehen. Thryi verstand es, sich ihrem angetrauten Gemahl zu verweigern. König Boleslaw war gefühlvoll genug, um nicht auf seinem Recht sogleich zu bestehen, sondern seiner jungfräulichen Königin erst etwas Zeit zum Eingewöhnen zu lassen.

Der Zug der Hochzeitsgäste begab sich einige Tage später auf den Rückweg nach Posen. Hier bestiegen die Dänen ihre Schiffe. Als Thyri sah, daß ihre Landsleute nach Dänemark zurückkehren durften, sie selber aber als vermeintliches Opfer König Boleslaws ein qualvolles Leben zu erwarten habe, befiel sie eine seltsame Unruhe. Ihr ganzer Unwille gegen diese unerwünschte Vermählung stieg erneut in ihrem Herzen auf. König Boleslaws Begehren nach seiner neuen Gemahlin, sie nun auch wirklich besitzen zu dürfen, wuchs von Tag zu Tag. Thyris Seelenzustand wurde dadurch noch verwirrter. Die dänischen Hochzeitsgäste waren noch keine zwei Tage abgereist, als Thyri ihren Ziehvater Özur Agisson inständig bat, ihr die Flucht aus dem Polenreich zu ermöglichen.

Özur versuchte mit vielen wohlmeinenden Worten, Thyri von diesem schändlichen Vorhaben abzubringen. Wohin sie fliehen wolle, fragte er sie. Nach Dänemark? König Sven würde sie sofort wieder nach Polen zurückbringen lassen, und ihre Lage sei schlimmer als je zuvor. Dasselbe würde der Schwedenkönig tun. Auch die Insel der Angelsachsen sei kein sicherer Ort der Zuflucht. König Sven würde sie sicherlich eines Tages dort aufspüren, und dann möge Gott ihrer Seele gnädig sein; Özur war ein Christ. Auch in Rußland zu leben, als Ehegespons eines russischen Gaufürsten, sei hundertmal schrecklicher als hierzubleiben. Und das deutsche Kaiserreich könne ihn nichts Besseres bieten als ein Nonnenkloster. Aber in ein Kloster wollte Thyri auch nicht. Und das letzte Land, Norwegen, war Feindesland. Der Norwegerkönig und Thyris Bruder Sven waren sich spinnefeind wegen des südöstlichen Gebietes von Norwegen, das beide als ihren Herrschaftsteil betrachteten. Und nicht zuletzt auch wegen Sigrid, die Tag und Nacht nur an Rache für den Schlag ins Gesicht denke, den sie von König Olaf Tryggvisson erhielt.

Thyri hatte einen Einfall. Gerade weil der Norwegerkönig Sigrid Storrada und ihren Bruder Sven haßt, würde er sie vielleicht in Ehren aufnehmen, wenn er erführe, daß sie gezwungen worden war, einen Mann zu heiraten, den sie nicht gewollt habe. Damit wäre der Racheplan Sigrids genau ins Gegenteil umgedreht. Das wäre nun ihre, Thyris, Rache.

Özur Agisson gab zu bedenken, daß dies auch nur eine ungewisse Hoffnung sei. Es wäre unberechenbar, wie der König von Norwegen die Schwester des Dänenkönigs bei sich aufnehmen würde.

Doch Thyri war von ihrem Fluchtgedanken nicht mehr abzubringen. Aus Liebe und Achtung zu seiner Ziehtochter Thyri Haraldstochter ließ Özur sie wissen, daß er alles tun werde, was sie befehle. Doch für die Folgen ihres leichtsinnigen Tuns dürfe sie später ihrem Ziehvater keine Vorwürfe machen, wenn sie später im Ausland die schlimmste Schmach erleiden würde. Zuletzt gab Özur ihr noch zu bedenken, daß sie alle ihre Hochzeitsgeschenke, einschließlich der Mitgift, also den unermeßlich wertvollen Erbschatz der Dänenkönige, in Polen zurücklassen müsse. Er befände sich in Gnesen, und man könne ihn unmöglich von dort entwenden, ohne daß ihre Fluchtabsichten erkannt werden würden.

Thyri erschrak zutiefst. Doch auch die Schätze konnten sie nicht zum Bleiben bewegen. Sie nahm den Verlust lieber hin, als diese Zwangsheirat einen Tag länger zu dulden.

Özur machte sich also daran, ihre Flucht vorzubereiten. Er war ein listiger und mutiger Wiking, der solch einer Aufgabe gewachsen war. Özur teilte seinen Gefolgsmännern mit, daß er mit seinem Schiff zur Jomsburg fahren wolle. Nur das Notwendigste für Thyris Bequemlichkeit ließ er auf das Schiff bringen, damit den Polen nichts auffallen würde.

Um Mitternacht, als alle Einwohner Posens und der König schliefen, verließ Thyri mit zwei Begleiterinnen die Königsburg. Alle waren in Magdkleider gehüllt, Thyri zudem noch verschleiert, damit sie nicht erkannt werde. Durch zwei Tore mußten sie hindurch, bevor sie Özurs Schiff erreichten. Das erste Tor, von der Königsburg in die Unterstadt, durften sie ohne weiteres passieren. Die Wächter hielten sie für Mägde, die in der Stadt wohnen. Doch aus der Stadt Posen selber durfte bei Nacht weder jemand hinaus noch hinein aus Gründen der Sicherheit. Hier half nur nackte Gewalt. Özur Agisson wartete mit vierzig Bewaffneten und Pater Mathias auf die drei Frauen. Dann begaben sie sich zum Tor der Stadt. Die Wachen wurden halb im Schlaf überrascht und unschädlich gemacht. Das ging nicht ohne Tote auf beiden Seiten ab. Die Dänen hoben die Querbalken aus den Halterungen und zertrümmerten mit ihnen das schwere Eisenschloß. Der Schlüssel dazu lag im Königspalast in Verwahrung. Mit noch dreißig Begleitern, den drei Frauen und dem Pater in der schützenden Mitte, erreichte Özur sein Schiff am Flußufer. Das Langschiff stieß von der Insel ab, auf der die Stadt Posen stand.

König Boleslaw wurde eilends verständigt. Mit Bestürzung erfuhr er von der Flucht der dänischen Prinzessin. Zwei Langschiffe der Jomswikinger, die zufällig in Posen weilten, schickte der König dem Schiff Özur Agissons nach. Sie sollten die Königin des Polenreiches zurückbringen, um König Boleslaws Ehre zu retten. Doch die Jomswikinger vermochten Özurs Schiff nicht mehr einzuholen.

Ein geprellter und zutiefst verletzter König blieb in Posen zurück.

Özur Agisson fuhr auf dem kürzesten Weg bei Tag und Nacht von der Odermündung bis zur Stadt Sotenäset. Bei den Verwandten König Olaf Trygvissons, die die Herrschaft über Ranrike in Händen hielten, wurde Thyri Haraldstochter freundlich aufgenommen. Alle hatten Mitleid mit der flüchtenden Prinzessin und fanden an ihrem Betragen nichts Unehrenhaftes. Sie wußte die ihr aufgezwungene Heirat so zu schildern, daß sie dabei im besten Lichte stand. Jedoch entsprach dies nicht der vollen Wahrheit. Sie stimmte schließlich der Hochzeit mit dem Polenkönig unter den Verlockungen der reichen Mitgift freiwillig zu. Und dann betrog sie König Boleslaw schmählich. Thyri stellte aber alles so dar, als wenn sie gar nicht um ihre Meinung gefragt, sondern unter Zwang König Boleslaw angetraut worden sei.

Thyri erfuhr in Sotenäset, daß sich der Norwegerkönig Olaf Tryggvisson in seiner neugegründeten Handelsstadt Nidaros aufhalte. Sie machte sich mit ihrem Beschützer Özur Agisson sofort über Land auf den Weg ins Tröndelag. Sie nahm lieber die Beschwernisse einer Reise über das Gebirge in Kauf, als von dänischen Wikingern auf See gefaßt und nach Dänemark zurückgebracht zu werden. Inzwischen hatte wohl auch König Sven von ihrer Flucht erfahren.

Von Sotenäset brachte ein Händler in wenigen Tagen die Nachricht nach Roskilde, daß die Polenkönigin Thyri nach Norwegen geflohen sei, um bei dem Todfeind des dänischen Herrscherpaares Schutz zu suchen. Die Liebe zwischen Sven und Sigrid erbebte in ihren Grundfesten, als König und Königin sich wechselseitig die Schuld zu dieser Schmach ohnegleichen zuschoben. Nun war gerade das Gegenteil von dem erreicht, was sie bezwecken wollten.

Dies war gewiß das dramatischste gesellschaftliche Ereignis des Jahres 999 n. Chr. In allen Städten und Dörfern rund um die Ostsee erzählte man sich von dieser kurzen Ehe zwischen Prinzessin Thyri und König Boleslaw. Der König von Polen, der an der Flucht seiner Gemahlin nicht die geringste Schuld trug, mußte deswegen auch noch den größten Spott erdulden.

Thyri am Hofe König Olafs

Als Thyri Haraldstochter im Herbst des Jahres 999 bei der Königsstadt Nidaros ankam, war König Olaf Tryggvisson erst wenige Tage vorher von seiner Fahrt nach Helgeland zurückgekehrt. Unverzüglich suchte die dänische Prinzessin den Herrscher des Landes auf. Thyri sank vor König Olafs Thronsitz auf die Knie.

„Eine Flüchtende und Heimatlose bittet den König von Norwegen um Schutz vor Verfolgung und Tyrannei! Im Namen des Herre Christ, erbarme dich einer Gedemütigten, König Olaf!" rief Thyri in Tränen aus. Auch ihre Begleiter sanken auf die Knie.

„Jeder, ob gering oder edel geboren, der ohne Schuld Unrecht erleidet, soll in meiner Königshalle ehrenvolle Aufnahme finden. Nenne mir deinen Namen und deine Sippe, Fremde", forderte König Olaf die junge Frau auf.

„Ich bin Thyri Haraldstochter, die unglückliche Schwester des Dänenkönigs Sven. Ich bin auf der Flucht vor der Willkür und Gewalt meines unseligen Bruders!"

Erstauntes Gemurmel war in der Königshalle zu vernehmen. Die Schwester des ärgsten Feindes von König Olaf suchte ausgerechnet in Norwegen Schutz und Beistand.

König Olaf war sichtlich überrascht. „Erhebe dich, Prinzessin", sprach Olaf freundlich. Er bot ihr einen Platz ihm gegenüber an der Königstafel an. Dann bat er sie, zu berichten, wie es zu ihrer Flucht gekommen war.

Prinzessin Thyri erzählte König Olaf ihr ganzes Geschick, so weit es sich für die Ohren des anwesenden Volkes geziemte. Sie vergaß auch nicht zu erwähnen, daß die aufgezwungene Heirat von König Olafs ärgster Feindin gewollt war, um den Polenkönig auf die Seite von König Olafs Feinden zu ziehen. König Sven, und mehr noch Königin Sigrid, sännen Tag und Nacht nur auf König Olafs Verderben.

Olaf saß längere Zeit staunend in Gedanken versunken.

Dieser ganze Heiratsplan schien vom Teufel selbst erdacht zu sein. Nur durch den Mut der dänischen Prinzessin war diese teuflische List mißglückt.

Thyri Haraldstochter und ihre Begleiter wurden freundlich gebeten, sich an der gedeckten Tafel zu sättigen. Anschließend überließ König Olaf die Prinzessin seiner Mutter, um für ihr leibliches Wohl zu sorgen.

König Olaf Tryggvisson war voller Begierde, die Begebenheiten im Polenreich möglichst ausführlich zu erfahren. Er bat darum noch am gleichen Abend Thyri mit ihren beiden engsten Vertrauten, Özur Agisson und Pater Mathias, in sein Privatgemach. Thyri Haraldstochter mußte ihm alles, von der Ankunft in Posen bis zu ihrer Flucht, möglichst bis in jede Kleinigkeit hinein erzählen. Olaf erkundigte sich über das Aussehen und über die Gesundheit seines früheren Schwagers Boleslaw und seiner Schwägerin Astrid, die den Jomsburgjarl geehelicht hatte. Prinzessin Thyri erzählte bereitwillig alles, was sie gesehen und gehört hatte. Sie nahm sogar König Boleslaw in Schutz, der ihrer Meinung nach zu bedauern sei, da er die Schmach ihrer Flucht tragen müsse. Doch sie hätte trotz der Liebenswürdigkeit Boleslaws nicht überwinden und vergessen können, daß ihr diese Heirat aufgezwungen wurde. Und nur aus diesem Grund sei sie geflohen.

Prinzessin Thyri war redegewandt. Nach ihrer Schilderung der Dinge konnte man ihr kein unehrenhaftes Benehmen nachsagen, denn eine aufgezwungene Ehe ist nach der christlichen Lehre ungültig. König Olaf gefiel sehr, daß Thyri sichtlich eine überzeugte Christin war. Ihren Mut und ihren Freiheitswillen bewunderte er noch mehr, den sie durch die Flucht bewiesen hatte. König Olaf versprach der dänischen Prinzessin, daß er brüderlich um ihr künftiges Glück sorgen wolle, um so mehr, da ihr leiblicher Bruder so schändlich an ihr gehandelt habe.

König und Prinzessin unterhielten sich noch oft im engsten Kreise oder sogar unter vier Augen. Olaf fand sichtlich Gefallen an der jungen dänischen Prinzessin. Thyri war geistig aufgeschlossen, und ihr ganzes Äußeres war einnehmend und vornehm zu nennen. Ihre Art, sich zu benehmen, legte Zeugnis ab, daß sie königlicher Abkunft war und dementsprechend auch eine königliche Erziehung genoß. Nicht zuletzt dies ließ sie für König Olaf als zukünftige Gemahlin interessant werden.

Eines Tages im Herbst veranstaltete der König eine große Jagd. Thyri ritt meist gemeinsam mit Olaf an der Spitze der Jagdgesellschaft, denn sie war eine leidenschaftliche und gute Reiterin. Prinzessin Thyri war fröhlich und unbeschwerten Herzens, wie schon lange nicht mehr. Als die beiden einmal in einem dichten Gehölz den Augen ihres Gefolges entschwanden, ergriff König Olaf plötzlich den Zügel von Thyris Schimmel und galoppierte mit ihr davon. Olaf täuschte das Gefolge derart, daß es weit hinter ihnen zurückblieb und König und Prinzessin schließlich in einer ganz falschen Richtung suchten. Prinzessin Thyri gefiel anfangs dieser Scherz, doch als es bald auch noch zu dunkeln begann, wandelte sich ihr Übermut in Besorgnis. König Olaf schien die genaue Ortskunde verloren zu haben, jedenfalls sagte er so. Bevor die Nacht gänzlich hereinbrach, erreichten sie eine einsame Berghütte.

„Ich fürchte, wir müssen die Nacht in der Hütte verbringen", sprach Olaf mit gespielter Unschuldsmiene. „In der Dunkelheit verirren wir uns nur noch mehr."

Prinzessin Thyri sah Olaf forschend in die Augen. „Ich habe den Verdacht, daß du mit Absicht den rechten Weg verfehlt hast. Vielleicht denkt der König von Norwegen, ich sei eine leichte Beute für ihn, deren Ehre zu rauben ihm keine Gefahr brächte. Ich bin enttäuscht über dich, Olaf Tryggvisson."

Olaf lachte herzlich auf. „Du gefällst mir sehr, Thyri Haraldstochter. Ich schwöre dir bei dem Herre Christ, daß ich nur ehrliche Gefühle für dich hege. Richten wir uns in der Hütte bequem ein."

Thyri blieb nichts anderes übrig, als sich in das Unvermeidbare zu fügen.

Siehe da, es war alles in der Hütte vorhanden, was sie zu ihrer Behaglichkeit benötigten. Decken gegen die Kälte der Nacht, Lebensmittel und sogar ein Krug mit Wein.

König Olaf entfachte eigenhändig ein Feuer, und Thyri bereitete das Abendessen zu. Olaf trank reichlich Wein an diesem Abend, und er schenkte auch Thyri ein Glas ein, doch sie nippte nur. Nach dem Essen umarmte Olaf die dänische Prinzessin zärtlich, obwohl sie sich anfangs dagegen sträubte. „Ich liebe dich, Thyri. – Ich bitte dich, meine Gemahlin und Königin von Norwegen zu werden."

„Wenn du diese Bitte in deiner Königshalle an mich gerichtet hättest, hätte ich sie einer Antwort für wert gefunden. Aber hier in der Wildnis und ohne Zeugen? Nein, dazu schweige ich", entgegnete Thyri abweisend.

„In der Königshalle kann ich nicht so frei reden wie hier. – Willst du meine Frau werden, Thyri?" fragte Olaf erneut.

„Das kommt darauf an, was in dieser Nacht geschieht", antwortete Thyri. „Wo schlafe ich?" fragte sie, denn es befand sich nur eine Schlafgelegenheit in der Hütte.

„Dort", zeigte Olaf auf das Lager.

„Und wo schläfst du?" fragte Thyri.

„Auch dort", meinte Olaf wie selbstverständlich.

„Dann bleibe ich lieber hier am Feuer sitzen", entgegnete Thyri. Vor Angst befiel sie ein leichtes Zittern.

„Wenn wir morgen sowieso dem Gefolge unsere baldige Vermählung bekanntgeben, können wir doch gemeinsam in dem weichen Bett schlafen", meinte Olaf lächelnd.

„Denkst du, ich sei so töricht, daß ich den bloßen Versprechungen eines Mannes glaube", wagte Thyri, dem König offen ins Gesicht zu sagen.

Olaf lächelte, denn es gefiel ihm an Thyri nicht zuletzt ihre Offenheit und Ehrlichkeit. „Ich schwöre bei dem Herre Christ, daß ich dich heiraten werde."

„Ich glaube, ich bin sogar fest davon überzeugt, daß du diesen Schwur niemals brechen würdest. – Doch ich möchte dich nicht in Gewissensnot bringen. Vielleicht könntest du morgen deinen Schwur bereuen?"

„Beruhige dich, meine geliebte Thyri. Ich liebe dich, Thyri, und ich nehme dich zu meiner rechtmäßigen Gemahlin, das schwöre ich bei meinem Seelenheil." Olaf küßte Thyri zärtlich über das ganze Gesicht.

„Ich glaube dir, mein geliebter Olaf. Ich vertraue dir ganz", sprach Thyri.

König Olaf hob Thyri von der Sitzbank auf und trug sie zum Lager.

König Olaf fiel anderntags der richtige Weg wieder ein, und gegen Mittag trafen sie auf ihr Gefolge. Die finsteren Mienen der Dänen erhellten sich sogleich, als König Olaf allen bekanntgab, daß er die Prinzessin zur Gemahlin nehmen würde.

In diesem Winter, fünf Sommer waren vergangen, seitdem Olaf Tryggvisson von den Tröndnern zum König gewählt wurde, stand er auf dem Höhepunkt seiner Macht, ja seines Lebens. Sein Reich erstreckte sich von der Götaelf bis zu den Lofoten. Kein noch so mächtiger Jarl in Norwegen wagte es, gegen den Glauben an den Herre Christ aufzutreten. König Olaf hielt fest die Herrschaft in Händen.

Mit seiner Gemahlin Thyri Haraldstochter besaß Olaf Tryggvisson auch das vollkommenste Menschenglück, das einem Sterblichen auf dieser Welt vergönnt ist. Es gab wohl nichts mehr, was sein Herz begehrt hätte und was ihm nicht erfüllt worden wäre.

Eines Tages im Winter fuhren die Königin und der König mit dem Schlitten durch die schneebedeckten Täler des Tröndelags. Der Himmel war tiefblau, und die Sonnenstrahlen wurden von den Eiskristallen tausendfach zurückgeworfen. Durch den tief eingeschnittenen Fjord sahen sie bis zum eisigen Nordmeer, das still und friedlich zu ihren Füßen lag. Welch ein Dichter könnte den Seelenzustand der beiden beschreiben, als sie dieses herrliche Naturschauspiel betrachteten.

König Olaf schien es, als wenn er die Unendlichkeit, die Ewigkeit, ja sogar die wundersame Nähe Gottes mit Händen fassen könne. Es war das stolze Gefühl eines Mannes, der sein größtes Lebensziel erreicht hatte. Viele Geschlechter würden noch kommen und gehen, bis alles Schlechte und Schändliche aus den Seelen der Menschen ausgetilgt sein würde, dessen war sich König Olaf bewußt. Aber er hatte einen großen Schritt nach vorne, zum Guten und zum Wohle seines Volkes getan. Deswegen verhalf ihm der Herre Christ zur Königsherrschaft, ohne seine Hilfe hätte er niemals die Königskrone erhalten. Keinen Augenblick zweifelte Olaf Tryggvisson daran, wem er dies danken mußte: dem Herre Christ.

Welch ein Ende würde es wohl eines Tages mit seiner Königsherrschaft nehmen? Wieviele Sommer und Winter hatte Gott ihm wohl als Lebensfrist gesetzt? Jetzt zählte er dreißig Sommer und Winter. Nach menschlichem Ermessen konnte er noch gut und gern zwanzig Sommer und Winter leben und die Königsherrschaft über Norwegen in Händen halten. Vielleicht war ihm vergönnt, mit seiner Gemahlin Thyri ein mächtiges Geschlecht zu zeugen? Jedenfalls würde er seine Königsherrschaft vor den Eroberungsversuchen eines Sven Gabelbart siegreich behaupten können, dazu fühlte sich König Olaf stark genug.

„An was denkst du, mein geliebter Gemahl?" fragte Königin Thyri.

„Verzeih, ich war in tiefe Gedanken versunken", sprach König Olaf lächelnd. „Ich erkannte in diesem Augenblick, daß ich den Gipfel meines Glückes und meiner Königsmacht erreicht habe. Mehr als das habe ich mir jedenfalls nie gewünscht. Das größte Glück fand ich nicht zuletzt durch dich, meine geliebte Thyri."

„Auch ich bin unendlich glücklich. Ich habe nie geahnt, daß es solch ein Glück zwischen Mann und Frau auf dieser Welt geben kann. Das verdanke ich dir, mein geliebter Olaf", sprach Thyri mit aufrichtiger Liebe. – „In diesem Augenblick erkenne ich erst, welch ein eitler Wicht mein

Bruder Sven ist. Er suhlt sich in irdischen Genüssen wie ein Schwein im Schlamm, um, wie er wähnt, den Becher des Lebens voll auszukosten. Keine Herrschaft kann groß genug für seinen Machthunger sein, ein Weib allein kann nicht genug für seine Sinneslust sein, keine Kriegsbeute groß genug für seine Goldgier. Und dennoch scheint er mir ärmer zu sein als der ärmste Bauer, der mit Weib und Kindern auf einer kleinen Scholle lebt – aber zufrieden ist mit dem, was er besitzt. König Sven ist jedenfalls mit nichts zufrieden", seufzte Thyri.

„Ja, der Teufel hält ihn fest in seinen Krallen", nickte König Olaf mit sorgenvoller Miene.

Höhepunkt von Olafs Königsherrschaft

Die Bewohner von Island waren fast ausschließlich von Norwegen auf die Insel im Nordmeer ausgewandert. Bäume wuchsen nicht auf Island, und auch die Getreideernte war unzureichend, so daß die Isländer diese lebenswichtigen Güter wie Holz und Getreide und auch jeden kleinsten Luxusartikel von Norwegen auf die Insel schaffen mußten. Die Könige von Norwegen erhoben auf diese ausgeführten Waren Zölle, denn in ihrer nie zu befriedigenden Gier nach Einnahmen erfanden sie immer neue Arten von Steuern und Abgaben.

König Olaf hatte im Jahre 997 einen Priester namens Thangbrand nach Island gesandt, der dort den Glauben an Christus verkünden sollte. Doch Thangbrand, von Geburt ein Deutscher, war von herrischer Natur und denkbar der ungeeignetste Mann für diese Aufgabe. Er beging drei Totschläge auf Island, sicherlich aus ehrlicher Notwehr, doch er mußte deshalb von der Insel fliehen.

Im Herbst des Jahres 999 kamen zufällig Isländer nach Nidaros, deren Familienoberhäupter in Island großen Einfluß besaßen. König Olaf ließ sie vor seinen Thron rufen und stellte sie vor die Wahl: entweder müßte der Glaube an den Herre Christ in Island als Gesetz eingeführt werden, oder aber er würde alle Ausfuhren an Holz und Getreide auf die Insel unterbinden. Dies war eine harte Maßnahme, aber sie hatte den von König Olaf gewünschten Erfolg. Alle Isländer in Nidaros nahmen sofort die Taufe an, und König Olaf ließ sich vier der Angesehensten unter ihnen als Geiseln stellen, damit die anderen ihren Schwur halten würden. Der Norwegerkönig gab ihnen bei der Rückfahrt einen Priester und mehrere Hilfsprediger mit. Tatsächlich wurde im Sommer des Jahres 1000 auf dem isländischen Allthing der neue Glaube zum Gesetz erhoben.

In diesem Herbst kam auch Leif, der Sohn des Grönlandentdeckers Erik der Rote, nach Nidaros. Auch er nahm auf

Zureden König Olafs die Taufe an. Er weilte den Winter über in der Gästehalle des Norwegerkönigs und unterhielt die Gefolgschaft und die königliche Familie aufs Beste mit seinen Berichten über die neuentdeckten Ländereien.[5] Im Frühjahr rüstete Leif sein Schiff zur Rückfahrt nach Grönland. König Olaf gab ihm ebenfalls einen Priester für die grönländische Kolonie mit. Unterwegs rettete Leif Eriksson Schiffbrüchige vor dem sicheren Tode. Bei dieser Fahrt wurde er durch ein Unwetter weit vom beabsichtigten Kurs abgetrieben und erreichte das sagenumwobene Weinland,[6] bevor er schließlich nach Grönland zum Hofe seines Vaters kam. Leifs Vater Erik, der ein überzeugter Odinsanhänger war, machte beim Anblick des „Heuchlers" ein verdrießliches Gesicht. Andererseits freute er sich sehr über die geretteten Schiffbrüchigen, denn sie bedeuteten willkommenen Zuzug und frisches Blut für die noch kleine Kolonie auf Grönland. Erik der Rote meinte schließlich, daß Leifs beide Taten sich aufwögen. Erik blieb ein Heide, doch Leifs Mutter ließ sich taufen.

König Olaf und Königin Thyri verlebten einen glücklichen Winter im Tröndelag. Thyris Glück wäre vollkommen gewesen, hätte sie den Erbschatz mit nach Norwegen nehmen können. Als sie von Olaf erfuhr, daß eine große Freundschaft zwischen ihm und König Boleslaw bestehe, lag sie ihrem Gatten oft während des Winter in den Ohren, er möge ihr die Schätze wiederbeschaffen. Olaf vertröstete Thyri auf eine spätere Gelegenheit, denn eine Fahrt nach Polen schien ihm in der jetzigen Lage verfrüht. Seine Herrschaft in Norwegen war keineswegs gefestigt, wenn auch kein noch so mächtiger Jarl im Lande es wagte, sich gegen ihn zu erheben. Doch Thyri fürchtete, König Boleslaw könnte infolge eines Krieges gezwungen sein, die herrlichen Gold- und Silbergefäße einzuschmelzen und daraus Münzen schlagen zu lassen, oder nach Ablauf einer gewissen Frist könnte er den Schatz der Dänenprinzessin als sein Eigentum ansehen. Thyri bedrängte Olaf immer stärker, ihr den unersetzlichen Erbschatz doch gleich im kommenden Sommer wiederzubeschaffen. Doch König Olaf wußte zu genau, wie gefährlich es für seine Herrschaft in Norwegen wäre, wenn er eine längere Auslandsfahrt unternehmen würde. Auch alle seine Ratgeber rieten ganz entschieden von diesem schier unberechenbaren Abenteuer ab. Zu viele Feinde besaß König Olaf im In- und Ausland wegen seines Bekehrungseifers.

Aber Thyri schien blind zu sein, geblendet von dem Gold und Silber, das sie in Polen zurücklassen mußte. Die Pracht des norwegischen Königshofes war ihr im Vergleich zum dänischen oder polnischen Hof zu gering, ja ärmlich. Die stolze dänische Prinzessin glaubte sogar, der eigentliche Grund, warum König Olaf nicht nach Polen fahren mochte, wäre die Furcht der Norweger vor dem Dänenkönig Sven, ihrem Bruder. Während eines Gelages, als viele Gefolgsmänner in der Halle versammelt saßen, rief sie diese ihre Meinung laut in den Saal. König Olaf blieb nichts übrig, wenn er sein Ansehen nicht verlieren wollte, als den Entschluß kundzutun, daß er im Sommer nach Polen segeln würde.

Dies bedeutete eine ernsthafte Verstimmung zwischen den beiden Eheleuten. Thyri bereute zwar schon bald ihre voreiligen und unüberlegten Worte, doch konnte sie damit das Geschehene nicht mehr rückgängig machen. König Olaf durfte nicht mehr von seinen Worten zurücktreten.

Thorkel Nefja, des Königs Bruder, wollte unbedingt mitfahren, doch Olaf und die Königsmutter Astrid hatten insgeheim abgesprochen, daß Thorkel Nefja diesmal noch zu Hause bleiben solle. Er war kaum achtzehn Jahre alt. Olaf wußte von der Gefährlichkeit der Reise und wollte seinen Bruder nicht der gleichen Gefahr aussetzen. Astrid sollte nicht zwei Söhne gleichzeitig verlieren, wenn es zu einer Schlacht mit den Dänen und Schweden käme. Doch Thorkel Nefja war von seinem Vorsatz nicht abzubringen. Wenige Abende vor der Abfahrt der norwegischen Flotte bat Thorkel seinen Bruder noch einmal unter vier Augen inständig, ihn doch mitzunehmen. „Die jungen Männer werden mich verspotten, wenn ich zurückbleibe! Sie werden sagen, da seht das Muttersöhnchen! Vor dieser weiten Fahrt fürchtet er sich! Aber ich will nicht zum Gespött der Frauen und Kinder werden!"

„Keiner wird dir das nachsagen, Thorkel", beruhigte Olaf seinen jüngeren Bruder. „Ich habe dich nicht ausgewählt, weil du hier im Tröndelag die Herrschaft und den Schutz übernehmen sollst. Während ich mit einem Großteil des Heeres nach Posen fahre, könnte der Dänenkönig glauben, in unserem Reich ohne Gefahr heeren zu können. In diesem Falle hättest du genügend Gelegenheit, deinen Mut und deine Tapferkeit zu beweisen. Und Heldenruhm gäbe es auch genug zu erringen."

„Ich glaube dir nicht! Du willst mich absichtlich zurücklassen, damit mir nur ja kein Haar gekrümmt wird von einem bösen Dänen oder Schweden!" ereiferte sich Thorkel.

„Das ist ganz gewiß nicht meine Absicht! – Übrigens möchte ich dir noch sagen, daß eine Schlacht keineswegs etwas Schönes ist. Wenn du den ersten Feind getötet hast, wirst du voller Entsetzen vor dieser Tat stehen. Bei dem Gedanken, daß der Tote ein Familienvater war, auf den zu Hause eine Frau und eine Handvoll Kinder warten, deren Ernährer er war, kommen dir die Tränen, das sage ich dir!" sprach König Olaf.

Thorkel Nefja schwieg eine Weile betroffen. – „Wenn er Familienvater war, dann hätte er zu Hause bleiben sollen. Andernfalls mußte er in Kauf nehmen, daß er den Schwerttod finden konnte."

„Du mußt das gleiche in Kauf nehmen, wenn du mitfährst", gab ihm Olaf zu bedenken.

„Ich fürchte mich nicht vor dem Tod! Wenn ein Christ im Kampf gegen die Heiden fällt, dann ist ihm das Reich des Herre Christ sicher, hast du selber und der Bischof gesagt!" entgegnete Thorkel Nefja. Damit war Olaf mit seinen eigenen Waffen geschlagen.

„Trotzdem sehe ich es lieber, wenn du noch einige Sommer und Winter am Leben bleibst. Bedenke doch, daß es unserer Mutter das Herz brechen würde, wenn uns beiden gleichzeitig ein Leid widerfahren sollte!" ermahnte Olaf seinen Bruder.

„Mutter steht also hinter deinem Verbot! Das habe ich doch geahnt! Aber Mutter versteht nicht, daß ich in den Augen aller Männer als Feigling dastehe, wenn ich zurückbleibe!"

„Das wirst du nicht! Ich verspreche es dir", beruhigte Olaf ihn. „Ich lasse jedem, der dies behauptet, die Zunge abschneiden."

„Kannst du mich denn nicht verstehen? Du warst doch auch einmal jung und hast dich auf den ersten Wikingzug gefreut!" entgegnete Thorkel Nefja.

„Natürlich kann ich dich verstehen, Thorkel. Es freut mich, daß du so großen Mut zeigst. Ich bin sehr stolz auf dich! – Ich schlage vor, du fährst mit Thorir Klakka nach London zu König Ethelred! Du wirst staunen über die großen Städte, die es in England gibt. Der Glanz des angelsächsischen Königshofes ist hundertmal prächtiger als meiner. Bei dieser Fahrt ist auch viel Ruhm und Ehre zu gewinnen. Und sie ist nicht ungefährlich", versuchte Olaf, seinem Bruder diese Reise schmackhaft zu machen.

„Weshalb soll ich an den Königshof der Angelsachsen fahren, wenn ich mit dir den Königshof des Polenreiches kennenlernen kann? Ich begleite hundertmal lieber dich als Thorir Klakka!"

Königin Thyri trat unbemerkt in das Gemach.

„Ich habe dir gesagt, daß du diesmal nicht mitfährst! Und zwar unserer Mutter zuliebe! Meine Entscheidung steht fest!" entgegnete Olaf streng, dem die Geduld ausging.

„Wenn du mich nicht mitnimmst, werde ich etwas tun, was du sehr bedauern wirst!" drohte Thorkel trotzig.

Olaf sah seinem jüngeren Bruder forschend ins Gesicht. – „Thorkel, ich verzeihe dir diese bösen Worte, weil ich deine Erregung gut verstehen kann. Ich erwarte, daß du dich vor meiner Abreise bei mir entschuldigst. Jetzt entferne dich."

Thorkel Nefja eilte mit schamgerötetem Kopf aus dem Privatgemach des Königs. Thyri näherte sich ihrem Gemahl und setzte sich zu seinen Füßen auf ein Bärenfell.

„Thorkel möchte unbedingt mit seinem älteren Bruder auf Wiking fahren, nicht wahr?" lächelte Thyri.

„Ja, es schmerzt mich auch, daß ich ihn zurücklasse, aber er ist noch zu jung, um ..." Olaf sprach nicht weiter.

„... um zu sterben?" fragte Thyri erschrocken.

„Um sich dieser Gefahr auszusetzen. Er hat noch nie an einer Schlacht teilgenommen, noch nie einen Menschen getötet."

Thyri legte ihren Kopf auf die Knie ihres Gemahls. „Du liebst deinen Bruder sehr, ich weiß es. Ich möchte dir sagen, daß ich dich noch viel, viel mehr liebe, Olaf. Wenn ich es richtig bedenke, wie gefährlich diese Auslandsfahrt ist, möchte ich mich selber verfluchen, weil ich dich dazu angetrieben habe. Es war nur meine Goldgier, meine Habsucht! Aber kein Berg voller Gold könnte mir meinen Gemahl ersetzen, das Glück, das ich bei dir gefunden habe, Olaf. – Fahr nicht nach Posen. Ich bitte dich, bleib bei mir!" sprach Thyri flehentlich. Ihre Einsicht kam spät.

„Ich kann jetzt nicht mehr von meinem Vorhaben zurück! Was würden meine Krieger von mir denken?" schüttelte Olaf verneinend den Kopf.

„Du bist der König! Du kannst alles! Fahr mit deiner Flotte nach Helgeland oder unternimm die Permlandfahrt[7], die du seit langem auszuführen gedenkst. Teile dem Heer mit, du hättest deine Absichten geändert! Kein vernünftiger Mann würde dir dies verübeln! Alle haben dir von der Fahrt zu König Boleslaw abgeraten! Und mit Recht! Heute sehe ich es ein! König Sven und Sigrid Storrada sinnen Tag und Nacht nur auf blutige Rache, nur auf dein Verderben!" schluchzte Thyri laut auf.

„Ich habe Krieger und Schiffe genug, um Dänen und

Schweden zusammen die Stirn zu bieten!" entgegnete König Olaf stolz.

„Jetzt sprichst du so unvernünftig wie dein achtzehnjähriger Bruder! Versprich mir, schwöre mir, daß du dich auf keine Schlacht mit König Sven einläßt! Bringe nur den Erbschatz nach Hause, dies allein schon wird dem Dänenkönig zur größten Schande gereichen! Bitte schwöre es mir", flehte Thyri ihren Gemahl inständig an.

„Also gut, ich will nicht unvernünftiger sein als ein Achtzehnjähriger. Du hast sicherlich recht, meine geliebte Thyri. Vor der dänischen Küste oder an der Küste des Polenlandes verteidige ich mein Reich nicht. Ich werde einem Kampf ausweichen, wenn es geht, ohne dabei meine Ehre zu verlieren."

Am nächsten Tag, als die königliche Familie beim Frühstück saß, kam der Tierwärter von König Olafs Greifvogelgehege atemlos in die Gästehalle gerannt. „Mein König!" rief der Wärter bereits von weitem. „Etwas Furchtbares geschah! Eine schändliche Tat! Die herrlichen Adler und Bussarde! Sie liegen alle mit abgeschlagenen Köpfen im Gehege!"

„Wie konnte das geschehen?" fragte König Olaf den Tierwärter streng. „Deine Unterkunft befindet sich doch neben dem Gehege!"

„Ich bin unschuldig, edelmütiger König", wimmerte der Mann und sank auf die Knie. „Ich schwöre es bei dem Herre Christ!"

„Willst du mir etwa erzählen, daß du nichts gehört hättest?" fragte der König mißtrauisch.

„Ich schlief gestern abend ausnahmsweise nicht in meinem Bett, sondern in einem Gasthaus in der Unterstadt", sprach der Wärter zutiefst beschämt über seine Untreue. „Eben erst kam ich zurück und entdeckte die Meintat." Tränen der Reue flossen dem Mann über die Wangen.

„Woher hattest du das Geld, um dich betrinken zu können?" fragte der König streng.

Der Wächter zögerte mit der Antwort. Ein böser Verdacht schien ihm gekommen zu sein.

„Ich gab es ihm", ließ sich Thorkel Nefja vernehmen. „Der Wärter ist unschuldig. Ich habe deine Raubvögel getötet."

Alle Anwesenden stießen laute Rufe des Erstaunens aus.

„Also doch", seufzte König Olaf traurig. Thorkel Nefja hatte seine gestrige Drohung in die Tat umgesetzt.

„Wenn du mich nicht mitnimmst, werde ich eine Tat verüben, die dich noch mehr schmerzen wird!" drohte Thorkel trotzig.

„Thorkel!" rief die Königsmutter Astrid erschrocken aus. „Komm zur Besinnung! Entschuldige dich sofort bei deinem Bruder, dem König, für diese Meintat!"

„Es tut mir ja leid um die herrlichen Raubvögel! Aber kann mich denn keiner von euch verstehen? Ich bin erwachsen und will mit auf Wiking fahren! Ich bin keine Memme, die lieber hinter dem Rockzipfel ihrer Mutter herläuft als mit Männer auf Wiking zu fahren!" rief Thorkel laut in den Saal.

Königin Astrid seufzte hörbar. Schließlich wandte sie sich an den König, ihren Sohn. „Ich fürchte, wir können und dürfen Thorkel nicht zurückhalten, wenn ihm diese Fahrt so sehr am Herzen liegt."

König Olaf nickte zustimmend. „Meinetwegen darf er mitfahren."

„Danke, Olaf!" rief Thorkel hocherfreut aus. „Es tut mir sehr leid wegen der Raubvögel! Ich verspreche dir, ich werde dir neue Jungtiere besorgen!"

Zu Gast bei König Boleslaw

Bei günstigem Wind stach König Olafs Flotte von über sechzig Drachenschiffen in See, Kurs Süden. An den Küsten von Seeland trieben die Norweger Strandraub, um den Dänen zu zeigen, daß sie sich keineswegs vor ihnen fürchteten. König Olaf wußte sehr wohl, daß diese Kühnheit den Dänenkönig Sven Gabelbart erst recht zur Rache aufstacheln würde, doch er durfte seinen Kriegern diese Genugtuung nicht verwehren. Jedoch erinnerte König Olaf sie bald an das eigentliche Ziel ihrer Wikingfahrt, und sie stachen früh am Morgen erneut in See.

Am Nachmittag sah die norwegische Flotte die Küste des Obotridenlandes. Sie nahmen Kurs nach Osten und erreichten am dritten Tag die Insel Wollin. In der Jomsburg fanden König Olaf und seine Jarle herzliche Gastfreundschaft, das übrige norwegische Heer lagerte in Zelten vor der Burg. Jarl Sigwaldi und besonders Prinzessin Astrid, König Boleslaws Schwester, bereitete ihrem früheren Gesippen einen ehrenvollen Empfang in der Stadt Jumne. Olaf und Astrid schwelgten eine halbe Nacht in den schönsten Erinnerungen an die Zeit, die Olaf mit Geira zusammen verlebte. Es gab viele Neuigkeiten zu erzählen. Astrid zeigte ihrem Schwager voller Stolz ihre beiden Kinder. König Olaf kam auch auf die peinliche Angelegenheit zwischen seiner Frau Thyri und König Boleslaw zu sprechen. Er erkundigte sich bei Astrid, wie sein früherer Schwager die Kunde von der Heirat zwischen Thyri und ihm aufgenommen hätte. Prinzessin Astrid konnte Olaf völlig beruhigen. Boleslaw trage keinen Groll mehr gegen Thyri im Herzen. Als er den wahren Grund von ihrer Flucht erfuhr, nämlich Thyris Furcht vor Rache, konnte er der dänischen Prinzessin sogar verzeihen. Die Schande wegen dieser mißglückten und Thyri aufgezwungenen Heirat wäre ganz auf König Sven Gabelbart gefallen, der seiner leiblichen Schwester so arg mitgespielt habe. Die Liebe, die Boleslaw zu seinem früheren Schwager im Herzen trage, könne nichts auf der Welt mindern oder gar auslöschen. König Olaf war sehr glücklich über diese Mitteilungen Astrids.

König Olaf ließ die Hauptmacht seiner Flotte bei der Jomsburg zurück, in deren geschütztem Hafen die Langschiffe sicher vor Anker liegen konnten. Mit zehn Schiffen fuhr König Olaf die Oder und später die Wartha aufwärts nach Posen. Jarl Sigwaldi und Astrid begleiteten ihn auf dem Königsschiff, dem Langen Drachen. Jarl Sigwaldi staunte sehr über dieses große und prächtige Schiff, innerlich beneidete er König Olaf nicht wenig um diesen herrlichen Besitz.

In Posen erwartete König Boleslaw bereits seinen früheren Herzensfreund und Schwager Olaf Tryggvisson, dessen baldige Ankunft ihm durch einen Schnellruderer gemeldet worden war. König Boleslaw und König Olaf lagen sich lange gerührt in den Armen, sogar einiger Freudentränen schämten sie sich nicht. Gemeinsam besuchten sie Geiras Grab. Hier reichten sie sich erneut die Hand zum Freundschaftsbund, wie Geira es während ihrer gemeinsamen Fahrt zur Jomsburg gewünscht hatte. Der Verlust Geiras, ihrer großen Menschenliebe und ihres edlen Wesens, wurde ihnen in diesem Augenblick wieder in aller Deutlichkeit bewußt. Olaf hörte mit stiller Freude, daß Geiras Grab zu einem Wallfahrtsort für die Christen im weiten Umkreis von Posen geworden war.

Von der Insel auf der Wartha reisten die beiden Könige nach Gnesen. Hier beteten sie am Grabe König Mieszkos, der in der Kirche neben Boleslaws Mutter Dobrawa beigesetzt worden war. Nicht weit von dem Herrscherpaar entfernt lag der Pruzzenmissionar Adalbert begraben. Wenige Monate zuvor, an Ostern, besuchte sogar der Deutsche Kaiser Otto III. das Grab Adalberts, um ihn zum Fürsprecher seiner großen politischen Pläne vor Gott zu gewinnen. Stolz zeigte Boleslaw seinem norwegischen Gast eine Nachbildung der „Heiligen Lanze",[8] die er vom Kaiser erhalten hatte.

König Olaf weilte über einen Monat bei seinem früheren Schwager Boleslaw. Immer dringlicher und häufiger wurden die Bitten seiner Gefolgschaft, an die Rückkehr nach Norwegen zu denken. Schließlich konnte Olaf den Zeitpunkt des Abschiedes nicht mehr weiter hinausschieben. König Boleslaw begleitete seinen früheren Schwager mit großem Gefolge bis zur Jomsburg, um dadurch noch einige Tage länger die Gegenwart seines Herzensfreundes genießen zu können. In Jumne ließ er ein glänzendes Abschiedsgelage von drei Tagen Dauer feiern.

Beunruhigende Nachrichten trafen in Jumne ein. Mehrere Langschiffe, dänische oder schwedische, seien in der Nähe der beiden Fahrrinnen zur Ostsee gesichtet worden, vermutlich Spähschiffe. König Boleslaw bot deshalb König Olaf trotz dessen großer Flotte noch dreißig Langschiffe der Jomswikinger als Begleitschutz an, bis sie die offene See erreicht haben würden. König Olaf lehnte zuerst ab, aber um seinen Schwager nicht zu verletzen, stimmte er dann doch zu.

Schließlich war der Augenblick des Abschiednehmens gekommen. „Lebe wohl, mein Bruder", sprach Olaf herzlich. „Wenn es irgend in meiner Macht steht und der Herre Christ mir die Gnade gewährt, dann möchte ich dich gerne einmal wiedersehen. Aber dies ist mehr, als ein Mensch zu wünschen vermag. Sollten hier in Mitgard unsere Wege sich nicht mehr kreuzen, so sehen wir uns sicherlich vor Gott wieder."

König Boleslaw umarmte seinen Freund und küßte ihn mehrmals auf beide Wangen. „Ich habe nur einen einzigen Freund wie dich, Olaf Tryggvisson, sei dessen gewiß. Lebe wohl, der Herre Christ möge seine Hände schützend über dich halten. Solltest du einmal der Unterstützung der Jomswikinger bedürfen, so schäme dich nicht, es mich rechtzeitig wissen zu lassen. Deine Feinde sind auch meine Feinde."

Bei strahlendem Sommerwetter lief die norwegische

Kriegsflotte aus dem Hafen der Stadt Jumne aus. König Boleslaw, Prinzessin Astrid und viele hohe Würdenträger des polnischen Reiches winkten den Absegelnden nach. Lauter Hörnerklang begleitete die Scheidenden noch weit auf das Haff hinaus.

Seeschlacht

Die Jomswikinger segelten an der Spitze, allen voran Jarl Sigwaldi, um die Norweger durch die Fahrrinne zwischen den Inseln Wollin und Usedom zu führen.

Die Hälfte des Vormittages war vergangen, als sie in der Mitte des großen Haffes segelten. Zur Linken bewegte sich die Küste des Polenlandes an ihren Augen vorbei, zur Rechten die Küste der Insel Wollin. König Olaf war in einen schmerzlichen und schwermütigen Geisteszustand gefallen, und er vergaß die Zeit darüber. Die Wollinküste bog schon bald nach Norden ab, und man hätte ihr eigentlich folgen müssen, um zur Ostsee zu gelangen. Doch Jarl Sigwaldi fuhr weiter in Richtung Westen. Es waren fast genau zehn Jahre vergangen, seitdem Olaf diese Strecke zuletzt befahren hatte. Er konnte sich nicht mehr an die Weite der Strecke erinnern. Schließlich kamen sie an den westlichen Endzipfel des Haffes. Durch einen schmalen, seichten Sund fuhren sie, den die wenig tiefgehenden Langschiffe eben noch befahren konnten. Sie ruderten nun, denn das Segel mußten sie einziehen, um besser steuern zu können. Doch das Ende der Fahrrinne wollte und wollte nicht kommen. Schließlich wachte König Olaf aus seinen schwermütigen Gedanken auf. Er befahl, näher an Jarl Sigwaldis Schiff heranzurudern. Auf die Frage, wann sie endlich die Ostsee erreichen würden, lachte Jarl Sigwaldi und rief zurück, daß König Olaf wohl die Erinnerung für die Strecke zwischen der Jomsburg bis zur Ostsee verloren hätte. Olaf schämte sich seines Mißtrauens gegen Prinzessin Astrids Gemahl und ließ weiterrudern. Schließlich weitete sich das Haff erneut. Einige norwegische Steuermänner begannen nun ein Wettrudern, wer von ihnen als erster die Ostsee erreichen würde.

So kam es, daß das Königsschiff, anstatt an der Spitze, sich schließlich im Mittelfeld befand. Die Schiffe der Jomswikinger beteiligten sich nicht an dem Wettkampf und wurden von vielen Norwegern überholt. König Olaf mußte feststellen, daß sie sich in einem zweiten, kleineren Haff befanden. Jarl Sigwaldi führte sie einen anderen Weg als den geplanten, für König Olaf bestand jetzt kein Zweifel mehr. Er gab Befehl, durch Hornsignale den Steuermännern mitzuteilen, sich mit ihren Schiffen um den Langen Drachen zu sammeln. Doch diejenigen, die bereits weit voraus fuhren, befolgten wegen des unsinnigen Wettkampfes nicht den Königsbefehl. Plötzlich entstand Unruhe auf einigen Schiffen, die Krieger zeigten mit lautem Geschrei rückwärts. König Olaf stieg auf das Hinterdeck seines Langschiffes, das alle anderen Schiffe an Höhe überragte. Hinter ihnen wurden vom Strand der polnischen Küste Schiffe zu Wasser gelassen. Kein Zweifel, diese sollten der norwegischen Flotte den Rückweg verlegen. Während König Olaf noch nachdachte, was dies zu bedeuten hätte und vor welcher Gefahr er sich hüten müßte, erklang plötzlich vor ihnen Hörnerklang. Das Haff weitete sich nach Norden. Hinter einer vorspringenden Landzunge wurden zuerst unzählige bunte Segel sichtbar, dann kamen die Schiffe hervor. – Es war eine große, nie vorher gesehene Flotte von Wikingerschiffen. Jetzt konnte man sie noch nicht zählen, da sie dicht beieinander fuhren. Alle Ruder waren in Tätigkeit, und man versuchte, den Norwegern den Weg zur Ostsee abzuschneiden. Es bestand kein Zweifel: das waren Feinde.

Diejenigen norwegischen Schiffe, die weit voraus fuhren, beschleunigten ihre Geschwindigkeit, denn sie besaßen einen bedeutenden Vorsprung vor der feindlichen Flotte und konnten ihr leicht entkommen.

Marschall Kolbjörn stürzte auf König Olaf zu. „Eine Falle! Das ist eine Falle! Das müssen Dänen oder Schweden sein! Wie konnte das geschehen?"

Diese Worte trafen König Olaf wie ein Schlag vor den Kopf. „Zum Sammeln blasen!" befahl er.

„Nicht anhalten, König! Laß weitersegeln! Die Feinde

sind uns mehr als doppelt überlegen! Wir müssen uns nach vorne durchschlagen!" riet Marschall Kolbjörn.

„Sollen die Dänen und Schweden unseren Rücken sehen?" entgegnete König Olaf herausfordernd.

„Da! Die Flotte der Jomswikinger!" rief Kolbjörn erschrocken aus. „Sie weicht von uns! – Jarl Sigwaldi ist ein Feigling! Oder noch schlimmer – ein Verräter!"

Dies war der zweite harte Schlag, der Olaf traf. Es bestand kein Zweifel. Jarl Sigwaldi ließ die Gastfreunde König Boleslaws im Stich. Er fuhr auf die Küste zu, um sich aus dem zu erwartenden Kampf herauszuhalten.

„Zum Sammeln blasen!" befahl König Olaf erneut.

„Nur das nicht, mein König!" widersprach Kolbjörn. „Deine einzige Rettung liegt in der Flucht nach vorne! Wir sind den Feinden an Schiffen und Kriegern unterlegen! Wenn wir von ihnen umringt werden, sitzen wir in der Falle!"

„Noch nie sah ein Feind meinen Rücken!" widersprach König Olaf in höchster Wut. „Wenn die Dänen eine Schlacht haben wollen, werden wir ihnen eine bieten!"

Die Hornbläser auf dem Königsschiff gaben das Signal zum Sammeln. Doch jetzt mußte König Olaf feststellen, daß viele Steuermänner auf den vorausfahrenden Schiffen sich seinem Befehl widersetzten. Sie suchten ihr Heil in der Flucht und brachen damit den Gefolgschaftseid, den sie ihm geschworen hatten. Kaum vierzig Schiffe, von über sechzig, sammelten sich um den Langen Drachen. Mehr als zwanzig Steuermänner und Besatzungen fuhren weiter, darunter befanden sich viele Tröndner und auch Erling Skjalgsson, der Schwager König Olafs.

Die feindliche Flotte hatte bald den Ring um die Langschiffe der Norweger geschlossen. Währenddessen legten die Norweger ihre Helme und Kettenhemde an, um sich für den Kampf zu rüsten. Die Schiffe der Jomswikinger befanden sich außerhalb des Belagerungsringes.

Während König Olaf sein Kettenhemd anlegte und den

goldverzierten Kopfhelm aufsetzte, trat Thorkel Nefja bereits in voller Kriegsausrüstung auf ihn zu.

„Es scheint mir, als wenn alles nur ein böser Traum wäre. Aber ich versuche vergebens, aus diesem Alptraum aufzuwachen", sprach er, und man merkte ihm an der Stimme die Erregung an.

Olaf sah seinen Bruder entsetzt an. „Thorkel"! rief er erschrocken. „Bei meinem Seelenheil, an dich habe ich nicht mehr gedacht! – Du hältst dich aus jedem Kampf heraus! Das ist ein königlicher Befehl, Thorkel!" rief Olaf in höchster Besorgnis aus.

„Nein, Olaf", sprach Thorkel betont ruhig. „Ich werde kämpfen, wie jeder andere Krieger. Ich wollte dir nur noch sagen, daß du kein schlechtes Gewissen zu haben brauchst, wenn ich fallen sollte. Es war mein eigener fester Wille, daß ich mit dir fuhr, und ich bereue meinen Entschluß jetzt erst recht nicht."

König Olaf sah seinen Bruder einige Zeit verzweifelt an. – „Du kannst mich von Schuld freisprechen, Thorkel, aber mein Gewissen kann es nicht", sprach er voller Gram.

Marschall Kolbjörn trat zwischen die Brüder. „Die Dänen senden eine Abordnung, mein König. – Ich schlage vor, wir einigen uns auf eine ehrenvolle Kapitulation."

„Niemals strecke ich vor diesen verfluchten Heiden die Waffen! Wir werden ja sehen, auf welcher Seite das größere Gottesheil steht!" rief König Olaf unbeherrscht aus.

„Das größere Gottesheil steht meist auf der Seite des größeren Heeres, mein König", sprach Kolbjörn sanft.

Das Schiff des Unterhändlers kam in Hörweite. „Hier spricht Jarl Erik, der Sohn Jarl Hakons! Olaf Tryggvisson, hörst du mich?"

„Hier steht König Olaf Tryggvisson! Sprich, Erik Hakonsson!"

„Sieh dich um, Olaf Tryggvisson, und zittere! Heute sollst du dein Leben in meinen Fäusten aushauchen, wenn du nicht alle Forderungen erfüllst, die die Könige der Dänen und Schweden durch mich dir jetzt bekanntgeben!"

„Ihr wollt mir Bedingungen stellen?" lachte König Olaf höhnisch. „Es wäre besser für euch, wenn ihr zu Hause geblieben wärt und eure Opferschalen geleckt hättet! Ihr werdet euch hier blutige Köpfe holen!" erwiderte König Olaf herausfordernd.

„Ich will dir die Bedingungen nennen, obwohl ich mir wünsche, daß du sie nicht annimmst! Denn ich habe geschworen, furchtbare Rache an dem vergossenen Vaterblut zu nehmen! – Falls du bereit sein solltest, vor König Sven von Dänemark zu schwören, daß du nie mehr deinen Fuß auf norwegischen Boden setzt, soll dir und deinem Bruder Thorkel Nefja das Leben geschenkt sein! Jarl Sigwaldis Schiff steht bereit, euch zur Jomsburg zu bringen! Mitnehmen dürft ihr nichts als eure Waffen! Es dürfen auch keine Schätze ins Meer geworfen werden! Entscheide dich schnell, Olaf Tryggvisson!" rief Jarl Erik ungeduldig.

Thorkel, schoß es König Olaf durch den Kopf, ich muß Thorkel in Sicherheit bringen. – „Höre, Erik Hakonsson! Ich biete euch den Erbschatz der Dänenkönige, falls mein Bruder Thorkel Nefja sicher zur Jomsburg gebracht wird!"

„Nein, Olaf!" rief Thorkel. „Füge mir diese Schande nicht zu! Deine übergroße Bruderliebe bewirkt genau das Gegenteil von dem, was du bezweckst! Ich müßte dich hassen, wenn du diese Schandtat an mir begehen würdest!" rief er bestürzt aus.

König Olaf packte seinen Bruder fest bei den Schultern. „Thorkel, ich wünsche es! – Tu's unserer Mutter zuliebe", flüsterte Olaf ihm bittend ins Ohr.

„Und wenn ich hundert Leben hätte! Ich würde keines zu retten versuchen! Höher als das schätze ich meine Ehre!" rief Thorkel laut aus.

Die Norweger, die diesen Streit mithörten, riefen lauten Beifall. König Olaf mußte den Versuch, seinen Bruder in Sicherheit zu bringen, aufgeben.

„Was hat der Heuchlerkönig beschlossen!" rief Erik Hakonsson ungeduldig.

„Berichte Sven Gabelbart, daß ich fest daran glaube, daß

der Herre Christ mir den Sieg schenken wird!" rief König Olaf.

„Ist das dein letztes Wort?" vergewisserte sich Jarl Erik.

„Mein letztes! Von nun an sollen die Waffen sprechen!"

Jarl Erik Hakonsson teilte König Sven die Entscheidung des Norwegerkönigs mit.

„Und was ist mit dem Erbschatz?" fragte der Dänenkönig nervös.

„Hast du etwa gedacht, Olaf Tryggvisson würde ihn dir freiwillig zurückgeben?" entgegnete Erik herausfordernd.

König Sven warf ihm einen wütenden Blick zu. Er trat einige Schritte von den Heerführern weg an die Reling seines Königsschiffes, um nachzudenken. König Sven sah finster zu den Schiffen der Norweger hinüber. Wenn er jetzt den Befehl zum Angriff gäbe, würde ein ungeheuerliches Gemetzel stattfinden. Und eben das wollte er vermeiden, um sein Heer zum Kampf gegen die Angelsachsen einsetzen zu können. Was gewann er den schon viel, wenn er diesen Norwegerkönig besiegte? Ein armes Volk waren diese Norweger. Nicht viele Einnahmen würden von Norwegen nach Dänemark fließen. Es war geradezu irrsinnig, daß die Nordleute sich ständig untereinander bekämpften und sich immer wieder gegenseitig schwächten. König Boleslaw und König Ethelred waren die eigentlichen Gewinner in diesem Kampf, dessen war sich König Sven bewußt. Ethelred würde wieder Zeit haben, sich von den furchtbaren Schlägen zu erholen, die er ihm in den vergangenen Sommern versetzte. Eine Schlacht sprach wider jede Vernunft. – Aber in Roskilde saß Sigrid und wartete ungeduldig auf die Todesnachricht von diesem Olaf Tryggvisson. Was würde sie sagen, wenn sie erführe, daß er diesen Norwegerkönig nicht angegriffen, sondern mit allen Mitteln den Kampf vermieden hätte? Nach den Berichten seiner Spitzel lebte seine Schwester Thyri sehr glücklich mit diesem Olaf Tryggvisson in ehrenvoller ehelicher Gemeinschaft. Wieviel besser wäre es, wenn er den Norwegerkönig zu seinem Lehensmann hätte, anstatt zum Feind?

Jarl Erik trat zu dem Dänenkönig und weckte ihn aus seinen schwermütigen Gedanken auf. – „Was zögerst du noch, König Sven! Die Krieger warten auf den Befehl zum Angriff!" Erik befürchtete bereits, der Dänenkönig könnte ihn um seine Rache bringen.

König Sven schlug mit der geballten Faust mehrmals unwillig gegen die Planke der Reling. „Die Weiber und die Heuchler, man sollte ... – Verflucht nochmal! Zieht den Norwegern das Fell über die Ohren! Die Nornen haben diesen unseligen Kampf gewollt! – Was sind wir Könige gegen die Macht des Schicksals", murmelte König Sven niedergeschlagen. An diesem Tage hatte er die Hoffnung verloren, jemals das Reich König Ethelreds erobern zu können.

Jarl Erik Hakonsson führte den Kampf gegen die Norweger. Dieses Amt trat König Sven ihm gerne ab, denn er konnte keinen Sinn darin sehen. Der Haß gegen König Olaf stachelte Erik zu todesmutiger Kühnheit an. Überaus tapfer kämpften auch die landsflüchtigen Norweger, denn auch sie haßten den Heuchlerkönig unsagbar, weil er ihnen verbot, an die alten Götter ihrer Väter zu glauben. Um ihren Glauben zu behalten, hatten sie die Heimat aufgeben müssen.

Die Schlacht wog lang unentschieden hin und her. Abwechselnd wurde gestürmt, ein Schiff erobert, und dann ging es im Gegenangriff der Feinde wieder verloren. Schließlich machte sich die Überzahl der Dänen, Schweden und landsflüchtigen Norweger bemerkbar. Während den Norwegern die Kräfte ausgingen, stürmten die Feinde mit frischen Kräften erneut an. König Olaf gab darum den Befehl, nur noch in der Verteidigung zu kämpfen.

Gegen Abend ließ Jarl Erik noch einmal einen heftigen Angriff gegen die Norweger führen. König Olafs Krieger schlugen ihn mit dem letzten Mut der Verzweiflung ab.

Schließlich brach die Nacht herein. Freund und Feind waren kaum noch zu unterscheiden. Die Schlacht flaute allmählich ab, bis sie ganz zum Erliegen kam.

König Olaf besaß nun Zeit, um sich mit seinen Heerführern und Steuermännern zu beraten. Schmerzlich mußte er erkennen, daß seine Krieger angesichts der Übermacht der Feinde allen Mut verloren hatten. Viele Tote hatte der Kampf vom Mittag bis zum Abend auf beiden Seiten gekostet. Die Norweger wußten, daß ihnen allen am morgigen Tag das Ende gewiß wäre, wenn nicht ein Wunder geschähe. König Olaf zermarterte sich das Hirn nach einem Ausweg. Aber sein Heer war zu schwach, um sich aus der eisernen Umklammerung befreien zu können. Die Tröndner hatten ihm die Treue gebrochen, sogar sein Schwager Erling Skjalgsson hatte ihn im Stich gelassen. Bedeutete das denn wirklich das Ende seiner Königsherrschaft? Das Bündnis zwischen Dänen und Schweden verschaffte seinen Feinden eine zu große Übermacht. Die vielen landflüchtigen Norweger, die sich um Jarl Erik geschart hatten und nun voller Haß gegen ihm kämpften, waren nichts anderes als eine Anklage gegen seine harte und rücksichtslose Christianisierung Norwegens. Hatte er vor Gott richtig gehandelt, indem er den neuen Glauben mit Waffengewalt in seinem Reich durchsetzte? Olaf stellte diese Frage Bischof Sigurd. Dieser antwortete, wenn sich König Olaf dadurch versündigt habe, dann sei auch er, der Bischof, schuldig, denn er habe es gleichwohl miterlebt und geduldet, weil er geglaubt habe, dadurch den bösen Verderber schneller aus den Herzen der Menschen vertreiben zu können. König Olaf fragte den Bischof, ob er seine Herrschaft über Norwegen verlorengeben oder ob er weiterkämpfen lassen solle, auf ein Wunder des Herre Christ hoffend. Bischof Sigurd antwortete ausweichend. Er sei nur ein Priester und kein Heerführer, er könne ihm dazu keinen Rat geben. Es war das erste Mal, daß der Bischof seinen König ohne Rat seinem Schicksal überließ.

„Wenn du mir keinen Rat geben kannst, Bischof, dann wird mir der Herre Christ verzeihen, wenn ich auf kein Wunder mehr hoffen kann. – Ich halte meine Herrschaft über Norwegen für verloren", gestand König Olaf seinen Steuermännern ein.

„Nein, Olaf! Ich kann es nicht glauben!" rief Thorkel Nefja erschrocken aus. Tränen flossen ihm über die Wangen. „Du darfst nicht verzagen! Wenn du nicht mehr König über Norwegen bist, was soll dann aus dem Glauben an den Herre Christ werden? Wievielen Gottesmännern würde es das Todesurteil bedeuten? Und was soll aus unserem freien und unabhängigen Reich Norwegen werden?"

„Ich weiß es nicht, ich weiß es wirklich nicht, Thorkel", sprach König Olaf traurig. „Der Herre Christ ließ es geschehen, daß unsere Feinde stärker wurden. Es war sein unerforschlicher Wille. Ich habe meine Rolle als König über Norwegen ausgespielt. Ich habe gelernt, mich dem Willen Gottes zu beugen. Kein König ist unersetzlich. Eines Tages wird ein anderer Nachkomme aus König Harald Schönhaars Geschlecht euch wieder aus der Knechtschaft der Dänenkönige befreien", sprach König Olaf ahnungsvoll.

„Aber was soll aus dir werden?" rief Thorkel Nefja voller Angst um seinen Bruder aus.

„Wenn morgen früh der Kampf erneut beginnt, will ich einen Tod finden, wie er eines Kriegers würdig ist", sprach König Olaf ruhig.

„Der Herre Christ möge verhüten, daß wir so treulos an dir handeln, König Olaf!" sprach Marschall Kolbjörn. „Ich sehe noch eine andere Möglichkeit, wenn auch die Wahrscheinlichkeit des Gelingens sehr gering ist."

„Nenne uns deinen Plan! Wir tun alles, was in unserer Macht steht!" riefen diejenigen Steuermänner aus, die in großer Treue und Liebe an König Olaf hingen.

„Ein guter Schwimmer, unser König ist ein solcher, könnte von hier aus die Küste des Polenlandes erreichen, wenn es ihm gelänge, unter den Schiffen der Feinde wegzutauchen und unbemerkt aus ihrem Schußbereich zu kommen. Damit dies unserem König ermöglicht wird, täuschen wir einen Angriff vor und lenken die Feinde so von ihm ab. Während des Kampfes springen dann viele Krieger über Bord. Darunter befinden sich auch König Olaf und sein Bruder Thorkel Nefja. Wir kämpfen so lange, bis wir annehmen, daß sie außer Sichtweite der Schiffe geschwommen sind. Die Nacht ist unser bester Verbündeter. Bei Tageslicht hätte unser König keine Möglichkeit, seinen Feinden lebend zu entkommen."

Die Steuermänner waren sogleich Feuer und Flamme für diese Kriegslist.

„Nachdem ich gesprungen bin, werft ihr den Erbschatz des Dänenkönigs über Bord. Das ist meine einzige Bitte", sprach König Olaf.

Seine Häuptlinge schwörten es ihm mit heiligen Eiden zu. Diesen letzten Befehl ihres Königs würden sie gerne erfüllen.

„Gib mir deinen goldenen Helm und deine kostbaren Waffen, König Olaf. Zieh dafür meinen eisernen Helm an. Ich springe mit dir ins Wasser, und die Feinde werden mich für den König halten", sprach Marschall Kolbjörn.

„Ich danke dir, Kolbjörn. Wenn du die Schlacht überleben solltest, so schäme dich nicht, zu meinen Gesippen ins Oberland zu gehen und dich für deine Treue belohnen zu lassen. Dieser letzte Liebesbeweis an mir werden meine Gesippen dir gerne erweisen", sprach Olaf Tryggvisson zutiefst gerührt.

Sie tauschten ihre Helme. König Olaf steckte nur einen Dolch an seinen Gürtel, denn alle anderen Waffen hätten beim Schwimmen gehindert.

Olaf umarmte herzlich seinen Bruder Thorkel. „Viel Glück, Thorkel. Der Herre Christ möge dich behüten."

„Ich kann es noch nicht glauben, Olaf", sprach Thorkel mit Tränen in den Augen. „Bis bald, Olaf. So oder so, wenn wir hier auf Erden getrennt werden, dauert es doch nur kurze Zeit, bis wir uns vor Gott wiedersehen."

Den einfachen Kriegern wurde nichts von dem Plan der

Steuermänner zur Rettung ihres Königs verraten. Ihnen wurde gesagt, daß man bei Nacht versuchen wolle, den Belagerungsring der Feinde zu durchbrechen, um ihnen so doch noch zu entkommen.

Bis jetzt hatten die Feinde wie die Norweger vermieden, das Feuer als Waffe zu gebrauchen. Denn die Schweden und Dänen wollten ja nicht ihre sichere Beute in Flammen aufgehen sehen. Die Norweger ihrerseits wußten, daß sie nur hinter den schützenden Holzplanken ihrer Schiffe den Feinden einigermaßen standzuhalten vermochten. Doch in diesem besonderen Falle scheute Marschall Kolbjörn nicht davor zurück, die Feinde mit Brandpfeilen beschießen zu lassen, um dadurch Verwirrung unter ihnen anzurichten.

Es war nach Mitternacht. Die Hälfte der Feinde lag schlafend auf den harten Planken ihrer Schiffe, erschöpft von den Kämpfen und um sich für den Entscheidungskampf auszuruhen. Plötzlich zischten hunderte von Brandpfeilen durch die stille Nacht. Auch brennende Pechtöpfe, die zum Abdichten der Schiffe in genügendem Vorrat auf jedem Schiff vorhanden waren, wurden auf die feindlichen Fahrzeuge geworfen. Wildes Entsetzen griff bei den Dänen und Schweden um sich. Trotz strengsten Befehles von Jarl Erik Hakonsson, kapten viele Besatzungen die Verbindungstaue zu den brennenden Schiffen, um ihre Fahrzeuge zu retten. Die Krieger König Olafs stießen mit den Kielen ihrer Schiffe in die entstehenden Lücken, um den Belagerungsring zu durchbrechen. Der Kampf brach erneut mit ganzer Heftigkeit los. Als schließlich Jarl Erik seine Krieger zum Gegenangriff anfeuerte und offenbar war, daß die Norweger den Ring nicht zu durchbrechen vermochten, sprangen König Olaf, Thorkel Nefja, Marschall Kolbjörn und viele andere Krieger über Bord. Die Steuermänner ließen weiterkämpfen. Die Feinde sahen im Schein des Feuers einen vergoldeten Helm über der Wasseroberfläche. Sie riefen, daß der Norwegerkönig schwimmend zu fliehen versuche. Marschall Kolbjörn ließ sich ohne große Gegenwehr von ihnen einfangen. Die Feinde wähnten, sie hätten König Olaf

Tryggvisson gefaßt. Der Marschall wurde von Schiff zu Schiff gereicht, um König Sven vorgeführt zu werden.

König Olaf war sofort nach dem Sprung ins Wasser unter dem ersten feindlichen Schiff weggeschwommen. Dicht neben dem Schiff tauchte sein Kopf kurze Zeit aus dem Wasser, um Luft zu holen. Dann schwamm er unter dem nächsten Schiff weg. Die Feinde sahen alle in Richtung des Kampfgeschehens. Kurze Zeit konnte sich Olaf ausruhen. Plötzlich schlugen einige Pfeile neben ihm ins Wasser. Einer traf ihn leicht an der Schulter, ein anderer prallte am Kopfhelm ab. König Olaf tauchte sofort wieder unter und schwamm so lange unter Wasser, bis ihm die Lunge schmerzte. Erneut tauchte er auf, um zu atmen. Noch unter eine Schiffsreihe mußte er wegtauchen, dann sah er das offene Haff vor sich liegen. Im Schutze der letzten Schiffswand konnte er sich noch einmal ausruhen, dann tauchte er erneut, um unter Wasser so weit wie möglich von der feindlichen Flotte zu gelangen. Noch unter Wasser nahm er den Kopfhelm ab und streckte sich zum Atmen flach an der Wasseroberfläche aus, so daß kaum sein Mund herausragte. So konnte er am wenigsten gesehen werden. Olaf nahm tief Luft und tauchte erneut. Viele Male tat er dies, bis er etwa zwanzig Schiffslängen von den Feinden entfernt war. Olaf wagte jetzt sogar, seinen Kopf aus dem Wasser zu heben, um nach seinem Bruder Thorkel zu suchen. Trotz der schwachen Wellen des Haffes konnte er keinen Schwimmer sehen. Da! Zu seiner Rechten löste sich ein Langschiff von der Flotte. Zehn Schiffslängen entfernt, glaubte Olaf kurz einen Kopf aus den Wellen auftauchen gesehen zu haben. Olaf war vor Schreck wie gelähmt. Thorkel! Die Feinde hatten ihn entdeckt! Schnell holten die Rudernden den Schwimmer ein. Sie warfen Gere nach ihm. Ein Schrei! Hatte Olaf nicht einen Schrei gehört? Der Schwimmer erhob sich mit dem Oberkörper weit aus dem Wasser auf und streckte eine Hand in die Höhe, als wenn er jemandem zuwinken wollte. „Olaf!" ertönte eine Stimme über der Wasseroberfläche. Kein Zweifel, es war Thorkel.

Die Feinde warfen erneut ihre Gere. Noch ein gräßlicher Schrei ertönte, der Todesschrei seines Bruders. Olaf konnte nichts mehr für Thorkel Nefja tun. Die Wikinger zogen den Leichnam an Bord ihres Schiffes, um ihn auszurauben.

König Olaf lag rücklings im Wasser und verhielt sich reglos. Nur sein Mund befand sich über der Wasseroberfläche. Klopfenden Herzens wartete er, ob die Feinde auch ihn entdecken würden. Innerlich war es ihm gleich in diesem Augenblick. Die Wikinger suchten einige Zeit den Wasserspiegel ab, dann kehrten sie zur Flotte zurück, um bei der Beuteverteilung nicht zu spät zu kommen. Der Kampflärm war verstummt. Die Norweger hatten die Waffen gestreckt. Olaf Tryggvisson schwamm jetzt gegen die dunkle Küste des Polenlandes zu. Er mußte sie bis zur Morgendämmerung erreicht haben, vorher befand er sich nicht in Sicherheit.

Der vermeintliche Norwegerkönig wurde König Sven und Jarl Erik Hakonsson vorgeführt. Als man ihm den Helm abnahm, erkannte König Sven sofort, daß er getäuscht worden war. Jarl Erik Hakonsson holte voller Wut mit seiner Streitaxt aus, um Kolbjörn niederzuschlagen, doch der Dänenkönig warf sich ihm in den Arm. Er schalt ihn einen Neiding, weil er solch eine schändliche Tat an diesem tapferen Krieger ausführen wollte. Kolbjörn erhielt das Leben geschenkt, wie alle anderen Krieger König Olafs. König Sven und Jarl Erik suchten noch lange unter den Gefangenen nach Olaf Tryggvisson. Sie fanden ihn nicht. Sicherlich war er bei dem Fluchtversuch getötet worden und durch das Gewicht seiner Kleider und Waffen auf den Grund des Haffes gesunken, tröstete sich Jarl Erik. Der Erbschatz des Dänenkönigs lag ebenfalls auf dem Meeresboden, das war gewiß. Doch die Sieger machten genügend andere Beute. Den Norwegern wurde alles abgenommen.

Die gefallenen Norweger und Thorkel Nefja erhielten ein ehrenvolles Begräbnis auf der Insel Usedom. Die überlebenden Norweger verrichteten diesen Freundschaftsdienst an ihren gefallenen Brüdern.

König Boleslaws Strafgericht

Am Morgen nach der Niederlage der Norweger ließ Jarl Sigwaldi sein Langschiff an das König Svens rudern. Er wollte seinen versprochenen Anteil an der Beute abholen. Doch König Sven war übelster Laune, weil ihm der Erbschatz, den Thyri nach Polen mitgenommen hatte, für ewig entgangen war.

„Ich hebe dir deinen Anteil auf, falls du einmal bei König Boleslaw in Ungnade fallen solltest!" rief König Sven höhnisch aus.

Damit sprach er aus, was Jarl Sigwaldi innerlich befürchten mußte. Nämlich, daß er von König Boleslaw zur Verantwortung gezogen werden könnte für seine Untreue. Ihr Plan war eigentlich gewesen, daß er mit dem entmachteten, aber lebenden Olaf Tryggvisson zur Jomsburg zurückkäme. Niemand hätte den Vorwurf, daß er König Olaf verraten hatte, beweisen können. Es gab nämlich noch eine dritte Fahrrinne, durch die man in die Ostsee gelangt. Den Vorwurf, warum er dem Gastfreund König Boleslaws in der Schlacht nicht beigestanden war, konnte er leicht mit der Tatsache entkräften, daß er durch diese Waffenhilfe einen Krieg mit den Dänen und Schweden heraufbeschworen hätte. Diese Überlegung würde sicherlich seine Wirkung bei König Boleslaw nicht verfehlen. Jarl Sigwaldi fühlte sich darum sicher in seiner Schurkenhaut.

König Boleslaw erwartete am Abend des gleichen Tages, an dem die norwegische Flotte von Jumne abfuhr, die Schiffe der Jomswikinger mit der Meldung zurück, daß sein Schwager König Olaf sicher das offene Meer erreicht habe. Aber die Jomswikinger kamen nicht. An diesem Tag entstand in der Stadt das Gerücht, daß eine Seeschlacht auf dem Haff stattfinden würde. Und zwar behauptete ein Krämer, der für allerlei Schabernack bekannt war, er hätte ein Traumgesicht gehabt.

Am Abend brachte ein Fischer die Nachricht nach Jumne, daß tatsächlich eine Schlacht zwischen zwei feindlichen Flotten auf dem westlichen Haff im Gange wäre. Das hätte er am Nachmittag deutlich erkennen können. König Boleslaw schickte sogleich weitere dreißig Schiffe der Jomswikinger los, die nachsehen sollten, was daran wahr wäre, um notfalls seine Gastfreunde im Kampf zu unterstützen.

Prinzessin Astrid begab sich am anderen Morgen in Begleitung Bischof Ungers in die Unterstadt, um den Mann ausfindig zu machen, der angeblich die Gabe der Wahrsagerei besaß. Viele Leichtgläubige im Volk zweifelten daran nun nicht mehr. In Scharen liefen die Leute zu ihm, um ihre Zukunft zu erfahren. Der Krämer ließ sich seine Dienste teuer bezahlen.

Bischof Unger fragte den Händler listig aus. Dieser verstrickte sich in Widersprüche, bis er unter der Androhung von Bestrafung schließlich die Wahrheit gestand. Durch Zufall war er unten am Hafen Zeuge einer Unterredung geworden. Zwei Spitzel des Dänenkönigs hätten einigen Jomswikingern eine Menge Gold versprochen, falls Sigwaldi den Gastfreund König Boleslaws in die aufgestellte Falle seiner Feinde führen würde. Astrid brach über diesen Verrat ihres Gemahls in Tränen aus. Sie nahmen den Händler mit, um ihn König Boleslaw vorzuführen.

Inzwischen waren sämtliche Schiffe der Jomswikinger zurückgekehrt, außer dem Jarl Sigwaldis. König Boleslaw erfuhr mit Entsetzen, daß die Flotte König Olafs von den verbündeten Dänen, Schweden und landsflüchtigen Norwegern angegriffen, eingeschlossen und in der vergangenen Nacht vollständig besiegt worden war. Sein Schwager und Herzensfreund Olaf Tryggvisson sei bei dem nächtlichen Kampf mit Gewißheit getötet worden, und seine Leiche würde auf dem Grund des Haffes liegen, berichteten die Jomswikinger.

„Und was habt ihr währenddessen getan? Ich sehe keinen einzigen Verwundeten unter euch! Soll das etwa bedeuten ..." König Boleslaw sprach vor Entsetzen nicht mehr weiter. Dieses schier Unglaubliche wollte ihm nicht über die Lippen kommen.

Der Wortführer nickte beschämt. „Wir hatten keinen Befehl von Jarl Sigwaldi."

„Keinen Befehl? Wozu bedurfte es noch eines Befehls? Jeder anständige und ehrenhafte Krieger hätte nicht zögern dürfen, König Olaf zur Hilfe zu eilen!" schrie der König mit hochrotem Gesicht.

„Ohne ausdrücklichen Befehl Jarl Sigwaldis durften wir nicht kämpfen. Er meinte, daß wir uns aus jedem Kampf heraushalten müßten zum Wohle des Polenreiches", entgegnete der Steuermann.

„Sigwaldi! Wo ist er! Man führe ihn augenblicklich vor meinen Thron!" schrie der König, außer sich vor Zorn.

Sigwaldi ließ sich absichtlich Zeit mit seiner Rückkehr. Er schickte die anderen voraus, auf die der Zorn und die Beschimpfungen des Königs niedergehen sollten. Erst später, wenn sich König Boleslaw wieder beruhigt und sich in das Geschehene als unabwendbar gefügt habe, wollte er ihm vor die Augen treten.

Prinzessin Astrid trat in diesem Augenblick in die Königshalle und eilte zum Thron ihres Bruders. Sie konnte den letzten Wortwechsel mithören. „Das ist noch nicht die ganze Wahrheit!" rief Astrid laut aus. „Nicht nur, daß Sigwaldi verbot, unseren Gastfreunden im Kampf beizustehen, sondern er führte König Olaf in die gestellte Falle! Mein Gemahl, Jarl Sigwaldi, führte König Olaf in die Schwertspitzen seiner Feinde! Mein Ehrgefühl treibt mir die Schamröte ins Gesicht, doch ich muß die Wahrheit sagen, damit man meinem Bruder, dem König von Polen, nicht nachsagen kann, daß bei ihm das heilige Gastrecht nichts gilt!" schrie Astrid in den Saal, so daß es alle hören konnten.

„Das ist kaum zu glauben, Astrid. Woher hast du diesen schlimmen Verdacht?" fragte König Boleslaw erstaunt.

„Ein Krämer prahlte vor allen Leuten, er besäße die Gabe

der Wahrsagerei. Vor mir und dem Bischof gestand er, daß er ein Gespräch belauscht hatte, bei dem dänische Spitzel Jarl Sigwaldi und anderen Steuermännern der Jomswikinger Bestechungsgelder anboten, unter der Bedingung, daß Sigwaldi die Norweger in eine Falle führe."

„Spitzel! Bestechung! Treuebruch! Wenn du es nicht sagen würdest, ich könnte es keinem anderen glauben!" Über König Boleslaws Wangen liefen Tränen. Ob aus Wut oder aus Trauer, das war nicht zu unterscheiden.

„Man führe Sigwaldi augenblicklich vor mich, sobald er in Jumne ankommt! Ich will ihn lebend haben! – Wehe, dreimal wehe, wer gegen meine Befehle handelt!" tobte König Boleslaw. Solche Wutausbrüche hatten selbst die ältesten Gefolgsleute noch nie bei ihrem König erlebt.

Jarl Sigwaldi kam erst gegen Abend an. Mit seinen getreuesten Gefährten machte er sich zu seiner Jarlshalle auf, in der jetzt König Boleslaw residierte. Thorkel der Hohe und eine Notbesatzung ließ er in der Nähe seines Jarlsschiffes zurück, um bei Gefahr sofort von Jumne absegeln zu können. Sigwaldi wollte für alle Fälle vorgesorgt haben.

Als sie gemächlich durch die Gassen der Stadt liefen, kam ihnen die Leibwache des Polenkönigs entgegen.

„Das hat nichts Gutes zu bedeuten", meinte einer von Sigwaldis Getreuen.

„Es ist besser, wir machen uns aus dem Staub!" rief ein anderer.

„Wir gehen weiter!" befahl Sigwaldi. „Bewahrt einen kühlen Kopf, Männer! Der König wird es nicht wagen, auch nur eine Hand gegen mich zu erheben! Er wird wütend sein, schreien und toben, was macht uns das aus! Ich werde mich schon herausreden", sprach Sigwaldi seinen Gefolgsmännern aufmunternd zu.

Die Leibwache umringte sie mit gezogenen Schwertern und vorgehaltenen Schildern. Der Häuptling der polnischen Krieger trat furchtlos auf Sigwaldi zu.

„Was soll dieser schlechte Scherz, Swientobor!" rief Sigwaldi ungehalten.

„Das ist kein Scherz, Sigwaldi", sprach der Pole in ruhigem Ton. „Du hast das Maß zum Überlaufen gebracht. Legt sofort die Waffen ab! Na los! Waffen her! Oder ich lasse euch aufspießen wie die Spanferkel!" schrie jetzt der Befehlshaber der Leibwache.

„Wir geben unsere Waffen nicht her!" entgegnete ein Jomswikinger.

„Ohne Waffen sind wir wehrlos!" rief ein anderer.

„Ruhe!" befahl Jarl Sigwaldi seinen Kriegern. Zu dem Häuptling gewendet sprach er: „Ich will mit meinem Schwager, dem König, als ein freier Krieger sprechen. Ich habe ein Recht, dies zu fordern!"

„Wer das heilige Gastrecht bricht und, was noch schlimmer ist, die Gefolgschaftstreue zu seinem König, der hat sich dieses Recht verspielt", erwiderte Swientobor unnachgiebig.

„Daher weht der Wind", lachte Jarl Sigwaldi laut auf. „Ich hätte das heilige Gastrecht und sogar die Gefolgschaftstreue gebrochen", wiederholte er in spöttischem Ton. „Wer hat dem König diese Lügen erzählt?"

„Das wirst du noch früh genug erfahren, Sigwaldi. – Bis gestern warst du mein Vorbild, aber heute ekelt mich dein Anblick an!"

Sigwaldi wurde nun doch unsicher. Aber Widerstand gegen dreifache Übermacht, da bestand wenig Aussicht auf Rettung. Er konnte sich nur mit Verschlagenheit retten. Wenn er kämpfte, würde dies einer Schuldanerkenntnis gleichkommen. – „Gib mir dein Ehrenwort, daß du uns augenblicklich vor den König führst. Und daß wir uns alle seinem Richterspruch beugen", verlangte Sigwaldi vorsichtig.

„Mein Ehrenwort", antwortete Swientobor.

„Wir vertrauen auf das gerechte Urteil des Königs", sprach Jarl Sigwaldi zu seinen Kriegern. „Geben wir ihnen die Waffen." Sigwaldi machte den Anfang und reichte dem Häuptling die seinen. Die anderen legten ihre Waffen widerstrebend und nicht ohne Murren ab.

„Bindet ihre Hände!" befahl der polnische Häuptling anschließend.

„Das geht zu weit!" schrie Sigwaldi empört. „Du behandelst uns wie Verbrecher!"

„Ich behandele euch so, wie es euch zusteht! – Los! Bindet sie!" befahl Swientobor ein zweites Mal.

Vier Krieger waren nötig, um Sigwaldi Fesseln anzulegen. Auch einige andere Jomswikinger leisteten Widerstand, schließlich waren alle gebunden.

König Boleslaw erwartete ungeduldig die Rückkehr seiner Leibwache. Jarl Sigwaldi wurde gefesselt vor seinen Thron geführt. König Boleslaw schaute seinem Schwager lange Zeit forschend in die Augen. Sigwaldi hielt dem Blick trotzig stand. – „Mir sind Anklagen gegen dich zu Ohren gekommen, die ich kaum zu glauben vermag, Jarl Sigwaldi! Etwas unerhört Gemeines und Abscheuliches hat unser aller Ohren beleidigt! Von Schandtaten, wie sie wohl niemand hier in der Halle einem meiner Heerführer zugetraut hätte. Aber meinem Innersten widerstrebt es, solche verruchten Taten zu glauben. Rede, Sigwaldi! Sag, daß es nicht wahr ist, wessen man dich beschuldigt!" schrie König Boleslaw fassungslos.

„Ich rede nicht eher, als bis des Königs Schwager diese Schandriemen abgenommen wurden!" forderte Sigwaldi kühn.

Ein erstauntes Gemurmel lief durch den Saal.

„Du hast dich auf die Verwandtschaft zu mir berufen, Sigwaldi! Doch höre, ich richte gegen meine eigene Sippe noch strenger als gegen Fremde!" entgegnete Boleslaw drohend.

„Ich werde alle Verdächtigungen und Verleumdungen als boshafte Lügen widerlegen! Aber ich rede nur als freier Mann! – Fürchten sich alle Krieger des Königs vor einem Waffenlosen?" fragte Sigwaldi höhnisch.

Diese Worte hatten den gewünschten Erfolg. Auf einen

Wink des Königs schnitt man Sigwaldi die Handfesseln durch.

Sigwaldi band die Stricke gemächlich von seinen Gelenken ab und warf sie hinter sich. „Mein König, ich habe Grund, mich zu beklagen über die Art, wie man mich hierherbrachte."

„Der Häuptling meiner Leibwache hat nur meine Befehle ausgeführt. Ich habe keine Veranlassung, ihn zu tadeln, im Gegenteil! – Aber wie steht es mit dem Befehl, den ich dir gab, Jarl Sigwaldi? Hast du meinen Gast und Schwager, König Olaf, sicher durch die Sunde zwischen den Inseln geleitet?" fragte König Boleslaw herausfordernd.

„Leider hat der allmächtige Gott nicht gewollt, daß mir dieses Glück beschieden war", antwortete Sigwaldi mit demütig gesenktem Kopf.

Für einen langen Augenblick herrschte tiefe Stille im Saal. Keiner der Anwesenden wagte zu atmen.

„Hat Gott etwa gewollt", schrie König Boleslaw, „daß meine Krieger feige zusehen, wie meine Gäste überfallen und umgebracht werden?"

„Ich ahnte, daß mein König über meine Handlungsweise zuerst erzürnt sein würde. Doch ich vertraute auf die Weisheit und Klugheit, mit der er seit fast einem Jahrzehnt das Polenreich regiert. Leiht mir der König ein offenes Ohr für die Gründe, die ich zu meiner Entschuldigung vorzubringen habe?"

„Darauf bin ich gespannt! Sprich, Sigwaldi! Dein Kopf steht auf dem Spiel, wenn es keine überzeugenden Gründe sind", drohte König Boleslaw.

„Selbstverständlich hat es mich mächtig gereizt, unserem Gastfreund König Olaf Tryggvisson zu Hilfe zu eilen! In der Zeit, in der er hier weilte, entstand eine große Freundschaft zwischen ihm und mir, nicht zuletzt wegen unserer Sippenzugehörigkeit! – Ich wäre dem König von Norwegen beinahe auch zu Hilfe gekommen, obwohl wir gegen eine dreifache Übermacht hätten kämpfen müssen, wenn mir nicht rechtzeitig die Folgen dieser Tat bewußt geworden wären! Wenn ich an der Seite König Olafs gekämpft hätte, hätte ich gleichzeitig gegen einen anderen nahen Verwandten des Polenkönigs kämpfen müssen, denn König Sven von Dänemark hat sich noch nicht von Gunnhild scheiden lassen, sondern sie nur ins Danelag verbannt! Auf der einen Seite habe ich gegen das heilige Gastrecht verstoßen, auf der anderen Seite hätte ich mich an einem Verwandten des Königs schuldig gemacht! In jedem Falle wäre ich also schuldig geworden! Ich ahnte das tiefe Verhängnis, in das mich die Nornen führten! Wenn ich mich schon in unlösbare Schuld verstricken mußte, so dachte ich doch zuerst an das Wohl meines Königs, an das meiner geliebten Gemahlin Astrid und das des polnischen Volkes! Wenn es für mich auch keine Rettung gab und ich so oder so schuldig werden sollte, so wollte ich wenigstens verhindern, daß das gesamte Reich ins Unglück gestürzt wird! Keiner kann leugnen, daß wir den verbündeten Dänen und Schweden an Kriegern mehr als doppelt unterlegen gewesen wären! Wenn ich also, ohne siegen zu können, gegen den König von Dänemark und von Schweden, gekämpft hätte, wäre ihre Rache furchtbar über uns alle gekommen! Ganz zu schweigen von dem Leid, das Gunnhild, unseres Königs Schwester, von König Sven zugefügt worden wäre! Um das zu verhindern, machte ich mich schuldig, das heilige Gastrecht verletzt zu haben. – Ich hoffte, wie alle meine Krieger, daß König Olaf Tryggvisson den Sieg erringen würde, zumindest seinen Todfeinden heil entkommen könnte. Aber der Herre Christ ließ dieses Wunder nicht geschehen. Es war der Wille des Allmächtigen, daß König Olaf gestern nacht den Heldentod sterben mußte. – Ich habe meine Ehre hinter das Wohl meines Königs und das des ganzen Reiches gestellt. – Ich bitte meinen König um ein gerechtes und mildes Urteil", schloß Jarl Sigwaldi seine geschickte Verteidigungsrede.

Lautes Jubelgeschrei im Saal zeigte, daß viele Krieger von der Edelmütigkeit und Ehrenhaftigkeit des Jomsburgjarls überzeugt waren. Sie glaubten seinen Worten.

„Gnade für Jarl Sigwaldi! – Freispruch! – Heil, Jarl Sigwaldi! – Er ist unschuldig! – Freispruch!" riefen die Männer durcheinander.

König Boleslaw saß lange Zeit in tiefe Gedanken versunken. Auch Astrid sah starr vor Sprachlosigkeit ihren Gemahl an. Sigwaldi hatte mit seinen Ausführungen vor den Augen aller eine edelmütige und besonnene Geisteshaltung gezeigt. Und wie stand es mit den Anschuldigungen eines Händlers, der gehört haben soll, daß Gefolgsmänner König Svens ihn mit Gold bestochen hätten? Die Aussage eines Krämers gegen die eines Jarls – das war aussichtslos. So ähnlich mußten die Überlegungen des Königs gewesen sein.

König Boleslaw stand vor Erregung auf und lief vor seinem Thron hin und her. „Eine Frage bleibt ungeklärt: aus welchem Grund segeltest du durch das westliche Haff und suchtest nicht so schnell als möglich das offene Meer? Jeder weiß, daß gestern das schönste Segelwetter herrschte!"

„Dies war König Olafs ausdrücklicher Wunsch gewesen", antwortete Sigwaldi ohne zu zögern. „Er wollte so lange wie möglich die Küste des geliebten Polenlandes sehen. Er stand immer zur Landseite gewandt und ließ die Küste an seinen Augen vorbeiziehen."

Astrid schluchzte laut auf bei diesen Worten.

„Wer von meinen Krieger hat gehört, wie König Olaf dies zu Sigwaldi sagte!" stellte der König die Frage.

„Keiner konnte es hören", gab Sigwaldi zur Antwort. „Er sagte es mir am Abend vor der Abreise in einem Augenblick, als wir beide allein waren. Ich habe König Olaf gewarnt und ihn auf die Gefahr aufmerksam gemacht, doch er wollte es so."

„Du hast keinen Zeugen? Dann steht es schlecht um deine Aussage, Sigwaldi", entgegnete der König drohend.

„Wenn der König meinen Worten nicht mehr glaubt, dann fürchte ich das Schlimmste."

„Du redest sehr geschickt, um deinen Kopf zu retten", schnaufte König Boleslaw. „Aber ich habe eine weitere Anklage. Jetzt wirst du keine Ausrede finden! Es gibt nämlich einen Zeugen, der zufällig belauschte, daß Krieger König Svens dich mit Judaslohn kauften, um meinen Gastfreund an seine Feinde zu verraten! Ich klage dich an, den Gefolgschaftseid gebrochen zu haben, den du mir geschworen hast!" schrie König Boleslaw in einem erneuten Zornausbruch.

„Einen Zeugen?" lachte Sigwaldi gekünstelt. „Es muß ein Neiding oder ein Wahnsinniger sein, der diese schamlose Lüge erfunden hat. Aber so wie die Dinge liegen, scheint mir, wird der König jedem anderen mehr glauben und vertrauen als seinem eigenen Schwager und langbewährten Jarl", erwiderte Sigwaldi vorwurfsvoll.

„Du nimmst den Mund wieder zu voll, Sigwaldi! Ich warne dich!" erwiderte der König in kaum beherrschter Wut. „Führt den Zeugen herein!" befahl er.

Der Händler wurde von zwei Kriegern vor König Boleslaws Thron geführt. Vor dem König sank er demutsvoll auf die Knie.

„Steh auf! Du kannst im Stehen Antwort geben", forderte König Boleslaw ihn auf.

„Bitte nicht, Herr! Ich glaube, meine Beine zittern so, daß ich gleich wieder niederfalle", bat der Händler voller Angst.

„Dann mach im Knien deine Aussage. Sage mir von Anfang an und nach der Reihenfolge, was du meiner Schwester Astrid berichtet hast."

„Bitte, Herr, ich kann schlecht reden vor so vielen hohen Herren. Prinzessin Astrid soll es lieber noch einmal erzählen, und ich nicke mit dem Kopf, wenn es richtig ist, und schüttele den Kopf, wenn ich glaube, daß etwas nicht richtig ist", sprach der Händler einfältig.

„Nein, ich muß die Aussage aus deinem Munde hören! Also rede endlich, oder ich werde dich zu strafen wissen!" forderte der König ihn ungeduldig auf.

„Ich habe Angst, Herr. Ich habe große Angst, es könnte

mir nachher ... aus Rache ... ein Leid geschehen", gestand der Mann, am ganzen Leibe zitternd.

„Ich versichere dir, daß du keine Furcht zu haben brauchst, wenn du die Wahrheit sagst! Du stehst unter des Königs Schutz!"

„So Gott will, werde ich sagen, was ich vor vier Tagen, oder besser Nächten, aus Zufall, aus reinem Zufall, belauschte", begann der Händler nach einem tiefen Atemzug. „Ich war in der Spelunke unten am Hafen, um mir einen Becher Met zu genehmigen."

Lautes Gelächter der Umstehenden unterbrach den Händler. Die erwähnte Spelunke war den meisten wegen ihres berüchtigten Rufes wohlbekannt.

„Ruhe!" befahl der König wütend. Er ahnte, daß man einem solchen Zeugen wenig oder gar keinen Glauben schenken würde. – „Rede weiter!"

„Ich wurde müde von dem starken Met und legte mich hinter die Bank schlafen. Ich hatte mich mit einem Fell zugedeckt. Und die Männer, die bald darauf auf der Bank saßen, bemerkten mich nicht, ich schnarche nämlich nicht im Schlaf. Ich war wieder aufgewacht und dachte, daß es an der Zeit wäre, nach Hause zu gehen, da hörte ich Männer über mir leise sprechen. Ich überlegte eine zeitlang, wie ich ohne Gelächter zu erregen, wohl von hier verschwinden könnte. Ich habe ihnen dabei ungewollt, ich schwöre es bei allen Göttern, ohne es zu wollen, zugehört. Bis ich auf einmal verstand, um was es ging. Ich hörte, wie einer sagte: dieser Beutel mit Goldmünzen ist von König Sven. Gebt es dem Jarl. Erinnert ihn an den Schwur, den er König Sven gab, als er ihn zur Jomsburg entführte. Wenn er sich die höchste Gunst des Dänenkönigs erhalten will, soll er es bei der Rückfahrt König Olafs so einrichten, daß sie durch das westliche Haff segeln. Dort liegen die vereinigten Flotten der Könige Sven Gabelbart, Olaf Schoßkönig und des Jarl Erik Hakonsson."

Wegen dem Gemurmel, das im Saal entstand, konnte der Händler einige Zeit nicht weitersprechen.

„Das ist gelogen! Alles Lüge und Betrug!" ergriff Sigwaldi die Gelegenheit zur Verteidigung.

„Ruhe, Sigwaldi! Schweige, bis ich dich zum Reden auffordere!" befahl König Boleslaw. Er gab dem Krämer einen Wink fortzufahren.

„Dieselbe Stimme sprach weiter: König Sven wünscht, daß er mit seinen Jomswikingern unter keinen Umständen in den Kampf eingreift. Er solle sich eine Ausrede einfallen lassen für den Polenkönig. Wenn er bei diesem in Ungnade fallen sollte deswegen, könne er jederzeit in die Dienste König Svens treten."

„Du sagst immer „er". Wer ist dieser Mann, nenne ihn bei seinem Namen!" forderte König Boleslaw den Krämer verärgert auf.

„Gnädiger Herr, ich habe Angst, den Namen auszusprechen", wimmerte der Mann, vor Angst zitternd.

„Ist es etwa der Name – Sigwaldi!" rief der König laut.

Der Krämer zuckte erschrocken zusammen. Doch er schwieg.

„Sprich! War es dieser Name? Ja oder nein! – Rede, oder ich lasse den Namen aus dir herausprügeln!"

Der Mann nickte. „Ja, so lautete der Name", sprach er kaum hörbar.

Noch ein stärkeres Gemurmel als zuvor war jetzt im Saal zu hören. Schimpfwörter und Drohungen wurden Jarl Sigwaldi zugerufen.

„Ich bin entsetzt!" rief Sigwaldi mit gespielter Empörung. „Ich erkläre allen mein Entsetzen darüber, wie aus den erpreßten Lügen eines lumpigen Krämers ein Schuldspruch gegen mich, des Königs Schwager, geschaffen werden soll! Will der König ein Beispiel für alle Zukunft liefern, wie ein Edeling auf die Aussage eines Händlers hin verurteilt wurde? – Ich sage euch, dann wird es noch vielen von euch so ergehen wir mir! Und aus welchem Grund? Der König fürchtet mich! Er fürchtet, daß ich seiner Herrschaft im Polenreich gefährlich werden könnte!" rief Sigwaldi den versammelten Kriegern zu.

„Schweig, Sigwaldi! Wenn du noch eine Beleidigung gegen mich aussprichst, hast du aus diesem Grunde allein deinen Kopf verwirkt!" schrie König Boleslaw erbost. – „Bring deine Aussage zu Ende", befahl er dem Händler.

„Das war alles, was ich hörte. Nachdem ich begriffen hatte, daß es um Bestechung und Verrat ging, lief es mir abwechselnd heiß und kalt den Rücken hinunter. Ich wagte unter meiner Decke kaum zu atmen. Ich betete zu allen Göttern, daß man mich nicht entdecken würde, denn das wäre mein sicherer Tod gewesen. – Ich bereue jetzt auch, daß ich meinen Mund nicht hielt. Ich erzählte allen Leuten, ich könnte die Zukunft voraussagen, daß nämlich König Olaf von Norwegen von drei Herrschern gleichzeitig zur Schlacht gestellt werden würde. Als sich alles als wahr und richtig erwies, wurde ich von allen Leuten sehr bewundert. Prinzessin Astrid und Bischof Unger gestand ich die Wahrheit, daß ich alles nur belauschte", endete der Krämer seine Aussage.

„Jetzt wird mir alles klar!" rief Sigwaldi. „Astrid, meine Frau, versucht, mich mit diesen erfundenen Lügen aus dem Wege zu schaffen! Ihr habt es alle gehört! Für mich gibt es keinen Zweifel mehr: Astrid ist die Erfinderin dieser Lügen!"

Großer Lärm entstand jetzt im Saal. Die Meinungen schwankten hin und her. Mancher konnte der Aussage des Krämers keinen Glauben schenken, weil er ein Unfreier war, wieder andere mißtrauten Sigwaldi. Es dauert lange, bis der König sich mit lauten Worten wieder Gehör verschaffen konnte. „Ruhe! Jetzt ist Schluß mit Verleumdungen und Lügen! Ich werde die Wahrheit herausfinden! Wehe dem, der es wagt, vor dem König frech und schamlos zu lügen! Astrid, ich fordere dich auf, vor allen ehrlich zu bekennen: ist es wahr, wessen dein Gemahl, Sigwaldi, dich beschuldigt? Ja oder nein!"

Astrid erhob sich mit Tränen im Gesicht. „Jeder, der mich kennt, wird niemals einen Verdacht dieser Art gegen mich hegen können! – Und was die Aussage dieses Krämers betrifft, so schweige ich dazu. Sigwaldi ist trotz seiner Verleumdung mein angetrauter Gemahl, das genügt, um zu schweigen." Astrid sank in ihrem Stuhl zurück und bedeckte ihr Gesicht mit beiden Händen, sie weinte.

Diese Worte erzeugten bei den Gefolgsmännern des Königs noch mehr Bewunderung für Astrid. Um so mehr, da Sigwaldi so schwere Anschuldigungen gegen seine Frau erhoben hatte.

Der König seufzte schwer. Allein auf die Aussage des Krämers konnte er kein Urteil gegen einen Edeling fällen, darin besaß Jarl Sigwaldi vollständig recht. Andererseits hielt König Boleslaw die Aussage für wahr. Sollte der Tod seines Schwagers Olaf Tryggvisson deswegen ungesühnt bleiben? König Boleslaw suchte Rat bei seinem obersten Geistlichen. „Bischof Unger, ich brauche deinen weisen Rat. Glaubst du, daß der Händler die Wahrheit sprach?"

„Es liegt außerhalb meiner Macht und Befugnis, diese Frage zu beantworten. Aber ich kann dir vielleicht auf andere Art helfen, mein König." Der Bischof stand auf und trat zu der Reihe der gefangenen Jomswikinger, die sich in Jarl Sigwaldis Begleitung befanden. Er nahm sein vergoldetes und mit Edelsteinen besetztes Kreuz, das ihm über der Brust hing, und hielt es drohend den Gefangenen entgegen. „Ihr seid zwar getauft, doch ich weiß, daß noch viele von euch mehr an den Teufel als an den Herre Christ glauben. Aber vielleicht ist einer unter euch, der seine Seele für die Ewigkeit retten möchte. Ich frage euch jetzt bei eurem Seelenheil: wer von euch weiß etwas zu dieser Gerichtsverhandlung zu sagen? Derjenige trete hervor!" Der Bischof hielt das Kreuz dicht vor die Augen von Sigwaldis Gefolgsmännern. – „Wer es wagt, dieses Kreuz zu belügen, der wird weder in Odins Walhall noch in das Paradies des Herre Christ einkehren, sondern dessen Schatten wird ewig in der Finsternis umherirren!" rief Bischof Unger drohend aus.

Plötzlich entstand Bewegung unter den Jomswikingern. Ein noch junger Seekrieger versuchte, durch die Reihe der vor ihm Stehenden durchzugelangen. „Ein Verräter!" rief ein Jomswikinger. Sie umringten den jungen Krieger, ein gräßlicher Schrei ertönte aus ihrer Mitte. Kurz darauf hatte die Leibwache des Königs die Gefangenen auseinandergezerrt. Ein Jomswikinger lag am Boden. Ein Messer steckte ihm in der Brust. Es war derjenige, der zu reden bereit war. Der Häuptling der Leibwache beugte sich zu ihm herab.

„Trag mich zum König", flüsterte der tödlich Verwundete.

Swientobor winkte einen seiner Männer herbei. Sie packten den Verwundeten an den Schultern und trugen ihn vor König Boleslaws Thron.

„Der Krämer sagt die Wahrheit ... ich schwöre bei dem Herre Christ ... Sigwaldi ist ein Verräter ... König Sven ... jeder ... zehn ... dänische ... Goldstücke ..." konnte der Jomswikinger noch stammeln, dann sank ihm das Haupt herab, er war tot.

„Das genügt für ein Urteil!" rief König Boleslaw grimmig aus. „Die Wahrheit ist nun am Tageslicht! Das Unglaubliche, das ich niemals für möglich gehalten hätte, wurde von meinem eigenen Schwager verübt! – Bis gestern noch konnte ich voller Stolz sagen: kein wirklich großes Unrecht geschah während meiner Herrschaft! Und heute? Heute muß ich versuchen, so viel als möglich von der Schande, die an meiner Königskrone haftet, abzuwischen, indem ich die Übeltäter mit einer Strenge bestrafe, wie sie nie zuvor gehört wurde! – Zuerst soll der Hauptschuldige sein Urteil hören! Sigwaldi, du hast deine Ehre und dein Leben verwirkt! Du sollst den schmachvollsten Tod sterben, den je ein Wiking in meinem Reich fand! Du sollst in Ketten gelegt werden und jeden Tag zehn Peitschenhiebe erhalten. Damit er möglichst lange diese Schande erleidet, bekommt er täglich einen Fladen Brot und einen Krug Wasser! Führt ihn ab! Ich kann den Anblick dieses Gottverfluchten nicht mehr ertragen!"

Sigwaldi war zuerst vor Entsetzen wie betäubt. Als die Krieger des Königs ihn packten und abführen wollten, kam er wieder zu sich. Mit fast übermenschlicher Kraft, die ihm nur die Angst vor diesem unehrenhaften Tod eingab, riß er sich los. „Hab' Erbarmen, großer König! Ich bitte nicht um mein Leben! Aber gewähre mir einen ehrenhaften Tod!"

„Das beweist, daß du noch immer an die alten Heidengötter glaubst! Du fürchtest, du könntest nicht in Walhall einziehen, wenn du totgeprügelt wirst! Darum keine Gnade! Wem die Ehre seines Königs nichts bedeutet, dessen Ehre bedeutet mir auch nichts! Führt ihn schleunigst ab, und vergeßt nicht für heute die zehn Peitschenhiebe!" rief König Boleslaw mit vor Wut hochrotem Gesicht.

„Astrid! Astrid! Bitte für mich bei deinem Bruder!" schrie Sigwaldi, bevor die Krieger ihn aus dem Saal zerrten, solch ein Entsetzen bereitete ihm die Todesart, die ihm König Boleslaw zudachte.

„Und nun zu den anderen", fuhr der König fort. „Wer hat diesem Mann das Messer in die Brust gestoßen? Sprecht, oder ihr sollt alle des Todes sterben, den ich dem Mörder bestimmt habe!"

Die Jomswikinger befürchteten, daß auch ihnen der Einzug in Walhall verwehrt werden könnte. Darum gaben sie den Namen des Mörders preis.

„Er soll gefesselt hungrigen Bluthunden zum Fraß vorgeworfen werden!" sprach der König das Urteil. – „Und nun zu den anderen. Wer von ihnen mehr als fünf dänische Goldstücke besitzt, der soll bei Morgengrauen geköpft werden!"

Bei vier der Gefangenen wurden mehr als fünf dänische Goldstücke gefunden. Sie wurden abgeführt.

„Ich rate", flüsterte der Häuptling der Leibwache seinem König zu, „die anderen Jomswikinger von Sigwaldis Schiffsbesatzung aus der Jomsburg zu verstoßen. Sie waren gute Freunde Sigwaldis und könnten uns später noch großen Schaden bereiten."

„So sei es", stimmte König Boleslaw zu.

Thorkel der Hohe erhielt von dem Urteil durch einen

Späher sogleich Nachricht. Da er keine Möglichkeit sah, seinen Bruder Sigwaldi zu befreien, gab er den Befehl, von Jumne fortzufahren. Er segelte nach Dänemark, um in die Dienste König Sven Gabelbarts zu treten.

Der Pilger

Drei Tage nach der Seeschlacht fuhren König Boleslaw, Prinzessin Astrid und der Bischof ins westliche Haff, wo die Schlacht stattfand, um einen Kranz für Olaf Tryggvisson ins Meer zu werfen. Bischof Unger sprach mehrere Gebete für Olafs Seele. Auch vor den Grabhügeln der gefallenen Norweger beteten sie für die Seelen der Getöteten. König Boleslaw stand stumm an der Reling des Schiffes in Trauer um seinen Herzensfreund Olaf Tryggvisson.

Am Abend des gleichen Tages eilte ein Pater zu König Boleslaw und flüsterte ihm aufgeregt etwas ins Ohr.

„Das ist kaum zu glauben! Irrst du dich auch nicht?" fragte König Boleslaw aufs Höchste erstaunt.

„Nein! Ich kenne ihn von Angesicht. Er trägt zwar ärmliche Kleidung, aber er ist es!" rief der Pater aus.

Boleslaw verständigte seine Schwester Astrid und den Bischof. Zu dritt eilten sie in die Kirche. Die Leibwache des Polenkönigs besetzte alle Ausgänge des Gotteshauses. In der ersten Bankreihe saß eine gebückte Gestalt im Gebet versunken. Einige Kerzen auf dem Altar erhellten den Raum spärlich. König Boleslaw und Astrid näherten sich scheu. Der Mann trug keine Waffen und war ärmlich gekleidet. Sein Kopf war tief auf seine Brust gebeugt. Langsam sah der Mann auf – es bestand kein Zweifel. Vor ihnen saß – Olaf Tryggvisson.

„Olaf! Mein Bruder!" rief König Boleslaw in höchster Freude aus. Er umarmte seinen Schwager herzlich. „Du lebst! Dem Herre Christ sei Dank! Du bist deinen Todfeinden entronnen! Der Herre Christ ließ ein Wunder geschehen!" Szenen der Freude und der Rührung spielten sich in der Kirche ab.

Prinzessin Astrid sank vor Olaf auf die Knie. „Oh, wie sehr freue ich mich, daß du lebst, mein lieber Schwager! Verzeih die Schandtat meines früheren Gemahls! Der Schuldige wurde von König Boleslaw bereits auf das

Strengste bestraft", rief Astrid in höchster Verzweiflung aus.

„Beruhige dich, Astrid. Ich weiß alles. Das Strafgericht des Königs an Sigwaldi ist Tagesgespräch des Volkes", sprach Olaf ruhig und ohne Haß.

„Ich werde dir bei der Rückeroberung deines Reiches mit allen meinen Kräften beistehen! Das schwöre ich bei meinem Seelenheil!" rief König Boleslaw fest entschlossen aus.

Olaf schüttelte nur schwach lächelnd den Kopf. „Ich danke dir, Boleslaw, aber ich habe keineswegs im Sinn, mein Königreich zurückzuerobern. Ich bin fest davon überzeugt, daß der Herre Christ andere Pläne mit mir hat. Ich mache mich auf zu einer Pilgerfahrt ins Heilige Land. – Aber ich habe eine andere große Bitte. Sende unverzüglich einen Schnellsegler nach Norwegen, um meine Gesippen zu warnen. Vor allem meine Frau Thyri Haraldstochter ist in höchster Gefahr! Ich traue König Sven jede Schandtat zu, selbst einen Schwestermord."

König Boleslaw sah seinen Herzensfreund verwundert an.

Olaf fuhr fort. „Ich habe schwere Schuld auf mich geladen. Die größte war die, daß ich mein Volk mit Waffengewalt zwang, den richtigen Glauben anzunehmen. Nun muß ich zuerst diese Schuld abbüßen, denn mein Seelenheil ist wichtiger als eine Königskrone. – Ich bin des Herrschens müde, sollen sich andere mit dieser Last abmühen. Ich trage keinen Haß und keinen Groll in meinem Herzen, denn ich bin fest davon überzeugt, daß es Gottes Wille war, was geschah. Er schenkte mir das Leben, damit ich Zeit hätte, meine Sünden zu büßen. Ich habe dieses Zeichen verstanden. Mein Entschluß steht fest."

„Du bist verwundet", bemerkte König Boleslaw erschrocken. „Ruhe dich wenigstens einige Zeit bei uns aus."

„Bitte bleibe bei uns, bis du völlig genesen bist, Olaf. Tue uns die Freude an, dich gesundpflegen zu dürfen", bat auch Astrid.

Damit war Olaf gerne einverstanden. Sein einziger Wunsch war, unerkannt zu bleiben. Boleslaw versprach es ihm.

Zwei Tage später reiste der Polenkönig mit seinem Gefolge von Jumne ab. Prinzessin Astrid und Olaf Tryggvisson fuhren ihm nach Posen voraus. Der frühere König von Norwegen war wie ein Mönch gekleidet, und die Kapuze über dem Haupt machte ihn völlig unkenntlich.

Am Abend vorher wurde Sigwaldi auf Bitten Olaf Tryggvissons von König Boleslaw begnadigt. Olaf schloß dem früheren Jarl der Jomsburg eigenhändig die Gefängnistür auf.

Sigwaldi glaubte, einen Geist zu sehen, als Olaf Tryggvisson vor ihm stand. Ein entsetzlicher Angstschrei entfuhr ihm.

„Ich verzeihe dir, Sigwaldi", sprach Olaf mit Gleichmut. „Der Herre Christ hat verkündet: liebet eure Feinde, tuet denen Gutes, die euch hassen. – Du kannst gehen, wohin du willst." Olaf gab ihm den Weg frei.

„Komm mir nie mehr unter die Augen, Sigwaldi, oder du bist des Todes!" rief König Boleslaw ihm nach.

Zwei Wachen führten Sigwaldi durch die Gassen der Stadt und stießen ihn zum Tor hinaus. Der frühere Jarl von Jumne tauchte eilends im nahen Wald unter. Irgendwo an der Küste der Insel Wollin fand er ein Schiff, das ihn nach Dänemark brachte. Sigwaldi war ein innerlich gebrochener Mann, als er vor König Svens Thron geführt wurde. Als er dem Dänenkönig berichtete, daß er König Olaf Tryggvisson lebend gesehen habe, lachte man ihn aus und hielt ihn vollends für verrückt.

In der Stadt Sotenäset wartete die königliche Familie sehnsüchtig auf die Rückkehr ihres Sohnes und Ehegatten. Viel zu lange schon, länger als verabredet, blieb Olaf bereits seinem Reich und seiner Vaterstadt fern. Königin Thyri und die Königsmutter Astrid sahen mehrmals am Tage auf den langgestreckten Fjord hinaus, in der Hoffnung, endlich den Langen Drachen mit dem Königssegel zu erblicken. Aber immer und immer wieder wurde ihre Erwartung getäuscht.

Eines Nachts gab es Lärm und Geschrei unten am Hafen, wo die Schiffe anlegten. Lodin, Olafs Stiefvater, machte sich auf den Weg, um nach der Ursache des Menschenauflaufs zu sehen.

Ein norwegisches Langschiff war angekommen. Die völlig erschöpften Männer ließen sich von den Sotenäsetern mit Met und Eßwaren bewirten. Lodin hörte aus dem Stimmengewirr, daß es ein Kriegsschiff von König Olafs Flotte war. Er suchte den Steuermann des Langschiffes. Von ihm erfuhr er, daß König Olaf nicht weit von der Jomsburg von einer großen Kriegsflotte angegriffen und eingeschlossen worden war. Wegen eines Wettruderns waren sie glücklicherweise dem Feind entronnen. Lodin hörte auch von der Flucht des Erling Skjalgsson und dem Treuebruch der Tröndner an ihrem König. Zutiefst bekümmert kehrte er zur Königshalle zurück.

Thyri erwartete ihn bereits an der Tür. Lodins ernste Miene ließ sie vor Angst erzittern. „Erzähle, was geht unten am Hafen vor?"

„Die Flotte unseres Königs wurde von einer zahlenmäßig weit größeren Flotte eingeschlossen. Mehr wissen die Männer nicht zu berichten."

„Ist die Kunde glaubhaft?"

„Ich habe keine Veranlassung, daran zu zweifeln", entgegnete Lodin traurig.

Laut weinend rannte Thyri in ihr Gemach.

Lodin berichtete auch seiner Frau Astrid, was er unten am Hafenkai erfuhr.

Die Königsmutter saß einige Zeit stumm und schwer atmend inmitten ihrer heulenden Mägde. – „Ich will beten", murmelte sie endlich kaum hörbar. Sie zog ihren Schulterumhang über das Haupt, nahm ihren Gatten Lodin am Arm und ging zur Kirche, die sich neben der Königshalle befand. Die Dienerschaft folgte ihnen. Die völlig verzweifelte

Thyri wurde von zwei Dienerinnen in das Gotteshaus geführt.

Pater Mathias sang die Heilige Messe. Anschließend versuchte er, die königliche Familie mit vielen guten Worten zu beruhigen. Seiner Überzeugung nach sei noch nichts entschieden, noch bestehe kein Grund zu völliger Verzweiflung. Thyris Gewissensbisse vermochte er allerdings nicht zu mildern.

Die Königsmutter saß bis zum Morgengrauen, ja den ganzen folgenden Tag betend in der ersten Bankreihe. Weder ihr Mann Lodin, noch Pater Mathias konnten sie überreden, nach Hause zu gehen. Als es wieder Abend wurde und sie schließlich vor Erschöpfung ihrem Mann in die Arme sank, verlangte sie, in der Kirche zu ruhen. Mägde brachten Kissen und Wolldecken.

Thyri saß wartend neben der Königshalle, und ihre verweinten Augen waren auf das Meer gerichtet.

Lodin rief treue Männer in der Königshalle zusammen, um für alle Fälle vorgesorgt zu haben.

Drei Tage nach der Schreckensnachricht verkündeten Rauchsignale das Eindringen fremder Kriegerscharen in König Olafs Erbreich. Krieg war das Losungswort. Aber noch immer kam keine Kunde vom Verbleib ihres Königs, Sohnes und Ehegatten in Sotenäset an.

Lodin riet Astrid eindringlich zur Flucht. Doch die Königsmutter schüttelte den Kopf. „Ich bin schon einmal von hier geflohen", sprach sie mit gefaßter Stimme. „Damals war ich jung, und ich trug einen Königssohn unter meinem Herzen. – Aber jetzt bin ich alt; meine Erdentage sind gezählt. Hier will ich sterben, wenn Gott mich ruft, und hier will ich begraben sein."

Lodin sah ein, daß er bei Astrid nichts auszurichten vermochte. Doch Thyri redete er so lange zu, bis sie schließlich einsah, daß es besser sei, ins Gebirge zu fliehen, bis die Kriegsgefahr vorüber war. Ein Versteck hoch oben in den Bergen wurde verabredet, wo sie so lange bleiben würde, bis König Olaf mit seinen Kriegern zurückgekehrt sei und sie zu sich nehmen könne. Thyri machte sich in Begleitung zweier Mägde, ihres Hauspriesters Pater Mathias und einiger weniger Getreuen noch am gleichen Tag auf den Weg.

Zwei Tage später fuhr eine große dänische Kriegsflotte in den Hafen der Stadt Sotenäset ein. Der Jarl des Heeres hieß Svein Hakonsson; er war der jüngste Sohn des „bösen Jarls". Jarl Svein ließ die Königshalle Olaf Tryggvissons von seinen Kriegern umstellen. In der Kirche nebenan fand er Astrid und Lodin. In gehässiger Schadenfreude berichtete er den Eltern von der Niederlage Olaf Tryggvissons und dessen vermeintlichem Tode. Thorkel Nefjas Leiche sei mit Sicherheit wiedererkannt worden, während Olafs Leichnam auf dem Grund des Meeres läge.

Die Königsmutter Astrid erlitt einen Schwächeanfall. Mitleidlos befahl Jarl Svein Lodin und Astrid, augenblicklich die Oberstadt zu verlassen. Bei Todesstrafe sei es ihnen verboten, sie jemals wieder zu betreten.

Bevor die beiden die Kirche verlassen durften, wurden sie noch aller Wertgegenstände beraubt. Auf dem Rücken trug Lodin die völlig verzweifelte Astrid in die Unterstadt, zur Handelsniederlassung der friesischen Kaufleute; dies war neutraler Boden. Astrid ließ sich auch hier in das Gotteshaus tragen.

Viele Langschiffe kamen noch an den folgenden Tagen im Hafen von Sotenäset an und verließen ihn wieder; meist waren es Kriegsschiffe. Unbeobachtet legte auch ein ausländisches Handelsschiff am Kai an. Nachdem der Händler am späten Abend seine Geschäfte beendet hatte, begab er sich mit einem Begleiter zur Handelsniederlassung der Friesen und Sachsen. Hier erkundigte er sich nach einem Pater namens Mathias. Man gab ihm zur Antwort, daß der Pater zusammen mit der früheren Königin Thyri aus der Stadt geflohen sei. Trotz der Lebensgefahr, in der der Händler schwebte, wagte er zu fragen, ob noch irgendjemand von König Olafs früheren Getreuen in der Stadt weilen würde. Auch diese Frage wurde verneint, aber in der

Kirche der Handelsniederlassung hätten die Eltern König Olafs Zuflucht genommen. Sein Begleiter nickte aufgeregt, das waren zwei der Gesuchten.

In der Kirche, als der Begleiter des Händlers mit den beiden Alten allein war, lüftete er sein Geheimnis. Er sei ein polnischer Mönch, und er habe ihnen eine Botschaft von ihrem Sohn Olaf zu überbringen. Er überreichte Lodin als Wahrzeichen den Siegelring Olafs.

Doch es war für Astrid nur ein schwacher Trost zu wissen, daß Olaf am Leben sei, denn ihr zweiter Sohn, Thorkel Nefja, war ja tot. Nur mit großer Mühe konnte Lodin ihr von der wundersamen Rettung Olafs erzählen. Doch es schien sie kaum zu berühren. Ihr Blick hing nur noch an dem Gekreuzigten. Lodin wußte, daß ihre Sehnsucht sie weit weg von dieser schrecklichen Welt trieb, dorthin, wo sie mit ihren Söhnen vereint, endlich für ewige Zeit glücklich zu sein hoffte.

Manchmal stieg in Lodins Herz Eifersucht auf, denn er fürchtete, in eine andere neue Welt zu gelangen, als Astrid und ihre Söhne. Die Saga von Odins Methallen besaß nämlich immer noch einen starken Widerhall in seinem alten Wikingerherzen. Ja, die jetzigen Zeiten waren schlimm, sehr schlimm. Nicht allein die Sippenfehden der Herrschenden, auch der alte und der neue Glaube riß viele Familien, ja sogar Ehegatten auseinander. Die einen wünschten, in das Reich des Herre Christ zu gelangen, und die anderen, vorwiegend Männer und Krieger, erhofften sich viel lieber einen Platz in Odins fröhlichen Methallen. Woran sollte man denn nun wirklich glauben? Kein Gott gab ein sichtbares Zeichen von seiner überzeugenden Größe, seiner Übermacht. Einmal siegten die Anhänger der alten Götter und einmal die des Herre Christ. Nur eines war ihnen allen gemeinsam: die grausame Härte, mit der sie Andersdenkende verfolgten.

Die Königsmutter Astrid starb; Lodin hatte aufgehört die Tage zu zählen, die sie noch lebte. Manchmal schien ein

Tag zehn Tage zu dauern und manchmal nur ein kurzer Augenblick.

Erneut gab es Geschrei und Menschenauflauf in der Stadt. Vom Zaun des ausländischen Händlerviertels sah Lodin, wie die frühere Königin Thyri auf ein Pferd gebunden von den Kriegern Jarl Sveins in die Stadt gebracht wurde. Die Menge verhöhnte ihre frühere Königin, um sich bei dem jetzigen Herrscher beliebt zu machen.

Wenig später lief ein Mann, in Lumpen gekleidet, mit taumelnden Schritten dem Weg des Reitertrupps hinterher. Erst am geschorenen Hinterkopf erkannte Lodin ihn wieder: es war Pater Mathias.

Thyri wurde in die Oberstadt gebracht, um Jarl Svein vorgeführt zu werden. Das Tor davor war von zwei Kriegern bewacht.

Der Pater lief aufs Tor zu. Kurz davor machte er halt und erhob seine Hände flehend in die Höhe, dann lief er weiter auf den Eingang zu. Einer der Krieger stellte sich ihm in den Weg. Pater Mathias wollte ihn umgehen, doch der Krieger hielt ihn am Arm zurück und stieß ihm vom Tor weg, daß er zu Boden fiel. Langsam erhob sich Mathias und tat erneut einen Schritt in Richtung Oberstadt. Diesmal bekam er von dem Krieger einen Hieb mit dem Schild gegen den Kopf, daß er mit einem Schrei zu Boden sank. Wieder rappelte sich der Pater auf die Beine und ging mit flehend erhobenen Händen auf die Wachen zu. Diesmal schlugen sie zu zweit auf ihn ein, bis er reglos am Boden liegenblieb.

Lodin empfand so etwas ähnliches wie Mitleid mit Pater Mathias, aber es war wohl mehr Verwunderung. Ohne sich um das Verbot zu bekümmern, verließ er das Händlerviertel und lief mit langsamen, aber festen Schritten auf den Bewußtlosen hin. Ein scheuer Blick auf die beiden Krieger zeigte ihm, daß sie ihn kaum einer Beachtung wert fanden. Lodin beugte sich zu dem Mißhandelten hinab. „Hörst du mich, Heuchler?" Lodin erschrak über das Wort „Heuchler", aber Zeit seines Lebens hatte er diese Männer mit ihrem Spitznamen angeredet, nur während Olafs Königsherrschaft war diese Bezeichnung verboten gewesen. Aber während des einen kurzen Sommers, den der Heuchler bei ihnen lebte, hatte Lodin es nicht vermocht, seinen Namen länger als eine Messe lang im Gedächtnis zu behalten.

Pater Mathias stöhnte bei Lodins Berührung laut auf und zuckte wie ein Tier in Todesangst.

„Heuchler, was du tust, ist reiner Selbstmord. – Aber das müßtest du eigentlich selber wissen, denn du bist nicht dumm. Oh nein, das weiß ich. Ich erkenne Dumme und Schlaue auf den ersten Blick. – Komm mit, Heuchler. Ich bringe dich zu deinen Glaubensgenossen."

Pater Mathias erkannte den alten Lodin. Langsam zog er sich mit dessen Hilfe in die Höhe. Wieder wollte er seinen Schritt auf den Eingang zur Oberstadt lenken, doch Lodin zerrte ihn mit aller Kraft in die andere Richtung, zum Händlerviertel.

„Thyri", schluchzte der Pater. „Ich muß sie beschützen."

Lodin mußte kichern. „Du willst sie beschützen, du Narr? Wo ist dein Schwert, dein Schild und deine Bartaxt, Heuchler? Ich sehe nichts dergleichen."

„Gott hat sie mir anvertraut, Lodin", murmelte der Pater mit blutenden Lippen.

„Ich begreife nicht, wie du sie beschützen willst?" erwiderte Lodin kopfschüttelnd.

„Ich beschütze nicht ihren Körper, sondern ihre Seele", erklärte Mathias dem alten Wiking.

„Soso", murmelte Lodin. „Aber sieh doch endlich ein: Jarl Svein, der jetzt ihren Körper hat, kann verhindern, daß du ihre Seele behütest, Heuchler. Bei Odin, ich glaube, sie haben allen Verstand aus dir herausgeprügelt. – He, ich weiß eine Neuigkeit, die dich gewiß nicht kalt läßt, Heuchler", fiel Lodin ein. „Vor einigen Tagen kam ein Heuchler von der Jomsburg. Er brachte Astrid den Siegelring König Olafs, und er behauptete, daß Olaf Tryggvisson die Schlacht bei Swinemünde überlebt habe."

Pater Mathias blieb verwundert stehen. „König Olaf lebt?"

„Er lebt, so sagt man. Aber er will nicht versuchen, sein Reich zurückzuerobern. Er will nach Feuerland weit im Süden, in die Stadt, wo euer Gott gefoltert wurde, um zu beten. – Was soll man davon halten? Hat man so etwas schon gehört? Nein, solange ich lebe nicht", schüttelte Lodin verständnislos den Kopf.

„Allmächtiger Gott! Wie sehr beneide ich den König um dieses Glück!" rief Pater Mathias voller Bewunderung aus. Plötzlich packte er Lodin verzweifelt an den Armen. „Ich muß es Thyri mitteilen! Sie grämt sich, weil sie glaubt, sie trüge die Schuld am Tode ihres Mannes, da sie ihn zur Reise nach Polen antrieb! Sie wünscht sich den Tod herbei und verweigert die Nahrung! Ich muß es ihr sagen, bevor es zu spät ist! Du mußt mir helfen, Lodin!"

An einem Sonntag machten sich Lodin und der Pater auf den Weg zur Oberstadt. Als Lodin den Wachen am Tor sagte, daß sie in wichtiger Angelegenheit Jarl Svein sprechen müßten, gab man ihnen hähmisch grinsend den Weg frei. Sie kannten die Strafe, die darauf stand, wenn der alte Lodin die Oberstadt betreten würde.

Vor dem Tor zur Jarlshalle standen zwei weitere Wachen. Einer folgte den beiden in die Jarlshalle.

Mutig traten die beiden vor den Hochsitz des neuen Landesherrn.

„Heil, Jarl Svein!" grüßte Lodin höflich. „Gewähre mir die Gnade, großmütiger Jarl, dir eine kleine Bitte vortragen zu dürfen."

„Du kennst mein Verbot, Lodin!" rief Jarl Svein höhnisch aus. „Ich verbot dir bei Todesstrafe, deinen Fuß in meine Stadt zu setzen! Ich bin nicht gewillt, Gnade walten zu lassen! Aber einem Todgeweihten erfülle ich gerne eine Bitte, falls es in meiner Macht steht, sie zu erfüllen!"

„Es liegt ganz gewiß in deiner Macht, großmütiger Jarl", entgegnete Lodin mit ruhiger, fast sanfter Stimme. – „Ich bin ein Greis. Ich habe alles auf dieser Welt verloren, woran mein Herz hing. Meinen Sohn Thorkel Nefja, meinen Stiefsohn Olaf Tryggvisson, meine Töchter und Schwäger sind landsflüchtig, und vor wenigen Tagen starb auch meine Frau Astrid. Ich sterbe leichten, ja freudigen Herzens, denn jetzt, da ich eines gewaltsamen Todes sicher bin, weiß ich auch, daß ich in Odins Methallen einkehren darf; der Strohtod ist mir verhaßt."

Jarl Sveins Miene verfinsterte sich, da er merkte, daß er dem alten Wiking nur einen Herzenswunsch erfüllen würde, wenn er ihn umbringen ließe.

„Was hast du für eine Bitte?" fragte er mürrisch.

„Es betrifft Thyri. Sie ist meine Schwiegertochter. Zuerst möchte ich wissen, was ihr Familienoberhaupt, der König von Dänemark, über ihre Zukunft beschlossen hat."

„Das ist kein Geheimnis, Lodin. König Sven verbannte seine Schwester für den Rest ihres Lebens hier in diese Stadt. Zur Strafe für die Schmach, die sie dem König und der Königin von Dänemark zufügte, muß sie in meiner Jarlshalle als Magd dienen. Ich trage die Verantwortung, daß der Befehl des Dänenkönigs gnadenlos ausgeführt wird."

Lodin nickte nachdenklich mit dem Kopf. – „Das ist hart. – So hart aber auch wiederum nicht, wenn man bedenkt, daß Thyri eine überzeugte Heuchlerin ist. – Leider steht es außerhalb meiner Macht, Thyris Schicksal zu ändern", sprach der alte Wiking mit einem verschmitzten Lächeln. Mit diesen Worten hatte er wenigstens vor allen Leuten sein Ansehen bewahrt. – „Nun komme ich zu meiner Bitte, großmütiger Jarl. Dieser Heuchler neben mir ist Thyris Hauspriester gewesen, wie du weißt. Ich kann mir denken, daß er dir zudringlich, ja lästig geworden ist. Schließlich folgte er Thyri aus den Bergen bis hierher nach Sotenäset. Ich möchte dir einen ehrlichen Handel vorschlagen, Jarl Svein. Wenn du ihm erlaubst, ein letztes Mal für Thyri eine Messe singen zu dürfen, so schwört er bei dem Herre Christ, daß er nie mehr den Versuch unternimmt, hierher in die Oberstadt zu gelangen. Er würde sogar Norwegen verlassen. Er will zurück nach Dänemark, um König Sven Gabelbart auf den Knien zu bitten, seiner Schwester Thyri zu verzeihen."

Der ganze Saal lachte schallend über das Vorhaben des Heuchlers. Auch Jarl Svein mußte so herzhaft lachen, wie er selten gelacht hatte. Selbst ein Gaukler konnte ihm keinen solchen Lachreiz entlocken.

„Der Heuchler schwört, daß er nie mehr den Versuch unternimmt, mit Thyri Haraldstochter zu sprechen?" vergewisserte sich der Jarl.

„Ja, das schwöre ich bei dem Herre Christ!" rief Pater Mathias mit hocherhobener Schwurhand.

Jarl Svein saß geraume Zeit in finstere Gedanken versunken. Plötzlich brach ein schallendes Gelächter aus ihm heraus. Er hatte einen Einfall, wie er diesem lästigen Treiben ein für alle Mal ein Ende bereiten könne, und dazu solle es noch ein seltenes Vergnügen für ihn und sein Gefolge geben.

„Ich bin einverstanden, Lodin, unter einer Bedingung: wenn der Heuchler die Messe für Thyri gesungen hat, soll er dein Scharfrichter sein!" Jarl Svein lachte erneut schallend auf; auch sein Gefolge lachte. Svein Hakonsson wußte, daß es für einen Mönch keine größere Sünde gab, als einen Menschen zu töten.

„Nein! Das kann ich nicht!" rief Pater Mathias voller Entsetzen aus.

Lodin packte ihn hart am Arm. „Doch, Heuchler! Du kannst es! Bedenke doch, daß du mir keine größere Freude bereiten kannst! Nur wenn ich den Tod durch eine Waffe finde, kann ich in Odins Methallen einkehren! Denk an deine Pflicht, das Seelenheil Thyris zu retten!" ermahnte Lodin den entsetzten Pater.

Jarl Svein lachte erneut schallend auf. Dieses Schauspiel hatte er ja bezweckt.

„Du mußt es tun! Denk an die Botschaft, die du Thyri überbringen willst!" raunte Lodin dem Pater ins Ohr.

Mathias nickte. Ja, er mußte Thyri retten. Er mußte ihr mitteilen, daß König Olaf lebt. Was nachher kam, war jetzt unwichtig.

„Der Heuchler ist einverstanden!" rief Lodin erfreut aus.

„Er kann sogleich damit beginnen! Bringt Thyri in die ehemalige Kirche neben der Jarlshalle!" befahl Jarl Svein.

Alle begaben sich in die Kirche. Es sah wüst darin aus. Alles christliche Inventar war zerschlagen. Dem Gekreuzigten hatte man Kopf, Arme und Beine abgeschlagen. Wie König Olaf die Standbilder Thors, Odins und Freyrs zerstört hatte, verfuhren die Dänen mit dem Gekreuzigten.

Zwei kräftige Mägde führten Thyri herein. Sie banden sie an die erste Bankreihe und traten dann zurück, um nicht mit der fremden Gottesmacht in unheilvolle Berührung zu gelangen.

Pater Mathias sang mit bebender Stimme seine letzte Messe für sein hochwohlgeborenes Schäfchen. Zum Schluß teilte er auch das Brot und einen Becher Wein mit ihr. Auf dem Boden des Holzbechers lag – Olafs Siegelring. Thyri erkannte ihn wieder, und sie weinte laut auf.

„Nimm den Ring in den Mund", raunte Pater Mathias ihr zu. „Olaf lebt, er weilt bei König Boleslaw."

„Nicht flüstern, Heuchler! Sprich laut!" ermahnte Jarl Svein den Pater.

Pater Mathias sprach mit erhobenen Händen den Segen Gottes über Thyri aus. Anschließend ermahnte er sie mit vielen guten, ja bittenden Worten, ihr schweres Schicksal mit innerer Standhaftigkeit zu ertragen, niemals an der Allmacht des Herre Christ zu zweifeln und auch niemals die Hoffnung aufzugeben. Er erinnerte sie an das Schicksal der Königsmutter Astrid, der ein ähnliches Leid widerfahren war. Pater Mathias wollte mit seinen Tröstworten und Ermahnungen gar nicht mehr enden, da unterbrach ihn Jarl Svein ungeduldig.

„Genug der Worte, Heuchler! Ich verlange jetzt die Erfüllung der Bedingung, die an diese Gunst geknüpft war!"

Lodin erhob sich und trat vor den Altar. Er band sich die Lederjacke auf, so daß seine Brust freilag.

Ein Krieger reichte dem Pater einen scharfgeschliffenen Dolch. Mathias sah voller Entsetzen auf die Waffe in seiner Hand.

„Ich bin bereit, Heuchler", sprach Lodin mit ruhiger Stimme. „Bedenke, daß du mir damit einen Gefallen tust. Stoß kräftig zu."

Mathias wandte sich zu Thyri, die mit erschrockenen Augen auf ihn blickte. – „Schließe deine Augen, Thyri. Das ist kein Anblick für Christenmenschen", bat er sie. Dann hob er seinen Blick zu dem Gekreuzigten hinauf. „Großer Gott, verzeih mir, aber ich kann nicht anders!" rief Pater Mathias in höchster Verzweiflung aus. Dann stieß er sich selber das Messer in die Brust. Mit einem gräßlichen Schrei sank er zu Boden.

Auch Thyri stieß einen Entsetzensschrei aus, als sie ihren Seelenhirten zu Boden sinken sah.

Jarl Svein trat in stummer Verwunderung zu dem Mönch. Mit einem unsicheren Blick sah er von dem Mönch zu Lodin und wieder zurück.

„Was soll's, Jarl", sprach Lodin bedauernd. „Gib einem deiner Krieger den Befehl, mich niederzustrecken", sprach er beinahe bittend.

Doch Jarl Svein wußte nur zu gut, daß das in Lodins Sinne gehandelt wäre. „Nein, Lodin, das war nicht unsere Abmachung! Der Heuchler hat sie gebrochen, darum brauche auch ich mich nicht daran zu halten! Packt ihn!" befahl er zuerst seinen Kriegern.

Lodin ließ sich ohne Gegenwehr ergreifen. „Was führst du mit mir im Schilde?" fragte er erschrocken, da er das Schlimmste fürchtete, nämlich um Odins Walhall gebracht zu werden.

„Ich werde die Rollen vertauschen! Du trägst in Zukunft das Mönchsgewand dieses Heuchlers! Und damit du auch ganz gewiß in das Himmelreich der Heuchler gelangst, sollen dir die Hände bis an dein Ende an eine Eisenkette gebunden sein!" Jarl Svein lachte schallend. „Bringt ihn auf der Stelle zu einem Schmied!"

Lodin war der Verzweiflung nahe. Sein Traum, in Odins Methallen zu gelangen, war damit endgültig ausgeträumt.

Gunnar, der Schmied, machte ein bekümmertes Gesicht, als er von einem Krieger den Befehl erhielt, Lodins Hände in Eisen zu legen.

„Verzeih mir, Lodin. Aber ich muß dem Befehl gehorchen", wagte Gunnar zu entgegnen, bevor er mit seiner traurigen Arbeit begann.

Lodins Handgelenke schmerzten, als die glühenden Nieten an den Armschellen mit Hammerschlägen befestigt wurden. Doch er verzog kaum eine Miene dabei. Teilnahmslos saß er auf einem Schemel und blickte weit in die Ferne. In seinem Kopf ging es dafür um so reger zu. Wenn er es sich so recht vorstellte, für alle Ewigkeit von Astrid und seinen beiden Söhnen getrennt zu sein, er in Walhall und die anderen im Reich des Herre Christ, nein, das gefiel ihm ganz und gar nicht. Man erhält zwar in Walhall von einer Walküre den Becher des Vergessens zu trinken, aber warum sollte man vergessen, was einem hier auf der Welt lieb und teuer war? Wie sehr hatte er Astrid geliebt. Ja, sie war eine gutaussehende und stolze Frau geblieben, trotz des schweren Leids, das ihr widerfahren war. Wieviele schöne Stunden hatte sie ihm geschenkt. Warum sollte man sich eigentlich nicht im Jenseits daran erinnern dürfen? Lodin sah sich die Kette an, und plötzlich mußte er lauthals auflachen. Es war ein befreiendes, ja frohes Lachen. Es war gewiß, mit diesen Handschellen war ihm das Reich des Herre Christ sicher.

„Astrid, sieh mich an! Wir werden auch im Jenseits vereint sein! Wie das Himmelreich der Heuchler auch aussehen mag, das ist mir gleich! Aber ich werde bei dir sein!" Lachend lief Lodin durch die Straßen der Stadt Sotenäset. Die Jugend lief mit lautem Spott hinter ihm her.

Der Schmied Gunnar sah Lodin erschrocken nach. „Bei Odin, jetzt ist er verrückt geworden", murmelte er in seinen Bart.

Lodin genoß von diesem Tag an Narrenfreiheit in der Stadt. Jarl Svein Hakonsson kümmerte sich nicht mehr um den Greis, der den Verstand verloren hatte, weil er nicht in Odins Methallen einziehen konnte. Nur Lodin selber wußte es besser.

Es war Winter geworden. Lodin lief bei kniehohem Schnee und nur in dürftige alte Lumpen gekleidet durch die Gassen von Sotenäset, um sich Nahrung zu erbetteln. Auch an einem Nebeneingang zur Jarlshalle saß er manchmal spät in der Nacht, wenn Jarl Svein Hakonsson außerhalb weilte, um von Thyri, die als Magd in dem großen Hausstand arbeitete, Nahrungsreste zu erbitten.

Eines Nachts im Mittwinter, er war der erste Abend des Julfestes, legte sich Lodin neben den Seiteneingang der Jarlshalle in den Schnee, um zu warten, ob er von Thyri noch etwas zu essen bekäme und vielleicht auch einen Becher Met, zur Feier des Tages.

Endlich, es war nach Mitternacht, öffnete sich leise die Tür.

„Trieb dich der Hunger her, trotz der Kälte?" fragte Thyri vorwurfsvoll.

„Nicht nur der Hunger, Tochter, mehr noch die Sehnsucht", murmelte Lodin.

„Du holst dir den Tod, wenn du noch lange hier sitzt. Iß schnell, und such dir einen warmen Platz in einem Stall", riet ihm Thyri.

Doch Lodin rührte die Speise nicht an. Er starrte auf das hellerleuchtete Fenster eines Wachhauses. „Ich sitze gerne hier. Vor hier aus kann ich bis in das Reich des Herre Christ blicken. Sie sind alle versammelt; ich sehe sie", murmelte Lodin, und seine Augen leuchteten vor Freude.

Thyri fühlte, daß Lodins Kopf vor Fieber glühte. „Wen siehst du?" fragte sie nachsichtig.

„Auf dem Hochsitz in der Mitte sitzt König Olaf. Er hebt das kostbare, goldverzierte Methorn zum fröhlichen Umtrunk. Zu seiner Rechten neben ihm, der stolze Blondschopf, das ist Thorkel Nefja, mein Sohn. Er hebt auch sein kostbares Horn zu Ehren des Herre Christ. Auch Pater Mathias sehe ich lachend neben ihnen; er hat ein goldverziertes Messer in der Brust stecken, zum Zeichen seines Mannesmutes. Nur Astrid sitzt traurig da. Sie blickt sinnend in ihren Weinpokal. Ja, sie trauert, weil ich noch nicht bei ihnen bin. – Siehst du es auch, Thyri?"

„Du hast Fieber, Lodin", sprach Thyri kopfschüttelnd.

„Ich habe Durst, Tochter. Gib mir auch einen Becher Met", bat Lodin.

„Das geht nicht, wenn ich dabei gesehen werde, bekomme ich Schläge", entgegnete Thyri erschrocken.

„Warum geht es nicht, Tochter? Heute ist Julfest?" fragte Lodin.

„Also gut, Lodin, ein einziges Mal wage ich es", sprach Thyri mitleidig.

Sie schlich in die Vorratskammer und kam mit einem vollen Becher Met zu Lodin zurück. Thyri reichte ihm den Becher an den Mund. Aber Lodin blieb unbeweglich sitzen. Sein Blick war starr auf ein fernes Ziel gerichtet. Aus Thyris Augen schossen plötzlich Tränen.

„Herre Christ, nun bin ich ganz allein", schluchzte sie verzweifelt.

Schlußworte eines nordischen Dichters

Der Skalde Hallfred war im Frühsommer des Jahres 1000 mit den Boten des neuen Glaubens nach Island gefahren, so hatte es König Olaf Tryggvisson gewünscht. Im Herbst kamen Schiffe von Norwegen nach Island und brachten die Nachricht mit von König Olaf Tryggvissons Niederlage. Hallfred traf dieser Schicksalsschlag so schwer, daß er sich einige Tage ins Bett legte und trauerte. Sein größter Gönner war der Königsherrschaft beraubt, und somit bestand keine Aussicht mehr für ihn auf goldene und silberne Schmuckstücke als Belohnung für seine Skaldenkunst. Hallfred nahm das erstbeste Schiff, das nach Norwegen fuhr. Anfang des Winters traf er im Sognefjord ein. Hallfred fragte viele Leute aus, auch einige Krieger, die an der Schlacht teilgenommen hatten. Die Krieger behaupteten, daß König Olaf in der Ostsee ertrunken wäre, nachdem er über Bord seines Königsschiffes gesprungen sei. Es war aber auch zufällig ein Händler da, der im Sommer in der Stadt Jumne weilte, und dieser behauptete felsenfest, daß er König Olaf nach der Schlacht gesehen habe. Er hätte eine Mönchskutte getragen und anscheinend allen irdischen Dingen entsagt.

Diese Ungewißheit über König Olafs Schicksal spiegelt sich in der Drapa wieder, die der Skalde Hallfred zum Gedenken und zum ewigen Ruhme seines Gönners und Königs verfaßte. Darin heißt es am Schluß des Heldengedichtes:

Er, der lätzte mit Atzung
Aare und Raben, starb er?
Blieb sein Leib am Leben?
Leider schwört man beides!
Wähne, nichts hilf's: verwundet
War er: dies ist klar nur.
Von dem Kühnen keine
Kunde ist sonst zur Stunde.

Sagte vom Herr'n ein hurt'ger
Heermann, lebend wäre
Tryggvis Sohn, der truglos,
Treu zu allen Leuten.
Hallendem Schwertlärm heil der
Held entging, man meldet's.
Eitle Kunde das! Kann doch
Keiner wahr alles dartun.

Über See man sagte
Sei des Reichs Verteid'ger
Ohne Land und Leute:
Leid drum trägt man weithin.
Trug der Goldesträger
Tragen wohl vermag man,
Wär' ein Trost, daß wirklich
Weilt im Leben er – heil dann!

Ständig kommt zu Gold's Kenner
Kunde noch von Herrn's Verwundung,
Wie, daß im Ost' er entwichen
Wär aus der Schwerter Lärme.
Volks wind'ge Mär'n wenig
Wert' ich. Aus Südens Heerschlacht
Erfuhr man des Fürsten
Fall klar ja als Wahrheit.

Himmel und irdisch Heim von
Hinnen in nichts mag schwinden:
Größern König nie grüßet
Goldige Sonne wie Olaf.
Nie so huldvoll'n Helden
Hier das Volk sieht wieder.
Königs Seele, des Kühnen,
Christus möge fristen.

Lebensdaten von König Olaf Tryggvisson

969 n. Chr.	Olaf Tryggvisson geboren (etwa Juli, August)	
970 n. Chr.	Flucht von Königin Astrid mit dem Knaben nach Schweden (Frühjahr)	1 Jahr alt
972 n. Chr.	weitere Flucht nach Rußland, Versklavung	3 Jahre alt
979 n. Chr.	Jarl Sigurd befreit Olaf aus der Sklaverei, Olaf kommt an den Hof der Fürstin Rogenta	10 Jahre alt
981 n. Chr.	Olaf tritt in die Gefolgschaft (ins Heer) des Großfürsten Wladimir von Kiew ein	12 Jahre alt
988 n. Chr.	Jarl Olaf verläßt das Kiewer Reich mit einem Warägerheer, sie fliehen vor der Taufe, im Spätherbst erreichen sie die pommersche Küste, Olaf weilt den Winter über in Posen bei König Mieszko, Freundschaft mit Boleslaw	19 Jahre alt
989 n. Chr.	an Ostern erste Taufe Olafs, Heirat mit Geira, der Tochter des Polenkönigs Mieszko	20 Jahre alt
990 n. Chr.	Tod seiner Frau Geira (Herbst)	21 Jahre alt
991 n. Chr.	Olaf verläßt das Polenreich, auf Wiking	22 Jahre alt
992 n. Chr.	auf Wiking, in Polen Tod König Mieszkos	23 Jahre alt
993 n. Chr.	auf Wiking, Doppelhochzeit in der Jomsburg	24 Jahre alt
994 n. Chr.	auf Wiking, auf den Scilly-Inseln endgültiger Glaubenswechsel zum Christentum, 2. Ehe mit Gydia	25 Jahre alt
995 n. Chr.	Olaf fährt nach Norwegen und wird zum König über Jarl Hakons Reich (das Tröndelag) gewählt	26 Jahre alt
996 n. Chr.	Christianisierung seines Erbreiches, Heirat seiner Schwester Ingibjörg mit mit Jarl Rögnvald	27 Jahre alt
997 n. Chr.	Christianisierung Hardangers, Heirat seiner Schwester Astrid mit Erling Skjalgsson	28 Jahre alt
998 n. Chr.	Heiratsverhandlungen zwischen König Olaf und Königin Sigrid Storrada von Schweden, Christianisierung des Tröndelags, Gründung der Königsstadt Nidaros	29 Jahre alt

999 n. Chr.	Christianisierung des Helgelandes, im Winter 3. Ehe König Olafs mit Prinzessin Thyri, der Schwester König Sven Gabelbarts von Dänemark	30 Jahre alt
1000 n. Chr.	Wikingfahrt nach Polen, Wiedersehen mit König Boleslaw Chrobry, Verrat Jarl Sigwaldis, Seeschlacht (bei Swinemünde?), Ende von Olafs Königsherrschaft, (Weiterleben als Pilger?)	31 Jahre alt

Lebensdaten des Großfürsten (Zaren) Wladimir

um 954 n. Chr.	als Sohn des russischen Großfürsten Swjatoslaw und einer Hofdame (Schaffnerin) mit Namen Malusa geboren
969 n. Chr.	teilt Swjatoslaw das Kiewer Reich unter seinen drei Söhnen (Jaropolk, Oleg und Wladimir) auf, Wladimir herrscht mit Unterstützung seines Oheims Dobrynja im Nordreich, um Nowgorod
972 n. Chr.	Svjatoslaw fällt an den Stromschnellen des Dnjepr im Kampf gegen die Petscheneggen
977 n. Chr.	nach dem Tode des Großfürsten beginnt ein Bruderkrieg, Wladimir muß sich vor seinem Bruder Jaropolk nach Schweden zurückziehen
979 n. Chr.	kehrt Wladimir mit einer großen schwedischen Gefolgschaft (in Rußland Waräger genannt) nach Nowgorod zurück
980 n. Chr.	Wladimir besiegt seinen Bruder Jaropolk und wird Großfürst über das gesamte Kiewer Reich
988 n. Chr.	Heirat Wladimirs mit der Porphyrogeneta Anna, Christentum wird Staatsreligion im Kiewer Reich, Massenflucht der Waräger vor der Taufe

Lebensdaten König Mieszkos I. von Polen

König Mieszko heiratet eine böhmische Prinzessin mit Namen Dobrawa, was zu Deutsch „die Gute" heißt (sicherlich nicht ihr wirklicher Rufname). Auf ihr Drängen läßt sich König Mieszko taufen (966 n. Chr.). Gründung des ersten polnischen Bistums zu Posen, erster Bischof heißt Jordan (starb 982), sein Nachfolger ist Bischof Unger

967 n. Chr.	Boleslaw (Chrobry) geboren, seine Mutter Dobrawa stirbt im Kindbett In den Jahren 968 bis 977 werden König Mieszko von einer Frau, deren Name und Herkunft nicht überliefert sind, drei Töchter geboren:[1] 1. Geira geboren ungefähr 969 – im Kindbett gestorben 990 2. Gunnhild geboren ungefähr 971 – im Danelag ermordet 1002[2] 3. Astrid geboren ungefähr 973 – mit Jarl Sigwaldi verheiratet, Lebensende unbekannt
978 n. Chr.	heiratet König Mieszko die Tochter des deutschen Markgrafen Dietrich mit Namen Oda, sie war Nonne im Kloster Calbe gewesen
988 n. Chr.	im Spätherbst kommt Olaf Tryggvisson ins Polenreich (siehe Lebensdaten Boleslaws)
992 n. Chr.	am 25. Mai stirbt König Mieszko I.

Lebensdaten von König Boleslaw Chrobry

967 n. Chr.	Boleslaw geboren, durch seine Mutter Dobrawa wird König Mieszko zum Christentum bekehrt, Dobrawa stirbt im Kindbett
978 n. Chr.	Boleslaws Vater heiratet Oda, die Tochter des deutschen Markgrafen Dietrich
984 n. Chr. (geschätzt)	1. Heirat Boleslaws mit einer Tochter des deutschen Markgrafen Rikdag, Name unbekannt, läßt sich von ihr scheiden
987 n. Chr.	2. Heirat Boleslaws mit einer ungarischen Prinzessin, Sohn Bezprym
988 n. Chr.	Olafs Ankunft in Polen (Spätherbst)
989 n. Chr.	Olafs Taufe, Heirat mit König Mieszkos Tochter Geira, Boleslaw ist demnach Olafs Schwager, Geira eine Halbschwester zu Boleslaw, Boleslaw verstößt seine 2. Frau (wegen Untreue oder wegen politischer Differenzen mit Ungarn?)
990 n. Chr.	Heirat Boleslaws mit Emnild, der Tochter des ehrwürdigen Dobromir (nach dem Namen zu schließen ein Lehensherr, vielleicht ein slawischer Gaufürst, der

1 von diesen drei Töchtern König Mieszkos weiß außer Snorri Sturlusson kein anderer Geschichtsschreiber zu berichten, die Geburtsdaten wurden vom Autor willkürlich festgelegt

2 eine Vermutung des Autors

sich mit der Verheiratung seiner Tochter freiwillig unter polnische Oberhoheit und militärischen Schutz stellt?)
im Sommer fällt der Böhmenherzog im Bunde mit den Liutizen in Schlesien ein,
im Spätherbst greifen die Jomswikinger Posen an, möglicherweise hilft Jarl Olaf dem Polenkönig, die berühmte und reiche Stadt Jumne (Jomsburg) unter polnische Oberhoheit zu zwingen, der Dänenkönig Sven Gabelbart kann Jumne keine Hilfe mehr bieten, da er im Sommer des gleichen Jahres vor dem Schwedenkönig Erik dem Siegreichen aus Reich und Herrschaft vertrieben wurde,
Tod Geiras, wahrscheinlich stirbt sie im Kindbett,
Emnild bringt einen Sohn zur Welt, er wurde auf den Namen Mieszko getauft (der spätere König Mieszko II.)

991 n. Chr. Olaf Tryggvisson verläßt Polen

992 n. Chr. nach dem Ableben König Mieszkos I. wird Boleslaw sein Nachfolger, er verbannt die deutschstämmige Königin Oda aus dem Polenreich, ebenso ihre Kinder, Boleslaw wird Alleinherrscher

993 n. Chr. Entführung König Svens von Dänemark durch Jarl Sigwaldi, der jetzt ein Gefolgsmann des Polenkönigs ist, Doppelhochzeit in der Jomsburg (Boleslaws Schwester Gunnhild heiratet den Dänenkönig Sven, Astrid den Jarl Sigwaldi)

994 n. Chr. vergeblicher Versuch der Jomswikinger, Norwegen für den Dänenkönig Sven Gabelbart zu erobern

999 n. Chr. König Boleslaw heiratet die Schwester König Sven Gabelbarts mit Namen Thyri, doch Thyri flieht nach wenigen Tagen aus dem Polenreich und sucht Schutz in Norwegen bei König Olaf Tryggvisson, die Ehe Thyris mit Boleslaw wurde für ungültig erklärt, da sie Thyri von ihrem Bruder, König Sven, aufgezwungen worden war

1000 n. Chr. Kurz vor Ostern reist Kaiser Otto III. nach Gnesen zum Grabe des Märtyrers Adalbert, Gnesen wird zum Erzbistum erhoben, Kaiser Otto III. überreicht Boleslaw eine Nachbildung der Heiligen Lanze, was als ein Symbol der Einigkeit im Kampfe gegen das Heidentum gilt, Boleslaw schenkt dem Kaiser dafür einen Arm des Märtyrers Adalbert, im Sommer kommt König Olaf Tryggvisson nach Polen, um Thyris Brautschatz nach Norwegen zu schaffen, herzlicher Empfang durch König Boleslaw, auf der Rückreise wird König Olaf von den vereinigten Flotten der Dänen, Schweden und landsflüchtigen Norweger angegriffen und besiegt (bei Swinemünde?), Olaf Tryggvisson verliert seine Königsherrschaft über Norwegen

1025 n. Chr.	Tod König Boleslaw Chrobrys im Alter von 58 Jahren, nachdem er sich kurz zuvor mit Einwilligung des Papstes zum König über die Polen krönte

Lebensdaten König Sven Gabelbarts

986 n. Chr.	kommt Sven Gabelbart auf den dänischen Königsthron, nachdem er seinen Vater Harald Gormsson in einer bürgerkriegsähnlichen Schlacht besiegte, König Harald stirbt am 1. November in der Jomsburg, Jarl Palnatoki, Svens Pflegevater, soll angeblich dem alten König mit einem Pfeil eine tödliche Wunde beigebracht haben
990 n. Chr.	fallen die Schweden unter Erik dem Siegreichen in Dänemark ein, König Sven flieht mit einer Wikingerflotte ins Danelag
993 n. Chr.	erobert König Sven sein Königreich Dänemark zurück, im Spätsommer wird er von Jarl Sigwaldi zur Jomsburg entführt, Hochzeit König Svens mit Prinzessin Gunnhild, einer Schwester König Boleslaws von Polen
994 n. Chr.	die Jomswikinger versuchen, das Tröndelag (Jarl Hakons Reich) zu erobern, es mißlingt, im selben Jahr fährt König Sven mit einer großen Wikingerflotte nach England, er verbündet sich mit dem Seekönig Olaf Tryggvisson, vergeblich versuchen sie, London zu erobern
995 bis 998 n. Chr.	aus der Ehe zwischen König Sven und der polnischen Prinzessin Gunnhild gehen zwei Söhne hervor, der ältere Knut, später genannt der Große, und der jüngere Harald; Königin Gunnhild wird verstoßen, wahrscheinlich ins Danelag (nach England)
999 n. Chr.	König Sven „heiratet" die verwitwete schwedische Königin Sigrid Storrada (die Stolze) die Verbindung war ein Waffenbündnis gegen den „Heuchlerkönig" Olaf Tryggvisson von Norwegen
1000 n. Chr.	in der Schlacht von „Svolder" (bei Swinemünde?) findet die Königsherrschaft Olaf Tryggvissons ein blutiges Ende
1014 n. Chr.	am 02.02. stirbt König Sven Gabelbart als König von Dänemark, von England und von Südnorwegen.

Anmerkungen des Autors

Die Ähnlichkeit der Namen Burislaw (in Snorris Königsbuch I „Heimskringla") und Boleslaw (in Thietmar von Merseburgs „Chronicon") fiel mir auf. Es stellte sich mir nun die brennende Frage, ob der Piastenfürst Boleslaw, Herrscher über die Polen von 992 bis 1025, identisch ist mit dem König Burislaw in der Erzählung von König Olaf Tryggvisson. Um es gleich vorweg zu sagen: für mich steht mit an Sicherheit grenzender Wahrscheinlichkeit fest, daß Burislaw und Boleslaw ein und dieselbe Person sind.

Als Olaf Tryggvisson im Spätherbst des Jahres 988 n. Chr. ins Polenreich kam, wandte er sich die Oder aufwärts bis nach Posen. Den Winter über weilte er in der Königshalle des Polenkönigs Mieszko. Boleslaw, König Mieszkos ältester Sohn, war damals erst 21 Jahre alt, Olaf heiratete demnach nicht eine Tochter Burislaws (gleich Boleslaw), sondern eine Halbschwester Boleslaws. Snorri Sturlasson, der König Olaf Tryggvissons Lebensgeschichte niederschrieb, wußte vage, daß Olaf und Boleslaw irgendwie miteinander verwandt waren. Die Namensverzerrung von Boleslaw und Burislaw ist wegen der ungenauen geschichtlichen Überlieferung der damaligen Zeit nicht außergewöhnlich, erfolgte doch die Geschichtsüberlieferung mündlich. Die Namensähnlichkeit von Boleslaw und Burislaw ist geradezu verblüffend.

Mit welcher Frau König Mieszko drei Töchter zeugte (Geira, Gunnhild und Astrid), ist leider unbekannt. In der Zeit von 967 (Tod von Boleslaws Mutter) bis 978 (Heirat mit Oda, der Tochter des deutschen Markgrafen Dietrich), das sind elf Jahre, konnte König Mieszko sehr wohl mit einer pommerschen oder obotritischen Prinzessin (mit nordgermanischem Einschlag) drei Töchter gezeugt haben. Die Namen Geira, Gunnhild und Astrid weisen auf nordgermanische Abstammung hin. Leider hat uns Thietmar von Merseburg die Liaison des christlichen Polenherrschers mit einer heidnisch-germanischen Prinzessin nicht überliefert oder sogar absichtlich verschwiegen.

Die Jomsburg

Als größtenteils wahre geschichtliche Begebenheit werte ich die Berichte aus Snorris Königsbuch I (Heimskringla), daß die Jomsburg unter Jarl Palnatoki von den Dänen erobert wurde. Die Burg diente zur Beherrschung von Pommern und Mecklenburg, das von dänischen Wikingern besiedelt war, ähnlich dem Danelag in England.

Im Jahre 986 n. Chr. kam Sven Gabelbart auf den dänischen Thron, nachdem er seinen Vater Harald Gormsson in einer bürgerkriegsähnlichen Schlacht besiegt hatte. Harald Gormsson starb schwer verwundet in der Jomsburg. Da er ein überzeugter Christ war, unter seiner Herrschaft begann die Christianisierung Dänemarks, wurde er nicht in einem heidnischen Grabhügel beigesetzt, sondern in der Kirche zu Roskilde auf Seeland.

Im Jahre 990 n. Chr. geschah das Unheil für König Sven Gabelbart, daß der Schwedenkönig Erik der Siegreiche mit einer großen Flotte in Dänemark einfiel. König Sven mußte mit seinen Getreuen außer Landes flüchten. Er fand im Danelag Unterschlupf und heerte in England.

König Mieszko nutzte die Schwäche des Dänenkönigs und machte sich die Jomsburg (von den Polen Jumne genannt) unter ihrem Jarl Sigwaldi zu Bundesgenossen. Die Jomswikinger besaßen aber immer eine große Selbständigkeit.

König Sven Gabelbart konnte im Sommer des Jahres 993 sein Erbreich Dänemark zurückerobern. Auch die dänischen Großbauern in Pommern erkannten ihn sicherlich als ihren König an. Aber der Jarl der Jomsburg, Sigwaldi, war neutral geworden. Er stand politisch zwischen dem König von Polen und dem König von Dänemark, die sich nicht wohlgesonnen waren, denn dänische Wikinger hatten slawisches Land besetzt. König Boleslaw strebte ein Reich an, in dem alle polnisch-slawischen Stämme in einem Königreich vereint sein würden. Darum mußte auch Pommern unbedingt der polnischen Krone gewonnen werden.

Jarl Sigwaldi entführte König Sven Gabelbart höchstwahrscheinlich aus dem Grund, den ich im Roman beschrieb, also um die Bedingung König Boleslaws zu erfüllen und Prinzessin Astrid, Boleslaws Halbschwester, zur Gemahlin zu erhalten. Jarl Sigwaldi gelang es durch geschicktes Verhandeln, daß der Dänenkönig die andere Schwester König Boleslaws, namens Gunnhild, heiratete. Durch diese Eheschließung sollte ein dauerhafter Friede zwischen den beiden Völkern besiegelt werden. Pommern wurde von König Boleslaw möglicherweise durch Zahlung eines hohen Lösegeldes (des sogenannten Dänengeldes) freigekauft.

Adam von Bremen berichtet in seiner „Bischofsgeschichte der Hamburger Kirche" von einer zweimaligen Entführung des Dänenkönigs Sven Gabelbart. Snorri weiß nur von einer Entführung. Gleich zweimal einen König entführen zu können, halte ich für sehr unwahrscheinlich, auch ist erwiesen, daß Adam von Bremen ein wenig zuverlässiger Überlieferer von geschichtlichen Begebenheiten ist, speziell was die Politik in den nordischen Königreichen anbelangt. Ich halte eine Entführung des Dänenkönigs Sven für wahr, da zwei Geschichtsschreiber davon wissen.

Einen weiteren Beweis für meine Überzeugung, daß König Sven Gabelbart mit einer Tochter des polnischen Herzogs Mieszko (richtiger Königs) verheiratet war, fand ich in Thietmar von Merseburgs „Chroniken", Kapitel VII, 39: „Nur kurz will ich noch etwas über die Schlangenbrut (Matt. 23,33) sagen, die Söhne Svens des Verfolgers (Harald und Knut der Große). Sie hatte ihm (König Sven) die **Tochter** Herzog Mieszkos geboren, die (Halb-) Schwester seines Nachfolgers und Sohnes Boleslaw." (Ausdrücklich wird hier berichtet, daß König Sven ein Schwager zu Boleslaw war!) „Lange Zeit lebte sie (Königin

Gunnhild) von ihrem Gatten (König Sven) verstoßen und mußte wie alle anderen (Frauen Svens?) nicht geringes Leid erdulden. Ihre Söhne (Harald und Knut der Große) gleichen in allem gar sehr dem Erzeuger (König Sven)."

Der englische König Ethelred ließ am St. Briktius Tag des Jahres 1002 n. Chr. alle Dänen in seinem Machtbereich ermorden. Unter den Opfern soll sich Svens Schwester Gunnhild befunden haben. Sehr wahrscheinlich ist es aber auch, daß es Svens verstoßene Gemahlin Gunnhild war. Seit drei oder vier Jahren war sie vom dänischen Königshof zu Roskilde verbannt, da König Sven in der schwedischen Königinwitwe Sigrid Storrada eine neue Favoritin fand. Diese Liaison stellte nicht zuletzt ein Waffenbündnis gegen den Norwegerkönig Olaf Tryggvisson dar, der Sigrid Storrada einst schwer beleidigt hatte.

Als völlig haltlos, ja an den Haaren herbeigezogen, finde ich die Vermutung von Hans Jänichen in „Die Wikinger im Weichsel- und Odergebiet", daß Sigrid Storrada eine Schwester des Polenkönigs Boleslaw gewesen wäre. Die Abstammung Sigrid Storradas ist eindeutig und sehr überzeugend in Snorris Königsbuch I „Heimskringla" beschrieben. Sie war eine gebürtige Schwedin, Gemahlin des schwedischen Königs Erik des Siegreichen und Mutter des späteren Königs Olaf Schoßkönig, so genannt, weil seine Mutter Sigrid für den unmündigen Thronerben die Regierungsgeschäfte führte. Sigrid Storrada ist eine überzeugte Heidin gewesen, höchstwahrscheinlich sogar eine Freyrpriesterin.

Die „Ehe" zwischen König Sven und Sigrid Storrada wurde gewiß nach heidnischem Brauch geschlossen. Dies hatte den Vorteil, daß die christlich geschlossene Ehe zwischen Sven und der polnischen Prinzessin Gunnhild nicht aufgehoben werden mußte, sondern Gunnhild wurde ganz einfach nur vom Königshof verbannt. Dies würde auch die Tatsache erklären, daß König Boleslaw im Jahre 999 n. Chr. um die Hand der dänischen Prinzessin Thyri Haraldstochter, der Schwester König Svens, anhalten konnte. Boleslaws Schwester Gunnhild war ja nach geltendem christlichem Recht immer noch die rechtmäßige dänische Königin und Gemahlin Svens. Um den Frieden zu wahren, konnte sich der Dänenkönig dem Begehren des Polenkönigs nicht verschließen. Thyri machte den beiden Königen allerdings einen Strich durch die Rechnung, indem sie kurz nach der Hochzeit mit König Boleslaw aus dem Polenreich floh und sich schutzsuchend zu König Olaf Tryggvisson nach Norwegen wandte. Höchstwahrscheinlich fürchtete sie, von dem Polenkönig ebenso schlecht behandelt zu werden, wie vor ihr die polnische Prinzessin Gunnhild von ihrem Bruder Sven. König Olaf Tryggvisson erklärte die Ehe Thyris mit König Boleslaw für ungültig, da sie Thyri angeblich von ihrem Bruder Sven aufgezwungen worden war. Im Winter des Jahres 999 auf das Jahr 1000 n. Chr. heiratete König Olaf Tryggvisson die dänische Prinzessin Thyri.

Als König Olaf Tryggvisson im Sommer des Jahres 1000 n. Chr. mit einer großen norwegischen Flotte nach Polen fuhr, um den Brautschatz der dänischen Prinzessin nach Norwegen zu schaffen, wurde er von den vereinigten Flotten der Dänen, Schweden und der landsflüchtigen Norweger zur Schlacht gestellt und verlor seine Königsherrschaft. In Adam von Bremens Bischofsgeschichte steht unter Kapitel II, 40 „Seine Gemahlin (Thyri Haraldstochter) fand nach dem Tode ihres Mannes (Olaf Tryggvisson) durch Hunger und Mangel ein klägliches Ende, wie sie es (angeblich) verdiente."

Der König der Wikinger – Bibliographie-Auswahl

I. Buch: Olafs Jugendzeit

Thule, Altnordische Dichtung und Prosa, Hg. Felix Nieder, Eugen Diederichs-Verlag, 1965
davon speziell:

1. Band:	Edda I Heldendichtung
2. Band:	Edda II Götterdichtung
9. Band:	Vier Skaldengeschichten
14. Band:	Snorris Königsbuch I, „Heimskringla"
19. Band:	Die Geschichte von den Orkaden, Dänemark und der Jomsburg

Die altrussische Nestorchronik, Übersetzer R. Trautmann, Leipzig, 1931

Arabische Berichte von Gesandten an germanische Fürstenhöfe aus dem 9. und 10. Jahrhundert, in: Quellen zur deutschen Volkskunde, Berlin-Leipzig, 1927

Seekrieg und Seepolitik zwischen Islam und Abendland, Eckehard Eickhoff

Byzantinische Geisteswelt, von H. Hunger, Baden-Baden, 1958

Die frühmittelalterlichen Seehandelsplätze im Nord- und Ostseeraum, von Herbert Jahnkuhn, Konstanz, 1958

Frühmittelalterliche Handelsschiffahrt, von Detlev Ellmers, Neumünster

Imperium zwischen Morgen und Abend, Reinhold Lange Verlag

II. Buch: Im Polenreich

(wie oben bereits genannt)

Chroniken, von Thietmar von Merseburg, Darmstadt, 1961

Gesta Hammaburgensis, von Adam von Bremen, Darmstadt, 1961

Polens Anfänge, Gallus Anonymus, Graz

Grundzüge der Geschichte Polens, von Enno Meyer, Darmstadt, 1977

Die Wikinger im Weichsel- und Odergebiet, von Jänichen Hans, Leipzig, 1938

III. Buch: Krieg oder Frieden

(wie oben bereits genannt)

IV. Buch: Olafs Wikingzüge

(wie oben bereits genannt)

The Anglo-Saxon Chronicle, von G.N. Garmonsway, London
The Battle of Maldon, von E.V. Gordon, revised by D.G. Scragg, Manchester, 1976

V. Buch: König von Norwegen

(wie oben bereits genannt)

Allgemeine Literatur und Bildbände über die Wikingerzeit

Johannes Brondsted: Die große Zeit der Wikinger
James Graham-Campell: Das Leben der Wikinger, 1980
Joachim Herrmann: Frühe Kulturen der Westslawen, 1971
Herbert Jankuhn: Haithabu, Neumünster, 1976
Ole Klindt-Jensen und Svenolov Ehrén: Welt der Wikinger
Rudolf Pörtner: Die Wikinger Saga
David M. Wilson: Kulturen im Norden, 1980
Ewert Cagner: (u.a. Autoren) Die Wikinger, Essen, 1975

Fußnoten

EINFÜHRUNG

1 Westnorwegen mit dem Trondheimfjord als Mittelpunkt
2 früherer Grenzfluß zwischen Schweden und Norwegen
3 siehe Ahnentafel Seite 8

ERSTES BUCH: Olafs Jugendzeit

1 Hamburg
2 das Kreuz
3 Schimpfname der Wikinger auf die Christen
4 nicht verwechseln mit Gudröd Eriksson, siehe Ahnentafel Seite 8
5 Spitzname von Harald Eriksson
6 mit Oberland, norwegisch Uppland, ist wohl das Gebirge im Norden oder das Grenzwaldgebiet zwischen Norwegen und Schweden gemeint
7 Offrigstad, wo das Gehöft von Erich Bjodaskalli stand, ist unbekannt
8 siehe Karte Seite 554/555
9 siehe Karte Seite 12
10 nordischer Name für Nowgorod
11 nordischer Name für Ostsee
12 Die Wikinger wurden in Rußland Waräger genannt
13 Bürgermeister
14 Oströmer
15 Konstantinopel
16 warägischer Name für Konstantinopel
17 germanischer Priester
18 Die Bulgaren galten damals als die schlimmsten Sklavenschinder
19 Die Purpurgeborene
20 große Wasserbehälter
21 Die Geheimwaffe der Oströmer: setzte sich aus Salpeter und einer Harzmischung (bituminäre Mischung) zusammen. Durch einen Vorläufer des Radschlosses wurde die brennbare Masse entzündet. Unter Wasser brannte es weiter: Salpeter als Sauerstoffträger.
22 griechisches Kriegsschiff
23 Schicksalsgöttinnen

ZWEITES BUCH: Im Polenreich

1 Winterlager der Wikinger
2 polnischer Name: Posnan
3 nach altgermanischem Glauben bestand die Welt erst drei- bis vierhundert Jahre
4 Mitgard ist die Erde
5 an dem ersten steinernen Gotteshaus wurde noch gebaut
6 Glücksbringer für die Nordgermanen
7 heilige Zweige, magische Bedeutung
8 Odin-ger (der Ger Odins)

9 Das Steuerruder befand sich bei den Wikingerschiffen auf der rechten Seite in Fahrtrichtung gesehen.
10 Längenmaß
11 zu damaliger Zeit
12 in England

VIERTES BUCH: Olafs Wikingzüge

1 in der Nähe von Schleswig
2 so hießen die Ordnungshüter Englands im Mittelalter bereits
3 The Battle of Maldon
4 Odin-Ger = der Ger Odins
5 auf dieser Erde
6 Gudröd befand sich im Heere des Dänenkönigs Sven Gabelbart
7 Ostsee
8 Rußland
9 Nowgorod

FÜNFTES BUCH: König von Norwegen

1 Jarle genannt (englisch Earl = Fürst, Herzog)
2 ganz Südostnorwegen wurde Wiken genannt
3 Dichter
4 Spitzname für König Olaf Tryggvisson
5 Grönland
6 Amerika
7 im äußersten Norden Norwegens gelegen
8 die Lanze galt als Symbol im Kampf gegen das Heidentum

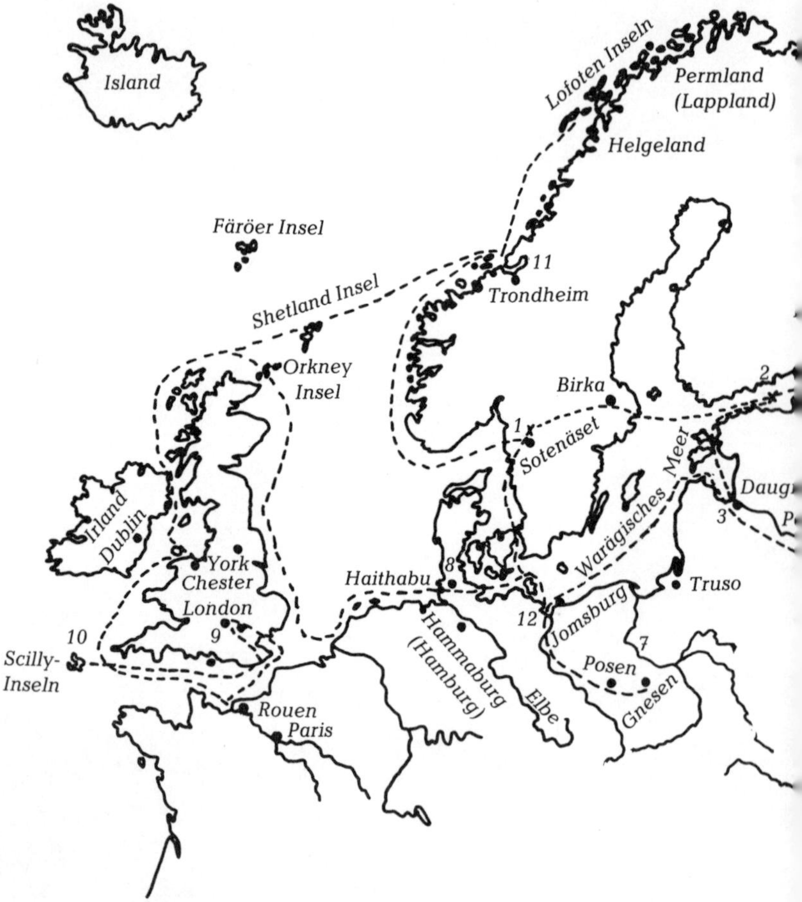

Island
Färöer Insel
Shetland Insel
Orkney Insel
Lofoten Inseln
Permland (Lappland)
Helgeland
11
Trondheim
Birka
2
1
Sotenäset
Warägisches Meer
Daug
3
P
Irland
Dublin
York
Chester
London
9
10
Scilly-Inseln
Haithabu
8
12
Hammaburg (Hamburg)
Elbe
Jomsburg
Truso
7
Posen
Gnesen
Rouen
Paris

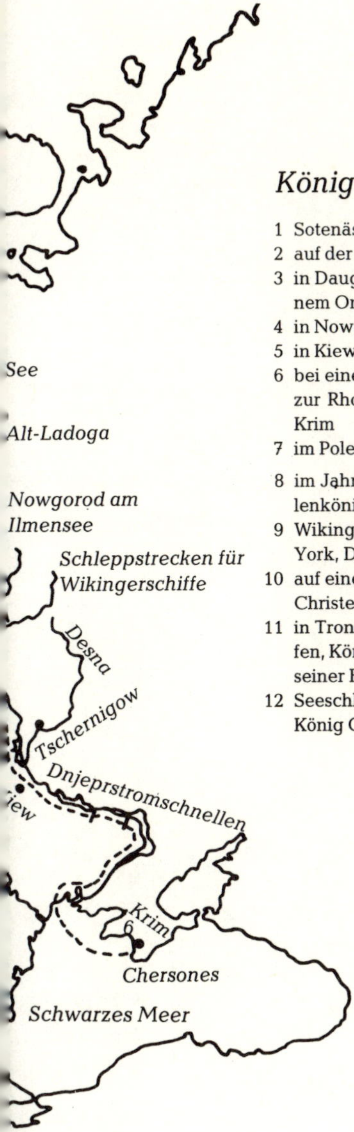

König Olafs Lebensreise

1 Sotenäset, Geburtsstadt Olaf Tryggvissons
2 auf der Fahrt nach Nowgorod Versklavung
3 in Daugmale (Estland) als Sklave verkauft und von seinem Onkel Sigurd Manneshaupt befreit
4 in Nowgorod im Gefolge Großfürst Wladimirs
5 in Kiew
6 bei einem Kriegszug Großfürst Wladimirs kam Olaf bis zur Rhomänischen Stadt Chersones auf der Halbinsel Krim
7 im Polenreich König Mieszkos
8 im Jahre 991 verließ Jarl Olaf die Gefolgschaft des Polenkönigs
9 Wikingzüge um die Insel der Angelsachsen (London, York, Dublin, Rouen)
10 auf einer der Scilly-Inseln endgültige Zuwendung zum Christentum
11 in Trondheim zum König über das Tröndelag ausgerufen, König Olaf unterwirft einen Gau nach dem anderen seiner Herrschaft
12 Seeschlacht im Oderhaff im Sommer des Jahres 1000, König Olaf verliert seine Herrschaft über Norwegen.